北京丰台年鉴

2014

北京市丰台区地方志编纂委员会

中 华 书 局
2014

图书在版编目（CIP）数据

北京丰台年鉴. 2014 / 北京市丰台区地方志编纂委员会编.
—北京：中华书局，2015.3
ISBN 978—7—101—10762—3

Ⅰ. 北… Ⅱ. 北… Ⅲ. 丰台区－2014－年鉴

Ⅳ. Z521.3

中国版本图书馆 CIP 数据核字（2015）第 039537 号

责任编辑：朱　慧

北京丰台年鉴（2014）
北京市丰台区地方志编纂委员会编
*
中 华 书 局 出 版
（北京市丰台区太平桥西里 38 号　100073）
http://www.zhbc.com.cn
E-mail:zhbc@zhbc.com.cn
廊坊市金虹宇印务有限公司
*
787×1092　1/16　24 印张　32 插页　510 千字
2015 年 1 月第 1 版　　2015 年 1 月第 1 次印刷
印数：1000 册　　定价：130 元

ISBN 978—7—101—10762—3

北京市丰台区地方志编纂委员会

《北京丰台年鉴》编辑部

编 辑 说 明

一、《北京丰台年鉴》是一部综合性资料性工具书和史料文献。在丰台区委、区政府领导下，由区地方志编纂委员会主持编纂。

二、本年鉴以邓小平理论、“三个代表”重要思想和科学发展观为指导，坚持以经济建设为中心，坚持实事求是的原则，与时俱进，开拓创新，科学地反映客观情况。

三、本年鉴从 2002 年开始，逐年编辑出版。当年出版的年鉴全面汇集上一年度丰台区各项事业、行业等诸方面新发生的重大事件、新情况和重要的文献信息，为各级领导提供可资参考的依据，为各个行业提供有价值的资料，为各方面人士了解、熟悉和研究丰台提供最新信息。

四、本年鉴以详记区属各系统、各单位为主，略记驻区部分中央、市属单位的情况。

五、本年鉴采用文章、条目等体裁，以条目为主，用规范的语体文、记述体直陈其事，文字力求言简意赅。

六、本年鉴文字内容设有特载、大事记、政党团体、政权政协、政法军事、农村经济和农业、工业、商贸服务业、高新技术产业、综合经济管理、财政税务审计、金融、城市建设和管理、交通邮电、科技教育、文化体育卫生、社会、街乡（镇）、人物、附录等一级栏目，一级栏目下设二级栏目，二级栏目下设分目，分目下设条目。

七、本年鉴收有 2013 年内丰台区党、政、军、民主党派、团体、街乡（镇）、部分企业负责人名录及驻区部分单位负责人名录，所列职务均以 2013 年内任职为限，其中有任免情况的分别予以说明，同时收有获得国家（中央部委）、市奖励与荣誉称号的单位和个人名单和获得高级职称的人员名单。

八、本年鉴选入的文章、条目均由各部门、各单位确定专人撰写，并经主管负责人审核。统计资料由区统计局提供，照片由各单位提供。

九、本年鉴反映 2013 年 1 月 1 日至 12 月 31 日期间的情况，文内一般直书月、日，不再写年份。

十、本年鉴由区地方志办公室《北京丰台年鉴》编辑部负责编辑、文字加工和版面设计。在编辑出版过程中得到了全区各单位及各方面的大力支持和热情帮助，在此一并表示感谢。由于编辑水平所限，疏漏和不足之处恳请读者批评指正。

3月20日 北京市市委书记郭金龙为园博会志愿者授旗

9月26日 北京市市委副书记、市长王安顺到丰台区王佐镇沙锅村调研

5月7日 北京市政协主席吉林到园博园调研

2月1日 国家档案局局长杨冬权（右二）到花乡白盆窑村调研

3月5日 市委常委陈刚到丰台园博园调研

7月19日 北京市副市长张延昆（中）到丰台区西罗园街道调研

7月19日 北京市市委常委组织部长姜志刚到时代风帆调研

6月8日区委书记李超纲到南苑乡石榴庄村顶秀金石家园调研

6月27日区委副书记、区长冀岩到右安门街道调研

11月18日 区人大主任王苏维到太子峪村、李家峪村调研

11月14日 区政协主席李昌安到东河沿村调研

领导活动

11月29日 区委副书记顾晓园参加窦珍纪念活动

7月15日 副区长刘宇到赵辛店村调研违法建设查处工作

9月30日 副区长吴继东到地震局调研

6月2日 常务副区长高朋带队考察城市管理工作

2月5日 区委常委组织部长霍连明到王佐镇调研

2月7日 区委常委纪委书记李军节前到天使食府检查食品安全

3月21日 副区长张建国到张家坟吕村慰问残疾人家庭

重要会议

1月8日 丰台区第十五届人民代表大会第三次会议

2014年1月7—9日 中国人民政治协商会议北京市丰台区第九届委员会第三次会议

重要会议

12月18日 丰台区红十字会第五次会员代表大会

4月8日 园林博览会巾帼志愿者培训会

5月19日 丰台区第二十三次全国助残日主会场

党建掠影

7 月 5 日 社工委组织党员到园博园举办庆“七一”党日活动

4 月 16 日非公企业离退休党员干部党建工作指导员初任培训班

4 月 1 日 卢沟桥街道党建工作部署会

6 月 27 日 区妇联党支部开展志愿园博主题党日活动

民主党派社会活动

10月18日 民盟丰台医务一、二支部联合义诊

7月30日 海外学者团走进丰台活动

12月22日 民革工委成立二十周年暨年度总结会

4月24日 区工商联会员企业为雅安地震灾区捐款

11月15日 丰台区人民调解员业务知识竞赛

10月30日 首经贸法学院与区律师协会双向合作经验交流会

3月6日 丰台分局青年民警"尊老敬老团队"主题实践活动

5月11日 园博园派出所成立

3月11日 崔大庆烈士牺牲十八周年纪念活动

5月29日 检察院创新检察建议约谈工作新闻发布会

1月10日 检察院青年检察官学习沙龙

3月5日 “丰台法院警务指挥中心”正式启动

7月26日 丰台区家庭矛盾调解团成立大会

7月26日 军民八一双拥共建活动

3月5日 东铁营街道组织驻军军医为社区义诊

5月16日 首都军事文化创意产业示范园签约仪式在王佐镇举行

4月26日 知识产权宣传周启动仪式

6月28日 百家重点实验室进千家企业对接会

10月14日 科普行活动——走进云岗

3月4日 弘扬雷锋精神科普服务进社区

7月19日丰台区科技馆夏令营

5 月 20 日 首医大附中红十字防灾减灾科普讲座

1 月 16 日 丰台区科普宣讲启动仪式

1 月 31 日 区科普游园会

11月25日丰台区教育管理与领导力提升高级研修班在北京大学开班典礼

5月14日丰台教委与北京教育学院合作办学签约

5月4日“青春梦 园博情”青年教师风采大赛

8月21日 教育系统党政干部暑期培训

10月15日 丰台区小学首届“育心杯”心理活动课大赛

12月17日 丰台区学校体育工作大会召开

科技教育

12月23日 丰台区家长俱乐部成立

7月25日 蒲黄榆第三社区暑期青少年安全教育讲座

4月27日 丰台第五幼儿园组织360名小朋友徒步运动

3月23日 北京12中民乐团赛场演奏

7月27日 未成年人交通安全教育活动

社区创建活动

5月3日 区社会领域“园博先锋行动”启动仪式

5月10日 区商务楼宇党务专职工作者大比武大练兵擂台赛

6月18日“六型社区”创建工作推进会

社区创建活动

7月8日 市委社会工委领导到区检查“智慧社区”工作

7月9日 丰台区社区工作者培训班

11月37日 丰台街道社会组织服务指导中心成立

商务活动

9月17日丰台汽车文化消费节开幕式

4月27北京园博会丰台区旅游商务交易洽谈会

9月12日北京三兴汽车有限公司军用装备交接培训

6月11日 由首都航天机械公司制造的“神舟十号飞船长二F遥十火箭”在酒泉发射成功

8月20日丰台西站一场货检标准化岗点

文化一览

9月19日 第六届北京“卢沟晓月”中秋群众文化节

6月11日 端午文化游园会

10月13日 戏曲文化节在园博演出

10月4日 戏曲文化节票友邀请赛

文化一览

10月6日 第二届丰台时尚戏曲文化节——脸谱绘制大体验

7月16日 我的丰台我的家群众舞蹈大赛

6月29日 大红门街道举办“迎七一 颂党恩 赞丰台”群众歌咏大赛

3月18日 卢沟桥街道效能和廉政建设推进会

5月11日 长辛店镇在张郭庄文化广场启动园博文化广场活动

7月3日 西罗园街道举办社区工作者综合素质培训

9月15日 东铁匠营街道在红狮家园社区开展“绿色园博进我家”活动

9月18日至21日 花乡在北京世界花卉大观园举办中秋花卉文化节

9月13日马家堡街道"我的梦 幸福梦 中国梦"百姓宣讲活动

9月28日南苑乡举办第三届北京国际露营嘉年华活动

9月28日方庄地区第二届运动会开幕式

7月12日市台办到太平桥街道调研统战工作

6月8日王佐镇配电网控制性规划发布仪式

园博会风采

5月18日 第九届中国（北京）国际园林博览会开幕

9月21日 中秋节园博园花车巡游

7月19日 国际嘉年华印度文化风情周

园博会风采

10 月 26 日 城市周郴州周文化演出

8 月 10 日 园博会彩色跑

6 月 1 日 六一儿童节文化活动

6 月 8 日 园博会区县文化日朝阳文化日

园博会风采

9月14日 园博湖灯光喷泉音乐水舞秀

6月23日 国际奥林匹克日 - 特色表演

8月7日 国际嘉年华古巴文化风情周

6月1日 管乐联盟森林音乐会

友好往来

7月20日 中联部组织（四国）友人到王佐镇参观新农村建设

2月18日 区少年宫师生到印度访问

3月5日 刚果采访团到王佐镇考察

目　　录

特　　载

区情概况

大 事 记

政党　团体

政权　政协

政法　军事

农村经济和农业

工　业

商贸　服务业

高新技术产业

综合经济管理

财政 税务 审计

金　融

城乡建设和管理

交通　邮电

科技　教育

文化　体育　卫生

社　会

街　乡（镇）

人　物

统计资料

附　录

索　引

特 载

李超钢同志在区委十一届五次全会上的工作报告

（2013年12月27日）

同志们：

这次全会的主要任务是，认真学习贯彻落实党的十八届三中全会和中央经济工作会议、中央城镇化工作会议、市委十一届三次全会精神，总结2013年工作，部署2014年任务。下面，受区委常委会委托，我向全会作工作报告。

一、关于2013年工作

2013年是全面深入贯彻落实党的十八大精神的开局之年，是全力以赴办好北京园博会，加速冲刺“十二五”规划目标的关键一年。一年来，在市委市政府的领导下，常委会深入学习贯彻落实党的十八大、习近平总书记系列重要讲话和十八届三中全会精神，坚持稳中求进的工作要求，围绕提高经济发展质量和效益，稳增长、调结构、促改革、惠民生、优环境。召开常委会37次、专题会36次、进行专题调研88次，加强了对北京园博会筹办运行工作的统一调度，加强了对丽泽金融商务区、丰台科技园区等重点功能区建设的工作推动，加强了对世界种子大会、城南第二阶段行动计划和棚户区、城乡结合部地区改造等重大工程项目的统筹协调，加强了对城乡环境巩固年、国有企业和行政事业单位改革等重点工作的组织领导，研究出台了群众工作十二项制度、河西地区建设发展行动计划、农村地区产业项目准入等制度意见，落实推进了北京市第二批区（县）委权力公开透明运行试点工作，加强民主法治建设，支持人大、政协工作。经济社会发展稳中有进、稳中向好。预计全年实现地区生产总值1008亿元，增长9.2%左右；全社会固定资产投资739亿元，增长12%左右；社会消费品零售额890亿元，增长8%左右；地方公共财政预算收入76.8亿元，增长12%左右；城乡居民收入分别增长10.8%和10.5%左右；万元GDP能耗下降4.65%左右。主要经济社会发展指标增速大多超过全市平均增速。

一年来，重点抓了以下几方面工作：

（一）强化学习，深刻领会党的理论创新最新成果

常委会认为，切实加强对十八大、习近平总书记一系列重要讲话和十八届三中全会精神学习，是我们开展好各项工作的思想基础。一年来，我们把学习当作首要的政治任务，以全区干部思想理论水平的提升来推动工作。周密制定学习培训计划，以三中全会精神为指南，结合明年的重点工作安排，进行了专题研讨。组织处级领导干部宣讲团、专家宣讲团、百姓宣讲团，开展了千场

宣讲活动，组织百个理论专题研修班，深入机关、深入社区（村）、深入企事业单位、深入学校，引导广大党员干部群众在学习理解、宣传阐释、贯彻落实上不断深化，在学以致用、学用结合、学用相长上下大功夫。通过深入学习宣传，全区干部群众切实增强了为实现中华民族伟大复兴“中国梦”贡献力量的责任感和紧迫感，增强了全面深化改革的信心和决心。

（二）办好大事，园博会获得圆满成功

北京园博会是继 2008 年奥运会以后，首都举办的又一个国家级、国际性盛会，也是丰台历史上承办的级别最高、规模最大、为期最长的大型活动。在住建部和市委市政府的领导下，在方方面面的大力支持下，常委会把办好园博会作为一个难得的历史机遇、光荣的历史使命，坚持“以会兴业、以业富民”的办会宗旨，常委会成员与其他区领导一起进入园博会运行调度中心，亲临一线、靠前指挥、同甘共苦、身先士卒，带领全区干部群众以最高的工作标准、最大的工作热情、最好的工作成效完成了园博会筹备和运行工作。按照“国际化、精品化、高端化”的要求，以改天换地的信念建成了一座“化腐朽为神奇”的园博园，呈现了一届精彩纷呈、美轮美奂、无与伦比的园博盛会。园博会运行 185 天，接待国内外游客 615 万人次，接待总人数和单日接待量均创历史新高。园林工程精品荟萃，生态画卷引入入胜，服务接待无微不至，安全保障万无一失，宣传活动高潮迭起，志愿服务有口皆碑，得到了国际、国内社会的高度评价。园博会是“人文北京、科技北京、绿色北京”发展战略的生动实践，是美丽中国建设的成功典范。园博会传播了生态文明、美好家园理念，提升了城市经济价值、社会价值、文化价值和生态价值，促进了区域发展，造福了人民群众，为丰台留下了弥足珍贵的精神财富和活力持久的物质文化遗产，成为丰台永续发展的强大动力。

（三）加快步伐，调结构转方式成效显著

常委会坚持把稳增长、调结构、转方式作为全年经济工作的主线，坚持走统筹发展、高端发展、协调发展、绿色发展、和谐发展之路，坚持“一轴两带四区”的战略布局，不断加快重点功能区和招商引资工作的力度。一年来，高端产业逐渐成为综合实力提升的主引擎。第三产业实现增加值 786 亿元，同比增长 10%。其中，现代服务业对全区经济增长贡献率超过 60%。金融业留区税收增长 65%；旅游业收入增长 6%，游客接待量同比上涨 28%。新引进亿元企业 77 家，同比增长 45%，增速居全市首位。创新驱动逐渐成为产业结构调整的主方向。预计完成技术合同登记额 600 亿元，居全市第二位。专利申请数量同比增长 35%，增长率居全市前列。文化创意产业加速聚集，规模以上文化创意产业实现收入 290 亿元，同比增长 7%，北京国家数字出版基地落户丰台，中国戏曲文化中心发展规划编制完成。重点功能区逐渐成为引领区域发展的主战场。创新丽泽金融商务区组织模式，形成举全区之力建设丽泽的发展态势。通过项目制有效统筹拆迁、建设、配套、招商等各项工作。北区拆迁进展顺利，南区项目建设开始提速。金融信息、金融文化、金融服务等产业聚集明显，年内引进亿元以上企业 27 家，实现留区税收约 4.1 亿元，同比增长 134%。丰台科技园区获首批“北京市总部经济集聚区”称号，轨道交通产业集群被科技部列入“2013 年度创新型产业集群试点（培育）”名单。预计实现技工贸总收入 3310 亿元，同比增长 12%，实现留区税收 21.1 亿元，同比增长 18%。新引进亿元以上企业 19 家，其中高科技企业占 60%。轨道交通、应急救援、军民融合、节能环保等产业进一步聚集。

（四）狠抓机遇，城乡新老二元结构有所破解常委会紧紧抓住城南第二阶段行动计划以及市委市政府一系列政策机遇，积极呼吁市委市政府有关部门承认历史、面对现实、因地制宜、量体裁衣，给予城乡结合部地区一些灵活有效的政策支持，积极争取将东铁营老旧平房区列入全市棚户区改造范围。一年来，城南第二阶段行动计划顺利开局。以增强丰台发展自身造血功能为目标，突出重点、统筹推进，共安排重点建设项目115项，实现投资446亿元，推动产业发展、民生改善，提升生态建设、基础设施建设水平。世界种子大会场馆及配套设施，地铁8号线、14号线、16号线、北官路、梅市口路西延等重点项目建设进展顺利。借力城乡结合部整治加快城市化进程。突出重点、主动规划、一村一策、因村制宜，探索建立纪家庙村“城市化发展三步走”模式，研究南苑村借力南中轴、航天部一院加快推进非绿隔地区农村城市化进程的方案，努力破解城乡二元结构难题。全面推进棚户区改造。将棚户区改造作为重大的民生工程，南苑棚户区改造基本完成，3000多户居民喜迁新居。长辛店棚户区57万平方米安置房全部开工，已经竣工11万平方米，东铁营棚户区改造实施主体已经确定，前期工作取得进展。

（五）提升形象，城乡面貌大幅改观

常委会始终高度重视生态和环境建设，强调生态和环境建设于国于民、于己于人、于子于孙、于今于后都必须要抓，而且必须要抓好，任何地区、任何个人都不能以牺牲生态和环境为代价去发展所谓的经济。一年来，狠抓城乡环境提升。大力开展“城乡环境巩固年”活动，实施了重点大街、背街小巷、老旧平房区及公交、地铁站点周边等区域环境综合整治。继续深化地下空间整治专项行动，重拳出击、坚决清退，关停了人防工程108处、整治了普通地下室120处，动员搬出居住人员9000多人。本着公益化原则，将整治后的地下空间更多地用于解决社区活动场所不足等问题，消除了安全隐患、得到了群众好评。以控违拆违为突破口，对新生违法建设“零容忍”，对既有违法建设全面“围歼”。累计拆除违法建设115万平方米，实现既有违法建设大幅减少，新生违法建设基本“零增长”的目标。环境建设在市级考核中始终名列前茅。狠抓生态水平提升。编制实施五年清洁空气行动计划，大力加强大气污染治理，主要污染物浓度下降率在城市功能拓展区中位列第一。加强治污减排，有序推进中小河道治理，河西再生水厂竣工并投入运行，青龙湖、郑王坟再生水厂等治污场站实现开工建设。完成平原造林9032亩，城市绿化覆盖率达48.5%，同比增长2.1个百分点。重点打造了永定河沙生植物园等“三点三线一区”7个亮点工程，区域生态环境明显改善。

（六）突出特色，文化事业繁荣发展

常委会认为，发展文化事业和文化产业的核心是文化，优势在特色，不能盲目跟风、心浮气躁，要选择一条展现区域风采、群众喜闻乐见的特色发展之路。一年来，注重发挥文化对区域发展的促进作用，努力挖掘文化底蕴，不断繁荣文化事业和产业。深入开展“发现丰台之美”主题活动，从城市和人文的角度，组织发现丰台自然之美、历史之美、创造之美、成长之美、奉献之美和共建之美六个专项活动，截至12月20日，共有30余万名网友直接访问了豆瓣网“发现丰台之美”主题活动官方小站，向官方小站上传作品数量已经突破30万件，新浪微博微话题#发现丰台之美#的讨论量超过了11万条，活动的举办使区域社会环境形象、行业精神风貌和个人文明素养得到全面提升，形成了弘扬丰台之美的导向，聚集了社会正能量，提高了丰台美誉度，增强了社会凝聚力。加快公共文化设施、文化惠民工程建设。新建、改建万芳亭公园等3个文化广场。开展“书香丰台”、“一街一品”、“我的丰台我的家”等文化活动，群众文化生活多姿多彩。成功举办“卢沟晓月”中秋群众文化节、北京国际铁人三项赛、醒狮杯越野跑、彩色跑等一批具有广泛影响力的文化体育活动，打造特色鲜明、享誉中外的文化品牌。

（七）筑牢保障，民生事业和社会服务管理不断加强

常委会始终牢记党的宗旨，坚持发展为了人民、发展依靠人民、发展成果由人民共享，坚持底线思维、问题导向，从群众最关心的问题入手，从最急需解决的问题入手，不断加大对民生改善工作的投入力度。一年来，提升人民群众生活水平。全年新增就业3.8万人。社会保险参保人数超额完成目标。老旧小区综合整治成果显著，物业服务社会化模式进入试点阶段。保障房开工1.8万套，竣工1.2万套，开工完成情况居城六区第一。不断提升教育资源均衡水平，新增7所幼儿园1590个学位，有效缓解“入园难”问题，北京十二中科丰校区、北京四中黄城根小学紫芳园配套学校正式投入使用，丰台二中、北京十二中东校区等新建改建工作有序进行。北京丰台长辛店中西医结合医院成功创建为三级甲等中西医结合医院，这是区（县）属医院中第一家三级甲等医院。稳步推进天坛医院等重点工程，继续办好社区卫生机构，医疗保障能力持续提高。加强社会服务管理。建成159个“一刻钟社区服务圈”，覆盖227个社区。智慧社区试点工作成效明显。搭建由区和街道两级构成的社会组织服务中心，为社会组织品牌孵化、人才培养提供有力支撑。累计建立299支劝导队，实现了社区全覆盖。涌现出西宏苑社区阳光护送队志愿服务模式，大井“社区新闻直播间”民主管理、民主监督做法等社会服务管理新典型。切实提高群众安全感。深入推进“平安丰台”建设。开展拉网式矛盾纠纷大排查和专项自查，掌握维稳工作主动权。综合整治大红门等重点地区的安全隐患，加强地下空间安全管理，全面开展安全生产大检查，群众安全感、满意度不断提高。

（八）锤炼作风，以群众工作为抓手提升党的建设科学化水平

常委会进一步坚持“党要管党、从严治党”的方针，不断改进党对经济、政治、文化、社会和生态文明建设五位一体的领导，狠抓作风建设、反腐倡廉建设，用好的作风来促进和保障各项工作的推进。一年来，扎实开展群众工作。在区县群众路线教育实践活动尚未全面部署展开之前，常委会不等不靠、主动作为，着眼提升群众工作能力水平，围绕一切为了群众、密切联系群众、紧紧依靠群众、有效动员群众、热情服务群众、充分尊重群众等六个方面，制定实施十二项群众工作制度，明确了新形势下做好群众工作的目标和要求，群众工作制度化、常态化、长效化建设不断加强。全区党员干部深入基层、深入一线，着力增进群众感情，切实解决群众反映的突出问题，以群众工作为统领，推动各项工作开展。突出作风建设。认真落实中央、市委改进作风相关规定，切实改进文风、会风，坚决杜绝公款浪费等现象。出台了严明纪律加强作风建设37条实施意见，践行群众路线，转作风、提效率、树形象，提升干部队伍服务群众的素质和能力。针对媒体曝光的窗口单位服务态度反面事件，区委常委会专题研究，组成18个监督小组，通过实地走访、电话访问、模拟办事等方式，开展全天候、全方位的大检查活动，查找出各类问题194个，在区委常委会、区政府常务会上进行了通报，各相关部门进行了整改，群众对政府服务的满意度不断提高。进一步加强基层党组织建设。创新形式，丰富内涵，深入推进城乡党的建设“三级联创”活动。开展了“大比武、大练兵”等专项活动，强化了基层学习型、服务型党组织建设。进一步加强阵地建设，强化非公经济组织和社会组织党建工作。完成第九届村委

会换届选举工作，顺利实现了换届工作目标。充分发挥党员先锋模范作用。深入开展“园博先锋行动”，组织党员立足岗位承诺践诺，做好园博会服务保障。落实“在职党员回社区（村）报到”制度，拓展党员服务群众的途径，探索建立党员志愿服务工作模式。反腐倡廉建设成效明显。落实区委党风廉政建设责任制的主体责任，深入推进廉政风险防控“三个体系”建设。深化了重点领域和关键环节的监管，坚持政企分开，管办分离，完成 32 家企业清理脱钩工作。加强农村集体经济“三资”管理，强化对征地补偿款的动态监管。始终保持惩腐治腐的高压态势，加大大案要案查处力度，有力地震慑了腐败分子。

积极支持人大依法履行职能，充分发挥政协民主协商作用，认真办理代表、委员议案、建议、提案，人大依法监督、政协民主协商作用充分发挥。统一战线、民宗侨、老干部、关工委等工作不断加强；工会、共青团、妇联、残联、文联、科协等人民团体活动丰富；双拥共建活动扎实开展，国防后备力量建设稳步增强。

在总结工作的同时，常委会也清醒地认识到存在的不足，主要有以下几个方面：一是区域高端产业聚集度还不强，一些不符合城市功能定位的产业退出仍需加快，调结构转方式还需进一步提质、增效、升级；二是人口规模和人口结构带来的一系列城市管理和社会治理难题越来越突出，区域人口资源环境全面协调可持续发展刻不容缓；三是城市化推进过程中长期形成的问题矛盾并没有得到根本解决，存在头疼医头、脚疼医脚的现象，基本公共服务建设统筹力度不够，城市化步伐还需要加快；四是干部队伍慵懒散现象仍然存在，责任心不强、精神头不足，群众工作能力和作风建设还需要进一步加强。对于这些问题，必须在今后的工作中认真对待，并切实加以解决。

按照中央和市委有关要求，区委常委会向全委会报告 2013 年干部选拔任用工作情况。全年共调整处级干部 281 人。其中，提拔 103 人，平级交流 52 人，兼职等 126 人。在提拔的 103 名干部中，正处级领导干部 10 人，副处级领导干部 41 人，非领导职务 52 人，其中 35 岁以下年轻干部 3 人，女干部 44 人，少数民族干部 7 人，非中共干部 2 人。今年干部任用工作体现了四个特点：一是从事业发展需要选干部配班子。因岗择人、因能授职。注重加强领导班子的综合分析，增强班子配备的针对性，强化班子整体功能。注重在完成重大任务、应对重大事件中识别和使用干部，健全完善了园博会、种子大会、丽泽金融商务区组织领导机构，选派了一批综合素质好、作风硬朗、敢于担当的干部，特别是为园博会选派工作人员 1300 余人，有力保障了重大任务的完成。注重从基层一线选拔干部，从街道乡镇交流到委办局任职的干部 15 人，从街道乡镇提拔处级领导干部 17 人。注重把不同年龄段干部选配到合适岗位上，全年共提拔 50 岁以上处级干部 47 名，其中领导职务 4 人，非领导职务 43 人。二是严格程序标准任用干部。严把推荐提名、酝酿沟通、组织考察、讨论决定等关口。采取多种方式，扩大干部提名范围。在区委委员、候补委员、区属各单位党政领导范围内，对 14 名党政正职职位人选进行了推荐提名。加大对干部德的考察力度，注重从履行岗位职责、完成急难险重任务、关键时刻表现、对待个人名利等方面考察干部的德才表现。认真落实票决制办法，在区委全委会闭会期间，对 14 名拟任处级党政正职干部征求了全体委员意见，区委常委会采取无记名投票表决方式任用了 211 名处级干部。加大干部任用信息公开力度，改进任前公示方式，扩大公示范围。三是遵循成长规律培养干部。重视加强后备干部队伍建设，及时开展后备干部补充调整工作，确定了

159 名正处级后备干部、380 名副处后备干部和 261 名优秀年轻干部。坚持多渠道培养锻炼干部，把干部选派到基层一线、重点部门、重点岗位历练成长。全年累计交流处级干部 52 人，其中，正处级 17 人，副处级 35 人。组织开展大规模培训工作，全年累计培训干部 1 万余人次。四是突出关键环节管理干部。坚持从严教育，从严管理、从严监督，以党政正职和关键岗位干部为重点，深化干部日常监督管理，普遍开展谈心谈话活动，及时掌握了解干部的思想、作风和廉洁自律等情况，对苗头性、倾向性问题早提醒、早纠正、早解决。加大选人用人检查力度，在全区 70 多个有科级干部选拔任用的党（工）委、党组中开展了年度科级干部选拔任用“一报告两评议”工作，结合巡视工作对 9 个单位干部选拔任用工作进行检查。加大经济责任审计力度，坚持“逢离必审”，全年共安排了 19 名领导干部离任审计和 2 名领导干部任期内审计。

二、正确把握丰台当前发展的阶段性特征

以园博会完美收官为标志，丰台站在了新的历史起点上。经过多年的努力奋斗，丰台积蓄了强劲的发展能量，步入了千帆竞发的历史新阶段。面对新形势、新机遇和新挑战，我们必须准确把握丰台当前的阶段性特征，清醒认识丰台建设发展面临的矛盾和挑战，这是我们做好 2014 年工作的前提。

（一）牢牢把握丰台发展的阶段性特征

当今丰台承担着助推首都中国特色世界城市建设和加快自身发展的历史重任，经济社会发展和城市功能提升呈现出加速转型和爬坡越坎的特点，改革发展进入了关键时期。

丰台进入了产业结构调整的升级期。从三次产业结构来看，我区第三产业比重已经达到 78%，说明服务业成为区域经济发展的绝对支柱；从主导产业来看，高新技术、金融、旅游、文化会展等产业势头强劲，异军突起，已经初步改变了房地产一业独大、独臂擎天的产业格局；从空间布局来看，“一轴两带四区”的聚集效应愈发突出．辐射带动作用更加明显。特别是丽泽和园区已经是名声在外，令许多企业慕名而来、蜂拥而至，开始形成了“二龙戏珠”的格局；从市场主体来看，企业的比重首次超过了个体工商户，截至 11 月底，达到 53.05%，表明市场主体正在发生质的变化；从集体经济来看，瓦片经济已经风光不再，正在退出历史舞台，取而代之的楼宇经济开始崭露头角。这些都说明我区的产业结构调整和发展方式转变已经进入了提速期和换代期。下一步，我们要进一步加快产业结构调整和发展方式转变的步伐，不再盲目追求 GDP 的增速和第三产业的比重，要更加注重经济发展的质量和效益，注重现代服务业在第三产业中的比重；不再盲目追求招商引资的数量和注册资本的数额，更加注重主导产业的形成，注重企业对区域发展的实质性、可持续的贡献；不再盲目追求功能区开发建设的规模，更加注重功能区所形成的产业集聚，以及产业集聚对区域发展所带来的高质量、高效益的贡献；不再盲目追求乡村集体经济的收入，不简单以收入论英雄，如果说前几年我们做的工作是拆笼轰鸟的话，现在则要抓紧筑巢引凤。

丰台进入了城乡结合部地区农村城市化的攻坚期。近年来，通过重点功能区和重点项目带动、绿隔政策实施、重点村城市化推进等途径，河东三乡 51 个行政村中，目前 5 个村实现了撤村建居，12 个村基本完成了农转居。集体经济组织实力也不断提升，在全市村级集体经济组织资产总额前十强中，我区占据了半壁江山。金唐大厦、欢乐水魔方等一批乡、村集体产业项目开始投入运营，产生了不错的效益和良好的影响。但是城乡结合部地区农村的城市化工作越往

后困难越多、矛盾越多。我们有13个村由于历史遗留问题和所处区位，不在现有政策适用之列，或者仅靠现有政策难以解决自身问题。有21个村完成农民回迁上楼后，还没有完成社保趸缴和农转居手续，缺少资金支持，后继乏力。8个重点村至今还没有实现产业落地，发展任务仍然艰巨。这些棘手难题，已经成为城乡结合部农村城市化发展的拦路虎、硬骨头，如果攻不下、啃不动，农村城市化工作就将举步维艰、寸步难行。当前摆在我们面前的任务是，要抓住中央城镇化工作会议精神以及北京市大力推进城乡结合部地区改造带来的政策机遇，进一步开阔思路，全面梳理城市化路径，明确河东三乡每个村迈进城市化的时间表和路线图。"先易后难"绝不是"只易不难"，要有一种迎难而上、愈难愈勇的精神，打一场城乡结合部地区农村城市化的攻坚战。

丰台进入了城市建设管理"城市病"的根治期。交通拥堵、大气污染、环境脏乱、案件高发、平房违建、楼房群租等"城市病"已经构成了对城市建设管理、对社会安全稳定的严重威胁，影响到人民群众的日常生活，影响到丰台经济社会的持续健康发展。"城市病"的病因虽然不尽相同，但几乎无一不与人口的无序增长相关。治疗"城市病"一方面要对症治疗，该退烧退烧，该止痛止痛。另一方面更重要的是要找出病因，辨症施治，抓住人口无序增长这一病源，严格控制人口规模，优化人口结构，使人口资源环境平衡协调，从根本上解决"城市病"的问题。

丰台进入了社会建设的创新期。当前我们处在社会治理发生深刻变化的时代，理念上由管理转向治理，尽管只有一字之差，但思想观念、方式方法、举措手段大不相同。主体也由政府包办，转向政府主导、社会参与。这些年来，我们经过积极探索，建立了社区事务议事协商、物业服务社会化等民众参与的自治平台，完善推广了劝导队、自管会等社会动员的体制机制，形成了民情图等基层组织服务群众的工作方法，积极推进了政府购买公共服务，有效搭建了专业孵化社会组织的服务中心，基层民主不断扩大，社会组织更加活跃，社会服务日益规范，社会治理创新迈出了坚实步伐。但随着群众参与社会治理的热情逐渐高涨，对身边的事务关注度不断提升，自治愿望更加强烈，我们再用传统的方式方法开展工作，就难以适应社会发展要求，难以满足人民群众需求愿望。目前我们的社会治理体系架构还不完善，各方面的力量尚未达到最佳配置。微观层面上各个街道社区仍有各自为战的倾向，没有形成系统规范的制度体系，宏观上政府、社会组织、人民群众三个社会治理主体的协同性和系统性还很不足，政府与社会合作治理的立体化体系建设还有待加强。在这一阶段，要进一步强化社会治理创新，完善社会治理的理念和方式，出政策、搭平台、买服务，激发社会组织活力，不断提高社会治理的能力和水平。

（二）深刻认识丰台发展面临的矛盾与挑战

近年来，丰台抓住了难能可贵的历史机遇，争来了异常宝贵的资金项目，夯实了强势崛起的实力基础，站上了新的历史起点。但是在实际工作中，发展的机遇、愿望、任务与支撑发展的人力、财力、能力之间的矛盾，成为经常困扰我们的问题，可能会是当前和未来一段时间制约丰台发展的主要矛盾。

一方面，丰台的跨越发展时不我待、势在必行。

坚实的基础支撑发展。经过多年艰苦奋斗和不懈努力，丰台的经济实力大幅提升。2008年以来，丰台主要经济指标始终保持高速增长，今年成功跻身地区生产总值千亿元行列。丽泽金融商务区加速建设、羽翼渐丰，科技园区始终位于中关村“一区十六园”第一梯队，总部经济实力日益壮大。丰台再也不是金融、高新技术等高端产业发展的“荒漠”，已经成为了首都高端发展的战略新空间。丰台的环境形象大为改观，摘掉了城乡环境脏乱差的帽子，实现了从城区排名倒数到名列前茅的历史性跨越，环境面貌日新月异。丰台的区域发展承载力显著增强。借助城南行动计划，丰台自身造血机能不断完善，能源资源保障和公共服务供给更加有力，特别是河西地区基础设施建设实现了根本性改善，城市建设充满了快速发展的生机和活力。丰台的发展已经打牢根基，万事俱备，正当其时。

纷至沓来的机遇催促发展。弥足珍贵的历史发展机遇，前所未有的战略发展机遇，给丰台注入了跨越发展的催化剂。新的政策机遇，让丰台发展更具动力。城南第二阶段行动计划、首都第二机场建设、城乡结合部整治、行政审批制度改革试点、棚户区改造等政策，为丰台大建设、大发展提供了力量源泉。新的产业项目机遇，让丰台发展更具潜力。科技园区“东扩西进”、丽泽金融商务区快速建设，北京国家数字出版基地的落地和轨道交通等产业集群示范基地的命名，极大拓展了高端产业承载空间，成为丰台强势崛起的重要支撑。新的重大活动机遇，让丰台发展更具活力。世界种子大会、国际铁人三项赛等国际性会展、赛事活动，让丰台以崭新的姿态站在了世界的舞台上。机遇当前，是动力，也是压力，丰台跨越崛起刻不容缓，箭在弦上。

发展的愿望和压力要求发展。丰台的人民热切盼望丰台发展。区富则民强，区域发展关系着民生福祉，区域发展是民心所向。面对络绎不绝的发展机遇和日益雄厚的发展基础，丰台人民有权利要求生活得更富裕、更舒适，也有理由要求丰台发展的速度更快，品质更高。市委市政府也寄厚望于丰台发展。作为城市功能拓展区，丰台已成为承接城市核心功能区拓展、现代经济要素转移、新兴产业聚集的前沿阵地，成为面向京津冀首都经济圈的“桥头堡”，并将辐射带动首都南部地区加速发展。随着后发优势的逐渐显现，丰台正在首都建设发展中发挥着越来越大的作用，扮演着越来越重要的角色。区县竞争的压力倒逼丰台发展。各个区县都在你追我赶、竞相发展。大兴、昌平、房山发展迅猛，急速迫近；朝阳、海淀、东城、西城、顺义的发展势头依然强劲．速度不减。我们前有标兵，后有追兵，慢进则退，不进则衰。如果不融入快速发展的浪潮，就会被大浪冲垮，加快发展是我们必然的选择。

艰巨的任务推动发展。当前丰台的发展重任在肩。城南第二阶段行动计划中，丰台的重点项目数量达到 90 个，比第一阶段增加了 12 个，接近全部项目的 40%。丽泽金融商务区、科技园区、城乡结合部地区、南中轴、永定河绿色发展带，处处都是我们发展的好战场。城南行动计划期间，丰台的全社会固定资产投资增长近 2 倍，年均增长近 20%，占全市的比重从 8%增长到 10%，成为重大项目建设的新的战略空间。

另一方面，支撑发展的人力、财力、能力的短缺与不足，已成为制约我们发展的最大瓶颈。

人力捉襟见肘。丰台的发展需要更多人力支撑。从需求总量上说，我们想干的、能干的、马上要干的事很多，发展得越快，对人力的需求就越大。今年我们为了办好园博，抽调了上千名党员干部，投入了上万的人力，举全区之力办成了这件大事。但是，今后几年我们将长期面临多条战线同时作战的局面，哪条战线都需要人，都需要能干事的人，而我们的编制数额就这么多，可调动的人力资源十分有限。

财力囊中羞涩。今后几年我区投资领域

“热点多、规模大、战线长”的特点依然不会变，仅城南第二阶段行动计划三年累计就需要政府投资180亿元。但在供给方面，由于受集中还款期和结构性减税、房地产等行业调控的影响，我区财力在未来2至3年都将比较紧张，短期而言，明年城南行动及政府投资计划，初步安排的450亿元投资中，需政府投资约56亿元左右，其中超过40亿元都需要通过融资方式筹措。由于总体融资环境趋紧，我们在融资方面也将面临很大压力。

能力力不从心。能力是干事的基础，态度决定干事的境界。一方面我们部分干部能力水平还有待提高。有的干部忙于事务性工作，缺乏学习提升，不能适应新的岗位要求；有的干部管理多过服务，缺乏市场化思维，工作起来事倍功半，心余力绌；有的干部只盯着自己眼前的“一亩三分地”，缺乏大局观和国际化视野。更重要的是部分干部的态度和作风存在问题。有的干部缺了点冲劲，在重点难点工作前“退避拖”，在矛盾困难前“等靠要”，畏缩退让；有的干部缺了点闯劲，对待新机遇不能闻风而动，创新意识和能力不足；有的干部缺了点韧劲，让干就干，干不成就算，不尽心、不上心、不用心，没有干不成事无颜以对、寝食难安的责任意识；还有的干部缺了点拼劲，把工作当差事，上班是为了养家糊口，没有把工作当事业、当使命的责任感、荣誉感，缺乏创大业、争一流的精神状态。以上种种能力之陋、作风之弊，已成为我们当前发展的突出矛盾和问题。

要破解支撑发展的人力、财力、能力不足难题，摆在我们面前的有两种选择。一种是我们把建设战线缩一缩，把发展速度缓一缓，把工作任务减一减，有多少水就和多少面，有多少人就干多少事。这样一味求稳、唯条件论，绝不是正确的选择。我们必须清醒地认识到，发展仍然是解决一切问题的关键。我们的速度不能慢，战线不能缩，机遇不能等，发展不能靠，否则我们就会失去一鼓作气、一往无前的发展势头，就会让到手的机遇旁落，让宝贵的资源贬值，就会被赶超、被淘汰，一步赶不上，步步赶不上。机不可失、失不再来，只有坚持加快发展，才是我们唯一的出路。当前丰台的发展想慢都慢不下来，想停都停不下来。一方面，丰台前期发展积累的许多问题，必须靠发展逐一破解，不然就会越积越多，甚至不可收拾。另一方面，丰台人民发展的迫切愿望，也不允许我们放慢速度、停下脚步。沧海横流方显英雄本色！我们一定要锲而不舍，勇往直前，既定的任务、认准的目标坚定不移，不达目的、誓不罢休。

三、关于2014年工作

2014年是贯彻落实党的十八届三中全会精神、全面深化改革的第一年，也是群众路线教育实践活动向基层深化延伸，“十二五”任务目标实现至关重要的一年。

2014年区委工作的总要求是：全面贯彻落实党的十八届三中全会、中央经济工作会议、中央城镇化工作会议和市委十一届三次全会精神，认真学习习近平总书记一系列重要讲话精神，积极开展群众路线教育实践活动，坚持稳中求进，把改革创新贯穿于经济社会发展各个领域、各个环节，切实提高经济发展质量和效益，促进经济持续健康发展、社会和谐稳定，以主人翁的责任感、不服输的精气神，把繁荣、文明、幸福新丰台建设提升到一个崭新阶段。

2014年全区经济社会发展主要目标是：地区生产总值增长8.5%左右；全社会固定资产投资增长9%左右；社会消费品零售额增长9%左右；地方公共财政预算收入增长10%左右；城镇居民人均可支配收入和农民人均纯收入均增长9%左右；城镇登记失业率控制在2.5%以内；万元GDP能耗下降3.8%

左右。

总体来看，2014年的指标略高于全市的平均指标，略低于往年的指标。这些目标是区委区政府审时度势，综合研判后决定的，是基于目前国内外经济形势，统筹考虑各方面因素后确定的。一方面，这个目标不算太高，因为我们现在正处于经济增长建设的换挡期，处在结构调整的阵痛期，加上宏观经济一些不确定因素的影响，需要为抓改革、调结构、转方式、惠民生留有一定的余地。另一方面，这个目标也不算太低，因为经过多年的积累，丰台现在有基础、有条件、有可能为全市的发展作出自己应有的贡献，同时也考虑了与区“十二五”规划的衔接，与市委市政府有关要求的呼应。总的看，这个指标是比较适宜的，经过努力也是可以实现的。

（一）认真贯彻落实十八届三中全会精神，以改革的精神、思路、办法，破解区域发展难题

以丰台发展重大问题为导向，抓住改革的关键点，攻克发展难点，破解瓶颈障碍，向改革要红利，向改革要动力。

增强改革意识。要结合学习习近平总书记一系列重要讲话精神，深入学习贯彻三中全会决定，真正学深、学懂、学透，按照中央和市委的总体部署，紧密结合丰台实际，深入学习、深刻领会，准确把握全面深化改革的目标任务和重大举措，主动做好破解区域发展面临各种难题的准备，用我们的智慧和努力，用我们工作的水平和成效满足人民群众对美好生活的新期待。各级领导干部必须切实把全面深化改革作为关系区域发展全局和长远的战略任务，以强烈的进取意识、机遇意识、责任意识，自觉担当起改革的光荣使命，以最大的决心和勇气推进改革，最大限度凝聚改革正能量。

明确改革重点。着眼于区域发展最重大、人民群众最关心的领域，全面深化改革。在发挥市场在资源配置中的决定性作用方面，要积极鼓励集体资本以及其他非国有资本以各种方式投资基础设施建设和功能区建设。大力支持国有企业通过战略重组优化资源配置，增强企业实力，服务区域发展。主动盘活农村集体建设用地，促进土地资源在城乡之间的合理配置，发挥集体土地最大效益，最大限度保障农村和农民利益。在转变政府职能方面，要认真做好审批制度改革试点工作，创造促使资源要素和人才汇聚的市场环境和服务环境，激发区域创新活力，最大限度增强区域发展动力。在破解人口资源环境协调发展难题方面，强化区域承载能力的底线思维，探索建立将人口规模调控和结构优化等关系区域长远发展的重要指标与街乡财政体制挂钩的制度，更好地调动区域转型发展的积极性。在解决关系群众切身利益的热点难点问题方面，加强公共资源区级层面统筹，围绕教育、医疗、文化等基础设施建设，不断加大政府投入，积极促进社会参与，大力提升区域社会事业发展水平。在创新社会治理方面，积极培育行业协会类、城乡社区服务类社会组织，充分保障社会组织自治权利，加大政府购买公共服务力度，使社会组织成为区域社会治理体系的重要组成力量。

扎实有序推进。要认识到全面深化改革的系统性与复杂性，科学有序推进。对市里正在研究或即将出台的政策举措，要密切关注，多请示、多沟通、多争取，主动把握政策机遇，谋划区域发展。对属于我们本身的问题，不等不靠不拖宕，从首都、丰台发展的大局着眼，深入研究，大胆探索，找准改革的突破口。要强化对改革的领导，成立专门的工作领导小组，由书记区长负责。区发改委等部门要根据职能责任，研究区域全面深化改革工作，收集、听取各有关部门对改革的建议意见，尽快提出我区全面深化改革的具体意见和办法，并做好与市里对接工作，深入推进我区各领域深化改革。

（二）深入开展党的群众路线教育实践活动，全面加强党的建设，为推动丰台强势崛起提供坚强保障

深入开展党的群众路线教育实践活动，是党中央在新形势下坚持党要管党、从严治党的重大决策和部署。我们要认真开展好活动，弘扬优良作风，解决突出问题，保持清廉本色，以作风建设的新成效，推动区域科学发展。

加强理想信念教育。以社会主义核心价值观为统领，引导广大党员干部坚定理想信念，坚守共产党人的精神追求。要认真学习习近平总书记一系列重要讲话，增强对中国特色社会主义的道路自信、理论自信、制度自信，弘扬伟大的民族精神和时代精神，不断增强团结一心的精神纽带、自强不息的精神动力，为实现中华民族伟大复兴的“中国梦”凝聚共识，汇聚力量。

加强工作作风转变。要按照“照镜子、正衣冠、洗洗澡、治治病”的总要求，认真查找工作中的不良习气和作风问题。坚持区级领导班子带头，抓好处级领导班子，坚决反对形式主义、官僚主义、享乐主义、奢靡之风等“四风”陋习，清思想之尘、行为之垢、作风之弊。聚焦干部队伍存在的慵、懒、散、奢现象，重点整治推诿扯皮、效率低下，门难进、脸难看、事难办等突出问题，以优良作风助推区域发展。

推进基层服务型党组织建设。以服务群众、做好群众工作为重点，推动基层服务型党组织建设。围绕城乡一体化的新要求、新任务，不断探索农村基层党组织的自身建设机制和工作运行机制，为农村集体产业发展壮大做好服务，为农民宜居、就业、社保做好服务。围绕推进基层民主治理，不断探索社区党组织的工作模式创新，确保用群众意愿决定主抓方向、用群众力量推动工作落实、用群众满意评判工作实效。围绕基层群众、企业主体的多元化需求，继续深化城乡党的建设“三级联创”活动和机关党组织“三进三服务”主题活动．把党员、群众发动起来，把各方力量凝聚起来，真正把党的政治优势转化为科学发展优势。

切实办好群众实事。将党的群众路线教育实践活动与落实群众工作十二项制度相结合，从群众最期盼的事情做起，认真落实各项富民惠民政策举措，研究解决教育医疗、食品药品安全、社会保障、环境治理、安全生产等人民群众关心关注的现实问题，积极回应群众关切。及时解决在征地拆迁、涉诉涉访等方面存在的突出问题，维护群众合法权益。通过为民办实事工程、折子工程等多种方式，让人民群众得到实实在在的好处，看到实实在在的变化。

加强党风廉政建设。要继续严格落实中央“八项规定”、“六项禁令”等规定，尤其是要贯彻落实好《党政机关厉行节俭反对浪费条例》、《党政机关国内公务接待管理规定》、《关于严禁元旦春节期间公款购买赠送烟花爆竹等年货节礼的通知》等相关规定，管住“吃”、管好“住”、管控“行”、管制“游”，设置纪律作风的“高压线”。进一步加强党风廉政建设，加大廉政教育力度，严格落实党风廉政建设责任制，完善反腐倡廉工作机制，加强权力制约，狠抓违规违纪行为，从严惩治腐败，坚持有案必查，有腐必惩，真正把权力关进制度的笼子里。

（三）稳步推进经济社会发展，取得区域发展新业绩

重点做好以下五方面工作：

1．全力推进发展方式转变

围绕提高经济发展质量和效益，加快转变经济发展方式，实现经济发展速度更快、质量更高、效益更好。要提速重点功能区建设。加大统筹协调力度，创新利益共享机制，形成功能区与周边乡镇、农村一荣俱荣、一损俱损的开发建设格局。丽泽金融商务区要以组建丽泽管委会、丽泽金都公司为契机，

建立和完善区域统筹的开发模式，加快做好拆迁、建设、招商等工作。北区拆迁上半年要全面完成，南区土地要实现入市交易，市政设施建设要加快推进。要瞄准产业金融、互联网金融等新兴金融机构，尤其是民间注资的中小型银行、债券市场，加速形成产业聚集，发挥辐射带动作用，使丽泽早日成为首都金融产业发展新高地。科技园区要创新组织架构和管理模式，形成灵活高效的管理体制机制，保持在“一区十六园”中的领先地位。依托北车、南车、通号集团、交控科技等龙头企业，发挥轨道交通产业的政策优势、品牌优势，打造具有国际影响力的轨道交通产业集群。做大做强应急救援产业，确保应急救援科技创新园和产业园明年实现开工。深入推进“东扩西进”，加快西区开发建设。要加强高端引领。积极承接高端要素转移和新兴要素集聚，继续做大做强高新技术、金融服务、高端装备制造、文化创意、旅游会展等五大产业。以“招大、选优、引强”为目标，瞄准具有国际影响力的优质企业，主动采取点对点招商模式，切实提高招商引资的质量和效益。加快传统产业转型升级，促进产业向高效益、低能耗方向发展。优化商业发展布局，引进高端商业业态．严格控制传统批发型、自主收银型业态增长。及时出台发展电子商务的鼓励性政策，通过外部引进、内部培育等途径，增加电子商务的产业比重。全力办好 2014 年世界种子大会，尽善尽美做好筹办工作，借助大会提升传统农业，发展现代种业、都市农业和旅游会展业，为首都建设种业之都提供有力支撑。要坚持创新驱动。全力构建科技创新、文化创新双轮驱动发展格局，着力提升区域核心竞争力。发挥企业创新主体作用，集聚创新人才和要素资源。着重围绕轨道交通、应急救援等特色产业体系，打造科技创新领军品牌。紧抓北京国家数字出版基地和中国戏曲文化中心落户丰台的机遇，突出高端定位，加快项目开发建设，提升区域文化创新能力。

2．加快推进城乡一体化进程

要整体谋划农村地区发展。紧抓首都鼓励城乡结合部地区产业升级、环境优化的系列政策措施，系统研究，创新思路，一村一策，健全城乡结合部发展工作体制机制，明确符合河东地区农村实际的城市化路径。结合区域独特资源，探索河西地区实现特色城镇化的具体路径，加快推进城镇化进程。要统筹抓好城乡结合部改造。用好用足市里有关政策，盘活土地资源，破解制约绿隔地区建设的资金、产业、人员安置难题。积极实施纪家庙村三步走改造方案，研究完善并适时启动南苑村、看丹村等地区改造方案，完成张仪村、黄土岗等项目规划前期手续，带动整个城乡结合部地区改造升级。要加快农村产业发展。总结推广卢沟桥 C9 项目成功模式，将土地资源向功能区聚集，促进土地集约高效利用。严格落实农村地区产业项目准入规定，大力发展高端产业，加快集体企业脱胎换骨、腾笼换鸟，不断壮大集体经济。深化产权制度改革和股权结构调整，规范法人治理结构。继续对经济薄弱村给予帮扶，着力培育产业项目和造血功能。要提高农村服务管理水平。进一步发挥河东三乡地区办事处职能，适应城市化发展要求。鼓励集体经济组织开展社会化服务，加强农村社区规范化建设，推进城乡基本公共服务均等化。

3．大力促进人口资源环境协调发展

加强人口规模调控。完善人口承载力研究，统筹人口信息资源，建立监测预警平台，严格落实人口调控目标，做到实有人口服务管理全覆盖。要探索建立地区性流动人口控制奖惩机制，明确属地人口调控责任。严格控制无正当职业的外来流动人口，以业控人、以房控人、以能控人、以费控人，力争流动人口每年递减 10%以上。加大区域综合整治力度。加强对交通站点、商品市场周边等重点地区社会秩序和公共安全整治工作。加大督办、考核力度，加强控违拆违和地下空间、群租房整治。大力清除安全隐患，切实抓好食品药品、消防等安全工作，保障人民群众生命财产安全。不断提升环境品质。深入开展“环境建设提升年”活动，从老百姓身边的环境问题入手，突出环境美化和特色营造，做好老旧小区、背街小巷、重点大街等区域的环境整治工作。针对黑车、小广告、非法游商等城市顽疾，加大打击力度。落实清洁空气行动计划，坚决退出不符合首都功能定位的工业污染企业，坚决完成大气污染治理和中小河道治理工作任务，使丰台城乡面貌再上一个新台阶。

4．突出抓好民生保障

抓好城乡就业。把促进就业作为改善民生的根本举措。围绕重点功能区、重大项目建设和产业发展，开发就业岗位。鼓励和支持以创业带动就业。根据用工需求，加强劳动力技能培训，提高岗位匹配度。逐步将河西 17 个行政村劳动力纳入城镇就业失业管理系统。推广大灰厂、三路居等就业专业化、组织化模式，提升农民就业能力。做好社会保障。切实落实北京市社会保险各项待遇水平上调工作，稳步提高社会保障待遇水平。完善“托底”政策，保障好困难群众生活。积极构建多元化养老服务体系，发动社会力量兴办养老机构，努力推进区级养老综合服务中心建设，推动养老事业多元化、多样化发展。不断健全完善社会救助制度。继续推进棚户区和老旧小区改造，加快保障房建设，开工建设各类保障性住房 1 万套，竣工 9000 套，进一步健全住房保障体系。改善生活条件。加速城南第二阶段行动计划落实，加快基础设施建设，推进河西轨道交通、地铁 8 号线三期、14 号线、16 号线、云岗西路西延、青龙湖 5 号路等重点项目，为区域发展提供硬件支撑。优化医疗资源配置，继续做好北京天坛医院、北京口腔医院的迁建工作，巩固提升社区卫生服务能力，着力解决群众看病就医问题。加强素质教育，努力办好每一所学校，新改扩建一批教育设施，推动基础教育资源的优质均衡发展。加强社会治理。结合群众路线教育实践活动和十二项制度落实，推进基层民主政治建设。加大社会组织培育力度，激发社会组织活力，面向社会购买公共服务，提升服务水平。推动网格化管理向纵深发展，提升社会服务治理精细化水平。发挥信访矛盾排查调处“四级网络”作用，落实责任，及时协调化解突出信访问题。深化“平安丰台”建设，创新立体化社会治安防控体系，在全国“两会”、国庆 65 周年、APEC 会议等专项安保活动期间，加强重点时段、地区和重点人的控制力度，确保社会安全稳定。

5．重点打造区域的文化和品牌形象

要切实加强社会主义核心价值体系建设，持之以恒地加强思想道德引领战略，突出“知丰台、爱丰台、建丰台”主题，增强区域归属感、凝聚力，筑牢发展丰台、奉献丰台的思想根基。深入宣传学习全国道德模范高铁成、“最美丰台人”窦珍老人等先进事迹，发掘、宣传一批道德楷模，引导全社会崇德向善。要加强公共文化服务，加快文化体育场所的建设改造，大力开展文化惠民活动，丰富群众精神文化生活，弘扬主旋律，传播正能量。要做响丰台文化品牌，打造“发现丰台之美”品牌活动，展现丰台之美，创造丰台之美，宣传丰台之美，凝聚全区力量，共建美好丰台。提升“卢沟晓月”中秋文化旅游节、北京国际铁人三项赛、醒狮杯越野跑和彩色跑等知名文化体育品牌影响力，打上丰台烙印，植入丰台基因，使之成为丰台独特的文化标识和生动的形象代言。要加强对丰台整体文化形象的塑造与推广，增强丰台区的文化创造力、辐射力和凝聚力，以文化促发展、以文化树形象、以文化汇能量。

大力推进社会主义民主政治建设，充分

发挥人大联系群众、反映民意、解决矛盾的作用，支持人大依法行使监督职权，更好体现人民意志，维护人民权益。充分发挥人民政协作为协商民主重要渠道作用，更好协调关系、汇聚力量、建言献策、服务大局。坚持依法治区，确保有法必依、执法必严、违法必究。加强国防动员和后备力量建设，提高双拥共建水平，巩固军政军民团结。

同志们，目标催人奋进，使命神圣光荣，发展重任在肩。让我们紧密团结在以习近平同志为总书记的党中央周围，在市委市政府的坚强领导下，团结带领全区干部群众，抢抓机遇、锐意进取、攻坚克难，把繁荣、文明、幸福新丰台建设提升到一个崭新阶段！

李超钢同志在区委十一届五次全会上的总结讲话

（2013 年 12 月 27 日）

同志们：

区委十一届五次全会就要圆满闭幕了。这次全会开得很好，很成功。通过这次会议，大家认真学习、贯彻了党的十八届三中全会、习近平总书记系列重要讲话、中央经济工作会议、中央城镇化工作会议以及市委十一届三次全会精神，听取并审议了区委常委会工作报告，在关系丰台改革发展的重大问题上，进一步统一了思想，达成了共识。刚才，全会审议通过了区委十一届五次全会决议，下面，我代表区委常委会，就做好明年的工作再强调几点意见。

一是要狠抓落实。首先，是要落实目标。全会确定了 2014 年的主要目标和重点任务，这相当于我们向市委市政府，向 200 万丰台人民立下了一份军令状。军中无戏言，立了军令状就要不讲条件、不打折扣。这些目标定下来以后还要具体分解到各相关委办局、各街乡（镇）。各单位对于分解到本单位、本地区的指标，只能超额，不能缩水，只能提前，不能拖后。我们要通过我们的努力把这些目标转化为实实在在的经济社会发展的成效，而不能把这些目标当做望梅止渴、画饼充饥、纸上谈兵的数字游戏。GDP 也好，公共财政预算收入也好，投资也好，消费也好，每增长一个点，都要有相应的工作来支撑，都要有相应的努力来保障，所以各单位都要把分解到本单位的指标进一步细化、深化，通过具体的项目、具体的措施、具体的工作来落实全年的工作目标。其次，是要落实进度。进度就是时间表。我们的工作目标一旦确定，就要尽快明确时间节点和进度要求，形成倒逼机制。要将进度要求落实到季、落实到月、落实到周、落实到天。凡事预则立，不预则废。历史的经验告诉我们，任何一项工作，如果准备充分，提早下手，进展就会比较顺利；如果不紧不慢，前松后紧或者前紧后松，就很难圆满完成。这几年，我们有些工作之所以被动，一个深刻的教训就是“起大早、赶晚集”，“醒得早、起得晚”，结果一步赶不上，步步赶不上。要确保 2014 年工作目标的完成，就必须早谋划、早准备、早下手，要以只争朝夕、时不我待的精神，争分夺秒抓好落实。要尽快制定周密的实施方案，做到心中有数、成竹在胸。发展时不我待、刻不容缓，我们要“能早则早，能快则快”，抢时间、赶进度、比效率，急事急办、特事特办、立说立行、速决速成。要全力推动各项工作往前做、往快做、往深做、往细做，力促各项工作赶超进位。要今日事今日毕，当天事当天完，而不能今日复明日，一天拖一天，到最后积重难返、难堪重负。第三，是要落实责任。责任就是集结号。“天下兴亡，匹夫有责。”丰台兴衰，丰台人有责。建设丰台、发展丰台，是我们在座每一个领导干部义不容辞的责任。我们要守土有责、守土负责、守土尽责，把明年的每一项目标任务量化到位，分解到岗，具体到人，这是履责的基本前提和根本保障。我们要切实做到任务明确、责任明确、要求明确、时限明确、赏罚明确，做到层层有任务、人人有责任、个个有压力。无论是领导干部，还是一般干部，都要切实履行好自己的职责，完成好自己的任务。要完善重大项目监督检查机制，明确专门机构督查督办，确保每个环节都有人盯、有人管，一盯到底。对未能按时完成任务的单位，要及时查清原因，迅速解决。对因履职不力影响全年工作目标任务完成的，要一查到底，追究到人。

二是要改革创新。要锐意进取，向改革创新要时间、要空间、要办法、要能量。首先，要加强思想理念创新。思想指导行动，思路决定出路。要抓住新机遇，赢得新发展，必须首先打破思想藩篱，与时俱进。要敢想，敢想就是不墨守成规、循规蹈矩，就是要敢于用新方法解决新问题，敢于用新思路探索新出路。要敢为，就是要敢于作为。要敢为别人所不能为，更加积极主动地创造性地开展工作。要敢当，就是要敢于担当，不等不靠，不躲不让，挺身而出、迎难而上。其次，要加强体制机制创新。用新体制、新机制，破解人力、财力、能力不足的难题。要创新人才机制，深度挖潜，用当其时、用当其才、用当其位，大力选拔各个建设发展领域的领军人物。打破体制壁垒，扫除身份障碍，在重点廷设项目和领域中，积极引进专业化人才，充分发挥专业团队的重要作用。要创新融资机制，不断拓宽融资渠道，积极搭建融资平台，吸引社会资本参与功能区建设和基础设施建设，把民间蕴藏的巨大财富能量充分释放出来。要创新能力培养机制，着眼于区域发展需求，建立健全科学培训体系，提高广大干部的综合素质和能力；要加强干部在艰苦环境、重大任务、关键岗位的锻炼磨砺；坚持走出去、请进来，积极拓展广大干部的眼界和视野，打造一支素质过硬、作风优良、眼界开阔，既懂管理又懂市场的干部队伍。

三是要始终保持主人翁的责任感、不服输的精气神。“人总是要有点精神的”。对于今天的丰台而言，这种精神就是把丰台的建设发展当事业、当使命的主人翁的责任感，就是不把丰台建设好、发展好誓不罢休的不服输的精气神。我们要做丰台建设发展当之无愧的主人翁。无论是出生在丰台，居住在丰台，还是工作在丰台，我们每一个人都已经打上了深深的丰台烙印。作为丰台人，丰台就是我们的家园，建设丰台、发展丰台就是我们义不容辞的责任，是我们必须要尽心尽力完成的事业，它关乎着我们每一个人的荣辱和尊严。区兴我荣，区衰我耻，我们就是要用自己的双手建设美丽的家园，如果做不到、做不好就应该食之无味、夜不能寐，就应该觉得脸上无光、无地自容。我们要有一股不服输的精气神儿。“不服输”就是要勇争一流，就是要以“狭路相逢勇者胜”的勇气和锐气直面竞争，让发展的机遇落地丰台，让社会的目光聚焦丰台，不达目的誓不罢休，不见成效绝不回头。“不服输”就是要迎难而上，决不能牙酸嘴软，只能吃软豆腐，啃不了硬骨头，要勇于争、敢于抢、善于赢，别人做不到的我们要能做到，别人做得到的我们要做的更好。“不服输”就是要一往无前，拿出一股舍我其谁的冲劲儿，有条件要上，没有条件创造条件也要上，要千方百计，寸步不让，做到应该做的事，顶着压力也要干，必须负的责，迎着风险也要担。我们承认，丰台现在与一些区县相比还有差距，但是我们决不妄自菲薄，自暴自弃，与其临渊羡鱼，不如退而结网。我们就是要保持这样一种不服输、不信邪的劲头，去努力缩小差距，直至走到前列。我们要塑造支撑区域发展和强势崛起的“丰台魂”。一个地区的发展，一定与一个地区精神的凝聚、面貌的锻造和文化的底蕴息息相关，密不可分。丰台的发展经验告诉我们，始终保持主人翁的责任感和不服输的精气神儿是我们战胜一切困难，克服一切障碍的法宝。凭着这一法宝，我们才能“化腐朽为神奇”，成功地举办了一届无与伦比、精彩绝伦的园博盛会。凭着这一法宝，我们才能排除万难，在区县的竞争当中，把丽泽金融商务区这样一个重大的发展机遇牢牢地抓在了手中。凭着这一法宝，我们才能以丰台发展为己任，主动争取、主动作为、主动谋划，把城南行动计划的宏伟蓝图正在变成现实。凭着这一法宝，我们才能矢志不移，打了一场漂亮的环境建设翻身仗，在城六区城市环境综合考评中始终名列前茅。丰台的今天是我们靠着～份责任感、一股精气神儿，一刀一枪、真刀真枪拼出来的。主人翁的责任感，不服输的精气神，就是我们的“丰台魂”，有了这个魂，我们就没有克服不了的困难，就没有干不成的事，没有实现不了的目标。在新的一年里，我们要以更大的责任感、更强的精气神，用非比寻常的决心干劲、非比寻常的过硬措施、非比寻常的工作成效，推动全年各项工作任务全面落实。

最后，元旦、春节临近，就做好两节期间服务保障和安全稳定工作，我再强调几点意见。

一要认真开展好送温暖活动。要心系群众冷暖，广泛开展各类送温暖活动，增进与人民群众的鱼水深情。对孤寡老人、残疾人、困难职工，要进行普遍的走访慰问，认真做好社会救助工作，采取有效措施解决他们的实际困难，把党和政府的关怀送到他们身边。要积极开展慰问一线职工群众活动，重点慰问那些节日期间坚守工作岗位的环卫工人、水电气热供应部门职工以及广大的社区干部、志愿者，让他们感受到组织的关心和温暖。要认真做好拥军拥属拥政爱民工作，建设和谐的军政、军民关系。

二要切实维护社会安全稳定。抓好矛盾排查化解，将各类社会矛盾消除在萌芽状态，控制在起始阶段。确保不发生大规模的集体访和越级访等事件。要抓好治安防控，加大治安巡逻覆盖面，筑牢群防群治的铜墙铁壁，严厉打击各种犯罪活动，切实提高群众安全感。要抓好安全生产，全面排查安全隐患，严防火灾、煤气中毒等事故，有效维护食品药品安全。要抓好值班值守，认真落实值班工作制度，各单位主要领导要 24 小时开机，确保随找随到。所有值班人员必须尽职尽责，不得擅离岗位，遇有紧急、重要事项或重大突发事件，要立即请示报告，并妥善协调处理。

三要坚决杜绝贪腐浪费行为。各级领导干部要认真落实中央关于改进工作作风、密切联系群众的八项规定和市委、区委的实施意见，严格遵守《党政机关厉行节约反对浪费条例》等相关制度，严禁以各种名义突击花钱和滥发实物，严禁用公款搞相互走访、相互送礼、相互宴请等拜年活动，严禁用公款大吃大喝、进行高消费娱乐活动，严禁收受与行使职权相关系的单位或个人的礼品、礼金、有价证券和支付凭证等财物，严禁用公款购买、印制、邮寄、赠送贺年卡、明信片、年历等物品，严禁出入私人会所，狠刹奢侈浪费之风，过一个风清气正的元旦、春节。

同志们，2014 年将是丰台发展史上浓墨重彩的一年。我们要以这次全会为契机，明确发展思路，抓好工作落实，始终保持主人翁的责任感和不服输的精气神，以优异的成绩向国庆 65 周年献礼！

北京市丰台区人大常委会工作报告

——2014年1月9日在丰台区第十五届人民代表大会第四次会议上

丰台区人大常委会主任　王苏维

各位代表：

我受丰台区第十五届人民代表大会常务委员会委托，向大会报告工作，请予审议。

2013年重点工作回顾

2013年，区人大常委会在中共丰台区委的领导下和市人大常委会的指导下，深入学习贯彻党的十八大精神和十八届三中全会精神，坚持和完善人民代表大会制度，认真执行区第十五届人大三次会议决议，依法履职、积极作为、讲求实效，为促进我区经济社会发展和民主法制建设，发挥了地方国家权力机关的作用。

一、依法履行常委会职能，贯彻执行区人民代表大会决议

人民代表大会是人民行使国家权力的机关。常委会把保证区人民代表大会依法行使职权作为首要责任，认真筹备和召开区人民代表大会会议，贯彻执行大会作出的决议决定，能动地赋予实践，保障人民当家作主的权利通过人民代表大会依法有序地得到实现。

（一）不断提高区人民代表大会会议质量。精心组织召开区人民代表大会，科学安排议程，严格会议程序，保证代表充分行使权力，努力提高会议水平。一是组织代表会前视察。紧紧抓住事关丰台区经济社会发展的重大问题、人民群众反映强烈的民生问题和涉及社会和谐稳定的突出问题，开展集中视察和检查，开好专题座谈会，广泛听取人民群众的意见和要求，充分汇集民意、集中民智，为代表提出大会议案和建议意见做好充分准备。二是把大会重要内容向前延展。为提高代表建议、批评和意见的办结率，加强资金保障，九月初在区政府相关单位部门预算编制前，人大常委会专门召开政府部门、各人大街道工委、乡镇人大负责人会议进行部署，提前征集代表建议134件，转送政府相关部门研究办理，使之与政府下年度财政预算安排相衔接，从而形成了代表建议办理工作的资金保障机制。三是认真审议各项报告。贯彻民主集中制，落实区人民代表大会议事规则，围绕提高大会审议质量，采取分组讨论、专题询问、现场咨询、市区代表座谈等多种形式，保障代表充分发表意见，使大会作出的各项决议决定具有更加广泛的民意基础。

（二）着力增强常委会决议决定效力。落实《区人大常委会议事规则》，认真制定2013年常委会工作要点，并向社会公开，接受群众监督。围绕提高常委会会议审议水平，坚持“会议的质量在会前，会议的实效抓会后”，进一步提高了会议决议决定和审议意见的落实效果。全年依法召开常委会会议6次，听取和审议“一府两院”19个专项工作报告，作出5项决议决定；召开主任会

议8次，听取和研究46项议题；召开3次主任专题会议，并形成主任专题会议意见书，交区政府有关部门办理；依法任免国家机关工作人员84人（次）、人民陪审员20人（次）；依法补选5名区代表；编发区人民代表大会常务委员会公报3期；做好2012年常委会会议5项审议意见书的落实检查。为推进本区民主法制建设，促进区域经济社会各项事业发展发挥了积极作用。

（三）切实加强代表议案督办工作。区第十五届人大三次会议确立的“以园博会为契机，推动文化和旅游产业发展”议案，凝聚了全区人民群众的共识，反映了全区人民群众的共同愿望，集中了全区人民群众的共同利益，是区人大常委会工作的重中之重。常委会健全议案督办领导格局，本着“突出重点、立足项目、加强督办、务求实效”的原则，制定详细方案，采取听取报告与实地视察、项目调研与重点推进相结合等措施，认真组织实施。一年来，常委会领导和组成人员、市区代表、议案领衔代表、工作委员会委员，持续开展了议案督办系列活动；听取和审议了区政府关于议案办理情况的专项工作报告，形成审议意见书。区政府重视议案办理工作，专门成立协调小组，明确职责任务，加强工作落实，以园博会的成功举办，进一步明晰了丰台区文化和旅游产业发展思路，加速了优质要素资源聚集，吸引了一批重大项目落户丰台。中国戏曲文化中心、北京国家数字出版基地、卢沟桥文化创意产业集聚区等重点项目取得新进展；河西地区生态环境和基础设施建设得到显著改善；提出《青龙湖—长辛店会展旅游、生态休闲区发展规划实施意见》，形成了“一园一环四板块”的河西地区旅游发展空间格局。

二、加强和改进监督工作，推动全区经济社会可持续发展

常委会认真贯彻落实监督法，充分发挥自身特点和优势，坚持围绕中心，服务大局，突出重点，做该做能做、有用有效的事，积极支持、督促区政府工作落实。

（一）开展经济发展和运行工作的监督。认真落实北京市审计条例和预算监督条例，加强对计划和预算执行的审查监督。常委会组成人员和市区代表，就加快经济结构调整、转变经济发展方式，提高经济运行质量，多次到区综合经济管理部门调研。重点听取区政府关于丽泽金融商务区和科技园区建设、政府性投融资及债务偿还、2014年预算编制等专项报告，提出意见建议。听取和审议了区政府关于国民经济和社会发展计划、预算执行情况的报告，审查和批准了国民经济、社会发展计划和预算草案、决算，推动区政府严格依法理财；听取和审议审计工作报告，督促区政府工作部门认真整改审计发现的问题。进一步细化和加强对“全口径”预算决算监督，增强监督工作的科学性。为推进农村城市化发展进程，在深入调研、征求意见的基础上，听取和审议了区政府关于农村集体经济持续发展和“三资”使用与管理情况的专项工作报告，提出完善农村集体经济产业发展规划、加大行政审批制度改革、加强集体经济运行监管的意见建议，推动区政府制定相关政策措施，统筹城乡发展，农村城市化建设进程进一步加快。

（二）开展社会事业及民生工作的监督。着眼保障和改善民生，推动事关人民群众切身利益问题的解决。着力推进棚户区改造工作，市区代表认真调研，主任会议听取专项工作报告，提出意见建议，加快了改造工作的整体进程。针对农村地区教育资源总量不足、配置不够合理、教育资源流失等问题，组织市、区、乡镇代表和工作委员会委员开展视察检查、座谈研讨活动，形成调研成果，支持区政府进一步优化城乡教育规划布局。围绕群众普遍关注的社区卫生服务问题，对相关职能部门开展专题询问活动，听取和审

议了区政府关于社区卫生服务工作的专项工作报告，督促区政府有关部门进一步健全社区卫生服务网络、加强人才队伍建设、完善社区卫生服务功能，为广大群众提供安全、便捷、高效、经济的公共卫生和基本医疗服务。监督区政府落实为群众办实事折子工程，推动发展建设成果更多更公平惠及人民群众。认真调研我区公共服务设施建设情况，推动区政府建立完善了公共服务设施供需资源平台。对部分行政事业单位房屋租赁管理情况进行调研，召开主任会议，提出进一步规范房屋租赁行为，加大违规查处力度，加强日常监管等建议，形成主任专题会议意见书，督促区政府有关部门及时整改。

（三）开展城南行动计划和城市建设工作的监督。常委会继续对第一阶段城南行动计划实施情况开展跟踪监督，确保各项任务圆满完成。同时，专门听取了区政府关于第二阶段城南行动计划安排情况的专项工作报告，向区政府提出进一步强化组织领导、做好统筹规划、加大资金保障、狠抓调度落实等意见建议。在区政府及有关部门的努力下，丽泽金融商务区、丰台科技园区“东扩西进”等重点工程项目顺利推进。为加速重点项目落地，保障工程用地，听取了区政府关于土地储备情况的专项工作报告，建议区政府继续加强土地储备开发专项调度、加快政府投资项目推进力度和土地开发整体进度，促进了区域发展规划的实施。以基础设施建设提速推动河西地区发展为重点，对生态环境、轨道交通、道路建设等问题开展调研活动，召开主任会议，听取了区政府关于加快河西地区基础设施建设，促进区域经济发展的专项工作报告，提出意见建议，交区政府研究落实。

（四）开展“十二五”规划纲要实施情况中期评估工作的监督。依据监督法的规定，常委会组织开展了对“十二五”规划纲要实施中期情况的调查研究，先后组织专题报告会、工作委员会研讨会、市区代表座谈会，重点了解专项规划实施进展情况以及存在的突出问题，特别是对重要指标和约束性指标完成、重点工程项目进展、重大改革任务和政策措施落实等情况，广泛征求意见。常委会会议听取和审议了区“十二五”规划纲要实施情况的中期评估及部分指标调整方案的专项工作报告，批准了调整方案，并向区政府提出了着力推进经济转型，加快转变发展方式；有效拉动消费增长，确保消费指标完成；加强城市建设和管理，提高生态环境综合治理水平；加快推进社会进步，增加民生福祉的审议意见，为推动“十二五”规划纲要目标任务的全面落实奠定了基础。

三、围绕建设法治丰台，促进“一府两院”依法行政、公正司法

常委会始终把维护稳定，促进社会公平正义作为建设法治丰台的重要工作，紧紧围绕改革发展稳定大局，发展社会主义民主，切实推进依法治区。

（一）督促法律法规贯彻实施。常委会对中华人民共和国道路交通安全法、义务教育法、科学技术普及法等7部法律法规在我区贯彻实施情况进行执法检查，重点听取区政府有关部门关于《中华人民共和国水土保持法》实施情况的工作报告，推动区政府依法行政。常委会组成人员和部分代表集中检查了区残疾人服务保障设施建设、社区开展残疾人康复活动情况，听取残疾人保障法落实情况的工作报告，着重就残疾人康复训练、劳动就业提出意见建议，维护了残疾人的合法权益，推动了残疾人事业健康发展。

（二）督促社会矛盾大调解工作有效开展。着眼维护社会稳定，推动“一府两院”健全完善人民调解、行政调解、司法调解的工作格局。成立由42名代表、相关专业人员组成3个专题调研组，采取上下联动、委室联合、法律专业人士与代表联手等方式，

召开各类座谈会14次；组织部分代表视察调解工作、旁听法院案件审理；借助区政府网络、21个街乡镇和区律师协会三个平台，广泛征求社会各方面意见建议125条，形成了建立行业性人民调解组织、完善基层法庭巡回审判机制等经验成果。常委会听取和审议了“一府两院”关于构建大调解格局，促进社会和谐稳定情况的专项工作报告，从加强制度建设、加大宣传力度、提高调解能力、做好大调解工作衔接等方面提出审议意见，交“一府两院”办理。“一府两院”有关部门认真研究，制定完善了18项工作制度，有效预防和化解了一批社会矛盾。继续加强了对区法院实施专业审判工作、区检察院民事审判监督工作落实情况的跟踪监督。

（三）督促加强流动人口服务管理工作。召开主任会议，听取了区政府关于流动人口服务管理工作情况的专项工作报告，提出进一步完善流动人口服务管理新格局、加强源头治理和控制城乡人口规模等意见建议，支持区政府创新工作理念，改进社会管理，提升公共服务水平，促进流动人口服务管理工作有效开展。

（四）督促“六五”普法规划落实。常委会深入推进法治实践，坚持把领导干部作为检查督促重点，加强宣传教育，增强各级领导干部运用法治思维和法治方式深化改革、推动发展、化解矛盾、维护稳定的能力。组织部分委员和代表就普法工作纳入政府部门年度效能考核体系、开展普法效果统计评估等工作进行专题调研，督促区政府有关部门建立健全了“六五”普法工作机制和保障措施。听取了区政府落实“六五”普法规划决议情况的专项工作报告，督促“一府两院”认真履行职责，稳步推进依法治区进程。

加强规范性文件备案审查工作。成立了规范性文件备案审查工作办公室，研究制定了《区人大常委会规范性文件备案审查工作规程》，推进了我区规范性文件备案审查工作有序开展。

加强人大信访工作。健全工作机构，落实各项制度，坚持常委会领导代表接待日、群众来访接待日，全年受理人民群众来电来信来访275件（人）次，均得到及时转办、交办和督办。

四、尊重代表主体地位，不断激发代表依法履职积极性

常委会深化对代表地位和作用的认识，始终把代表工作作为人大工作的基础，积极探索创新，强化服务保障，拓宽履职渠道，加强建议督办，增强了代表依法履职的责任感和使命感。

（一）改进学习宣传方式。搭建代表履职学习公共邮箱、短信群发学习内容、网络在线学习专栏“三个平台”，增强履职学习的及时性、灵活性。开辟专家集中辅导、联组互动交流、工作委员会座谈研讨“三个课堂”，增强履职学习的针对性、专业性。举办代表学习班，开展人大工作研究，增强履职学习的理论性、系统性。重视建设人大网站、人大电视在线、人大信息、人大宣传栏“四个”阵地，持续、广泛地宣传人民代表大会制度，宣传人大街道工委、代表联组和乡镇人大的工作经验，宣传代表履职的典型事迹和精神风貌，增强了代表荣誉感和责任感。多形式、多渠道的学习宣传活动，强化了代表为民行权观念，改善了代表的履职氛围和人大工作环境。

（二）畅通履职活动渠道。坚持为代表订阅人大工作报刊，及时发送文件、信息，定期向代表通报全区经济社会发展和重点工程建设项目推进情况；加强对代表活动的统筹组织，充分发挥人大街道工委、乡镇人大的基础作用，合理安排代表的视察、调研活动，使代表更好地知情知政。邀请73名代表和工作委员会委员列席常委会会议，参加议题审议；推荐85名市、区代表担任“一府两院”特约监督员和评议员；健全完善代表询问和咨询活动方式，丰富和拓宽代表监督渠道。落实人大会议出席登记、代表履职手册填报、代表活动情况报送等制度，全年共组织各类代表活动287次，参加代表3750人（次），确保了代表活动的规范化、经常化和出勤率。

（三）增强建议督办实效。常委会加大对建议督办工作的领导力度，认真分析研究，周密制定方案，采取办中督察、办后检查、重点督办和复查补办等有效手段，抓好督办工作落实。对建议办理任务重、涉及多部门协同承办的单位，采取集体会商的办法，由常委会组成人员、各工作委员会委员、建议领衔代表深入到区政府有关委办局，听取汇报，实地检查，找准关键症结，着力提高办理质量。对代表集中提出、关系群众切身利益的重点建议，落实领导负责制，由常委会领导亲自督办，督促问题解决。对代表不同意或有异议的建议，加强跟踪督办，努力提升办理实效。积极探索分类督办模式，各工作委员会结合议题调研、执法检查等活动，加强对口监督单位的建议督办，推动同类问题解决。坚持代表建议办理过程公开，完善网络查询系统，便于代表及时掌握办理动态情况。对不以代表建议形式提出、需“一府两院”研究办理的事项，制定《区人大常委会主任专题会议意见书》，加强与“一府两院”的联系沟通，定期集中反馈，形成工作合力。完善《丰台区办理人大建议专项资金管理办法》和长效机制，合理安排专项资金，促进办理落实。一年来，区代表共提出大会建议276件，平类建议14件，经过各方共同努力，均已全部按时办复，代表同意和基本同意率为99.3%。

积极为市人大丰台团代表开展活动、履行职务提供服务保障。组织丰台团代表参加市人大履职学习班，听取我区经济社会发展情况报告，视察调研园博会、青龙湖—长辛店会展旅游生态休闲区建设等重点工程项目，开展市、区代表联系和专业小组活动。全年安排丰台团代表集中活动4次。市人大丰台团代表充分发挥自身优势，依法履行职务，积极参加活动，提出各类意见建议105条，为首都建设特别是丰台发展起到了不可替代的重要作用。

五、密切联系人民群众，切实增强人大工作的实践性

始终保持人大代表与人民群众的密切联系，是法律赋予代表的责任和义务，也是深入贯彻落实党的十八大精神的重要举措。常委会把密切联系群众作为全年工作的主线，精心部署，创新机制，强化指导，取得了阶段性成效。

（一）健全组织体系。加强对联系群众工作的统筹指导，建立了常委会统一负责，人大委室充分发挥作用，各街乡镇人大机构具体实施的工作格局。坚持常委会领导联系基层和工作片区制度，采取面对面的工作方式，帮助人大街道工委、乡镇人大分析、破解工作中的难点问题，提高工作水平。完善区、街乡镇、社区（村）协调顺畅的代表联络服务体系，按照有人员、有职责、有标识的“三有”标准，设立社区代表工作站，明确职责任务和联络员，为代表密切联系群众提供了保障。遵循便于组织、利于活动、富于成效的原则，建立市代表联系区人大工作委员会和各街乡镇人大工作机构的机制，搭建市、区两级代表联系网络，保持了市、区代表的密切联系；成立5个市代表专业小组，通过活动安排设计，加强上下联系，实现了市、区两级代表的工作对接。

（二）建立工作制度。贯彻落实中央“八项规定”，研究制定《区人大常委会党组关于切实改进工作作风、密切联系群众的实施意见》，党组“一班人”带头改进作风，深入基层调查研究，影响和带动了代表联系群众工作的深入开展。制定落实《加强区人大代表与人民群众联系的若干意见》、《人大代表直接联系群众制度》、《人大代表直接联系群众收集、反映关注的问题处理机制》，对代表联系群众工作进行了规范和细化。各代表联组联系实际，制定出台联系群众、反映民意等具体制度措施，进一步密切了代表与群众的联系。一年来，市、区代表积极行动，走访选区选民，直接联系、慰问困难群众367户，捐助物品、资金共36万元，协调解决问题198件。探索建立区人大机关干部驻村蹲点工作制度，安排常委会领导和机关干部深入农村，支持帮助村域发展。

（三）完善监督机制。坚持代表信息公开，在选区公开代表姓名、工作单位及职务、联系方式等，方便群众监督。加强代表联系群众的信息反馈，定期向代表联组和选区选民书面报告联系群众情况；开展代表履职报告工作，回答群众关于执行代表职务情况的询问，主动接受群众的监督。建立代表联系群众登记制度，做到联系群众活动有计划、有组织、有考勤、有总结，不断增强代表联系群众工作的自觉性和实践性。

进一步加强和改进人大街道工委、乡镇人大工作。结合改进作风，联系群众，切实加强对人大街道工委工作的领导，落实工作通则，完善基本制度，重视业务培训，开展工作研讨，人大街道工委的整体建设水平得到提升。坚持乡镇人大主席列席常委会会议和工作例会制度；指导乡镇人大开好人民代表大会，做好代表补选工作。各乡镇人大结合实际，按照代表专业特长，建立若干代表联组和专业监督小组，分别就农村发展的重点问题，有针对性地开展工作，发挥了代表的整体作用和专长优势。

各位代表：区人大常委会在工作中所取得的成绩，是区委正确领导的结果，是区人大代表、常委会组成人员、各工作委员会委员，以及区人大机关工作人员辛勤努力的结果，是区政府、区法院、区检察院密切配合的结果，也是各人大街道工委、代表联组、乡镇人大和广大人民群众大力支持的结果。在此，我代表区人大常委会，向所有从事、关心和支持丰台区人大工作的同志们、朋友们，表示崇高的敬意和衷心的感谢！

在肯定成绩的同时，我们也清醒地认识到，常委会的工作同社会主义民主政治建设的要求，同宪法和法律赋予的职责，同人大代表和人民群众的期望相比还有差距。主要是：实践人民代表大会制度的自觉性和责任感需要进一步增强；监督工作的机制和手段需要进一步完善；为代表依法履职的服务和保障需要进一步改进。这些问题，我们将在今后的工作中认真研究解决。

2014年主要工作任务

2014年，是全面深化改革的新起点。区人大常委会要以党的十八届三中全会精神为指导，以深入开展党的群众路线教育实践活动为主线，牢牢把握丰台区深化改革、加快发展的新形势新任务，切实加强社会主义民主政治建设，推动人民代表大会制度在实践中与时俱进，在区委的领导下，坚定信心，凝聚共识，统筹谋划，协同推进，把区人大及其常委会的工作提高到新的水平。

一、关于监督工作

坚持人民主体地位，贯彻执行区第十五届人大四次会议决议决定，把握我区深化改革和加快发展的阶段性特征，依法履行常委会监督职责，增强监督实效。围绕预算监督工作，加强对区政府“全口径”预决算的监督，听取和审议区政府关于2014年国民经济和社会发展计划、预算上半年执行情况的报告，2013年预算执行和其他财政收支的审计工作报告，2013年决算草案的报告，审查批准2013年决算。围绕建设生态文明，加强环境治理和生态修复，听取和审议区政府关于防治大气污染工作情况的专项工作报告。围绕统筹城乡公共资源配置，建立更加公平可持续的社会保障制度，听取和审议区政府关于落实基本养老服务、促进义务教育均衡发展、完善公共配套设施建设等情况的专项工作报告。围绕优化司法职权配置，健全司法权力运行机制，促进社会公平正义，听取和审议区法院、区检察院及相关部门关于贯彻落实《中华人民共和国刑事诉讼法》实施情况的专项工作报告。围绕加快转变政府职能，创新行政管理方式，强化权力运行制约，听取区政府关于推进依法行政工作的专项工作报告。对以上听取或审议的议题，必要时，做出决议决定。依法行使重大事项决定权和人事任免权。主任会议专题听取区政府关于实施第二阶段城南行动计划、转居撤村、重点村改造等情况的专项工作报告。加强对世界种子大会筹备运行、开展平原造林等情况的视察检查，推动重点工作落实。加强对社会事业领域，特别是人民群众关心、关注的现实利益问题的调查研究，支持区政府为社会提供多样化服务。加强大会议案督办工作。开展对常委会审议意见书、主任专题会议意见书落实情况的跟踪监督。配合市人大做好相关立法调研工作，加强对《中华人民共和国文物保护法》和北京市建设工程条例、房屋出租条例等法律法规的执法检查。

二、关于代表工作

认真贯彻市人大新修订的代表法实施办法，进一步完善代表工作格局，形成长效机制，保障代表依法行使职权，增强代表履职动力。加强代表学习，举办法律学习报告会和区情政情通报会，帮助代表知情知政。改进和丰富代表活动，发挥代表根植于人民群众的优势，及时听取、反映人民群众的呼声和诉求。加强常委会与市、区代表的联系，保证代表执行职务与区人大及其常委会行使职权有序衔接。健全区、街乡镇、社区（村）代表联络机制和网络平台，进一步密切代表与人民群众的联系。认真落实市人大代表建议、批评和意见办理条例，健全区人大常委会代表建议督办制度，加强监督检查，推进办理公开，提高办理质量。发挥各人大街道工委、代表联组基础作用；加强对乡镇人大工作的指导，进一步推进乡镇人大工作制度化、规范化。认真组织好市人大丰台团活动，为市代表依法履职提供服务保障。

三、关于自身建设

按照区委统一部署，深入开展党的群众路线教育实践活动，坚持常委会组成人员带头，努力克服形式主义、官僚主义、享乐主义和奢靡之风。贯彻执行中央“八项规定”，落实区委党风廉政建设责任制，提高区人大党组和常委会组成人员廉洁自律的自觉性。探索和推进人民代表大会制度理论、实践创新，健全“一府两院”由人大产生、对人大负责、受人大监督制度；完善人大工作机制，尝试运用质询、特定问题调查、备案审查等方式，积极回应社会关切。继续加强“学习型、研究型”机关建设，注重学习和研讨交流，提高工作水平。加强人大机关制度建设，进一步推动人大工作的规范化、程序化。加强人大信访工作，提高信访办理质量。

各位代表：回顾过去，我们为丰台区改革发展取得的成就深感自豪；展望未来，我们对丰台区的美好前景满怀信心。我们肩负的使命神圣而光荣，面临的任务繁重而艰巨。让我们在中共丰台区委的领导下，锐意进取，攻坚克难，扎实工作，认真履行宪法和法律赋予的职责，不辜负全区人民的重托与厚望，为建设经济繁荣、社会文明、人民幸福的新丰台，谱写我区民主法制建设的新篇章而努力奋斗！

北京市丰台区人民政府工作报告

——2014年1月8日在丰台区第十五届人民代表大会第四次会议上

丰台区区长 冀 岩

各位代表：

现在，我代表丰台区人民政府，向大会报告政府工作，请予审议，请区政协各位委员提出意见。

一、2013年工作回顾

2013年是全面贯彻落实党的十八大精神的开局之年，是实施“十二五”规划承前启后的关键一年。在市委、市政府和区委的坚强领导下，在区人大及其常委会和区政协的支持监督下，区政府认真贯彻落实党的十八大和习近平总书记系列重要讲话精神，围绕举办“有特色、高水平”的园博会和提升区域发展的质量效益，稳增长、调结构、促改革、优环境、惠民生，全面落实了为民办实事项目，圆满完成了“十二五”规划中期目标和全年各项任务指标。

（一）成功举办园博会展现生态文明建设新成就，区域环境更加和谐宜居

化腐朽为神奇修复生态。北京园博会是继2008年奥运会后，首都举办的又一个国家级、国际性盛会。全区人民在住建部和市委、市政府的领导下，在市相关单位和外省市的支持下，围绕“园林城市·美丽家园”主题，以生态修复带动区域发展，将昔日的垃圾填埋场建成了永定河绿色生态发展带上的一颗璀璨明珠。河西生态环境实现了飞跃，园区及周边道路绿化460公顷，每年吸收烟尘10.4万吨。园博园为河西发展注入了澎湃的绿色动力，区域焕发出新的生机与活力。

区域基础设施极大提升。借力园博建设，推动区域发展。地铁14号线西段建成通车，实现河西地区轨道交通零突破。北宫路、园博大道、梅市口路西延等8条周边道路竣工通车，构建了完善的立体交通网。河西再生水厂投入运行，智能变电站、燃气、热力、通讯等一大批市政基础设施建成完工，区域发展基础不断夯实。周边产业发展明显加快，以旅游会展为主的绿色休闲产业发展势头良好，区域经济社会发展步入了快车道。

园博举办展示丰台形象。园博会是丰台历史上承办的级别最高、规模最大、为期最长的大型活动。按照“隆重、新颖、节俭、绿色、安全”的要求，精心做好安保、交通、服务、环境等工作，实现了“安全、顺畅，游客满意”的目标。运营185天，接待中外游客615万人次，接待总人数和单日接待量均创历届园博会新高。28个国家、48个城市的1200余场文化活动精彩纷呈。97个国家的160名驻华使节和7个国家政要团畅览园博。全区人民以极大的热情，争当园博先锋，实现了服务接待无微不至，安全保障万无一失，宣传活动高潮迭起，志愿服务有口皆碑，得到了国际国内高度评价，呈现了一届精彩纷呈、美轮美奂、无与伦比的园博盛会。

园博精神助推丰台崛起。园博会生动诠释了“人文北京、科技北京、绿色北京”的发展理念，切实提升了城市经济价值、社会价值、文化价值和生态价值，促进了区域发展，造福了人民群众。园博会充分展现了丰台人再造山河的气魄，高度凝炼了拼搏、创新、协作、为民、开放的园博精神，为推动丰台强势崛起提供了宝贵的经验和不竭的动力。园博会虽已闭幕，但园博精神将永不落幕！

（二）经济发展质量和效益显著提升，区域经济持续健康发展

综合经济实力实现新跨越。初步预计，地区生产总值1008亿元，首次突破千亿元大关，增长9.2%。全社会固定资产投资739亿元，社会消费品零售额893亿元，分别增长12%和8%。地方公共财政预算收入76.9亿元，增长12.2%。万元地区生产总值能耗、水耗分别下降4.65%和4.1%。主要经济社会发展指标增速均超过全市平均增速。

重点功能区建设不断加强。丽泽金融商务区实施项目制管理，统筹拆迁、建设、招商等工作。中华联合保险等11个项目进展顺利，开复工330万平方米。高端业态吸引力不断增强，累计引进企业193家，注册资本金980亿元，新引进亿元以上企业27家。实现税收11.9亿元、增长153%，金融信息、金融文化、金融服务等产业加速聚集。丰台科技园区预计实现技工贸总收入3310亿元，增长12%。开复工198万平方米。新引进亿元以上企业19家，其中高科技企业占60%。荣获首批“北京市总部经济集聚区”称号。丰台轨道交通产业集群被国家列为“2013年度创新型产业集群试点（培育）”。“应急救援装备产业技术创新战略联盟”成为全国首家应急救援产业试点联盟。轨道交通、应急救援、军民融合、节能环保等产业进一步集聚。青龙湖—长辛店会展旅游、生态休闲区发展规划实施意见和永定河生态文化新区规划编制完成。河西轨道网规划编制完成。世界种子大会主会场主体结构完工，周边“三主一次”道路开工建设，国际种子检验检测实验室、世界种子大会品种展示基地建成。

产业结构不断优化。第三产业增加值786亿元，增长10%。其中，现代服务业对经济增长贡献率达60%，金融业税收19.7亿元、增长68.5%，旅游业收入120亿元，游客接待量2000万人次、增长28%。招商引资量质齐升，新引进千万元以上企业610家，其中亿元以上77家，新增亿元企业增速居全市首位。企业比重首次超过了个体工商户，达到53.7%，市场主体发生了质的变化。国有企业改革不断深化，完成32家企业清理脱钩和3家国有企业战略重组。利用外资创历史新高，合同外资增长12.7倍，外商投资增长13.5倍，均高于全市平均增幅。

创新能力不断增强。5家企业获国家科技进步奖。专利申请量增长35%，单位研发成本专利产出率指数居全市首位。技术合同登记额600亿元，居全市第二。文化创意产业加速聚集，规模以上文化创意产业收入290亿元。创立全市首家科技与文化融合孵化器，促成北京国家数字出版基地落户，为区域文创产业发展提供新平台。

（三）城市建设管理和城乡一体化步伐加快，区域发展更加均衡协调

城市建设管理成效显著。第二阶段城南行动计划开局良好，全年安排115个项目，投资446亿元，涉及基础设施、生态建设、民生改善等领域。地铁16号线进场施工。青龙湖、槐房再生水厂开工。生活垃圾资源化率、河西污水处理率分别达到48%和40%，新增污水日处理能力3万吨。郭公庄、动漫城110千伏输变电工程实现开工。直面城市运行难题，改造交通设施、道路微循环和拥堵点34项，新增小区车位1万个，设立公共自行车服务系统3000套，群众生活更加

便捷。

环境面貌日新月异。围绕“城乡环境巩固年”，开展“三大战役”整治行动，清理非法砂石料场11处，清理整顿废品回收大院48个，取缔非法废品回收站点147个。城乡结合部、背街小巷及地铁站点周边等地区的集中整治持续推进，北京南站周边环境提升效果显著。开展违法建设“清零”行动，拆除违法建设691处、116万平方米。市容卫生干净指数居全市第二，首都城市环境建设考评居全市第三。实施2013—2017年清洁空气行动计划，完成燃煤锅炉改造753蒸吨，削减劣质燃煤4.4万吨，淘汰老旧机动车4.5万辆，调整退出工业污染企业25家，主要污染物浓度下降率居城市功能拓展区首位。综合治理5条中小河道，升级改造7处下凹式立交桥泵站。完成园博湖景观提升及湿地建设。平原造林9032亩，重点打造“三点三线一区”。新增公园绿地271公顷，城市绿化670公顷，城市绿化覆盖率达48.5%，增加2.1个百分点。

城乡一体化建设稳步推进。农村建设投资实现39.5亿元。8个重点村回迁房全部开工，竣工35万平方米，4个村实现回迁，夏家胡同项目实现入市交易，石榴庄一期、西局一期挂牌公告，完成100公顷土地入市准备。积极探索城乡结合部城市化路径，明确13个组团改造任务，启动纪家庙城市化建设。圆满完成第九届村委会换届选举。完成村级产权制度改革，实现5个村整建制农转居。强化“三资”管理，动态监管征地补偿费，完成清产核资。统筹农村地区招商，出台产业项目准入规定和指导目录。成立北京丽泽金都实业发展有限公司，引导集体经济组织参与功能区开发建设。创立全市规模最大的由集体经济组织发起的小额贷款公司。开创统筹土地、开发、收益、管理的C9公建模式。北京国家现代农业科技城物流科技园正式落户丰台。成功举办第21届北京种子大会。设立种业发展资金，吸引种子企业聚集。

（四）民生保障和社会建设不断加强，人民群众更加安居乐业

人民生活不断改善。一是城乡就业持续扩大。新增城镇就业3.8万人，城镇登记失业人员和农村劳动力就业2万人。完成1.9万城乡劳动力技能培训。将河东48个村5.2万劳动力纳入城镇就业失业管理系统。城镇登记失业率1.69%。城乡居民收入分别增长10.8%和10.5%，增速均居城区首位。二是居住条件大幅改善。开工建设保障性住房1.8万套，竣工1.2万套，开工完成情况位列城六区第一。南苑棚户区安置房竣工11200套73万平方米。长辛店棚户区安置房开工8650套57万平方米，竣工1520套11万平方米。东铁营棚户区改造实施主体确定。老旧小区综合改造惠及2万户，供热管网改造工程惠及1.8万户。三是社会保障全面落实。五项保险参保率98%，城乡居民养老保险参保率和续保率100%。完善扶困救助信息管理平台，救助2万名困难群众。残疾人家庭无障碍设施改造1000户。制定养老设施建设规划，新改扩建11个养老管理服务中心，新增床位1000余张，南苑社会福利中心和彩虹城社区托老所被评为全国“敬老文明号”。

社会事业不断进步。一是文化事业繁荣发展。加强社会主义核心价值观和思想道德建设，评选出百名最美丰台人。荣获“首都文明区”称号。新建公共文明引导服务站点70个。中国戏曲文化中心发展规划编制完成，丰台科技体育馆主体结构完工，中影国际影城建成使用。汽车博物馆被评为国家4A级旅游景区，南宫生态旅游区入选“2013国家生态旅游示范区”。新建、改建文化室及文化体育广场85个，创建市级体育生活化社区65个。围绕“发现丰台之美”主题活动，开展了“书香丰台”等千余场惠民文化活动。卢沟桥在央视“最美赏月地”评选中

位列榜首。成功举办第十五届北京国际旅游节开幕式、“大黄鸭”北京首秀、彩色跑等活动，吸引了一批享誉国内外的特色文化品牌活动落户丰台。二是教育水平持续提升。设立区教育奖励基金，制定基础教育设施专项规划。北京十二中科丰校区和北京四中璞瑅学校投入使用，接收10个教育配套项目，新增小学学位2175个，新增幼儿园7所、学位1590个。3所幼儿园通过市级示范园评定，群众对学校满意度连续三年上升。三是卫生条件日趋完善。组建区食品药品监督管理局。创建国家卫生应急和北京慢病综合防控示范区。完成北京市丰台中西医结合医院三级甲等创建工作。区妇幼保健院改造和北京电力医院一期改扩建工程全面完工，天坛医院实现开工。

社会管理不断创新。一是基本公共服务能力不断提高。建立159个“一刻钟社区服务圈”，覆盖227个社区。累计建立劝导队299支，吸纳志愿者2万名。北大街北里、万年花城第二社区获评北京十大“魅力社区”。认真执行群众工作十二项制度，涌现出西宏苑社区阳光护送队、大井“社区新闻直播间”等社会服务管理新典型，基层民主政治建设不断完善。成立区级社会组织服务中心，购买65个公共服务项目，扶持104个社区志愿服务组织。完成“智慧丰台”顶层设计，丽泽金融商务区成为首批“国家级智慧城市试点”。网格化社会服务管理体系更加完善，划分社区网格981个，建成“人、地、物、组织”综合数据库。二是安全稳定工作持续加强。做好矛盾纠纷排查化解，完善信访代理制度，妥善解决群众合理诉求。推动“平安丰台”建设，探索“平安边界”模式，建立“十二联”防控和“十桥一线”四大秩序综合治理机制。完善老旧小区人、物、技防设施，深化站巡制、驻区制，立体防控体系更加牢固。完成120处普通地下室和108处人防工程清理整治。全面开展“打非治违”等12个领域专项治理工作，安全生产事故起数和死亡人数分别下降20.9%和19.7%，进一步保障了人民群众生命财产安全。

各位代表，一年来，我们自觉接受区人大及其常委会的依法监督和政协的民主监督，认真执行区人大及其常委会决议，认真办复人大代表议案、建议和政协委员提案531件，解决了一批群众关注的热点难点问题。注重政治协商，积极听取各民主党派、工商联、无党派人士和人民团体的意见建议，主动接受社会各界监督。不断完善依法、科学、民主决策机制。坚持依法行政，深入推进政务公开，有效开展网络问政。行政复议、行政应诉、行政执法监督工作继续加强。监察、审计工作扎实推进，惩防腐败体系建设取得新进展。全力落实“六五”普法工作。启动第三次全国经济普查工作。加强为驻区单位、部队和企业服务，双拥共建深入推进。加强对口支援和经济合作。国防教育不断深入，民族宗教工作显著增强，妇女、儿童事业健康发展，工会、共青团、文联、红十字会等人民团体作用充分发挥，侨务、外事、对台、档案、保密、地方志等工作取得新成绩。

各位代表！我们深知这些成绩的取得，得益于市委、市政府和区委的坚强领导，得益于人大、政协的监督帮助，得益于社会各界的大力支持，得益于全区广大干部群众的团结奋斗！在此，我代表区政府，向奋斗在各条战线上的全区广大干部群众，向给予政府工作大力支持的人大代表、政协委员，向各民主党派、工商联、人民团体和社会各界人士，向驻区单位和驻区人民解放军、武警部队官兵，向所有关心支持丰台发展的海内外朋友，表示崇高的敬意和衷心的感谢！

在看到成绩的同时，我们也清醒地认识到，全区经济社会发展和政府工作中还存在一些困难和问题：一是重点功能区建设仍需提速，对经济的支撑作用有待增强。二是创新驱动和内生增长动力仍显不足，培育新的经济增长点仍需下更大功夫。三是人口资源环境矛盾仍然突出，人口无序过快增长、大气污染、交通拥堵、部分地区环境脏乱、违法建设问题突出等“城市病”仍需下大力气治理。四是城乡公共服务一体化、均等化水平仍需提高，教育、医疗、住房、养老等民生问题仍需花大力气解决。五是面对新时期丰台发展的新要求，政府服务意识、行政效能、工作作风和勤政廉政建设仍需进一步加强和改进。针对这些问题，我们将深入分析研究，采取有效措施，切实加以解决。

二、2014 年工作任务

各位代表，党的十八届三中全会吹响了全面深化改革的号角。实践发展永无止境，思想解放永无止境，改革开放永无止境。面对新形势新任务，围绕全面建成小康社会和实现中华民族伟大复兴中国梦的宏伟目标，丰台站在了崭新的历史起点上，任务光荣而艰巨。当前，丰台已经进入了产业结构调整的升级期，城乡结合部地区农村城市化的攻坚期，城市建设管理“城市病”的根治期，社会建设的创新期。我们要认清当前发展的阶段和特征，认真学习贯彻习近平总书记系列重要讲话精神，落实好市委、市政府的工作要求，以主人翁的责任感、不服输的精气神，为丰台发展插上腾飞的翅膀。

第一，坚持把改革贯穿于经济社会发展的各个领域。牢牢把握全面深化改革的重大机遇，发扬“钉钉子”精神，抓铁有痕、踏石留印，把各项改革举措落到实处，以改革促发展、促转方式调结构、促民生改善，不断释放改革红利，推动各项工作迈上新台阶。

第二，坚持把城乡结合部治理作为推动人口资源环境协调发展的突破口。用足用好相关政策，整体谋划城乡结合部改造，统筹做好人口调控、环境治理、安全稳定等工作，破解人口资源环境矛盾。

第三，坚持把重点功能区建设作为全区工作的重中之重。重点功能区建设关系丰台现在，更关乎丰台未来。必须牢固坚持功能区的定位，以时不我待、舍我其谁的精神加快推进各项工作，增强重点功能区对区域发展的支撑能力。

第四，坚持把调整优化产业结构作为推动区域发展的主攻方向。积极融入京津冀一体化发展，加快产业结构调整，推动产业优化升级，进一步培育发展新兴支柱产业，增强经济发展的内生动力。

第五，坚持把群众满意作为政府工作的出发点和落脚点。深入开展党的群众路线教育实践活动，谋民生之利，解民生之忧，着力解决教育、医疗、住房等人民群众最关心最直接最现实的利益问题，让人民生活得更有尊严、更加幸福。

今年是实现“十二五”规划的攻坚之年，也是全面深化改革的起步之年。区政府工作的总体要求是：高举中国特色社会主义伟大旗帜，以邓小平理论、“三个代表”重要思想、科学发展观为指导，全面贯彻落实党的十八届三中全会、中央经济工作会议、中央城镇化工作会议和市委十一届三次全会精神，按照区委十一届五次全会要求，以开展党的群众路线教育实践活动为契机，坚持稳中求进，全面深化改革，着力提升区域经济发展质量和效益，着力加强生态文明和文化建设，着力保障和改善民生，促进社会和谐稳定，在建设繁荣、文明、幸福新丰台征程中迈出坚实步伐。

今年全区经济社会发展主要预期目标是：地区生产总值增长 8.5%左右；全社会固定资产投资增长 9%左右；社会消费品零售额增长 9%左右；地方公共财政预算收入增长 10%左右；城镇居民人均可支配收入和农民人均纯收入均增长 9%左右；城镇登记失业率控制在 2.5%以内；万元地区生产总值能耗下降 3.8%左右。

（一）着力全面深化改革，破除发展瓶颈和难题

进一步解放思想、解放和发展社会生产力、解放和增强社会活力，加大改革创新力度，坚决破除制约区域发展的各方面体制机制弊端，坚决破除发展中存在的突出矛盾和瓶颈障碍，推动经济社会建设各项工作实现新跨越。

深化行政体制改革，增强政府公信力和执行力。稳步推进政府职能转变和机构改革，创新行政管理方式。以我区纳入北京市优化投资项目审批流程试点为契机，对接重点功能区和政府投资项目，切实优化流程、减少重复、缩短时限。优化企业发展环境，推进工商注册便利化，加快实现网上审批登记，建设中小企业综合服务平台。积极稳妥推进事业单位分类改革，探索有条件的事业单位转企改制。

深化财税体制改革，促进社会公平和区域积极性。全面实施规范、公开、透明的预算管理制度，细化预算编制，规范预算支出，提高预算执行均衡性，更好地用于保障民生。在街乡镇现行财税体制的基础上，逐步形成事权与支出责任相适应的财税体制。探索将人口调控、楼宇招商、绿色生态等关乎区域长远发展的重要事务与地区财税体制挂钩，更好调动地区转型发展的积极性。

发挥市场决定性作用，更好地配置资源激发经济活力。积极发展混合所有制经济，鼓励国有资本、集体资本、非公有资本等交叉持股、相互融合，增强企业活力。建立多元化融资渠道，鼓励集体资本以及其他非国有资本以各种方式投资基础设施和功能区建设。鼓励集体经济组织设立或参股金融机构，增强对区域发展的支持力度。

健全城乡发展一体化体制机制，实现区域协调发展。总结推广C9公建模式，统筹规划调整、土地置换、利益共享和市场运作，加速土地资源向功能区集聚。深化长辛店镇统筹利用集体建设用地试点，推进第二道绿化隔离地区建设发展，促进土地资源在城乡之间的合理配置，实现土地利用规模化、效益最大化，保障农村和农民利益。加强城乡基础设施和社区建设，推进基本公共服务均等化。

创新社会治理体制，确保社会安定有序。发挥政府主导作用，鼓励和支持社会各方面参与，实现政府治理和社会自我调节、居民自治良性互动。落实加强物业服务和社会管理工作意见，推动物业服务融入社区管理和社会建设。大力支持社会组织承接政府转移的公共服务职能。建立畅通有序的诉求表达、心理干预、矛盾调处、权益保障机制，使问题能反映、矛盾能化解、权益能保障。

（二）着力加强“城市病”治理，推动人口资源环境协调发展

“城市病”的本质是人口与资源、环境承载力之间的矛盾。要按照市委、市政府打好治理“城市病”攻坚战的要求，全力做好城乡结合部整治和生态环境改善，努力建设天蓝、水清、地绿的美丽丰台。

加强人口调控。控制人口数量，优化人口结构，统筹人口信息资源，探索构建人口科学发展的长效机制。依法依规落实生育政策。强化“以业控人”，充分发挥产业调控的基础性作用，加快产业优化升级。强化“以房管人”、“以证管人”，开展群租房、地下空间等房屋违法出租专项治理。做好普通地下室三年整治收尾，完成410处整治任务。全面清理到期人防工程，继续关停“散租住人”人防工程100处。利用人防工程建立9社区活动中心，推进公益化利用。

加强环境整治。以“城乡环境提升年”活动为载体，以城乡结合部和街巷胡同为重点，加大群众身边环境整治力度。开展专项行动，做好种子大会周边环境美化，实施进京铁路沿线和地铁站口周边的综合治理，完成大成北里等 20 条背街小巷的环境整治，

加大对“黑车”、摩的、小广告、无照经营的打击力度，提升区域环境建设水平。治理6处非正规填埋场。创建20个垃圾分类达标小区，推进生活垃圾源头减量。保持控违拆违高压态势，继续落实“双发现、双制止”机制，加大违法建设拆除力度，确保新生违法建设“零增长”。

加强大气污染治理。编制实施区环境总体规划，健全重污染天气应急体系，探索建立基层环保组织，落实清洁空气行动计划。确保空气中细颗粒物年均浓度下降10%。调整退出转型15家工业污染企业。大力发展清洁能源，建成西南热电中心配套设施，改造1218蒸吨燃煤锅炉，减煤换煤6.3万吨。加强施工、道路扬尘控制，确保主要道路无遗撒。关闭非法砂石料场，削减无组织扬尘排放。淘汰老旧机动车2.5万辆。增设公共自行车服务系统2000套，倡导绿色出行。

加强生态环境建设。着力优化水环境和城市绿化。落实好三年治污行动计划，完成晓月苑污水处理厂升级改造，确保河西再生水厂按设计容量运行。全面建成郭公庄水厂，做好“南水北调”进京保障。建好雨洪利用工程。实施佃起河等8条中小河道治理，提升截污治污能力，升级改造6处下凹式立交桥泵站，确保安全度汛。在丰草河等有条件的河段建设滨水绿道，安装照明设施，打造休闲健身场所，做到“治理一条河道，打造一个生态样板工程”。完成3500亩平原造林、68公里园博绿道、10公顷便民绿化和10公顷代征地绿化工程，建设3个城市休闲森林公园，实施屋顶绿化1.5万平方米，林木绿化率达到41%，用绿色装扮美丽丰台。

（三）着力打造重点功能区，不断增强区域发展动力

功能区强则丰台强，功能区兴则丰台兴。要下狠功夫，大力度、高水平推进重点功能区建设。

丽泽金融商务区要只争朝夕。创新体制机制，加快组建北京丽泽金融商务区管理委员会。加强领导，集中力量，实现丽泽开发建设“四好四快”。“四好”，一是统筹发展要好。引导集体经济组织以股份制形式参与功能区建设，加快丽泽金都实业发展有限公司实体化建设，形成共同开发、共享收益的长效机制，借力重点功能区高端定位带动集体产业发展。二是协调配合要好。加强与市级部门沟通，抓好区内部门配合，形成“市级层面有调度、全区内部有统筹、开发工作一盘棋”的良好工作格局。三是施工组织要好。引进数字信息管理平台，科学组织各类基础设施和项目施工，合理安排建设时序，确保施工安全有序。四是宣传推介要好。启动整体景观方案征集和施工建设，建立集宣传展示、互动体验等功能于一体的立体化推介模式。“四快”，一是土地开发要快。北区拆迁上半年全面完成，平整土地300公顷。南区剩余64公顷土地入市交易，供地建筑规模94万平方米。二是市政建设要快。西站南路南延等3条城市主干路基本建成。南区13条次干支路、10类市政管线等市政基础设施基本完工。北区道路和市政管线实现开工。三是项目推进要快。确保12个已出让项目及北区回迁安置房开复工400万平方米，完成固定资产投资144亿元。四是招商引资要快。在继续吸引传统金融机构的基础上，重点围绕国家金融信息中心、财富管理中心、大数据金融中心等金融创新中心建设，引进30家亿元以上企业。强势推进各项工作，尽早将配套设施完善、生态环境和谐、金融要素聚集的高端商务区形象呈现在世人面前。

丰台科技园区要永葆争先。紧抓首都深入实施创新驱动战略机遇，创新园区组织架构和管理模式，形成灵活高效的管理体制机制，巩固在中关村“一区十六园”中的领先地位。一是强化品牌亮点。坚持走特色化、差异化发展之路，深入研究功能定位和产业

发展方向，形成园区特色。着力打造轨道交通品牌，全力做好宣传工作，依托北车、南车、通号集团等龙头企业，加快轨道交通产业上下游聚集；着力打造应急救援品牌，确保应急救援装备科技创新园和产业园实现开工。二是加快东扩西进。确保开复工 200 万平方米，完成固定资产投资 70 亿元。东区三期建设用地出让 29.2 公顷，土地开发 42 公顷，市政基础设施建设全面完工；西区Ⅰ上半年具备土地出让条件，实现市政道路竣工；西区Ⅱ拆迁全部完成。启动北宫路西延和六圈路等周边道路建设。三是释放发展活力。支持公共技术服务平台建设，抢占科技创新和高技术产业竞争的制高点。充分发挥博士后工作站和青年英才创新实践基地平台功能，通过引进单轨城际客运系统等科技项目，着力吸引创新型人才团队，使创新成为区域发展的源动力。四是引领总部聚集。发挥总部经济的引领作用，加速东区高新技术和西区高端装备总部聚集，增强核心竞争力，引进亿元以上企业 20 家，留区税收增长 12%，技工贸总收入增长 10%。

世界种子大会筹办要尽善尽美。确保 2014 年世界种子大会主会场、公寓式酒店按期投入使用，周边 4 条道路及青龙湖再生水厂等基础设施如期竣工，做好大会核心区、联络线及周边道路的景观布置。抢抓机遇，扩大国内国际影响力，全面做好会务保障、宣传推介等工作。坚持“以会兴业，以业惠民”，加强种业会展和种业总部功能区建设。加快打造创意活跃、环境优美的青龙湖国际文化会都。

园博园展后利用要卓有成效。提升园内植物景观品质，丰富配植层次和季相变化，确保如期开园。继续推进周边配套设施建设，着力吸引一批高端优质项目入驻，承载生态、休闲、文化、商务等功能，实现经济效益和社会效益的有机统一。发挥园博园辐射带动作用，深度谋划长辛店地区整体发展，加快长辛店生态城建设，打造首都园林文化休闲镇。

（四）着力加大产业结构调整力度，有效激发区域发展活力

产业是丰台崛起的基石。要坚持产业立区的理念，紧盯高端产业发展不放松，提升区域发展品质。

强化优势升级。一是南中轴高端商务中心区要顺势而上。紧抓首都第二机场建设机遇，积极推动南中轴地区纳入市级统筹，着力促进现有业态优化升级。二是三四环都市型产业发展带要凸显特色。重点发展面向都市、服务市民的商务服务业。三是永定河绿色生态发展带要实现突破。加快商务服务、文化创意、休闲旅游等产业的有机融合。

强化创新驱动。全力构建科技创新、文化创新双轮驱动的产业格局。加快科技创新，围绕产业链部署创新链，围绕创新链完善资金链，充分利用科技三项费和科技型中小企业创新基金等政策，支持科技项目 150 个，促进科技成果转化 90 项。加强文化创新，完善文创产业孵化器建设。推进中国戏曲文化中心项目前期工作。加快北京国家数字出版基地建设，完成配套政策制定，明确管理模式，统筹推进土地一级开发和基础设施建设，确保基地实现开工。

强化高端引领。落实商业发展规划，引进高端业态，促进存量升级，严格控制传统批发型、自主收银型业态增长，并研究支持政策和管理办法，推动服装、建材等批发市场转型升级。加快奥特莱斯等大型商业设施建设，继续打造马家堡等特色商圈，推进功能区、轨道站点等区域的配套商业设施建设。研究建立电子商务产业基地，出台鼓励政策，促进农贸、服装、花卉等传统商业向电子商务转型。推进区属国有企业战略性重组，通过整合资源、引进战略投资者等途径，提升企业竞争力。全面梳理国有企业、集体经济组织拥有的，重点村闲置的和城乡结合

部释放的土地资源，实施“腾笼换鸟”，将有限空间资源用于发展战略性新兴产业。

强化招商引资。按照区域功能定位，针对金融、高科技等重点发展产业，主动上门，实行点对点招商，加快优质项目落地速度。瞄准产业发展方向，完善准入评估机制，拟定产业类别、综合贡献、环保安全等方面的招商导则，提升招商质量。创新楼宇招商、土地招商、社会招商等方式，吸引产业集聚，形成倍增效应。坚持增量与存量并重，在服务好入驻企业的同时，完善信息捕捉、洽谈签约、注册落地等专业化全流程服务标准，构建绿色通道，深化跟踪服务。全年引进千万元以上企业630家，其中亿元以上企业80家。

（五）着力实施“新三起来”工程，促进城乡统筹发展

“土地流转起来、资产经营起来、农民组织起来”是提高农村土地产出率、资产收益率、劳动生产率的重要举措。要以“新三起来”为重点，全面推进城乡统筹发展。

加快城乡一体化进程。积极推进河东城市化，做好整建制农转居，逐村梳理明确河东三乡城市化路径和时间安排。严格按照市区建设征地补偿安置要求，按时完成征地转非任务。借鉴纪家庙村成功模式，启动羊坊村、看丹村等地区改造，完成黄土岗、时村等项目前期手续。加快重点村城市化建设，全力推进100公顷土地入市，回迁安置房竣工25万平方米。小瓦窑等4个村实现回迁。做好重点村转居人员社会保险趸缴，切实保障农民利益。加快河西地区城镇化，完成辛庄村等项目前期手续，实施张家坟村等环境整治项目，推动河西地区整体发展。

创新资产经营模式。鼓励集体经济组织通过乡村联动、引入社会资本等方式，盘活存量，放大效益，逐步实现资产经营向资本运作转变。加强“三资”管理，加大征地补偿费监管力度，加强投资决策和集体经济合同管理，建立村级财务预决算制度，确保资产运营安全。深化产权制度改革和股权结构调整，提高分红比例，规范法人治理结构，完善现代企业制度。统筹全区乡镇招商，严格落实农村地区产业项目准入规定，加快推进金石大厦、城南购物中心等项目建设，大力发展物业管理、小额金融等现代服务业。

提高农民组织化程度。充分发挥河东三乡地区办事处职能，完善农村社会治理体制机制。做好涉及土地流转、拆迁上楼、农转非等人员的就业和社会保障，使农民成为就业有岗位、增收有资产、生活有保障、服务有组织的“四有”新市民。推广大灰厂、三路居等就业专业化、组织化模式，实现河西地区农民新增就业1500人。逐步将河西17个行政村劳动力纳入城镇就业失业管理系统，促进农民稳定增收。转变经济薄弱地区帮扶方式，以镇域发展带动薄弱村发展，实现强村富民。

（六）着力促进文化强区建设，推动文化大发展大繁荣

文化是区域发展的重要引擎。要加强社会主义核心价值体系建设，完善公共文化服务体系，扩大区域文化影响力和开放水平，加快建设文化强区。

加强社会主义核心价值体系建设。实施思想道德引领战略，全面提高公民道德素质。巩固首都文明区创建成果，深入开展“建设美丽丰台·做文明有礼的北京人”活动，推进公共文明引导行动，传递社会正能量，营造知荣辱、讲正气、作奉献、促和谐的良好风尚，培养自尊自信、理性平和、积极向上的社会心态，提升市民文明素质和社会文明程度。

积极推动文化惠民。提高公共文化服务能力，实现丰台科技体育馆竣工，推进方庄数字文化中心建设，新建、改建3个文化广场。积极推进宛平城修缮和卢沟桥历史博物馆数字化改造。加快新媒体宣传平台建设，

推广数字高清机顶盒3万户。丰富群众文化生活，打造“发现丰台之美”活动品牌，提升区域文化凝聚力。着力培育“一街一品”、“一村一品”，以“我的丰台·我的家”等活动为载体，开展群众文化活动600场。落实全民健身计划，建设22个国民体质测试站和75个体育生活化社区，营造浓厚的全民健身氛围。

扩大区域文化影响力。发挥地域文化优势，继续举办北京国际铁人三项赛、北京国际车辆模型赛、彩色跑、醒狮杯越野跑等品牌赛事，增强区域知名度和美誉度。扩大“卢沟晓月”中秋文化旅游节影响力，提升中秋文化品牌。以“花好月圆传戏韵”为主题，深化戏曲文化和花卉文化品牌内涵。借力文博会等推介活动，深化“文化丰台·创意未来”的主题，展示丰台文化形象。

提高区域文化开放水平。坚持政府主导、企业主体、市场运作、社会参与，提高文化开放水平。以世界种子大会为契机，增强区域国际知名度。依托汽车博物馆，促进与法国国家汽车博物馆共同举办中法汽车文化展，打造汽车文化品牌。深入挖掘卢沟桥、园博园等享誉国际的古今文化资源，吸收国外优秀文化成果，实现区域文化走出去。

（七）着力解决人民群众最关心最直接最现实的利益问题，切实保障和改善民生

以群众需求为导向，从解决群众最关心的问题入手，提供多样化服务，让人民群众更多更公平地享受发展成果。更加注重稳定和扩大就业。建立城乡统一的就业政策扶持体系，提高就业服务水平。围绕重大项目建设和产业发展的用工需求，新增物业、绿化养护等岗位6000个。加强技能培训，提高岗位匹配度，完成技能培训1.9万人次。实施“自主创业倍增计划”，建立自主创业学院，组建创业导师志愿团队，多渠道加强创业指导。完成城镇新增就业2.85万人、城镇登记失业人员和农村劳动力就业1.9万人。

更加注重完善社会保障体系。扩大社会保障覆盖面，城镇职工五项基本保险参保率达到98%，城乡居民养老和城镇居民医疗保险参保率分别达到97%和95%，各项社保基金收缴率达到98%。做好大病统筹保障，加大低保群体救助力度，提高困难群众生活质量。提升社会救助水平，完成区流浪乞讨人员救助管理站建设，积极引入社会组织参与救助服务。应对人口老龄化趋势，研究制定养老服务业支持政策，引入社会资本投入养老设施建设，推进区级养老综合服务中心、街乡镇养老照料中心和社区微型养老服务设施建设，新增养老床位1500张。培育特色养老服务项目，让更多的老年人享受更优质的服务。

更加注重提高教育质量。增加优质教育资源，加大布局调整力度。全面完成中央民族大学新校区土地一级开发，实现开工建设。推动北京十一学校中堂实验中学、人大附中丰台学校等项目建设。深入探索教育联盟改革实验，促进优质教育均衡发展。鼓励以乡镇为主体、教育部门支持监管的办园形式，缓解入园难题。积极引进特级教师和学科带头人，加强干部教师培训，提升教师队伍整体素质。全面落实中小学建设三年行动计划，推进中小学体育工作三年行动计划，深化教育教学改革，提高素质教育水平。

更加注重提升医疗卫生水平。继续推进北京口腔医院迁建工作，推动丰台中西医结合医院二期、北京电力医院二期改扩建工程和公共卫生大楼建设。推进方庄社区卫生服务中心京港示范窗口建设。新增3所社区卫生服务站。拓展中医、心理、康复等特色服务品牌，保持社区卫生服务工作全市领先地位。加强基层医务人员培训，提高职业技能和服务水平。完善传染病预警监测系统，保持传染病发病率稳中有降。组织城乡医院对口支援，积极探索医疗联合体工作模式，为

群众就医创造便利条件。

更加注重改善群众居住条件。开工建设各类保障性住房1万套，竣工9000套，实现供地50公顷。实施农村特困户危房翻建和改造。继续加快长辛店棚户区安置房建设，南苑棚户区全面入住。加快推进东铁营、小井村等棚户区改造和环境整治项目，开工建设安置房50万平方米。继续推进王佐镇永久安置房建设。做好老旧供热管网改造，全面提高供热及能源利用效率。继续实施老旧小区综合整治，实现抗震节能综合改造180万平方米。

更加注重完善民生基础设施。优先做好与群众关系最密切的基础设施建设，确保道路工程新开工17项，竣工21项，新增通车里程66公里。开工建设地铁8号线三期。L2线和河西轨道T1、T2线一期开工建设，纳入全市2015年轨道交通通车计划。实现康辛路二期全线通车。完成角门北路等10处拥堵点改造。确保生活垃圾循环经济园湿解处理厂实现开工，提升资源高效循环利用水平。出台“智慧丰台”建设管理规范和技术标准，推进“智慧丰台”重大项目建设，完成智慧社区建设任务，在公共交通枢纽、行政服务大厅等30个公共区域实现无线网络全覆盖，提升城市智慧化水平。

（八）着力提升社会治理能力，促进社会和谐稳定

着眼于维护人民群众根本利益，最大限度增加和谐因素，提高社会治理水平，确保社会安定有序。

改进社会治理方式。发挥街道在社会治理中的主导作用，推进社区规范化和“六型社区”创建工作，深化和落实社区事务议事协商等群众工作制度，健全基层社会治理和服务体系。建设10个市级规范化社区示范点，10个市级“一刻钟社区服务圈”示范点。继续推进80个社区办公和服务用房的规范化建设。持续开展“知民情、解民忧”大比武、大练兵活动。推进网格化社会管理服务向纵深发展，实现区域全覆盖，加大数据采集、分析、利用力度，主动解决群众需求最迫切、反映最强烈的问题。

强化社会组织培育。在街道全面开展“枢纽型”社会组织工作体系建设。重点培育公益慈善、城乡社区服务等类型的社会组织。购买40个社会组织公共服务项目，扶持100个社区志愿服务组织。充实社区志愿者队伍，创新志愿服务形式，推动志愿服务常态化。积极引进、培养社会工作专业人才，提高服务群众能力。

维护社会安全稳定。全面开展安全生产大检查，建立隐患排查治理和安全预防控制体系，有效预防重特大事故。继续推进安全生产标准化。持续开展火灾隐患攻坚整治“铁拳”行动，进一步完善消防设施，完成区消防指挥中心选址方案调整，确保玉泉营消防站投入使用。加强食品安全保障，构建食品药品安全三级监督网络，完善应急预案体系及风险预警信息平台建设，做好食品药品抽样检测工作。从源头预防和减少社会矛盾，完善信访代理制和多元调解机制，及时就地解决群众合理诉求。创新立体化社会治安防控体系，加强对学校、幼儿园等重点场所的安全防范，加强对治安混乱地区的排查整治，加强对人民群众反映强烈问题的专项治理。推动派出所片区划分改革，优化警力分布，营造良好的治安环境，保障全国“两会”、国庆65周年、亚太经合组织峰会等重大活动社会面安全平稳。

三、认真践行党的群众路线教育实践活动，建设法治政府和服务型政府

2014年，全区深入开展第二批党的群众路线教育实践活动。我们要按照“照镜子、正衣冠、洗洗澡、治治病”的总要求，集中解决“四风”问题，以良好的政风取信于民。我们要认真查摆问题，开展批评与自我

批评，找到差距，及时纠正、及时改进。我们要坚持开门搞活动，自觉接受群众监督，着力解决群众反映强烈的突出问题。我们要不断提高新形势下做好群众工作的能力，坚持服务群众、造福群众，多为群众办实事、做好事、解难事，以实际行动密切与人民群众的血肉联系，让人民群众满意。

各位代表，我们要把“为民、务实、清廉”贯彻到政府工作的方方面面，切实加强自身建设，着力打造法治政府、服务型政府与廉洁政府。

始终做到依法行政。主动接受人大的依法监督和政协的民主监督，自觉接受舆论监督和社会监督，认真听取各民主党派、工商联、无党派人士和人民团体的意见建议。完善与人大代表、政协委员联系机制，加强基层协商民主制度建设，切实办理好各级各类议案、建议和提案。大力推进政务公开和政府信息公开，增强政府工作透明度。继续全面做好“六五”普法工作，认真做好行政复议工作，不断加强行政执法监督，全面提升依法行政工作水平，着力打造法治政府。

始终做到勤政为民。把政府的工作重点放到“保基本”、“补短板”、“兜底线”上，为广大群众提供更加快捷、周到的服务。我们想问题、做决策、付实践必须要以维护群众利益为根本导向，为群众掌好权、用好权，倾听百姓声音、关心群众疾苦、解决底层忧难，把身子“沉下去”，将呼声“捞上来”。要强化政府内部监督，加强公务员队伍作风建设，加强对政府折子工程、为民办实事项目落实情况的督查督办，着力打造服务型政府。

始终做到清正廉洁。严格实施惩治和预防腐败体系五年工作规划，深化廉政风险防控“三个体系”建设，全面落实党风廉政建设责任制，加大从源头上预防和治理腐败力度。围绕区重点工作、重大工程强化监督检查，确保中央和市区重大决策部署贯彻落实。严格遵守中央八项规定及市十五条实施意见，《党政机关厉行节约反对浪费条例》和《党政机关国内公务接待管理规定》，切实规范会议活动、公务接待、公车使用等问题。加强廉政制度建设，用制度管权、管钱、管人，真正形成不想腐、不能腐、不敢腐的反腐机制，切实做到干部清正、政府清廉、政治清明，着力打造廉洁政府。

各位代表！丰台的崛起承载着全区人民的希望与梦想，寄托着全区人民的夙愿与期盼，凝聚着全区人民的心血与奉献。我们一定要在市委、市政府和区委的坚强领导下，进一步解放思想、凝聚力量、改革创新、攻坚克难，全力以赴做好政府各项工作，决不辜负人民的期望和重托，为建设经济繁荣、社会文明、人民幸福的新丰台而努力奋斗！

中国人民政治协商会议北京市丰台区第九届委员会常务委员会工作报告

——2014年1月7日在政协北京市丰台区第九届委员会第三次会议上

李昌安

各位委员：

我受政协北京市丰台区第九届委员会常务委员会委托，向大会报告二次会议以来的工作，请予审议。

2013年工作回顾

2013年是全面贯彻落实中共十八大精神的开局之年，是丰台政协事业开拓创新、全面提升、谱写新篇章的一年，是全体政协委员与时俱进、竭诚履职、展示新风采的一年。一年来，在中共丰台区委的正确领导下，区政协牢牢把握团结、民主两大主题，紧紧围绕建设“活力、有为、务实、和谐”丰台政协的总目标，强化作风建设，切实履行职能，充分发挥了在经济繁荣、社会文明、人民幸福新丰台建设中的应有作用。全年共召开常委会议、主席会议15次，对“推进文化强区建设”政治协商议题进行了专题审议和协商，4项专题调研报告转化为常委会建议案，提出提案227件，反映各类信息及社情民意300余条，组织开展调查研究、视察考察、座谈研讨、各类协商会等多项履职活动120余次，出席委员达2200多人次。这些具体数字，饱含着委员们对建设美好新丰台的深情和厚意，凝聚着委员们对促进区域科学发展的心血和智慧，承载着委员们对改善民生福祉的关爱和责任。正是全体政协委员扎实有效、奋发有为的履职实践，使政协一年来的工作做到了有新意、有作为、有成效，得到了各界广泛的认可。

一、把握方向，科学布局，工作任务明确新要求

自觉地站在丰台区科学发展、加速崛起的全局和高度，把握工作规律，将政协各项工作放在建设新丰台进程中定位布局，相融共进。

坚定政治方向。将学习贯彻中共十八大、十八届三中全会精神作为首要的政治任务，及时召开常委会议、主席会议和专委会会议学习传达部署。邀请知名专家、学者作协商民主建设专题辅导。组织“释放正能量，共谱同心曲”暑期学习班。广大委员通过认真学习，积极研讨，进一步增强了中国特色社会主义的道路自信、理论自信和制度自信，激发了积极投身于新一轮改革热潮的自觉性，增强了实现中华民族伟大复兴中国梦的信心，深化了对健全社会主义协商民主制度的认识，加深了对国情、市情和区情的了解，强化了履职基础。进一步加强人民政协应用型理论研究，《基层政协协商民主实践与发展探讨》、《推进基层政协界别协商创新与发展》等8篇应用型理论研究文章发表在《北京观察》、《政协研究》等刊物上，《提高基层政协科学化水平》等文章还在

全国性专题论文评选中获奖，丰富了基层协商民主的理论与实践探索。

突出作风建设。常委会深入思考，统筹谋划，将2013年确定为区政协作风建设年。遵循中央“八项规定”要求，按照区委部署，制定了《区政协关于改进作风、密切联系群众的工作意见》，将作风建设要求由常委会、政协机关扩展到全体委员。一年来，区政协视察考察做到围绕中心、突出重点、深入基层；调查研究和各类协商活动做到频率增加、轻车简从、贴近群众；文风会风做到形式精简、内容务实、效率提高；联络接待做到勤俭节约、严格标准、朴实清新。整体工作呈现出风清气正、团结和谐、充满活力的良好氛围。

强化责任落实。认真落实区委对政协工作提出的总体要求，结合年度工作的总目标，常委会制定年度《工作要点责任分解》，明确了5大类36项具体任务的牵头领导、责任部门和完成时限，各专门委员会进一步做了细化分解。通过实行目标责任制，有效增强了政协组织和委员协商议政的责任感和自觉性。着眼于进一步提升委员履职整体水平，制定实施《区政协委员考评办法（试行）》，对委员履行职能、爱岗敬业、服务社会等情况进行量化考评，通过综合评价、表彰先进、树立典型，有效激发了委员履职尽责、无私奉献的积极性和主动性。

二、突出重点，服务大局，助推发展展示新作为

始终坚持紧扣服务决策、促进发展献计出力，努力在围绕中心、服务大局中发挥优势、主动作为。

围绕筹办园博盛会履职尽责。全面开展“聚焦园博、奉献园博”主题实践活动。一是积极献计园博。邀请和组织全国政协、市政协和相关专家学者、区政协全体委员共1000多人（次），对第九届中国（北京）国际园林博览会筹办情况进行视察考察。汇集各民主党派、工商联和政协委员提出的上百条意见，提交了20余项建议和提案，得到了区委、区政府和园博会总指挥部的高度重视和积极采纳。二是积极参与园博。在园博会筹建及运行过程中，有40余名区政协委员，克服种种困难，始终坚守园博会一线。另外，还有一些委员积极投资园博会场馆建设。他们以最高的工作标准，最大的工作热情，最好的工作成效，为园博会筹备、运行作出了突出贡献。三是积极奉献园博。区政协全体委员、机关工作人员多次到园博园建设现场，开展“迎园博、树新风、公益行”义务劳动。还有的委员鼎力相助，尽最大努力为园博会办实事、办好事，相继捐赠资金、服装和警务电动巡逻车等，总价值达2000余万元。在精彩纷呈、美轮美奂、无与伦比的园博盛会中，凝聚着委员的智慧和力量，展现了委员的形象和风采。

围绕文化强区议题深入协商。区政协高度重视“推进文化强区建设”政治协商议题，由主席牵头，各民主党派、工商联和政协委员共同参与。组建83人调研团队，细化三项调研课题，开展为期半年的调查研究和重点协商。形成了“弘扬社会文明之风”、“唱响戏曲文化品牌”、“健全公共文化服务体系”三篇专题调研成果，40余项意见建议凝结了各方智慧和心血。在政治协商会上，区委、区政府领导认真听取情况，坦诚开展交流，对政协工作给予高度评价。认为相关意见建议对服务区域发展、指导实际工作具有重要价值，是区委、区政府科学决策的重要依据。

围绕重点调研课题建言献策。就全区重大决策落实、事关长远发展重要领域、社会关注的重点问题，将“完善丰台区科技服务体系建设”、“河东三乡设立地区办事处后职能转变问题”、“推进丰台区基层民主协商建设”作为年度专项调研课题。同时，与北京市社会科学院合作，进一步完善了“区域人口资源承载力”研究。区政协常委会科学统筹，各专门委员会精心组织，各民主党派、工商联和政协委员积极参与，在实地调研、定性与定量分析、座谈研讨、专题协商等方面做了大量工作，取得了丰硕成果，四篇专题调研报告汇集18项46条建议，以政协常委会建议案的形式提交区委、区政府研究参考。区委书记、区长和主管区领导逐一作了重要批示，明确落实了具体承办单位。同时，对2012年形成的常委会建议案，区有关部门都进行了认真办理和答复。

三、注重创新，拓展平台，委员履职取得新成效

常委会坚持勇于突破、敢于创新的理念，不断加强制度化、规范化、程序化建设，以经常性工作的创新，推动整体工作水平的提升，使委员履职充满活力、富有实效。

改进和加强提案工作。坚持办前协商、办中沟通、办后问效，实行区政协领导领衔督办重点提案，积极探索“多方办理”、“会商办理”、“委员参与办理”等新机制，有效提高了提案办理质量和效率。建立提案者、承办单位、提案委员会和区主管部门“四方联动”工作机制，固化“一个办理方案、一次办前协商、一次办中沟通、一次办理答复、一次评议活动”等“五个一”的提案办理督办方式，强化交办、督查、承办、沟通协商、反馈和民主监督等关键环节的监督检查办法，提案办理工作更有时效、更加规范。九届二次会议以来，全部立案提案中，党派团体提案15件，界别提案9件，委员提案203件。全年提案办结率达到100%。

积极推进民主监督工作。一是加强重点监督。相继组织政协常委、委员对园博园建设与运行管理、西局和石榴庄等重点村城市化进程开展了三次集中视察活动；邀请各党派团体负责人和政协委员，对区“十二五”规划纲要实施中期评估情况进行审议，提出了一系列有重要价值的意见和建议。二是深化专项监督。在教育民主监督工作中，先后对高考、成人高考、中考等升学考试情况开展监督巡视，对义务教育均衡发展、职业教育开展情况进行监督评议；在财政民主监督工作中，开展了职业教育财政投资项目评审、优化政府采购工作的民主监督；在法制民主监督工作中，积极参与区法制宣传教育“六五”规划中期验收，开展对区检察院和公安分局群众路线教育实践活动的民主评议，初步形成了常态化监督机制。三是规范特约监督员制，加强定点监督。制定《区政协关于加强和规范特约监督工作的若干意见》，确定了集中收集反馈监督意见、加强沟通联系、走访聘任单位等新机制。结合相关单位实际需求，按程序调整和推荐补充了10名特约监督员。69名政协委员以监督小组的形式，对全区19家单位进行定点监督。同时，还参与了对区政府各职能部门工作效能的监督，达到了知情明政和促进工作的双重效果，得到相关单位的重视和好评。

认真反映社情民意信息。充分发挥社情民意信息的“直通车”作用。将委员视察考察、专委会专题调研、地区活动组活动、座谈研讨会等作为了解社情民意的重要载体，并适时发布全区重要工作和情况信息要点，使委员们了解情况更加清晰准确、思考问题更加全面深入、提出建议更加切实管用。广大委员积极主动深入所代表的界别群体、界别领域中，及时反映本界别群众关注的热点、难点问题，提出意见和建议。通过对社情民意信息进行收集、分类、分析和汇总，对带有全局性、倾向性、苗头性的情况和问题，及时编报社情民意专刊信息，供区委、区政府决策参考。一年来，共编报《政协委员话发展》社情民意信息47期，得到市、区领导批示20件（次），市政协《诤友》专刊采用6篇。这些意见和建议得到了有关部门的重视和采纳，有力地推进了相关工作的开展。编辑了第二十三辑《咨议建言集》。组织开展了“我与丰台政协”主题征文活动。

四、增进共识，聚力发展，团结民主呈现新氛围

坚持高举爱国主义和社会主义两大旗帜，牢牢把握团结和民主两大主题，注重多渠道、多层面做好凝聚人心、汇聚力量的工作，为营造民主和谐的政治氛围作出了积极贡献。

筑牢合作基础。完善了政协领导与党派团体的联系制度，积极支持和保障各民主党派、工商联、人民团体和无党派代表人士通过政协全体会议、常委会议、专题协商会议、政协研讨会等平台发表意见、履行职责、发挥作用。政协专门委员会与党派团体联合开展调研，在重点调研活动中全部邀请民主党派、工商联参加。通过组织召开党派团体提案办前协商会、实行同类提案集中办理协商等方式，加大了党派团体提案督办力度。各民主党派和工商联在区政协九届二次会议上提出的11件重点提案，都得到了区委、区政府及相关部门的高度重视和积极办理。

营造和谐氛围。加强新形势下政协港澳台侨、民族宗教工作的研究，组织民族宗教和港澳台侨界别委员，开展“领略宗教文化”联谊活动，有效增强了委员履职的积极性。开展“畅游园博会、共谋新发展”台胞台商中秋联谊活动。组织各爱国宗教团体、少数民族委员和区各民主党派代表，开展“民族团结林”养护活动；组织召开宗教团体负责人座谈会，了解信教群众需求，围绕加强沟通联系、搭建互动平台、年轻人培养等内容沟通交流；主动关心少数民族同胞和信教群众，帮助协调解决在工作、生活中存在的突出问题，促进了社会和谐稳定。

加强联络联谊。以园博会举办为桥梁和纽带，广交各方朋友。区政协相继接待了全国各省、市（地区）政协和北京市各区县政协等20余个团组到园博会参观考察，密切了联系，增进了友谊。活动中，认真交流经验，积极听取意见建议，全面宣传丰台、推介丰台。积极主动加强同全国政协、北京市政协的沟通联系，争取支持和帮助，促进了区政协工作的有效开展。

五、改进作风，提升效能，自身建设焕发新风貌

以作风建设为主题，以“内强素质、外树形象”为目标，健全制度，完善机制，积极探索，扎实推进，促进了政协工作的全面提升。

发挥常委会示范引领作用。区政协常委会组成人员坚持精诚团结，和衷共济，开拓进取，积极参加政协组织的各项活动，认真履行常委职责；充分发挥聪明才智，积极参加调研视察，撰写提案、信息，开展协商、监督，努力为推动新丰台建设建真言、献良策；密切与所在界别群众的联系，尽心尽力为民代言、真情履职；关注我区政协事业的新发展，主动为政协工作开创新局面出主意、想办法、作表率。区政协领导带队深入科技园区等重点功能区、城市化重点村、困难村、园博会现场等工作一线，调查研究、走访慰问，尽心竭力履行职责。

发挥委员履职主体作用。广大委员以界别为特征，发挥自身优势，开展了“爱丰台基层行”系列活动。到一线送健康、到校园送祝福、到社区送法律、到村庄送和谐，办实事、做好事，得到了基层单位和群众的热烈欢迎，产生了良好的社会反响。关注区域性热点难点问题，强化委员地区活动组作用。针对街道税收制度改革，开展专题考察研讨；针对城乡环境建设、推进城市化进程，开展“委员乡村行”调研考察活动；到基层敬老院开展“携手共促‘为老’服务设施建设”专题研讨活动；与区主管部门开展“助推南中轴路建设”联学互动活动。在各项活动中，委员们积极发表真知灼见，及时转化为平时提案和社情民意信息 60 余项，为转变作风、服务群众、促进发展、维护和谐作出了积极贡献。

发挥机关服务协调作用。制定实施了《关于“三型”机关建设的若干意见》，以建设学习型、服务型、团结型政协机关为目标，明确工作标准，完善督查办法，落实考评措施，有效提高了机关工作人员的素质能力、服务水平和团结协作的意识，改进了工作作风，提升了工作效率。加强机关队伍建设，开展了机关干部的培养、轮岗、交流和选拔工作，10 名政协机关干部奔赴园博会一线岗位参与志愿服务，充分调动了年轻干部履职尽责的积极性和创造性。

发挥宣传工作的积极引导作用。在丰台有线电视台编辑播发《政协视窗》委员专访 5 期，《聚焦园博会、委员展风采》等十余篇工作信息刊登在《丰台报》、《首都之窗》网站等媒体上。评选表彰了 36 名优秀委员、13 名优秀信息委员、21 名优秀提案委员以及 14 个优秀提案集体，将委员先进事迹汇编为《委员风采》专刊，进一步增强了区政协各参加单位和广大委员的荣誉感、使命感和责任感。

回顾一年来政协履职工作实践，我们对做好人民政协工作有了进一步的体会：一是政协工作要构建大格局。坚持党委重视、政府支持、政协主动、社会各界配合的政协工作格局，始终把围绕中心、服务大局作为政协工作的根本原则，不断增强参政议政效果和影响力。二是政协委员要当好主人翁。坚持将人民政协事业融入区域科学发展大局，牢固树立历史责任感和时代使命感，抓住人民政协事业发展面临的重大历史机遇，不断使自身履行职能的各项作用更加紧贴新丰台建设的伟大实践，从而使政协的事业随着新丰台建设事业的发展而发展。三是政协履职要坚持民为先。把履职为民意识融入到政协工作的全过程，把改善民生，促进和谐，作为履行职能的重要方面，牢牢把握，始终关注。四是政协组织要汇聚精气神。坚持不懈地推进改革创新，不断在应用理论、制度完善和履职方式上进行探索与实践，创造出具有自身特色的工作模式、工作方法和履职亮点，使政协事业充满生机和活力。

各位委员，过去的一年，区政协较好地完成了九届二次会议确定的各项任务，成绩来之不易，经验弥足珍贵。我们这些成绩的取得，得益于市政协的指导和帮助，是中共丰台区委正确领导、高度重视的结果，是区政府及各部门大力支持的结果，是全体政协委员、各参加单位共同努力的结果。期间，区委李超钢书记对区政协政治协商工作、社情民意信息和提案办理工作高度重视并多次作出重要批示。区政府冀岩区长专门签发感谢函，对区政协在关心、支持和帮助区政府工作中作出的重要贡献表示感谢，这些都给了我们莫大的支持和鼓舞。在此，我谨代表九届区政协常务委员会，向关心支持区政协工作的各级领导、各族各界人士表示衷心的感谢！向区政协各参加单位和全体政协委员致以崇高的敬意！

在肯定成绩的同时，我们也清醒地看到，与新形势新任务的要求相比，与人民政协肩负的使命相比，区政协工作还存在一定的差距和不足。主要表现在：协商民主形式还有待进一步探索；拓宽民主监督渠道和增强监督效力方面还有待进一步加强；调查研究和视察考察方式还有待进一步统筹完善；政协组织和委员的能力建设水平还有待进一步提升等。对这些问题，我们要认真对待，深入研究，切实改进。

2014 年工作任务

2014 年，区政协工作的指导思想是：高举中国特色社会主义伟大旗帜，以邓小平理论、“三个代表”重要思想和科学发展观为指导，认真贯彻落实中共十八届三中全会精神，紧紧围绕中共丰台区委十一届五次会议提出的目标任务，突出团结民主两大主题，全面加强能力建设，充分发挥人民政协协调关系、汇聚力量、建言献策、服务大局的作用，为把繁荣、文明、幸福新丰台建设提高到一个崭新阶段作出更大的贡献。

2014 年工作的思路是：围绕“一个主题”，解决好“两个融入”，实现“三个提升”。“一个主题”，即“置身于全面深化改革的伟大实践中，强化能力建设”。按照中共十八届三中全会的要求，调动政协委员积极投身于新一轮改革热潮之中，紧扣党的群众路线教育实践活动，全面加强常委会、委员和机关的能力建设，推进政协工作科学化发展。“两个融入”，即按照政协的职能要求，各项工作的开展要融入区委、区政府的中心工作和地区发展现实需求；政协委员的履职活动要融入基层群众生产生活实际。“三个提升”，即积极探索协商民主广泛多层制度化建设的新途径、新形式，提升民主协商水平；明确政协委员在基层协商民主建设中的职责任务，提升主体作用；主动适应形势要求、确保履职实效，提升协商议政质量。通过卓有成效的工作，努力推进政治协商、民主监督、参政议政制度化、规范化、程序化建设。

一、加强学习实践，使思想政治基础更加牢固

深入学习贯彻中共十八届三中全会精神，是推进政协事业不断发展的动力源泉。必须坚持理论联系实际，学以致用、用以促学，进一步增强学习实践的主动性、系统性和针对性。

强化学习实践。着眼于全面提升政协履职能力和水平，深入学习《中共中央关于全面深化改革若干重大问题的决定》，着力在推进社会主义民主政治建设上下功夫，解决好政协是什么、做什么、怎么做的问题，凝聚全面深化改革的共识。将深入学习贯彻《决定》精神体现到委员履行职责的各项工作之中，特别是在重大问题的调研深度上、在提案的质量上、在发挥民主监督小组的作用上、在反映社情民意的水平上下功夫，为区委、区政府科学民主决策提供有益参考。

办好“政协讲坛”。以区政协专门委员会为依托，以委员为主体，围绕“置身于全面深化改革的伟大实践中，强化能力建设”，开展系列学习研讨活动，使学习更有针对性、更富时代性。定期集中展示学习成果，使学习有目标、有要求、有动力。将“政协讲坛”打造成为政协委员和机关干部丰富知识、开阔视野、提高能力的学习阵地、活动品牌。

践行群众路线。扎实开展以为民务实清廉为主要内容的群众路线教育实践活动。区政协领导集体和政协机关要按照市、区统一部署，高度重视、精心安排、真抓实干，带头改进作风，带头自我剖析，带头整改落实，切实发挥领导作用和表率作用。区政协各参加单位要主动向社会公开征集提案、社情民意线索，认真开展基层调研访谈，积极反映不同阶层、不同界别、不同群体的呼声愿望、利益诉求。广大政协委员要积极融入教育实践活动，特别是在征集意见、民主评议、整改落实等环节，深入了解情况，及时反馈意见，认真提出建议，促进各项工作的改进和提高，以良好的作风确保教育实践活动取得实效。

二、完善制度机制，使协商民主更加有效

按照中共十八届三中全会总体部署，积极拓展协商民主形式，更加活跃有序地组织专题协商、对口协商、界别协商、提案办理协商，增加协商密度，提高协商成效。

认真开展政治协商。按照区委关于稳步推进区域经济社会发展总体目标，围绕区委确定的“加快推进丰台城市化进程”政治协商议题，更加活跃有序地组织调研、论证和研讨，在积极探索符合丰台实际的城市化路径、工作重点与有效举措等方面发挥自身

优势，提供建设性意见。

深入进行专题协商。自觉围绕重大决策部署谋事，紧扣改革发展稳定履职，选择党政所思、社会所求、群众所盼、政协所能的重大问题、重点工程、重要事项确定专题协商课题，通过“政企对接会”、“通报协商会”、“专题论证会”等方式，积极开展专题协商活动。

积极强化对口协商、界别协商。注重完善对口协商制度。建立和健全区政协专门委员会与区相关部门对口联系工作制度，明确互邀参加会议活动、互通文件资料信息、加强日常联系等重点内容，形成良性互动的工作机制。创新界别协商方式。充分发挥界别优势，以专门委员会为依托，以委员为主体，定期组织界别活动，保障委员就本界别共同关注的问题深入探讨、集思广益，为区域科学发展献计献策。

大力推进提案办理协商。坚持高质量提案，做到深入调研、认真论证，为提案办理协商打好基础；坚持高水准办案，做到增强责任意识、完善办理机制、创新办理方法、注重落实效果，为提案办理协商创造条件；坚持高水平服务，做到强化知情服务、注重沟通协调、建立评议机制，为提案办理协商搭建平台；坚持高层次督办，做到完善督办制度、强化督办机制、提高督办层次，为提案办理协商提供保证。

三、关注民生民情，使民主监督更加深入

不断探索民主监督的有效形式与方法，完善机制、强化组织、充实内容、提高效力，切实增强履行民主监督职能的实效。

丰富视察考察活动。贯彻落实区委关于把繁荣、文明、幸福新丰台建设提升到一个崭新阶段的要求，围绕重点功能区建设、城市化进程推进、人口资源环境协调发展、民生保障、区域文化和品牌形象打造以及世界种子大会筹办等重大问题，按照“专项、精简、高效”的原则，广泛组织视察考察、座谈研讨等活动，汇集委员智慧，积极建言献策，有效促进区域经济社会发展。

加大民主监督力度。进一步扩大委员的知情权，促进权力运行透明度的提高；进一步加大对提案、常委会建议案的追踪问效力度，提高政协民主监督工作水平。在加强对财政、教育、法治工作专项监督的同时，扩展城市管理专项监督，并积极参与区有关部门的民主监督、民主评议活动。推进区政协《关于加强和规范特约监督工作的若干意见》的实施，切实抓好沟通联络、培训交流、跟踪评价、总结推广等关键环节的工作，务求在定点监督上取得实效。

高度关注社情民意。坚持深入基层、深入一线、深入群众之中，围绕“意见要有新意、观点要有高度、反映要有实效”的目标，针对人民群众普遍关注的就业、就学、就医、住房、养老、社会保障等民生问题，以及城市交通、社会治安、司法公正等社会管理问题，认真提交社情民意信息，履行好政协委员职能。特别要在吃透“上情”、掌握“下情”、反映“实情”上下功夫，力求反映的意见和建议具有前瞻性、针对性、可操作性。

四、注重务实创新，使参政议政更加活跃

牢牢把握团结和民主两大主题，充分调动一切积极因素，汇聚正能量，促进大发展。

改进调查研究方法。采取重点调研和常规调研相结合的方式，增强参政议政实效。以“丰台区城乡双重二元结构管理体制改革问题与对策”为重点调研课题，就推进城市化和城镇化进程、功能区建设、环境治理、城乡流动人口管理等方面确定研究方向，聘请专家学者共同参与，邀请党派团体、委员共同参加，分工协作开展调查研究。各专门委员会要结合全区中心工作，注重体现界别

特色确定专项调研课题，充分调动委员参与调研的积极性和主动性。形成重点调研一个平台、专项调研形式多样的工作机制，通过常委会建议案、党派团体和委员提案、委员社情民意等形式，转化调研成果，切实提高建言立论的广度、深度，质量和效果。

锐意改革创新。以充分发挥人民政协作为协商民主重要渠道作用、积极为深化改革建言献策为重点，以创新工作思路和方法为途径，以深化思想认识、提高工作水平为着力点，坚持理论创新，大力加强人民政协应用型理论和实践研究工作；坚持制度创新，勇于破解履职中的难题和瓶颈；坚持工作创新，积极探索协商民主的新形式、新方法。使各项履职活动更加契合中心任务，更加符合决策需要，更加体现人民心声。

营造合作共事氛围。坚持“长期共存、互相监督、肝胆相照、荣辱与共”的方针，以团结促和谐、以和谐助发展，把促进社会和谐作为义不容辞的重要职责，进一步密切同各民主党派、工商联、无党派代表人士的沟通交流、团结合作。进一步加强与港澳台同胞和海外侨胞的联系交往。更加重视民族宗教工作，促进民族团结、宗教和睦。鼓励和引导社会各领域、各阶层人士为丰台的经济社会发展作出更大贡献。不断加强同市政协、兄弟区县政协的联系和协作，增进了解，交流经验，携手发展。

五、强化自身建设，使履行职能更加有力

政协组织和委员的能力建设，事关政协事业的发展。要制定实施区政协“关于进一步加强能力建设的意见”，着力提高政协组织和委员的凝聚力、服务力、履职力、创新力、影响力，促进政协工作的整体提升。

增强凝聚力。遵循和而不同的文化理念，求同存异的基本方法，政通人和的价值取向，和睦和谐的环境追求。坚持在思想上凝聚共识，在事业上增进团结，在行动上协同共进，在发挥作用中彰显政协特有的价值。

提升服务力。始终把服务大局作为政协履职的基本指导思想，把服从发展、服务发展、促进发展作为政协履职的第一要务，自觉把政协工作放到全区工作大局中去思考、去把握、去谋划。坚持营造发展氛围，善谋发展良策，多做发展实事，在服务发展中发挥政协组织和委员的优势。

强化履职力。坚持求真重效，做到站位要高，高水准，高品质，科学严谨可靠；坚持务实重行，努力在探求科学发展之“真”中有所建树，在助推科学发展之“实”中有所作为；坚持精细重质，多提全局性、深层次、广泛性、建设性和可操作性的建议，切实做到用恪尽职守来诠释责任，用奋发有为来回应期望。

提高创新力。坚持继承与创新相结合，常规与突破相伴随，以解放思想的锐气、破难创新的勇气、进位求变的心气，认真探索改进政协开展工作、履行职能的方式方法，始终保持政协工作的蓬勃生机与活力，在人民政协创新实践中推动新发展。

扩大影响力。坚持内强素质，打好基础，进一步完善履职激励机制；坚持外塑形象，加强宣传，开展好“爱丰台基层行”等系列活动。努力构建“活力、有为、务实、和谐”的丰台政协和“学习型、服务型、团结型”政协机关，展现人民政协的风范和良好形象。

各位委员，面对新的形势、新的使命，我们一定要把握时代脉搏，紧跟时代步伐，认真履行职能，大胆创新作为，不辜负党和人民的重托。让我们紧密团结在以习近平同志为总书记的中共中央周围，在中共丰台区委的坚强领导下，团结奋斗，开拓创新，共谋发展，为开创丰台繁荣发展新局面作出新贡献、谱写新篇章！

区 情 概 况

2013年丰台区情

概况

丰台区地处北京城西南，面积 305．87 平方公里。2013 年全区常住人口 226.1 万人，比 2012 年增加 4.7 万人；其中常住外来人口 85 万人，占常住人口的比重为 37.6%，下降 0.2 个百分点。城镇人口 224.6 万人，占常住人口的 99.3%。全区常住人口出生率为 7.00‰，死亡率为 3.82‰，自然增长率为 3.18‰。全区户籍人口 111.4 万人，比 2012 年增加 1.7 万人。计划生育率 98.03%。

年内实现地区生产总值 1007.8 亿元，增长 9.1%。其中，第一产业增加值 1.2 亿元，增长 7.3%；第二产业增加值 235.1 亿元，增长 10.7%；第三产业增加值 771.5 亿元，增长 8.6%。全区金融机构各项存款余额 4761.3 亿元，增长 5.1%；其中储蓄存款 2316.5 亿元，增长 7.7%。各项贷款余额 2605.4 亿元，增长 28.6%。年内城镇居民人均可支配收入 37886 元，增长 10.8%；农村居民人均纯收入 20442 元，增长 10.5%。城镇居民恩格尔系数为 31.0%，下降 1 个百分点；农村居民恩格尔系数为 35.9%，上升 1.5 个百分点。全区城镇居民人均住房建筑面积 29.68 平方米，农村居民人均住房面积 31.24 平方米。

2013 年国民经济和社会发展

经济建设

丰台区立足首都城市功能拓展区的定位，全面落实城南行动计划。第九届园博会于 5 月 18 日开幕，11 月 18 日闭幕。共运营 185 天，接待中外游客 615 万人次。围绕园博会周边的地铁 14 号线西段建成通车，北宫路、园博大道、梅市口路西延等 8 条周边道路竣工通车。河西再生水厂投入运行，智能变电站、燃气、热力、通讯等一大批市政基础设施建成完工。

科技园区全面实施“东扩西进”战略。年内新增注册企业 430 家，新增注册资金 102.16 亿元，同比增长 51%。新引进注册资本亿元以上企业 27 家，同比增长 72%；新引进注册资本千万元至亿元企业 74 家，同比增长 6%。年内实现总收入 3300 亿元，同比增长 12.3%；实现产品销售收入 800 亿元，同比增长 7.2%；留区财政收入 21.1 亿元，同比增长 18.2%；出口总额 9 亿美元，同比增长 13.9%；实现利润 138 亿元，增长 41.2%。

年内新批三资企业 18 家，投资总额 16.5 亿美元；注册资本 14.3 亿美元，合同外资 4.9 亿美元。实际利用外资 1.9 亿美元，增长 12%。年内海关进出口总额 146.7 亿美元，增长 7.5%。其中进口 129.6 亿美元，增长 10%；出口 17.1 亿美元，下降 8%。

建设了 10 家便民菜店，完成了 9 家蔬菜直销车社区；完成了 26 个再生资源网点建设。全区规模以上工业企业实现工业总产值 403.1 亿元，增长 8.6%。全区规模以上工业企业实现销售产值400.5亿元，增长6.6%，其中出口交货值9.1亿元，下降33.4%。

全区共有各类市场主体159493户，同比减少8.1%；个体工商户73934户，同比减少25.35%。

城乡建设和管理

城乡一体化建设稳步推进。农村建设投资实现39.5亿元。8个重点村回迁房全部开工，竣工35万平方米，4个村实现回迁，夏家胡同项目实现入市交易，石榴庄一期、西局一期挂牌公告，完成100公顷土地入市准备。

服务园博会，实现地铁14号线西段，园博大道、梅市口路西延等3条、17公里主干路，长顺一路、园博西一路等5条、8公里次干路，56万平方米停车场及园区内外市政基础设施竣工交用，园内143项工程安全完工，确保园博会顺利开幕。借鉴园博经验，护航种子大会，实现青龙湖5号、23号路等4条主次干路开工。

南苑棚户区改造三期65万平方米安置房全部竣工；长辛店棚户区全部安置房项目实现开工建设，年内，竣工11万平方米。改善居住环境，确保“安居乐业”。完成30个老旧小区、138万平方米综合节能改造。通过部门联动，完成10处5万平方米教育配套设施接收工作，接收社区卫生站、养老所等公共服务设施9处，1.2万平方米，

完成平原造林9032亩，共流转土地1422亩，栽植各类苗木41万株，重点打造了南苑千亩槐园、永定河沙生植物园等“三点三线一区”7个亮点工程。启动园博绿道建设，梅市口路等5条道路提前进行绿化栽植，总长度12公里，共完成绿化面积30公顷，栽植乔木1万株、灌木5.9万株、种植草坪地被9.3万平方米。完成太行山工程新增造林1000亩及低效林改造2000亩，公路河道绿化10公里，彩叶工程500亩。完成园博园周边梅市口路等17条道路景观提升，共实施绿化美化111.8公顷，种植乔木18.8万株，灌木14.9万株。以“园林城市，美丽家园”为主题，在重点道路、节点布置地栽花卉3万平方米，立体花卉15处35组，容器花卉1100余组，灯杆挂花1200余个，春播花卉约14万平方米，打造了杜家坎环岛、六里桥桥区等一批景观亮点。新增、改建文化休闲场所、铺装、道路1.5万平方米，新建、更换栏杆1100米，新建科普宣传教育基地3处，新建儿童游乐场2处。

科技、教育、文化、卫生、体育

围绕“科技丰台”战略目标，坚持“借力、助力、给力”的工作理念，突出“制度建设、项目建设、文化建设”三大抓手，全面深化科技管理与服务。年内，专利申请量与授权量分别为6373件和3275件，分别增长31.5%和9.9%；其中发明专利申请量与授权量分别为2829件和755件，增长29.2%和0.5%。签订各类技术合同2479项，下降16.5%；技术合同成交总额629.5亿元，增长28.4%。获得立项的国家级星火计划项目1项，国家级火炬计划项目9项。市科委科技计划绿色通道项目获得市级科技资金支持1350万元。区县科技专项课题获得市科委科技资金支持180万元。区级科技项目扶持7个科三费项目，40个项目创新资金项目。扶持资金共计2700万元，带动企业新增研发投入亿元以上。获得市级科技资金1300万元扶持种子大会。整合调动10家科研院所和企业的科技资源服务种子大会，完成了世界种子大会新优品种展览展示和ISTA种子检测实验室等科技项目落地丰台。年内公布的2012年度国家科技奖励项目中特等奖1项，一、二等奖共计5项；2012年度北京市科学技术奖励项目二、三等奖共计9项；2011—2012年度丰台区科学技术奖励项目共计24项。争取市级资金2000万元支持园博建设，成功实施了“卢沟运筏图”多媒体演示系统和园博夜间照明系统。年内专利授

权奖励总件数1169件，奖励总金额540.3万元；资助专利转化项目10个，资助总金额430万元。带动企业新增投资6962万元，新增税收2354万元。开展知识产权“四进”活动，加强知识产权保护服务，完善丰台区知识产权保护服务分中心和4家知识产权保护服务工作站的建设，开展业务指导培训；明确依法行政领导小组及工作职责，查处5件涉嫌假冒专利案。实施“丰台区科普资源牵手工程”，实现了学校、社区（村）与科普教育基地的资源共享；依托丰台广电中心和北京科技报社开展“科普讲堂”电视栏目播放和“科技丰台”杂志宣传；开发电子数字科技馆，受众10000余人；丰台区科技馆被评为2013年“北京市优秀科普教育基地”。

及时调整教育布局、重新设计整合教育资源。在原有东、中、西的教育布局思路上，加入南、北的概念，对教育布局思路进行了细化和深化。东部地区北京十二中启动东高地东校区建设，培智中心学校改扩建工程开工；北京四中皇城根小学紫芳园配套学校正式开学；芳星园小学合并到北京十八中，马家堡小学合并到北京市赵登禹学校。中部地区扩大教育品牌优势，北京十二中科丰校区正式开课；继续推进丰台二中改扩建项目。南部地区铁十一小南迁至葆台村旧村改造配套学校办学；丰台八中在科技园区中海9号配套中学开办分校；万年花城配套教育设施开办首都经贸大学附属中学达成合作意向。北部地区引入北京十一学校在岳各庄地区办学；小屯农校改建项目进行学校方案设计；青塔地区开办北京教育学院附属丰台实验学校；张仪村西城区外迁居民安置用房确定由我区一所示范高中开办小学实验校，并承办幼儿园。西部地区北京十中槐树岭校区建设取得立项批复；人大附中丰台学校建设进入立项阶段；长辛店铁路中学改扩建工程通过市教委初审。推进减轻中小学生过重课业负担；落实初中学生综合素质评价工作，汇编经验案例，开展干部、负责人培训工作；以22所实验校为基础，推进国家课程教材改革实验研究；完成市、区级成果征集和先进评选活动，第十四届教育科研评奖成果共计525项；完成“课程建设先进单位”和“课程建设优秀成果”评选工作；召开“丰台区小学规范化建设工程总结会”，对21所“丰台区小学规范化建设工程示范性学校”、32所“丰台区小学规范化建设特色发展学校”和184位“丰台区小学规范化建设工程先进个人”进行表彰；召开“丰台区探索城乡教育一体化发展有效途径项目研究结题会”；全面落实中学生综合素质评价工作，完成2013年18所高中校高中综合素质评价，评选2013年学生综合素质评价工作先进学校3所、先进个人10名。全区普通高中招生3095人，同比增加173人，在校生9279人，毕业生2974人；初中招生7758人，同比增加958人，在校生20624人，毕业生6050人；小学招生14360人，同比增加2174人，在校生68840人，毕业生10603人；幼儿园在园幼儿40694人，同比增加442人；职业教育招生1158人，同比减少484人，在校生4295人，毕业生1143人；成人教育招生397人，同比减少107人，在校生1131人，毕业生367人。

服务园博各项工作，在园博园内开展了园博城市周和区县文化日等主题活动，吸引了全市16个区县的艺术团队参与其中，演出74场，吸引了20余万观众参与。开展了端午文化节、时尚戏曲文化节、北京“卢沟晓月”丰台主会场等文化活动；以“绿色交响五彩绽放”为主题，挑选6支区内“优秀文艺团队”，利用周末在10个“园博文化广场”巡演40场，受众3万余人次。围绕“发现丰台之美”主题，成功举办了园博系列文化活动、“卢沟晓月”中秋文化节、“花好月圆传戏韵”戏曲文化活动、“我的丰台·我的家”、“书香丰台”等大型群众文化活动。全区有全国重点文物保护单位4处、市级文物保护单位8处；福生寺修缮工程主体建筑完成施工，10项非物质文化遗产通过专家评审。年内，全区有公共图书馆2个，馆藏图书79万册；各类文化广场242个。于9月18日至9月20日举办第六届北京“卢沟晓月”中秋群众文化节丰台主会场“花好月圆”中秋文化活动，设置世界花卉大观园、卢沟桥景区和园博园景区三大活动场地，以特色群众文化活动为载体，设计了邀月、望月、赏月、追月、品月系列群众参与性文化活动，3天共接待15万人次。以“花好月圆传戏韵”为主题，开展端午、中秋和戏曲文化活动，分别在莲花池公园、卢沟桥和万芳亭公园举行，也同步在园博园中设立会场，共接待游客近40万人次。举办“书香丰台”阅读系列活动，包括“全民阅读推广”、专题讲座和大型文化活动三大板块7大类78项活动，通过推荐阅读书目、图书交流研讨、图书交换大集等多种形式，开展读书会、摄影采风、征文、朗诵比赛等工作共75场次，受众3.1万余人次。加强区域内文化基础设施建设，改善现有公共文化设施服务条件，形成区——街乡镇——社区村三级公共文化网络体系，全区共有街乡镇文化中心18个（拆迁待建3个），社区、村文化室（大院）346个，文化广场242个，文化设施覆盖率为95.79%，已达到市绩效办的任务要求；全区公共文化设施达标率为72.11%，完成任务指标120%。协调市级专业部门完成了宛平城的专业检测，完成方案的申报和审批，福生寺修缮工程于6月进场施工，主体建筑已完成。

做好责任范围内1246条、2015万平方米、961.8公里长道路的清扫保洁及道路两侧建筑物、构筑物及地面张贴宣传品和散发的非法宣传品的清除工作；清理非法砂石料场11处，清理整顿废品回收大院48个，取缔非法废品回收站点147个。负责辖区内过街天桥84座、面积4.21万平方米，地下通道22座、面积2.08万平方米，绿地398.9万平方米；责任范围内车行道清扫保洁面积1331.5万平方米；机械化清扫保洁作业面积为1136.03万平方米，机械化清扫率达85%；道路洗地作业面积为1136.03万平方米，洗地作业覆盖率85%；道路冲刷作业面积为864万平方米；喷雾降尘作业面积为317.4万平方米。完成重大活动及国家、市、区级领导视察、调研期间环境卫生保障工作共计67次，完成了2012至2013年度扫雪铲冰工作、2013年春节期间烟花爆竹清理工作及园博园环境卫生保障等重大活动和节日环境卫生保障。管理密闭式清洁站246座，其中垃圾楼68座，垃圾房145座，中转站33座。管理公厕367座，其中二类以上公厕191座，达标公厕163座，三类公厕12座，移动式公厕1座。共清运生活垃圾90.22万吨，清运粪便28.55万吨，顺利完成“园博会”等重大活动期间环境卫生保障工作。加大作业质量考核力度，综合合格率97%。全区共有卫生机构541个，增加25个；其中医院69个。每千人拥有卫生机构3.95个，比上年末增加0.28个；其中拥有医院床位3.92张。全区卫生技术人员15999人，增加646人；其中执业（助理）医师6029人，注册护士6807人。全区医疗机构共诊疗1591.1万人次，健康检查26.7万人次。

举办第九届全民健身体育节。设置17个比赛项目，历时6个月，参与人数20余万人次。在区敬老月活动中进行“松鹤杯”门球邀请赛和九九重阳武术、健身气功比赛。组织“一区一品”群众体育品牌活动。在第27届卢沟桥醒狮越野跑比赛的同时，在永定河畔的绿堤公园分别组织8公里接力，定向越野比赛。以重大赛事带动全民健身。组队参加北京市体育公益活动社区行活动，展演《太极精华组合》、《柔力球表演》

节目。参加在广东肇庆举办的 2013 全国原创广场健身操（舞）展示交流活动，获一等奖。组织 4 支队代表丰台参加北京市民篮球赛。参加市第七届和谐杯乒乓球比赛，健身气功、健身操舞、武术及信鸽、门球比赛。通过举办 2013 北京国际铁人三项赛，亚太地区车辆模型锦标赛等赛事推动全民健身活动的开展。年内，全区有全民健身工程 517 个，更新健身器材 102 套。举办了第九届全民健身体育节、丰台区“一区一品”暨卢沟桥醒狮越野跑等大型群众体育活动。北京国际铁人三项赛在青龙湖公园顺利举行。各运动员在全市体育比赛中获奖牌 70 枚，其中金牌 23 枚。开展体育生活化社区达标工作，全区 85 个社区被命名为体育生活化达标社区，其中 65 个为市级达标社区，20 个为区级达标社区。开展国民体质测试，在 21 个街乡建立国民体质三级测试站，在丰体中心建 1 个二级测试站。对 130 名体质测试员进行业务培训，达到会操作、会示范、会讲解、能释疑的水平，对 10700 名市民进行体质测试，并开具运动处方，指导群众科学健身。培训社会体育指导员。提高社会体育指导员队伍的数质量，扩大社会体育指导员队伍的规模，年内培训社会体育指导员 1184 名，全区共有注册社会体育指导员 2205 人，其中国家级 35 人，一级 246 人，二级 254 人，三级 1670 人。发挥场馆优势，服务群众健身。丰体中心承办中关村自主创新科技园区、北京电视台、我爱我家等大型运动会 10 余次。网球、篮球、羽毛球、健身房等场馆累计对外开放 3500 余场，接待健身人员 30 万人次。年内，登记注册单项体育协会 15 个，地区协会（右安门体协）1 个。

民主、法制与精神文明建设

年内共受理各类案件 34083 件，同比下降 3.0%；审结 31309 件，同比下降 10.9%；未结 4460 件，同比上升 164.5%。刑事审判，年内共受理案件 2410 件 2544 人，同比分别下降 13.6%和 21.9%；审结 2425 件 2571 人，同比分别下降 13.6%和 22.0%。年内刑附民案件调解率 61.6%，同比增长 7.4%，调解自动履行率 100%；年内促使公诉机关撤回起诉案件 6 件、变更起诉案件 32 件，对被告人变更强制措施、决定逮捕 44 人。民事审判全年共受理案件 17255 件，同比下降 12.2%；审结 15435 件，同比下降 21.2%。全年共受理小额诉讼案件 4291 件，审结 3534 件，占同期受理民事案件的 24.9%。全年共受理商事审判案件 3705 件，同比下降 1.4%；审结 3070 件，同比下降 18.6%。全年共受理知识产权案件 809 件，同比上升 15.1%；审结 753 件，同比上升 7.1%。全年共受理行政审判案件 389 件，同比上升 48.5%，审结 379 件，同比上升 41.9%；受理并审结行政非诉执行案件 106 件，同比均上升 55.9%。全年共受理执行工作案件 9360 件，同比上升 19.1%；执结 9089 件，同比上升 15.3%，执结标的额 5.8 亿元。检察院依法批准逮捕各类犯罪 767 件 960 人，提起公诉 1869 件 1972 人。不（予）批准逮捕 262 件 331 人，不捕率为 25.6%；不起诉 132 件 136 人，不起诉率为 7.7%。受理职务犯罪案件线索 56 件，开展初查 38 件，立案侦查 25 件 35 人，侦查终结 21 件 28 人，侦结率为 80%。

以“建设美丽丰台，做文明有礼的北京人”主题教育活动为载体，全面推进全区社会主义核心价值观学习教育。全区三级 357 支宣讲团队、集中开展宣讲活动 1211 场，直接受众 96 万人次。选址建设了 13 条“讲文明树新风”大型公益广告宣传墙。360 多所文明市民学校广泛开展群众性宣传教育活动。推树高铁成入选第四届首都和全国道德模范。多渠道开展“最美丰台人”事迹宣传；开展网络“寻找最美丰台人”活动，挖掘出一批“最美教师”、“最美片医”、“最美志愿者”。参加全国“身边好人”评选，刘雪梅、窦珍入选“中国好人”。组织北京市道德模范巡讲，“学窦珍、行善举、做好人”宣传实践和窦珍事迹宣讲。开展“弘扬雷锋精神，奉献精彩园博”主题活动，引导市民群众将弘扬雷锋精神、传播志愿精神和举办精彩园博、建设美丽丰台结合，涌现出“园博先锋行动”等一批代表性活动。在全市张贴园博宣传海报4.2万张，在媒体上发出“精彩园博文明同行”倡议书，号召广大市民做好东道主，协力办园博。搭载“永远的雷锋”丰台区巡展举办“园博之路”图片展览，吸引广大市民关注和欣赏园博。编发《精彩园博文明同行》活动简报，设计制作15万份带有园博标志和“精彩园博文明同行”文字的雨伞、小方巾、手包等社会宣传用品，营造“人人知晓、人人支持、人人参与”园博会的社会氛围。在全区300个公共文明引导服务站点，集中开展迎园博专项宣传。

民政、人力资源和劳动保障

围绕建设“繁荣、文明、幸福”新丰台中心任务和“精彩园博、美丽丰台”重点工作，着力保障和改善民生，加快发展社会服务。出台城乡低保对象近亲属登记备案制度，实行低保人员基本信息公示制度，调整低保标准，由每人520元提高到580元，全区共有6548户、12310名城乡低收入群体纳入低保范围，累计支出低保金6978万元。实行了低保人员基本情况公示制度，共走访慰问困难对象7000余户、13000多人次，发放慰问金、慰问品共计1000万元。全面落实城乡特困人员医疗、教育等救助政策，3939人次得到医疗救助，支出救助金557.43万元。168人享受重大疾病医疗救助，支出救助金74.1万元；对17526名因病因灾等暂时生活困难的群众进行了及时救助，支出资金505万元；对3个农村特困户危房进行了翻建。在全区开展了“5·12防灾减灾日”和“10.13国际减灾日”系列活动，增强了群众防灾减灾意识。申报了6个全国“综合减灾示范社区”和22个北京市“综合减灾示范社区”，完成了每个社区1名以上的灾害信息员职业技能培训鉴定工作。年内，共救助流浪乞讨人员3358人。开展为四川雅安地震灾区捐款和日常捐赠活动。共接收各类捐款1030万元，其中捐赠中心接收捐款136万余元，慈善捐款894万元。居家和社区养老工作稳步推进。年内，共发放养老券5148.67万元，高龄津贴331.64万元，办理医疗补贴55.59万元，完成了10个养老服务中心的建设工作，组织了首届“老年节”系列活动，评选表彰了1000名“孝星”和100家“为老服务先进单位”。2个单位荣获了首届全国“敬老文明号”称号。全年新增养老床位1022张，累计达到5232张。

加大收养工作力度。年内新接受入院儿童17名，在院管理54名，家庭寄养30名，国内送养4名，涉外送养13名，为6名孤残儿童实施了康复手术。福利企业经济平稳运行。全区福利企业23家，职工1155人（其中安置有劳动能力的残疾职工400人），完成销售收入29518.97万元，完成利税总额3475.86万元。2013年，共申请到残疾人就业岗位补贴185.6万元，返还社会保险补贴182.4万元。

为310名随军家属发放自谋职业补助金1180余万元，开办随军家属专场招聘会，实现就业110余人。年内共发放定期抚恤补助金和残疾抚恤金1993余万元；为166名牺牲、病故军人家属办理发放一次性抚恤金3817万元，为212名优抚对象免费体检，完成了2634名优抚对象档案录入工作。认真落实《兵役法》，拓宽退役士兵安置渠道，组织专项招聘会议12次，接收退役士兵279名，安置退役士兵79名，办理自主就业人员152名，年内接收安置军休干部858人，无军籍退休职工695人。

规范婚姻登记服务。全年共办理结婚登记11939对，离婚登记4678对，补领婚姻登记 2010 对，补领离婚登记 370 对，开具婚姻证明 5328 份，执法合格率 100%。提高殡葬管理水平，全区 5 个公墓、4 个骨灰堂共接待祭扫群众 44.5 万人，祭扫车辆 8.2 万台，审核批准丧葬补贴 1426 人，发放丧葬补贴费 713 万元。社会组织健康发展，现有社会组织 461 家，对 314 家社会组织进行了年检，确定行政约谈社会组织 120 家，拟进行行政处罚 13 家。完成行政许可事项 48 项，行政执法合格率 100%。

年内全区城镇新增就业 3.81 万人，城乡劳动力实现就业 2.01 万人，职业技能培训 1.89 万人，分别完成全年指标任务的 115.5%、129.7%和 106%。城镇登记失业率 1.69%，低于目标值 0.81 个百分点。养老、医疗、失业、工伤、生育等五项社会保险参保人数分别达到 78.17 万人、87.51 万人、57.15 万人、54.17 万人和 50.01 万人，分别完成任务目标的 105%、103%、104%、101% 和 100%；五项社会保险基金收缴额，分别达到 47.17 亿元、30.92 亿元、2.38 亿元、1.23 亿元、1.79 亿元，分别完成任务指标的 104%、102%、105%、108%、110%；城乡居民养老保险续保率 100%，高于任务指标 4 个百分点；农民工参加养老、医疗保险人数均为 13.41 万人，分别完成任务指标的 107.62%和 108.41%。加大重点行业企业招用失业人员的扶持，吸纳失业人员 4458 人，扶持 850 名失业人员成功创业，帮助 7012 名城镇就业困难人员在社区就业。大力推进家庭服务行业职业化建设，帮助 160 名失业人员与家服企业“签合同、上保险、保工资”。发挥河东地区农村集体经济组织经济实力较强的优势，与 1652 名农民签订了劳动合同，缴纳城镇职工社会保险。将河东 48 个行政村的 5.2 万名劳动力纳入城镇就业失业管理系统，促进 3448 名农村劳动力实现转移就业。转变培训方式，加强物业管理、维修维护等工种的培训和鉴定力度，帮助 1452 人提升了就业能力。帮助河西地区 2520 名农民实现就业。落实市有关政策，上调各项社会保险待遇水平，年内累计支出 98.53 亿元，同比增加 20.62 亿元，增幅 20.93%。年内，退休职工养老金为 2658.29 元，同比提高 10.12%。

年内，共引进各类高端人才 120 人，硕士研究生及以上学历紧缺人才 368 人。促进 21 名在站博士后（青年英才），通过产、学、研、用相结合的培养方式，完成科研立项 17 项，与科研院所合作项目 24 个，改进技术难题 17 项，发明专利 14 个，创产值 8500 万元。

年内，共处理投诉举报案件 2238 起，结案率 98%。处理拖欠工资案件 1487 件，共为 4325 名农民工追回拖欠工资 1481.65 万元。受理人事劳动争议案件 2889 件，案件结案率 91%

年内共公开招考公务员 266 名。深入开展竞争上岗工作，全区 23 家党政机关、事业单位 57 人通过竞争上岗走上科级领导职位。招聘录用事业单位工作人员 1312 名。安置军转干部 118 名，接收自主择业军转干部 71 人。根据园博会建设实际需要，抽调 778 名机关事业单位人员参与园博建设和服务工作，引进 2 名专业人才，为园博会的顺利召开提供人力支撑。

（欧阳煜）

大 事 记

2013年丰台区大事记

1月

7日至9日 召开政协北京市丰台区第九届委员会第二次会议。

8日至10日 召开北京市丰台区第十五届人民代表大会第三次会议。

2月

25日 在厦门举行的全国第四届中小学生艺术展演比赛中，北京十二中金帆民乐团获得第一名。

3月

1日 市委书记郭金龙到丰台调研园博园建设和老旧小区改造工作。

2日 丰台区召开第九届园博会誓师动员大会。

15日 国家新闻出版总署批复北京市国家数字出版基地建设方案，同意北京国家数字出版基地核心区落户花乡榆树庄。

18日 丰台区完成2012年退出“三高”企业的污染物、能耗、水耗、职工人数认定工作。至此，“十二五”期间“三高”企业退出任务提前完成。

25日 丰台一小2200多名小学生在东安街一号新校址上第一天课，这标志丰台一小正式搬入北京十二中初中一部原校址。

31日 丰台区文化创意产业网站正式上线。

▲ 北京丽泽金融商务区成为国家首批智慧城市试点。

▲ 2014年世界种子大会场馆项目获市发改委核准。

4月

2日 党和国家领导人习近平、李克强、张德江、俞正声、刘云山、王岐山、张高丽等到丰台区永定河畔园博园参加首都义务植树活动。

3日 在石家庄印钞厂举行第九届中国（北京）国际园林博览会门票印制开机仪式。

10日 第九届中国（北京）国际园林博览会主题歌对外发布。

同日 全国人大常委会领导到丰台参加义务植树活动。

16日 国际计生联会长纳奥米·瑟伯尼女士、总干事特沃卓斯·麦里斯先生和国际计生联资源开发主管中村百合女士到丰台和义街道“幸福家庭快乐园”流动儿童早期发展中心进行参观考察。

18日 第九届中国（北京）国际园林博览会正式进入运营调试检测阶段。

24日 市长王安顺到丰台区调研旧城改造工作。

25日 举办“2013·第四届丰台（绿色）美食文化节”。此次活动的主题是“赏园林艺术，品丰台美食”。

▲ 丰台供电公司新建的110千伏园博

园智能变电站正式投产发电。

▲ 北京汽车博物馆被评为“国家AAAA级旅游景区”。这是丰台区第六个“国家AAAA级旅游景区”。

5月

5日 地铁14号线西段张郭庄站至西局站开通。

同日 园博会进入试运行阶段。

6日 市委书记郭金龙、市长王安顺到园博园调研。

18日 第九届中国（北京）国际园林博览会在丰台区永定河畔开幕。

25日 中关村国家自主创新示范区体育运动展示活动在丰台体育中心举行。这是丰台科技园区第四次承办此项活动。

6月

4日 2014年世界种子大会筹备工作进入一年倒计时。

9日 德国国际合作机构（GIZ）“全球伙伴——新兴国家”部门主任司嘉丽博士一行五人到丰台考察交流，并就中德双方在应急救援技术、管理和应急产业发展方面的合作进行探讨。

9日至12日 举办第二届丰台端午文化节。此次活动的主题是“粽情丰台 欢乐园博”。

17日 国务院副总理刘延东到方庄社区卫生服务中心调研社区卫生服务工作。市长王安顺、国家卫生和计划生育委员会副主任孙志刚、国家卫生和计划生育委员会医改办副主任梁万年、市卫生局局长方来英陪同调研。

18日 丰台区职工艺术团成立。

20日 北京市城乡结合部50个重点村建设工作现场会在丰台召开。

27日 第九届全民健身体育节开幕。

7月

15日 市长王安顺到丰台检查防汛工作。

同日 九名基层一线党代表列席全区经济形势分析会。这在丰台区是首次。

19日 园博园周末夜场正式开放。

8月

15日 市委书记郭金龙到丰台与基层干部群众代表座谈。

19日 丰台区与市电力公司签署合作协议。

20日 丰台区举办“驻京中外知名企业投资丰台行”活动。

22日 北京首家科技文创孵化中心在丰台授牌。这家中心是北京京辰瑞达科技文创孵化中心。

20日至24日 2013年亚太车辆模型锦标赛在丰台举办，来自13个国家和地区的100多名车手参赛。

28日 举办“生态城市中国行——北京园博园·长辛店生态城站”活动。这是在北京的首站活动。

9月

1日 丰台区新增两所九年制学校开学。这两所学校是北京教育学院附属丰台实验学校和北京四中璞瑅学校。

4日 丰台区与中国水务投资有限公司签署青龙湖再生水厂工程BT投资协议。

5日 银监会和市领导调研丰台区重点村建设工作。

7日 举办第27届卢沟桥醒狮越野跑比赛。

16日 丰台区与中国投资担保有限公司签署合作协议。

同日 丰台区与国开行北京分行签署合作备忘录。

21日 丰台区举办2013北京国际铁人三项赛。

26日 驻区战士高铁成获第四届全国道德模范。高铁成，男，汉族，1988年3月出生，中共党员，北京卫戍区66284部队连长。

27日 第十五届北京国际旅游节在园博园开幕。

25日至28日 第21届北京种子大会在丰台举办。

6月27日至9月28日 举办第五届丰台消夏啤酒节。此次活动的主题是“京城消夏夜 丰台更精彩”。

10月

11日 在园博园举办北京市首届“老年节”。

13日 “服务百姓健康行动”全国义诊活动周启动仪式在方庄举行。

15日 英国伦敦市市长鲍里斯·约翰逊到丰台区访问。

23日至24日 第17届北京·香港经济合作研讨洽谈会在北京饭店举行，丰台区37个重大招商项目亮相京港会，与香港企业签约金额100亿元。

9月25日至10月25日 举办“第五届丰台金秋美食节暨水产品惠民消费月”活动。

27日 区长冀岩参加第十届中国国际金融论坛，并在开幕式上发表题为“首都金融产业发展新空间与丽泽机遇”的演讲。

9月28日至10月27日 举办第8届中国花卉博览会。丰台花卉获27个奖项，其中金奖4个、银奖7个、铜奖9个、优秀奖7个，盆栽花卉获奖数量占全市盆栽花卉的50%。

▲ 丰台区首支小学女子足球队成立。

11月

1日 市委书记郭金龙到丰台调研公共服务和公共安全工作。

10月31日至11月3日 第九届北京国际金融博览会在北京展览馆举行，北京丽泽金融商务区作为丰台区重点项目参展。

18日 市委书记郭金龙到丰台调研土地流转试点工作。

同日 第九届中国（北京）国际园林博览会闭幕。

21日 “绿色中国2013·环保成就奖”评选结果在香港会议展览中心揭晓，北京园博园获“中国绿色生态园林”大奖。

23日 市领导郭金龙、王安顺、杜德印、吉林到丰台参加河道清淤劳动。

26日 社区义务调解员培训基地正式落户大红门西马社区。这是北京市首家。

12月

13日 召开北京市第九届中国（北京）国际园林博览会总结大会。

17日 北京国家数字出版基地落户丰台。

22日 2013美丽中国·新华网旅游年度盛典在北京举行，北京“卢沟晓月”中秋文化节获美丽中国·最佳传承弘扬中华文化节庆，位列美丽中国·品牌节庆榜。

23日 “家长俱乐部”在丰台街道成立。这是北京市首家。

26日 北京天坛医院迁建工程正式启动。

28日 国家主席习近平到丰台调研。

政党　团体

中国共产党丰台区委员会

【概　况】2013年丰台区常委会深入学习贯彻落实党的十八大、习近平总书记系列重要讲话和十八届三中全会精神，坚持稳中求进的工作要求，围绕提高经济发展质量和效益，稳增长、调结构、促改革、惠民生、优环境。召开常委会37次、专题会36次、进行专题调研88次，加强了对北京园博会筹办运行工作的统一调度，加强了对丽泽金融商务区、丰台科技园区等重点功能区建设的工作推动，加强了对世界种子大会、城南第二阶段行动计划和棚户区、城乡结合部地区改造等重大工程项目的统筹协调，加强了对城乡环境巩固年、国有企业和行政事业单位改革等重点工作的组织领导，研究出台了群众工作十二项制度、河西地区建设发展行动计划、农村地区产业项目准入等制度意见，落实推进了北京市第二批区（县）委权力公开透明运行试点工作，加强民主法治建设，支持人大、政协工作。经济社会发展稳中有进、稳中向好。全年实现地区生产总值1008亿元，增长9.2%左右；全社会固定资产投资739亿元，增长12%左右；社会消费品零售额890亿元，增长8%左右；地方公共财政预算收入76.8亿元，增长12%；城乡居民收入分别增长10.8%和10.5%；万元GDP能耗下降4.65%。主要经济社会发展指标增速大多超过全市平均增速。

切实加强对十八大、习近平总书记一系列重要讲话和十八届三中全会精神学习，把学习当作首要的政治任务，以全区干部思想理论水平的提升来推动工作。周密制定学习培训计划，以三中全会精神为指南，结合重点工作安排，进行了专题研讨。组织处级领导干部宣讲团、专家宣讲团、百姓宣讲团，开展了1000场宣讲活动，组织100个理论专题研修班，深入机关、深入社区（村）、深入企事业单位、深入学校，引导广大党员干部群众在学习理解、宣传阐释、贯彻落实上不断深化，在学以致用、学用结合、学用相长上下大功夫。通过深入学习宣传，全区干部群众切实增强了为实现中华民族伟大复兴“中国梦”贡献力量的责任感和紧迫感，增强了全面深化改革的信心和决心。

园博会获得圆满成功。北京园博会是继2008年奥运会以后，首都举办的又一个国家级、国际性盛会，也是丰台历史上承办的级别最高、规模最大、为期最长的大型活动。在住建部和市委市政府的领导下，在方方面面的大力支持下，常委会把办好园博会作为一个难得的历史机遇、光荣的历史使命，坚持“以会兴业、以业富民”的办会宗旨，常委会成员与其他区领导一起进入园博会运行调度中心，亲临一线、靠前指挥、同甘共苦、身先士卒，带领全区干部群众以最高的工作标准、最大的工作热情、最好的工作成效完成了园博会筹备和运行工作。按照“国际化、精品化、高端化”的要求，以改天换地的信念建成了一座“化腐朽为神奇”的园博园，呈现了一届精彩纷呈、美轮美奂、无与伦比的园博盛会。园博会运行185天，接待国内外游客615万人次，接待总人数和单日接待量均创历史新高。园林工程精品荟萃，生态画卷引入入胜，服务接待无微不至，安全保障万无一失，宣传活动高潮迭起，志愿服务有口皆碑，得到了国际、国内社会的高度评价。园博会是“人文北京、科技北京、绿色北京”发展战略的生动实践，是美丽中国建设的成功典范。园博会传播了生态文明、美好家园理念，提升了城市经济价值、社会价值、文化价值和生态价值，促进了区域发展，造福了人民群众，为丰台留下了弥足珍贵的精神财富和活力持久的物质文化遗产，成为丰台永续发展的强大动力。

调结构转方式成效显著。把稳增长、调结构、转方式作为全年经济工作的主线，坚持走统筹发展、高端发展、协调发展、绿色发展、和谐发展之路，坚持“一轴两带四区”的战略布局，不断加快重点功能区和招商引资工作的力度。第三产业实现增加值786亿元，同比增长10%。其中，现代服务业对全区经济增长贡献率超过60%。金融业留区税收增长65%；旅游业收入增长6%，游客接待量同比上涨28%。新引进亿元企业77家，同比增长45%，增速居全市首位。创新驱动逐渐成为产业结构调整的主方向。完成技术合同登记额600亿元，居全市第二位。专利申请数量同比增长35%，增长率居全市前列。文化创意产业加速聚集，规模以上文化创意产业实现收入290亿元，同比增长7%，北京国家数字出版基地落户丰台，中国戏曲文化中心发展规划编制完成。重点功能区逐渐成为引领区域发展的主战场。创新丽泽金融商务区组织模式，形成举全区之力建设丽泽的发展态势。通过项目制有效统筹拆迁、建设、配套、招商等各项工作。北区拆迁进展顺利，南区项目建设开始提速。金融信息、金融文化、金融服务等产业聚集明显，年内引进亿元以上企业27家，实现留区税收约4.1亿元，同比增长134%。丰台科技园区获首批“北京市总部经济集聚区”称号，轨道交通产业集群被科技部列入“2013年度创新型产业集群试点（培育）”名单。实现技工贸总收入3310亿元，同比增长12%，实现留区税收21.1亿元，同比增长18%。新引进亿元以上企业19家，其中高科技企业占60%。轨道交通、应急救援、军民融合、节能环保等产业进一步聚集。

城乡新老二元结构有所破解。抓住城南第二阶段行动计划以及市委市政府一系列政策机遇，积极呼吁市委市政府有关部门承认历史、面对现实、因地制宜、量体裁衣，给予城乡结合部地区一些灵活有效的政策支持，积极争取将东铁营老旧平房区列入全市棚户区改造范围。城南第二阶段行动计划顺利开局。以增强丰台发展自身造血功能为目标，突出重点、统筹推进，共安排重点建设项目115项，实现投资446亿元，推动产业发展、民生改善，提升生态建设、基础设施建设水平。世界种子大会场馆及配套设施，地铁8号线、14号线、16号线、北官路、梅市口路西延等重点项目建设进展顺利。借力城乡结合部整治加快城市化进程。突出重点、主动规划、一村一策、因村制宜，探索建立纪家庙村“城市化发展三步走”模式，研究南苑村借力南中轴、航天部一院加快推进非绿隔地区农村城市化进程的方案，努力破解城乡二元结构难题。全面推进棚户区改造。将棚户区改造作为重大的民生工程，南苑棚户区改造基本完成，3000多户居民喜迁新居。长辛店棚户区57万平方米安置房全部开工，已经竣工11万平方米，东铁营棚户区改造实施主体已经确定，前期工作取得进展。

城乡面貌大幅改观。大力开展“城乡环境巩固年”活动，实施了重点大街、背街小巷、老旧平房区及公交、地铁站点周边等区域环境综合整治。继续深化地下空间整治专项行动，重拳出击、坚决清退，关停了人防工程108处、整治了普通地下室120处，动员搬出居住人员9000多人。以控违拆违为突破口，对新生违法建设“零容忍”，对既有违法建设全面“围歼”。累计拆除违法建设115万平方米，实现既有违法建设大幅减少，新生违法建设基本“零增长”的目标。编制实施五年清洁空气行动计划，大力加强大气污染治理，主要污染物浓度下降率在城市功能拓展区中位列第一。加强治污减排，有序推进中小河道治理，河西再生水厂竣工并投入运行，青龙湖、郑王坟再生水厂等治污场站实现开工建设。完成平原造林9032亩，城市绿化覆盖率达48.5%，同比增长2.1个百分点。重点打造了永定河沙生植物园等“三点三线一区”7个亮点工程，区域生态环境明显改善。

文化事业繁荣发展。注重发挥文化对区域发展的促进作用，努力挖掘文化底蕴，不断繁荣文化事业和产业。深入开展“发现丰台之美”主题活动，从城市和人文的角度，组织发现丰台自然之美、历史之美、创造之美、成长之美、奉献之美和共建之美六个专项活动，共有30余万名网友直接访问了豆瓣网“发现丰台之美”主题活动官方小站，上传作品数量突破30万件，新浪微博微话题#发现丰台之美#的讨论量超过11万条。加快公共文化设施、文化惠民工程建设。新建、改建万芳亭公园等3个文化广场。开展“书香丰台”、“一街一品”、“我的丰台我的家”等文化活动，群众文化生活多姿多彩。成功举办“卢沟晓月”中秋群众文化节、北京国际铁人三项赛、醒狮杯越野跑、彩色跑等一批具有广泛影响力的文化体育活动，打造特色鲜明、享誉中外的文化品牌。

民生事业和社会服务管理不断加强。全年新增就业3.8万人。社会保险参保人数超额完成目标。老旧小区综合整治成果显著，物业服务社会化模式进入试点阶段。保障房开工1.8万套，竣工1.2万套。新增7所幼儿园1590个学位，有效缓解“入园难”问题，北京十二中科丰校区、北京四中黄城根小学紫芳园配套学校正式投入使用，丰台二中、北京十二中东校区等新建改建工作有序进行。北京丰台长辛店中西医结合医院成功创建为三级甲等中西医结合医院，是区（县）属医院中第一家三级甲等医院。稳步推进天坛医院等重点工程，继续办好社区卫生机构，医疗保障能力持续提高。加强社会服务管理。建成159个“一刻钟社区服务圈”，覆盖227个社区。智慧社区试点工作成效明显。搭建由区和街道两级构成的社会组织服务中心，为社会组织品牌孵化、人才培养提供有力支撑。累计建立299支劝导队，实现了社区全覆盖。深入推进“平安丰台”建设。开展拉网式矛盾纠纷大排查和专项自查，掌握维稳工作主动权。综合整治大红门等重点地区的安全隐患，加强地下空间安全管理，全面开展安全生产大检查，群众安全感、满意度不断提高。

以群众工作为抓手提升党的建设科学化水平。围绕一切为了群众、密切联系群众、紧紧依靠群众、有效动员群众、热情服务群众、充分尊重群众等六个方面，制定实施十二项群众工作制度，明确了新形势下做好群众工作的目标和要求，群众工作制度化、常态化、长效化建设不断加强。党员干部深入基层、深入一线，着力增进群众感情，切实解决群众反映的突出问题，以群众工作为统领，推动各项工作开展。突出作风建设。认真落实中央、市委改进作风相关规定，切实改进文风、会风，坚决杜绝公款浪费等现象。出台了严明纪律加强作风建设37条实施意见，践行群众路线，转作风、提效率、树形象，提升干部队伍服务群众的素质和能力。针对媒体曝光的窗口单位服务态度反面事件，区委常委会专题研究，组成18个监督小组，通过实地走访、电话访问、模拟办事等方式，开展全天候、全方位的大检查活动，查找出各类问题194个，在区委常委会、区政府常务会上进行了通报，各相关部门进行了整改，群众对政府服务的满意度不断提高。进一步加强基层党组织建设，创新形式，丰富内涵，深入推进城乡党的建设“三级联创”活动。开展了“大比武、大练兵”等专项活动，强化了基层学习型、服务型党组织建设。进一步加强阵地建设，强化非公经济组织和社会组织党建工作。完成第九届村委会换届选举工作，顺利实现了换届工作目标。充分发挥党员先锋模范作用，深入开展“园博先锋行动”，组织党员立足岗位承诺践诺，做好园博会服务保障。落实“在职党员回社区（村）报到”制度，拓展党员服务群众的途径，探索建立党员志愿服务工作模式。反腐倡廉建设成效明显，落实区委党风廉政建设责任制的主体责任，深入推进廉政风险防控“三个体系”建设。深化了重点领域和关键环节的监管，坚持政企分开，管办分离，完成32家企业清理脱钩工作。

年内，共调整处级干部281人。其中，提拔103人，平级交流52人，兼职等126人。在提拔的103名干部中，正处级领导干部10人，副处级领导干部41人，非领导职务52人，其中35岁以下年轻干部3人，女干部44人，少数民族干部7人，非中共干部2人。

（朱子砚）

重要活动

【生态文明和城乡环境建设动员大会召开】 4月8日，生态文明和城乡建设动员大会召开。区委常委、常务副区长高朋主持会议。区领导顾晓园、李军、衡晓帆、孙军民、刘宇、吕跃进、苗华、郭振江、李杜、张建国、张婕、刘文洪、李军会、高峰、周大春、李新民、邢方岭、张兆旗出席会议。

（朱子砚）

【走访慰问驻区部队】 7月31日，李超钢、冀岩、王苏维、李昌安同志分别带队走访慰问了武警三师、北京军区六分部、武警消防支队、武警十一支队、装甲兵工程学院等驻区部队，送去了节日祝福和慰问金。顾晓园、李军、霍连明、孙军民、刘宇、朱继明、苗华、郭振江、张建国、张婕、周大春、邢方岭等同志随同慰问。

（朱子砚）

【市区领导与基层干部群众代表座谈】 8月15日，市领导郭金龙到南苑村了解村子发展情况，并与农村基层干部群众代表进行了座谈，听取他们对开展党的群众路线教育实践活动的意见建议。市领导赵凤桐、姜志刚，区领导李超钢、冀岩、孙军民、刘宇一同参加。

（朱子砚）

【权力公开透明运行工作部署会召开】 8月22日，中共丰台区委权力公开透明运行工作部署会召开。冀岩主持会议。区委常委、区纪委书记李军进行工作部署，主要任务包括：推进区委权力结构科学化配置体系建设，推进区委权力运行阳光化公开体系建设，推进区委权力运行规范化监督体系建设。区领导霍连明、高朋、孙军民、朱继明、张建国、高峰出席会议；中共丰台区第十一届委员会委员、区委工作部门有关领导出席会议。

（朱子砚）

【李超钢调研教育资源情况】 9月5日，李超钢同志带队到北京教育科学研究院丰台实验小学、丰台五小鸿业校区进行参观调研，并向学校老师致以教师节的问候和祝福。区领导孙军民、张婕一同调研。

（朱子砚）

【李超钢同志调研科技园区企业发展情况】 12 月 6 日，李超钢同志带队到科技园区银龙水务、东方车云和时代华语三家企业，就贯彻落实党的十八届三中全会精神，进一步推动企业创新，深化企业改革，加快企业发展进行专题调研。区领导霍连明、孙军民、张婕、吴继东一同调研。

（朱子砚）

组 织 工 作

【概　况】 年内，全区组织工作以贯彻党的十八大、十八届三中全会精神为主线，深入落实全国、全市组织工作会议精神和区委工作部署，紧紧围绕服务保障园博这一中心，牢牢把握群众工作这一重点，抓重点，破难点，推创新，认真履行选干部、配班子，建队伍、聚人才，抓基层、打基础的职责，改进作风，求真务实，探索创新，不断提升组织工作科学化水平，为丰台区建设发展提供坚强的组织保证和人才支持。坚持围绕区域发展大局，积极推进干部人事制度改革。坚持正确的用人导向，严格干部选任标准和条件，完善选任工作流程，推进信息公开，努力提高选人用人公信度和满意度，着力建设一支信念坚定、为民服务、勤政务实、敢于担当、清正廉洁的高素质领导干部队伍。坚持全委会征求意见和常委会票决制度，完成 159 名正处级后备干部、380 名副处后备干部和 261 名优秀年轻干部的补充调整工作，首次组织 20 名处级后备干部和优秀年轻干部进行跨单位、跨部门交流任职，选派后备干部和优秀年轻干部到关键岗位和重点项目工程中接受实践锻炼。增强干部队伍的管理监督，积极探索新形势下干部监督工作的有效途径，增强干部监督工作的针对性、实效性。研究出台了《定期召开以党的群众工作为主要内容的专题民主生活会制度》，规定每年“七一”前后，召开一次以群众工作为主要内容的专题民主生活会，进一步增强群众观念，增进群众感情，提高群众工作能力，构建强化领导干部作风建设长效机制，提高班子依靠自身力量解决问题和矛盾的能力。积极做好领导干部个人有关事项报告和经济责任审计工作，坚持“逢离必审”。深入推进人才队伍建设，坚持围绕中心、服务大局，以落实“十二五”人才发展规划为主线，以完善人才发展政策措施为重点，以推进“158”人才工程为抓手，统筹推进产业、行业人才队伍建设，加快推进丰台人才发展高端化、集群化进程。印发《丰台区人才引进服务暂行办法》等四项区级人才政策和制度文件，初步构建了区域吸引、培养、服务人才的政策体系。实施丰台区人才工作项目化管理。注重以科技平台和科技服务为抓手，推进科技人才科研创新和成果转化。建立了科技园区重点企业高层次人才和专家数据库等人才基础信息库，实行动态管理、动态维护，初步实现了人才网络化服务和管理。加强基层组织建设，积极探索项目党建工作新平台，把支部建在老旧小区项目上，充分发挥党组织和党员作用，在筹办园博工作中，创新运营管理委员会临时党委、各工作部门临时党支部建设的载体和路径，从组织上保障展会运营的平稳顺畅、服务优质、安全有序。积极探索城市化过渡阶段党建工作新模式，探索村转社区党组织的职责定位。积极探索党组织创新社会管理服务新途径，不断健全区域化党建协调机制、组织动员群众参与社区事务。以教育为本，增强先锋意识，深入实施丰台“党建先锋力”工程，打造南宫新农村建设、园区科学发展等党员教育培训基地，探索微型党课的党员教育机制，提高党员学习教育效果。围绕园博筹办，开展“园博先锋行动”，促使党员知晓园博、宣传园博、参与园博、奉献园博，探索党员发挥作用常态化的长效激励机制。以榜样为旗，营造争先氛围。在非公领域党建工作上坚持推进“建党”和加强党建并重，注重数量和保证质量并重，从严管理和深化服务并重，强化基础和强调创新并重，着力提高组织的“有形”覆盖和工作的“有效”覆盖。在区域党建工作格局上求深化，推广社区事务会商会的经验，进一步规范细化社区“大党委制”流程，探索街道“大工委制”，促进辖区单位的共驻共建共享。在基层党建工作责任制落实上求实效，持续加大对基层组织人力、财力、场所阵地等方面的投入力度，保证基层党组织工作有力量、办事有经费、活动有阵地。加强组工干部队伍建设，严格落实中央、市委和区委关于加强作风建设的意见，改进文风会风事风，加强工作统筹，提高工作效能。完善机关干部工作联系点制度、基层调研工作制度，扎实开展机关干部下基层、结对帮扶、谈心谈话等活动，听取基层干部群众的意见建议。分层分类开展全区组工干部培训，使培训更好地服务于全区党建组织工作和组工干部成长需要。

（王小伟）

【健全群众工作制度】 年初，区委专题研究从“一切为了群众、密切联系群众、紧紧依靠群众、有效动员群众、热情服务群众和充分尊重群众”六方面切入，健全完善群众工作制度体系，出台了12项制度。

（王小伟）

【开展乡镇党代会常任制试点工作】 3月14日，中共卢沟桥乡第十八届代表大会第二次会议召开（2012年度），会议听取和审议《中共卢沟桥乡委员会工作报告》，审议《中共卢沟桥乡纪律检查委员会工作报告》，讨论通过《中共卢沟桥乡委员会党费收缴管理和使用情况报告》，讨论通过《中共丰台区卢沟桥乡党代表大会常任制度（试行）》。

（王小伟）

【规范干部任用初始提名工作】 年内，综合运用组织推荐、群众推荐、组织部门推荐、领导干部个人推荐、干部个人自荐等多种方法，扩大选人用人视野。推进初始推荐提名工作创新，进一步扩大干部工作民主。在区四套领导班子成员及法检两长、区委委员、区委候补委员、区纪委常委以及其他处级党政正职范围内，对区委区政府工作部门及其派出机构党政正职，乡镇党政正职人选进行差额或等额推荐提名。对副处级干部提拔坚持广泛征求各单位党（工）委、党组意见，统筹考虑，择优推荐提名。

（王小伟）

【从村官中公选副科职干部】 年内，根据市委组织部统一要求，面向合同期满在基层工作的大学生村官公开选拔副科级干部。经过确定职位、发布通知、推荐报名、面试、组织考察、公示、任用等环节，从村官中选拔2名乡镇副科级领导干部。

（王小伟）

【围绕重点中心工作选配班子】 年内，根据园博会筹备工作需要，组建了第九届园博会丰台区运营管理委员会（丰台筹办总指挥部），根据各部门工作进展情况，抽调1335名干部到园博会。组建或调整了种子大会筹备指挥部、丽泽金融商务区开发建设指挥部等重点工作的领导机构，通过组织任命、集中抽调等方式，从全区各单位选派干部，保证重大任务的顺利推进。

（王小伟）

【科级干部交流】 年内，为科学配置干部资源，统一调配使用后备干部和优秀年轻干部，丰富任职经历，激发干部队伍生机和活力，首次探索组织20名科级干部进行跨系统、跨部门交流。

（王小伟）

【后备干部补充调整】 年内，组织开展了处级后备干部和优秀年轻干部队伍补充调整工作。各单位党（工）委依据民主推荐结果，统筹考虑班子结构、工作需要等情况，结合日常掌握的干部能力素质和工作表现情况，向考察组提出后备人选建议。集中组织副处级后备干部和优秀年轻干部考察人员进行综合素质测评，在参考后备干部提供近三年工作业绩报告的基础上，考察组共与 2109 名干部群众进行个别谈话，对 657 名副处后备和优秀年轻干部考察人选的德、能、勤、绩、廉等方面情况，特别是实际工作能力和工作业绩进行重点了解。综合研究后确定后备干部人选，按照党群类、政务类、经济类、文化类、政法类、社会管理类等 6 类发展方向，采取教育培训、内部交流、挂职锻炼等 3 种方式，对后备干部发展方向、培养方式进行集体研判，提出了培养意见建议。达到“一次调整、既定人选、也定类型、还定方向”的效果。

（王小伟）

【第九届村民委员会选举】 5 月 8 日，完成了第九届村民委员会选举工作，区 65 个行政村，除因市级挂账重点整治、重点工程拆迁和撤村建居不参加换届选举的 18 个村外，其余 47 个村依法进行了换届。实现了“两保持一降低一确保”的换届目标，即村党组织书记和村委会主任“一人兼”、“两委”成员交叉任职比例保持上届水平，降低村委会主任不是党员的村的比例，确保不出现村委会成员全部不是党员的“白点村”。共选出女性成员 67 人。

（王小伟）

【“12380”举报电话集中宣传】 5 月，以“12380”举报电话开通 9 周年为契机，开展“12380”学习宣传工作。将“12380”举报受理范围、举报方式、办理流程和权益保障等相关知识进行梳理，形成《“12380”宣传提纲》下发各单位，制作“12380”宣传海报 500 余张下发张贴，并开展“12380”相关知识问卷测评。

（王小伟）

【行政事业单位经办企业清理脱钩】 年内，在全区范围内继续开展行政事业单位经办企业清理脱钩工作，8 个行政事业单位所属 32 家企业纳入第一批清理范围，全部清理脱钩。

（王小伟）

【召开专题民主生活会】 年内，研究制定了《关于定期召开以党的群众工作为主要内容的专题民主生活会制度》。结合纪念建党 92 周年，在处级领导班子中组织开展以“落实群众路线，改进工作作风，建设繁荣文明幸福新丰台”为主题的专题民主生活会，首次邀请党员代表列席生活会，首次在生活会上实现领导干部和党员的交流互动，首次探索对民主生活会质量进行满意度测评。

（王小伟）

【开展园博先锋行动】 年内，深入组织开展以“争当园博先锋，奉献美丽丰台”为主题的“园博先锋行动”。依托第九届中国（北京）国际园林博览会丰台区运营管理委员会（总指挥部）建立临时党委，践行“园博精神”，强化统筹协调，完善运行机制，激励 1335 名抽调干部，在保障大型活动、应对极端天气、引导超大客流等艰巨任务中发挥骨干作用。发挥组织优势，以岗位建功、家园添彩、志愿服务、平安守护等“四大行动”为支撑，促进基层党建与中心工作深度融合。3974 个基层党支部通过召开支部专题组织生活会、开展主题党日活动、参与一线值守等方式，参与园博先锋活动。北京市 7745 名居住在丰台的党政机关、国有企事业单位在职党员回到社区报到。中秋、国庆两节期间，1300 人次在职党员参加了园博一线治安值守的紧急任务。通过搭建志愿服务平台、党员作用平台、社会参与平台，党员和积极分子骨干引领 1.3 万余名“小 V 蜂”志愿者，为广大游客提供优质服务；近 3 万名党员奉献“园博先锋服务岗”。驻区部队、武警、公安 50 余万人次参与了园博建设保障工作。

（王小伟）

【强化基层组织建设的基础保障】 年内，强化基层组织建设的基础保障。强化人力保障，制定出台《丰台区关于建立正常离任村主要干部生活补贴机制的实施办法》；针对社区服务站工作人员的流动和岗位空缺，年内面向社会公开招录195名社区工作者；区财政出资500万元，以政府购买服务的形式，聘用100余名商务楼宇党务工作者，加强非公领域党建人员力量。强化资金保障，对非公领域党费实行全额返还；区委设立每年不低于200万元的非公党建工作专项资金，用于体制外党务工作者通讯补贴、新建党组织起始活动经费、非公党建创新项目扶持、非公企业党组织专项活动补充经费和党建工作用品配发等；提高基层党组织工作和活动经费标准，区财政按照每名党员每年200元的标准拨付，共计支出2000余万元。强化场所保障，推进社区办公和服务用房建设，220个社区办公和活动用房达到350平米以上，达标率为74.9%。按照“六有”标准，在非公企业相对密集的地区探索建立3个综合性的党群活动中心，并遴选整合33个区域性共享活动阵地，通过规范管理使用办法，给予专项补贴，确保这些阵地供非公企业党组织在节假日无偿使用。

（王小伟）

【“办园博，党代表先行”系列活动】 5月13日，以座谈和向联组征求建议方式，向区党代会代表征求园博园试运行改进建议，共收集八个方面26条建议，提交区委。7月26日开展“园博夜场我说说”活动，组织42名街道乡镇、3名委办局基层党代表参观园博夜场，要求党代表参观体验园博夜场后做好带头上岗服务、带头宣传讲解、手媒秀园博活动。号召非公企业党代表带头参加“我心向党园博行，同心共筑中国梦”主题党日活动。在50个直属党组织中开展党代表主题接待活动，共收集意见建议1906条。

（王小伟）

【党代表列席区委常委会】 9月11日，组织3名区级基层党代表列席区委常委会。

（王小伟）

【全面试行乡镇党代会年会制】 11月22日，召开工作部署会，下发《关于试行乡镇党代会年会制的意见》，启动各乡镇试行党代会年会制工作。

（王小伟）

【举办处级领导干部一年制培训班】 年内，举办第4期处级领导干部一年制研修班，从理论教育、党性教育、知识教育和能力提升四个模块，提高领导干部推动丰台科学发展、促进社会和谐的素质和能力，共计20名处级领导干部参加。

（王小伟）

【开展处级干部大讲堂】 年内，组织开展处级干部大讲堂，结合组织需求、岗位需求和干部需求，为处级干部提供灵活、便捷、菜单式服务的自主选学模式，保证了大规模培训任务的全面落实。

（王小伟）

【召开第四届“突贡”、“优青”座谈会】 年内，召开丰台区第四届“有突出贡献人才”和“优秀青年人才”暨首届“高层次创新创业人才团队”座谈会，三位获奖人才和人才团队代表进行了重点发言，区委书记李超钢作重要讲话，区委副书记、区长冀言主持会议，区委常委、组织部部长霍连明和区委常委、副区长高朋参加会议。

（王小伟）

【开展第四届“突贡”、“优青”评选表彰】 年内，开展第四届丰台区“有突出贡献人才”、“优秀青年人才”暨首届“高层次创新创业人才团队”评选表彰活动，从区域发展的各个领域评选出“有突出贡献人才”10名、“优秀青年人才”9名和“高层次创新创业人才团队”5个。

（王小伟）

【开展人才工作项目化管理试点】 年内，重点选取高新科技、重点功能区、高端装备制造、文化创意以及教育、卫生6大领域，试点推进人才工作项目化管理工作。共资助区委宣传部、经信委、科技园区工委等5个单位7个人才项目，资助资金735万元。

（王小伟）

【开展“十二五”人才发展规划中期评估】年内，开展《丰台区“十二五”时期人才发展规划》中期评估，全面开展区级人才规划实施情况及工作成效的系统分析与研究，评估重要指标完成情况，评价规划实施效果和各项政策措施落实情况，及时分析问题并查找原因，并根据区域经济社会发展变化，适时修正规划目标，提出相应对策建议。

（王小伟）

【干部档案数字化】 年内，以实现档案规范化、智能化管理，提高档案使用效率为目标，加大档案工作创新力度，扎实开展干部档案数字化工作。按照使用需求对干部档案室进行重新设计装修，安装安全保密系统，更换大容量智能密集架，配备专业设施。对1368名处级干部档案进行全面查缺、补充、整理，查出问题6795处，立查立改解决问题3600余处。对所有干部档案进行数字化扫描，更换了符合要求的A4档案盒。

（王小伟）

宣传工作

【概　况】 2013年，丰台区宣传思想文化和精神文明建设战线全面学习宣传贯彻十八大、十八届三中全会等精神，贯彻落实市委宣传部和区委区政府工作部署，以丰台形象提升年为工作定位，巩固树立宣传文化也是生产力的观念，围绕举办园博会，服务丰台区发展大局，各项工作实现了新跨越，园博会宣传文化活动高潮迭起，“发现丰台之美”主题活动好评如潮，积极争创“首都文明区”，重大文化创意产业项目加速聚集，区委宣传部被市委评为思想政治工作优秀单位。

（王　斌）

【思想理论建设】 年内，坚持以思想理论水平提升来推动工作。年初研究制定计划，每季配发理论畅销书，每月呈送学习资料，每周进行理论动态研究。围绕十八大、习近平总书记系列讲话和十八届三中全会精神等主题，服务和保障区委区政府理论学习中心组举办各类学习活动14次。

（李桂尧）

【深入开展学习教育】 年内，深入开展中国特色社会主义和中国梦学习教育，组织各街道（乡镇）党员干部参加中宣部中国梦学习宣传教育系列报告会，举办了习近平总书记系列讲话精神等专题报告会，以及贾立群事迹报告会暨“立足岗位学先进，服务群众做贡献”等座谈会，发放学习资料28种6000余册。

（李桂尧）

【学习型党组织建设】 年内，制定并实施学习型党组织建设示范点和品牌活动考核管理办法，各单位深入开展主题联学研讨活动，形成了一批学习型党组织建设示范点和品牌活动，制作了成果展折页发放全区。3家革命遗址遗迹被命名为首批市级爱国主义教育纪念地。联合市社科联、市文资办开展品牌文化产业规划研究，在《前线》等刊物推出解读丰台现代化进程战略、城市形象塑造提升和舆情督办新机制等文章，市“丹柯杯”优秀研究成果丰台区获奖数量居首位。

（李桂尧）

【理论宣讲工作稳步推进】 年内，推动建立“五位一体”宣讲网络，实现了从委办局、街乡镇、企事业单位到社区（村）、楼门楼宇、邻里、家庭的深入延伸，21个街道（乡镇）、336 个社区（村）设立了宣讲团，一大批楼门、邻里、商务楼宇成立了故事会。理论宣讲根植基层、融入群众，300 名幸福生活讲师团讲师全年走基层，100 名学者型领导干部进入社区（村）宣讲，29 个特色品牌宣讲团走出单位、走出辖区巡讲，357 个基层宣讲团、1750 名宣讲员常驻群众身边宣讲。2 家理论宣讲示范基地被市委宣传部评为最高级别的理论宣讲示范基地，综合得分排名全市第一。举办了品牌宣讲团和骨干宣讲员培训班，推动采取快板、音乐剧和小品等新形式宣讲，推出了一批具有示范效应的品牌宣讲团和品牌故事会。

（郑宪法）

【园博会文化宣传活动】 年内，紧紧围绕园博会理念和工作目标，以“善待媒体、服务至上”为原则，形成以新闻发布和参观采访为主线，以一流硬件条件和技术保障为依托，以个性化温馨服务为辅助手段的新闻宣传和媒体服务工作格局。共接待 46 个国家和地区、108 个媒体机构的文字、摄影记者 960 名，组织新闻发布活动 128 场，受理采访申请 6000 人次。电视、广播、网络直播 96 次 61 小时。新闻原创报道 1.8 万篇，媒体转发 4.5 万篇次，百度新闻搜索篇目达 799 万条。官方网站浏览量（PV）2400 万次，总访客数超 200 万人次；官方微博粉丝达到 27 万，浏览量超过 7700 万；论坛微博发布消息 70 余万条。制作投放宣传品 42.5 万册，广告覆盖全国 24 个城市 8.1 亿人次。策划组织了园博职业服装设计大赛等预热类活动，花卉园艺大赛等承诺类活动，花车巡游等常态类活动，北京国际旅游节等助力类活动，园博水舞秀等夜场文化活动共 2000 余场次。

（钟媛媛）

【开展丰台城市形象认知度调查】 年内，委托专业公司开展了 2012 年度丰台城市形象认知度调查，客观评价了丰台区形象变化与宣传文化活动效果。与 2011 年相比，2012 年市民对丰台的熟悉度排名从第五名升至第三名。企业对丰台区的投资推荐度排名第三。调查显示，外界对丰台区长期固有的“空间距离近，心理距离远”的认知差距难题得到明显破解。

（钟媛媛）

【推进舆情体系建设】 年内，搭建网络舆情信息搜集平台，借助专业力量，安排专人 24 小时值守，全覆盖、高效率地搜集整理、分析研判舆情信息。每日上报《丰台舆情快报》给区委、区政府主要领导审阅批办。落实《关于群众反映问题的响应落实和反馈制度》，建立舆情督办流程，做到“当日报送、当日督办、当日初步回复”。督办结果经区委区政府督查室核实、区主要领导审定后，通过“北京丰台”政务微博、区属媒体等公开发布。

（赵艳霞）

【网络舆论环境建设】 年内，利用“北京丰台”官方微博与网民进行互动交流，反馈问题的落实情况。共回复网民反映问题 412 件，互动次数 520 余次，回复率 95%，满意率 90% 以上。组织网评员有针对性地开展网络舆论正面引导，维护区域网络舆论环境稳定有序。

（赵艳霞）

【扶持文化创意产业】 年内，完善政策引导，推进形成区域整体、功能区、品牌文化产业、乡镇文化产业四级规划体系，编制了专项资金管理办法、企业孵化器管理办法等政策措施，推动设立区文化创意产业行业基金。12 个项目通过市文化创新发展专项资金项目评审，推荐吸引外资等项目 30 个。丰台区文化创意产业网上线，孵化器建设完成，推荐了一批优秀企业参加“全国文化企业 30 强”等评选活动，9 家文化单位首批签约北京文惠卡项目，21 个项目首次列入文博会推介项目。中国戏曲文化中心发展规划编制完成，提交全国“两会”人大建议案和政协提案，纳入北京市文化创意产业功能区建设规划，储备了25个意向合作项目。卢沟桥集聚区纳入市文化创意产业功能区。南苑乡、长辛店镇在全市率先成立乡镇文创办。

（谢允红）

【文化创意产业企业孵化器建设】 年内，落实文化创新、科技创新“双轮驱动”战略，推进文化创意产业企业孵化器建设。京辰瑞达科技文创孵化器挂牌，成为全市首个科技文创类孵化器。搜宝孵化器正式挂牌为文创科技大厦。着力吸引有潜力、有发展、符合发展方向的中小企业入驻丰台。全区规模以上文化创意产业实现收入290亿元。

（谢允红）

【“发现丰台之美”主题活动】 年内，从城市和人文的角度，组织发现丰台自然之美、历史之美、创造之美、成长之美、奉献之美和共建之美六个专项活动。开展知识讲座、展览展示、书画摄影和豆瓣官网等线上及线下活动，形成发现、记录和宣传丰台之美的书画、摄影、征文等文化产品。豆瓣网“发现丰台之美”主题活动官方小站访问量39万人次，网友向官方小站上传作品数量33万余件。新浪微博微话题#发现丰台之美#讨论量超过11万条。

（钟媛媛）

【“最美丰台人”选树活动】 年内，建立“最美丰台人”选树机制，举办各级各类最美丰台人、身边好人、道德模范、文明小使者等各类选树活动118场，表彰与提名道德人物与道德模范1000余人。

（钟媛媛）

【举办系列群众文化活动】 年内，举办“卢沟晓月”中秋群众文化节、国际铁人三项赛等具有广泛影响力的文化体育活动。“花好月圆”中秋文化活动3天接待15万人次。“花好月圆传戏韵”文化活动接待游客近40万人次。举办“我的丰台我的家”系列群众文化活动500余场次。“书香丰台”阅读系列活动贯穿全年。

（钟媛媛）

【推进文化场馆建设】 年内，推进区综合文化中心、方庄市民数字文化中心、基层文化广场、重点文化室建设，区图书馆通过了文化部一级馆评估验收。

（钟媛媛）

精神文明建设工作

【概　况】 年内，精神文明建设工作深入贯彻落实党的十八大、全国与市、区宣传思想工作会议精神，坚持以推进社会主义核心价值体系建设为根本，以“建设美丽丰台，做文明有礼的北京人”为主线，以巩固创区成果和服务园博盛会为着力点，全面推进思想道德引领、文明创建提升、未成年人培育、公共文明引导和基础建设提高工程，顺利完成了区文明委年度计划确定的各项工作任务，为进一步提升市民文明素质和区域文明程度做出了新的贡献。

（王　旭）

【十八大精神学习宣传活动】 年内，统筹各系统、各单位依托政治理论学习、文明市民学校、宣传栏牌和文体活动，认真学习宣传党的十八大、十八届三中全会、全国和北京市宣传思想工作会议和习近平总书记一系列重要讲话精神，开展核心价值观学习教育。区三级宣讲团队357支、1750名宣讲员集中开展宣传宣讲活动1211场，直接受众96万人次。统一选址建设13条“讲文明树新风”大型公益广告宣传墙。360多所文明市民学校开展群众性时事政策、中国梦、美丽北京、文明礼仪宣传。

（詹雅青）

【“最美丰台人”活动】 年内，进行“寻找最美丰台人”网络征集，征集“最美丰台人”资讯300余条，推荐典型参加全国“身边好人”评选，7人成为“中国好人”。

（詹雅青）

【道德模范评选宣传活动】 年内，举办“我的梦·中国梦”北京市道德模范丰台巡讲，500 名各界代表与首都道德模范当面交流。选送“最美警卫战士”高铁成参选并荣获第四届首都和全国道德模范称号。开展“学窦珍、行善举、做好人”宣传实践活动，进行窦珍事迹宣讲。

（詹雅青）

【学习雷锋常态化建设】 年内，组织 3000 名干部群众参观了首都“永远的雷锋”主题展览，重温雷锋突出事迹和精神内涵。举办了“永远的雷锋”丰台区主题展览巡展，3 万多市民观展。梳理丰台区学雷锋志愿服务先进站（岗）情况，引导志愿服务经常化、项目化、品牌化，推动学雷锋活动常态化。

（詹雅青）

【传播传统文化和主流价值观】 在春节、元宵、清明、端午、七夕、中秋、重阳七大传统节日，张贴主题海报，推进传统节庆文化和团圆和谐、尊老敬贤、修身惜福等伦理习俗的传承。开展“丰台区 2013 年迎新春装扮最美街巷”活动，倡导各单位插挂国旗、扮靓街巷，营造美好节庆氛围。在国庆节等重大节日期间，组织节日环境营造和政治环境布置，集中传播民族复兴、国家强盛、社会和谐、家庭和睦、个人安康、吉庆节俭等理念。在各节庆、纪念日、活动日前夕，以简报、微博形式引导各单位坚持正确导向，引领市民承袭民族传统，遵从主流价值，文明有礼过节。

（詹雅青）

【“精彩园博、文明同行”主题宣传实践活动】 年内，统一部署和协调推动各单位持续开展“迎园博素质提升行动”、“庆园博志愿服务行动”、“话园博成果共享行动”三个板块八项活动，通过文明游园引导、社会环境营造、文明秩序保障和园博知识宣传，引导市民群众了解、支持园博，号召全区各单位干部职工立足本职、奉献园博。

（王　旭）

【园博会专项社会宣传】 年内，协调首都文明办和各区县，在全市范围内张贴园博宣传海报 42000 张。编发《精彩园博文明同行》主题实践活动简报，适时对活动开展情况进行通报和重点引导。设计制作了 15 万份带有园博标志和“精彩园博文明同行”文字的雨伞、小方巾、卡包、手包等社会宣传用品，供园博会相关活动使用和分发到各个社区与市民群众手中。在媒体上发出“精彩园博文明同行”倡议书，号召广大市民提升文明素质，做好东道主，协力办园博。搭载“永远的雷锋”主题展览丰台区巡展举办“园博之路”图片展览，向市民群众呈现园博园从建设施工到试运营阶段的珍贵历史瞬间。在文明丰台官方微博发起和引导园博有关话题，展示园博会美景和重点活动，回应网友问题。

（王　旭）

【迎园博专项服务保障行动】 年初开始，在丰台区 300 个公共文明宣传引导服务站点张挂横幅，开展迎园博专项宣传。选调 200 名公共文明引导员组成园博会专项服务队和应急队，集中开展园博知识、服务规范、礼仪礼节和应急培训。5 月，启动“迎园博双百日服务行动”，在园博重点线路沿线开展园博宣传、咨询指路、秩序引导。10 月 1 日到 11 月 18 日，安排近千人次公共文明引导员，在园博园地铁站、摆渡车站、停车场和 3 号、5 号门区开展全天侯游客引导服务

（王　旭）

【文明出行引导宣传】 年内，组织全区公共文明引导员在每个工作日早、晚交通高峰时段，在 300 个设岗公交地铁站点、学校门前、十字路口上岗，疏导人流、维护秩序，倡导市民保持遵规守纪、礼让有序的文明风范；每月 11 日“公共文明引导日”、22 日“文明出行推动日”，组织各街乡（镇）和共建单位，在重点地区、街道全面开展“绿色出行文明交通从我做起”主题宣传实践活动，传

播“3公里步行，5公里骑车，10公里公交”的“3510”文明交通、绿色出行要求。加强以“优质服务和自觉排队”为主要标志的示范站台建设，共创建市级“自觉排队示范站台”16个。在16所学校和16个重点交通路口示范开展“公共文明引导进校园”和“文明示范路口”建设，疏导人流车流，保证安全有序；清明期间在思亲园等重点公墓和沿线疏导人流，两会期间在主要大街、重点地区开展交通保障、治安协防；高考期间组织力量在丽泽中学等考点门前及周边开展专项文明引导服务，为考生搭建绿色通道、给家长设立温馨港湾。

（王　旭）

【持续深化群众性精神文明创建活动】 年内，统一协调开展了十八大精神、社会文明、迎园博等宣传氛围营造工作；巩固和坚持交通、治安、环境“三大整治”行动统筹联动机制；巩固和坚持文明创建工作与“城乡环境巩固年”共同推进的有效机制，文明社区、文明单位创建和农村精神文明建设。协调各创建主体坚持以精神文明创建活动为龙头，促进单位工作全面发展，持续深化创建活动；对申报创建的195个社区、35个村、720个单位进行指导，帮助各单位锁定重点、落实措施、高效展开工作；组织业务骨干对34个首次申报创建的单位、社区和村，逐一上门走访和实地勘察，与各单位一同研究工作基础、达标标准和创建要点，并从申报程序、氛围营造、活动组织、成果总结、资料归档和党委推荐等环节进行具体指导。

（王永峰）

【推动农村精神文明基础建设】 年内，继续推进农村精神文明建设“十个一”创建工程，组织专题调研，申请204万元市专项资金，完成了对4个乡镇、3个村乡情村史陈列室建设和5个村精神文明建设宣传LED屏项目的建设指导。指导68个行政村组织村民重新修订了《村规民约》，在各村民居住区、统一制作悬挂了680组《首都市民文明公约》和新版《村规民约》宣传提示牌。

（王永峰）

【落实精神文明创建“五个一”要求】 年内，协调各首都文明单位落实“五个一”要求深化创建活动，指导开展道德讲堂活动、组建学雷锋志愿服务队和在公共场所设置文明提示牌；推动“文明餐桌”活动，为饭店和食堂制作文明餐桌提示牌和宣传海报；推进网络文明传播行动，组建667人的网络文明传播志愿者队伍，制订了《工作规范》。

（王永峰）

【未成年人思想道德建设】 年内，组建了区级关心下一代工作“五老”人员骨干队伍，整合教育专家和学生家长资源，建立了北京市首家实现供需对接和未成年人与关心下一代工作融合的“家长俱乐部”。集中开展寒、暑假期“我的中国梦——争当社区文明小使者”主题活动，引导10万中小学生到社区报到，参加活动，推选区级“社区文明小使者”12000名、“首都社区文明小使者”3300名。两节期间开展“新春寄语”征集活动，引导学生参与正能量传播；清明节期间组织5.5万名学生参加“做一个有道德的人——网上祭英烈”活动，发出寄语6万余条；开展“我的中国梦——做文明有礼的北京人”新童谣征集，采集新童谣1500余首；开展“童心向党”歌咏活动，区少年宫和丰台五小的活动情况参加了首都文明网展播；开展了“向国旗敬礼、做有道德的人”网上签名寄语宣传活动，指导学生撰写发布签名寄语5万余条。

（黄　伟）

统 战 工 作

【概　况】 年内，丰台区统一战线工作以邓小平理论和“三个代表”重要思想为指导，全面落实科学发展观，深入学习贯彻党的十八大精神，按照全市统战部长会议的工作部署，充分发挥统一战线的优势和作用，着重做好党外代表人士队伍建设工作，继续推进统战工作创新，努力做好第九届园博会的服务保障工作，较好地完成了全年工作任务。

（何　伟）

【服务园博会】 年内，结合“园博先锋行动”，多次邀请区委领导，深入各民主党派、有关团体、政协委员中宣讲园博，组织统战各界人士参与园博建设，参观园博感受园博。在园博会筹建运营中，积极为统战人士搭建服务平台，驻区台商投资4000万元构建台湾园；区工商联合会员企业投资1亿元兴建奇石博物馆；全区20余家非公企业出资共计160余万元，支持园博建设，提供食品服务。民革丰台区工委提出《关于利用我区园博会会址，打造京西生态休闲文化亮点的几点建议》，对园博会未来发展的提议得到了区政府的高度肯定。园博会开园期间，区统战部共组织接待中央、市委各级参访团15次，1500余人。

（何　伟）

【推进多党合作政治制度】 年内，不定期举办关于“举办一届有特色、高水平园博会”、“新城南行动计划”、“区域经济形势”为主要内容的情况通报会、征求意见座谈会，让党外人士知道区委区政府在干什么，明白自己可以做什么，真正与党和政府同心同德、同心同向、同心同行；开展联合调研积极探索基层协商民主制度，完善各种协商形式，针对协商什么、与谁协商、怎样协商、协商成果如何运用等问题进行调查研究，为推进多党合作的制度化规范化程序化建设提供依据。

（何　伟）

【党外人士队伍建设】 年内，进一步贯彻落实中央、市委下发的《关于加强新形势下党外代表人士队伍建设的意见》，广泛调研，重点了解基层单位工作开展情况及问题，制定了具体《实施意见》。通过加大与相关部门的联系，形成共同制定规划、物色选拔、培养教育、考察人选、讨论研究、督促检查的工作格局；建立完善了党外处级后备干部、优秀青年干部数据库，并纳入了全区后备干部人才库；推荐三名党外干部参加北京市社会主义学院党外中青年干部培训班学习；推荐多名优秀中青年党外干部到园博园挂职锻炼，提升综合素质和能力。

（何　伟）

【联谊交友常态化】 年内，贯彻落实党的群众路线教育，进一步加强与党外人士沟通交流的重要途径，在劳动交友、学习交友、体育交友、文艺交友四个平台基础上增加了信息交友平台，以短信、彩信形式通报区情、统战知识政策等，通过平台的确立，建立长效机制，把密切联系群众工作常态化、制度化。

（何　伟）

【非公有制领域统战工作】 年内，根据中央、市开展非公有制经济人士理想信念教育实践活动实施意见，结合实际制定了《丰台区非公有制经济人士理想信念教育实践活动实施方案》，切实增强了非公有制经济人士服务社会的责任感。积极引导非公有制经济人士参与慈善公益活动，利用工商联和会单位优势，大力支持新农村建设。发挥工商联桥梁纽带作用，为非公企业提供政策、信息、法律等服务。通过联担联保、担保等手段，为50多家企业协调贷款；面对企业拆迁、合同到期、合同纠纷等，积极与租赁业主及有关部门有效沟通，帮助企业解决实际问题。在雅安、芦山地震后踊跃捐款捐物以实际行动帮助灾区群众战胜灾害，体现了非公企业致富思源、富而思进，感恩奉献回馈社会的责任心。

（何　伟）

【建立非公企业统战工作站】 4月，北京集美家居市场集团建立了丰台区第一家非公企业统战工作站。旨在以集美集团的榜样和引领作用，带动辖区内的非公企业巩固和树立“致富思源”“回报社会”的理想信念，并以该企业为核心，将辖区内的非公企业的统战工作一并纳入工作站。统战工作站在集美市场举行了“饮水思源，回报社会”活动，为希望小学、雅安地震、困难家庭等捐助资金近500万元。

（何　伟）

【积极服务社会】 年内，积极引导非公有制经济人士参与慈善、公益活动，深入开展捐资助学、扶贫济困、社会救助活动，慰问辖区的困难群众、残疾人、敬老院。发挥统战系统人才荟萃、智力密集的优势，在全区开展了“统战人士进社区，专家学者走基层”活动，以咨询、讲座等形式为社区居民、特殊群体提供医疗、卫生、健康、文化等方面的服务。

（何　伟）

【加强爱国宗教团体思想建设】 年内，充分发挥爱国宗教团体作用，通过送法律知识走进教堂，利用义工培训、青年教牧人员培训等将普法内容穿插其中，形成自觉学法、守法、用法的环境；组织各宗教团体观看“永远的雷锋”主题展览；支持各爱国宗教团体参与“送温暖、献爱心”，宗教团体支援雅安地震等社会捐助活动，累计捐款15.20万元；帮助宗教团体解决实际困难，改造工作生活环境、协调公租住房、解决子女入托等实际问题，让教职人员能够把全部精力投入到引导信徒走爱国爱教道路上。

（何　伟）

【化解矛盾维护社会和谐稳定】 实行网络管理，形成一级抓一级、层层抓落实的长效管理机制。对丰台区基督教家庭聚会点进行重新摸排，及时掌握基础数据，有针对性地开展工作。加强两会期间、重大节日和敏感时期的宗教场所的安全检查力度，切实消除安全隐患。妥善处理丰台清真寺散发传单事件及撒拉族、维族商户因房屋租赁等问题上访4件，最大限度减少不和谐、不稳定因素。认真做好“守望教会”专项工作。年内，无一人参加非法户外聚集，确保将民族宗教领域的安全稳定工作落到实处。

（何　伟）

【侨务工作】 年内，指导区侨联和区民宗侨办，成立丰台区华商会（侨商会）的筹备工作。在全区开展侨情普查，挖掘涉侨人员，完善涉侨人士数据库。支持侨联筹备成立丰台区侨界志愿者服务队，利用侨界资源从事社会服务。组织区侨界人士开展“我的中国梦”主题征文活动、方庄侨联老年模特队“我的中国梦”服装表演专场以及辖区内归侨侨眷参加《亲情中华——世界华侨华人摄影展》作品征集等活动。

（何　伟）

对台工作

【概　况】 年内，对台工作在区委、区政府的领导和市台办的具体指导下，坚决贯彻党的十八大关于对台工作的重要论述和基本要求，紧紧围绕巩固深化两岸关系和平发展的战略任务，切实夯实基础、推进制度建设、注重统筹兼顾、争取台湾民心，圆满完成各项工作。

（张振明）

【协调园博园“台湾园”建设及运营】 4月，市台办主任马玉萍、副主任王兰栋到台湾园调研；4月至5月，区台办每天派专人到现场协调有关事宜，督促台湾园建设。5月至11月，完成京台青少年交流周台湾大学生团、台湾红十字会、台中女子中学、台湾中华退伍军人协会、台湾眷村同胞等11批，接待服务600余人次。

（张振明）

【涉台教育阵地建设】 年内，深入开展涉台教育进党校、进校园、进社区（村）工作，强力推动涉台教育阵地建设。进一步完善区级涉台教育干部基地建设。联合区教委开展青少年涉台教育基地创评工作，经过综合评定，北京市十二中等6所学校命名为“丰台区青少年涉台教育基地”，并于4月在云岗中学举行授牌仪式。新增7个基层涉台教育示范点，总数达到41个。为涉台教育示范点及区教委等涉台窗口单位《两岸关系》和《台湾工作通讯》，以利涉台教育阵地熟悉中央对台方针政策，了解两岸关系形势和台湾岛内局势，掌握两岸关系和平发展进程和两岸各领域交流合作动态。

（张振明）

【两岸形势报告会】 年内，邀请国台办新闻发言人、新闻局副局长范丽青，就台湾问题的产生、解决台湾问题的至关重要性、两岸关系和平发展的机遇与挑战及党的十八大中央对台工作主要部做了报告。区政协委员代表、22个街乡（园）的社会工作党委书记、副书记，社区党组织书记、商务楼宇党务专职工作者、部分非公企业党组织负责人参加了培训。

（张振明）

【推动与台南部基层经贸合作】 年内，利用“新发地”农副产品批发市场，推动与台南部基层经贸合作。3月，在北京新发地批发市场举办以“寻味台中，黄金传奇”为主题的台湾精致农特产品推荐会。台湾农特精品跨岸交流协会及高雄基层农业参访团分别于9月、11月到新发地洽谈合作。新发地与台湾“一国两制”研究协会合作，台湾地区水果“零费用”进入新发地批发市场，市场免费提供储藏冷库及销售批发档口，同时对物流、宣传、销售等环节提供“一条龙”服务。

（张振明）

【赴台交流交往】 年内，办理赴台手续48件，323人次。其中因公赴台交流25批，251人次，商务赴台23批，72人次。区文化、工会、文化建设、安全、教育督导等5个赴台团组，59人次完成赴台交流任务。

（张振明）

【台湾同胞参访接待】 年内，完成台北市内湖区客人、台湾中华退伍军人协会、台湾云林科技大学代表人士、台湾红十字会、台中女子高级中学、台湾农特精品跨岸交流协会、高雄基层农业参访团等17批，688人次接待任务。

（张振明）

【妥善处理涉台突发事件】 年内，受理并办结台商投诉、涉台事务及突发事件12起，其中台商投诉及求助5起，涉台事务及突发事件7起。

（张振明）

调查研究工作

【概　况】 年内，全区调查研究工作紧紧围绕区委区政府总体工作部署，按照北京市委市政府相关工作要求，圆满完成重要文稿写作，有效整合调研力量，积极开展重点课题调研，扎实进行基层单位调研，高效率、高水准完成了各项工作任务。

（于焕泉）

【指导全区各单位开展调查研究】 年初，对各单位年度课题选题方向进行指导。课题开展过程中，加大对课题进度和研究阶段成果的评价和指导，确保课题研究的正确方向。将优秀调研课题进行汇编，展示全区调研成果。年内，共形成各单位党政主要领导调研课题成果90余篇。

（于焕泉）

【起草重要文稿】 年内，完成了一批重要文稿的起草，包括《区委十一届五次全会报告》、《区政府工作报告》、《李超钢同志在丰台区2013年上半年经济形势分析会上的讲话》、《李超钢同志向市委组织部领导汇报工作提纲》、《李超钢同志在丰台区生态文明和城乡环境建设动员大会上的讲话》、《李超钢同志在区纪委十一届四次全会暨全区党风廉政建设工作会议上的讲话》等区委区政府文件和领导讲话稿、汇报稿。

（于焕泉）

【开展群众工作课题研究】 年内，由区委书记李超钢同志亲自主持，研究室牵头负责，与专业研究机构合作成立课题组，开展了《新形势下丰台区群众工作研究》课题调研。

（于焕泉）

【开展丰台区经济质量与产业功能提升研究】 年内，由区委副书记、区政府区长冀岩同志亲自主持，研究室牵头负责，与专业机构合作成立课题组，开展《丰台区经济质量与产业功能提升研究》课题调研，对丰台区经济质量进行了分析。

（于焕泉）

【开展专项调研】 年内，依托专家、调研单位的力量，合力完成了《管理+IT 模式在廉政风险防控管理工作中的应用》、《关于丰台区物业服务社会化的研究报告》等 2 篇课题成果。深入基层联络点，学习调研各单位在工作中的好做法，形成经验总结向全区推广。完成《方庄——首都城市发展的标本分析》、南苑亲情化工作方法等调研报告，并被市委研究室刊《北京调研》刊载。

（于焕泉）

老干部工作

【概　况】 年内，丰台区老干部工作围绕中心，服务大局，以深入学习贯彻党的十八大和区委十一届四次全会精神为主线，以切实加强离退休干部思想政治建设和党支部建设、认真落实老干部政治待遇和生活待遇、积极搭建老干部发挥作用平台为重点，按照“全面做好离退休干部工作”要求，创新工作方法、丰富工作内容、拓展工作范围，在加强作风建设、“园博先锋行动”、开展“学习贯彻十八大，共建小康乐晚年”等主题活动中，在园博会的举办、城南行动计划第二阶段的落实、丽泽和科技园区等重点功能区及戏曲文化中心的建设等重点工作中贡献力量。加强组织领导，抓好《责任制》落实。认真贯彻落实中央、市委关于进一步加强新形势下离退休干部工作的方针政策，结合实际工作对各单位贯彻落实《责任制》情况进行检查，推进我区老干部工作的顺利开展，促进离退休干部工作的规范化、制度化。

（田　雨）

【开展主题活动】 年内，深入开展“学习贯彻十八大，共建小康乐晚年”活动。全区各单位全面贯彻落实市区要求，组织离退休干部开展文艺演出、书画展览等多种活动，展现离退休干部学习娱乐两不误。健康快乐享晚年的时代风采。

（田　雨）

【走访慰问老干部】 “春节”、“七一”、“十一”前夕走访老干部和困难党员，为他们带去节日问候，为部分有困难的老同志发放特困慰问金 38 万元。

（田　雨）

【解决实际问题】 年内，落实了提高离退休干部补贴标准和增加养老金工作；落实了生活不能自理护理费发放范围扩大到 80 岁以上高龄离休干部工作；为离休干部安装了家庭无障碍设施，所需经费从区老干部解困慰问金中支出 22.5 万元，各单位从老干部特需经费中支出总计 11.2 万元。

（田　雨）

【组织老干部学习交流活动】 年内，组织各种学习交流活动。“七一”前夕，为庆祝中国共产党成立 92 周年，举办了丰台区老干部“同心共筑中国梦”座谈会，与老干部交流学习心得。组织举办了丰台区离退休干部“深入学习贯彻十八大和区委十一届四次全会精神”、“学习贯彻党的十八届三中全会精神”、“同筑中国梦、共建新丰台”和“学习贯彻全国‘两会’精神”等六场专题报告会，切实把离退休干部的思想统一到十八大精神上来，凝聚力量，为建设经济繁荣、社会文明、人民幸福的新丰台贡献力量。召开离退休干部党支部书记工作会，邀请北大教授李茂春作有关“中国梦”论述专题报告会，部署离退休干部理论学习重点等，进一步加强离退休干部“两项建设”。

（田　雨）

【老干部宣讲团】 年内，成立丰台区老干部理论学习组和老干部宣讲团，引导部分老干部发挥学习的示范带头作用，深化对党的十八大精神的学习，引领和带动全区老干部掀起学习贯彻党的十八大精神热潮。组织近5年退休的正处级干部深入学习党的十八大精神。正式出版了离休干部《光辉的足迹》人物集。此外还积极组织老干部参加市局举办的各种活动，原区长郭俊彦和区政协原秘书长袁大受受聘为北京市老干部网络监督员。

（田　雨）

【落实生活待遇】 年内，丰台区根据市区老干部工作要求采取积极措施，全面落实老干部的生活待遇。发放园博园门票，为全区1561名离退休干部每人发放3张园博园门票；发放区属公园年票，与园林绿化局沟通，为1059名副处级以上退休干部每人发放2张区属公园年票；完成离退休干部健康体检工作，收集整理1600余名离退休干部信息，927名离休和处级以上退休干部参加了体检。

（田　雨）

【离休干部助老员试点工作】 年内，积极探索购买公共服务、开展志愿服务等方式，拓宽服务渠道，提高服务保障水平，应对离休干部普遍进入“双高期”的实际。在全区16个街道开展了离休干部助老员试点工作，创新为离休干部服务方式。为确保助老员试点工作切实取得实效，区委老干部局先后举办了“丰台区离休干部助老员培训班”和“丰台区离休干部助老员试点工作交流会”。通过深入调研、周密部署、严格选聘、系统培训、跟进指导、强化监督、典型培育和经验推广8个步骤的推进，已初具成效。明确了每名助老员负责20名离休干部的工作职责以及持《丰台区离休干部助老员资格证书》和《离休干部助老员工作证》上岗的工作制度。

（田　雨）

【助力园博会】 年内，应广大老干部摄影爱好者的要求，成立了老干部摄影组，并于重阳节前夕举办了“用镜头记录美好生活”摄影展，同时作成展板，展示精彩摄影作品；开展老党员先锋队创建活动。各街道社区示范点组建了老党员先锋队，在辖区内开展文明劝导、安全维稳、邻里互助工作。

（田　雨）

【开展书画捐赠活动】 4月，区老年书画研究会吕鑫、杨春堂、吕义和马恩甫四位书画家，共同精心绘就“北京园博瑞彩绵长”画卷捐赠园博管理中心；在“国际档案日”暨“北京市第五届档案馆日”来临之际，区委老干部局与区档案馆以“档案在你身边——发现丰台之美”为活动主题，共同举办了“丰台揽胜”书画作品集捐赠仪式。

（田　雨）

【老干部工作队伍建设】 召开区年度工作会，全面统领老干部工作。年初召开“丰台区2013年老干部工作会”，总结2012年工作，部署2013年工作，并对做好2013年老干部工作提出明确要求。召开老干部工作人员会议，提升老干部工作队伍素质。根据全区干部教育培训规划的总体安排，用以会代训的形式，召开“丰台区2013年老干部工作人员会议”，传达市区会议精神、宣讲老干部政策、部署选聘离休干部助老员试点工作。加强作风建设，提升群众路线能力。多次召开局务会和全体机关工作人员会议，学习上级关于反“四风”、党的群众路线教育实践活动、向全国道德模范学习等文件精神，在全局开展党风廉政建设和会员卡清退工作，并按照区委要求开展党代表主题接待日活动，广泛听取老干部和工作人员的意见建议。

（田 雨）

【完善活动设施】 年内，下拨130余万元的处级退休干部学习活动经费。同时，为加强活动中心建设，区委、区政府下拨50万元，对活动中心的影像厅外护栏和老年大学教室进行修缮和改造。

（田 雨）

【加强调研提升服务水平】 确定“打造居家养老平台提升社区为老干部服务水平”调研课题，积极应对老干部工作中出现的新情况、新问题，探索打造社区居家养老新平台，提升社区为老干部服务水平。

（田 雨）

信 访 工 作

【概 况】年内，在市委、市政府的领导下，在市信访办的具体指导下，紧紧围绕年度中心工作任务，坚持以群众工作统揽信访工作，严格落实领导干部接访下访制度，进一步畅通信访渠道，注重源头预防，实行重大决策信访评估，开展矛盾纠纷排查，下大力气解决突出信访问题和历史积案，协调化解了大量的社会矛盾纠纷，有效维护了地区社会和谐稳定，为第九届中国（北京）国际园林博览会的顺利举办创造了良好的社会环境。特别是扎实做好了全国“两会”和党的十八届三中全会期间信访维稳工作，实现了“四个不发生”的工作目标。

（韩延春）

【各级党政领导干部接待群众来访制度】 年内，共落实区领导信访接待日47个，接待来访群众451批涉及2592人次，其中集体访104批涉及2078人次。各街乡（镇）、各部门领导也都能按照规定，落实了领导干部在岗接访、带案下访制度。信访问题化解率达到92%以上。

（韩延春）

【维稳保障】 年内，按照区委区政府提出的“举全区之力、集全区之智、尽全区之能”，高标准、高质量、高效率地保障第九届“园博会”顺利举办的工作要求，以区联席会议的名义制定下发了《丰台区“月季行动”之社会矛盾化解专项实施方案》，采取加强值班职守，实行全天候开门接访；实行关口前移，做好园博园及周边地区的信访稳控工作；加强督查督办，推动稳控工作和方案的落实。5月18日至11月18日园博会举办期间，共组织接待涉及园博会群众来访34批412人次，其中集体访13批381人次；办理涉及“园博会”群众来信16件76人次。

（韩延春）

【注重源头排查】 年内，发挥区社会矛盾纠纷排查调处“四级网络”体系作用，采取日常排查与重点时期排查相结合，定期排查与专项排查相结合的办法。全年组织实施矛盾纠纷排查6次，其中开展拉网式矛盾纠纷大排查3次、园博会专项排查、预防化解信访突出问题专项自查和十八届三中全会专项排查各1次；共排查出各类社会矛盾纠纷312件，信访重点人79名。其中，上报申请列为市级部门协调的重点矛盾纠纷31件，化解28件，被列为区级重点矛盾87件，化解79件，重点矛盾化解率为90.7%。

（韩延春）

【开展信访风险评估】 年内，围绕重点项目、重点工程、重点村整治和棚户区改造等民生改善工程，每项工作开展前信访工作提前介入，事前评估，及时发现工程项目中可能引发的信访问题，并制订工作预案。共组织召开或参与的重大决策和重大项目信访评估会议143次，开展信访评估共92项102件，做到了决策的合理性、公证性，从源头上预防和减少了社会矛盾的发生。

（韩延春）

【开展建议征集活动】 年初，按照市信访办关于“健全人民建议征集网络体系工作”的总体部署要求，向社会人员聘请了2名特邀建议人，并在全区21个街乡镇和23个相关委办局设立了丰台区人民建议征集工作联络员，组建了一支141人的人民建议征集工作队伍。结合不同时期，针对群众广泛关心、关注的热点难点问题，实施人民建议征集工作。年内，共征集到涉及城市管理和城市规划等方面意见建议355件，全部转送相关单位或职能部门研判，有125条全部或部分得到采纳或转化。

（韩延春）

【受理群众来信来访】 年内，共受理群众来信来访6100件涉及18956人次。同比件次下降3.14%，涉及人数下降了20.12%。其中，受理群众来信4644件10685人次（联名信103件6036人次），来信量同比件次下降了1.63%，涉及人数下降了25.57%；受理群众来访1456批8271人次（集体访329批6572人次），来访量同比件次下降了7.67%，涉及人数下降了11.79%。初信办结率92.3%、初访办结率90%。

（韩延春）

【重点信访案件办理】 年内，共办理领导批示件和上级交办件143件，涉及信访群众1876人次。其中，中央督导组通过市联席会议交办30件，市联席会议交办36件，各级领导阅批77件。办结126件，办结率为93.4%。

（韩延春）

【推进信访事项“三级终结”】 年内，区信访事项复查委员会共受理信访人提出的信访事项复查申请40件，全部办结；同时，协助市办理信访事项复核18件，有效地维护了信访人合法权益，实现了“案结事了、息诉罢访”工作目标。

（韩延春）

【预防减少重信重访发生】 年内，通过开展及时就地解决信访问题和加强重信重访的治理活动，共组织实施了三次大规模的疏理排查工作，从群众来信来访、上级交办件、市长信箱和综合办公系统等四个方面，共疏理出重信重访286批次涉及2475人次，批次占信访总量的5.2%；召开了三次集中交办会议，对72件重点的重信重访问题分别实行包案处理，全部办结。实现了市提出的重信重访率控制在10%以内的目标。

（韩延春）

【强化积案化解】 年内，充分发挥区联席会议的统领和协调作用，推动了重点矛盾的化解和稳控工作。针对不同时期排查出突出信访问题和信访重点人，由区联席会议召集各成员单位、社会矛盾涉及的相关部门，分析研究确定市、区级重点矛盾，明确各项重点矛盾的包案领导、主责单位，并逐件制定了化解稳控方案，做到了一个问题，一名领导、一套班子、一个方案，一包到底，案结事了。在协调化解矛盾时，采取召开重点矛盾协调会、重大问题调度会等形式，进行了集中化解。全年上报申请列为市级部门协调的重点矛盾纠纷31件，化解28件，被列为区级重点矛盾87件，化解79件，重点矛盾化解率为90.7%。

（韩延春）

【建立完善应急预案】 针对不同时期工作重点，及时建立或完善相关工作预案，先后建立完善了《丰台区处置信访突发事件应急预案》、《丰台区全国“两会”期间信访维稳工作预案》。特别是在第九届北京园博会期间，与市联席会协调配合，对外地进京上访人员欲在园博园周边的信访行为及时处置、分流劝返，维护了该地区社会安全稳定，确保了园博会顺利举办。

（韩延春）

【创新工作体制】 年内，建立各项制度。借助社会力量，推进信访工作开展。进一步规范和完善了矛盾纠纷化解多方协调机制，规范了信访特派员队伍的职责、任务，在全区推行了律师和心理咨询师参与信访接待工作的做法；实施信访代理制度，规范良好的信访秩序。为推进市政府折子工程的实施，维护信访人合法权益，在全区推广信访代理制度，建立了区社会矛盾调处中心、街乡（镇）分中心、社区（村）调处站的三级代理工作体系，配备了信访代理员队伍，完善了信访代理流程。年内，由各类组织或个人实施信访代理共148人次，代理信访件142件次，化解136件，化解率为95.8%；推行“民情日记”，筑牢信访工作“第一道防线”。为及时了解和掌握辖区内的社情民意，及早发现各类社会矛盾苗头和隐患，在全区各社区（村）进一步规范和推行了“民情日记”制度。各单位在日常工作中，详细记录辖区内及个体、群体利益各类问题意见、建议和诉求。对可能出现的矛盾隐患，及时排查调处；对可能引发的上访问题，及时汇报情况，实现对社会矛盾的早发现、早预防、早化解。

（韩延春）

【信访条例宣传月】 5月10日至6月10日，组织开展了“信访条例宣传月”活动，由区信访办牵头研究制定下发了《2013年丰台区信访条例宣传月活动方案》，设立了区主宣传会场1个，在各街乡（镇）设立了宣传站21个，在各社区（村）设立了宣传点369个，悬挂宣传条幅230条；板报、宣传展板1350块；发放纸质宣传材料32万份；宣传物品12万件；在区主会场和分会场演出文艺节目210余个；参与宣传群众十万余人。

（韩延春）

【开展业务培训】 6月，由区信访办牵头，利用两天的时间在区委党校组织举办了全区信访工作人员业务培训班。各街道、乡镇信访工作主管领导、信访办主任和具体工作人员，各委办局主管信访工作领导和信访工作人员，区信访办全体工作人员等220余人参加了培训（其中处级领导干部69名）。培训期间，邀请了市信访办督查专员孙贵芳同志就《如何应对当前的信访形势，妥善处理矛盾纠纷》进行了集中授课；区信访办五个业务科室结合各自的业务工作特点和要求分别进行了辅导，并现场对大家提出的问题进行了集中答疑。

（韩延春）

【加强作风建设】 为深入推进中央八项规定的落实，切实转变工作作风，按照区委、区政府《贯彻落实关于改进工作作风、密切联系群众有关规定的实施意见》，研究制定了《区信访办贯彻落实关于改进工作作风、密切联系群众有关规定的实施办法》，并从坚持定期深入基层、深入群众察民情、听民意、解民忧；开展信访工作业务指导培训，增强全区预防协调化解矛盾能力；加强内部管理，努力做到为民、务实、清廉等三个方面抓起，发挥信访干部自身优势，坚持用群众工作统揽信访工作，切实把送上门的群众工作做得扎实有效。

（韩延春）

【落实整改措施】 1月，市委巡视组进行了巡视督查，对信访工作提出了宝贵的意见和建议，针对全区信访工作实际，及时研究制定了《落实市委巡视组意见建议整改措施》，并狠抓了信访工作落实。结合区监察局《关于对区政府委办局、街乡镇明查暗访工作情况的通报》情况，针对自身存在的问题，认真进行了整改，统一制作了佩戴工牌，健全完善了“公示栏”和“公开栏”，方便了信访群众。10月，结合区委专题会、区政府常务会通报的个别单位服务态度不好的情况，制定下发了《丰台区信访办接电话礼仪规范》，进一步完善了相关工作制度措施。

（韩延春）

【帮扶结对工作】 年内，与丰台街道东大街西里社区结成帮扶对子，领导班子成立了帮扶工作小组，主动与街道、社区联系沟通，并坚持经常深入该社区，了解情况，掌握重点信访人和突出的不稳定因素。针对近园路2—3号楼底商开饭店扰民问题、路边商贩占道经营阻塞交通和307医院搬来后出租房屋群租问题等，协调相关部门对以上问题开展了集中整治，帮助社区做好地区信访维稳工作。

（韩延春）

【工作调研成果显著】 年内，在全区积极开展了信访工作特点规律研究，全年向市信访办报送调研报告两篇，收集基层上报调研报告32篇；协助市信访办完成了《<北京市信访条例>实施情况的调研计划》相关材料收集准备；协助市农委完成了有关《新形势下涉农信访情况及工作建议》调研工作。积极参与市社会矛盾分析研究中心组织的有关“信访立法可行性”座谈会，《从基层信访工作看依法行政的重要性》主旨发言被《信访与社会矛盾问题研究》第四期刊发。

（韩延春）

保密工作

【概　况】 年内，保密工作在区委区政府和区委保密委的直接领导和市保密局的业务指导下，以十八大和十八届三中全会精神为指导，紧紧围绕区委中心工作，不断加大宣传教育和管理检查工作力度，圆满完成各项任务。全年未出现失泄密事件。

（黄　洁）

【召开年度保密委会议】 3月26日，召开丰台区委保密委员会第一次全体会议。副区长、区委保密委副主任李军会同志主持会议并传达了中保委、市保密委工作会议的主要精神。区保密局局长、区委保密委副主任王京荣同志报告了2012年全区保密工作开展情况，并对2013年保密工作要点进行了说明。区委常委、区委统战部部长、区委办公室主任、区委保密委主任孙军民同志就如何做好保密工作提出三点要求：一是围绕中保委、市委保密委的工作部署抓保密宣传；二是围绕区委区政府中心工作抓保密管理；三是围绕全区日常工作抓保密检查。

（黄　洁）

【“两会”期间保密检查】 在全国“两会”期间，加大保密工作检查力度。根据相关要求，区保密局局长带队对全区重点涉密单位采取不打招呼的检查方式，检查各单位办公用计算机、涉密文件、涉密载体的使用管理和信息发布情况，累计审查80个单位的83个网站约5000余条信息。

（黄　洁）

【保密工作“调查研究年”活动】 3月中旬，市委保密委在全市范围内启动保密工作“调查研究年”活动。区保密局召开专题局务会对调研活动进行部署，结合日常工作对调查研究年的选题进行认真地分析研究和筛选。10月，完成了调研报告并上报市局。

（黄　洁）

【开展办公用计算机和涉密文件资料检查】 3月中旬，按照市委保密委通知要求，区保密局在全区范围内开展办公用计算机和涉密文件资料专项保密检查。检查以办公用计算机及办公自动化设备保密管理、涉密文件资料管理、保密要害部门部位管理三个方面为重点，分全面自查和重点抽查两个阶段进行。对查找出的问题和薄弱环节，进行了现场纠错和限期整改。

（黄　洁）

【“十二五”保密事业规划中期检查】 4月17日，以北京市国家保密局副局长刘建华为组长的检查组对丰台区“十二五”保密事业发展规划贯彻实施情况进行中期检查。检查组听取了区保密局局长王京荣的工作汇报，实地查看了台账式电子档案、保密技术防护系统的运行情况。

（黄　洁）

【互联网电子邮箱专项清理检查】4月22日，会同区经信委共同制定《丰台区关于加强互联网电子邮箱等信息安全保密管理工作的通知》，要求全区各单位加强互联网电子邮箱使用管理，加强电子文档密级确定和密级标识管理，加强信息系统和信息设备的保密管理。全区各单位按照要求，紧抓重点领域、重点部门、重点岗位、重点环节和重点人员进行了深入排查，及时发现、消除问题隐患，对部分单位进行了抽查，对存在问题的单位发出整改通知书，限期整改，并及时进行回查。

（黄　洁）

【在军转干部培训班中开展保密宣讲】 5月上旬，区保密局王京荣局长在年度军转干部培训班上开展保密讲座。以“职业转变，保密责任不变”为主题，向军转干部介绍当前国际国内保密工作的新形势和新情况，用泄密案例解读了保密技术防范“20个不得”和相关的保密法规，特别强调了“三变三不变”：职业的转变，保守国家秘密的责任不能变；工作内容转变，保密技能不能变；工作环境转变，遵守保密制度的自觉性不能变。培训中向每位军转干部赠阅《保密知识简明读本》一书。

（黄　洁）

【涉密印刷、复印定点单位年审】 年内，依据《印刷、复印等行业复制国家秘密载体暂行管理办法》和《北京市印刷、复印等行业复制国家秘密载体实施细则》的规定，5月上旬完成辖区内涉密印刷、复印定点企业年审工作。

（黄　洁）

【“六五”普法中期督导检查】 6月，顺利通过区普法宣传教育工作领导小组对保密法制宣传教育工作的中期督查。9月，按照市保密局要求，对保密法制宣传教育工作进行全面梳理。成立丰台区保密法制宣传教育中期自查领导小组，区保密局局长王京荣同志任组长，并对具体工作进行分工，责任落实到人。对照市局要求，反复分析全区六五普法以来的保密工作形势，逐项查找不足，及时修订补充各项制度。

（黄　洁）

【人力社保干部保密培训】 8月上旬，以进一步增强保密意识、做好保密工作为主题，与区人力社保局共同举办人力社保干部保密培训。培训列举大量生动详实的案例，对《保密法》作了深入浅出的讲解，并就大家如何在各自岗位遵守保密规定、做好保密工作提出明确的要求。

（黄　洁）

【全区保密干部全员培训班】 8月28日至29日，组织完成了全区保密干部全员培训。培训分为7个模块，全面系统地阐述了保密干部应当肩负的任务和履行的责任，突显了专业性强、知识性强、针对性强、操作性强四个特点。来自全区150个党政机关、企事业单位和涉密军工单位的保密干部参加了培训。

（黄　洁）

【政府信息公开保密审查专项检查】 8月下旬，按照市委保密委“政府信息公开保密审查专项检查”工作要求，由区保密局牵头，区政府办、公安分局、信息中心共同组成区政府信息公开保密审查专项检查工作领导小组，对全区83个政府信息公开网站的审查、发布情况进行检查。通过检查，进一步促进保密审查程序与公文流转程序相结合，保密审查程序与信息发布程序相结合，保密审查程序与重大事项公开协调会商机制相结合。

（黄　洁）

【全国保密普查】9月，按照国家保密局“统一标准、统一要求、统一时间”的要求开展全国保密普查工作。对全区150多家单位部署普查工作，对普查要素逐条讲解，明确填报标准、要求并指定专人负责系统数据录入，确保普查数据安全；专人进行咨询指导，及时审核上报数据，确保普查数据准确无误。11 月，完成数据的审核上报工作。

（黄　洁）

【涉密军工企业保密资格认证初审】 年内，严格按照《武器装备科研生产单位保密资格审查认证管理办法》的规定，完成了辖区军工企业申请保密资格认证初审工作。

（黄　洁）

【国家级考试考务保密检查】 年内，按照《国家教育考试考务安全保密工作规定》中的职责分工，明确保密工作制度和试卷保密室值班制度，在辖区高考、中考、成考、自考等涉及国家级考试期间，对区考试中心及各考点保密室启用前的物防、技防情况和责任落实情况进行检查，对试卷的运输、交接、分发、封装等重点环节现场监督，对考点考务安全进行巡查。

（黄　洁）

【政府信息公开保密检查】 年内，加大对区政府政务网和互联网的检查力度，坚持每天对区党政机关办公平台和政府外网的门户网站进行检查。

（黄　洁）

区直机关工委工作

【概　况】 年内，区直机关工委紧密围绕区委区政府的中心工作，以服务中心、建设队伍为目标，以服务园博、促进发展为主线、结合进农村（社区）、进企业、进学校，服务中心、服务基层、服务青年的“三进三服务”和机关文化建设活动，进一步夯实党建基础，发挥了机关党建工作在区委、区政府工作大局中的组织保障作用，圆满的完成了各项工作任务。

（姜　新）

【党组织系统培训】 年内，举办“关于丰台区城南第二阶段行动计划（2013—2015）的研究”讲座，由区发改委主任周新春围绕新一轮城南行动计划进行讲解，机关工委系统各党组织负责人及党务干部共计 200 人听取报告；举办党务干部培训班，内容是学习党务工作实务和讲解中国梦，约有 100 名党组织负责人参加了培训；组织一期入党积极分子培训，购发党员学习辅导资料。

（姜　新）

【基层组织换届选举】 年内，改选党总支、党支部 13 个，充实完善组织班子 4 个。

（姜　新）

【发展党员】 年内，共审批新党员 46 名，办理预备党员转正 31 名。

（姜　新）

【“七一”纪念活动】 年内，开展区直机关“七一”纪念活动，组织 50 名新党员到抗日战争纪念馆参观，缅怀革命先烈，重温入党誓词。

（姜　新）

【园博先锋行动】 1 月至 11 月，开展园博先锋行动。运用讲座、知识问答和印发折页等形式开展园博知识宣讲活动，组织集中培训党员干部 200 余名；制作宣传板 26 幅，在机关进行巡展宣传。选派 4 名党员干部参加区“园博先锋宣讲团”；动员 2800 余名机关党员干部回社区参与“平安守护行动”，500 余名机关党员参与园博先锋岗；1—5 月，组织 82 家机关单位、1200 多名党员干部，利用双休日时间，分四批开展了“奉献在园博、机关当表率”义务劳动；在中秋、国庆等旅游高峰时期，分批组织 1000 余名机关党员干部参加园博交通疏导、游客咨询服务；组织区直机关摄影爱好者，走进园博园开展摄影活动，精选摄影作品 80 余幅，在机关举办“创造美的人”专题纪实摄影巡展活动。

（姜　新）

【开展“三进三服务”活动】 年内，开展进农村（社区）、进企业、进学校和服务中心、服务基层、服务青年的“三进三服务”活动。各单位主要领导结合自身业务，深入联系点，做到情况在一线掌握、决策在一线形成、问题在一线解决、作风在一线转变；各党组织提升服务质量，对外抓规范，优化工作流程，简化办事程序，从根本上推动工作提速提效。

（姜 新）

【文化成果展示】年内，在区文化馆举办“创新机关文化，展演党员风采——2013年机关文化建设成果展演”，各单位通过自创的节目，形象直观地展现了机关党员干部的敬业、奉献、勤政、廉政风采。

（姜 新）

【成立区直机关书画爱好者协会】 年内，成立区直机关系统书画、摄影爱好者协会。吸收书画爱好者63名，摄影爱好者122名，开展活动12次。

（姜 新）

【机关文化建设实践基地挂牌】 年内，在区文化馆挂牌成立了丰台区直机关文化建设实践基地，依托文化馆资源，跟随区文化馆档期安排，组织机关党员干部参与丰台文化艺术展示和鉴赏活动。

（姜 新）

【反腐倡廉廉政教育】 年内，通过培训、参观、考试等形式，增强广大党员干部的廉政意识。共有46名新党员、21名新任科级干部通过了党纪条规和廉政考试。

（姜 新）

【机关工会会员信息库建设】 年内，召开区直机关工会会员“一卡一库”工作部署会，对会员信息库和京卡办理具体事宜进行部署。区直机关工会所属44个工会组织、1400多名会员全部纳入会员信息库管理。

（姜 新）

党校工作

【概 况】 中共北京市丰台区委党校（简称党校）在区委领导下，坚持以践行科学发展观、实现中国梦为主题，以贯彻“十二五”规划、推动丰台强势崛起为主线；学习贯彻党的十八大精神，落实《2010—2020年干部教育培训改革纲要》，实现“攻坚2013”党校工作目标。深化科研合作，实现科研的重点突破；转变保障方式，提升教学的保障质量。年内，共举办各级各类培训班63期，培训学员10349人次；完成科研课题12项，其中国家级课题1项，市级课题3项，区级课题2项，校级课题6项；《学习时报》、《新视野》等有影响报刊杂志发表科研成果14篇，党校《一叶知秋》刊发科研成果19篇，各种媒体刊播培训信息100多条。

（李树贵）

【开展“三大”工作】年内，以“攻坚2013”为主题，以“大培训、大科研、大保障”的“三大”工作为重点，攻深化教学改革之坚，升华培训内在价值。坚持区委党校、区行政学院、区社会主义学院三校共存、三校共同发展，三校分别由三位副校长负责校院教学科研工作；在干部教育培训的师资选用上，坚持专家与专职相结合、理论与实践相结合，在外请教授提高培训层次的基础上，注重发挥兼职教师的作用。攻拓展科研合作之坚，在探索科研模式、升华科研层次和转化科研成果上获得三项成果；攻提高党建引领和提升保障能力之坚，确保中心方向不偏与促进后勤建设的全面保障，在保障的人才、水平和环境上实现新跨跃。

（李树贵）

【“三不、三同、三引领”教育培训工作】 年内，以探索党校教育和干部成长“两个规律”，攻深化教学改革之坚，把弘扬党的创新理论、落实党的中心任务、继承党的优良传统作为干部教育培训理论教育、知识教育、党性教育的重要内容，从认清“中国梦”的理论贡献，坚持自信教育不动摇、将学员的思想引领到对党的创新理论共识上来，同守社会主义之信仰；认清“中国梦”

的现实贡献，坚持自强教育不折腾、将学员的力量引领到对党的中心任务落实上来，同圆振兴中国之梦想；认清“中国梦”的历史贡献，坚持自觉教育不懈怠、将学员的工作作风引领到对党的优良传统继承上来，同塑血浓于水之形象等三个方面调整新的教学布局，实现了区委党校、区行政学院和区社会主义学院干部教育培训的与时俱进。

（李树贵）

【探索科研模式】 年内，利用三方资源、发挥三个作用、形成三类成果。坚持与市级以上党校、行政学院、社会主义学院的合作机制，充分利用上级单位站位高、理论强的优势，切实发挥对下级党校、行政学院、社会主义学院科研工作的指导作用，共同确立、研究、探索出具有前瞻性、引领性和时效性的理论类成果；充分利用区委党校懂教学、知区情的优势，发挥区委党校在外联科研的桥梁和纽带作用，形成助推教育培训的教学类成果；坚持与区委、区政府各部门和街道乡镇基层单位的合作机制，发挥业务单位有资源、有实体和有舞台的优势，切实发挥他们对大科研起到的接地作用，形成对全区科学发展具有指导意义的工作经验类成果。

（李树贵）

【科研成果转化】 年内，在科研成果进教材、进课堂、进头脑上，《中国梦与三大教育》、《中国梦的三大贡献》、《中国梦与党的群众路线》、《中国梦与文化建设》、《中国梦与生态文明建设》等10个科研成果，已转化为三校干部教育培训的精品课；“王佐现场教学方案”获得中央党校、市委党校和中联部认可，接待上级党校和内蒙古党校干部学员及越南考察团现场教学。在科研成果助咨询、助决策、助工作上，区政协常委会以区政协和党校共同研究的“丰台基层民主建设实践研究”课题成果，形成的《政协北京市丰台区委员会关于推进丰台区基层民主协商建设的建议案》得到区委区政府批示，由区社工委负责落实。明确党校牵头，筹备开设“基层民主协商”培训班，对街（乡）、社区（村）的有关领导干部进行专题培训。《探索干部教育培训新布局》在中央党校工作通讯2013年第15期上刊发，与区委组织部共同完成的《关于加强党员教育服务队伍建设的调研报告》被市委组织部党员教育管理处采用，《以中国梦为统领、开启干部教育培训新篇章》在全国直辖市教科文区党校协作组年会上作了主题交流。

（李树贵）

【范迪军到区行政学院调研】 5月22日，为做好《关于行政学院办学特色研究》和《对地方行政学院业务指导研究》两项课题研究，国家行政学院办公厅地方处主任范迪军一行4人专程到丰台区行政学院开展课题调研。区行政学院副院长李富国、人力社保局副局长刘治国和相关领导与科室干部等10人出席专题座谈会，李富国针对调研内容提出两点建议，行政学院“姓”党、“名”院、“字”行政，其特色是教学培训、科学研究、决策咨询三位一体；地方行政学院希望上级行政学院的全面指导，体现在把方向、定大事、破难题、重考核四个方面。并向国家行政学院办公厅领导汇报了区行政学院近年来卓有成效的办学经验。

（李树贵）

【顾晓园兼任党校校长】 9月4日，根据区委常委会第68次会议决定顾晓园任党校校长，免去于长辉党校校长职务（丰干字〔2013〕147号）；9月18日，区委常委调整分工通知，区委副书记顾晓园兼任党校校长（丰发字〔2013〕7号）。

（李树贵）

【顾晓园到党校调研】 10月12日，区委常委、区委副书记、党校校长顾晓园到党校调研，常务副校长李富国作了党校工作重点汇报，三位副校长及校委委员对分管工作进行补充发言。

（李树贵）

【施行校院领导管理机制】 年内，党校坚持党校、区行政学院、区社会主义学院的同等地位、同等重要、协调发展的思想，防止行政学院和社会主义学院弱化、淡化的现象，由原来施行常务副校长主持党校、区行政学院和区社会主义学院日常工作，三位副校长分管教学、党务、后勤保障工作，改为常务副校长职责不变，三位副校长分别负责党校、区行政学院和区社会主义学院的干部教育培训的领导机制。在“大培训”中每位副校长除负责分管工作外主抓三校之一的教育培训，都成为干部教育培训的组织者、参与者、实践者。

（李树贵）

【现场教学成果基地化】 现场教学基地化是党校开展多种教学形式的有益尝试，区内12个现场教学基地充分发挥第二课堂的作用。年内，汽车博览馆、南苑村、园博园和王佐现场教学基地先后接待来自10个国家的130位客人。

（李树贵）

【提升教学科研能力】 年内，引进博士研究生3名（含1名在读博士后），改善教师队伍结构，提升教师队伍的整体层次，填补党校学科空白，党校研究生学历以上的比例达到43%。

（李树贵）

【开展第一届精品课评选活动】 9月29日，党校以“中国梦”为统领，把弘扬党的创新理论、落实党的中心任务、继承党的优良传统作为干部教育理论教育、知识教育、党性教育的重要内容，按照科学感、时代感、建树感、逻辑感、责任感、艺术感的标准进行第一届精品课评选活动，10名教师均参加本次评选。经评比，薛文杰获得一等奖，唐福国、杨新武获得二等奖，杨鹏宇、徐文彩、张桂华获得三等奖。薛文杰代表党校参评市委党校精品课。

（李树贵）

【全国党校协作组第十届年会】 10月18日，全国直辖市教科文区党校协作组第十届年会在党校召开，会期3天。围绕着“中国梦党校梦”这一年会主题，上海浦东新区区委党校、徐汇区委党校，天津南开区委党校，重庆沙坪坝区委党校，北京海淀区委党校和丰台区委党校交流“中国梦”在党校干部教育培训中的引领作用，强化党的创新理论在教学实践中的运用，开展形式新颖、内容丰富、启迪心智、拓展思路的现场教学，提高教育培训水平。与会代表先后参与北京汽车博物馆、卢沟桥抗战馆、第九届园博会和《复兴之路》等现场教学基地的教学实践活动。本次年会本着勤俭节约、高效实用的原则，经费使用比预算减少20%，以实际行动落实中央“八项规定”。

（李树贵）

【参与园博先锋活动】 第九届中国（北京）国际园林博览会开园期间，全体党员干部全部到居住地社区报名参加志愿活动，参与平安守护行动；3月16日，党校组织20名党员参加园博义务劳动；5月10日，2013年军转干部培训班114名来到园博会，以实践活动履行建设美丽丰台、共建美好家园的职责。

（李树贵）

党史资料征集工作

【概　况】 年内，全区的党史资料征集工作把党史宣传教育“六进”（进农村、进社区、进企业、进学校、进机关、进军营）与区直机关开展的“三进三服务”活动相结合，主动与街道、乡镇、委办局、学校和企业等单位联络，开展了为基层党组织上党课、开展“中国梦、丰台梦、我的梦”有奖读书征文、党史展板巡展、参与“园博先锋行动”等宣传教育活动。发挥党史期刊《丰台党史》的宣传阵地作用，刊发党的历史上可资借鉴的党的思想建设、组织建设、作风建设和执政经验的文章。党史办共有正式在编工作人员7人，返聘1人。

（张国庆）

【开展学术征文活动】 年内，编纂完成《中国共产党北京市丰台区历史大事记（2001—2011年）》，计40余万字，出版两期《丰台党史》刊物，计十余万字；按照市委党史研究室关于首都经济体制改革30年学术研讨会征文活动的通知要求，召集区发展改革委、区经济信息化委、区农委、区商务委、区国资委、丽泽开发办、科技园区管委等单位进行交流研讨并布置征文任务，将其优秀文章载入市委党史研究室编辑出版的《首都经济体制改革30年学术研讨会征文》中。

（张国庆）

【宣传园博记录历史】 积极参与机关工委组织的园博园园区绿化和环境整治集体活动，协助园博会完成了卢沟桥、宛平城大事记的收集整理，在园区具有特色的“时光隧道”中滚动播出。《丰台党史》期刊开辟专栏，刊登在园博会期间参与者与参观者的文章，宣传园博，宣传丰台。

（张国庆）

【党课宣讲】 7月，党史办利用党史宣传周机会，组织机关第五党建协作组的档案局、地方志办等单位的党员干部，由常务副主任杜来全集中上党课，实现教育资源共享。杜来全还先后到丰台区城市建设综合开发公司、东铁匠营街道办事处、右安门街道办事处、右安门街道玉林西里社区、丰台广电中心、种子大会筹委会等单位，围绕“共产党员与中国梦”、“十八届三中全会精神解读”进行党史、党课教育宣讲，进一步扩大了党史宣传覆盖面。党史办派专人为全区中青班学员作了题为“奋斗与辉煌”的党史宣讲，主要以丰台区地方历史和党史为着力点，进行党史和区情教育。

（张国庆）

【市党史研究室领导调研】 8月16日，市委党史研究室主任谢荫明、副主任张志楣等4人到丰台进行调研，围绕《丰台党史》的策划、纪念毛泽东诞辰120周年征文活动和开展群众路线教育的意见建议进行座谈，组织部副部长肖敬、党史办副主任杜来全汇报了工作。区委组织部部长霍连明从发扬传统、学习创新、干部培养、完成任务等四个方面作了总结发言。

（张国庆）

【参加文献编辑工作会议】 10月24日，由北京市党的文献编审委员会组织各区（县）委主管档案、党史工作的领导及档案局（馆）、党史办主要负责人参加的北京市党的文献编辑工作会议召开。会上作了《强化党建资料功能全面推进党的文献编纂工作》的经验交流，从组织领导、资料收集、制度保障和队伍建设等方面介绍了丰台区委党的文献编辑工作的做法。

（张国庆）

【编纂完成党史大事记】 年内，采取上门征集书面材料、平时积累电子资料、上网下载有关内容和电话核实疑问信息等多种形式，进行收集整理丰台区有影响力的历史事件，保证大事记的编写更加全面准确。正式出版了《中国共产党北京市丰台区历史大事记（2001—2011年）》。该书全面记录了从2001年到2011年丰台区在党的领导下所经历的重大事件以及所获得的重要建设成果，客观而真实地反映了丰台区人民进行社会主义现代化建设的奋斗精神及文明风貌，并对11年间在全区乃至全市有较大影响的人和事进行重点记述。

（张国庆）

【有奖征文活动】 年内，依据市委党史研究室开展“党史宣传周”的要求，并结合丰台区的实际，将活动延伸为月，制订下发了

"党史宣传月"活动安排的通知。重点开展"中国梦、丰台梦、我的梦"有奖读书征文活动。5 月，下达征文通知，对读书内容、征文时间、征文范围、写作要求和评比标准进行明确和细化。6 月中旬，反馈信息，确定各单位撰稿人及拟撰写的文章名称。7 月，征集各文稿，并加以校对、修改、完善。活动共收到各类读书征文 345 篇。按照标准，对征文进行评比遴选，按照标准评出新村街道、卢沟桥乡、卢沟桥街道、丰台街道、王佐镇和右安门街道 6 个单位为优秀组织奖，个人获奖文章 42 篇。其中长辛店镇赵辛店村党总支等 10 个单位和个人获得征文一等奖，东铁匠营街道腾海燕等 12 名个人获得征文二等奖，卢沟桥乡卢沟桥文化中心裴士顺等 20 个单位和个人获得征文三等奖。12 月 13 日，区委党史办组织召开党史宣传月表彰会，为获奖单位和个人代表颁奖。党史办常务副主任杜来全从如何挖掘本单位党史资料、起草撰写征文、提高党史研究质量和加强党史队伍建设等方面进行讲评。

（张国庆）

纪检监察工作

【概　况】 年内，纪检监察工作在市纪委和区委的领导下，认真学习贯彻党的十八大精神，按照市纪委和区委、区政府的部署，严明党的纪律，认真改进作风，坚决惩治腐败，党风廉政建设和反腐败工作取得新的进展。区纪委、监察局内设 12 个职能室（中心）、3 个联合纪检监察组，派出（派驻）纪检监察机构 47 个。区纪检监察系统共配备纪检监察干部 281 人，其中专职 201 人，兼职 80 人。

（韩永海）

【中共丰台区纪委十一届四次全会召开】 2 月 26 日，中共丰台区第十一届纪律检查委员会第四次全体会议召开，全会充分肯定了 2012 年区纪委常委会的工作及全区党风廉政建设和反腐败工作。全会指出，要深入学习贯彻十八届中央纪委二次全会、十一届市纪委二次全会精神，按照区委四次全会的部署，紧紧围绕"三个丰台"建设，坚持标本兼治、综合治理、惩防并举、注重预防，着力加强纪律建设、作风建设和反腐倡廉建设，以自信、自力、自强、自律的昂扬精神状态，努力开创党风廉政建设和反腐败工作的新局面。要加强监督检查，坚决维护党的纪律；要密切联系群众，切实转变干部作风；要系统规范制度，深化惩防体系建设；要注重整体推进，有效防控廉政风险；要坚持有案必查，保持惩治高压态势；要提升能力素质，强化纪检监察职能。全会强调，各级党组织要担负起反腐倡廉的政治责任，严格执行党风廉政建设责任制，认真落实反腐败领导体制和工作机制，形成深入推进党风廉政建设和反腐败工作的强大合力。

（韩永海）

【加强作风建设】 年内，认真落实中央、市委关于改进作风相关规定，区委制定落实中央八项规定的实施办法，建立党政机关领导干部密切联系群众的 12 项制度。严格控制"三公经费"，制定会议培训、课题调研、宣传活动等经费支出审核管理办法和《丰台区结余资金管理办法》。紧盯元旦、春节、中秋、国庆等重要时间节点，狠刹公款送贺卡、送节礼、公款吃喝、公款旅游和奢侈浪费等不正之风。推进政风行风建设，在东高地街道开展"两规范一提高"试点工作。建立明查暗访工作机制，组成 18 个监督检查小组，对"庸、懒、散、拖"等现象开展专项整治，查纠整改问题 194 个。严肃查处违反八项规定精神的问题 3 起，给予 3 名领导干部党纪政纪处分。

（韩永海）

【严肃查处违纪违法案件】 年内，加强对案件工作的统一领导，积极探索信访举报、线索调查、人才管理、后勤保障和办案责任一体化管理，完善公检法审联合派驻办案模式，探索审理助辩制度，建立违法党员筛查追究机制。严肃查处李华、张国岩、陈伟杰等大案要案，对腐败分子形成有力震慑。为国家和集体挽回经济损失1.28亿元。

（韩永海）

【重大决策部署有效落实】 年内，建立重大决策部署贯彻执行情况监督检查工作机制，完善组织架构，规范工作流程，明确主体责任，提高监督实效。坚持“廉洁园博”建设，构建“监审合一”工作体系，共开展检查601次，发现问题882个，提出整改建议542条，下发督办整改通知10份，开展复查115次。

（韩永海）

【积极开展监督检查】 年内，对保障性住房建设、老旧小区综合整治、平原造林工程建设和食品安全工作实施立项效能监察。加大行政投诉直查快办力度，制定《丰台区行政投诉目标管理办法》，探索建立“履职调查会”、“双台账”等管理制度，办理群众投诉158件。严格责任追究，对违法建设、非法占地等案件进行调查处理，给予2名副处级领导干部党纪政纪处分，对7名相关责任人实施了问责。

（韩永海）

【推进廉政文化建设】 年内，积极开展反腐倡廉宣传教育，建立北京清园监狱、卢沟桥晓月湖反腐倡廉警示教育基地，组织全区50家单位，12000余人参观学习；以孙涛、杜平勋、崔爱国大案要案为题材，拍摄制作《贪欲焚身》警示教育片；对70名新任处级领导干部进行廉政法规测试和廉洁自律情况审核，组织开展“五个一”廉政集体谈话；实施廉政文化精品工程，开展“寻找身边的勤廉榜样”示范教育活动，举办“建设美丽丰台，做勤政廉政带头人”主题演讲比赛，组织廉政书画展和园博会廉政文化展。

（韩永海）

【强化权力制约监督】 年内，以制约和监督权力为重点，深入推进廉政风险防控“三个体系”建设。加强区级权力科学配置，运用责权要素分析法，梳理区级重大权力事项22项。促进权力规范运行，通过分类管理，推进分领域廉政风险防控，在农村领域，制定《农村集体经济组织经济责任审计工作联席会议制度》、《关于进一步加强农村“三资”管理和监督工作的意见》和《农村集体租赁合同管理办法》，加强对农村集体经济组织和基层干部的监督管理；在财经领域，引入“管理+IT”理念，推动财政资金审批网上运行、动态监控；在政府投资领域，建立投资评审、立项审批和项目监督平台，强化对项目的网上审批和全程监控；在征地拆迁领域，推广南苑棚户区拆迁及选房管理信息系统，用科技规范流程，防控风险。

（韩永海）

【加强队伍自身建设】 年内，制定改进工作作风、加强自身建设和党员领导干部直接联系群众实施办法，厉行勤俭节约，严控经费支出，会议、接待、公车管理等费用同比减少58.3%。在全区纪检监察系统开展会员卡清退工作，113个单位788名专兼职纪检监察干部作出“零持有”承诺。调整内设机构，成立区预防腐败局和行政电子监察中心，进一步明确职能定位。指导区委巡视组、联合纪检监察组对9个单位进行巡视，督促整改问题38个。加强基层纪检监察组织建设，制定考核评价制度，严格人员准入，增强街乡镇纪检监察组织力量。

（韩永海）

民革丰台区工委

【概　况】 2013年，民革丰台区工委成立20周年，以此为契机，开展了加强自身建设的系列活动。全年发展新党员24名，在册党员200名。推荐张兆旗为北京市第十二届政协委员，参加了北京市第十二届政协一次会议。年底增补区九届政协委员2名，区政协委员中民革党员人数达14人。在区政协九届二次会议上，区工委提出的《关于促进园博会会址后期利用的几点建议》获党派优秀提案。全年报送有效信息70条，民革市委采纳26条，采纳率40%，民革中央和市政协采纳3条，总得分290分。年内共出版《民革之声》3期，内容上增加了“区情通报”、“一句话新闻”和“图片新闻”。在民革市委开展的“民革年度人物”、“民革工作创新成果”、“民革基层典型经验”评审和表彰中，区工委申报的“爱心卡成为老党员的好帮手”和“用文化共识塑民革形象”2个项目获“民革工作创新成果”奖，区工委二支部获“民革基层典型经验”奖，王奕謌获民革市委2012年十大“民革年度人物”之一，皮乐为获参政议政先进个人。在区政协九届二次全会上，陈和平、郝黎分获优秀提案委员和优秀信息委员。

（康冬花）

【课题引领 深入调研】 年内，围绕“文化养老形式的创新”和“区域高端产业人才服务保障”2个课题，先后到亦庄、右安门街道、老龄委、社工委等相关地区和部门进行调研，完成2篇党派提案和1篇大会发言。组织部分年轻骨干党员、科技企业领军人物参加区政协“关于丰台区基层协商民主的现状”、“关于河东三乡设立地区办事处后职能转变及运行问题”、“完善丰台区科技服务体系建设”3个专题调研活动。

（康冬花）

【召开全体党员总结表彰大会】 1月13日，区工委召开2012年工作总结会暨2013年迎新春联谊会。民革市委副主委王征、丰台区委统战部常务副部长李小月出席大会，区工委近120名党员参会。区工委主委张兆旗从学习、履职、服务党员和提升文化四个方面总结了2012年区工委各方面工作开展情况以及取得的成绩。王征和李小月分别对区工委2012年履职工作给予了肯定，并寄语区工委要继续认真履行党派职能，为推动丰台区各项事业发展做出新贡献。会议对2012年度履职表现突出的9名党员给予表彰，同时对“北京精神”征文活动获奖者进行了表彰。

（康冬花）

【开展纪念民革丰台区工委成立20周年活动】 年初，成立了纪念区工委成立20周年活动领导小组和工作小组，制订了“纪念区工委成立20周年活动方案”，先后举办了“纪念区工委成立20周年参政议政座谈会”和“纪念区工委成立20周年组织工作座谈会”；制作了反映民革各方面工作及成就的画册和光盘；开展了“丰台民革20年之难忘……的（事或人）”征文活动，20多篇回忆文章陆续在《丰台民革之声》上刊登。

（康冬花）

【组织“两新人员”谈心会】 3月，区工委组织召开新一届支委及青年骨干党员谈心会。会上，主委张兆旗结合新形势下支部工作面临的问题，详细阐释了支部的职能定位，并对各支部工作提出了明确要求和努力方向，对青年骨干党员的成长提出了具体要求。

（康冬花）

【召开区工委成立20周年总结纪念大会】 12月22日，区工委召开了“纪念民革北京市丰台区工委成立二十周年暨年度总结会”，民革北京市委主委傅惠民，丰台区委常委、区委统战部部长张建国出席大会并讲话。民革市委秘书长蒋耘晨，丰台区政协副主席李新民、秘书长赵冬辰，区委统战部副部长房书勇、蒋旭东和130名党员参加了大会。区工委主委张兆旗作了工作总结，区工委副主委迟岚宣读了对98名先进党员的表彰决定，区工委副主委杜涵宣读了《区工委学习十八届三中全会精神的决定》，各支部表演了集体节目。会议向所有参会人员赠送了《民革丰台区工委二十周年》画册和光盘。

（康冬花）

【开展学习十八届三中全会主题支部活动】 年内，区工委制定了《关于十八届三中全会的学习方案》，分两个层面把学习重点落实到推动区各项事业发展上来。各支部开展了以“丰台之美”和“我与中国梦”为主题的学习、座谈、交流、参观等活动。

（康冬花）

【到方庄街道办事处共商基层协商民主】 年内，区工委和支部围绕支部党员生活的社区，以服务社区百姓生活为核心，两次到方庄街道办事处共商基层协商民主，工委主任张兆旗，区政协、统战部有关负责人及方庄街道办事处领导等人参加了交流活动。活动就方庄地区居民的文化体育活动需求、文化养老等问题展开了讨论，交流了方庄地区在开展居民文化体育活动和社区居家养老方面的创新内容，讨论出了破解社区难题的方案，形成了多条信息。

（康冬花）

【奉献爱心】 年内，区工委各支部和党员为雅安地震灾区捐款，工委委员孟涛和年青骨干党员吕欧华、庞忠自发参与了民革中央现场捐款活动；一支、二支、五支部负责人将捐款集体捐往四川民革；三支、四支以民革支部名义组织捐款18400元。

（康冬花）

【妇委会到中国盲文图书馆参观调研】 11月，区工委妇女专委会组织近20名党员到中国盲文图书馆参观调研，提出为盲文图书馆做义工、为盲人讲解老北京的传统文化、给盲文图书馆捐助获奖专辑、志愿参与朗诵作品录制及普及京剧知识工作。

（康冬花）

【重阳节慰问老龄党员】 重阳节期间，工委老龄委与各支部支委看望了6位老龄党员，送去了重阳糕、果篮和慰问金，使老龄党员感受到了工委和支部的关怀。

（康冬花）

【社会服务】 年内，区工委邀请家长教育专家林思伦为方庄办事处150名家长作了“培养孩子成人成才，做智慧的家长”的讲座；组织党员参加统战系统专家走进社区活动；选派2名国学老师和声乐老师为残疾人的精神文化活动服务。

（康冬花）

民盟丰台区工委

【概　况】 2013 年，民盟丰台区工委学习了党的十八大、十八届三中全会及民盟中央十一大精神，在履行职能和自身建设等方面做了大量工作。出台了《民盟丰台区工委社情民意信息工作管理办法》。所属基层组织于 7 月前完成了换届选举工作，基层支部数达 13 个。组织发展了 24 名优秀青年入盟，截止年底，盟员总数达到 337 人。基层组织换届后，工委 13 个支部开展活动 35 次，实现了组织活动、信息和宣传报道三方面全覆盖。《丰台盟讯》出版 4 期。12 月，史文华被增补为区政协委员，具有盟籍的区政协委员数量达到 14 名。

（李亚一）

【课题调研与政协提案工作】 年内，区工委在区政协九届二次全会上提交个人提案 20 件，其中张雪梅提交的《关于加强未成年人严重不良行为教育与矫治的建议》被评为区政协 2013 年度优秀个人提案；提交了《塑造南中轴高端品牌，推动新丰台强势崛起——关于建设“南中轴科技文化创新产业带”的建议》、《关于进一步推进河西地区基础教育发展的建议》两项党派提案，其中前者在年初被列为区政协主席亲自督办的年度重点提案，被评为区政协 2013 年度优秀集体提案。区工委将“增加消费有效供给，促进区域经济发展”和“丰台农村地区民主协商制度建设”作为重点调研课题，并把《增加消费有效供给，促进区域经济发展》作为在区政协九届三次全会大会发言的主要内容。

（李亚一）

【支部换届选举工作】 年内，区工委成立了换届领导小组，由主委薛明和分管副主委史卫东直接领导，专职秘书长李亚一和组织部部长史文华具体组织实施。制定了换届工作相关文件和换届时间表，换届建议人选名单采取民主推荐和征求意见的方法，首次采用选举投票方式产生新委员，普遍增加支部委员名额，各支部委员职数由上届的3人增至5人，委员由上届的30名增至65名。10个支部相继完成了换届选举工作。区工委还先后成立了丰台经济和教育四支部，恢复重建了丰台科技支部，选举产生了第一届支部委员会。截至7月，基层支部换届选举工作全部完成。区工委所属支部总数达到13个。

（李亚一）

【信息工作】 年内，区工委出台了《民盟丰台区工委社情民意信息工作管理办法》，全面优化、固化了信息工作管理流程。召开两次信息工作领导小组会议和一次信息工作研讨会，举办了新盟员信息培训班。年内共报送信息170条，其中张雪梅完成的《对服刑人员未成年子女给予福利保障的建议》信息和张昌斌完成的《关于完善园博园各类指示牌的建议》信息得到区长冀岩的重要批示。

（李亚一）

【统战理论研究】 年内，区统战理论研究会以十八大提出的“健全社会主义协商民主制度，推进协商民主广泛、多层、制度化发展”为重点研究课题，以区长辛店镇和王佐镇为样本进行调研，撰写了《在丰台区城乡一体化建设进程中，乡镇民主协商制度建设现状》报告。

（李亚一）

【思想宣传工作】 5月，区工委获民盟北京市委“思想宣传工作优秀集体”称号，刘铁汉代表区工委作了题为《拓宽宣传途径，创新宣传手段——民盟丰台区工委思想宣传工作汇报》的发言。年内区工委专门开设了丰台民盟QQ群，已有78名盟员入群，加强了盟员互动和交流。全年《丰台盟讯》编印出版了4期，在内容上压缩了会议报道，增加了反映基层组织和盟员的来稿数量，增设了“盟员风采”、“我的中国梦”等栏目。

（李亚一）

【盟员风采】 年内，盟员以多种形式发挥主体作用，展示民盟形象。张振军接受丰台有线电视台的“政协委员风采”栏目专题采访，杜军应邀为区政协大讲堂作题为“当前宏观经济形势与货币政策”的首场报告，张桂敏在丰台有线电视台“政协之窗”栏目作“如何提交一份高质量的政协提案”主题讲座。

（李亚一）

【支部活动】 年内，区工委所属13个支部以研讨会、座谈会、义诊、参观调研、主题学习等形式开展活动35次，增强了盟组织的活力。同时，13个支部实现了组织活动、信息和宣传报道三个方面的全覆盖，11个支部做到了年初有计划，年终有总结。

（李亚一）

【社会服务工作】 4月2日，区工委联合区教委、区人民法院举办了“校园安全宣传月司法观摩与宣传”活动，全区中、小学和幼儿园负责人及部分教师、民盟盟员、部分政协委员共100多人参加。7月6日，区工委举办了“迷彩童心——青少年国防教育夏令营”活动。为配合区政协和统战部开展的“丰台区政协委员、民主党派律师法律服务公益行”，7月11日，区工委推荐3名盟员参加启动仪式，与望园、丰台路口、晓月苑二里三个社区结成“一对一”服务，为所服务社区解答社区法律问题10多人次。年内，区工委还成立了社会服务工作小组。

（李亚一）

【妇委会和老龄委工作】 年内，区工委妇委会组织了10名女盟员参观北京园博会，3月9日，与致公党区工委妇委会联合举办急救知识讲座，共庆“三八”国际妇女节。10月16日，区工委老龄委与盟市委老龄委联合开展了参观北京园博会活动，20多名丰台盟员参加了重阳节游园活动。

（李亚一）

【表彰先进】 年内，张振军、杜军、梁大庄、赵欢被区政协评为优秀委员，张雪梅、张昌斌、高旭被评为优秀信息委员，张雪梅被评为优秀提案委员。区工委对首都医科大学支部、丰台科技支部、丰台医务一支部、北京京剧院支部等4个优秀支部及王永莉等30名优秀盟员予以表彰；授予首经贸大学（西区）支部、教育二支部、教育四支部、经济支部、科技支部5个支部“民盟丰台区工委2013年度社情民意信息工作先进集体”荣誉称号；授予杜军等25名同志“民盟丰台区工委2013年度社情民意信息工作先进个人”荣誉称号。

（李亚一）

民建丰台区工委

【概 况】 2013年，区工委共有会员480名，其中，全国政协委员1人，北京市人大代表2人、政协委员1人，区人大常委1人、代表9人，区政协常委3人、委员19人，各级特约人员6人。会员中，公有经济142人，新的社会阶层人士163人，政府机关工作人员54人，有3人在政府和司法机关担任副处级以上实职；拥有大专以上学历的416人，高级职称的217人。全区现有支部16个，其中，综合支部4个，专业行业支部5个，企业单位支部3个，区域支部1个，老年支部3个。年内，区工委召开主任会、工委会5次，发会议纪要4份。全年发展会员19名，研究生以上学历3人，平均年龄36.5岁。5月，向民建市委推荐后备干部35名。全年出版《丰台民建》4期，共刊登文章69篇；宣传信息投稿139篇，被民建市委采用37篇，民建中央采用15篇，总体得分67分，位居全市各区第四名，在区工委序列中位居第一。

（王 虹 陈永玲）

【思想建设】 年内，区工委带领全体会员学习贯彻中共十八届三中全会精神和民建中央十届全会精神，加强统战理论、政党制度、会章会史知识和时事政治学习，建立了公用学习邮箱，并组织多个支部参加学习全国“两会”精神报告会。同时，各支部也开展多项学习活动，通过参观革命教育基地、召开会员生活会、开展“贯彻三中全会精神、弘扬民族文化”书画交流会、举办学习中共十八届三中全会精神活动等形式，切实加强基层组织的思想建设和作风制度建设。

（王 虹 陈永玲）

【课题调研 参政议政】 年内，议政部组织会员多次召开议政工作会，对应区政协调研课题，成立4个课题调研组，参加调研活动；3月，向北京市统战理论研究基地2013年招标课题组投标，标中“基层协商民主建设研究”课题，4月8日，区工委副主委王德文主持召开会议，对课题的申报和投标作了相关说明，布置调研工作，部分区政协委员和调研课题组成员参加了工作会，8月至10月多次组织会员与区委统战部、区部分街道领导座谈沟通，调研报告提交北京市社院理论研究基地，并作为区政协九届三次全会大会发言材料；7月22日，王德文主持召开2013年党派提案工作座谈会，对上半年的5个调研课题进行了座谈沟通，确定《关于构建新型工农城乡关系，促进城乡一体化均衡发展的建议》为重点调研课题，提交区政协九届三次会议；

9月9日，区委统战部、区政协联合举办政协九届二次会议党派（民建）提案答复会，区政协副主席邢方岭、区委统战部副部长蒋旭东及区农委领导、发改委领导参加会议，对《加快现代种业创新发展，助推丰台农业转型升级》提案给予了肯定。

（王　虹　陈永玲）

【组织建设】 年内，区工委领导班子成员学习贯彻落实《民建北京市委关于加强和改进作风建设的意见》并制定了实施方案，在加强区工委班子建设的同时，大力加强基层组织建设。1月5日，区工委在洋桥大厦5层会议大厅举行了2013年新春团拜会，主委王虹总结了2012年工委工作开展情况，提出了2013年工作设想，民建北京市委副主委、北京市交通委副主任李晓松，民建北京市委委员、丰台区政府副区长张婕，区委统战部常务副部长李小月及副部长蒋旭东参加大会。6月8日，民建中央组织部部长李世杰、副部长卞小俊、李维平到区工委调研基层组织建设情况，李世杰对区工委在基层组织建设方面所取得的成绩给予了肯定，并提出了工作努力方向及要求。9月27日，15位支部主任参加民建市委举办的以“重温历史、坚定信念、风雨同行”为主题的支部主委学习班，赴河北省保定市阜平城南庄晋察冀边区革命纪念馆学习考察，办公室负责人陈永玲领队参加考察活动。10月30日，科技支部与民建上海市黄浦区第十综合支部联合举办基层组织建设经验交流，并于11月2日至3日到密云县直属支部联合举办基层组织建设学习研讨活动，民建中央调研部副部长孙敏奇参加活动。各支部还通过开展健康讲座、摄影技巧学习、“绿色长城环保行”、考察调研食品安全、开设“会员之家”等多种形式的活动来增强支部凝聚力。为做好老年会员的服务工作，区工委于12月20日组建了老龄委员会。截止年底，区工委组织新会员29人次参加了新会员学习班。

（王　虹　陈永玲）

【社情民意信息工作】 年初，区工委召开会议，成立了6个信息工作小组，介绍了社情民意信息和会务动态类报道的撰写方法与技巧；10月，建立了信息沟通平台QQ群和报送信息独立邮箱，推出了《社情民意信息采纳奖励办法》，经济一支部举办了信息培训会。区工委全年报送信息86条，其中被民建中央采纳5条、民建北京市委采纳21条、区政协采纳3条。

（王　虹　陈永玲）

【社会服务及公益活动】 年内，综三支部会员在宋家庄社区和右安门街道开阳里第四社区，就“房产的转让、拆迁、继承与赠与”和“老年人如何防骗”等主题开展义务法制讲座，现场提供免费咨询服务。经一支部会员、丰顺工贸集团董事长安钟岩为区残联捐赠了58台电脑，帮助卢沟桥街道社区残疾人机构改善了办公条件。在妇委会和退休支部的倡导下，区工委组织会员到海淀黄庄打工子弟学校，为学生捐赠了学习用具和生活用品200余件。区工委成立了“丰民普惠扶贫助学基金”，长期开展“走进山区，爱心助学”活动，7月6日至7日，组织会员赴国家级贫困县——河北唐县开展爱心助学活动，为“民建丰台爱心助学基地”及“红领巾爱心书屋”揭牌，向唐县白合镇河南村小学捐助学生课桌椅200套、讲台8个、教师办公桌椅13套，赠送每名学生学习用具一套，捐助少儿科普读物1000册，并于12月7日，组织部分参与助学活动的会员和丰民普惠扶贫助学基金的项目管理成员再赴河南村小学进行回访。四川雅安地震发生后，经一支部会员穆慧妍通过区青联、区工商联等渠道向地震灾区捐款共计5万多元，并在“六一”儿童节为区一幼民族幼儿园送去价值5000余元的慰问品；科技支部为雅安地震灾区捐款2.32万元。

（王　虹　陈永玲）

民进丰台区工委

【概　况】2013年，民进丰台区工委共发展会员19名，转入3名，全区15个支部共有会员331人。男性138名，占42%；女性193名，占58%。退休162名，占49%。会员中教育界成员249名，占75%；新闻出版界20名，占6%；其他62名，占19%，分布于科技、经济、法律、医务、文化艺术、政府机关等。

（李朝晖）

【参政议政　履职尽责】年内，区工委的《加强重大灾情中互联网管控和应急机制的建议》、《老年人阅读书籍不够人性化，数字出版造成“阅读障碍”》、《关于提高“农转居”就业率的建议》、《中关村科技园区应尽快建立第三方评价体系》等提案被民进市委采用。《关于避免中小企业CA数字证书“多门发证”的建议》、中华书局支部林晓芳的《建议对文化产业扶持专项及资金使用严加管理》等建议被北京市委、市政协及民进中央采用。区政协会议上，由经济支部会员郑爱利撰写并获区委书记李超钢批示的《尽快解决农民拆迁补偿款的管理难题，努力进行全新的集体资产管理模式探索》信息参与了民进北京市委的调研课题投标并中标，调研报告登载在《民进市委调研成果汇编》一书中。

（李朝晖）

【组织发展】5月，区工委制定了“推荐后备干部人选”工作方案，明确了坚决执行市委工作方案要求、确定45岁以下（1968年1月1日后出生）、是区级任职人员（人大、政协、青联委员、支部主任、区级后备干部）的推荐后备干部人选的三条原则，组织召开了推荐后备干部人选会议，10位工委委员以划票通过的方式票决了19位后备干部人选，市委组织处干部史雅鑫参加了会议并负责监票。7月19日，经济支部成立。11月，会员傅国辉增补为区政协委员。

（李朝晖）

【加强思想建设】年内，向民进市委推荐获得“市级优秀教师”称号的会员陈维贤（丰台二中）和傅国辉（云岗中学）的先进事迹文章2篇，并登载于《北京民进》。《丰台民进简讯》，全年共出版4期。

（李朝晖）

【信息工作】进一步完善社情民意信息工作制度，截止年底，共报送信息75件。

（李朝晖）

【提案答复】4月，召开提案答复会。北京市新闻出版局图书出版管理处处长冯献省就北京市政协十二届一次会议第0163号提案《关于规范少儿图书出版，尽快设立资格准入制度的建议》的办理情况给予区工委答复，工委主委刘占良、副主委陈景泉等参加了会议。

（李朝晖）

【暑期培训学习班】8月24日，民进丰台暑期班召开，工委主委刘占良主持，民进北京市委专职副主委李焕喜、组织处处长鲁剑，中共丰台区委统战部副部长蒋旭东到会，工委委员、支部主任、支委、骨干会员、新会员60余人参加了学习班。

（李朝晖）

【支部活动】年内，区工委领导和部分会员参加了民进市委、市委统战部和区政协、区委统战部组织的报告会、观看升国旗和参观天安门城楼、义务植树和民族团结林养护、“垃圾文明一日游”、摄影采风、体育赛事等活动。7月13号，桥南支部召开了支委会和新会员见面会，支部主任于向英通报了年内会员缴纳会费、会员发展及为雅安地震受灾地区捐款情况。9月7日，西片联合支部在云岗中学礼堂举行了以“同庆教师节，共享民进情”为主题的纪念第29个教师节联谊活动，云岗支部主任傅国辉和委员王玉红共同主持，区工委主委刘占良、云岗中学校长张进兵出席了联谊会。

（李朝晖）

【服务社会】 蒲黄榆、大红门支部分别于1月13日和5月18日到河北省易县高村镇南石楼贫困小学开展“手拉手爱心助教活动”，解决了桌椅、黑板问题；中华书局支部在活动中捐助字典和小学课外读物2万多册；会员李瑞明为教师量身定做了服装，画家李桂林赠送了“勤能补拙”书法作品及山水画一幅。9月15日，经济支部会员、区政协委员、北京市十佳女律师、北京嘉安律师事务所主任郑爱利受邀为基督教三自爱国会的教牧同工和信教群众200余人讲授法律知识。10月11日，桥南支部会员、丰台摄影家协会副主席陈志和在南苑街道办事处以“摄影与生活”为主题为近百名社区百姓讲授摄影知识。10月26日，桥南支部30余名会员到河北省涞水县南北庄小学献爱心，捐赠的物品价值20余万元。11月7日，区工委副主委于向英到南苑街道办事处为社区干部和幼儿园老师开展题为“如何做父母”的讲座。

（李朝晖）

【为受灾地区奉献爱心】 年内，云岗支部举办了为芦山县等受灾地区捐款捐物活动，支部全体会员共捐款1950元，衣物棉被42件；桥南支部捐款人数20人，共计捐款9050元；食品报社支部捐款400元；桥北支部会员李桂林、陈齐堃和梁振华参加了北京市民主党派“情系雅安，同舟共济”抗震救灾书画笔会活动，书画义卖所得款项全部捐给灾区。

（李朝晖）

农工民主党丰台区工委

【概　况】 2013年，区工委采取办骨干党员学习班、参加农工党北京市委、区政协、区委统战部学习班、外出参观等形式，学习贯彻中共十八大精神，践行社会主义核心价值体系和“同心”教育实践，统一思想认识，坚定政治立场；以促进实现“健康丰台”和“美丽丰台”为主线，以科学发展、推进改革、保障民生为政治协商、参政议政、民主监督和社会服务的主要目标任务，以结合实际、深入基层为主要工作方式，推进各项重点任务落实。

（唐佐青）

【参政议政】 年内，区工委向区政协九届二次会议提交了《关于促进我区文化建设的建议》、《关于丰台区永合庄垃圾卫生填埋场填埋气综合治理的建议》2件党派提案，副主任韩秀娟代表区工委作了《关于促进我区文化建设的建议》的大会发言，委员们向大会提交了个人提案10件。区工委副主任高彦斌在市政协十二届一次会议上，当选为政协北京市第十二届委员会常务委员，提交委员提案4件：《关于深化公立医院管办分开管理体制的提案》、《关于推进我市康复护理服务体系建设的提案》、《关于推进我市城乡医保制度整合的提案》、《关于我市老年慢病患者取药时间规定的提案》。

（唐佐青）

【参加调研】 年内，区工委组织党员参加了市政协组织的“关于本市医疗服务设施合理布局”调研；工委负责了农工党北京市委组织的“北京市中小学生体质健康现状”、“加快推进北京市康复护理体系建设”调研，其中“关于加快推进康复护理体系建设”调研成果，获北京市民主党派优秀调研成果二等奖，转化为政协北京市十二届二次大会书面发言；工委组织党员参加区政协组织的“关于健全丰台区公共文化服务体系建设”、“关于完善丰台区科技服务体系建设”、“关于河东三乡设立地区办事处后职能转变及运行问题”、“我区基层协商民主现状”等多项调研活动；区工委组织党员开展“进一步加强我区社区卫生服务工作”的调研，调研成果转化为区工委党派提案。

（唐佐青）

【年终工作总结表彰大会】 1月13日，区工委召开年终工作总结表彰大会。农工党北京市委副主委兼秘书长刘迎、市委组织处副处长王小燕、中共丰台区委统战部有关领导及130余名党员参加了会议。丰台一支部、丰台二支部、首都医科大学支部、北京电力医院支部被评为先进支部，韩秀娟等26位党员被评为先进个人。蒋旭东、刘迎在讲话中对工委一年工作给予肯定，对新一年的工作提出要求。工委副主任高彦彬获“2013年北京市民主党派年度人物”。

（唐佐青）

【学习活动】 3月22日，区工委负责人及政协委员参加了区政协和区委统战部共同举办的学习报告会，学习了第十届、十一届全国政协常委、中国人民政协理论研究会常务副会长李昌鉴题为《深入学习贯彻党的十八大精神，积极推进社会主义协商民主制度建设》的专题辅导报告。4月24日，区工委主要负责人参加了市政协教文卫体委员会召开的卫生工作情况通报会，听取了市卫生局局长方来英关于《北京市“十二五”时期卫生发展改革规划》的报告。7月3日，区工委副主任、市政协常委高彦彬，参加了全国政协文史和学习委员会举办的“全国政协在京委员学习报告会”，听取全国政协副主席、国家开发银行原董事长陈元所作的《开发性金融的中国探索》的报告。

（唐佐青）

【植树活动】 3月29日，区工委主要负责人与各民主党派、工商联负责人、爱国宗教团体代表及区政协、区委统战部机关人员一道参加了区政协、区委统战部在王佐镇魏各庄村开展的主题为“倡导绿色生活、妆扮美丽丰台，迎园博、树新风、公益行”义务植树暨“民族团结林”养护活动。

（唐佐青）

【推荐后备干部】 4月19日，区工委召开后备干部培养工作扩大会。会议由工委主任温智勇主持，市委组织处陈波出席会议。会上，各支部基于个人德、能、勤、绩、廉等方面的表现，经民主推荐，确立了上报后备干部名单，总计30人，其中28人具有副高以上职称或副处以上职务，中青年（30岁—45岁）占14人。推荐名单包括区政协常委1名，北京市政协常委、区人大常委1名，北京市政协委员1名，区政协委员6名，区青联委员2名。

（唐佐青）

【参加农工中央专委会】 5月11日至12日，中国农工民主党第十五届中央专门工作委员会成立大会暨培训工作会议在京举行，区工委主任温智勇任农工党中央联络工作委员会委员，区工委副主任高彦彬任农工党中央教育工作委员会委员，刘志成任农工党中央教育工作委员会副主任。

（唐佐青）

【抗震救灾】 5月17日，区工委按照农工党北京市委《关于转发农工党中央<关于积极支援四川芦山地震灾区抗震救灾工作的紧急通知>的通知》精神，动员114名党员支援地震灾区的抗震救灾工作，捐款9220元。

（唐佐青）

【第六届中国环境与健康宣传周】 6月15日，区工委在房山区河北镇半壁店村举办“2013中国环境与健康宣传周”义诊活动。20名医疗专家提供了心内科、呼吸内科、中医科、神经内科、外科、骨科等专业义诊及血糖、血压测量服务。健康教育专家宣传了如何在日常生活中防治慢性病的知识，并在现场发放了《生态环境与健康》、《健康七字歌》、《远离烟草危害》等科普宣传册400余份，发放健康盐勺100余个。500余名群众接受了医疗专家的免费诊疗及健康咨询服务。

（唐佐青）

【第二十五届国际科学与和平周活动】 11月17日，区工委在新发地村社区卫生服务站举办“第二十五届中国国际科学与和平周”义诊活动。区工委负责人及来自北京丰台医院、北京电力医院、北京东方医院和丰台南苑医院的7名专家参加了义诊，开设内科、外科、骨科、皮肤科、中医科专业义诊，提供测血压等医疗服务。200余人接受了医疗专家的免费诊疗及健康咨询服务。

（唐佐青）

【社会服务】 年内，区工委负责人、委员和部分党员参加了由北京市政协、北京同仁堂集团主办的“革命老区光明行”启动仪式、北京市政协医卫界委员在平谷区及怀柔区的义诊活动、由大红门街道组织的“弘扬雷锋精神，健康医疗进社区”的义诊咨询活动和“情系南城 服务百姓”专家义诊咨询活动，受益群众达1000多人。工委主要负责人还应邀到中国科学院研究生院举办中医药科普讲座，系统介绍了中医药特色和中医养生的内涵。

（唐佐青）

九三学社丰台区工委

【概 况】 2013年，九三学社丰台区工委所属综合、医药卫生、文化艺术、冶金自动化院四个支社先后完成换届，成立了九三学社中国康复研究中心支社。年内发展新社员11名，截止到年底，共有社员228名，具有高级职称的145人，占64%；中级职称83人，占36%。全年共出版《丰台九三社讯》4期，发放800多份；撰写报送信息62篇，人均报送率27%，社市委采用49篇，社中央、市政协、市委统战部采用2篇；报送活动稿件47篇。现有市政协委员2名，市人大代表1名，区政协副主席1名、常委2名、委员16名，区人大常委1名，平谷区政协委员1名，市政府特约人员1名，区政府特约人员7名，区青联委员2名，九三学社中央常委会委员1名，九三学社中央专业委员会主任1名、委员5名，九三学社北京市委专业委员会副主任2名、委员13名。市政协委员、区政协副主席、区工委主任程留恩被九三学社北京市第十二届委员会第十次主委会聘请为九三学社北京市委“人才强社及组织建设专家组”成员。

（程留恩 郑成保）

【调查研究 参政议政】 年内，区工委与社市委参政议政部联合举办了轨道交通主题议政日、公租房政策研究课题调研、北京市轨道交通论坛等活动，社员沈砾子为参加轨道交通主题议政日活动，专程到日本东京进行调研，形成的论坛发言得到社中央副主席赖明和中共北京市委统战部党派处副处长龚玉玺的高度评价。组织社员和政协委员参加区政协组织的课题调研、视察考察、参观座谈等活动，8名成员分别参加了政协一室“推进文化强区建设”重点议题政治协商课题组、政协二室“关于完善丰台区科技服务体系建设”课题组、政协三室“河东三乡设立地区办事处后职能运转”课题组和政协四室“关于我区基层民主协商建设”课题组调研，完成了《关于中国戏曲文化中心选址的建议》、《唱响戏曲文化品牌 加快戏曲文化中心建设》和《完善丰台区科技服务体系建设》3篇调研报告，得到政协相关部室的肯定。组织课题组分别到区发改委、区经信委、区科技企业孵化总公司、区妇幼保健院进行了4个课题的调研，形成了《关于进一步加强丰台区科技企业孵化器品牌引领作用的建议》、《抓住信息消费产业机遇，提升区域发展软实力》、《北京市公共租赁房政策实施效果与存在问题》、《关于第九届中国（北京）国际园林博览会展后利用规划的建议》4篇调研报告，并分别转化成政协大会发言《把握责任树信念 发展丰台谱新篇》和2份提案。《关于丰台区农村饮水安全的建议》的提案被区政协评为 2013 年度优秀提案。

（程留恩　郑成保）

【加强组织建设】 年内，专门召开组织工作会议，完成四个支委班子换届工作，并于 11 月 19 日成立了九三学社中国康复研究中心支社，五个支社新班子支委平均年龄为 44.6 岁，其中综合支社平均年龄 42 岁，为支委成员最年轻支社。认真落实社市委关于推荐后备干部的相关要求，坚持走群众路线，通过支社推荐，民主选举，共向社市委推荐 24 名后备干部。

（程留恩　郑成保）

【完善组织信息库】 年内，参加了社市委组织部与社中央组织部联合举办的数据录入培训班，完善了工委委员及政协委员、人大代表及全体社员的信息，完成了社中央“社员和组织信息管理数据库”录入工作。

（程留恩　郑成保）

【履职民主监督】 年内，九三学社界别的区人大代表、政协委员通过视察、考察、座谈会、通报会等形式，履行民主监督职能。市级政府特约监察员参加了北京市的政风评议、行风建设、首都文明行业考评等工作。区级政府特约监察员参加了区政府效能建设以及政府工作考评。法院特约陪审员及检察院特约检察员也都履行了各自职责。

（程留恩　郑成保）

【信息宣传工作】 年内，把社员在市、区“两会”中撰写的提案和大会发言作为宣传重点，全部报送社市委，对民主监督、参政议政成果进行宣传，尝试开展有关建档立志内容的电子版、纸质版以及影像资料收集的常态化和制度化。组织社员参与社市委的青年社员参政议政辩论赛，组织支社开展座谈、研讨等学习活动，推动支社互相学习交流，并开展向身边典型学习活动。区工委派专职干部坚持到各支社进行信息辅导，全年完成 62 篇信息的报送，其中首都医科大学支社刘庆凯撰写的《关于提高防范意识加强网站安全的紧急建议》得到社中央和社市委领导的肯定，社中央办公厅为此专门下发了九三中办发[2013]96 号文——《关于加强我社各级组织网站安全管理工作的通知》；工委委员李洁上年撰写的《关于我区农村饮用水安全的建议》提案年内得到区政协主席李昌安的肯定，建议以信息用建言专报的方式报送区委书记、区长批示。另有 18 篇信息分别被社中央、社市委、中共市委统战部、市政协采用。

（程留恩　郑成保）

【赴九三学社廊坊市委进行调研】 7月7日，区工委在主委程留恩的带领下赴九三学社廊坊市委进行调研和座谈，主要考察了廊坊市未来城市规划、生态环境建设等问题，了解制约和影响廊坊市今后发展的瓶颈和难题，以及学习九三学社廊坊市委先进的组织建设经验，进一步增强组织凝聚力。活动特别邀请了全国政协委员、社中央委员、社市委常委、北京融盛汇智投资顾问有限公司董事长许进，河北省政协委员、涿州市政协副主席、社保定市委副主委、社涿州市委主委夏培鑫等人共同前往。全国人大代表、社中央委员、社河北省委副主委、廊坊市委主委、廊坊市政协副主席、中国地质科学院地球物理地球化学勘查研究所应用地球化学研究室主任、国土资源部地球化学探测技术重点实验室主任王学求等人培同了调研。

（程留恩　郑成保）

【开展社会捐助服务活动】 年内，区工委举办了系列科普讲座、义诊、送健康科普咨询、宣教等活动以配合区争创国家级卫生应急示范区、慢性病防治示范区工程，参加社市委组织的房山区北车营村山区中草药种植基地和“药王谷”旅游休闲区建设项目。与社市委、区发改委、财政局等部门联合，争取到金融支社成员、北京京富融源投资管理有限公司市场部总经理林海的专项投资南城项目，推动了万思资本管理（北京）有限公司在丽泽金融商务区正式注册成立。5 月和 11 月，分别组织社员参加了“北京九三王选关怀基金会”送健康行动，前后组织 25 名困难社员到五洲医院进行了人均 1500 元标准的免费体检。7 月底，医卫支社社员、电力总医院儿科主任石粤秀和 3 名同事到内蒙古锡林郭勒盟苏尼特左旗医院进行对口医疗支援；8 月 15 日至 19 日，区委统战部副部长蒋旭东、主委程留恩带领社内部分医学专家再次到苏尼特左旗医院开展义诊活动，共为 300 多名患者进行了诊疗。11 月 21 日，蒋旭东带领中国康复研究中心支社部分社员到丰台北大街社区服务中心开展了丰台街道“统战人士进基层，专家学者进社区”系列助残偏瘫康复咨询活动。11 月 27 日，区工委开展了向区看守所捐赠图书活动，区政协副主席周大春、主委程留恩参加，区公安分局政委孟晓威、副局长贾启强，区政协研究室主任杜彦奎及区看守所所长郭洋、政委朱奕参加了捐赠仪式。活动共捐赠各类图书 800 余册、价值共计 2 万余元。

（程留恩 郑成保）

致公党丰台区工委

【概 况】 2013 年，致公党丰台区工委在致公党北京市委和中共丰台区委的领导下，在中共丰台区委统战部的指导下，按照年初确定的工作思路和工作要点，紧紧围绕丰台区“十二五”规划中的热点、难点问题以及丰台区区情，进一步加强自身建设，切实履行参政党职能。区工委现有主任委员 1 名，副主任委员 3 名，委员 8 名。截止到年底，共有党员 76 人，具有“侨、海”关系的党员约占 77%，具有中高级以上职称党员约占 90%，分布于科技、经济、法律、医卫、文化、政府机关等。区人大常委 1 人，区政协委员 8 人，其中区政协常委 2 人。

（王鑫磊）

【履行参政议政职能】 年内，向区政协会议提交了《改善城市管理执法环境 创建文明丰台城区面貌》党派提案，选派党员骨干分别参加了区政协专委会组织的专题调研活动。

（王鑫磊）

【社情民意信息工作】 年内，区工委拟订了《致公党丰台区工委社情民意信息工作制度》，组建了社情民意信息员队伍，向致公市委提交社情民意 10 多篇，其中，王艳霞撰写的《巩固今年“京交会”成果并尽早筹备 2013 京交会的建议》被北京市政协采纳，所写信息被致公市委评为优秀信息并获奖励；陈妍撰写的《要尽快规范二手房买卖中中介机构的执业行为》被致公党中央采纳。区工委委员曹莹、王峻被区政协评为优秀信息员。

（王鑫磊）

【开展思想教育】 年内，区工委通过领导班子带头学、区工委会议专项学、基层支部统一学等多种方式，领会中共中央、致公党中央和北京市一系列重要会议精神。推荐部分区工委委员参加区委统战部举办的党派青年骨干学习培训班，支部主委及委员参加致公党北京市委与北京市社会主义学院联合举办的基层支部负责人培训班。

（王鑫磊）

【送温暖活动】 年内，组织老党员参加市委组织的重阳节活动。春节期间，区工委班子走访慰问了老党员，给他们送去组织的关怀与温暖。

（王鑫磊）

【社会服务】 年内，区工委继续举办“关爱流动人员子女”活动，根据活动中的“两个一”（创建一个流动书屋，带孩子们参与一项社会实践）的要求，组织孩子们参观了北京青年报社，帮助他们更好地融入北京。

（王鑫磊）

群众团体

丰台区总工会

【概　况】 2013年，区总工会在市总工会和区委的正确领导下，在区政府的大力支持下，紧紧围绕市总工作部署和区委中心工作，不断强化服务职工功能，充分发挥桥梁纽带、枢纽型社会组织作用，促进丰台社会和谐稳定。坚持以“凝心跟党走，建设新丰台”为主题，深入开展“基层基础工程”、“优质服务工程”和“职工文化工程”，优化升级传统品牌，打造全新品牌，吸收借鉴外来品牌，团结和带领广大职工群众积极投身“经济繁荣、社会文明、人民幸福”新丰台建设的活动中。是年，有基层工会组织8080家，覆盖职工168720人，工会会员162930人。

（解瑞强）

【组织建设】 年内，有2234家单位新组建了工会组织，覆盖职工7804人，职工入会率95.5%。建立完善会员数据库和工会法人登记制度，完成工会会员信息采集162930人，信息采集率100%。

（解瑞强）

【工资集体协商】 年内，探索工资集体协商新途径，通过增派工资协商指导员和启动园区楼宇联合工会工资集体协商等方式，推进5888家企事业单位签订工资集体协商协议，覆盖职工总数12.3万人，签订率达92%。

（解瑞强）

【厂务公开民主管理】 年内，推动厂务公开民主管理工作与集体协商工作机制同步化、规范化建设。公有制企业包括国有、集体及国有独资公司厂务公开建制率、职代会建制率均达100%；非公企业厂务公开建制率、职代会建制率均已达92.5%。

（解瑞强）

【服务体系建设】 年内，推进“职工之家”实体化建设，确定10家职工之家示范单位，开展建家工作，实现拥有独立办公用房和视频会议系统的安装，为服务站配备90余万元的书柜、电脑等办公设备。新选录25名专职社会工作者。

（解瑞强）

【职工互助保障】 年内，完善住院医疗、重大疾病、意外伤“三位一体”的互助保障体制，新入会员4884人，新增和续保2.83万份，投续保金额287.3万元，受理理赔864人次，成功赔付167.3万元。

（解瑞强）

【京卡·互助服务卡】 年内，采集工会会员信息15.8万余人，办卡13.5万余张，办卡率达85%。推进京卡加盟工作，发展了娱乐、生活、医疗等全方位的京卡服务商，切实服务职工；结合两节送温暖工作，推进京卡优惠会员活动，为职工发放庙会门票1.27万张。

（解瑞强）

【组织先进人物开展活动】 年内，通过《丰台报》专刊，宣传获得全国和首都五一劳动奖状、奖章以及工人先锋号的单位和个人的典型事迹。为376名劳模送价值80余万元的新春慰问品，做好全国劳模“三金”、北京市困难劳模帮扶金和低收入离退休劳模补贴的申领、发放工作，慰问了37名贫、病劳模；为劳模办理北京市公园年票45张。组织部分女劳模到企业观摩考察。组织近百名劳模到北戴河休养，5批24人参加了全总、市总组织的外出休养；组织110名劳模参加了健康体检。创建的建会“北京集美模式”在全国推广；经审工作被全国总工会评为“全国工会经审工作先进集体”；民主管理工作荣获“北京市厂务公开民主管理工作先进单位”；在全市区县工会考评中被评为优秀等次；《女职工劳动保护规定》知识大赛获全国总工会优秀组织单位奖，“我的职业我的梦”主题征文活动获市总工会优秀组织单位奖；区工人俱乐部获北京市职工文化体育示范单位；开创的“1N+3X”通用能力培训模式在市总工会推广。

（解瑞强）

【就业招聘】 年内，区职工服务中心依托市总工会网站及区职介网，收集最新的企业招聘信息，为务工人员提供就业服务。结合“春风行动”活动，下发各类教育书籍300本，组织专场招聘会56场，发放宣传资料1.5万余份，提供免费咨询等就业服务6千余人次，实现跨地区有组织劳务输出74人，组织各类培训1061人次，增加就业人员1189人。

（解瑞强）

【劳动争议调解】 年内，加强劳动争议调解联动机制建设，积极做好协调劳动关系“六方联动”、“三方协调”工作，对112名基层工会工作者进行工资集体协商培训。把创建和谐劳动关系先进单位工作与“双百双规范”创建活动有机结合起来同步开展。开展针对农民工维权的普法宣传和法律咨询服务。是年，成功调解劳动争议案件218件，为申请人履行金额321.9万元。

（解瑞强）

【职工技能大赛】 年内，组织基层工会开展电工、餐饮、汽车维修、电焊等职工技能比赛，促进了行业服务水平的提高。深入开展“安全生产月”活动，组织基层工会开展“打非治违”和“北京建工杯”职工安全生产知识竞赛活动。开展“防灾减灾日”和“安康杯”竞赛活动，发放宣传材料7141份，6435人参加。与区安监局联合部署工会系统“安康杯”竞赛活动，参赛职工数达98207人。

（解瑞强）

【职工素质工程】 年内，工会通用能力培训开创了1N+3X的模式，满足不同企业、不同工种、不同人员的需求，将培训、技能大赛、岗位练兵三者有机结合，量身定做不同培训模式，在职职工培训率达4%，年培训职工6876人次，1N+3X培训模式在市总工会推广。建立起国家级“职工书屋”示范点1家，市级“职工书屋”6家。

（解瑞强）

【慰问帮扶】 年内，完善服务帮扶工作长效机制。深入开展“两节”送温暖活动和困难职工应急帮扶机制，开展“助残日”和“金秋助学”等帮扶慰问，走访慰问一线职工2000余人，发放各类慰问金慰问品90余万元。

（解瑞强）

【职工文体活动】 年内，总工会成立了区职工艺术团，教职工艺术团。组织开展了第三十届“五月的鲜花”文化活动。举办红歌会、文化节、广场舞、舞蹈和合唱比赛等文化生活，演出36场，参与职工达到1万余人。组织了“六联杯”乒乓球友谊赛，第二届篮球联赛等体育赛事，以及体育节、健步走、乒乓球、羽毛球、广播操等体育活动。

（解瑞强）

【宣传工作】 年内，通过报刊、网络和电视等多种媒体的宣传报道工会工作，连续三年在《丰台报》刊发“五一”专刊，制作刊印《丰台职工》55期。在北京电视台、丰台有线等电视媒体和《北京日报》、《劳动午报》、《工会博览》、《工会信息》刊发新闻200余篇。

（解瑞强）

【女职工工作】 年内，“三八”节开展慰问困难女职工活动。开展首都女职工大讲堂，发放《首都女职工流动课堂》光盘；与市总工会共同组织“关爱女性健康、劳动创造幸福”首都女农民工免费体检活动。开展了《女职工劳动保护特别规定》知识竞赛活动，参赛职工达2万余人。

（解瑞强）

【经审工作】 年内，加强经费预算管理，严格履行经审职责。接受市总专项审计2次，开展对基层工会主席的离任审计9次，对所属事业单位经营收支进行审计，外聘会计师事务所委托审计10家基层工会。

（解瑞强）

【工会自身建设】 年内，加强工会干部队伍建设，规范完善主席办公会会议制度。提升工会工作信息化水平，将机关网络并入区政府专网，通过区政府机关内网平台，实现与各基层单位的信息联通，加强网站的信息化建设，重建区总工会门户网站，提高工会的信息化办公水平。

（解瑞强）

共青团北京市丰台区委员会

【概　况】 2013 年，共青团北京市丰台区委员会（以下简称“丰台团区委”）是负责团员青年教育、管理和服务的群众性团体。坚持以邓小平理论、“三个代表”重要思想、科学发展观为指导，深入学习贯彻党的十八大精神、十八届二中和三中全会精神及团十七大精神，紧密围绕“两个全体青年”政治目标，牢牢把握北京园博会志愿者工作这一核心任务，按照区委区政府、团市委对共青团工作的指示要求，立足丰台建成首都南部现代化新区和强势崛起的目标任务，落实区十一次党代会和市第十三次团代会相关部署，按照“丰台崛起，青年先行；丰台发展，青年成才”的主题，以北京园博会志愿者工作为重要切入点和着力点，以社区青年汇建设为参与社会建设的重要品牌项目，继承传统、夯实作风、创新实干，带领全区青年为实现“经济繁荣、社会文明、人民幸福”的新丰台做出新贡献。

（刘中汉）

【开展“温暖衣冬”捐衣献爱心活动】 年初，开展“温暖衣冬——给最需要的人送去寒冬里的温暖”捐衣献爱心活动，以示范社区青年汇为捐赠点，组织捐赠冬衣 8492 件。

（刘中汉）

【园博会高校志愿者第一次工作会议】 1 月 22 日，团市委大学部和园博会筹办人力资源部志愿者组在团市委联合召开园博会高校志愿者工作会议，团市委大学部部长张秀峰，园博会丰台筹办总指挥部人力资源部志愿者组组长、团区委书记王松涛以及 20 所拟承担园博会“包点”志愿服务任务的高校团委副书记、志愿者工作负责人出席会议。

（刘中汉）

【社区青年汇新青年城市体验营】 1 月 27 日，由团市委组织开展的“社区青年汇新青年城市体验营走进市公安消防总队培训基地”活动在大兴举办，区彩虹十二吧、新发地等 5 家示范社区青年汇近 50 名青年代表参加活动。

（刘中汉）

【园博会骨干志愿者冬训营】 2 月 1 日至 3 日，园博会骨干志愿者冬训营在清华大学成功举办，150 名园博骨干志愿者参与志愿培训。

（刘中汉）

【园博会志愿者工作研讨会】 2 月 5 日，园博会志愿者工作研讨会在市志愿服务指导中心召开，团市委机关党委书记、市志愿服务指导中心主任郭新保出席会议。

（刘中汉）

【园博志愿者两节送温暖志愿服务活动】 2 月 5 日至 15 日，开展“青春暖丰台 幸福过大年”园博志愿者两节送温暖志愿服务活动。四处志愿服务站点累计开展志愿服务 260 小时，参与志愿服务 440 人次，直接服务各类人群逾 5000 人。

（刘中汉）

【荣获“先进工作站”荣誉称号】 2 月 20 日，希望工程市捐助中心、北京青少年发展基金会工作站工作会上，区希望工程工作站荣获“优秀工作站”称号，工作站马文婕同志获得“先进个人”荣誉称号。

（刘中汉）

【志愿服务推动日活动】 3月5日，组织30余名园博骨干志愿者和区内社区青年汇参加志愿服务推动日活动，积极向市民推介园博会和社区青年汇开展的一系列志愿服务活动项目。市委常委陈刚，市委副秘书长王翔，市政府副秘书长侯玉兰，团市委书记常宇，园博会筹办人力资源部部长、区委常委、组织部长霍连明等参观了志愿者展区。

（刘中汉）

【组织合适成年人代表参与岗前培训】 3月9日，组织动员70余名合适成年人代表参与市第一期合适成年人队伍培训班。

（刘中汉）

【参加毛主席纪念堂志愿服务】 从3月20日开始，组织150名园博骨干志愿者为毛主席纪念堂提供为期15天的志愿服务。

（刘中汉）

【向北京园博会志愿者授旗】 3月20日，第九届中国（北京）国际园林博览会动员大会在北京国际饭店举行，市委书记郭金龙等领导同志向园博会志愿者代表授园博会志愿者旗帜。

（刘中汉）

【园博会骨干志愿者春训营】 3月20日至23日，园博会骨干志愿者春训营在市民兵高炮指挥训练中心举行。150名骨干志愿者接受军事化训练，学习志愿者服务礼仪、残障服务技巧等志愿服务知识。

（刘中汉）

【团区委十一届五次全委（扩大）会暨2013年工作会】 4月16日，共青团丰台区委员会十一届五次全委（扩大）会暨是年工作会召开。区委常委、组织部部长霍连明、团区委十一届委员会委员、直属二级团组织单位主管领导等120余人参会，回顾团区委上年工作并部署是年重点任务。

（刘中汉）

【预防青少年违法犯罪暨未成年人保护工作会召开】 4月16日，预防青少年违法犯罪暨未成年人保护工作会在诺德中心召开。区委政法委副书记、区综治办主任、区综治委预青组副主任姚建国、团市委权益部部长张洁以及区预青组、区未委会的全体委员和联络员、街乡（镇）主管领导和团组织负责人参加会议。

（刘中汉）

【召开园博会志愿者工作新闻发布会】 4月23日，园博会志愿者组召开以“志愿@园博·共建绿色生态文明”为主题的园博会志愿者工作新闻发布会。发布了园博会志愿者招募选拔公告、排班选岗系统、志愿者服务载体、园博会志愿者服装、北京国际长走大会专场活动以及“小V蜂”概念体系。

（刘中汉）

【国际长走大会园博会专场活动】 5月5日，主题为“i生活、i绿色、i园博”的北京国际长走大会园博会专场活动在园博园举行。长走大会由团市委、市青联、市志联、园博会运行调度中心主办，由团区委、区总工会、妇联、残联、科协、红十字会、青联、长辛店镇承办。市委常委陈刚，市委副秘书长王翔，团市委书记常宇，区委书记、园博会运行调度中心总调度李超钢，区委副书记、区长、园博会运行调度中心总调度冀岩等参加活动。

（刘中汉）

【园博志愿者正式服务北京园博会】 5月18日，第九届中国（北京）园林博览会开幕日，1037名“小V蜂”志愿者正式上岗，为开幕式及游园游客，提供信息咨询、道路指引、礼宾服务、语言翻译、残障服务、媒体服务等各类服务。

（刘中汉）

【“名博@社区青年汇”系列讲座】 5月31日，园博会志愿者组在园博园承办“名博@

社区青年汇”系列讲座之“雷殿生：梦想·行动·坚持”，100多名园博“小V蜂”参与现场活动。

（刘中汉）

【园博会小小志愿者体验活动】 6月1日，园博会志愿者组当天在园博园举办了“小小园博志愿者　传播儿童正能量”活动。年龄在5至13岁的65个小朋友参与了半天的志愿服务。

（刘中汉）

【“星耀园博-北京园博会明星志愿服务体验”活动】 7月27日，“星耀园博-北京园博会明星志愿服务体验”活动在园博园主展馆广场举办，中央戏剧学院副教授、硕士生导师、著名影视演员张晓龙以及著名歌手、星光大道季冠军单待等明星参加园博明星志愿服务体验活动，300余名志愿者参加此次活动。

（刘中汉）

【团市委驻点干部与专职社工对接交流会】 8月2日，社区青年汇团市委驻点干部与专职社工对接交流会召开，团市委政策研究室主任张庆武、副主任李雪红，团区委书记王松涛及团市委部分驻点干部、33家社区青年汇专职社工40余人参加会议。

（刘中汉）

【调研和义街道青年之家社区青年汇】 8月6日，团市委研究室主任张庆武、团区委书记王松涛同志调研和义街道青年之家社区青年汇。

（刘中汉）

【奥运会志愿者免费游园博活动】 8月11日，园博会运行调度中心与团市委、市志愿者联合会，共同开展奥运会赛会志愿者“蓝精灵”免费游园博活动，近50名奥运会赛会志愿者凭本人身份证及赛会志愿者注册证件入园游览。

（刘中汉）

【社区青年汇团市委驻点干部第二次工作会】 8月22日，召开社区青年汇团市委驻点干部第二次工作会暨第四次专职社工交流会。团市委副书记杨立宪及团市委驻点干部、团区委书记王松涛、33家社区青年汇专职社工40余人参加会议。

（刘中汉）

【青年联合会第五届第二次常委（扩大）会议】 8月31日，区青年联合会第五届第二次常委（扩大）会议在园博园召开，会议总结了第九次常委会以来的青联工作，研究部署下一阶段重点工作。团市委副书记杨立宪，团市委统战部部长、市青联秘书长祁治国，团区委书记、青联主席王松涛及全体常委、界别组长参加会议。

（刘中汉）

【国际青年组织论坛暨友好城市青年交流营活动】 10月23日，国际青年组织论坛暨北京友好城市青年交流营在北京园博园举行了“青年与绿色责任”主题活动，团市委副书记杨海滨，北京园博会人力资源部部长、区委常委、组织部部长霍连明，园博会运行调度中心执行调度、副区长高峰等出席活动。

（刘中汉）

【“我的梦、集美梦、中国梦”主题演讲比赛】 10月24日，集美集团团委发起组织的“我的梦、集美梦、中国梦”主题演讲比赛决赛举行。团市委副书记杨立宪、团区委书记王松涛等领导参加活动并担任比赛嘉宾评委。

（刘中汉）

【“捐资助学　春夏秋冬”活动】 10月30日，共青团“圣火爱心基金”发放仪式和卢沟桥乡“捐资助学　春夏秋冬”活动先后在卢沟桥乡政府举行。团区委副书记乔学慧、卢沟桥乡党委副书记骆增全及圣火集团有关领导出席活动。

（刘中汉）

【举办“我的绿色中国梦”主题活动之绿色联盟论坛】 11月15日，以“青年与绿色未来”为主题的“我的绿色中国梦”系列活动之绿色联盟论坛在北京园博园举办。中央金融团工委副书记辛学东，市环保局宣教中心主任凌越，市志愿服务指导中心副主任陈炳具、王赢，园博会人力资源部志愿者组组长、区委书记王松涛，联合国志愿人员组织中国办公室项目官员陈忻媛，英国海外志愿合作社中国总经理陈婉芬出席论坛，中央金融团工委优秀青年代表、志愿北京之绿色联盟代表、区青联委员、园博志愿者代表等共120余人参加论坛活动。

（刘中汉）

【举办“再见·园博”主题活动】 11月19日下午，近千名园博“小V蜂”代表参加了“再见·园博”主题活动园博志愿服务完美落幕。园博会期间，13072名“小V蜂”在19大类服务项目中累计完成261589个班次，加上前期服务量总计服务时长约140万小时，服务游客610万，8031名志愿者在线激活了志愿服务证书，志愿者网站蜜糖总数已达11577422滴。

（刘中汉）

【举办走进国际资本及绿色环保企业活动】 11月26日，团区委、区青联组织部分青联委员、园博会志愿者及青年代表参观KKR大中华区总部和北京神雾环境能源科技集团股份有限公司。团市委副书记、市青联主席杨立宪，团市委统战部部长、市青联秘书长祁治国，团区委书记、区青联主席王松涛参加活动。

（刘中汉）

【“志愿北京”平台使用培训】 11月28日，团区委在区委党校开展三级枢纽型志愿者组织“志愿北京”平台使用培训，50多名三级枢纽型志愿者组织负责人参加培训。

（刘中汉）

【社区青年汇志愿者台球邀请赛】 12月3日，“让志愿走进生活汇快乐在你身边”社区青年汇志愿者台球邀请赛丰台赛区在云川台球俱乐部右安门店开幕。团区委副书记乔学慧、门头沟团区委副书记陈勇刚、区右安门体育协会会长马维志出席开幕式。

（刘中汉）

【陕西团省委副书记徐永胜到区调研】 12月18日，陕西团省委副书记徐永胜同志一行4人到团区委专题调研园博会志愿者开展情况，并进行了交流学习。

（刘中汉）

【园博会志愿者总结会】 12月22日，园博会志愿者总结分享大会召开。分享大会以“V蜂潮”为主题，分为“志愿·萌发”、“成长·分享”、“收获·荣光”、“我的绿色中国梦”、“引领·V蜂潮”5个篇章；大会评出园博会十大优秀志愿者，成立了“小V蜂志愿服务团”并发布了“每天绿色一分钟”绿色公益项目和《V蜂潮-第九届中国（北京）国际园林博览会志愿服务掠影》纪念画册。团中央青年志愿者工作部部长郭美荐及市区相关部门领导，20余所高校党委副书记和400余名高校、社会志愿者代表出席会议。

（刘中汉）

丰台区妇女联合会

【概　况】 2013年，妇女联合会在区委区政府的坚强领导和市妇联的正确指导下，以党的十八大精神为指导，深入贯彻落实市委、区委第十一次党代会和北京市妇联执委会精神，围绕妇女儿童中心工作不断调整工作思路，改进工作方法，充分发挥妇联枢纽型组织的优势及特色，积极引导妇女组织和广大妇女开展了各项富有实践特色的活动。先后荣获全国妇联“全国舆论宣传阵地”称号；“北京市敬老爱老为老服务示范单位”称号。

（陈艳辉）

【践行十八大精神】 年初，制定《宣传工作计划》、《关于开展共圆中国梦系列活动意见》、转发《市妇联关于认真学习十八大精神的通知》，建立理论中心组定期学习交流平台。

（陈艳辉）

【“巾帼建功”活动】 围绕园博先锋行动，动员党政机关、事业单位妇委会、民主党派妇工委、基层“妇女之家”积极开展“岗位建功，巾帼奉献园博”活动。建立健全巾帼志愿者长效机制，在长辛店、王佐、云岗、宛平等7个街乡、镇选拔出百名巾帼志愿者，举办巾帼志愿者园博知识专题培训，引领巾帼志愿者参与服务园博工作，为园博会外围环境提供有力保障。利用“巧娘”工作室等平台，举办园博手工艺品征集活动，在征集的60件民间手工艺宣传作品中，选出15件精品向区委宣传部和园博会筹备办展示和推荐，其中6件作品推荐到市妇联。

（陈艳辉）

【“双学双比”活动】 年初，制定下发《丰台区农村妇女“双学双比”及妇女创业就业工作要点》，修改并完善“妇字号”基地、“巧娘”工作室管理办法。召开以“承担社会责任、实现人生梦想”为主题的区“妇字号基地”现场推进会。为进一步巩固巧娘事业的发展，成立巧娘协会，上报《关于扶持丰台区巧娘工作室发展建议》政协提案，得到区委高度重视，编入第151号提案采纳。是年，区“妇”字号基地有56个、巧娘工作室有20个、巾帼文明村有35个。

（陈艳辉）

【开展贫困妇女儿童慰问活动】 “两节”期间，慰问单亲困难母亲、纯老年人困难家庭妇女、贫困边缘家庭妇女、贫困“三八”红旗奖章获得者、老妇救会主任共292人，发放慰问金24.1万元。为贫困孤残儿童编织毛衣220件。“六一”期间，区领导分别到丰台一小丰益分校、长安新城小学，丰台一幼丰益分园、丰台三幼大成分园进行了走访慰问。

（陈艳辉）

【举办各类培训班和专题讲座】 分别与长辛店镇、卢沟桥乡、丰台街道妇联和人力社保局妇委会合作举办4期“庆三八、展女性风采”讲座。与花乡举办“教你读心术，肢体语言的深层解读”心理学讲座。与区统计局、东铁营二中举办服装与化妆、服装与服饰培训。与区直机关妇委会举办手工制作—布艺堆绣培训。年内，举办各类培训班24期，参加培训人数为2010人。

（陈艳辉）

【法制宣传教育】 召开“家庭矛盾调解团成立大会”，361个家庭矛盾调解团正式成立。定期召开区、街乡（镇）两级妇联干部理论中心组专题（扩大）会、维权工作的心理技巧与压力管理讲座。培训1800余名志愿巾帼信访调解员。各级妇联组织共举办普法讲座116场次，2759人次参加，其中流动妇女908人次，发放宣传材料25678份；接受法律咨询和服务2148人次，接听热线96次。

（陈艳辉）

【落实“十二五”时期妇女儿童规划】 4月，按照市妇儿工委要求，研究制定《“十二五”妇女儿童规划中期监测评估实施方案》，推进规划实施中的重点指标落实。召开区妇儿工委委员（扩大）会暨区“十二五”妇女儿童规划中期评估部署会，正式启动全区两个规划中期评估工作。“十二五”时期，妇女、儿童发展规划重点监测目标有42项，其中涉及妇女规划25项、儿童规划12项，公共指标5项。2012年数据显示：妇女儿童与环境领域涉及的5项公共指标全部达标；25项妇女发展指标中，23项指标已达标，2项未达标，达标率92%；12项儿童发展指标中，10项指标已达标，2项未达标，达标率83.3%。

（陈艳辉）

【未成年人思想道德建设】 组织百名儿童开展参观园博园及“童画美丽园博　放飞童年梦想”绘画、摄影比赛。开展以“争做合格父母、培养合格人才”为主题的家庭道德教育宣传实践月活动，针对需求分别在太平桥街道、云岗街道、新村街道举办三期家庭教育知识讲座。动员和引导基层妇联组织广泛开展“我的中国梦——做文明有礼的北京人”新童谣征集推广活动、“当园博小先锋，建美丽新丰台”实践活动、“关爱自己，拒绝伤害”安全教育活动，“做一个有道德的人——争当社区文明小使者”主题教育实践活动，并对参加新童谣征集活动的街乡进行评奖。根据市儿基会的要求，运用“全纳”教育新理念，在长安新城小学等三所小学开展“让我玩”活动。

（陈艳辉）

丰台区工商业联合会

【概　况】 2013年，工商业联合会（简称区工商联）积极响应区委办好园博会的号召，向全体会员发出倡议：要求广大会员单位在安全生产、环境保护、城市卫生等方面做好工作，积极参与园博会建设，参与服务，为园博会增光添彩贡献力量。组织了多家企业，捐款50多万元，为园博会购置了一些设备。会员单位常鸿律师事务所成立了园博会法律服务部；戎威远保安公司抽调了500余名优秀保安人员到园博会关键岗位执勤。期间，工商联组织了近万名会员企业员工参观游览了园博会。

（隋　军）

【非公党建建设】 年内，按照区委抓好党建促发展的总体目标，不断扩大党组织的工作覆盖面。是年，成立非公企业党委1家、非公党支部5家，发展党员8名，转入党员组织关系36名。下发《关于深入学习贯彻党的十八大会议精神的通知》，为各党支部征订杂志和报刊等。组织交流会，联合天路通党支部邀请中央组织部介绍全国非公党建情况和经验做法，特邀区委组织部详解党建基本知识和新形势下如何开展党建工作。各支部组织了形式不同的“党日”活动，开展“共产党员献爱心”捐款活动。各支部结合企业实际，开展党员先锋岗、党员示范区等多种形式的活动。

（隋　军）

【拓展企业沙龙服务机制】 年内，面对非公有制经济发展遇到的新问题，探索经常性、系统性地反映和解决非公企业情况和问题的机制。组织了企业沙龙活动并逐步形成了整合各方资源、服务民营经济发展的工作平台；组织有需求的企业与多家银行等及担保公司进行面对面的沟通洽谈，共为50多家企业，协调贷款1.5个亿。

（隋　军）

【发挥参政议政职能】 年内，结合区经济发展和规划，根据中小型企业发展、融资和非公经济代表人士的愿望与诉求，召开主席、执常委等座谈会、深入走访企业、调查研究，广泛征求意见和建议；发挥工商联的职能作用。年内，湖南省工商联组织了开发商、运营商及媒体人员到丰台科技园区学习考察。参观了园区的成果展示，观看了宣传片，对园区管委诸多方面产生了浓厚的兴趣。同时，还协助市政协委员调研了4家高科技企业。

（隋　军）

【积极投入光彩事业】 年内，一是勇于承担社会责任，在工商联的引领下，广大会员积极支持新农村建设。圣火科贸公司充分利用自身企业在产品、市场、资金、信息、技术和人才方面的优势，在延庆县慈母川村捐助光彩惠农养蜂项目10万元，帮助经济薄弱村庄加快发展。二是积极参与慈善筹集活动。组织广大会员向雅安地震灾区一次性捐款50余万元，捐赠物品价值10万元。圣火科贸公司参加光彩事业基金会爱心助学活动，捐助10万元，惠及贵州、北京两地共计25名学生。三是踊跃参加送温暖活动。

慰问看望原工商业者老领导、老会员，关注原工商业者和无收入遗孀。春节、五一和十一等节共发放慰问金、临时困难补助金9万余元。同时，组织会员慰问了交通民警、社区困难群众。

（隋　军）

【组织建设】 年内，会员发展取得新进展，以园区入驻的高新技术企业为基础，以万丰路餐饮一条街落户知名企业为重点，以80后的青年企业家为主体，发展会员47家。增补执委14名、常委2名、副主席3名。

（隋　军）

【宣传活动】 年内，发挥群团组织的特色，积极举办各种凝聚人心的活动，组织羽毛球、乒乓球比赛等。同时，还组织会员赴安徽、山东参观考察，与当地企业家座谈。为加大宣传力度，广视角、全方位地在企业中树立典型，编制了《丰台报》工商联专刊。联手《中国工商时报》、《丰台有线电视》、《丰台报》等新闻媒体，宣传了30余家企业，下发《丰台区工商联简报》10期，《理想信念教育实践活动》专刊1期。

（隋　军）

丰台区归国华侨联合会

【概　况】 2013年，归国华侨联合会（简称侨联）坚持以邓小平理论、“三个代表”重要思想和科学发展观为指导，认真贯彻学习党的十八大和十八届三中全会精神、第九次全国归侨侨眷代表大会精神，落实党的侨务政策，团结引领广大归侨侨眷，广泛联系海内外侨胞，在新侨老侨工作并重的基础上，拓展海外工作和新侨工作，不断加强自身建设，认真实践为侨服务的宗旨，为祖国现代化建设与和平统一大业作出贡献。

（鞠明雪）

【市侨联到区调研】 3月，市侨联副主席李冬娟带领经济科技部同志到区调研，区侨联领导就引进海外学者团项目进行前期对接。区投资促进局就区当前的投资环境、重点发展领域、产业及所亟需的项目和人才向市侨联领导做了详细汇报。

（鞠明雪）

【“学者团”活动】 7月30日，举办了“第十三届海外侨界高层次人才为国服务团走进丰台”（以下简称“学者团”）活动，组织接待了来自世界各地11个国家的29名华侨、华人学者，区委区政府相关部门和相关企业与“学者团”进行科技项目推介和对接洽谈。市侨联副主席李冬娟，区委常委、常务副区长高朋，区委常委、统战部部长、区委办主任孙军民，区委统战部常务副部长李小月参加活动。

（鞠明雪）

【海外学者团项目】 11月，海外学者团成员芬中教育协会秘书长李栋及芬中教育协会代表芬兰图尔库大学国际学校校长 VESA VALKILA 先后两次来到区，参观了首都师范大学附属丽泽中学、区第五小学鸿业校区和区第二幼儿园；并与区教委主要领导就如何开展芬中两国之间的教育交流合作进行了座谈、研讨。双方已初步拟定了《北京市丰台区教育委员会与芬中教育协会合作意向书》，确定在学校领导能力发展、教师专业化发展、学生间交流互访等相关领域开展合作。

（鞠明雪）

【引进外资企业】 年内，为科技园区留学生创业园北华源（北京）科技有限公司引进注册资本200万元。

（鞠明雪）

【“情缘京华”主题日夏令营活动】 7月18日，区侨联接待了来自美国、意大利和斯洛伐克的70余名华裔青少年，开展为期一天的“情缘京华”夏令营活动。中国侨联副主席、市人大副主任、市侨联主席李昭玲在东高地青少年科技馆举行的开营仪式上亲自为营员授旗，组织参观了北京汽车博物馆和中国人民抗日战争纪念馆。

（鞠明雪）

【组织政治学习】 12月23日，联合区委统战部组织召开了侨联系统学习贯彻十八届三中全会精神暨传达第九次全国归侨侨眷代表大会精神培训会。区侨联委员及各街道主管侨联工作的领导，基层侨联主席、委员、秘书长及统战干部100余人参加了培训会。

（鞠明雪）

【建立侨法律服务站】 6月，经多次与驻区北京中翔律师事务协商后签订协议，确定北京中翔为区第一家北京市为侨法律服务站，免费为归侨侨眷提供法律咨询服务。

（鞠明雪）

【捐款献爱心】 在四川雅安地震后，区侨联委员徐薇娜捐款2000元，区方庄侨联模特队向灾区捐款2000元；区侨企北京鑫丰华彩印有限公司为支持区内重点项目园博会建设捐款4万元。

（鞠明雪）

【参政议政】 年内，区侨联团体提案1件，平类提案10件，《关于加强对“三四环都市型产业发展带”产业定位研究与建设统筹》的提案被评为区政协优秀团体提案；《关于围绕汽车文化发展产业打造汽车体验主题公园》的提案反映了社情民意。

（鞠明雪）

【组织老归侨秋游】 9月，组织区属老归侨游览了第九届中国国际园林博览会，使归侨侨眷在分享展园特色、园艺知识和健康生活理念的同时，提高认识，感受到南城的变化。

（鞠明雪）

【开展“首都新侨乡文化节”系列活动】 年内，在区属侨界开展了“我的中国梦”为主题的征文活动，并向市侨联报送42篇选文参赛，组织“方庄老年模特队”参赛“我的中国梦”服装表演专场活动，并获得三等奖；组织辖区内归侨侨眷参加中国侨联《亲情中华—世界华侨华人摄影展》作品征集；参加区委统战部《发现丰台之美》书法、绘画、摄影作品征集；参加市华侨服务中心组织的国画培训班。

（鞠明雪）

红十字会

【概　况】 2013年，红十字会按照市红十字会的工作要求和区委区政府的中心工作，认真学习贯彻党的十八大精神和区党风廉政建设工作会会议精神，以开展党的群众路线教育实践活动为载体，以服务保障园博会为重点。围绕建设经济繁荣、社会文明、人民幸福新丰台的目标，成功召开了区红十字会第五次会员代表大会，认真履行工作职责，抓好核心业务，发挥好红十字会在政府人道救助领域的助手作用。

（李宏善）

【园博会服务工作】 年内，为保障第九届园博会顺利开幕，按照区委要求，积极动员机关党员干部参加“园博先锋”行动，积极对“园博先锋行动”建言献策，并作出公开承诺；为园博会配备了急救箱和外伤急救包。

（李宏善）

【应急救护培训工作】 年内，对近万名分散的志愿者，提供了应急教育系列光盘，采用网络在线自学、观摩视频教程、在线答题的模式进行应急救护知识的普及培训；对140名的园博园骨干志愿者和接待工作者进行了初级急救员的培训。是年，开展初级急救员培训42期，培训人员6500余人，组织普及讲座33场，知识惠及65500余人。

（李宏善）

【募捐筹资工作】 年内，以“5.8世界红十字日”、“5.12全国防灾减灾日”为契机，开展了以“人道惠民，博爱丰台，奉献园博”为主题的“红十字人道博爱文化月”活动。是年，接收社会募捐款385.71万元（其中：博爱捐款265.72万元，雅安地震捐款119.99万元）。

（李宏善）

【社会救助】 元旦、春节期间，通过区街（乡镇）两级反复审核救助人员困难情况，救助大病致困828人，发放救助款物合计244.753万元（含卢沟桥乡救助195万元）。走访慰问了南苑乡敬老院的老人，救助836人次，救助款物251.85万元。

（李宏善）

【志愿服务和造血干细胞工作】 组织了30余名红十字志愿者到长辛店镇社会福利中心开展志愿服务工作。对基层红会专干和红十字繁星志工社的志愿者开展了造血干细胞知识普及培训班4期，共培训200余人，对志愿者配发了统一的服饰、文档盒和宣传材料，颁发了志愿者证书。制作宣传横幅200条，雨伞300把，展板100个。发放宣传资料16000余份，其中造干宣传海报620张，造干知识宣传彩页15400余份。

（李宏善）

【红十字青少年工作】 制定了《红十字青少年工作要点》，并下发到130多所学校。在“红十字博爱文化月”期间，各学校结合红十字精神和理念的传播，相继开展了“博爱在京城”募捐、急救知识和技能的展示等活动、组织200名红十字青少年参加了知识竞赛答题活动。在中小学中开展“人道感言，博爱寄语——红十字青少年续写雷锋日记”活动，上报市学工委电子版雷锋日记120篇。

（李宏善）

【第五次红十字会员代表大会】 12月18日，召开了区红十字会第五次会员代表大会，大会完成红十字会的五届换届选举，组成了新一届红十字会理事机构，共推荐红十字会员代表211人，选举理事56人。召开了五届一次理事会，选举了会长，常务副会长和执行委员会委员，聘请了区委书记、区长担任红十字会名誉会长。

（李宏善）

政权 政协

北京市丰台区人民代表大会常务委员会

【概　况】 年内，区第十五届人大常委会共召开6次常委会会议，听取和审议“一府两院”19个专项工作报告，作出5项决议决定；召开主任会议8次，听取和研究46项议题；召开3次主任专题会议，并形成主任专题会议意见书，交区政府有关部门办理；依法任免国家机关工作人员84人（次）、人民陪审员20人（次）；依法补选北京市丰台区第十五届人民代表大会代表5名；全年受理人民群众来电来信来访275件（人）次。

（闫　卉）

【区第十五届人大第三次会议】 1月8日至10日，区第十五届人民代表大会第三次会议在北京双拥大厦举行。应到代表338人，因病因事请假15人，实到代表323人。会议听取和审议了区人民政府工作报告、区人大常委会工作报告、区人民法院工作报告、区人民检察院工作报告，并作出了相关决议。审议了区2012年国民经济和社会发展计划执行情况与2013年国民经济和社会发展计划草案的书面报告，审查和批准了区2012年国民经济和社会发展计划执行情况的报告与2013年国民经济和社会发展计划；审议了区2012年预算执行情况和2013年预算草案的书面报告，审查和批准了区2012年预算执行情况的报告和2013年预算。

（闫　卉）

【常委会第八次会议】 3月28日召开。会议共五项议程：审议通过了区人大常委会2013年工作要点；审议通过了区第十五届人大常委会代表资格审查委员会关于个别代表的代表资格审查的报告；听取了区政府贯彻落实第十五届人大一次会议关于法制宣传教育第六个五年规划决议情况的报告；听取了区政府关于“以园博会为契机，推动文化和旅游产业的发展”议案的办理方案；决定了人事任免事项。

（闫　卉）

【常委会第九次会议】 5月30日召开。会议共四项议程：听取和审议了区政府、区法院、区检察院关于构建大调解格局，促进社会和谐稳定情况的专项工作报告；听取了区政府关于第二阶段城南行动计划安排的专项工作报告；听取了区政府关于土地储备情况的专项工作报告；决定了人事任免事项。

（闫　卉）

【常委会第十次会议】 7月25日召开。会议共进行了四项议程：听取和审议了区政府2012年度本级预算执行和其他财政收支情况的审计工作报告；听取和审议了区政府关于2012年决算草案和2013年预算上半年执行情况的报告，审查和批准区2012年决算；听取和审议了区政府关于2013年国民经济、社会发展计划上半年执行情况的报告；决定了人事任免事项。

（闫　卉）

【常委会第十一次会议】 9月17日召开。会议共进行了三项议程：听取和审议了区政府关于农村城市化建设进程中农村集体经济持续发展和“三资”使用与管理情况的报告；听取和审议了区政府关于社区卫生服务工作情况的报告；决定了人事任免事项。

（闫　卉）

【常委会第十二次会议】 11月26日召开。会议共进行了十一项议程：决定了人事任免事项；听取和审议了区政府关于“以园博会为契机，推动丰台区文化和旅游产业的发展”的议案办理情况的专项工作报告；听取和审议了区政府关于“十二五”规划纲要实施情况的中期评估报告；听取了区政府关于丽泽金融商务区和科技园区建设情况的专项工作报告；听取了区政府关于2012年区预算执行和其他财政收支的审计工作报告中提出问题的整改情况以及处理结果等情况的报告；听取和审议了区政府关于第十五届人大三次会议代表建议、批评和意见办理情况的专项工作报告；听取了区人大代表联络室关于区第十五届人大三次会议代表建议、批评和意见督办情况的工作报告；审议通过了代表资格审查委员会关于个别代表的代表资格变动情况的报告；审议通过了关于补选区第十五届人民代表大会代表的决定；审议通过了关于补选乡镇人大代表的决定；审议通过了区人大常委会关于接受薛红同志辞职请求的决定。

（闫　卉）

【常委会第十三次会议】 12月19日召开。会议共进行了四项议程：决定了人事任免事项；听取和审议了区政府关于2013年国民经济、社会发展计划执行情况与2014年国民经济、社会发展计划草案的报告，初步审查区2014年国民经济和社会发展计划草案；听取和审议了区政府关于2013年预算执行情况与2014年预算草案的报告，初步审查区2014年预算草案；决定了召开区第十五届人大四次会议有关事项。

（闫　卉）

【主任会第十三次会议】 6月24日召开。会议听取了区政府关于流动人口服务管理工作情况的报告；听取了区政府关于区政府性债务管理及融资工作的报告。

（闫　卉）

【主任会第十六次会议】 11月19日召开。会议听取了区政府关于棚户区改造情况的专项工作汇报。

（闫　卉）

【加强议案督办工作】 年内，常委会领导和组成人员、市区代表、议案领衔代表、工作委员会委员，持续开展了议案督办系列活动。针对区第十五届人大三次会议确立的“以园博会为契机，推动文化和旅游产业发展”议案，常委会健全议案督办领导格局，本着“突出重点、立足项目、加强督办、务求实效”的原则，制定详细方案，采取听取报告与实地视察、项目调研与重点推进相结合等措施，组织实施；听取和审议了区政府关于议案办理情况的专项工作报告，形成审议意见书；中国戏曲文化中心、北京国家数字出版基地、卢沟桥文化创意产业集聚区等重点项目取得新进展；河西地区生态环境和基础设施建设得到显著改善；提出《青龙湖—长辛店会展旅游、生态休闲区发展规划实施意见》，形成了“一园一环四板块”的河西地区旅游发展空间格局。

（闫　卉）

【督办代表建议】 常委会加大对建议督办工作的领导力度，采取办中督察、办后检查、重点督办和复查补办等手段，抓好督办工作落实。对建议办理任务重、涉及多部门协同承办的单位，采取集体会商的办法，对代表集中提出、关系群众切身利益的重点建议，落实领导负责制，由常委会领导亲自督办，督促问题解决。对代表不同意或有异议的建议，加强跟踪督办，提升办理实效。探索分类督办模式，各工作委员会结合议题调研、执法检查等活动，加强对口监督单位的建议督办，推动同类问题解决。坚持代表建议办理过程公开，完善网络查询系统，便于代表及时掌握办理动态情况。年内，区代表共提出大会建议 276 件，平类建议 14 件，均全部按时办复，代表同意和基本同意率为 99.3%。

（闫　卉）

【开展法律监督】 年内，常委会对《中华人民共和国道路交通安全法》、《义务教育法》、《科学技术普及法》等 7 部法律法规在区内贯彻实施情况进行执法检查，重点听取区政府有关部门关于《中华人民共和国水土保持法》实施情况的工作报告，推动区政府依法行政。常委会听取和审议了“一府两院”关于构建大调解格局，促进社会和谐稳定情况的专项工作报告，从加强制度建设、加大宣传力度、提高调解能力、做好大调解工作衔接等方面提出审议意见，交“一府两院”办理。继续加强了对区法院实施专业审判工作、区检察院民事审判监督工作落实情况的跟踪监督。坚持每季度组织代表旁听法院案件审理制度，共组织旁听活动 4 次，80 余位代表参加。

（闫　卉）

【加强工作监督】 年内，贯彻落实北京市审计条例和预算监督条例，加强对计划和预算执行的审查监督。重点听取区政府关于丽泽金融商务区和科技园区建设、政府性投融资及债务偿还、2014 年预算编制等专项报告，提出意见建议。听取和审议了区政府关于国民经济和社会发展计划、预算执行情况的报告，审查和批准了国民经济、社会发展计划和预算草案、决算，推动区政府严格依法理财；听取和审议审计工作报告，督促区政府工作部门整改审计发现的问题。进一步细化和加强对“全口径”预算决算监督，增强监督工作的科学性。依据监督法的规定，组织开展了对“十二五”规划纲要实施中期情况的调查研究，重点了解专项规划实施进展情况以及存在的突出问题，特别是对重要指标和约束性指标完成、重点工程项目进展、重大改革任务和政策措施落实等情况，广泛征求意见。听取和审议了区“十二五”规划纲要实施情况的中期评估及部分指标调整方案的专项工作报告，批准了调整方案，为推动“十二五”规划纲要目标任务的全面落实奠定了基础。听取和审议了区政府关于农村集体经济持续发展和“三资”使用与管理情况的专项工作报告，提出完善农村集体经济产业发展规划、加大行政审批制度改革、加强集体经济运行监管的意见建议。围绕群众普遍关注的社区卫生服务问题，对相关职能部门开展专题询问活动，听取和审议了区政府关于社区卫生服务工作的专项工作报告，督促区政府有关部门进一步健全社区卫生服务网络、加强人才队伍建设、完善社区卫生服务功能，为广大群众提供安全、便捷、高效、经济的公共卫生和基本医疗服务。听取了区政府关于第二阶段城南行动计划安排情况的专项工作报告，向区政府提出进一步强化组织领导、做好统筹规划、加大资金保障、狠抓调度落实等意见建议。听取了区政府关于土地储备情况的专项工作报告，建议区政府继续加强土地储备开发专项调度、加快政府投资项目推进力度和土地开发整体进度，促进了区域发展规划的实施。主任会议听取了区政府关于加快河西地区基础设施建设和关于整建制撤村建居工作情况的报告，提出意见建议，交区政府研究落实。

（闫　卉）

【加强代表工作】 改进代表学习方式，搭建代表履职学习平台，坚持为代表订阅人大工作报刊，及时发送文件、信息，定期向代表通报全区经济社会发展和重点工程建设项目推进情况；加强对代表活动的统筹组织，充分发挥人大街道工委、乡镇人大的基础作用，合理安排代表的视察、调研活动，使代表更好地知情知政。邀请73名代表和工作委员会委员列席常委会会议，参加议题审议；推荐85名市、区代表担任“一府两院”特约监督员和评议员；健全完善代表询问和咨询活动方式，丰富和拓宽代表监督渠道。落实人大会议出席登记、代表履职手册填报、代表活动情况报送等制度，全年共组织各类代表活动287次，参加代表3750人（次），确保了代表活动的规范化、经常化和出勤率。制定落实《加强区人大代表与人民群众联系的若干意见》、《人大代表直接联系群众制度》、《人大代表直接联系群众收集、反映关注的问题处理机制》，对代表联系群众工作进行了规范和细化。各代表联组联系实际，制定出台联系群众、反映民意等具体制度措施，进一步密切了代表与群众的联系。年内，市、区代表走访选区、选民，直接联系、慰问困难群众367户，捐助物品、资金共36万元，协调解决问题198件。为市人大丰台团代表开展活动、履行职务提供服务保障。全年安排丰台团代表集中活动4次。市人大丰台团代表提出各类意见建议105条。

（闫　卉）

【加强调研信息工作】 年内，共完成调研报告17篇，并抓好调研成果的转化，把人大各项工作建立在深入实际、深入基层、深入群众的基础上。注重人大信息员队伍建设，加强与市级媒体的联系，重视建设人大网站、人大电视在线、人大信息、人大宣传栏“四个”阵地，持续、广泛地宣传人民代表大会制度，宣传人大街道工委、代表联组和乡镇人大的工作经验，宣传代表履职的典型事迹和精神风貌。

（闫　卉）

北京市丰台区人民政府

【概　况】 2013年全区实现地区生产总值1008亿元，增长9.2%。全社会固定资产投资739亿元，增长12%。社会消费品零售额893亿元，增长8%。地方公共财政预算收入76.9亿元，增长12.2%。万元地区生产总值能耗、水耗分别下降4.65%和4.1%。主要经济社会发展指标增速均超过市平均增速。

成功举办园博会展现生态文明建设新成就，区域环境更加和谐宜居。北京园博会是国家级、国际性盛会。丰台区人民在住建部和市委、市政府的领导下，在市相关单位和外省市的支持下，围绕“园林城市·美丽家园”主题，以生态修复带动区域发展，河西生态环境实现了飞跃，实现园区及周边道路绿化460公顷，每年吸收烟尘10.4万吨。河西区域基础设施极大提升。地铁14号线西段建成通车，北宫路、园博大道、梅市口路西延等8条周边道路竣工通车，河西再生水厂投入运行，智能变电站、燃气、热力、通讯等一大批市政基础设施建成完工，周边产业发展明显加快，以旅游会展为主的绿色休闲产业发展势头良好。园博会运营185天，接待中外游客615万人次，共有28个国家、48个城市开展1200余场文化活动。97个国家的160名驻华使节和7个国家政要团参观园博园。

重点功能区建设不断加强。丽泽金融商务区实施项目制管理，统筹拆迁、建设、招商等工作。中华联合保险等11个项目进展顺利，开复工330万平方米。高端业态吸引力不断增强，全年累计引进企业193家，注册资本金980亿元，新引进亿元以上企业27

家。实现税收11.9亿元、增长153%，金融信息、金融文化、金融服务等产业加速聚集。丰台科技园区实现技工贸总收入3310亿元，增长12%。开复工198万平方米。新引进亿元以上企业19家“应急救援装备产业技术创新战略联盟”成为全国首家应急救援产业试点联盟。轨道交通、应急救援、军民融合、节能环保等产业进一步集聚。青龙湖——长辛店会展旅游、生态休闲区发展规划实施意见和永定河生态文化新区规划编制完成。河西轨道网规划编制完成。世界种子大会主会场主体结构完工，周边“三主一次”道路开工建设，国际种子检验检测实验室、世界种子大会品种展示基地建成。

产业结构不断优化。第三产业增加值786亿元，增长10%。其中，现代服务业对经济增长贡献率达60%，金融业税收19.7亿元、增长68.5%，旅游业收入120亿元，游客接待量2000万人次、增长28%。招商引资量质齐升，新引进千万元以上企业610家，其中亿元以上77家，新增亿元企业增速居全市首位。企业比重首次超过了个体工商户，达到53.7%，市场主体发生了质的变化。国有企业改革不断深化，完成32家企业清理脱钩和3家国有企业战略重组。利用外资创历史新高，合同外资增长12.7倍，外商投资增长13.5倍，均高于市平均增幅。创新能力不断增强。5家企业获国家科技进步奖。专利申请量增长35%，单位研发成本专利产出率指数居全市首位。技术合同登记额600亿元，居全市第二。文化创意产业加速聚集，规模以上文化创意产业收入290亿元。创立全市首家科技与文化融合孵化器，促成北京国家数字出版基地落户，为区域文创产业发展提供新平台。

城市建设管理成效显著。第二阶段城南行动计划开局良好。年内，安排115个项目，投资446亿元。地铁16号线进场施工。青龙湖、槐房再生水厂开工。生活垃圾资源化率、河西污水处理率分别达到48%和40%，新增污水日处理能力3万吨。郭公庄、动漫城110千伏输变电工程实现开工。直面城市运行难题，改造交通设施、道路微循环和拥堵点34项，新增小区车位1万个，设立公共自行车服务系统3000套，群众生活更加便捷。

环境面貌日新月异。围绕“城乡环境巩固年”，开展“三大战役”整治行动，清理非法砂石料场11处，清理整顿废品回收大院48个，取缔非法废品回收站点147个。城乡结合部、背街小巷及地铁站点周边等地区的集中整治持续推进，北京南站周边环境提升效果显著。开展违法建设“清零”行动，拆除违法建设691处、116万平方米。市容卫生干净指数居全市第二，首都城市环境建设考评居全市第三。实施2013—2017年清洁空气行动计划，完成燃煤锅炉改造753蒸吨，削减劣质燃煤4.4万吨，淘汰老旧机动车4.5万辆，调整退出工业污染企业25家，主要污染物浓度下降率居城市功能拓展区首位。综合治理5条中小河道，升级改造7处下凹式立交桥泵站。完成园博湖景观提升及湿地建设。平原造林9032亩，重点打造“三点三线一区”。新增公园绿地271公顷，城市绿化670公顷，城市绿化覆盖率达48.5%，增加2.1个百分点。

城乡一体化建设稳步推进。农村建设投资实现39.5亿元。8个重点村回迁房全部开工，竣工35万平方米，4个村实现回迁，夏家胡同项目实现入市交易，石榴庄一期、西局一期挂牌公告，完成100公顷土地入市准备。积极探索城乡结合部城市化路径，明确13个组团改造任务，启动纪家庙城市化建设。圆满完成第九届村委会换届选举。完成村级产权制度改革，实现5个村整建制农转居。强化“三资”管理，动态监管征地补偿费，完成清产核资。统筹农村地区招商，出台产业项目准入规定和指导目录。成立北京丽泽金都实业发展有限公司，引导集体经济组织参与功能区开发建设。创立全市规模最大的由集体经济组织发起的小额贷款公司。开创统筹土地、开发、收益、管理的 C9 公建模式。北京国家现代农业科技城物流科技园正式落户丰台。成功举办第 21 届北京种子大会。设立种业发展资金，吸引种子企业聚集。

人民生活不断改善。城乡就业持续扩大。新增城镇就业 3.8 万人，城镇登记失业人员和农村劳动力就业 2 万人。完成 1.9 万城乡劳动力技能培训。将河东 48 个村 5.2 万劳动力纳入城镇就业失业管理系统。城镇登记失业率 1.69%。城乡居民收入分别增长 10.8%和 10.5%，增速均居城区首位。居住条件大幅改善。开工建设保障性住房 1.8 万套，竣工 1.2 万套，开工完成情况位列城六区第一。南苑棚户区安置房竣工 11200 套 73 万平方米。长辛店棚户区安置房开工 8650 套 57 万平方米，竣工 1520 套 11 万平方米。东铁营棚户区改造实施主体确定。老旧小区综合改造惠及 2 万户，供热管网改造工程惠及 1.8 万户。社会保障全面落实。五项保险参保率 98%，城乡居民养老保险参保率和续保率 100%。完善扶困救助信息管理平台，救助 2 万名困难群众。残疾人家庭无障碍设施改造 1000 户。制定养老设施建设规划，新改扩建 11 个养老管理服务中心，新增床位 1000 余张，南苑社会福利中心和彩虹城社区托老所被评为全国“敬老文明号”。

社会事业不断进步。文化事业繁荣发展。加强社会主义核心价值观和思想道德建设，评选出百名最美丰台人。荣获“首都文明区”称号。新建公共文明引导服务站点 70 个。中国戏曲文化中心发展规划编制完成，丰台科技体育馆主体结构完工，中影国际影城建成使用。汽车博物馆被评为国家 4A 级旅游景区，南宫生态旅游区入选“2013 国家生态旅游示范区”。新建、改建文化室及文化体育广场 85 个，创建市级体育生活化社区 65 个。围绕“发现丰台之美”主题活动，开展了“书香丰台”等千余场惠民文化活动。卢沟桥在央视“最美赏月地”评选中位列榜首。成功举办第十五届北京国际旅游节开幕式、“大黄鸭”北京首秀、彩色跑等活动，吸引了一批享誉国内外的特色文化品牌活动落户丰台。教育水平持续提升。设立区教育奖励基金，制定基础教育设施专项规划。北京十二中科丰校区和北京四中璞瑅学校投入使用，接收 10 个教育配套项目，新增小学学位 2175 个，新增幼儿园 7 所、学位 1590 个。3 所幼儿园通过市级示范园评定，群众对学校满意度连续三年上升。卫生条件日趋完善。组建区食品药品监督管理局。创建国家卫生应急和北京慢病综合防控示范区。完成北京市丰台中西医结合医院三级甲等创建工作。区妇幼保健院改造和北京电力医院一期改扩建工程全面完工，天坛医院实现开工。

社会管理不断创新。基本公共服务能力不断提高。建立 159 个“一刻钟社区服务圈”，覆盖 227 个社区。累计建立劝导队 299 支，吸纳志愿者 2 万名。北大街北里、万年花城第二社区获评北京十大“魅力社区”。认真执行群众工作十二项制度，涌现出西宏苑社区阳光护送队、大井“社区新闻直播间”等社会服务管理新典型，基层民主政治建设不断完善。成立区级社会组织服务中心，购买 65 个公共服务项目，扶持 104 个社区志愿服务组织。完成“智慧丰台”顶层设计，丽泽金融商务区成为首批“国家级智慧城市试点”。网格化社会服务管理体系更加完善，划分社区网格 981 个，建成“人、地、物、组织”综合数据库。安全稳定工作持续加强。做好矛盾纠纷排查化解，完善信访代理制度，妥善解决群众合理诉求。推动“平安丰台”建设，探索“平安边界”模式，建立“十二联”防控和

“十桥一线”四大秩序综合治理机制。完善老旧小区人、物、技防设施，深化站巡制、驻区制，立体防控体系更加牢固。完成120处普通地下室和108处人防工程清理整治。全面开展“打非治违”等12个领域专项治理工作，安全生产事故起数和死亡人数分别下降20.9%和19.7%。

（张　萌）

重要活动

【区领导调研世界种子大会主场馆建设进展情况】 1月12日，区领导李超钢、冀岩察看了世界种子大会主场馆建设进展情况，听取了青龙湖地区土地一级开发、主场馆及配套设施建设进展、项目设计和项目监理情况的汇报。孙军民、高峰同志陪同调研。

（张　萌）

【冀岩带队到园博园调研】 1月19日，区领导冀岩带队到园博园调研。视察了北宫路、园博馆、京周新线、主展馆等施工现场，重点研究了各标段工程进度及面临的困难、园区及周边市政保障、绿化美化等问题。区领导张建国、刘文洪、高峰陪同调研。

（张　萌）

【李超钢冀岩到汉威国际广场调研】 2月23日，区领导李超钢冀岩到汉威国际广场调研，进行了实地参观，听取了整体建设和招商进展情况的汇报；希望汉威国际广场要在招商工作中考虑企业对区域发展的贡献，与工商、税务部门共同做好企业的注册和税收工作，要考虑产业的集聚性，与投资促进局共享企业信息招商资源和企业的成长性，引进一些有成长潜力的企业。高朋、孙军民、张婕、高峰一同调研。

（张　萌）

【郭金龙同志到园博会施工现场调研】 3月1日，市委书记郭金龙到园博会施工现场调研。察看了福建园、江苏园，到主展馆了解了项目进度和布展安排。市领导赵凤桐、陈刚、夏占义一同调研。区领导李超钢、冀岩、孙军民、张建国、刘文洪、高峰陪同调研。

（张　萌）

【党和国家领导人参加首都义务植树活动】 4月2日，党和国家领导人习近平、李克强、张德江、俞正声、刘云山、王岐山、张高丽等同少先队员一同到丰台区永定河畔的植树点参加首都义务植树活动。习近平强调，要加强宣传教育、创新活动形式，引导广大人民群众积极参加义务植树，不断提高义务植树尽责率，依法严格保护森林，增强义务植树效果，把义务植树深入持久开展下去，为全面建成小康社会、实现中华民族伟大复兴的中国梦不断创造更好的生态条件。

（张　萌）

【全国人大常委会领导到丰台区义务植树】 4月10日，全国人大常委会副委员长兼秘书长王晨，副委员长沈跃跃、吉炳轩、张平、艾力更·依明巴海、陈竺和全国人大常委会、各专委会部分组成人员，到丰台区北宫国家森林公园参加义务植树活动。市人大常委会主任杜德印、梁伟、赵义，区领导李超钢、冀岩、王苏维、郭振江、孙军民、张建国陪同植树。

（张　萌）

【冀岩检查中小河道治理工作】 4月22日，区领导冀岩在九子河长辛店西后街桥、309公交总站和小清河梅市口路段，现场察看了河道治理进展情况。在永定河规划展览中心召开会议，研究了全区河道治理工作。区领导刘宇、张建国一同调研。

（张　萌）

【“五一”期间区领导到园博园参加义务劳动】 5月1日，区领导李超钢、冀岩与全区150余名劳动模范到园博园锦绣谷参加义务劳动，庆祝国际劳动节。区领导霍连明、孙军民、高峰一同参加义务劳动。

（张　萌）

【郭金龙王安顺到园博园调研】 5月6日，市领导郭金龙、王安顺到园博园调研。在安保、交通指挥中心察看了指挥系统运行情况；在园博园停车场查看了停车场建设完成情况；在门区察看了入园服务工作；在园内重点查看了志愿服务站、餐饮店等公共服务设施。市领导陈刚、夏占义，市政府秘书长李伟一同调研。区领导李超钢、冀岩、顾晓园、衡晓帆、霍连明、高朋、孙军民、张建国、张婕、高峰陪同调研。

（张 萌）

【召开市城乡结合部重点村建设工作现场会】 6月20日，市城乡结合部50个重点村建设工作现场会在丰台区召开。市委常委、市城乡结合部建设领导小组组长牛有成，副市长林克庆出席。市领导到丰台区石榴庄村实地考察了正在入住的农民回迁房，随后召开现场会，听取了丰台重点村建设以及北京市重点村建设的专题汇报。区领导李超钢、冀岩、刘宇、李新民陪同调研。

（张 萌）

【李超钢冀岩慰问园博会工作人员】 8月8日，区领导李超钢、冀岩对园博园花车巡游演员、环卫工作者、志愿者、安检及导游导览代表进行慰问，并赠送防暑物品。区领导衡晓帆、霍连明、孙军民、张建国、高峰一同慰问并调研。

（张 萌）

【冀岩参加第十届中国国际金融论坛】 10月27日至28日，“第十届中国国际金融论坛”在上海浦东星河湾酒店举行。本届论坛主题为“金融产业与实体经济发展”。冀岩参加此次论坛，并在开幕式上发表题为“首都金融产业发展新空间与丽泽机遇”的演讲。从“新时代造就丽泽，打造首都金融发展新空间”、“新蓝图规划丽泽，承载产业发展新能量”、“新产业驱动丽泽，构建金融发展新格局”三个方面对丽泽金融商务区的产业定位、发展理念、招商成果进行了展示。

（张 萌）

法制工作

【概 况】 年内，法制工作紧紧围绕全区中心工作，以建设法治政府、推进依法行政为核心，认真履行职责，务求实效，以扎实的政府法制工作为建设经济繁荣、社会文明、人民幸福的新丰台提供优质高效法制服务。区法制办被评为2013年丰台区行政机关效能建设工作表扬单位。

（秦婷婷）

【为园博会提供法律支持】 年内，成立专项工作组，对园博会相关合同、外围建设拆迁及环境整治工作中的难点、热点问题提供法律支撑。对重点合同采取集体研究的方式审核。组织区政府法律顾问团为园博会提供专业支持。对经审核反馈的合同进行全程跟踪，了解审核法律意见采纳情况，对未被采纳的意见及时沟通协调。共审核涉及园博会筹备及运行工作合同协议290件，提出法律意见750余条，采纳率99%。

（秦婷婷）

【为重点工程提供法律服务】 年内，积极参与推进剩余重点村城市化建设以及其他旧村改造工程，通过积极宣讲法规政策，为白盆窑村、石榴庄村、新宫村、槐房村、草桥村等集体土地腾退工作提供法律服务。为解决丽泽金融商务区、科技园区“东扩西进”等工作中的难点问题提供法律支撑。

（秦婷婷）

【服务环境整治】 年内，开展露天餐饮、二手车市场、建筑垃圾、地下空间等整治方案及各类拆违工作的研究，提供法律支撑。继续加大对卢沟桥乡、花乡等重点区域查处违法建设的指导力度。组织开展对《丰台区乡镇人民政府查处违法建设工作规程》的修订工作，规范乡镇查处违法建设相关工作。

（秦婷婷）

【涉法事务合法性审查】 年内，对拟以区政府或政府办名义发布的规范性文件草案、拟在区长办公会或专题会上研究的涉法事务进行合法性前置审查。共审查20余件，提出70余条审查意见。

（秦婷婷）

【加强政府合同审查】年内，研究起草了《北京市丰台区政府合同管理办法》，经区长办公会审议通过，并以区政府办名义正式印发全区贯彻执行，为提升区政府合同管理水平提供制度依据。共审核合同协议332件，提出850余条法律意见。

（秦婷婷）

【规范性文件清理】 年内，成立规范性文件清理领导小组。针对2012年12月31日前现行有效的规范性文件全面开展清理工作，涉及各委办局、街乡镇等80余家单位。共清理以区政府名义的行政规范性文件52件，其中保留件数47件，废止5件。

（秦婷婷）

【发挥法律顾问团作用】 年内，组织区政府法律顾问在区政府重大行政决策、重点工程建设、重大项目推进等多个领域提供法律论证、法律咨询。先后为园博会筹备及运行、疑难复杂复议应诉案件，以及历史遗留问题等提出31份法律分析报告、法律意见书。

（秦婷婷）

【强化行政复议】 年内，共承办行政复议案件155件，同比增长27%，信息公开类占39%。代理区政府参加市政府行政复议案件17件，信息公开类占82%。2名同志被聘为多元调解专家库成员。

（秦婷婷）

【复议案件专题调研】 年内，针对政府信息公开行政复议案件呈现逐年递增的趋势，组织人员开展专题调研。研究起草了《<政府信息公开条例>实施后对丰台区行政复议工作影响及对策分析》的调研报告，并就相关内容向区政府常务会议作了专题汇报。

（秦婷婷）

【应诉案件协调】 年内，共代理区政府行政应诉案件98件，同比增长5倍。就相关重点案件与市高院、市中院、市政府法制办多次沟通，与政府办、房屋管理中心召开案件分析研究及座谈会，研究对策，力争将影响面降低到最小。起草了《关于近期政府信息公开行政诉讼案件有关情况和建议的报告》呈报区政府。

（秦婷婷）

【行政处罚案卷评查】 年内，开展行政处罚案卷评查工作，对区属44个行政执法单位下发了行政处罚案卷评查通知，抽取了21家单位的行政处罚案卷进行了评查。完成了与顺义区、怀柔区政府法制办的行政执法案卷互评工作。为区水务局、区城管大队、区环保局等单位就行政处罚、行政强制等相关工作进行执法指导共计15次。

（秦婷婷）

【依法行政专题培训】 年内，组织相关委办局70余人次参加政府信息公开工作专题培训会。重点就行政规范性文件制定、行政执法案卷制作、依法行政宣传等工作开展了培训。并针对受训对象不同需求，开展分类培训，先后为新任处级领导干部、区房管中心、环保局等重点局及河东三乡、新村街道等部门专题授课10余次。与区委组织部、区法院、区司法局合作，组建了丰台区首批依法行政讲师团。

（秦婷婷）

国有资产监督管理工作

【概　况】 年内，国有资产监督管理工作以深化企业改革为指导，紧密围绕区域经济建设大局，全力支持园博会工作，加快推进国有企业整合重组，着力提高国有资产监管效能，圆满完成年初确定的各项工作任务。丰台区所属国有及国有控股和集体企业53户，具有法人资格企业99户，比2012年的102户净减少3户。根据企业财务决算数据统计，区53户国有及国有控股和集体企业账面资产总额666.06亿元，同比增长35.03%；负债总额571.03亿元，同比增长42.02%；所有者权益总额95.03亿元，同比增长4.23%；合并国有资产总量94.72亿元，同比增长4.33%。企业平均资产负债率85.73%，同比增长4.22个百分点。企业累计实现营业总收入32.81亿元，同比减少16.57%；盈亏相抵后实现利润总额0.89亿元，同比下降35.58%。上缴各项税费总额2.17亿元，同比减少38.70%。国有资本保值增值率100.66%，同比下降0.47个百分点。企业平均从业人员3963人，在岗职工3155人，在岗职工人均工资67890.42元，同比增长5.28%。离退休人员9471人。

（李鑫雅）

【积极履行社会责任】 年内，区属国企积极参与区域经济建设，提升国有企业承载能力，为区域经济发展做出突出贡献。累计实现投资158.48亿元，实现开复工面积413.9万平方米。承担道路建设任务35条，里程约94.57公里。

（李鑫雅）

【加快国企整合重组】 年内，成立区属国有商业企业重组工作领导小组和商业资产重组筹备组，按照合并、改制、注销三步走的计划，进行国有商业资产的重组，打造商贸流通业务板块。完成3家企业合并、改制工作。

（李鑫雅）

【清理脱钩32家企业】 年内，完成8个行政事业单位所属32家（一级27家、二级5家）企业清理脱钩工作，共涉及资产总额16.33亿元，职工820人，汽车52辆。

（李鑫雅）

【全面推进重点项目】 年内，紧密围绕“一轴两带四区”发展战略，抓速度、抢进度，全力保障区重点项目完成。长辛店北部居住区一期北区项目、市政府政务服务中心搬迁安置房项目等前期手续办理完成。丽泽商务区开复工面积达到330万平方米，引进现代种业基金等58家机构，其中亿元以上企业26家，累计注册资本金230亿元。

（李鑫雅）

【商业网点规范管理】 年内，完成商业网点动态管理软件项目开发。该软件具有地图标注、数据统计、合同管理、网点管理等功能。

（李鑫雅）

【加强规划战略引领】 年内，完成“十二五”规划实施的跟踪分析和评估，在中期评估的基础上，深入研究，企业资源整合与规划相衔接。拟定《丰台区国有企业战略重组方案》，将区属国有经济的产业布局深化调整为“四大板块、六大公司”。

（李鑫雅）

【完善国资监管体系】 年内，完善法律风险防控，企业聘请法律顾问比达到83.3%。完成102家国有及国有控股（集体）企业2012年度财务决算。完成12家企业负责人经营业绩考核与薪酬核定，与9家企业负责人签订经营业绩考核责任书。收取9家企业国有资本收益1766万元并入库。扩大监事会覆盖范围，将园博园运营公司纳入监事会工作体系，监事会覆盖率达到84.6%。落实《丰台区国家出资企业重大事项管理暂行办法》，进一步规范企业重大投资行为、对外担保行为、重大财产转让行为等关系出资人权益的重大事项。

（李鑫雅）

【维护安全稳定】 年内，贯彻《丰台区国资委系统企业安全互查管理暂行办法》，分东、中、西三个检查组开展互查行动。建立“安全生产点管理办法”，通过月报“台账”和“报告单”方式，对企业隐患检查整改情况进行动态管控。深化领导干部接访，规范信访件处理流程，接待来电来访128次，办理来信16件。

（李鑫雅）

【强化企业组织建设】 年内，完成2012年度企业领导班子和负责人考核及15家企事业单位领导班子和64名企业负责人的述职述廉。对2家企业的2名领导班子人员进行免职学习。调整补充了丽泽控股公司董事会成员。组织区属企业领导班子召开以“党的群众工作”为主要内容的专题民主生活会。

（李鑫雅）

北京丽泽金融商务区

【概　况】 2013年，丽泽实现税收11.9亿元增长153%，已累计引进企业193家，注册资本金980亿元。另外，C9回迁房、纪家庙回迁房已实现竣工，M14东管头站和菜户营站、C9公建、万泉寺回迁房等项目也已全面开工建设，商务区累计开复工面积达到330万平方米。回迁房开复工面积85万平方米，其中：35万平方米的万泉寺项目全面开工，15万平方米的纪家庙项目提前3个月实现竣工，C9项目3100套安置房源基本完成入住。被拆迁村民的居住环境得到显著改善。确定A02、菜户营项目约50万平方米（地上面积36万平方米）、近4000套房源用于北区农民回迁安置。

（徐国红）

【土地一级开发】 年内，丽泽北区A、B、B1、C四宗地，占地约149公顷，总建筑规模约203万平方米，已取得土地一级开发主体授权；北区集体企业已完成拆迁腾退86万平方米、占拆迁总量的84%；北区农民共742户，已完成大部分拆迁，剩余94户。

（徐国红）

【市政建设】 年内，13条次干支路已取得立项批复、规划条件等前期手续，近期启动监理、施工招投标工作；10类市政管线正在办理立项核准、规划意见等前期手续，计划随路一同施工。

（徐国红）

【土地上市】 年内，完成F02/03/05和E04地块的土地交易，占地15.6公顷、地上总建筑规模50.5万平方米、地价款约70亿元。截止年底，商务区累计出让土地12宗、占地62公顷、地上总建筑规模166万平方米、出让总价190亿元。

（徐国红）

【项目建设】 年内，已出让的12宗地中，“915”、长城、西矿、“新华08”等8个项目已实现开工，新成交的E04地块已完成交地手续；地块内临水、临电、临路施工全部完成。

（徐国红）

【招商引资】 年内，丽泽新引进华能资本、种业基金等58家机构，注册资本金230亿元，亿元以上企业27家，完成全年引进亿元企业25家的工作目标。另外与宝迪集团、盛达集团、中植集团、青牛软件、清华控股签订了战略合作框架协议。

（徐国红）

机构编制管理工作

【概　况】 丰台区机构编制委员会办公室（区编办）是区机构编制委员会（区编委）的常设办事机构，在区编委的领导下负责本区行政管理体制和机构改革以及机构编制日常管理工作，既是区委工作机构，同时也是区政府工作机构，列入区委机构序列。年内，围绕中心，服务大局，扎实有效地推进体制机制和机构编制管理各项工作的开展。

（匡怡芳）

【推进事业单位分类】 年内，经区委常务会同意，召开了全区动员大会，开展了分类工作业务培训，梳理了全区76家主管部门所属的477家事业单位的职责、编制、人员等基本情况。对照市编办职责目录政策解释中的说明，将全区事业单位一一对号入座，进行了模拟分类。查找分类中可能出现的问题，逐一分析解决思路。领导带队，深入各个事业单位及其主管部门，沟通事业单位分类有关问题；积极联系各区县，统一分类工作思路，研究分类重点难点，为做好分类工作打下了坚实的基础。

（匡怡芳）

【调整机构促进工作开展】 年内，成立区政府绩效管理办公室，在区政府督查室加挂牌子，负责组织开展区政府绩效管理工作，承担区政府绩效管理工作领导小组及办公室的日常工作；成立丰台区电子监察中心，推进全区电子监察平台建设，增强科技防腐的有效性和针对性；设立北京市丰台区预防腐败局，负责全区的预防腐败工作，与区纪委、区监察局合署办公；对三个联合纪检监察组负责监督检查的部门（单位）进行了调整；将北京市丰台区社会治安综合治理委员会办公室更名为北京市丰台区社会管理综合治理委员会办公室。

（匡怡芳）

【提供机构编制动态保障】 年内，推进对各类编制的科学调配、动态管理。加强基层医疗卫生力量，为区卫生局各基层社区卫生服务中心下达差额拨款事业编制78名；为区检察院增加政法专项编制49名；为区法院增加政法专项编制65名；分流丰台区西南四环路扩建工程筹备处人员，为接收分流人员单位增加相应编制；为婚姻登记事务中心、社会福利事业管理办公室、房地产交易权属发证中心等单位分别增加了编制；为接收安置2012年度军转干部单位下达编制，增加行政编制35名、群团事业编制1名、行政执法专项编制1名、参照公务员法管理事业编制17名、事业编制51名。为新组建的区食品药品监管局划转行政执法专项编制47名。

（匡怡芳）

【事业法人网上管理】 年内，全面启动了事业单位法人网上管理，事业单位法人通过各自的钥匙盘登陆，在线申报法人变更、年检、注销等业务，编办在线受理审核，并将结果通知事业单位，实现了管理方式的转变。

（匡怡芳）

民族宗教侨务工作

【概　况】 2013年区民族宗教侨务工作紧紧围绕区委、区政府的工作思路和年度工作规划，坚持服务民生，打牢民族团结、宗教和睦社会基础，维护归侨侨眷的权益，促进了区域社会稳定。

（于立河）

【扶持清真餐饮企业】 1月和6月，指导街道、乡镇对全区的清真网点进行两次摸排调查。经调查，全区共有256家清真饮食网点，清真饮食网点主要集中在中部、东部地区，西部较少。对全区原有的8个牛羊肉规范化专柜进行复审、评估，结合辖区实际情况，重新上报7个规范化清真食品柜台。结合穆斯林群众生活实际情况，在回族群众相对集中的中部、东部地区，选定4家清真餐饮、牛羊肉清真网点上报市民委予以清真扶持。

（于立河）

【培养推荐民族团结进步典型】 年内，新发地农副产品批发市场被授予“全国民族团结进步创建示范企业”。结合“首都民族团结进步表彰年”活动，推荐5个单位12名先进个人参加评比表彰。

（于立河）

【创建和谐寺观教堂】 年内，根据市宗教局要求，结合区实际情况，使“教风”在和谐寺观教堂创建活动中主题更加突出，做到不断创新，不断提高，持续深入开展。完善了宗教团体和宗教活动场所各项规章制度。各宗教活动场所按照“政治上靠得住、学识上有造诣、品德上能服众”的衡量标准，加强对宗教教职人员的教育与规范，做到内强素质，外树形象，有效抵制不良风气的侵袭，营造遵守教义教规的良好氛围。

（于立河）

【加强寺庙道观管理】 年内，对修缮后的寺庙、宫观和旅游景点进行检查，对11处区级以上文物寺庙巡查排查，要求管理使用单位严格执行《中华人民共和国文物保护法》及相关法律法规，未经依法审批，不得将不可移动文物辟为宗教活动场所，禁止非宗教活动场所雇用假僧假道，从事非法宗教活动；禁止非宗教活动场所设立功德箱、接受宗教性捐献、开展宗教活动等借教敛财行为。

（于立河）

【关注和服务归侨侨眷】 年内，针对归侨侨眷特殊困难家庭群体，开展“关爱工程温暖行动”。对困难归侨侨眷进行了走访慰问，发放补助，认真解决归侨侨眷反映的困难和问题。建立数据库，春节期间联系走访侨界代表人士，发挥他们在贡献侨界智慧、展示侨界风采、反映侨界诉求等方面的积极作用。

（马艳辉）

【侨务工作在社区】 年内，落实“社区为侨服务好，侨为社区贡献多”的双向机制。组织归侨侨眷、社区涉侨干部等200余名居民参加春季趣味运动会，对社区归侨侨眷进行健康咨询、体检，为社区侨界空巢老人上门义诊。

（马艳辉）

【搭建招商引资平台】 5月31日，2013侨商北京洽谈会在水立方举行，区民宗侨办与区丽泽办、区金融办、园区管委会等相关单位协调，推介丽泽金融功能区、北京燕康科技有限公司、北京太空板业股份有限公司参加了此次侨洽会，助推丰台区名优企业实施“走出去”战略。

（马艳辉）

对外事务

【概　况】 年内，区外事工作以十八大精神为引领，紧紧围绕首都世界城市的建设和区委、区政府中心工作，着力统筹区域外事资源，扎实开展外事活动，全面深化国际交流与合作，圆满完成各项工作任务。年内，共办理因公出国赴港澳47批178人次，其中，自组团34批163人次。涉及友好访问、城市建设、文化、教育、医疗、卫生、环境保护等。所有出访团组无一例违规。护照回收率和出访报告上缴率均为100%。

（高　瑞）

【外事接待】 年内，配合中央、市、区有关部门接待各级外宾团组26个，508人次。其中，党宾、国宾团组7个，99人次。1月25日，接待克罗地亚驻华大使司马安一行来丰台区政府访问，洽商缔结友好城市事宜；同月，接待法国Oger集团一行来丰台区考察，并就丽泽商务区的开发建设与区领导及有关部门进行座谈；6月，接待以韩国首尔市江东区区长李海植为团长的江东区友好访问团一行9人，对丰台区进行了为期三天的友好访问；同月，接待英国驻华公使、伦敦纽汉姆市市长等一行5人来访；8月，接待荷兰驻华使馆文化参赞白睿柯到丰台区调研，并就“大黄鸭”在园博会展出一事与北京市有关部门及丰台区相关领导进行座谈。完成巴布亚新几内亚议会代表团、哥斯达黎加立法大会主席代表团、韩国国会代表团、澳门特区政府民生事务代表团、德国科隆市市长代表团等外宾团组赴园博会参观考察的接待任务。

（高　瑞）

【因公出访批次减少】 年内，根据中央及北京市关于从严因公出访的相关要求，对出访团组开展了全面梳理和清查，严把出访任务及日程安排关，对于出访人员、出访天数进行压缩，一般性访问团组予以取消。局级团组取消1个、调整精简3个；局级以下团组取消1个。共办理因公出国赴港澳47批178人次，其中，自组团34批163人次。

（高　瑞）

【拓展外交渠道】 年内，为了填补丰台区在欧洲地区友城的空白，主动联系克罗地亚驻华使馆，并在年初接待大使司马安先生一行赴丰台区访问。经与克方充分沟通确定大戈里察市与丰台区结好对象。11月，大戈里察市长发来建立友好城市意向书。

（高　瑞）

【青少年民宿交流】 8月，开展丰台区与韩国首尔市江东区“青少年民宿交流”活动。派出首师大附属丽泽中学14名青少年赴韩国开展交流。丰台区和江东区的同学们共同体验了韩国传统乐器及手工艺制作。

（高　瑞）

【规范外语标识】 年内，将第九届（北京）国际园林博览会的英语标识规范工作作为年度规范外语标识工作的重点。指导园博会英文标识与场馆建设同步推进。5月18日前，两次邀请外国专家对功能分区、景点、道路观光车站、服务设施等标识的英文名称进行了现场校对与确认，并完善了导览信息中关于功能区简介和景点介绍的英文翻译。

（高　瑞）

【国际青少年大联欢闭幕式】 7月30日，由市政府外办和中央电视台联合主办的《相约北京——2013国际青少年大联欢活动》闭幕式在北京园博园举办。来自美国、韩国、越南、乌干达、埃及、印度等6个国家的青少年艺术团，近150名青少年进行了文艺表演。

（高　瑞）

【驻华使节招待会】 9月23日，协助北京市人民政府在北京园博园举行2013年驻华使节招待会。来自100多个国家驻华使馆和国际组织驻华代表处的外交使节、首席代表应邀出席。

（高　瑞）

【使馆新闻官及境外驻京记者招待会】 9月29日，协助北京市人民政府在北京园博园举行2013年使馆新闻官及境外驻京记者招待会。120余名驻华使馆新闻官和境外媒体驻京记者应邀出席。

（高　瑞）

档案工作

【概　况】 年内，档案工作以邓小平理论、“三个代表”重要思想、科学发展观为指导，全面贯彻落实党的十八大精神、市十一次党代会精神、认真落实市档案工作会议精神及区委十一届四次全会精神。围绕全区工作大局，按照“十二五”规划明确的丰富档案资源、提升服务水平、增强安全保管、推进信息化建设、提高行政管理等目标要求，在档案资源体系、档案利用体系、档案安全体系和信息化建设、依法行政等方面下功夫，圆满完成了各项任务。园博建设档案工作保障有力，水务普查档案通过验收，馆藏档案资源不断丰富，安全系统建设任务过半，档案数字化工作加快提速。全区档案部门共接待查档利用者12.8万人次，提供调阅档案15.8万卷（件）。新农村建设档案工作受到国家档案局及北京市档案局肯定，《区（县）、乡（镇）、村三级档案信息资源共享问题研究》科研课题获北京市档案科研成果二等奖。区档案局（馆）连续第9年被评为首都文明单位、被北京市档案局授予“2009—2012年度北京市档案工作系统先进集体”、被园博会组委会评为“第九届中国（北京）国际园林博览会先进集体”。妇委会被区妇联授予“丰台区巾帼建功先进集体”。利用科被区妇联授予“丰台区巾帼服务先锋岗”。

（王国欣　李　静）

【区领导调研】 4 月，区政协副主席邢方岭到档案局（馆）进行调研。5 月 21 日，区人大常委会副主任苗华、教科文卫体委主任张金豹等到局（馆）进行调研。6 月 25 日，副区长李军会听取工作汇报。12 月 16 日，副区长高峰听取我局（馆）工作汇报。

（王国欣　李　静）

【重点项目及时立档】 年内，安排主管副局长、业务骨干直接参与园博会档案的建立指导、收集整理等服务保障工作，组织立档单位档案工作人员参与园博会档案整理、保障验收移交。创新设计了具有园博会特色的建设档案装具并完成规范定制与交接。永定河园博湖项目、水源净化湿地工程项目档案通过市档案局、市发改委、市水务局、市城建档案馆的验收。与市档案局、市水务局、市水务普查办公室组成联合检查验收组，对丰台区在全国第一次水务普查中形成的普查档案进行检查，共查清 11 个专项、61 类、9214 个普查对象的各项指标，形成水务普查档案 392 盒，顺利通过市级验收。

（王国欣　李　静）

【档案法制建设】 年内，印发《丰台区汛期档案安全保管工作指导意见》，组织工作人员到区财政局、地税局、房管中心等 10 余家单位检查汛期档案安全情况，现场提出整改意见及措施，保障全区档案安全度汛。在“12·4”全国法制宣传日开展送法到基层活动。购买了 2000 册由监察部、人力资源和社会保障部、国家档案局联合颁布、2013 年 3 月 1 日起施行的《档案管理违法违纪行为处分规定》下发基层单位。

（王国欣　李　静）

【档案执法检查】 年内，根据北京市档案局、北京市人民政府法制办公室关于档案行政执法检查等相关要求，与区政府法制办联合下发《关于开展区 2013 年档案行政执法检查通知》，开展丰台区 2013 年档案行政执法自查。

（王国欣　李　静）

【档案业务培训】 年内，举办了全区新上岗档案工作人员专业知识培训班，各立档单位共计 159 人参加。培训采取机关与基层档案工作相结合，网络学习与理论知识培训相结合，课堂教学与到园博会档案部门实际操作培训相结合的办法，聘请市档案局授课经验丰富的兼职教师担任教员，确保了教学质量。

（王国欣　李　静）

【档案征集接收】 年内，与南苑乡犇牛摄影协会共同举办了“优秀摄影作品捐赠仪式”，将该协会 24 幅荣获过不同奖项的优秀摄影作品征集进馆。从莲花池公园征集到书法家徐双喜创作的巨型“龙”字书法作品，作品面积达 700 平方尺。为丰台区非物质文化遗产项目、老北京泥塑的传承人吴德寅举办了大型泥塑作品《卢沟往事》捐赠仪式，该作品长 1.6 米，形象地展现出民国初年卢沟桥与宛平城交汇地区独特的市井风貌。与区委老干部局联合举办了“丰台揽胜”书画作品捐赠仪式，将老干部局组织创作的《丰台揽胜——庆祝中华人民共和国成立 60 周年》珍贵诗、书、画、印作品 66 幅收藏进馆。在南苑乡举办了“古今岁月，美丽丰台”优秀摄影作品征集仪式，将 200 张在摄影活动中产生的优秀作品征集进馆。开展“口述历史”档案采编工作，先后录制了 700 余分钟反映丰台区建设发展历程的视频资料。同时征集和接受捐赠照片资料 1842 张。

（王国欣　李　静）

【档案安全系统建设】 年内，启动并完成了区档案馆库房窗体安全防护、温湿度控制和库区视频监控系统、门禁系统、火灾报警系统和馆区周界电子巡查系统等项目，实现了“十二五”规划确定的档案安全系统建设“时间过半，任务过半”的要求。

（王国欣　李　静）

【第五届“档案馆日”活动举办】 6月8日，以“档案在你身边—美丽丰台我的家”为主题，举办“国际档案日”暨北京市第五届“档案馆日”活动。活动分为五个内容：老干部书画作品捐赠活动；《国剧风采》戏曲档案资料巡展活动；档案利用咨询活动；珍贵老照片数字修复活动；“非物质文化遗产泥塑”捐赠、传承活动。档案馆日共接待300多名参观群众，发放档案宣传资料8种共1600多份。市档案局纪检组组长、党组成员曲安、市档案局区县处副处长刘立、区人大常委会副主任苗华、区政协副主席邢方岭、区老干部局局长朱运昌参加了活动。

（王国欣　李　静）

【档案信息化建设】 年内，制定《丰台区档案馆档案信息管理系统灾难恢复应急预案》。完成音视频工作站的组建。完成馆藏街道文书档案约1000卷的原文数字化工作，形成数字化影像10万幅。完成馆藏纸质档案中的9595卷原文的数字化工作，增加入名索引目录23万余条，完成73.4万幅数字化影像的整理和目录挂接。全年接收2012年基层立档单位案卷级和文件级档案电子目录近5万条。

（王国欣　李　静）

【举办巡展活动】 10月14日，在王佐镇举办了《丰台区非物质文化遗产展》巡展活动。展览以文字、照片等形式，展示了民间舞、手工艺、雕塑、绘画等内容，生动呈现了丰台非物质文化遗产的历史变迁和丰台人的生活之美和文化魅力，近2千人参加了档案文化进农村巡展活动。

（王国欣　李　静）

地方志工作

【概　况】 2013年，丰台区地方志工作依照《地方志工作条例》，认真组织开展修志和年鉴等各项业务工作，较好地完成了二轮《丰台区志》的阶段性任务、《北京年鉴》丰台区情编写报送和《北京丰台年鉴》编纂出版工作。《北京丰台年鉴2012》在全市年鉴质量检查评比中获三等奖

（欧阳煜）

【完成《北京年鉴》撰稿报送任务】 4月，按照市志办公室要求，通过对相关资料的收集、整理、撰写、加工修改，按时、保质、保量完成了《丰台区情》的撰写任务。经报主管区领导审阅后报送北京市年鉴社，并全文刊发。《丰台区情》全文6500字，客观反映了区内政治、经济、文化和社会各方面发展变化情况。

（欧阳煜）

【《北京丰台年鉴2013》出版】 年底，《北京丰台年鉴》出版。全书设21个一级栏目、103个二级栏目、1519条条目，共54.6万字，插图97幅。《北京丰台年鉴2013》比较全面、系统地反映了2012年全区各系统、各单位在政治、经济、文化、社会等领域发展变化的基本情况以及当年发生的大事、要事、新事和各项事业所取得的成就。

（欧阳煜）

机关事务管理工作

【概　况】 2013年，机关事务管理工作全面贯彻落实党的十八大精神，以国务院颁布的《机关事务管理条例》为依据，坚持科学发展、规范事务管理；紧紧围绕区委区政府中心工作，严格按照目标责任制，加强统筹协调；牢牢把握服务保障管理三大职能，团结拼搏、务实进取、开拓创新，为我处全面管

理正规化建设奠定了发展基础。

（刘　琳）

【园博会运营保障】　年内，抽调6名同志参与筹建及运营。截至11月18日，为第九届园博会累计提供自助餐服务31.8万人次，提供工作餐服务43.49万人次，累计为环卫、民警、交警、国旅人员等提供盒饭36.9万份；累计发送班车1803车次，运载人员4.34万人次；发送摆渡车辆1.06万车次，摆渡工作人员21.91万人次；撰写印发日报199期，涉及事项2500件。累计完成31天的夜场活动保障。

（刘　琳）

【落实机关事务管理条例】　8月，北京市下发关于贯彻落实《机关事务管理条例》的实施意见（京政办发〔2013〕42号），要求制定各区县的实施方案。根据区领导批示，经过学习其他兄弟区县工作经验，反复查阅资料，多次与区属各相关单位征求意见后，成立贯彻落实方案领导小组，研究制定丰台区贯彻落实《机关事务管理条例》实施方案，9月初由政府办下发全区各单位。

（刘　琳）

【迎接巡视组检查】　8月1日，区委巡视二组对管理处近三年的工作业绩、落实“三重一大”情况、作风建设情况和干部选拔任命工作等方面进行考察。领导班子成立迎检小组，配合巡视组顺利完成了检查工作。

（刘　琳）

【完成重点工程及维保项目】　年内，完成重点工程及维保项目。包括区委区政府办公区1号楼窗体打胶、3号楼卫生间改造、食堂大门改造、政协十二层会议室装修改造及音响设备更换；丽泽办公区地下二层卫生间改造及后厨吊顶、地库出入口阳光板更换及两侧墙壁粉刷；南院联合办公区2号楼楼道粉刷及屋面防水、3号楼卫生间改造；北大街14号院屋面翻新及防水工程；劳动局仲裁大厅外租房屋装修改造等各办公区部分屋面防水工程。完成了各办公区高压配电柜检测，并对区政府办公区进行了高压配电设备进行停电维修；完成各办公区电梯检测、水箱清洗、燃气调压箱等大型设备的维保工作。超前预警，细致排查，确保了办公人员、办事人员正常有序的开展工作。

（刘　琳）

【医院联网开诊】　4月，完成了与兴隆中医院的联网就医工作，正式面向广大机关干部开设门诊。年内，就医人数达到4000人次。

（刘　琳）

【创办《健康之窗》月刊】　年内，坚持以宣传健康知识，倡导保健意识，提升卫生观念，培养健康生活方式为重点，创办了《健康之窗》月刊，年内编缉完成17期，累计发放400余册。

（刘　琳）

【通过健康食堂验收】　4月16日，区委区政府食堂顺利通过国家机关食品安全办、国家食品药品监督管理局和“中央国家机关健康食堂评审组”专家的验收，成为市、区、县级政府机关食堂中首家“健康食堂”。

（刘　琳）

【资产信息化建设】　4月20日，物资管理系统首先在管理处范围内启用，12月4日正式对所辖单位开放。该系统的上线，使所有库房管理工作全部实现网上办理，通过对系统的设置，提取数据信息准确便捷，实现了简约集中的工作方式；审批工作流程层层把关，强化廉政风险点。编排了《丰台区机关单位日常办公家具配置标准图册》，为各委办局报废、购置固定资产提供详细参考。

（刘　琳）

【安全保卫】　年内，完善技防建设，所辖办公区增装监控摄像头13部，拾音器2部，更换监控主机3台；对553具达到报废年限的灭火器进行报废更新，其余的进行年检。6月，针对夏季车辆易自燃情况，组织各办公区针对车辆起火进行扑救演练。11月初，成立消防安全工作检查小组，制定《2013年秋冬季消防安全工作方案》，对全处各科室及所辖办公区开展秋冬季消防安全大检查。经过自查、整改、复查三个阶段的工作，共查找出38个隐患点，并全部制定整改方案于限期完成整改，有效排除秋冬季火灾隐患。

（刘　琳）

【节能降耗】 年内，为保障办公区用电安全，根据实际情况制定方案，成功申请专项资金50万元。更换文化中心水泵，安排各项设备的维修维护工作，避免因为设备老旧、故障而造成能源损耗。严格监管水、电、气的使用情况，要求物业每月对水表、电表进行抄数，发现异常情况及时上报。与去年同期相比，用电量下降6%，用气量下降3%。

（刘　琳）

【交通出行安全规范】 年内，实现安全行车260万公里，没有发生一起严重责任车辆事故。公车耗材76万元，节降10%；统管户油料耗量124万元，16万公升。自管户车辆加注油料86万元，11万公升。

（刘　琳）

【注重人才培养】 9月，对6正2副8个科级职位开展竞争上岗工作，共有17名干部参与报名。10月，经区编办批准，成立人事教育培训科，并增加一正一副两名科级职数。年内，公招三名大学生。

（刘　琳）

【挖掘幼儿园所文化】 年内，聘请专家对园所文化脉络进行梳理，归纳总结出幼儿园的教育理念、办园目标、教师风范、园训等核心思想，同时整理出版《幼儿快乐成长——养成教育扩展课程》。发挥骨干教师的引领作用，有针对性的开展青年教师培训活动，在培训内容中注重培养孩子们的兴趣爱好、动手能力以及为他人着想的团队意识，受到家长们的广泛赞誉。

（刘　琳）

政协北京市丰台区委员会

【概　况】 2013年，区政协共召开常委会议、主席会议15次，对“推进文化强区建设”政治协商议题进行了专题审议和协商，4项专题调研报告转化为常委会建议案，提出提案227件，反映各类信息及社情民意300余条，组织开展调查研究、视察考察、座谈研讨、各类协商会120余次。注重创新，拓展平台，改进和加强提案工作，推进民主监督工作，反映社情民意信息，委员履职取得新成效。加强人民政协应用型理论研究，8篇应用型理论研究文章发表在《北京观察》、《政协研究》等刊物上。开展“聚焦园博、奉献园博”主题实践活动，对园博会筹办提交了20余项建议和提案；开展了“迎园博、树新风、公益行”义务劳动。

（宁定辉）

全体委员会议

【九届二次会议】 1月7日至9日召开。市政协副主席马大龙、副秘书长王荔茹、区委书记李超钢等出席开幕式。李超钢在开幕式上讲话。区政协主席李昌安致闭幕词。会议审议通过了李昌安代表九届区政协常委会向大会作的工作报告、副主席邢方岭作的提案工作报告。列席了区十五届人大三次会议开幕式，听取并讨论了《丰台区人民政府工作报告》。听取了提案委员会关于区政协九届二次会议提案情况的报告。审议通过了区政协九届二次会议决议。表彰了2012年度优秀委员、优秀信息委员、优秀提案委员、优秀提案集体。

区政协副主席周大春主持会议。

（宁定辉）

常委会会议

【第7次会议】 1月31日召开。区政协副主席周大春主持。审议并通过了2013年常委会工作要点、审议《常委会关于加强和改进工作作风的意见》；通报了九届二次全会上委员对政府工作和政协机关的意见。

（宁定辉）

【第8次会议】 5月31日召开。区政协副主席李新民主持。审议并通过了“丰台区人口资源承载力”调研报告、关于推进文化强区建设重点议题协商工作安排。

（宁定辉）

【第9次会议】 8月29日召开。区政协副主席邢方岭主持。听取了《关于积极推进中国戏曲文化中心建设的建议案的办理报告》、《关于丰台区“一刻钟服务圈”建设工作的建议案的办理报告》、《关于丰台区环境建设与管理的建议案的办理报告》；审议并通过了《关于完善丰台区科技服务体系建设的调研报告》、《丰台区河东三乡设立地区办事处后职能运转情况的调研报告》、《关于推进丰台区基层民主协商建设的调研报告》；通报了上半年委员履职情况；研究了干部人事任免问题。

（宁定辉）

【第10次会议】 12月26日召开。周大春主持。听取了区委办、区政府办关于2013年提案办理情况的通报；协商了增补委员事宜；审议并通过了区政协常委会工作报告、区政协常委会关于提案工作的报告，区政协九届三次会议时间、议程、日程、执行主席分工、委员讨论组、秘书处设置、大会主持人和报告人等；通报了关于表彰2013年度优秀委员、优秀信息委员、优秀提案委员、优秀提案集体的决定；研究通过了干部人事问题。

（宁定辉）

专门委员会工作

【学习委员会】 制定了《丰台区政协常委会2013年工作要点及责任分解》、《关于机关党员领导干部直接联系群众工作的实施意见》，《关于改进作风密切联系群众的工作意见》等；编辑第23辑《咨议建言集》；邀请中国人民政协理论研究会常务副会长李昌鉴作《深入学习贯彻党的十八大精神，积极推进社会主义协商民主制度建设》报告，中共丰台区委常委、宣传部长顾晓园作《丰台文化建设与发展》报告；撰写了《推进基层政协协商民主实践与发展探讨》、《丰富内容，彰显特色，推进基层政协界别协商创新与发展》、《基层政协特约监督工作现状问题与对策》等文章，有6篇分别被《北京观察》、《政协研究》、《人民政协事业创新发展研讨会论文集》、《和谐社会与小康中国》采用。

（宁定辉）

【教文卫体委员会】 开展“推进文化强区建设”重点议题协商工作，围绕弘扬社会文明之风、唱响戏曲文化品牌、健全公共文化服务体系三个专题开展调研。组织委员地区活动组就税收制度改革考察并座谈，考察2013年亚太车辆模型锦标赛举办工作。探索民主监督有效途径，开展对成人高考、高考、中考等升学考试的监督巡视。组织丰台区政协教育民主监督小组成员开展义务教育均衡发展民主监督活动。围绕丰台区职业教育开展情况进行专项民主监督。

（宁定辉）

【文史资料委员会】 以纪念区政协成立35周年为契机，组织开展“我与丰台政协”征文活动。开展“丰台之美”文史资料征编工作。探索叠加联动实践模式，即“界别活动+委员地区活动组活动”、“界别特色+区域覆盖”界别活动模式。整合资源、叠加优势，实现界别工作与委员地区活动组、界别工作与重点工作的相互融合和相互促进，开展“走出去、请进来”学习行动，“走基层、送健康”公益行动，“走一线、送祝福”爱心行动。

（宁定辉）

【经济科技委员会】 完成了《关于完善丰台区科技服务体系建设的调研报告》。围绕丰台区中小企业科技服务体系建设、提升中小企业科技创新能力建设等题目开展对口协商。以界别提案办理为抓手，举办了界别提案办理协商会。举办政企对接会，邀请部分驻园区企业代表、委员企业家代表与政府部门深入沟通，为企业解惑支招。开展了对区财政职业教育投资项目评审和政府采购工作的民主监督工作。组织了“委员讲坛”，邀请委员就国家的宏观经济及货币政策开展专题讲座。

（宁定辉）

【城乡建设和管理委员会】 完成“丰台区人口资源承载力”调查研究工作。开展“河东三乡设立地区办事处后职能运转情况”调研。围绕第九届中国（北京）园林博览会、“环境建设年”成果的巩固等区委、区政府中心工作组织委员进行考察。组织农业界别委员就“城乡一体化建设和管理”开展调研，“关于加快旧村改造步伐”的提案被评为优秀提案。开展了“和谐社区，美丽家园”、“加快老旧小区改造，共筑幸福家园”考察活动。

（宁定辉）

【社会法制委员会】 开展“推进丰台区基层民主协商建设”专题调研，形成了《关于推进丰台区基层民主协商建设的调研报告》，报告被《北京观察》、市政协理论研究论文集收录。举办政协委员助推“南中轴”路建设情况通报座谈会，提出了坚持以人为本，强调文化传承，发展南中轴文化等意见建议。开展“区政协委员、民主党派律师法律服务公益行”活动，建立区政协牵头，委员主体，党派参与，多方联动，群众受益的基层公益法律服务长效机制。

（宁定辉）

【民族宗教和港澳台侨委员会】 开展“迎园博，树新风，公益行”义务植树暨“民族团结林”养护活动。举办了台海形势报告会。开展“畅游园博会，共谋新发展”台胞台商中秋联谊活动。召开宗教团体负责人座谈会，就区政协工作和宗教工作听取宗教团体负责人的意见建议。组织委员到丰台第一幼儿园民族园进行慰问。开展“委员之家”系列之“领略传统宗教，品味文化大同”踏春联谊活动。

（宁定辉）

【提案委员会】 共立案227件。贯彻落实关于深入进行提案办理协商的精神和《关于进一步加强人民政协提案办理工作的意见》，围绕深化提案办理协商，不断提高提案质量、办理质量和服务质量。印发《提案工作指南》，组织引导党派、团体与职能部门对接提案选题；面向委办局、街乡镇、社会公众征集提案线索。强化提案审查工作，把好质量关。做好区政协领导重点提案督办工作；组织提案办前协商，深化同类集中办理；完善重点督办“五个一”督办方式和“四方联动”机制。制定了《优秀提案评选工作实施细则》。与区委办、区政府办共同组织开展“提办”量化双向评议。探索界别提案督办。创办《提案工作通讯》。做好提案办理报告的审查分析和复查补办工作。规范平时提案常态化征集工作。

（宁定辉）

重要活动

【开展人口资源承载力专题调研】 1月18日，李新民主持召开“丰台区人口资源承载力”课题调研组研讨会。4月1日，召开关于“丰台区人口资源承载力”课题调研的研讨会。李昌安、周大春、李新民、邢方岭、程留恩、赵冬辰出席。5月9日，周大春主持召开了《丰台区人口资源承载力调研报告》征求意见座谈会。5月31日，区政协九届第八次常委会议审议并通过了“丰台区人口资源承载力”调研报告。7月11日，区政协九届第二十次党组会议审议了“人口资源承载力”建议案。

（宁定辉）

【开展节前走访慰问】 2月1日，李昌安、周大春、李新民、邢方岭分别看望离退休老干部，向他们表示节日的问候，祝他们春节快乐。赵冬辰陪同。2月4日，李昌安、周大春、李新民、邢方岭分别走访慰问区政协委员。赵冬辰陪同。

（宁定辉）

【开展节前“送温暖”活动】 2月6日，李昌安、周大春、李新民、邢方岭分别带队到太平桥街道、方庄地区、宛平城地区、卢沟桥街道开展节前“送温暖”慰问活动。赵冬辰陪同。

（宁定辉）

【与各民主党派、工商联座谈】 2月28日召开，李昌安主持座谈会。李新民、张兆旗、程留恩、赵冬辰、李小月，区各民主党派和区工商联的领导参加。

（宁定辉）

【接待市政协调研】 3月12日，市政协经济委员会主任吴杰一行到丰台区调研。4月17日，市政协主席吉林到花乡纪家庙村调研，市政协领导周毓秋、程静、张进毅、聂胜利，丰台区委书记李超钢、区长冀岩陪同调研。4月18日，市政协副主席陈平到北京正邦文化艺术发展有限公司调研，市政协教文卫体委员会主任王守法、副主任李然，区委书记李超钢陪同。7月10日，吉林调研纪家庙村城乡一体化工作，市政协周毓秋、孙新军，区领导李超钢、冀岩、李昌安陪同。8月21日，市政协城建环保委主任程静一行视察园博园湿地建设、公园水资源循环利用工程和建筑垃圾处理工作。

（宁定辉）

【政协工作交流】 3月13日，区政协戏剧家联谊会部分委员赴河北省霸州市中国戏曲文化园，就当地戏曲文化发展和文化强区建设等内容进行学习考察。邢方岭参加考察活动。4月16日，朝阳区政协主席辛燕琴一行到丰台区考察。4月27日，甘肃省金昌市政协副主席赵明智一行到丰台区学习考察社会管理创新工作。5月11日，江西省鹰潭市政协到丰台区学习考察老年公寓建设和为老服务工作。5月30日，房山区政协主席唐淑荣一行到丰台区考察。7月9日，河北省唐山市政协主席郭彦洪一行到园博园参观考察。李昌安陪同。9月2日，山东省茌平县政协文史考察组到丰台区考察交流文史工作。

（宁定辉）

【开展“爱丰台公益行”活动】 3月29日，开展了主题为“倡导绿色生活、妆扮美丽丰台，迎园博、树新风、公益行”义务植树暨“民族团结林”养护活动。李昌安、周大春、李新民、邢方岭、刘占良、张兆旗、程留恩、赵冬辰、李小月参加。

（宁定辉）

【推进文化强区建设重点议题协商工作】 4月15日，召开推进文化强区建设重点议题协商工作动员部署工作会，李昌安、邢方岭、刘占良、赵冬辰、李小月出席。6月25日，召开“关于唱响戏曲文化品牌、加快戏曲文化中心建设的意见建议”专题调研座谈会，邢方岭参加。9月29日，召开“推进文化强区建设”重点议题协商工作协调小组会，李昌安、李新民、邢方岭、赵冬辰出席，邢方岭主持。

（宁定辉）

【委员专题视察】 4月22日，李昌安率区政协委员中的部分专家、学者、各民主党派和宗教界人士到园博园视察，就园博园建设、安全、运营等提出意见建议。11月7日，李昌安率区政协部分常委和委员视察重点村回迁房建设情况，视察了西局村和石榴庄村回迁房建设情况。11月26日，区政协组织委员开展城市建设与管理专题考察调研活动。

（宁定辉）

【纪家庙村城乡一体化推进工作】4月24日，李昌安主持召开纪家庙村城市化推进工作调度会，就落实市政协主席吉林到丰台花乡纪家庙村调研的指示精神和区委的工作部署进行研究。李新民、赵冬辰出席。8月6日，李昌安主持召开纪家庙村城乡一体化专题会议。刘宇、刘文洪、李新民、赵冬辰出席。10月21日，李昌安到花乡纪家庙村调研城乡一体化进程。李新民陪同。12月18日，李新民协调纪家庙村宅基地拆迁腾退工作，纪家庙村环境整治工作正式启动。

（宁定辉）

【园博会服务接待】 5月7日，市政协主席吉林一行视察园博会筹备工作。市政府党组成员夏占义，市政协副主席赵文芝、傅惠民、葛剑平、王永庆、马大龙、闫仲秋，秘书长周毓秋参加视察。李超钢、冀岩、李昌安陪同。5月9日，市政协机关干部视察园博园。5月22日，全国政协提案委员会主任孙淦一行考察园博会。5月28日，市政协党组副书记、副主席沈宝昌及市政协港澳委员、港澳台侨工作顾问到园博园进行专项视察考察。李昌安陪同。5月30日，市政协十届副主席黄以云和部分区县政协退休主席到园博园参观考察。李昌安陪同。

（宁定辉）

【走访慰问园博会建设者】 6月5日，李昌安一行走访慰问区住建委系统的园博园建设者。6月7日，李昌安一行走访慰问区园林绿化局的园博园建设者。周大春、李新民、邢方岭、赵冬辰一同慰问。

（宁定辉）

【召开领导班子民主生活会】 7月17日，召开领导班子“密切联系群众，改进工作作风”民主生活会。李昌安、周大春、李新民、邢方岭分别就自己在联系群众、改进工作作风中的情况进行了总结，并对照中央“八项规定”进行了批评和自我批评。

（宁定辉）

【举办暑期学习班】 7月22日至23日，举办以“释放正能量，共谱同心曲”为主题的暑期学习班。邀请中央社会主义学院副院长、教授张峰作辅导报告，通报了区政府2013年上半年经济社会发展情况和全区党风廉政建设及反腐败工作情况。李昌安、周大春、李新民、邢方岭、刘占良、张兆旗、程留恩、赵冬辰参加。

（宁定辉）

【举办党派联席会议】 7月23日召开。李昌安通报了区政协上半年工作情况，研究了区政协九届三次会议党派发言、提案工作。刘占良、张兆旗、程留恩、赵冬辰参加。

（宁定辉）

【调研城乡一体化工作】 8月12日，李昌安到黄土岗村调研城乡一体化工作。李新民陪同。

（宁定辉）

【看望园区企业家】 9月27日，李昌安一行到园区，与驻园区企业家代表座谈，共商企业持续发展问题。李新民、赵冬辰陪同。

（宁定辉）

【举办政协讲坛】 10月30日，邀请区政协委员、首都经济贸易大学副教授杜军作主题为“当前宏观经济形势和货币政策”的专题讲座”。李新民主持。

（宁定辉）

【调研环境整治工作】 11月14日，李昌安调研长辛店镇东河沿村环境整治情况，实地查看了东河沿村回迁房建设地块，听取了该村环境整治建设项目的实施方案。李新民陪同调研。

（宁定辉）

【举办企业家联谊会】 11月26日，举办主题为“学精神，凝共识，谋发展”的企业家联谊会。李昌安、李新民、邢方岭、赵冬辰出席。

（宁定辉）

政法　军事

政　法

【概　况】 2013年，政法委在市委政法委、区委区政府的正确领导下，全面贯彻落实中央、北京市、区政法工作会议精神，紧紧围绕服务保障城南行动计划和“一轴两带四区”发展战略，充分发挥政法维稳职能作用，团结协作、攻坚克难、锐意进取，深入推进平安丰台、法治丰台、政法队伍三大建设，为推动区域经济发展提供和谐稳定的社会环境和公正高效的法治环境。

（于　薇）

【维稳工作扩大会】 2月28日，召开政法维稳工作扩大会，部署政法综治维稳各项工作。区委副书记、政法委书记于长辉代表区委与各单位签订了维护稳定责任书。

（于　薇）

【十八届三中全会维稳安保工作】 10月28日至11月12日，十八届三中全会期间，制定详细工作方案，启动维稳情报战时会商机制和社会面一级防控等级。

（于　薇）

【开放日活动】 4月12日，区委政法委组织公安分局、检察院、法院、司法局、民政局五家政法单位，结合工作特点，举行了开放日活动。政法各单位主要领导、一线干警、区人大代表、政协委员、社会监督代表、学生、社区居民及新闻媒体代表参加了开放日活动。

（于　薇）

【召开专题会】 4月25日，区委政法委召开依法维护区委、区政府机关门前治安秩序工作专题会，明确了区政府机关门前处置非正常上访的工作流程及各部门职责。8月21日，区委政法委组织区公安分局、检察院、法院专题研究非法销售性保健品案件的定性、依法打击等问题。9月27日，区委政法委组织公安分局、法院、检察院、房管局、工商分局等部门协调会，就博雅兴业房地产经纪公司租房纠纷研提处理工作意见。

（于　薇）

【开展专题调研】 年内，由区委政法委牵头，对花乡纪家庙管理委员会、南苑乡石榴庄村、南苑乡分钟寺村、南苑乡新宫村、南水北调暗涵工程卢沟桥村段、宛平北天堂永合庄村、原蒲黄榆大队等7个关系民生、影响重大的群体上访进行了深入调研，分别形成了《关于丰台区群体访的调查分析》总调研报告及7个调研子报告，并以《丰台政法信息》、《丰台维稳信息》的形式刊发。区领导李超钢、顾晓园、衡晓帆、刘宇等分别作出批示。

（于　薇）

【召开防范邪教工作会】 年内，召开防范和处理邪教问题领导小组扩大会，专题部署防范和打击处置“全能神”邪教工作。区委副书记、政法委书记于长辉主持会议并提出要求。

（于 薇）

公 安

【概 况】 2013 年，公安分局在全国“两会”、“十八届三中全会”、“六四”、“七五”、“9·18”等敏感期执行安保务活动 61 次，园博会重大安保，累计投入警力 4.8 万余人次，接转市局 110 报警 30 余万件，抓获各类违法犯罪嫌疑人 11140 人，破案 12948 起，同比上升 8.7%。

（邱 冬）

【完成习总书记参加政协组讨论警卫任务】 3 月 4 日，习近平总书记在俞正声、杜青林、万钢等中央领导同志陪同下，到建银饭店参加科协科技联组会。为确保警卫对象绝对安全和活动的顺利进行，在市局指挥部的领导下，分局成立建银饭店外围及行车路线分指挥部。分局主要领导亲自到场指挥，对现场外围制高点、重点岗位逐一进行了检查，圆满完成警卫任务。

（邱 冬 陶 涛）

【完成中央领导植树活动警卫任务】 4 月 2 日，中共中央政治局全体常委等党和国家主要领导同志，到第九届中国（北京）国际园林博览会主场馆南侧参加第 29 个首都义务植树活动。按照市局警卫工作部署，分局对植树现场外围 400 米社会面、行车路线和紧急备用路线两侧 400 米内的人、地、物、事、组织等进行深入细致的基础调查。在安保过程中，共出动警力 386 人，完成了现场警戒区、控制区、区管界往返行车路线的安全警卫工作。

（邱 冬 陶 涛）

【完成园博会安保工作任务】 第九届中国（北京）国际园林博览是由北京市政府和国家住建部主办，区政府、市园林绿化局承办的园林领域最高级别的国际盛会。分局作为属地安保主责部门勇担重任，本着“提前介入、超前规划，条块结合、同步运行，注重协调、预防为先，明确重点、底线思维”的原则，紧紧围绕开闭幕式、重点活动、节假日和日常运转，严密组织落实各项安保措施。累计投入警力 48247 人次，确保了园博会安保工作万无一失，实现了“大事不出，小事也不出”的工作目标。

（邱 冬）

【治安管理】 年内，治安支队先后开展了“除火患、保平安”专项行动、“打基础、除隐患、创平安”百日专项行动、火灾隐患攻坚整治“铁拳”行动等，累计出动警力 55964 人次，检查社会单位 27982 家，发现火灾隐患 47887 处，督促整改隐患 47322 处，下发责令改正通知书 13199 份，下发临时查封决定书 541 份，“三停” 516 家，罚款 120.47 万元，拘留 219 人。

（邱 冬 陶 涛）

【“5·8”京温商城聚集事件】 5 月 8 日，大红门京温商场发生一起因非正常死亡案件引发的群体性聚集事件，在网上引发热议，成为社会关注的焦点问题。市公安局立即组织开展应急处置工作，仅用 5 个小时就迅速平息事态。共审理嫌疑人 69 人，其中刑事拘留人员 52 人，取保候审 12 人，治安拘留 5 人，已批准逮捕 13 人，移送起诉 20 人。经法院审判，彭松等 12 人被判刑。

（杨 光 暴 静）

【召开“打击侵害公民个人信息案件”新闻发布会】 8 月 10 日，市公安局召开“警方重拳打击侵害公民个人信息案件”新闻发布会。发布会对涉嫌非法获取公民个人信息，严重干扰他人正常生活的特大犯罪团伙情况进行通报。刑事拘留 76 人，治安拘留 200 人，取保候审 15 人。中央电视台、新华社、人民网、光明日报、凤凰卫视等 28 家新闻媒体单位出席发布会，全国近 300 家网站予以转载。

（邱　冬）

【涉网犯罪打击】 年内，结合市局“物流寄递”、“缉枪治爆”、“扫黄打非”等专项行动，依托网吧审计系统，在日常工作中注意搜集、积累各类违法犯罪线索。共受理定位审批表161份，出具现场勘查笔录235份，出现场226起，流转线索122条，共提供准确落地线索配合抓获各类违法犯罪嫌疑人158人，其中刑事拘留215人，治安拘留238人，受理案件较2012年增长12.5%，配合抓获嫌疑人较2012年增长7.9%。

（邱　冬　田　野）

【警务管理】 年内，警务管理专项办公室通过建立制度管理长效机制，利用警务管理专栏、警务管理交流信箱和警务管理工作专刊形式宣传领导指示、推广先进经验做法、通报各类问题、畅通沟通渠道营造科学规范管理氛围。依托第一党支部大会、警务管理周会、席位制单位会商会等平台，扎实推进警务管理工作提高执行力。共印发实用手册5本、刊发学习材料35篇、总结经验做法40条，组织督导检查132次，发现并整改各类问题57件。

（邱　冬　李　竞）

案例举要

【破获韩印超系列抢劫、强奸案】 1月11日凌晨，丰台分局刑侦支队经过缜密侦查和设伏蹲守，成功抓获系列抢劫、强奸犯罪嫌疑人韩印超（男，1975年7月6日生，黑龙江省哈尔滨市阿城市人），当场起获折叠刀、口罩、黑色大衣、自行车等嫌疑人随身作案工具，成功破获2012年12月中旬发生在石榴园地区的5起抢劫强奸案，并经过DNA比对，破获2012年4月至10月发生在哈尔滨的3起持刀抢劫强奸案件。犯罪嫌疑人韩印超于2013年10月28日被北京市第二中级人民法院判处有期徒刑20年。

（赵　雄）

【破获团伙系列抢劫案】 5月2日，丰台分局经缜密侦查，成功抓获犯罪嫌疑人张海洋（男，1985年9月27日生，黑龙江省大庆市人）、王大威（男，1983年7月4日生，河南省驻马店市确山县人），破获张某某团伙以同性恋交友为名的团伙系列抢劫案件10余起。张海洋、王大威于12月5日被丰台法院判处有期徒刑3年6个月。

（赵　雄）

【打掉一个餐馆拎扒犯罪团伙案】 针对辖区内餐馆拎扒案件高发，丰台分局刑侦支队会同市局十二总队，于2013年6月份，先后抓获犯罪嫌疑人时东刚（男，1973年4月26日生）、何佩华（男，1969年10月23日生）、杨剑峰（男，1976年6月26日生）、孟凡胜（男，1973年3月26日生）、张立新（男，1970年2月10日生），均为黑龙江省牡丹江市人，破获餐馆拎扒案件数十起。时东刚等5人被丰台区人民检察院批准逮捕。

（赵　雄）

【破获系列骑摩托车抢夺案】 针对8月份丰台区骑摩托车抢夺案件高发，丰台分局刑侦支队会同刑侦总队、十二总队等单位，于8月28日，成功抓获犯罪嫌疑人张朋（男，1990年2月4日生，安徽省亳州市人）、张辉（男，1988年7月1日生，安徽省亳州市人）、迟卫东（男，1978年8月3日生，河南省沈丘县人）、王刚（男，1986年5月1日生，黑龙江省甘南县人）。现场查获作案工具摩托车2辆，破获案件16起。

（赵　雄）

【破获持刀劫持人质案】 1月10日，在丰台区东大街地铁站附近有一名男子持刀滋事，并引发群众围观。市局副局长姜良栋带领市局相关单位赶到现场指挥营救工作。分局长衡晓帆带领相关处置警力到现场进行处置。经多方协作，在引导嫌疑人倾诉过程中，民警趁嫌疑人杨某起身思想放松时，果断将其持凶器左手控制，并迅速将其制服，将人质安全解救。杨猛被判处有期徒刑5年。

（赵　雄）

【治安支队成功打掉特大诈骗犯罪团伙案】 4月23日晚，分局抽调200名警力，会同治总行动支队对诈骗犯罪团伙实施抓捕，一举将5名主犯、27名团伙骨干，以及33名涉案“黑车”司机全部抓捕归案。现场收缴大量用于诈骗游客钱财的假“乌木貔貅”、“乌木佛牌”等物品，查扣黑旅游车26辆。包括团伙主犯王某某（男，1964年7月出生，北京市东城区人）在内的33人已被刑事拘留，22人被治安拘留，1人取保候审，其他处理9人。

（陶　涛）

【破获销售有毒有害保健食品案】 8月5日至8日，分局经侦大队会同全局34个派出所统一行动，对丰台区部分成人保健店、黑诊所、黑药店及烟酒小卖店（简称“四类小场所”）存在销售“假性药”保健食品犯罪开展专项集中打击，共出动警力352人，打掉“四类小场所”56个，抓获犯罪嫌疑人66人，破获生产销售有毒有害食品案70余起，查获假药470余种、1000余盒有毒有害食品。犯罪嫌疑人尤某某（男，1956年4月出生，黑龙江省庆安县人）、魏某某（男，1954年9月出生，河南省泌阳县人）等15名被我局移送起诉。

（梁　颖）

【破获特大组织领导传销活动案】 8月27日，分局在市局经侦总队的指导下，经侦、预审、法制、网安、督察等部门先期介入，并会同科技园区等12个派出所对已搬至丰台区科技园外环西路26号院7号楼日出东方房地产开发公司魏某某等80余人进行审查。经查，“8·27”特大组织领导传销活动案涉及下线会员8000余人次，涉案金额5亿余元。犯罪嫌疑人魏某某（男，1956年10月出生，湖北省人）等13人被刑事拘留，魏某某等5人被判无期徒刑。冻结犯罪嫌疑人涉案赃款2255.7万元。

（梁　颖）

【破获特大非法经营药品专案】 9月11日，分局经侦大队会同有关单位一举端掉多个在丰台区和河北省保定市利用正规药品经营公司为掩护，对非法回收的药品进行更改批号和包装，向北京市部分医院、药店及外地客户进行销售的犯罪团伙，抓获涉案嫌疑人62人，刑事拘留毛某某（男，1979年6月出生，湖北省武汉市人）、夏某某（女，1979年6月出生，湖北省武汉市人）等27人，现场查获拜糖平等涉案药品50余万盒，价值200余万元。

（梁　颖）

【破获特大系列合同诈骗案】 9月16日，经侦大队会同丰台镇派出所在文体路巨擘达写字楼，将嫌疑人黄某某（男，1965年3月出生，黑龙江省汤原县人）、黄某（男，1957年2月出生，四川省万源市人）、刘某某（女，43岁，吉林省辽源市西安区人，公司财务负责人）抓获并刑事拘留，破获合同诈骗案18起，涉及金额1000余万元。

（梁　颖）

检　察

【概　况】 2013年，检察院共批准逮捕1059件1296人，提起公诉2202件2329人，提起公诉案件有罪判决率达到100%。依法决定不批捕405人，决定不起诉206人。依法惩治抢劫、故意伤害等严重破坏社会秩序犯罪391件422人，突出打击盗窃、诈骗、寻衅滋事、非法行医、涉黄、涉毒、涉赌等多发性犯罪1026件1081人，依法起诉破坏市场经济秩序犯罪300件316人，查办张喜发等涉众型经济犯罪205人，侵犯知识产权和制售假冒伪劣产品犯罪146件148人。立案侦查各类职务犯罪案件26件36人，为国家挽回直接与间接经济损失共计4000余万元。

（孙 锴）

【诉讼监督职能】 年内，通知公安机关立案15件19人，通知公安机关撤案14件。对公安机关移送的案件依法追捕31件37人，追诉漏罪42件46人，提出书面纠正意见15份。与公安机关会签协议，进驻五个派出所和两个侦查大队开展监督。

（孙 锴）

【举办青年检察官学习沙龙】 1月10日，检察院举办主题为“挂职、交流那些事儿”的青年检察官学习沙龙活动。检察长叶文胜、副检察长白世平、政治处主任陈建平以及部分新任中层干部、青年干警代表共50余人参加活动。

（孙 锴）

【市院检察长池强等领导到院慰问干警】 2月5日，市院检察长池强带领有关部门负责人来到检察院对“北京市检察机关践行政法干警核心价值观先进典型”、“北京市政法系统优秀共产党员”马若怡进行慰问，并与院党组成员及各部门负责人进行座谈。

（孙 锴）

【区政法委书记到院调研】 2月5日，区委副书记、政法委书记于长辉及区委政法委常务副书记张旭明来到院检查工作。

（孙 锴）

【主题演讲活动】 3月7日，举行“我身边的铿锵玫瑰”主题演讲活动。区妇联主席姜萍、市女检察官协会专职副秘书长于敏出席活动，干警130余人参加活动。

（孙 锴）

【签订检学共建协议】 3月14日，检察院与北京商贸学校签署《检校法制共建协议》。副检察长白世平出席签约仪式。

（孙 锴）

【区人大领导来院调研】 3月26日，区人大副主任苗华带领区人大内司委委员、部分区人大代表及区有关单位代表到检察院，就检调衔接工作进行座谈。副检察长王晶及相关处室负责同志参加座谈。

（孙 锴）

【园博会义务植树活动】 3月30日，检察长叶文胜、副检察长常青带领部分干警到园博会现场参加义务植树活动。

（孙 锴）

【检察开放日活动】 4月10日，开展题为“看得见的正义”检察开放日活动，党组成员、副检察长艾建国、白世平、常青、马天博，副检察长王晶带领各处室负责人参加。

（孙 锴）

【市院副检察长来院调研】 4月11日，市检察院副检察长甄贞等领导到区就贯彻落实修改后刑诉法情况进行调研。院党组成员、副检察长艾建国和白世平，副检察长王晶及相关部门负责人参加座谈。

（孙 锴）

【举办“关于读书的那些事儿”主题论坛】 4月27日，举办“关于读书的那些事儿”主题论坛，党组书记、检察长叶文胜，党组成员、副检察长白世平、常青，党组成员、纪检组长王森，副检察长王晶出席活动。各部门教培工作负责人及部分青年干警代表参加活动。

（孙 锴）

【会签《关于创新开展刑事法律援助探索的合作协议》】 5月24日，检察院与中国政法大学刑事法律援助研究中心会签《关于创新开展刑事法律援助探索的合作协议》。党组书记、检察长叶文胜，中国政法大学刑事法律援助研究中心主任吴宏耀，党的十八大代表、北京市人大代表、北京致诚农民工法律援助与研究中心主任佟丽华出席会签仪式。

（孙 锴）

【召开新闻发布会】 5月29日，召开“创新检察建议约谈机制”新闻发布会。政治部副主任、组宣处处长焦海涛，该院部分党组成员出席。新华社、中央人民广播电台、正义网、《法制日报》《北京晨报》等11家主流媒体参与报道。

（孙　锴）

【国家检察官学院教授来院授课】5月31日，国家检察官学院教授、科研部主任、《国家检察官学院学报》主编徐鹤喃到检察院，作“调研选题及投稿技巧”主题讲座。

（孙　锴）

【召开交流座谈会】 6月18日，湖南省检察院与市检察院公诉部门交流座谈会在区检察院召开，市院、一分院相关部门负责人出席会议。院党组成员、副检察长白世平介绍了轻刑快审、简易程序出庭等方面工作经验。

（孙　锴）

【市院检察长池强来院指导工作】6月21日，市检察院党组书记、检察长池强到检察院调研，并就依法履行职能、推进检务公开、强化业务学习等提出工作要求。

（孙　锴）

【举行“举报宣传周”座谈活动】6月26日，举行“举报宣传周”座谈活动。党组成员、反贪局局长苏从舜为两家举报有功单位颁发证书及奖品，反贪局和控申处负责人参加活动。

（孙　锴）

【市委政法委、市检察院领导来院慰问干警】6月27日，市委政法委副书记、综治办主任滕盛萍，市检察院党组成员、政治部主任张幸民到检察院，慰问干警马若怡。

（孙　锴）

【召开宣讲大会】 7月1日，召开纪念建党92周年暨“中国梦·检察梦”宣讲大会，全院干警参加。

（孙　锴）

【外省检察院来院参观交流】 7月2日，四川省彭州市检察院副检察长冯欣一行到区检察院交流工作，院党组成员、副检察长艾建国，副检察长王晶出席座谈会。

（孙　锴）

【区委领导到院调研】 7月4日，区委副书记、政法委书记顾晓园，区委政法委常务副书记张旭明，区委政法委副书记、综治办主任姚建国到院调研。

（孙　锴）

【检察理论研究会成立】 7月5日，召开检察理论研究会成立大会。市院副检察长甄贞出席并提出四点要求。党组成员、研究会会员及新入职干警150余人参加。

（孙　锴）

【出版检察理论专著】 7月10日，由党组书记、检察长叶文胜担任主编的《检察机关适用新刑事诉讼法热点问题研究》一书由中华书局正式出版，市院副检察长甄贞为本书作序，60余名青年干警参与撰写。

（孙　锴）

【中层职位竞争上岗工作】 8月19日，完成部分中层职位竞争上岗工作，选拔出10名优秀青年干警担任中层领导职务。

（孙　锴）

【参加第九届国家高级检察官论坛】 8月20至22日，副检察长王晶带队赴大庆参加第九届国家高级检察官论坛并作主题发言。党组书记、检察长叶文胜撰写的《检察权本质属性定位引导检察机关领导体制革新》等2篇论文入选论坛论文集。

（孙　锴）

【召开工作座谈会】 9月3日，市检察机关开展党的群众路线教育实践活动暨贯彻实施刑事诉讼法工作座谈会在区检察院召开。市检察院党组成员、政治部主任张幸民，区人大常委会副主任苗华，区政协副主席李新民和检察院党组书记、检察长叶文胜及24位市区人大代表、政协委员、特约监督员参加会议，副检察长常青主持会议。

（孙　锴）

【高检院控告检察厅来院指导工作】 9月12日，高检院控告检察厅厅长穆红玉带队检查指导区检察院争创“文明接待室”工作情况，检察长叶文胜作专项汇报。

（孙　锴）

【区委常委会听取院专项报告】10月30日，区委常委会专门听取了检察院党组书记、检察长叶文胜关于惩治和预防职务犯罪工作情况的报告。区委书记李超钢充分肯定了所取得的工作成绩，并提要求。

（孙　锴）

【获荣誉称号】 2月26日，区检察院被市检察院、市人力资源与社会保障局授予“北京市检察机关先进基层检察院”荣誉称号；10月，第五次荣获最高人民检察院、检察日报社评选的“年度全国检察宣传先进单位”荣誉称号。

（孙　锴）

【新闻发布会】 11月7日，召开“民事案件申请监督引导机制”新闻发布会。市检察院民行处副处长李新宇，院党组成员、副检察长白世平，部分市区人大代表、政协委员、特约监督员、区律协委员参加，人民网、检察日报等8家媒体参与报道。

（孙　锴）

【学习党的十八届三中全会会议精神】11月15日，召开党组理论中心组（扩大）会议，学习党的十八届三中全会会议精神。党组成员及中层以上干部、处长助理参会。

（孙　锴）

【附条件不起诉观护工作推进会】 11月21日，市检察机关未检部门附条件不起诉观护工作推进会在区检察院召开。市检察院未检处副处长岳慧青，团市委权益部副部长王辉，区检察院党组书记、检察长叶文胜，党组成员、副检察长白世平及全市各分院、基层院未检处负责人参会。

（孙　锴）

【上海市检察院来院进行交流】11月21日，上海市检察院公诉处副处长王震一行到区检察院就轻刑快审工作进行交流。党组成员、反贪局局长马若怡参加座谈并介绍了相关工作。

（孙　锴）

【第三届特约监督员聘任大会】11月28日，召开第三届特约监督员聘任大会，通报特约监督工作情况，聘任27名市、区人大代表、政协委员为新一届特约监督员。

（孙　锴）

【人大代表意见座谈会】 12月10日，会同区法院联合召开市法院、检察院征求市人大代表意见座谈会。市检察院党组成员、副检察长张幸民，市高法党组成员、副院长孟祥出席。区院党组书记、检察长叶文胜，区人大代表联络室主任李军，党组成员、副检察长常青等领导，11名市人大代表参加座谈。

（孙　锴）

【检察开放日活动】 12月10日，举办“看得见的正义”检察开放日活动，区人大代表、政协委员、特约监督员、驻区企业及预防犯罪网络成员单位代表、社区代表以及新闻媒体记者共计30余人参与活动。院党组成员及各处室负责人参加。

（孙　锴）

【检察学会第五届大会】 12月23日，区检察学会召开第五届大会，北京北方车辆集团有限公司、中铁置业集团有限公司等30余家会员单位参加。检察长叶文胜出席会议。

（孙　锴）

【开展联络座谈】 年内，党组成员、副检察长艾建国、白世平、常青，马天博，党组成员、反贪局局长苏从舜，副检察长王晶分别带队到卢沟桥乡、西罗园街道、云岗街道、东铁匠营、和义、马家堡、方庄等街道工委、长辛店镇、南苑乡、王佐镇、花乡，与区人大代表开展联络座谈。

（孙　锴）

司法行政

【概　况】 2013年，司法局设置10个职能科（室），即办公室、法制科、法制宣传教育科、基层工作科、法律援助工作指导科、公证工作管理科、律师工作管理科、社区矫正和帮教安置工作指导科、行政财务科、政工科。下设3个事业单位，即法律援助中心（加挂“148”法律服务牌子）、阳光中途之家和市首佳公证处。辖区内现有16个街道司法所、5个乡镇司法所、115家律师事务所和20家基层法律服务所。125名公务员中，博士研究生1人，硕士研究生8人、未授学位研究生16人；双学士2人；大学本科89人；大学专科9人。30岁以下20人，31岁至40岁56人，41至50岁31人，50岁以上的21人。党员122人。

（张　冉）

【法律服务】 年内，组织律师到驻地66040部队开展了“情系子弟兵，司法进军营”大型法制讲座，2100多官兵通过视频直播参加了授课讲座。对服务社区数量在5个以上的律师都配备了B角律师。参与法律服务的律师达108人，法律服务人员先后3712人次到村居提供法律服务，开展讲座300余场，咨询2560人次、代书及法律援助952人次。行政许可事项54件，一般事项72件，备案类68件。公证处办理公证11796件，其中国内公证5456件，涉外公证6340件。

（张　冉）

【法律援助】 年内，受理法律援助案件共计498件，其中民事203件，刑事293件，行政2件，解答咨询4000余人次。收到锦旗5面，表扬信1封。荣获“首都法律援助十佳窗口”和“市法律援助模范集体”称号。

（张　冉）

【社区矫正和安置帮教工作】 春节前夕购置130份米面油等生活用品，通过司法所走访困难“两类”人员。与区公安、民政、人力社保等部门协调解决“两类”人员实际困难，帮助2名“两类”人员解决落户问题，协助办理临时救助39人次，共计22500元；提供就业信息343条，开展就业指导259人次。与区法院刑庭联合对女性缓刑类社区矫正人员进行了回访。召开社区矫正九周年座谈会，组织阳光中途之家工作人员到北京市女子监狱对丰台籍服刑人员开展帮教活动。司法局、矫正帮教科、大红门街道司法所等荣获“市社区矫正先进集体”7项荣誉，1人被评为“市社区矫正标兵”，17人被评为“市社区矫正先进个人”。

（张　冉）

【司法所建设】 年内，先后投入资金13万元，制作司法所门牌、桌牌、胸牌和上墙公示制度并为第一批五个司法所制作安装了外观门楣。向市局申报了4个AAA级司法所、17个AA级司法所。

（张　冉）

【人民调解工作】 年内，申报创建45个规范化人民调解委员会，投入资金22万元为全区所有调委会配备了统一的调委会标牌、标识、桌签和制度公示栏，重新设计制作了年度调委会工作手册。各级调解组织共达成人民调解协议书4780份，调解民间纠纷13968件，成功13651件，调解成功率97.7%，涉案金额9173万元。其中防止矛盾激化137件，涉及4689人。其中重大纠纷149件，司法确认62件。共计发放补贴39.6万元。

（张　冉）

【开展农民工专项维权行动】 1月29日，区法律援助中心和大红门街道法律援助工作站在赵公口长途客运站开展农民工法律援助专项维权活动，共发放宣传折页600余份，无纺布袋600个，解答群众咨询30余人次。

（张　冉）

【举办“学习调解技巧、保持愉快心情”专题培训】 3月6日，司法局联合妇联，邀请心理保健师丁萍、法制日报社法律顾问刘昱为妇联基层接访人员进行“学习调解技巧、保持愉快心情”专题培训。

（张 冉）

【举办“社区普法总动员”活动启动仪式】 4月15日，司法局联合太平桥街道、慧海天合律师事务所，在太平桥街道三路居社区举办“社区普法总动员”活动启动仪式。通过现场竞答，5名社区居民被聘为首届普法教员。发放宣传材料300余份，解答社区居民涉法问题80余件，收回法律知识问卷150余份。

（张 冉）

【市中小学模拟法庭展示活动现场会】 6月14日，市中小学模拟法庭展示活动走进丰台现场会在赵登禹学校召开。此次活动是上年获模拟法庭市级奖项区县的现场观摩活动，旨在进一步推广中小学优秀模拟法庭教育成果，交流区县法制教育工作经验。

（张 冉）

【法制宣传教育骨干培训班】 9月10日至13日，法宣办举办了法制宣传教育骨干培训班。150余人次参加了培训。培训科学设置《“大普法”格局构建》、《有效人际沟通》、《园博会新闻宣传推广工作经验》、《法宣通讯、信息撰写》等培训课程。

（张 冉）

【“爱老敬老 法惠夕阳”法治文艺慰问活动】 10月24日，法宣办在卢沟桥乡敬老院举办“爱老敬老 法惠夕阳”法治文艺慰问活动。

（张 冉）

【“勤政廉政 为民服务”书画作品展】 10月28日，在区文化馆举行了书画作品开展仪式。区法宣办联合区委宣传部、区纪委、区文化委、区文联共同举办的“勤政廉政 为民服务”书画作品征集活动，收到书画、绘画、篆刻作品230余件，经过专家评审，最终评选出优秀书画作品38副。获奖人员及100余名党员领导干部和群众参观了展览。

（张 冉）

【人民调解员业务知识竞赛活动】 11月15日，区人民调解知识竞赛决赛在区工人俱乐部举行，南苑街道、新村街道、云岗街道、西罗园街道、长辛店镇以及南苑乡六支代表队在初赛胜出的基础上进行了激烈角逐，云岗街道代表队获得第一名。区政协副主席李新民、区司法局党组书记尚保华、区法院副院长王晓艳、区法制办副主任吴雪芳、区综治办副主任王丰霖观看了比赛。

（张 冉）

案例举要

【西罗园司法所洋桥联合调解室帮助农民工讨薪案】 安徽建工集团青临高速项目负责人鲁某与包工头方某在工程款支付方式上发生争议，建工集团扣留款项未付。2月4日，负责人鲁某到北京办事，方某与陈某、李某追至北京某酒店，双方发生冲突，鲁某报警，四方来到丰台区洋桥治安联合接待室寻求解决办法。

调解过程：由于涉及百余名农民工讨薪问题，调解员知道事关重大，马上通知了司法所，并按照法定程序进行调解：逐一谈话，还原案件情况。由于临近春节，为避免矛盾激化，西罗园司法所与联合调解室迅速介入。通过谈话，调解员厘清了案件的基本情况：本案主要涉及四方，安徽建工集团为山东青临高速建设项目的发包方，方某为青临高速二标段工程的承包方，李某和陈某是方某雇佣的工长。二标段工程涉及的合同款为140万元整，根据合同约定，建工集团在1月25日将工程款120万元整交付乙方，年后再将另外的20万元尾款付清。为完成工程，方某雇佣了李某和陈某的施工队伍，工资款分别为3万元和16万元，三方约定该工资款由年后的20万元尾款中支出。1月

25日，建工集团通知方某领取年前的120万元合同款，但为避免出现讨薪的情况，要求方某年前将李某及陈某的款项结清。方某表示需要开会商议，建工集团于是扣留合同款未付。两日后，方某在公司取得一致意见后再次到建工集团领取合同款时，却被告知建工集团因需紧急周转，目前只能支付100万元，方某认为建工集团存心不按合同付款，双方出现纠纷。抓住症结，解开双方心结。西罗园司法所所长与专职调解员对建工集团鲁某及其会计进行了调查询问，通过调查了解到，建工集团在1月25日确实备好了120万元准备支付，因方某提出需讨论决定，这笔款项未支付，又转回账户。年底集团内部各种结算转账频繁，方某再次来讨要合同款时集团暂时无法支付。鲁某承诺目前可以支付100万元，其余的20万需要周转几天，调解员提出周转时间应限制在一周以内，鲁某表示同意。了解症结后，调解员又与方、李、陈三人沟通，告知他们并没有遭遇恶意欠薪，劝解三人以解决问题为出发点，拿到工资大家都过个平安快乐年，不做无理智的纠缠。三人同意。

调解结果：经调解，双方达成协议：建工集团当天以银行转账形式将100万支付给方某，方某收到后也以银行转账方式将陈某、李某的款项结清。建工集团承诺在7日内将剩余20万元支付完毕。四方当天在司法所及调解员的见证下履行了协议。为了使农民工踏实过年，司法所所长联系调解员多次与建工集团沟通。建工集团终于在2月7日将另外20万元通过银行转账方式支付给了方某。

（张　冉）

【东高地司法所民事疏导案】 年初，北京某小区经常见到一名情绪激动的中年女子在四处张贴寻人启事，有时还会到该小区的一户老夫妇家门口吵闹，要老人交出他们的儿子。这名女子叙述，她叫王红（化名），今年38岁，10年前，远在成都开店的她结识了比自己大8岁的北京男人李东（化名），两人迅速坠入爱河，李东说他曾有过一次失败的婚姻，有一个儿子由前妻抚养，未婚的王红对此并不介意，她觉得只要两个人真心相爱，其他都不是问题。她和李东的感情发展迅速，很快确定了恋爱关系，后来分别在成都和王红的老家办了结婚酒席，但一直没有领结婚证。经过四年多的两地分居，王红毅然结束了自己在成都的生意，到北京与李东团聚，虽然李东经常要到外地出差，可她觉得两人的生活安稳而美满，她对未来充满了希望。直到有一天，一个陌生女人的来电打碎了王红所有的幸福，她一点一点地知道，原来李东在和她相识的时候并未离婚，他不仅结过两次婚，还在外面跟好几个女人有交往，10年来李东一直在用各种花言巧语欺骗她，自己居然天真地对他的谎言照单全收，如今李东瞒着自己正在与另一个女人谈恋爱，而且听说就快要结婚了。面对残酷的真相，王红失去了原有的理智，她开始了报复行动，将李东的照片、个人基本情况和欺骗自己的经过制作成寻人启事，在李东家和工作单位附近四处张贴；给李东工作单位的领导打举报电话；隔三差五就到李东的父母家大吵大闹要两位老人交出他们的儿子。李东对王红的指控并不认可，他说自己根本没有欺骗王红，两个人从一开始谈恋爱就是你情我愿的，这几年他和王红经常吵架，他觉得既然大家合不来不如分手，但是王红死活不同意，还要让他赔偿100万元的青春损失费，现在王红没完没了地骚扰他和家人，诋毁自己的名誉，已经严重影响了他们的正常生活，现在临近春节，王红向他父母扬言，过年的时候要给他们家送花圈、骨灰盒，两位老人表示如果王红真敢这么干，他们就拼了命和她同归于尽。李东虽然考虑过通过法律程序解决此事，但他毕竟与王红有这么多年的感情，不愿意与她对簿公堂，希望能够通过调解程序解决此事。了解到这一情况，东高地司法所（街道人民调解委员会）及时展开了调解。司法所长详细听取了双方当事人的叙述，王红和李东均认可两人谈恋爱已有10年，至今没有办理婚姻登记手续，现李东认为二人感情不和、性格不和，想要结束恋爱关系，王红也表示不愿意再与李东这样的人共同生活下去。但是对于分手的原因双方各执一词，王红坚持说李东是欺骗了她的感情，而李东坚决予以否认。调解过程当中，司法所长多次指出，无论如何王红不应采取张贴寻人启事、到李东父母家吵闹等过激行为解决问题，特别是扬言要在春节期间给李东家送花圈等行为，已经侵犯了李东及其家人的合法权益。对此王红态度坚决，她表示自己绝不能就这么算了，她不能接受自己10年的青春、爱情和付出换回来的只有欺骗，更不能面对已近不惑的年纪却没有家没有儿女的现实，她要让李东付出应有的代价，要么李东拿出100万元的青春损失费给她，要么李东全家当众下跪向她道歉。面对王红提出的这种要求，调解根本无法进行下去。司法所反复做王红的思想工作，并多次与社区调解干部开会研究调解方案，大家一致认为，王红多年来对李东一往情深，对这段感情投入很深、付出很多，因此感情失败后受到的伤害和刺激也很严重，她不能接受失去爱人的现实，心态难以平衡，一时因爱成恨，丧失了应有的理智和冷静，做出种种过激行为，要想从根本上化解此矛盾，必须先解开王红的心结。司法所决定采取心理干预的手段对王红进行心理疏导，帮助她接受现实，邀请首都师范大学心理咨询专业教授、心理咨询师杨老师专程上门为其进行心理咨询。杨老师与王红进行了长时间的面对面沟通，悉心倾听王红对其感情经历的想法和感受，分析并找准其心结，创造机会让她充分释放负面情绪、排解心理压力，同时帮助她扭转认识上的偏差、消除偏激思想，从而调整行为模式。咨询过程中，杨老师得知王红的母亲身患绝症，在老家休养身体，很是惦记女儿。于是以此为突破口，劝说王红放下仇恨，应该过年回家看看老母亲，尽尽孝心，让身患重病的老人享受天伦之乐。经过长达4小时的咨询疏导，王红最终放弃春节报复李东及其家人的计划，决定回老家过年，看望母亲。通过司法所工作人员、专业心理咨询师、社区调解干部的共同努力，逐步化解了王红的心结，她表示自己今后的生活才是最重要的，沉浸在对过去的仇恨当中自己也难以得到安宁，她要通过合法协商的方式与李东做一个了结，给双方一个交代，开始新的生活。春节期间，王红回山东老家与家人团聚，李东及其父母也过了一个安稳的团圆年，街道、社区两级调委会共同努力，成功避免了一起感情纠纷的升级和激化，有效维护了地区稳定。调委会还将继续跟进，努力促成双方矛盾纠纷的彻底化解。

（张　冉）

【岳各庄派出所联合调解室调解软管跑水纠纷案】 2012年9月，家住朝阳区的姚女士进行家装，在丰台区某市场黄女士经营的水暖器材店购买了水管零件，其中一根型号为OUTA1欧泰品牌软管，安装在卫生间，与自来水进水管相接，一个月后软管接口突然断裂，导致所有房间进水，木地板、家俱、电器被泡坏，楼下住户楼板被泡，直接经济损失九万多元。她多次与经销商黄女士交涉未果。姚女士随即来到岳各庄联合调解室，请求给予帮助。调解员认真听取双方当事人的陈述及要求。姚女士提出木地板、家俱、电器被损，要求赔偿十万元，同时要求赔偿五万元精神抚慰金。经销商黄女士认为：阀门软管厂家已上保险，保险公司根据保险金额，应赔偿五万元，而经销商没有赔偿责任，并反复强调经销商与生产商的区别。调解员了解了就是争议后，耐心向姚女士讲解赔偿的依据，并根据她提供的购物发票，帮助她精确计算出各项损失的赔偿数额。木地板每平米200元，共购82平米，计1.64万元，沙发3.2万元，电器2万元，墙壁材料费及工钱共计5000元，其他损失2000元，赔偿楼下住户损失1.5万元，约合人民币9万元。关于5万元精神抚慰金，没有法律依据，调解室不支持此项赔偿。姚女士对调解室计算的损失金额表示认可。调解员又向经销商黄女士讲解说：“你虽不是生产商，但你经销的产品出现了质量问题，也要承担一定的法律责任”。按照《中华人民共和国产品质量法》第四十条：售出的产品有下列情形之一的，销售者应当负责修理、更换、退货；给购买产品的消费者造成损失的，销售者应当赔偿损失。第四十四条第二款规定：因产品存在缺陷造成受害人财产损失的，侵害人应当恢复原状或者折价赔偿，受害人因此遭受其他重大损失的，侵害人应当赔偿损失。经过法律的讲解，黄女士也清楚认识到做为一名经销商应负的责任，心服口服，明确表示积极配合保险公司，按姚女士的实际损失照价赔偿。经过四个多月的调查、取证、调解，最后双方达成协议：黄女士赔偿姚女士9万元，保险公司赔偿的部分由黄女士主张权利。2013年3月11日，黄女士在调解室当场履行赔偿义务，现场给付姚女士九万元。

（张　冉）

审　判

【概　况】2013年，法院新收各类案件34083件，同比减少1059件，下降3%；审结31309件，同比减少3831件，下降10.9%；未结4460件，同比增加2774件，上升164.5%。结案率87.54%，同比下降8.27%；调解率20.82%，同比上升1.37%；撤诉率37.54%，同比下降5.41%；法定审限内结案率99.07%，同比上升1.9%；一审服判息诉率87.01%，同比下降2.17%；改判发回重审率0.27%，同比下降0.02%。法官年人均结案122.69件；法院年人均结案75.49件。院庭长结案8441件，占全院审结案件的26.96%，其中庭长办案2319件，占7.41%；副庭长办案6122件，占19.56%。

（王　静）

【刑事审判】 年内，共受理刑事案件2410件2544人，同比分别下降13.6%和21.9%；审结2425件2571人，同比分别下降13.6%和22.0%。其中，判处五年以上有期徒刑225人，适用缓刑和免予刑事处罚786人。检察机关撤回起诉案件6件、变更起诉案件32件，法院变更强制措施、决定逮捕44人。

（王　静）

【民商事审判】 年内，受理民事案件17255件，同比下降12.2%，审结15435件，同比下降21.2%；审结劳动争议案件565件；受理小额诉讼案件4291件，审结3534件，占同期受理的民事案件的24.9%；受理商事案件3705件，同比下降1.4%，审结3070件，同比下降18.6%；受理知识产权案件798件，同比上升13.5%，审结747件，同比上升6.3%。

（王　静）

【行政审判】 年内，受理城建、治安、工商、土地征用等各类行政案件389件，同比上升48.5%，审结379件，同比上升41.9%；受理并审结行政非诉执行案件106件，同比均上升55.9%；促使各方当事人达成和解57件。

（王　静）

【为园博会提供平安保障】 年内，发挥审判职能，助力平安园博。一是成立平安园博领导小组，主动加强与园博会筹备办公室、园博会所在的长辛店镇政府等相关部门的联系，确保司法服务的统筹安排。二是全面排查矛盾隐患，通过案件审查、主动走访等各种途径全面排查园博会及周边可能影响和谐稳定的因素，及时预防矛盾纠纷。三是开通涉会案件绿色审理通道，审结涉会案件60余件，切实做到了快审快结、无重大涉诉信访情况。四是加强与园博会所涉辖区的基层民调组织、司法所、派出所和人大代表、人民陪审员等的通力合作，确保司法服务的拓展延伸。

（王　静）

【启用警务指挥中心】 3月5日，正式启用“丰台法院警务指挥中心”，更好地发挥法院监控系统作用，提高法警大队监控与处理突发事件工作水平。

（王　静）

【签署医疗保障合作协议书】 4月8日，与市红十字会999急救中心签署医疗保障合作协议书，共同设立市红十字会999急救中心驻区法院医疗保障中心。

（王　静）

【市高级法院院长慕平到区调研】 5月15日，市高级法院党组书记、院长慕平到区调研指导工作。法院党组书记、院长王宜生带领党组成员，部分干警代表参加了调研和座谈交流活动。

（王　静）

【举行主题演讲比赛】 6月28日，为进一步加强青年干警队伍建设，增进青年干警对法治“中国梦”重要内涵的理解和思考，为建党92周年献上青春的祝福，法院举行“传递青春正能量 共筑丰法中国梦”主题演讲比赛决赛。

（王　静）

【区委政法委书记顾晓园到院调研】 7月1日，区委副书记、政法委书记顾晓园到院调研指导工作，区委政法委常务副书记张旭明，区委政法委副书记、综治办主任姚建国陪同调研。法院党组书记、院长王宜生率党组成员及部分中层领导参加了调研座谈活动。

（王　静）

【举行依法行政讲师团成立仪式】 7月18日，区依法行政法制宣传教育基地授牌暨依法行政讲师团成立仪式在法院举行。区委组织部副部长肖敬、区法院副院长井振福、区政府法制办主任张悦、区人力社保局副局长刘治国、首都经济贸易大学法学院院长喻中等领导出席了仪式。区处级领导干部研修班全体学员参加了授牌仪式。

（王　静）

【出台“六个不准”规定】 9月9日，出台《关于“六个不准”的规定》加强干警作风建设，包括：一、不准接受当事人及其律师的宴请、请托、钱物以及其他任何形式的请客送礼。二、不准审理与本案当事人及其律师有亲朋、同学、师生、同事等关系的案件。三、不准违反规定过问、干预其他法官正在审理的案件。四、不准参加由当事人及其律师出资的各种非公务活动。五、不准进入有异性陪侍的KTV等娱乐场所。六、不准利用微博、微信等媒体发表与职务有关的、有损司法公正的言论。

（王　静）

【开通官方微博“丰法在线”】 10月8日，正式开通官方微博“丰法在线”。法院党组书记、院长王宜生出席官方微博启动仪式，并点击发布了首条微博。开通两个多月，“丰法在线”通过发布审判信息、司法动态、工作举措等各类信息评论，“粉丝”突破27万人。

（王　静）

【举办新任人民陪审员任命书颁发仪式】 10月16日，在新任人民陪审员任命书颁发仪式上，向新增补的20名人民陪审员颁发了任命书，陪审员总数达134人。是年，陪审员参与陪审、调解、信访化解和执行案件6719件12043人次。

（王　静）

案例举要

【侵害贵州茅台商标权案】 2011年5月18日，执法部门在北京西站西行李房查获标示“百年荣和老窖”白酒一批。该批白酒外包装纸箱有

“贵州荣和烧坊”、“贵州荣和烧坊酒业有限公司”和“GUIZHOU MAOTAI TOWN”等内容。“GUIZHOU MAOTAI TOWN”呈三行排列，其中“MAOTAI”字体大于“GUIZHOU”和“TOWN”字体，产品包装等处也与“贵州茅台酒”文字及图形组合商标近似。原告中国贵州茅台酒厂有限责任公司认为，被告贵州荣和烧坊酒业有限公司是专业的白酒生产企业，在生产的同类产品上却标注他人商标实属严重违法。被告作为具有一定经验的白酒生产机构，具备相应的专业能力，由于原告商标的极高知名度，被告理应具有高度注意义务，确保生产销售的产品不侵权，但被告却没有尽到相应义务，其行为严重侵犯原告注册商标专用权。法院经审理认为，贵州茅台酒厂系第284526号“贵州茅台酒”文字及图形组合商标的注册人，其享有的注册商标专用权依法受法律保护。涉案商品标注有荣和烧坊公司企业名称，荣和烧坊公司亦自认涉案商品系由其委托案外人加工，故认定荣和烧坊公司系涉案商品的生产者。将荣和烧坊公司涉案商品包装盒正面、背面及瓶贴正面装潢与贵州茅台酒厂“贵州茅台酒”商标相比较，两者整体结构相同，均采用三部分主体结构，以铜色线条镀边，各部分的走向和占整体图形的比例亦无显著差别，涉案商品装潢采用的颜色亦与“贵州茅台酒”商标指定颜色基本相同。两者虽在内容标注上反映的具体信息有所区别，但标注的相对位置基本一致，且标注的信息种类亦基本相同，故法院认定涉案商品装潢与“贵州茅台酒”商标在整体上构成标识近似。荣和烧坊公司在涉案商品装潢中间位置用醒目字体标注“百年荣和老窖酒”，并在最下方标注了其企业名称，根据相关公众的一般注意力，不会将涉案商品与贵州茅台酒厂使用“贵州茅台酒”商标的商品相混淆，但“贵州茅台酒”商标被贵州茅台酒厂使用在其酒类商品上，具有极高的知名度，荣和烧坊公司作为酒类经营者，特别是与贵州茅台酒厂地处同一地区的酒类经营者，应熟知贵州茅台酒厂“贵州茅台酒”商标的具体形态。其在涉案商品上使用与“贵州茅台酒”商标整体结构近似的装潢，攀附贵州茅台酒厂商标商誉的意图明显。相关公众虽不会将涉案商品与使用“贵州茅台酒”商标的商品相混淆，或认为涉案商品系由贵州茅台酒厂生产，但极可能误认涉案商品的生产者荣和烧坊公司与贵州茅台酒厂存在授权许可或资本投资等特定关系。故法院认为，荣和烧坊公司在涉案商品上使用与“贵州茅台酒”商标近似的装潢，误导相关公众，侵犯了贵州茅台酒厂“贵州茅台酒”商标注册商标专用权，应承担相应的法律责任。2013年6月24日，丰台法院依法判决，被告贵州荣和烧坊酒业有限公司停止侵害原告中国贵州茅台酒厂有限责任公司第284526号“贵州茅台酒”商标注册商标专用权；被告贵州荣和烧坊酒业有限公司赔偿原告中国贵州茅台酒厂有限责任公司经济损失20万元；被告贵州荣和烧坊酒业有限公司赔偿原告中国贵州茅台酒厂有限责任公司合理开支2万元。一审宣判后，被告提出上诉，二审法院经审理后判决驳回上诉，维持原判。

（王　静）

【张喜发等百余名被告人特大职业认证团伙诈骗案】 2009年10月至2012年4月间，张喜发伙同他人在本市丰台区北大地冶金自动化院中心楼8层、9层及西客站西二货场内，注册成立多家公司、学校，招聘工作人员通过拨打电话与不特定多数客户取得联系，谎称只要交纳高额培训费用参加其公司组织的培训考试，或者只交费不参加培训考试，即可获得国家承认的职业资格证书（包括物流师、建造师、心理咨询师、人力资源管理师等多种职业资格证书），在被害人交纳费用后向其发放从他人手中购买的职业资格证书。张喜发等百余名犯罪集团在上述时间、利用上述方法，骗取380余名被害人钱款共计人民币226万余元。后被查获，当场起获证书930余份，经人力资源和社会保障部职业技能鉴定中心出具证明，证书均系伪造。法院经审理认为，被告人张喜发为实施犯罪伙同他人组成较为固定的犯罪组织，虚构事实诈骗公私财物，数额特别巨大，其行为已构成诈骗罪，根据法律规定对被告人张喜发判处有期徒刑十一年，并处罚金人民币一万一千元；被告人李建民被判处有期徒刑六年，并处罚金人民币六千元；其余被告人被判处缓刑或单处罚金。一审宣判后，被告人李建民提出上诉，二审维持原判。其余被告人均未提出上诉。

（王　静）

【徐竫闻编造虚假恐怖信息案】 2013年3月15日及4月9日，被告人徐竫闻在丰台区马家堡西路30号院7号楼1单元301室等地，为泄私愤报复他人，以李宁的名义进行注册，通过facebook发私信和在facebook留言板上留言等方式，先后2次给新加坡总理李显龙发布含有爆炸威胁的恐怖信息。第一次内容是针对新加坡航空的爆炸威胁，第二次内容是针对新加坡购物中心“狮城大厦”，以及新加坡总统的官邸和办公室、李总理工作办公室的“总统府”炸弹威胁。被告人徐竫闻于2013年6月20日被北京市公安局丰台分局刑事侦查支队抓获。法院经审理认为，被告人徐竫闻故意编造以爆炸威胁为内容的恐怖信息，严重扰乱社会秩序，其行为侵犯了社会管理秩序，已构成编造虚假恐怖信息罪，应予处罚。鉴于被告人徐竫闻能够如实供述所犯罪行，此次犯罪系初犯，认罪态度较好，故对其予以从轻处罚。2013年11月5日，丰台法院以编造虚假恐怖信息罪判处有期徒刑一年。一审宣判后，徐竫闻未提出上诉。

（王　静）

【邓清宇等人利用QQ软件进行网络招嫖介绍卖淫案】 2009年至2012年6月间，被告人邓清宇在丰台区、朝阳区等地，通过身在湖北荆州市各地的吴超、刘涛、陈沙、简敏虾、唐大为等人为其在互联网上发布招嫖信息，为卖淫女黄某某等人介绍嫖客，而后黄某某等人先后在本市丰台区方庄亚胜铂第B座807号、2017号等地进行卖淫嫖娼活动。该团伙以QQ聊天工具为联系纽带，或通过软件搜集QQ号信息发布招嫖广告，或通过购买大量QQ号向数以万计的QQ号发布卖淫信息，卖淫活动取得的非法利益通过网银转账实现瓜分。法院经审理认为，被告人邓清宇为获取非法利益，长时间内伙同他人数次介绍卖淫，情节严重，其行为已构成介绍卖淫罪，鉴于被告人邓清宇有立功情节，根据法律规定对被告人邓清宇判处有期徒刑五年，并处罚金人民币一万元；其余被告人被判处有期徒刑二年至一年不等，并处罚金。一审宣判后，被告人简敏虾提出上诉，二审维持原判。其余被告人均未提出上诉。

（王　静）

社会管理综合治理

【概　况】 2013年，社会管理综合治理工作按照市委、市政府、首都综治委、区委、区政府关于加强和创新社会管理的决策部署，坚持服务大局，坚持以群众路线为主导，以基层平安创建活动为载体，以夯实社会管理基础、开展社会秩序整治为两条主线，紧紧围绕园博会、环境秩序建设等中心工作，强化维护安全稳定第一政治责任意识，各成员单位和街道乡镇加强条块结合，既分工负责，又团结协作，积极进取，奋力开拓，维护了社会安全稳定和谐的局面。

（梁　超）

【第一次全体（扩大）会议】 1月17日，在圣地苑宾馆召开综治委（流管委）第一次全体（扩大）会议。区委常委、区公安分局局长、区综治委副主任衡晓帆主持会议，区综治委委员、街乡镇综治委主任等100余人参加了会议，区委副书记、政法委书记、综治委主任于长辉作了重要讲话。

（梁　超）

【全国“两会”安保工作】 3月26日，区委书记李超钢做动员部署工作讲话，区委副书记、区长冀岩主持动员部署会议，区委副书记、政法委书记、综治委主任于长辉做形势分析。区委书记李超钢，区委副书记、区长冀岩带领各部门有关人员到四川人大代表团驻地（大成路九号）和科技科协界委员驻地（建银饭店）及其周边地区进行实地检查。

（梁　超）

【张贴提升群众安全感倡议书】 3月22日，21个街道乡镇360个社区村发动社区工作者和志愿者将20万份倡议书张贴到33575个楼门院门以及各类宣传栏、社区村办公场所、便民办事场所等显眼位置。区综治办4个督查组深入街乡镇、社区村督查倡议书张贴情况。

（梁　超）

【第二次全体（扩大）会议】 3月10日，综治委第二次全体（扩大）会议召开。区政协副主席、综治委副主任李新民主持会议，综治委成员单位主要领导，街乡镇综治委主任、综治办常务副主任参加会议，区委常委、副区长、综治委副主任刘宇作了重要讲话。

（梁　超）

【召开流管工作总结大会】 3月11日，区流动人口和出租房屋管理服务工作会暨上年总结表彰会召开。会议由区委政法委副书记、综治办主任姚建国主持，各街乡镇主管领导、综治办主任、流管办主任，各派出所所长及先进流管工作者、优秀管理员、先进流管服务站代表参加会议。

（梁　超）

【召开园博会社会面防控动员部署会】 3月22日，加强园博会社会面防控工作动员部署大会召开。区委政法委副书记、综治办主任姚建国主持会议，区信访办、区公安分局、区交通支队、区园博安全保障部领导及相关职能部门、各街乡镇综治办常务副主任参会。

（梁　超）

【第四届民兵、治安巡防队练兵比武活动】 5月8日，区第四届民兵、治安巡防队练兵比武大赛在武警丰台支队举行。区人大、区政协、区法院、区公安分局、区财政局、区人力社保局、武警丰台支队等单位，各部门及街道乡镇主管综治工作的领导莅临指导，社区（村）居民代表和民兵、巡防队员代表到现场观摩。区委政法委副书记、综治办主任姚建国主持大赛。区委常委、区人武部部长、本届比武领导小组组长朱继明向参赛人员致辞。区政协副主席、综治委副主任李新民代表区领导作了重要讲话。

（梁　超）

【园博会社会面防控再部署】 5月14日，区综治办会同长辛店镇、长辛店街道、宛平地区、卢沟桥乡一起对园博园周边社会面防控工作细节进行会商和部署。

（梁　超）

【建立“十二联”机制】 5月16日，综治办邀请石景山、门头沟区综治办和相关街道（镇）、社区（村）在长辛店镇召开园博会社会面防控和社会秩序整治跨区合作协商会。经过协商，三区三级审议通过并签署了《园博会周边社会面防控和秩序整治备忘录》，建立了“十二联”机制。

（梁　超）

【集中销毁黑车】 6月20日，区治理黑车领导小组办公室举行了三大秩序治理黑车专项行动“黑摩的”销毁仪式，对576辆“黑摩的”进行集中解体销毁。区委政法委副书记、综治办主任姚建国下达命令、区公安分局、交通支队、交通运输执法七大队、城管大队、南苑乡的主管领导和各部门代表参加了仪式。

（梁 超）

【地下空间综合整治】 7月6日，区委常委、常务副区长高朋带队对马家堡地区人防工程实施联合执法，区民防局、公安分局、消防支队、工商分局、房管中心、马家堡街道等部门参加了执法。

（梁 超）

【群防群治力量建设】 9月26日，综治办组织21个街乡镇130名巡防队员代表、198名治安志愿者代表在社区学院开展培训考核活动，检验街乡镇、社区村开展日常学习培训的效果。

（梁 超）

【旧机动车市场周边秩序整治】 11月7日，启动北京市旧机动车交易市场周边综合秩序整治。综治办会同公安、交通、城管、工商、交通执法七大队及花乡、新村街道，成立了旧机动车交易市场周边秩序整治指挥部，组建了两个综合执法组："路面秩序整治组"和"经营秩序整治组"。针对北京市旧机动车交易市场周边存在的"车虫"招手揽活儿、机动车违法停放、场外旧机动车交易等路面秩序问题和市场周边存在的商户无照经营等问题，开展不间断的执法整治。

（梁 超）

【十八届三中全会社会面防控工作】 11月5日，区委副书记、政法委书记顾晓园在右安门街道综治维稳中心，听取部分街道、部门落实10月31日全区十八届三中全会安全稳定部署会情况。区综治办、信访办主要领导，区公安分局主管领导，方庄地区、东铁营街道、大红门街道、西罗园街道、右安门街道、太平桥街道工委书记，分别就三中全会安全稳定落实情况、社会面防控以及突出的问题进行了汇报。11月7日，市委督查组到区检查党的十八届三中全会社会面安全稳定工作，先后到永善社区、北京南站地区等实地查看群防群治工作。

（梁 超）

【综合治理创新研究基地正式启用】 12月2日，设在区综治办的研究基地正式启用，首批选派的5名研二在校生来到区综治办，正式开始了为期6个月的研究实践活动。

（梁 超）

【启动房屋违法出租治理行动】 12月5日，区委常委、副区长刘宇宣布房屋违法出租问题治理工作正式启动。主要采取以下四项措施：一是搞好调查摸底，建立工作台账。二是明确主体责任，规范出租行为。三是从重从严打击非法出租行为。四是部门密切配合，广泛发动群众。

（梁 超）

【"封闭式"联合执法】 12月6日，组成联合执法队分南北两路对四合庄西路的车虫开展"封闭式"清理整治行动。民警依法对78名车虫进行了现场核录，其中3人被带回派出所进一步审查，核查机动车52辆，依法暂扣4辆。

（梁 超）

【市领导到区调研】 12月11日，张延昆副市长等领导来到区，对房屋违法出租治理工作进行调研。高峰副区长就区房屋违法出租治理工作的具体情况、阶段进展、取得成效、存在问题以及下一步工作思路作了具体汇报。

（梁 超）

【行业平安创建】 年内，区综治委将平安创建工作纳入综治重点工作目标，实行项目化管理。制定下发《关于深入开展基层平安创建活动的实施方案》，明确职责，统筹协调各街乡（镇）、各部门开展"平安单位"、"平安医院"、"平安校园"、"平安商（市）场"、"平安旅游景区""平安边界"、"平安网站"、"平安工地"、"平安家庭"、"平安流动人口之家"平安创建工作。

（梁 超）

【综治队伍建设】 年内，开展了治安志愿者星级评定工作，认定一星 16087 人，二星 12859 人，三星 8760 人。落实群防群治队伍实名制管理，治安志愿者 61017 人。对治安志愿者、专职巡防队员、安全稳定信息员等各类力量开展教育培训 48856 人次。

（梁　超）

【技防物防建设】 年内，科技创安图像系统共建设监控探头等物技防设施 389 件（套），安装门禁系统 900 套，各类技防设施正常运行率达到 98%以上。方庄地区加装摄像、门禁共 400 余处。

（梁　超）

【重点部位治理】 年内，会同公安、工商、商务、城管、消防、交通、安监、文化、卫生、药监等执法部门多波次多项目的专项行动，出动各种执法力量 5900 余人次，共查扣各类黑车 3119 辆，其中黑摩的 1039 辆，电动 1566 辆，人力 514 辆，行政拘留 81 人，刑事拘留 4 人；获非法散发小广告人员 143 人；清理取缔侵街占道无照游商 1150 人；开展雨季沿线危树清理修剪 900 棵。

（梁　超）

【开展帮扶工作】 年内，区综治委部署开展了第三轮帮扶工作，区综治办组织 21 个街乡镇申报社区村联系点 42 个，确定了 33 个帮扶单位。

（梁　超）

【综治宣传】 年内，在《丰台新闻》播发综治相关新闻 30 余条；《丰台报》刊登综治类相关稿件 20 余篇；刊登 30 余篇稿件在有线电视设置“平安驿站”专栏；在“政法综治网站”设置“群众互动”专栏。

（梁　超）

【社区网格化建设】 年内，在 16 个街道共划分 981 个网格，配备“网格员”9600 余人，配发电脑 307 台，PDA 无线终端 1285 台，5 月试运行。累计案卷流转 188318 件，办结 181948 件。

（梁　超）

【村庄社区化服务管理体系建设】 年内，为 35 个自然村投入资金 110 余万元，安装探头、门禁、爆闪等物技防设施 672 个，整合联防、保安、流动人口协管员共计 1700 人参与村庄防控工作。

（梁　超）

交 通 管 理

【概　况】 2013 年，交通支队共接各类警情 373380 起（不含 110 及局中心直接布控的警情），回访 3733380 起，群众满意率为 100%；利用电视监控系统直接发现问题 19345 起，其中事故　12045 起、车辆故障 4380 起、拥堵 2920 起；各级领导上路指挥 6325 人次，发布指挥调度指令 6.7 万余次。利用科技手段非现场执法 32.0207 万笔。加特勤警卫任务 1331 次，其中一级勤务 24 次、一级疏导勤务 240 次、二级勤务 104 次、二级疏导勤务 425 次、三级勤务 11 次、三级疏导勤务 303 次，支队共出动警力 13597 人次，警车 6419 辆次。民警共现场处理各类交通违法行为 19.9135 万笔，货车现场查获各类违法 7.2951 万笔，酒后驾车 1224 笔，涉牌违法 8993 起。

（岳　娟）

【组建长辛店中队】 6 月 24 日，成立长辛店中队。设有办公室、警区、园博交通指挥中心。共有正科级领导 2 人、副科级领导 1 人，民警 38 人。管控范围东至卢沟桥新桥东桥头，西至门头沟戒台寺口，北至石景山漫水桥以南，南至京周路京港澳高速路跨线桥以北，辖区面积约 83 平方公里。主要包含：长辛店、云岗、王佐以及太子峪部分地区。

（岳　娟）

【园博园交通保卫】 5 月 18 日至 11 月 18 日，第九届中国（北京）国际园艺博览会在永定河畔举行，增设园博园指引标志175面及停车场指引标志68面、门区引导牌50面；便道各类护栏约20公里，便道桩100余根，爆闪灯70个，完善各类警示标志200余面；结合道路交通实际情况，调整渠化10余处，施划复划标线10余公里，施划园区内部停车泊位100余个；新增电视监控38处，闯红灯监控设备58套，超速监控设备8处，共完成一级勤务4起，二级勤务17起，三级勤务60起，照顾勤务400余次，处理各类122报警九千余起，其中包括事故五千余起，现场处罚各类违法行为4000余起，纠正各类违章5000余起，静态交通整治2000余辆车，查获并移交卢沟桥大队非司机违法5人，协助城管部门开展渣土车整治100余次，保证了50余万车辆、6666余万游客安全出行。

（岳　娟）

【三大秩序整顿】年内，在组建18支“3+4”综合整治小组基础上，共组织“摩的残三”联合执法136次，查扣“摩的残三”1756辆，共解体1723辆，拘留无证驾驶人员235人。排查违法指路标志245处，约谈设置非法指路标志商家8家，递发《责令排除妨碍通知书》25份，自行拆除违法指路标志18处，联勤办统一拆除违法指路标志175处，“拔杆拔钉”18根。开展了“中国式过马路”行人违法行为整顿、工程机械车专项整顿、“睡眠车清理”、渣土运输车专项整顿等活动，组织酒后夜查行动98次、涉牌涉证集中治理52次、货车专项整治行动45次。完成管界内80条道路8400余个合法路侧停车位的车位编码设置工作。并对原有85处364个出租车专用车位进行复划，新增26处62个车位。同时设置出租车扬招站70处。年内，现场处理各类交通违法行为1609094笔，货车现场查获各类违法54722笔、酒后1108笔、涉牌违法7896起。

（岳　娟）

【设施优化】　年内，增设调整各类交通标志320面，各类护栏58公里，便道桩800根，复划各类标线60公里，划减速带3公里、增设爆闪警灯15处、增设调整固定式非现场设备30套。完善两会驻地周边交通设施：大成路九号门前双向安装便道护栏约800米，东口导流线安装机非护栏约200米，同时修复完善部分机非护栏，复划路段磨损标线，在周边路口安装禁货措施指示牌6套；建银驻地西门前安装活动便道桩30根，北门前复划人行横道2处，清除地面停车位17个，周边路口路段安装禁货指示牌18套。结合道路条件，调整内部道路渠化，确保畅通。调整南站幸福路西口导向车道、京港澳高速阀东桥西进出口改造、海户西口、阀东桥下等20处路口渠化调整工作，提高了道路通行能力，缓解了拥堵。完成了望园地区5条道路以及顺五条等道路单行单停工作，打通了道路内部微循环工作。三是结合道路现状，做好事故预防工作。在榴乡路、四环路等事故多发路段施划减速带达10余公里，对大红门路、南顶路、卢沟桥路等20余条复划标线50余公里以规范车辆行驶。508南苑路京温服装市场周边道路，增设护栏2500米，标志40套，消能桶11个，安全岛2组，人行横道桩10个；保洁护栏15公里，标志400面；施划标线7.3公里，车位106个；清除标线7公里，私设非法车位325个；增设信号灯2套，过街灯1套。在京周路赵辛店公交车站、北岗洼公交车站、六里桥南里西辅路等地点增设人行横道11处，完善人行横道指示及警示标志38面。

（岳　娟）

【执法大厅对外服务】　年内，执法窗口共处罚各类非现场违法行为318686起，处理超过规定时速50%以上违法行为4125起（吊销驾驶证25起），接待被套牌案件1010起，套牌立案281起，结案253起，接待各类疑难问题13000余起，抓获使用假证拘留3起，收到各类表扬 25 次，锦旗一面。协警录入非现场违法数据 5123132 笔。办理客车通行证 129 张、货车通行证 449 张，班车证 1126 张，办理剧毒化学品运输证 7 张。

（岳　娟）

【安监执法】 年内，发放限期改正通知书 4383 份；发放禁止机动书上道路行驶通知书 3474 份，禁止机动车上道路行驶 4617 辆。约谈发生严重违法行为、违法超标和安监亡人事故单位 5 次；召开公开处理现场会 6 次；向发生严重违法行为、违法超标和安监亡人事故单位发放“黄牌”警告 12 次。

（岳　娟）

【春运交通安全工作】 年初，在六家长途客运站设立固定宣传站，悬挂春运交通安全宣传横幅 130 条，投资制作、摆放宣传展板 300 块，播放交通安全宣传教育片累计 836 场次，发放公安部 123、124 号令及春运客运驾驶人宣传材料 5 万多份，累计检查出站长途客运车辆 3538 辆次，面对面教育驾驶人 4538 名，受教育群众 10 万多人次。对驻区 6 家长途客运站实施了 24 小时严看死守，春运 40 天，6 家长途客运站共进、出班次 94229 班，运送旅客 178.9 万人次无重大交通死亡事故。

（岳　娟）

【车管站对外窗口服务】 是年，车管站窗口办理临时牌照 23520 件，进京证 7298 件，驾驶证降级 8534 件，驾驶证变更 4172 件，驾驶证换证 42817 件，办理残摩 108 件，年审 10383 件，外埠客车证 5559 件。共计办理各项业务 105542 手续件，接待咨询群众 12000 余人，其中，由值班站长接待群众 60 多人次，化解矛盾 45 起。

（岳　娟）

【多媒体宣传报道】 年内，在电视媒体、平面媒体、广播媒体、网络媒体等 50 多家新闻媒体上刊播队伍形象类、执法类、交通安全宣传类、便民服务类等新闻 1200 余条。

（岳　娟）

【7 座以上客车监管】 年内，对 7 座以上客车进行检查登记，共走访辖区单位 7426 家，登记有 7 座客以上客车单位 703 家 4338 辆。其中公交客运单位 1 家运营车辆 1566 辆，省际长途客运 1 家 3 辆，旅游客运出租企业 5 家大中型客车 462 辆。社会单位 696 家 2307 辆。私人大客车 253 辆，有校车学校 5 所 21 辆。并建立了区、街乡镇两级监管基础工作档案，定期更新 7 座以上客车档案信息。

（岳　娟）

【逃逸事故侦办】 年内，上网立案逃逸事故 40 起，其中亡人逃逸事故 3 起，处罚完毕；伤人逃逸事故 28 起，已破 26 起，处罚完毕 20 起；财产损失逃逸案件 9 起，已破 9 起，处罚完毕 8 起。

（岳　娟）

军　事

人 民 武 装

【概　况】 2013 年，人武部深入学习贯彻十八大和习主席一系列重要讲话精神，紧紧围绕强军目标和“三个特别”建设要求，按照“统筹全局、抓住关键、突出重点、稳中求进”的基本思路，上下齐心协力，扎实工作，圆满完成了各项工作任务。在《解放军报》、《战友报》头版、《国防报》等 8 家军内外新闻媒体进行了宣传报道。北方车辆集团国营六一八厂民兵应急连被评为北京市民兵预备役基层建设先进单位。

（姜习全）

【支援园博园建设】 从 3 月 19 日至 5 月 4 日，圆满完成保障中央领导园博园植树、平原造林启动仪式、园博园后期植树绿化和土地平整、渣土清运等任务。共组织出动部队官兵18000人次，乡镇（街道）和企业民兵2200人次，动用车辆装备620余台次，植树10万余株，造林面积3000余亩，平整土地280余亩，铺设草皮15000平方米，拉运渣土、填埋土方8000立方米，铺装地转20000平米，运送和安装园博园志愿者床铺300余位、发放服装10000件套。

（姜习全　张宝忠）

【军事训练】 4月20日至5月12日，组织民兵应急分队138人在618厂集训，并参加市民兵应急分队授旗仪式以及队列、盾棍演练竞赛，取得了组织点验第二名的好成绩。6月，组织民兵应急分队路口布控、拆除障碍物，协助大型军事装备外运。7月，组织民兵防汛分队参加北京市委常委“军事日”汇报表演暨防汛科目演练，被评为“训练先进单位”。

（姜习全　张宝忠）

【民兵应急力量建设】 年内，调整民兵整组方向，规范民兵营连部建设，配备完善装备器材。通过统一标准、试点先行、检查评比等方法，有效提高了民兵编组的系统性和科学性。结合民兵训练，着眼应急支援任务，重点抓了花乡、南苑乡、卢沟桥乡的民兵反恐维稳应急分队，长辛店镇、王佐镇的民兵防汛抢险应急分队，右安门街道、马家堡街道的民兵消防、燃气、供水抢险救援分队的训练，促进了民兵应急分队专业应急能力的明显提升。5月份，结合支援园博园建设任务，对民兵应急分队进行了授旗拉动，检验和提高了民兵应急分队的应急应战水平。

（姜习全　张宝忠）

【召开民兵工作会议】 3月1日，召开民兵工作会议，区委、区政府和区人武部及区属各街道（党）工委、乡镇党委书记、主管武装工作的有关领导和驻区企事业单位、高校人武部部长等300多人参加会议。区人武部政委金岩主持会议。卢沟桥街道和太平桥街道武装部长分别作了党管武装工作述职，会议传达了北京市民兵预备役工作会议精神，区人武部部长朱继明总结了上年度民兵工作，对是年度民兵工作作了部署，通报表彰了上年度民兵工作先进单位和先进个人。区委书记、区人武部党委第一书记李超钢对“年度如何加强国防后备力量建设”作了重要讲话。

（姜习全　张宝忠）

消防安全工作

【概　况】 2013年，消防支队按照市局、总队和分局统一部署，先后部署开展了“除火患、保平安”专项行动、“打基础、除隐患、创平安”百日专项行动、火灾隐患攻坚整治“铁卷”等行动，对辖区7741个消火栓进行了维护和保养。发生火灾393起，直接财产损失4014316元，无人员伤亡，火灾起数、直接财产损失同比分别上涨23.58%和125.86%。

（王　蕊）

【隐患整治】 年内，对商品批发市场、农贸市场、快捷酒店、歌厅、商场超市等人员密集场所和易燃易爆单位进行了全面检查，对7个重点敏感地区进行了深入调研、摸排。各专项行动期间，累计出动警力55964人次，检查社会单位27982家，发现火灾隐患47887处，督促整改隐患47322处，下发责令改正通知书13199份，下发临时查封决定书541份，“三停”516家，罚款120.47万元，拘留219人。开展普通地下室和人防工程专项综合整治行动，检查416次，出动警力832人，发现隐患723处，当场整改664处，罚款17.5万元，腾退关停21处。

（王　蕊）

【园博会消防安全保障】 年内，驻园博园消防安保运行团队先后开展调研79次，制定灭火救援及反恐处突工作方案 10 份，区域性作战方案 1 份，制定永定塔、主场馆、园林博物馆等场馆预案 70 份，实地演练 200 余次；开展消防安全培训 43 次，消防宣传 56 次，发放消防安全知识手册 50000 余份，进行安全提示 2000 余次；对园内重点单位、场所累计检查共 108 家，发现火灾隐患 236 处，督促整改火灾隐患 218 处，下发责令整改通知书 92 份。消防安保运行团队累计出动警力参加执勤保卫 5000 余人次，车辆及器材测试 200 余次，先后完成开闭幕式、十一黄金周、全国科普日、驻华使节招待会等一级勤务 7 次、二级勤务 34 次、三级勤务 87 次、夜场勤务 24 次，成功处置“4·17”和“6·23”两起井下人员被困事故，救出遇险群众 6 人。

（王　蕊）

【完善社会化消防管理】 年内，推进消防监督员“五到位”工作法、“驻街制”和“网格化”管理工作。支队 51 名消防监督员到各街乡办公，21 个第三级防火安全委员会办公室、358 个消防工作室、2855 个楼门长已全部组建完毕并投入工作。

（王　蕊）

【提升党建科学化水平】 年内，支队创建“五位一体”工作模式，强化党委引领，一次性落实支队党委、10 个基层中队党支部“政治主官任书记”制度，并研究出台《支队党建工作三年规划》、《支队党建工作实施意见》、《支队党委议事决策实施细则》等文件；规范组织生活，下发了《政治工作实用手册》、《党建工作实用手册》，拍摄了《支部 7 项组织生活演示片》等，实现所属 14 个党支部、50 个党小组、357 名党员组织生活全覆盖。

（王　蕊）

【消防基础建设】 年内，为参加正规化验收，投资 73 万元用于长辛店、五里店中队消防基础建设；投入经费 88 万元，用于日常通信网络服务和各类设备的购置、维修；为基层中队申领并配发了小南风 400 兆手持台 150 部，发放 POC 手机电台 22 套、移动指挥终端 10 套；为临时消防站和执勤官兵配发了无线手持台、耳机、充电器等通信设备 96 件套，为指挥部和临时消防站配发了 2 部 3G 图像传输终端，以及摄像机、三脚架等设备；完成了支队的三网改造工程，配合丰台分局，为支队更换了网络交换机，并完成了对各部门、中队网络的调试工作；投入 5.4 万余元，完成大红门中队的通信室建设，及时为中队接入了公安信息网、接警调度网、互联网，按时完成了设备的迁移、安装和调试等工作；完成了支队 400 兆电台的改频入网工作，共改频 400 兆电台 598 部；举办了 3G 火场图像传输、跨区域通信保障培训等培训班 2 期，培训官兵 70 余人次。

（王　蕊）

【卫生防病保障】 年内，开展伙食管理工作检查 16 次，进行巡诊和卫生防病检查 12 次，投入经费近 10 万元组织支队官兵进行健康体检，购买近 6 万元药品，配发各类药品共计 1200 余件，接诊 700 余人次，转诊 150 余人次。配合总队地震救援工作，为救援组提供医疗保障，及时补充药品，并对地震救援医疗组人员进行急救常识培训。

（王　蕊）

【情报信息工作】 年初，支队在 58 个大网格招录火灾隐患情报信息员 31 名，其中 15 名通过培训考核，上报火灾隐患信息 16 条，经监督员核查属实率 100%。共办理区人大代表、政协委员提案 3 件。

（王　蕊）

【联合多部门排查校园消防安全隐患】 1 月 22 日上午，支队联合公安分局、教委等部门组成联合检查组，对北京首都经贸大学的消防安全工作进行全面排查。联合检查组对首都经贸大学的办公楼、教学楼、图书馆、宿舍、食堂等部位进行逐一查看，重点对消防设施是否运行正常、安全出口和疏散通道是否畅通、消防安全管理组织和各项安全制度是否建立健全，师生、员工的应知应会掌握，学生宿舍是否存在使用“热得快”、电熨斗、电热毯、电暖气等大功率用电设备的问题及开展灭火疏散演练等情况进行了检查，并重点对寒假前消防安全提示教育情况进行检查。

（王　蕊）

【开展灭火疏散演习】 3月31日，大红门服装商贸城举行春季灭火疏散演习。消防支队、区安监局、大红门派出所、及市场主管部门领导到现场进行观摩，演习中疏散市场员工600余名，出动企业专职消防队消防车1部、消防摩托车4部。

（王　蕊）

【看丹义务消防队揭牌仪式】 6月30日上午，花乡举行了看丹义务消防队揭牌仪式。支队古丙文支队长，花乡党委书记李智、乡党委工会主席张维良等相关领导和花乡下属企业、各村党政领导及基层人员共200余人参加了揭牌仪式，花乡党委政府拨付65万元专项保障资金。

（王　蕊）

【生命通道体验活动启动仪式】 9月4日上午，“全国消防安全教育示范学校”命名暨教育系统“生命通道体验”活动启动仪式在区第五小学隆重举行。区教委牛玉春副主任、支队王克新副支队长等领导出席活动。区各中小学校主管消防安全工作副校长及相关责任人和丰台区第五小学近2000名师生参加了主题活动。

（王　蕊）

【消防安全疏散演练】 11月15日，支队联合区卫生局在中国航天科工集团七三一医院举行了火灾逃生疏散演练。中国航天科工集团、区卫生局、云岗街道办事处等相关部门领导观摩演练活动。

（王　蕊）

【扑灭园博园永定塔火灾】 4月8日15时08分，园林博览会在建工程永定塔及周边裙房发生火灾，总队119指挥中心接到报警后，先后调集丰台、海淀、石景山、门头沟、大兴、顺义、昌平等7个支队的16个中队及战勤保障大队，共54辆消防车、320余名官兵赶赴现场处置，并调集区政府专职消防队、市政环卫20辆洒水车到场协助处置。19时15分，火灾被彻底扑灭。此次火灾过火面积1500平方米，未造成人员伤亡，成功保住了主塔90%部分及西侧群房。

（王　蕊）

【营救园博会三名被困工人】 4月17日，支队园博会临时消防站接到支队指挥中心命令，位于园博会鄂尔多斯园东南侧的一电缆井中有3名施工工人被困井下中毒昏迷。14时20分，园博会临时消防站救援官兵第一时间到达现场展开救援，仅用4分钟，三名工人被成功救出。

（王　蕊）

【扑灭鑫海鞋城火灾】 10月24日，南苑乡大红门鑫海鞋城发生火灾。接到报警后，总队119指挥中心先后调集大红门中队、右安门中队、方庄中队、程庄路中队、石榴庄中队、北大地中队、西罗园中队、十八里店中队、红庙中队、府右街中队、狼垡供水中队、古城中队以及总队全勤指挥部、丰台支队全勤指挥部、朝阳支队全勤指挥部共12个消防中队和3个全勤指挥部，50部消防车、200余名官兵赶赴火场进行处置，同时调集12部环卫洒水车参与供水工作。

（王　蕊）

民防工作

【概　况】 2013年，民防局以人民防空军事斗争准备为牵引，以强化干部队伍思想建设为根本，以人防工程清理整治为主线，齐心协力，共克时艰，坚决消除人防工程安全隐患，继续拓展人防工程公益利用内涵，不断提升民防社会救援保障能力，积极扩大民防宣传覆盖面，干部队伍建设得到加强，精神面貌焕然一新，各项工作步入正轨，重要实事成效显著。

（郑建丽）

【清理整治出租屋】 年内，清理100处散租住人人防工程，关停108处，清退房间4429间，动员搬出居住人员7275人。

（郑建丽）

【防汛工作】 年内，汛前对600余处人防工程开展拉网式检查。根据汛情预警种类，组织备勤9次，参加备勤人员累计207人，车辆27台次。针对49处早期人防工程，进行了重点检查，回填4处，加固2处，对首钢通用机械厂厂区内的早期工程，进行报废回填处理。在丰益花园2号楼进行了人防工程防汛抢险救援暨人员疏散演练。指导各街乡镇共进行大小防汛演练25次，参演人员700多人，观摩人员达2200多人。

（郑建丽）

【人防工程安全管理】 年内，出台了《冬春季人防工程火灾防控专项行动方案》、《“除火患、保平安”人防工程冬春专项行动方案》文件。开展了人防工程“打基础、除隐患、创平安”百日专项行动。检查人防工程1000余处，出动检查人员1200余人次，发放检查文书137份，发现并消除火灾隐患72处，发放宣传信3000余份，组织联合执法31次。

（郑建丽）

【为民办实事项目】 年内，投资近2千万元，在15个街乡建设了街道级指挥宣传中心、社区级活动中心31处。

（郑建丽）

【参加市人防系统训练比武竞赛】 年内，积极参加国家人防办组织的全国首次人防系统训练比武竞赛，取得了团体第一名的优异成绩，荣获北京军区授予人防训练比武先进单位，刘涛局长荣获“六通”型领导干部，有三位选手为北京市获得北京军区第一名做出了贡献。

（郑建丽）

【防空防灾知识宣传】 年内，在国际民防日社会宣传活动周和“防灾减灾日”分别开展了“防灾从普及知识做起”和“识别灾害风险　掌握应急技能”为主题的宣传活动，开放了四个民防指挥宣教中心，社区电子显示屏滚动播放民防知识；在街头发放各种宣传资料约14000份、展示宣传展板150块、宣传海报4200份。参加幸福生活讲师团活动，选派8名工作骨干到右安门、大红门等街道21个社区进行宣讲活动35次。在丰台第五小学为全校师生1000余人进行以“识别灾害风险，掌握应急技能”为主题的宣讲活动。制作电视专题片《利剑出鞘斩顽疾—区人防工程综合整治工作纪实》。

（郑建丽）

【干部队伍建设】 年内，组织了对信息中心主任、副主任和宣教科科长的岗位进行竞争上岗，通过公开、透明的竞争方式选拔科级干部，针对管理所、信息中心2个空缺岗位，首次面向社会公开招聘具有本科学历及两年以上工作经历的人员，通过笔试、面试、及考核等环节，录入了两名专业技术人才充实到事业单位，将原来的法制宣传科分为法制科与宣传教育科，增加了行政科室和科级干部职数。人防工程管理所与防空防灾信息中心两个事业单位共计47人工资全部纳入规范管理。

（郑建丽）

【文化建设】 年内，开展了“展现民防魅力、凝聚民防精神”机关文化建设系列活动；开展了系列讲座提高业务素质；开展了“我为大家讲一课”活动，达到了相互交流、共同提高的目的；全员参加了区工会组织的“五月鲜花”歌咏比赛，大合唱《当那一天来临》在60余个参赛队伍中取得了一等奖。

（郑建丽）

农村经济和农业

农村经济

【概　况】2013年，全年实现农林牧渔业总产值3.6亿元，比上年增长5.6%。其中，农业产值为10440.8万元，下降24.8%；林业在平原造林工程的拉动下，实现产值2亿元，增长41.2%；牧业产值2613.1万元，下降19.8%；渔业产值1658.1万元，下降1.5%。全区粮食播种面积3752亩，比上年下降18.6%；粮食产量1012吨，增长0.8%。蔬菜产量6072吨，增长50.2%；全区畜禽养殖130户，水产养殖场7个；禽蛋产量721.2吨，下降15.4%；牛奶产量893吨，下降70%；生猪出栏4948头，增长3.2%；水产品产量644吨，增长3.4%。花卉产量383.4万盆，产值0.5亿元，下降48.6%。干鲜果产量1571吨，增长5.4%。全区农业设施2031个，比上年下降33.9%，设施农业产值8179.2万元，下降14.1%，其中温室产值为7960.6万元，大棚产值为218.6万元。全区农机总动力5.17万千瓦。拖拉机158台，配套农具91台，种植业机械137台，农用排灌机械1017台，植保机械210台，收获机械8台，畜牧养殖机械22台，渔业机械18台，林果业机械237台，运输机械416台，农田基本建设机械41台。

（汤海丽）

【落实农业补贴政策】年内，落实粮食直补和农资综合补贴、中央财政良种补贴资金共计30.67万元，涉及河西两镇9个村2100多农户。购置各类农机具64台，新增农机总动力512千瓦，中央、市财政补贴资金48.145万元。落实基本农田保护和流转补贴资金共计570.46万元，涉及河西两镇14个村的1.2万亩基本农田。

（汤海丽）

【农业政策性保险】年内，投保总保费480.62万元，其中区级补贴资金96.12万元，涉及五个乡镇的14个保险品种。

（汤海丽）

【动物防疫】年内，动物诊疗机构51个，饲料生产企业4家，大中型动物产品经营性冷库7家，兽医实验室1家，乳制品加工企业1家，兽药经营企业4家。对高致病性禽流感、口蹄疫、猪瘟、鸡新城疫实施强制免疫，免疫率达100%，采样1376份，监测3106项次，检疫净化1588头/只/匹家畜，全区未发现重大动物疫病阳性病例。累计向各乡镇和养殖场户发放强制免疫疫苗52万毫升，防疫物资8000余件；组织开展养殖场环境消毒、除虫、灭鼠4次，发放消毒药3.6吨。出动防疫人员125人次入户检查、指导。完成各大节日、会议及园博会等重要时期动物卫生安全保障。配合公安部门开展无主动物收容。

（汤海丽）

【行政许可审批工作】 年内，全程办事代理室共受理办结许可案件353余件，按时办结率 100%。完成对全区动物诊疗、执业兽医师、兽药经营、饲料生产、生鲜乳收购、动物防疫等证照年检备案170份。

（汤海丽）

【农产品质量安全监管】 年内，共查扣动物产品 1053 公斤，查扣活禽 269 只；行政立案 33 起，罚没款共计 6 万余元；全面落实产地检疫工作制度，共发放各类检疫证明19.6 万份，发放检疫标志 126.8 万枚；产地检疫各类动物 75544 只，动物产品 12.6 万余吨；共采集饲料、蛋、乳、尿液样本 427 份，进行三聚氰胺、克伦特罗、莱克多巴胺、沙丁胺醇、硝基呋喃、黄曲霉素、苏丹红、链霉素、磺胺类、卡那霉素、林可霉素、庆大霉素、红霉素、氯霉素、佛喹诺酮类检测 1401项，经检测全部样本均未发现问题。开展创建农产品质量安全示范区县和示范乡镇建设工作，王佐镇获得北京市农产品质量安全示范乡镇称号。组织“三品”认证，1 家企业获得市优级标准化和无公害农产品基地认证。

（汤海丽）

【农村法制宣传工作】 年内，组织执法单位开展年度农资打假专项治理、“病死动物无害化处理专项整治”、“饲料、兽药、农药及肥料等投入品安全监管和专项检查行动”、“无公害农产品及地理标志农产品标志使用专项检查”、“夏季食品安全专项整治”、农资打假“夏季百日行动”、“2013年农产品质量安全专项整治”、“打击侵犯知识产权活动和制售假冒伪劣商品”等专项行动。开展了“食品安全宣传周”、“放心农资下乡进村宣传周”等宣传活动，同时深入农村、社区、田间开展宣传指导。共发放宣传手册、宣传材料2万余份。

（汤海丽）

【促进农村经济发展】 年内，农村集体资产总额 1073 亿元，比上年增长 31.4%。投资3800 余万元，用于种业发展、农村产业发展、促进农民就业增收及民生工程等方面项目共 23 个。卢沟桥乡探索 C9 项目土地、建设、收益、管理统筹模式，实现土地资源向功能区集中、集约利用和效益最大化，成立了全市规模最大的由集体经济组织发起的小额贷款公司。出台了《产业项目准入规定》和《准入指导目录》，引导农村产业高端、高效发展。全年农村地区引进亿元以上企业 8 家。北京国家现代农业科技城物流科技园落户丰台。国家数字出版基地落户榆树庄。全区 12 个农业观光园全年共接待 63.3 万人次，比上年下降45.7%；采摘产量为 15.3 万公斤，下降 4.8%；实现总收入 2283.4 万元，下降 15%。

（汤海丽）

【开展经济薄弱村帮扶工作】 年内，投入3000 万元支持经济薄弱村基础设施和农业产业项目建设，其中，投入 750 万元支持洛平精品园、赵辛店智能温室、沙锅村煤改电配套等项目建设，经济薄弱村人均劳动所得达到 11080 元。

（汤海丽）

【推进籽种产业发展】 年内，国际种子检验实验室被列为市科委“农科城种子检测ISTA 认证与服务平台建设”重大项目，完成1800 平方米的检测室改扩建工程，建成了12 个功能检验室、60 平方米低温低湿种子标准样品库和 100 亩田间种植鉴定圃，该项目于 3 月初启动，9 月 27 日正式揭牌启用。庄户籽种展示基地升级改造工程年底进入建设竣工收尾阶段。启动种子交易所筹建工作。落实了《丰台区种业发展专项资金管理暂行办法》，对新引进规模种子企业给予一次性 10 万元补贴。

（汤海丽）

【举办第二十届北京种子大会】 9 月 25 日至28 日，举办第二十一届北京种子大会，主会场设在大成路九号酒店，分会场在丰台体育中心和新品种展示基地。共举办6项主题活动：种业发展座谈会、高品质鲜食果蔬品尝会、贸易洽谈、企业形象特装展示、现货交易、品种展示观摩。大会总交易金额5亿元，参展企业577家，覆盖全国31个省、市、自治区，同时有台湾种苗改进协会、广州种子商会、广西南宁种子协会、哈尔滨种子会、深圳种子商会等数家企业及行业协会参加，大会交易品种5000余个，展示品种520个，累计参会人数4万人次，日高峰人数1万人，直接带动餐饮、住宿、旅游收入2亿元以上。

（汤海丽）

【推进农村城市化】 年内，分钟寺村、大灰厂村、张郭庄村和张家坟村完成村级产权制度改革，丰台区成为全市第二个全面完成村级产权制度改革的区县。出台《征地转非工作方案》和《整建制农转居操作指南》，四合庄、西铁营等10个村和夏家胡同完成整建制转居，郭公庄等2个村获市政府批复，造甲村等5个村完成转居民主程序。13901名农民转为居民，5416名超转人员纳入民政部门保障。重点村回迁房全部开工，西局等4个村实现回迁。夏家胡同和石榴庄村项目上市交易，100公顷土地完成入市准备。城市化率提高8.7个百分点。

（汤海丽）

【加强新型农民培养】 年内，完成新型农民培养5848人，其中引导性培训3089人，中层管理人员136人，社区工作者129人，职业技能培训1446人，特种作业和特种设备培训1048人。

（汤海丽）

【改善农村民生】 年内，农村居民人均纯收入20442元，增长10.5%，农村居民恩格尔系数为35.9%，上升1.5个百分点。农村居民人均住房面积31.24平方米。5.2万名劳动力纳入城镇就业失业管理，8034名农村劳动力实现就业，劳动力城镇职工社会保险参保率提高6.2个百分点。年末参加城乡居民养老保险的农村居民为8.7万人，比上年末增加0.1万人。新农合筹资标准提高到820元，参合率达到99%。农村居民最低生活保障标准从520元提高到580元，享受农村最低生活保障的农民为551人。

（汤海丽）

【实施“三起来”工程】 年内，投入669万在槐房德馨嘉园、长辛店镇采摘园、花乡看丹生态公园新建三座太阳能光伏发电站。在庄户、赵辛店和大灰厂等村新装、维修节能路灯及太阳能路灯共计1500盏。

（汤海丽）

【加强农村环境综合治理】 年内，重点村8条道路列入全市道路建设计划，北宫路、梅市口路西延等建成通车，地铁14号线开通。完成平原造林2980亩。拆除违法建设211处、66.3万平方米。实施马草河、丰草河等中小河道综合治理。对13个郊野公园环境进行综合整治。“减煤换煤、清洁空气”行动消减劣质燃煤4.43万吨。规模化畜禽养殖场全部停产或转产，提前完成“十二五”畜禽污染物总量削减任务。

（汤海丽）

农村经济管理

【概　况】 2013年，全区农村经济发展总体平稳，总收入、税金、农民人均所得等主要指标均实现不同程度的增长，分别增长3.2%、14.5%和10.4%。全年完成总收入329.8亿元，比上年同期增加10.4亿元，同比增长3.2%，其中：主营业务收入313.7亿元，同比增长3.5%。非公经济实现快速发展，实现总收入209.3亿元，比上年同期增加19.4亿元，增长10.2%，高出全区总收入增速7个百分点。第三产业主体地位上升，农村经济第一、二、三产业分别完成收入6亿元、62.9亿元、244.8亿元，与上年相比，第一、二产业分别下降了0.6和2.5个百分点，第三产业实现收入比上年同期增加17.8亿元，占主营业务收入的比重达78%，上升了3.1个百分点。年内，农村经济实现利润21.6亿元，受部分企业搬迁、成本费用增加、收入下降等影响，经营效益下降，比上年同期减少0.6亿元，下降了2.9%。其中，第一、二、三产业分别实现利润0.2亿元、1.7亿元、19.7亿元，占利润总额的比重分别为0.7%、8.0%、91.3%；与上年同期相比，第一、二产业所占比重分别下降了1.6和2.9个百分点，第三产业所占比重上升了4.5个百分点，第三产业实现利润的主体地位显著提升。非公经济实现利润呈现了较快的增长势头，共实现利润近6.9亿元，比上年同期增加近0.8亿元，增长13.1%。年内，农村经济实现税收14.2亿元，同比增加1.8亿元，增长14.5%。其中：增值税完成0.8亿元，下降10.4%；所得税完成2.9亿元，下降4.7%；营业税完成4.5亿元，增长11.1%，其他税金完成6亿元，增长35.3%。非公经济税金增长迅速，完成税金6.8亿元，比上年同期增加1.4亿元，增长26.1%，比集体5.4%的增速高20.7个百分点，其中房地产业实现税金贡献较大，增加税金2亿元。第三产业是纳税主体，第一、二、三产业分别实现税金0.1亿元、3.2亿元、10.9亿元，分别占税金总额的比重为0.8%、22.3%、76.9%。其中服务业完成税金9.7亿元，比上年同期增加0.9亿元，占税金总额的68%，在农村各行业中占有纳税主体地位。年内，农民生活水平不断提高，农民人均所得达到19231元，比去年同期增加1813元，同比增长10.4%。其中农民人均所得从集体所得为14896元，比去年同期增加2357元，增长18.8%，比全区平均增速高出8.4个百分点。农民从集体所得占人均所得的77.5%，比上年提高5.5个百分点，仍是农民收入来源的主渠道。

（葛伯祥）

【农村劳动力分布情况】 年内，农村劳动力统计数字为89838人，其中就业人数为83218人，就业率92.6%。就业劳动力中，集体就业60195人，占就业劳动力的72.3%，集体仍是农村劳动力就业的主体。其中乡级就业3334人，村级就业56861人，分别占就业劳动力的4%和68.3%；在私营企业、个体工商户及农户等非公经济就业23023人，占就业劳动力的27.7%。

（葛伯祥）

【农村集体资产运营情况】 年内，农村集体资产总额达到1073亿元，首次突破千亿元大关，比上年同期增加256亿元，同比增长31.4%。在农村集体资产中，乡镇级集体资产总额为102亿元，比上年同期增加15亿元，同比增长17.7%；村级集体资产总额为971亿元，比上年同期增加241亿元，同比增长33%，村级集体资产在农村集体资产中占有绝对比重，占90%。农村集体所有者权益为301亿元，比上年同期增加90亿元，同比增长42.5%。其中：乡级集体所有者权益为40亿元；村级集体所有者权益为261亿元，同比增长41%。人均所有者权益超过40万元的村10个，比上年增加3个村，花乡六圈村最高，为198.8万元；超过10万元的村33个，比上年增加3个村，其中卢沟桥乡11个、花乡10个、南苑乡10个、王佐镇1个、太平桥街道1个；人均所有者权益在万元以下的村有11个村，比上年减少1个，其中卢沟桥乡1个、花乡3个、长辛店镇5个、王佐镇2个。

（葛伯祥）

【农村审计工作】 年内，聘用三家社会中介机构参与农村经济责任审计，全年共完成26个村的村干部经济责任审计。对全区70个村级集体经济组织开展2012年征地补偿费专户存储管理使用情况专项审计。开展了66

个行政村的专项资金审计和 50 个已完成产权制度改革的乡村集体经济组织年度审计。

（葛伯祥）

【农村集体合同清理规范工作】 年内，全区范围内开展对乡镇、村及其下属企业的合同清理工作，全区农村集体经济组织共 2059 份合同录入农经系统，涉及合同总金额 170.3 亿元。会同区法制办、区司法局对 12 个村的经济合同进行检查，共清理规范合同 35 份，其中，对条款不全、约定不合理或存在重大隐患的合同，以规范文本重新签订 11 份；调整租金 18 份，清理拖欠租金合同 6 份。清理规范的 29 份合同年租金增加共计 1281 万元，合同期内租金增加近 1.27 亿元；收回拖欠租金 1636.5 万元。

（葛伯祥）

【农村管理信息化工作】 年内，对 80 余名农村信息化工作人员进行培训，完成年度农村管理信息化数据库更新，更新数据库资料 14 个，涉及报表 66 张，指标 1000 多个，完成 2012 年报和 2013 年季报统计分析，对 36 个村的信息化硬件设备和软件系统进行更换。完成农村管理信息系统升级，由原来的 V5.0 版本升级到现在的 V5.1 版本，共调整业务报表 47 项，新增了系统功能 9 项，修复了 10 项系统漏洞。

（葛伯祥）

【农村会计人员培训工作】 年内，共培训农村财会人员 2537 人，按照在岗与不在岗分类，累计 6 个班次。

（葛伯祥）

气　象

【概　况】 年内，启动部分区县气象灾害预警业务；8 月 1 日起，区天气预报节目每日在丰台区有线电视台播出。年度综合业务质量评定为 A 级。年度共向有关部门发送天气专报 364 期、旬月预报 48 期、春运天气预报 32 期、地质灾害气象风险预警 4 期、天气快报 9 期、环境气象专报 1 期、重污染日天气专报 13 期、36 小时天气预报 399 期，及时向政府决策部门及社会公众发布气象灾害预警及解除预警信号 173 期、雨情信息 203 期、降水情况 15 期，发送气象预报预警服务短信 32 万人次。为第九届中国（北京）国际园林博览会、北京国际铁人三项赛、北京“卢沟晓月”中秋文化节、第二十七届卢沟桥醒狮越野跑等重大活动做好气象服务保障工作，针对园博会保障提供气候背景分析、天气预报预警、实况、园林绿化植物养护气象指数等服务及现场气象服务保障，为园区管理层举办户外活动和植物养护、为游客选择出行游览等提供优质气象服务。获得丰台区“防汛工作先进单位”称号，第九届中国（北京）国际园林博览会先进集体，中国气象局重大气象服务先进集体。

（韦洁菲）

【气候评价】 本年度年平均气温为 12.6℃，接近常年平均值（12.7℃）。年极端最高气温 38.2℃（7 月 24 日），年极端最低气温-16.6℃（1 月 4 日）。3 月、9 月、10 月平均气温接近常年平均值，1 月、2 月、4 月、6 月平均气温比常年偏低，其中 4 月平均气温比常年明显偏低（2.1℃），5 月、7 月、8 月、11 月、12 月平均气温比常年偏高。全年极端最高气温大于等于 35℃的天数为 15 天（常年为 8.7 天）。全年降水量为 480.0 毫米，比常年（537.4 毫米）偏少 11%，比去年（838.1 毫米）偏少 43%。6 月降水接近常年平均值，2 月、4 月、5 月、8 月、10 月、11 月降水比常年同期偏少，1 月、3 月、7 月、9 月降水比常年同期偏多，12 月无降水。主汛期 6—8 月降水为 345.9 毫米，比常年同期（383.8 毫米）

偏少10%。年内本站降水日数（日降水量大于等于0.1毫米的日数）为69天，日最大降水量为54.4毫米（7月2日）。

（宋　甫）

【灾害性天气】 年内，本区发生的气象灾害主要有短时暴雨、大风、雷暴、冰雹。其中发生短时暴雨灾害42起，大风灾害14起，雷暴灾害5起，冰雹灾害2起。

（宋　甫）

【气象服务与防灾减灾】 年内，相继开展中小河流气象风险预警、精细化暴雨洪涝灾害风险普查、气象灾害风险区划、社区气象灾害应急准备等工作。组建村（社区）气象信息员队伍436人，从区气候特点、气象灾害及防御措施、气象信息员职责等开展6次气象信息员培训。

（韦洁菲）

【依法行政和社会管理】 年内，共办理施放气球审批许可294份，防雷装置设计审核与竣工验收40份。开展行政执法63次，其中防雷安全检查54次，施放气球安全检查6次，探测环境保护3次。同时，修订《丰台区气象行政执法职责》，制定《丰台区气象行政执法学习培训制度》《丰台区气象局行政许可档案管理工作制度》。

（刘霖蔚）

【气象科普】 年内，以气象科普知识、气象法律法规、气象防灾减灾常识为重点宣传内容，通过“3·23”世界气象日和“5·12”全国防灾减灾日等主题活动现场宣传，电视台节目、报刊、微博等公共媒体宣传，执法过程中发放宣传材料，向街道赠送科普材料等主要途径开展气象科普宣传。推进气象防灾减灾科普知识“进社区”、“进农村”、“进学校”、“进公园”等，在卢沟桥街道、社区开展3次“防灾减灾大课堂”活动，在长辛店镇李家峪村、莲花池公园、南苑公园、玉泉营居然之家广场开展气象防灾减灾科普宣传。

（韦洁菲）

工　业

区属工业

丰台区经济和信息化委员会

【概　况】2013年，丰台区218家规模以上工业企业实现工业总产值403.1亿元，同比增长8.6%，超过全市增速1.7个百分点。在全市16个区县及开发区中，丰台区工业产值所占比例约为2.3%，排名第11位，增速排名第9位，增速排名比上年上升了6位。全年工业企业实现销售产值400.5亿元，同比增长6.6%，其中，实现内销产值391.4亿元，同比增长8.1%，实现出口交货值9.1亿元，同比下降33.4%。全区现代制造业全年共实现工业总产值192.3亿元，同比增长7.9%，占全区总产值的比重达47.7%；高技术产业全年实现工业总产值91.9亿元，同比增长9.9%。

全区六大产业产值呈现出“四增两降”态势，其中，汽车与交通设备产业、基础与新材料产业、都市产业和电子信息产业均有较快增长，同比增速分别为12.4%、20.8%、8.9%和12.4%；装备产业同比下降0.7%，降幅比上年大幅收窄8个百分点，连续两年的下滑使其在全区工业总产值中的比重降低到28.9%，比上年减少3.1个百分点；生物医药产业同比下降3.8%。

全区前十大行业实现总产值309.2亿元，占全区总产值比重为76.7%。前十大行业呈现“九增一降”态势。全区产值亿元以上企业共74家，占全区工业总产值比重达70%以上。在全区35家重点监测企业中，72%的企业全年产值超过上年，28%的企业全年产值比上年减少，其中，产值增长超过1亿元（含1亿元）的企业占43%，产值增长在0至1亿元之间的企业占29%，产值减少小于0.5亿元的企业占20%，产值减少超过0.5亿元的企业占8%。从重点企业看，首航机械、北方车辆、北车二七等企业由于订单增长较多产值分别比上年增长4.0亿元、2.7亿元和2.4亿元；京桥热电由于所生产的清洁能源2012年基本未投产，全年产值净增15.3亿元；金自天正由于钢铁行业产能过剩产值下降最为明显，较上年减少2.2亿元。

（王　雪）

【北京首钢建材化工厂成功转型】1月11日，原北京首钢建材化工厂正式更名为新兴际华（北京）应急救援科技有限公司，成建制划转到新兴际华集团，标志着丰台区有74年历史、曾经为北京市及首钢建设做出重要贡献的国家二级企业退出历史舞台，通过结构调整实现发展应急救援产业的企业转型。

（王　雪）

【丰台科技园区成功申报北京市军民结合新型工业化产业示范基地】年内，市经信委批复丰台科技园区为北京市军民结合新型工业化产业示范基地。基地内聚集了涵盖以中新联公司为龙头的装备制造及进出口，以米波通信、爱科迪为代表的通信信号，以太空板业为龙头的新材料，以中航天建设工程有限公司、元六鸿远为龙头的航空航天，以科园信海公司为龙头的后勤保障和以北方工业公司所属振华石油、北方国际、万宝矿产为龙头的工程服务共六大类别军民融合企业。

（王　雪）

【认定市级企业技术中心】 年内，新认定市级企业技术中心8家，分别是：北京星航机电装备有限公司、北京亚新科天纬油泵油嘴股份有限公司、北京时代民芯科技有限公司、北京航天斯达新技术装备公司、北京交控科技有限公司、北京鼎汉技术股份有限公司、北京地铁车辆装备有限公司、中铁电气化局集团北京建筑工程有限公司。

（王　雪）

【企业技术改造】 年内，共备案各类工业固定资产投资项目36个，同比增长16.1%。投资总额95815.34万元，同比增长67.1%。重点推进京丰制药“固体制剂车间新版GMP升级改造项目”、东颐食品“年产500万份速食面生产线技术改造项目”、太空板业“发泡水泥复合板北京生产基地技术改造项目”等技改项目。

（王　雪）

【“十二五”中期评估】 年内，对区现代制造业、轨道交通产业和信息化三个“十二五”规划进行了中期评估，评价了三大领域“十二五”规划实施取得的成效，分析了存在的问题，并根据发展环境变化提出了相应的对策建议。

（王　雪）

【引导企业走品牌化发展道路】 年内，共推荐谊安医疗、南车二七、时代民芯、交控科技、东方通科、国铁华晨、信城数码等9家企业成为国家首批“工业企业知识产权运用能力培育工程”试点企业；推荐东颐食品成为全国主食品加工示范企业；推荐太空板业申报全国工业企业品牌培育试点企业。

（王　雪）

【优化中小企业发展环境】 年内，发挥中小企业服务主管部门的统筹领导作用，召开了首次中小企业服务领导小组联席会议；完成了《中小企业服务体系建设》课题研究，为区域中小企业服务摸清底数，提出了指导方案；加大创新融资力度，为驻区企业争取市级创新融资资金3.01亿元；申请集合信托和私募债贴息补助668万元；面向全区中小企业开展了免费的小企业会计准则、研发费用税收政策、劳动法等共16场次培训，共培训400余人次。

（王　雪）

【组建驻区企业信息和项目联络专员队伍】 年内，组建了驻区企业联络信息和项目联络专员队伍，共发展了230家企业240名联络专员，实现了信息直通、政企互动以及政府和企业的无缝对接。

（王　雪）

【筹建丰台区中小企业综合服务中心】 依托赛欧科园科技孵化中心现有资源，采取政企合作方式，建设集中小企业信息、技术、创业、培训、融资、人才、信息化和电子商务、市场开拓、法律维权等9项服务内容于一体的丰台区中小企业综合服务中心，引入社会力量为驻区企业提供实体服务场所和一站式综合服务。

（王　雪）

【用好丰台区中小企业发展专项资金】 年内，正式拨付2012年丰台区中小企业发展专项资金，对11家企业的11个项目予以支持，支持资金额度共计980万元，项目竣工后实现税收4455万元。制定出台了《2013年丰台区中小企业发展专项资金申报指南》，重点用于改善中小企业服务环境、中小企业融资、促进中小企业结构调整和优化以及区政府重点扶持的产业项目，并组织开展了2013年专项资金申报工作。

（王　雪）

【落实北京市2013-2017年“清洁空气行动计划”】 对列入市重点排污企业名单的12家工业企业分别采取了停、减产措施；制定《丰台区经济和信息化委员会空气重污染应急预案》，组织工业企业开展了空气重污染预警一级（红色）应急演练工作；推动工业污染企业退出，争取市级资金349万元，完成了年度退出30家工业污染企业的任务。

（王　雪）

【印发实施《“智慧丰台”顶层设计方案》】 年内，实地走访了46个委办局及街乡镇，摸清家底和条块需求，发放调查问卷151份，开展了20多个领域的专题研讨，邀请包括移动、联通、电信等29家电信运营商、服务商和驻区企业代表，聘请工信部、市经信委专家修改论证，覆盖政府信息化、经济信息化和社会信息化，形成了《“智慧丰台”顶层设计方案》，经区委常委会和区政府常委会审议，印发实施。

（王　雪）

【信息化基础设施提升】 年内，完成了29处老旧小区和21个村的光纤改造工作，新建信息管道107.11沟公里，新增具备光纤接入能力用户13万户，光纤宽带接入户累计达到近20万户，90%家庭可实现光纤网络接入。新增2G、3G基站359个，累计4513个；新增4G基站713个，累计达到900个；新增WLAN覆盖区域193个，累计覆盖区域1385个；新增高清交互数字电视用户38885户，累计达到449221户，覆盖率为88.91%。

（王　雪）

【为园博会顺利召开提供信息化保障】 年内，协调各大运营商在园博园内建设通讯基站，实现园区多网络全覆盖，推进“智慧园博”建设。推动4G传输、应用物联网、全视频拼接、北斗导航等各项先进信息化技术在园博会的应用，助力园博会提升服务管理品质。

（王　雪）

【无线电审批与宣传】 缩短审批办理时间，全年共审批无线电对讲机117台。印制并发放了无线电惠民宣传品3万余件。

（王　雪）

中央市属工业

首都航天机械公司

【概　况】 首都航天机械公司是中国航天技术领域的骨干企业和最大运载火箭生产、总装厂，拥有数控加工、特种加工、发动机制造、低温贮箱制造和总装测试等多项技术。年内，公司获“中国机械500强”称号，首次利用“激光3D打印技术”制造新型号关键零部件产品，并将神舟十号飞船送入预定轨道，成功发射嫦娥三号探月器。

（刘玉光）

【年度工作会】 1月17日，公司召开2013年工作会，明确了年内实现总收入28.4亿元的目标，同时全面启动新型总装企业集团建设。

（刘玉光）

【关键制造技术创新】 1月18日，公司“变截面薄壁空间曲线螺旋管束式喷管自动化焊接技术及装备”关键制造技术创新成果，获得2012年国家科学技术进步奖二等奖。该研究成果已经成功应用到氢氧发动机喷管的自动化焊接生产，自动焊的YF-75发动机喷管已经用于长征三号乙运载火箭的飞行并取得圆满成功。

（刘玉光）

【中央军委副主席许其亮到一院视察】 4月

26日，中央军委副主席许其亮到一院视察，在总工装事业部现场查看了型号产品总装和测试情况。许其亮提出三点思考要求，一是如何为实现强国强军梦提供有力支撑；二是一院如何发挥引领国家装备发展制高点的作用；三是一院要继续努力，创新发展。

（刘玉光）

【第十二次团员代表大会召开】 4月26日，公司召开第十二次团员代表大会。会议发布了《关于培育主力军，建设新总装加速青年成长成才的指导意见》，明确了加速青年成长成才的总体目标；审议通过了《勇担重任 加速成长 在新总装建设的伟大征程中建功立业》的工作报告，选举产生了第十二届团委委员。

（刘玉光）

【领导班子成员调整】 5月15日，公司召开全体中层领导干部会议，宣布院对公司领导班子成员进行调整的决定：免去张为民的公司总经理、党委副书记职务，聘任马惠廷为公司总经理，留任党委书记职务。12月31日，院聘任李军为公司党委书记，免去马惠廷的党委书记职务。

（刘玉光）

【外国政府官员培训班学员到院参观交流】 5月23日，尼日利亚科技部、委内瑞拉航天局等12个国家政府官员培训班学员到院参观交流，了解了一院的总体情况，参观了总装事业部和航天博物馆，初步了解了运载火箭的结构，对中国在运载火箭方面取得的成绩表示赞扬。

（刘玉光）

【长征二号F遥十火箭成功将神舟十号飞船送入预定轨道】 6月11日，长征二号F遥十火箭在酒泉卫星发射中心点火升空，经570余秒的飞行后船箭分离，神舟十号飞船顺利进入预定轨道，将三名航天员送入太空。

（刘玉光）

【成功利用激光增材制造技术】 6月20日，公司首次利用激光增材制造技术，即“激光3D打印技术”，成功研制新型号关键零部件产品。该技术可以大幅度简化复杂精密构件的制造周期，降低制造成本，提高生产效率，而且可以满足各类复杂精密构件特别是薄壁构件、带内流道构件的精密制造。

（刘玉光）

【数控精英QC小组获奖】 6月23日至27日，公司数控精英QC小组的“提高活门盒底座加工合格率”成果在中国质量协会举办的第七届“海洋王”杯全国QC小组成果发表赛中获得一等奖，并获得国家优秀QC小组称号。

（刘玉光）

【公司获“中国机械500强”称号】 8月7日，公司在2013年《中国机械500强研究报告》发布会上获“中国机械500强”称号，排名第257位，比2012年提升了4位。

（刘玉光）

【召开党的群众路线实践活动动员大会】 8月26日，公司召开党的群众路线实践活动动员大会，全面启动为期四个月的活动，意在进一步坚定员工信心，凝聚员工智慧，激发员工干劲，为公司实现持续健康发展打下基础。

（刘玉光）

【通过“全国模范职工之家”验收】 8月30日，公司顺利通过“全国模范职工之家”验收。国防邮电工会国防科技工作部部长顾博威肯定了公司的建家工作。

（刘玉光）

【全搅拌摩擦焊箱底试验件通过考核】 9月11日，长征五号火箭首件3.35米全搅拌摩擦焊箱底试验件顺利通过液压强度考核，标志着该技术已具备在长征五号二级氧箱箱底产品上工程化应用的条件。

（刘玉光）

【北京长征火箭装备科技有限公司首次参加

国际展览会】10月20日，公司子公司北京长征火箭装备科技有限公司赴越南参加2013年国际工业展览会，这是该公司成立一年并取得进出口资质后，首次参加国际展会。

（刘玉光）

【“航天现场管理移动平台”获奖】11月8日，公司研发的“航天现场管理移动平台”获得2013年度中国企业级移动应用“十大优秀案例”奖。该平台已在多个型号的离线工作现场推广应用，与公司工艺、质量系统之间高度集成，具有应用的便捷性，实现了产品数据一次录入，全程重用，从而优化信息，提升工作效率。

（刘玉光）

【长征三号乙遥二十三火箭成功发射嫦娥三号探月器】12月2日凌晨1点30分，长征三号乙遥二十三火箭成功发射了嫦娥三号探月器，圆满完成国家首次落月飞行探测任务，完成了探月工程“绕、落、返”三部曲的第二个步骤的首次飞行，是中国航天史上具有里程碑意义的事件。

（刘玉光）

【加入“先进成形制造模拟仿真创新联盟”】12月6日，公司正式加入清华大学“先进成形制造模拟仿真创新联盟”，该举促进了公司与国家高等院校、科研院所的紧密合作以及成员单位之间的相互交流，提高了公司在铸造、焊接、锻造及热处理等专业的模拟仿真能力。

（刘玉光）

【表彰先进】3月29日，公司怀柔厂区获得北京市政府及首都绿化委员会颁发的“首都绿化美化花园式单位”奖牌。9月，在全国群众体育先进单位和先进个人表彰会上，公司获2009年至2012年度全国群众体育先进单位称号。10月30日，公司长征二号F遥十火箭贮箱制造团队被授予“中国青年五四奖章集体”荣誉，是一院唯一获此荣誉的青年集体。12月，公司“运载火箭贮箱椭球箱底搅拌摩擦焊接技术及装备”获国防科学技术进步奖一等奖。

（刘玉光）

南车二七车辆有限公司

【概　况】2013年，公司固定资产原值4.832亿元，生产用地64万平方米，房屋建筑19.2万平方米。有各类机械动力设备1765台，其中主要生产设备1333台。设置行政部室22个，党群部门5个，生产车间7个（5个直接生产，2个辅助生产），控股合资企业2个，全资子公司1个。截至年底，公司本部在册人数2748人，其中教授级高级工程师14人，具有高级专业技术职称87人，中级专业技术职称214人。

（刘　峰）

【年度经营】年内，完成新造货车2878辆，修理货车2884辆，全年经营形势保持了整体平稳有序。

（刘　峰）

【规划发展】年内，制定了利用区位优势、盘活土地资源，整合集团优势、聚集社会资源，打造南车在京总部基地和高端制造基地总体方案，公司“建两园、鼎三足”（两园是“产业园”和“科技园”，三足是“货运轨道交通装备及配件新造、客运轨道交通装备新造及维修、承载高新科技孵化的总部基地”）的转型发展战略已达成共识。

（刘　峰）

【新产品研发】年内，长纤维复合材料项目开发产品10余项并实现销售。传感器项目研发的四合一室内污染物检测仪获得产品CE认证，签订销售合同127万元。诺安舟高楼逃生舱获3项专利和北京市特种设备检测中心出具的鉴定证书，产品已进入供货安装阶段。对轮轴再制造、液化天然气罐式集装箱、垃圾资源化、减隔震产品制造基地和农业机械等8个项目进行深入调研，形成了调研报告，其中减隔震项目已与北京工业大学签订战略合作协议。申请成为了首都科技条件平台丰台工作站百家重点实验室成员单位。

（刘　峰）

【严格经营管理】 年内，严控三项费用，制造、管理和销售费用显著降低。通过实施车体打砂等项目外包，压低车体面漆喷涂等外包业务价格，优化制修工艺、严控材料定额和外委配件，争抢报废车拆解，修旧利废配件，采用先进节能技术等措施，降低了制造成本。全年制定规章制度21项，修订61项，进一步完善了公司制度体系。制定承揽外委业务奖励办法，鼓励各单位和广大员工利用现有资源，对外承揽业务，争取订单，提高收入。加强信息化建设，深化ERP应用，完成质量信息和知识管理系统建设项目，升级主动防御和设备资产管理系统项目，档案管理系统投入运用。修订、实施法律事务与合同管理办法，推进合同管理信息化。开展审计监察，加强风险管控。构建与生产需求相匹配的能源供应模型，整合细化设备管理标准。开展清洁生产审核，实现节能减排达标排放。

（刘　峰）

【科技创新】 年内，持续优化三大技术平台，重点提升产品研发、工艺制造和质量保证三大技术能力。NX80型共用车参加全路重载货车线路适应性试验，效果良好。SQ7型普货两用运输汽车、接触网维护用专用车设计方案通过铁总方案审查，其中SQ7完成关键部件验证和整机试制，接触网维护用专用车已实现批产。双密封主动润滑式制动缸、手制动机断链快速连接器经铁总鉴定定型，其中主动润滑制动缸已小批量生产，手制动链断裂快速修复技术已推广使用。运煤专用敞车重载货车缓冲器通过了神华公司招标立项答辩。SQ6型车集成制动方案、SQ1型车上端门改造方案通过了铁总技术审查。5类7个单元产品通过了第三方监督审核，保持了CRCC认证证书，C70（H）和SQ3K型车厂修通过CRCC生产资质审查。

（刘　峰）

【拓宽市场营销渠道】 分区域跟踪自备车用户24家，分别与5家公司签订了技术咨询协议。与4家铁路车辆企业签订战略合作框架协议，促进了公司配件销售。铁矿粉——卷钢运输专用车与中铁联合物流签订技术合作协议。开拓海外市场，跟踪项目约30个，参与投标项目6个，其中泰铁车项目通过了外方技术和价格最终评审。津巴布韦高帮敞车项目通过了外方评审。

（刘　峰）

【生产与安全】 年内，持续深化精益管理，夯实现场管理基础，打造生产现场标准工位，提升工位制节拍化生产流水线建设覆盖面和节拍兑现水平，精益示范区（线）建设涵盖了所有车间并扩展到参控股子公司。试点模拟生产线和模拟配送线建设。C70E制动组装生产线被评为南车二星级精益生产示范线。落实安全生产责任制，实施安全生产包保，试点精益安全工位建设，安全生产形势总体平稳、有序可控。

（刘　峰）

【人力资源管理】 年内，推行人力资源精益管理，整合精简管服岗位，优化管服人员配置，严控生产车间劳动用工。加强中层团队素质和能力建设，开展系统化培训，推行中层领导任期制，建立中层领导退出常态化机制。按照“职类—职群—职种”结构框架制定职位管理办法。试点实施职业生涯发展通道管理。完善全员绩效管理，梳理公司绩效奖励体系，搭建整体奖励框架，突出部门业绩导向，强调逐级授权与二次分配。全年举办一、二级培训班184期，培训5612人次。评选出南车级核心人才31人，新增教授级高工2人、高级技术职务人员14人、高级技师14人。1人获丰台区有突出贡献人才奖。13人通过全国质量工程师考试。

（刘 峰）

【质量管理】 IRIS管理体系以72%得分率通过第二次监督审核，连续三年保持了整机企业最高得分率。通过EN15085焊接体系审查，证书有效期延长一倍。2013年铁路货车造修质量抽查新造、检修均并列第一。2项QC成果获铁道部级奖励，2项成果获南车级奖励。

（刘 峰）

【获得荣誉】 年内，获北京金桥工程项目奖2项、铁道学会科技奖2项、南车科学技术奖5项；获北京市安全文化建设示范企业称号；获北京市构建和谐劳动关系先进单位、北京市厂务公开民主管理先进单位、北京市无偿献血先进单位、中国南车四好班子、丰台区诚信统计单位等荣誉称号；《深入实践原材料精细化管理提升企业市场竞争力》获南车第六届企业管理现代化创新成果二等奖。

（刘 峰）

北京二七轨道交通装备有限责任公司

【概 况】 2013年，公司主要经营的项目是：开发、设计、制造、修理、销售铁路及城市轨道交通运输设备、电子设备、机械电器设备等。有机械动力设备3000余台（套），占地面积43万平方米，厂房建筑面积16.5万平方米。固定资产原值71086万元，净值36146万元。从业人员3351人，现有博士7人、硕士116人、本科747人，其中具有高级专业技术职称154人，中级职称325人。公司行政下设12部2室5中心、12个生产分厂（分公司）、1个事业部，党群系统设有8个职能部室。截至年底，公司已累计制造各型内燃机车2400多台，配属全国18个铁路局（公司）和路外100多家大型企业，并出口古巴、越南、安哥拉、爱沙尼亚、尼日利亚、苏丹、委内瑞拉、刚果（金）等14个国家和地区，累计出口机车超过200台。公司已达到年生产六轴大功率交流传动电力机车100台、内燃机车新造年产100台、大型养路机械60标准节、内燃机车年修理80台的能力。获国家火炬计划重点高新技术企业及北京市安全文化建设示范企业。公司主要产品：HXD3和HXD3C型7200KW电力机车、DF7系列内燃机车、GK1E和GK31E型内燃机车、铁路大型养路机械LZC-800型路基处理车、GMC96B型钢轨打磨车、多功能作业车、边坡清筛车等。

（胡跃平）

【生产发展与市场营销】 年内，公司完成销售收入13.5亿元，利润-0.9174亿元。生产路外、出口新造内燃机车31台，大修内燃机车62台，路内新造电力机车10台，边坡清筛机7列，96头钢轨打磨列车4列，50吨自卸车25台。配件收入3.66亿元。总增加值率为18.57%。签订机车大修64台，其中路内58台车平均在厂周期29.5天。独立参与中国铁路总公司HXD3C型电力机车招标，获10台HXD3C型电力机车合同。参加中国铁路总公司“十二五”补采招标，中标4台边坡清筛机供货合同。国家首台“高铁救护车”——BR711C型快速多功能作业车获中国铁路总公司16台订单。16头地铁打磨车参加了深圳地铁组织的3号线综合作业车组投标，已拿到中标通知书，正在进行合同谈判。完成5台苏丹国铁机车、4台坦赞机车、2台委内瑞拉机车、1台越南机车及18台刚果（金）国铁机车的合同签订工作，累计新签约出口机车30台，合同签约额约3.09亿元。完成了出口爱沙尼亚机车项目欧盟第三方认证和ETSA（爱沙尼亚技术质量监督局）型号批准，具备了进入欧洲市场的基本准入条件。俄罗斯八轴9600KW交流传动电力机车项目已完成《俄罗斯铁路大功率交流传动干线货运电力机车技术经济可行性分析报告》。签订路外新造机车合同27台，路外机车大修合同6台。与西班牙达诺巴特公司成立合资公司，生产研制不落轮镟床，首台机床通过外方评审并获得部分订单。

（胡跃平）

【售后服务】 年内，派出售后服务人员275余人次，处理机车故障255余项。接收铁路电报19份、传真43份、反映机车质量问题电话记录322余件。收回“零公里整备机车故障”通知书16份，反映问题102件。为HXD3、HXD3C型电力机车所配属丰台段、安康段、洛阳段、济南西段和广州段各安排2至3名驻段服务人员，24小时服务。“乘务人员机车意见考核表”反馈情况为满意98%、不满意2%。“运用机车故障处理记录”中段方反馈情况为满意90%、较满意10%。“满意度调查表”的调查结果为满意100%。由公司领导带队，赴郑州局郑州北机务段、西安局新丰镇段、北京局丰台机务段、株洲段、衡阳段等进行了重点走访，用户满意97%。

（胡跃平）

【企业管理】 年内，成立由公司第一管理者担任组长的安全委员会及安全风险管理办公室。通过了职业健康安全和环境管理体系、国家安全生产标准化一级企业的复评审核，启动国家级“企业安全文化示范企业”申请工作。成立了精益管理办公室，针对精益管理的10个纬度进行逐项整理落实。成立了管理提升办公室，以推进管理提升工作。将生产指挥资源与工艺技术资源进行整合，成立了制造中心。制定并下发了《公司IRIS体系运行质量提升计划》，通过了法国贝尔IRIS认证公司的监督审核。组织开展了机车源头质量安全大检查工作，按照铁路系统要求推进铁路产品CRCC认证工作。制定了《内燃机车大修质量提升年活动计划》，建立了合格供应商目录，对合格供应商进行动态管理。运用ERP、PLM系统的功能，创建完成真正意义上的HXD3C型电力机车制造BOM，对接北车电子物流平台。完成ISO3834焊接体系年度审核，通过EN15085认证审核。下发了《能源供应与使用凭证》、《重点耗能设备管理办法》、《能源计量管理办法》，组织开展了“2013全国节能宣传周”，开展能源审计工作，完成节能减排指标。在股份公司授信额度内办理信用证并减少公司资金占用约4亿元，利用跨境支付及海外代付、票据结算等业务方式缓解公司资金支付压力。全年累计回款9.7亿元。办理完成退税额870万元。通过审计全年共审减金额338.92万元。发布并修订了《新产品研发项目考核奖励办法（暂行）》、《科研项目实施管理细则》。公司被批准成为“北京市轨道交通维护装备工程技术研究中心”，正在申报国家研究中心。通过国家科技部火炬中心评选认定，成为国家火炬计划重点高新技术企业，已有国家科研补贴50万元，北车研发费投入1000万元，增值税减免72万元。制订了《高端人才招聘办法》、《公司特殊人才管理办法》，进行了“双师”型人才培养和技能人才的“双元技能”评定工作，确保关键岗位人员持证上岗，通过技术员工的业务培训和技能鉴定，已有持证技术工人1684人，高技能人才比率达到了51.7%。将技术中心分设为机车研发中心、工程机械研发中心、工艺研发管理中心。对机车修理分公司进行事业部试点。申请办理了北京北车重型机械科技有限公司和北京北车二七达诺巴特机床制造有限公司的投资新设立占有产权登记。完成了由二七公司与长春轨道客车装备有限责任公司共同出资成立的北京北车长客二七轨道装备有限公司的注册工作。

（胡跃平）

【新产品新技术】 年内，自主完成爱沙尼亚内燃机车、尼日利亚内燃机车的开发，其中爱沙尼亚内燃机车按照欧盟标准和GOST标准设计制造，机车噪声、废气排放达到欧盟第三代标准要求，并且首次进行了国内机车碰撞计算，通过了整车及部件电磁兼容试验。BS-1200型国产化边坡清筛机通过国产化设计，国产化率达到70%，首次采用全部国产化制造转向架和输送带、液压缸等大部件，产品70%的原材料规格也相应进行国产化设计和转化。GMC-96B型国产化钢轨打磨列车已通过部级技术方案评审。进行了GMC16A型钢轨打磨列车、钢轨铣磨车、全断面边坡清筛机自主研制。自主完成BR711C型快速多功能作业车、190吨电动轮自卸车样机研制。

（胡跃平）

【中关村房山轨道交通装备制造园】 年内，轨道交通装备制造园取得了规划许可证，一期工程项目正在进行可研报告编制和报建手续办理，规划方案已通过房山规划分局评审。调试联合厂房正在进行钢结构及水电施工，完成制造园土地预付款，总体工艺设计基本完成，基础设施建设工作按计划进行，六个厂房全部开工建设。组装联合厂房正在进行钢结构及辅助间内部施工，零部件加工厂房及涂装加工联合厂房正在进行基础及辅助间砌筑施工，钢结构厂房及备料厂房正在进行基础施工，总开工面积17万平方米，投资额累计完成7.3亿元。

（胡跃平）

【中关村轨道交通装备科技创新园】 年内，初步规划方案已完成。完善了土地开发和招商引资方案，形成了控规方案初稿，编制完成了科技创新城规划方案的多媒体宣传影片。丰台区正式上报北京市规划委纳入2013年项目规划。

（胡跃平）

【党群工作】 年内，开展为职工“两节送温暖”活动，为特困、重困及一般困难职工共267人发放慰问金34.9万元和米、面、油等生活用品，为大病职工17人发放慰问金1.7万元；开展“为职工送关爱”活动，为68人发放一次性慰问金5.44万元；开展“金秋助学活动”，为4人各发放2000元帮扶资金；开展对困难职工季度救助活动，为340余人次困难职工发放米、面、油，共计约6.77万元。做好困难职工档案的动态管理工作，将符合北京市困难职工救助标准的员工录入北京市困难职工档案，按季度进行救助。组织公司3000余名职工为四川雅安灾区捐款约6.51万元。公司工会代办处获北京市总工会中国职工保险互助会“职工互助保障工作先进代办处”称号。

（胡跃平）

北京京丰燃气发电有限责任公司

【概　况】 2013年，京丰公司执行集团“落实年”和公司“全面落实年”的各项安排部署，坚持以安全生产为前提，以经济效益为中心，克服天然气价格上涨、检修市场竞争压力大等诸多不利因素，建立健全各项规章制度，注重安全教育和培训，加强设备管理，开展增收节支和节能降耗工作。全年累计完成发电量14.7亿千瓦时，顺利完成年度考核计划电量，连续第三年实现了机组“零非停”的目标。

（胡岩毅）

【获评全国“守合同重信用”企业】 年内，公司坚持精细化管理及诚信经营理念，强化经济合同管理，规范合同质量行为，建立健全了合同管理组织架构，强化了合同管理人才的培养，逐步完善并优化了企业的工作标准及流程，未发生过合同争议及合同未履行的情况，实际履约率达到100%，获评2013年全国“守合同重信用”企业。

（胡岩毅）

【被授予“首都能源运行保障突出贡献单位”称号】 年内，公司通过开展技术监督工作，加强设备维护，提高设备健康水平，机组完成了“两节、两会”保电、迎峰度夏、航天实验用汽、“十八大”保电、冬季供热等任务，全年安全生产无事故，被北京市能源与经济运行调节工作领导小组授予“2012 年度首都能源运行保障突出贡献单位”称号。

（胡岩毅）

【获评“纳税信用 A 级企业”】 京丰燃气及京丰热电公司在北京市 2013 年至 2014 年“纳税信用 A 级企业”名单评比中双双入选并接受北京市税务机关授牌，这是京丰公司从 2009 年起连续第五次被评为北京市“纳税信用 A 级企业”。

（胡岩毅）

北京三兴汽车有限公司

【概　况】 年内，围绕推进“两园两院一联盟一中心”发展战略和预算目标，以解放思想为前提，以加强能力建设为重点，以激发活力为手段，实现营业收入 18.61 亿元，利润 1.96 亿元，职工收入持续提高，完成了年度任务，重点项目规划建设取得了进展。应急救援科技创新园完成了在国务院国资委的备案，取得了国管局对控规调控的批复，被认定为“北京市应急救援外贸出口转型升级示范基地”，纳入了中关村国家自主示范区政策范围。应急救援科技产业园获得国管局对控规调控的批复，通过了北京城市规划设计研究院技术论证，进入首规委调控程序，并已获得国管局同意土地现状出让的批复，进入市国土局审批程序，高压线和铁路专用线改造已经进入规划设计阶段，园区招商工作取得了进展，并且完成了“北京市国际合作示范基地”申报工作。

（陈　静）

【科技创新】 年内，公司完成设计定型产品 14 项、方案设计 15 项；申报新产品公告和 3C 认证 27 项；累计拥有有效专利 84 项，实现新产品收入 1.77 亿元，占总收入的 27.2%。

（陈　静）

【抢险救灾】 4 月 20 日，四川省雅安市芦山县发生里氏 7.0 级地震后，公司生产的多功能净水车赶赴现场，缓解了受灾群众饮水难的问题。

（陈　静）

【共建合作】 6 月 25 日，公司与丰台区地震局共建协议签字仪式在新兴际华集团人才学院举行。区人大副主任郭振江，北京市地震局震害防御处处长杨国斌，区地震局局长吕广生、副局长董全义等出席了仪式。公司董事长赵柱与区地震局局长吕广生签署了共建协议书。

（陈　静）

【领导调研】 7 月 5 日，原国资委主任李荣融在新兴际华集团董事长刘明忠、总经理沙鸣、副总经理杨彬的陪同下，到公司视察应急救援产业项目，希望公司研发更多、更高端的应急救援装备，打造自己的品牌，发挥央企在应急救援领域的支柱和引领作用。10 月 17 日，中国机冶建材工会全国委员会分党组书记、中国机冶建材工会主席张波到公司调研，并对公司提出了希望。

（陈　静）

【应急救援】 7 月，公司在甘肃省定西市岷县、漳县交界发生 6.6 级地震后，派出救灾小分队到灾区投入救灾工作。9 月 25 日，在丰台区地震局举办的“2013 年丰台区防震救灾工作大会”上，救灾队员受到了表彰。

（陈　静）

【技能竞赛】 10 月 16 日至 18 日，公司举办了“新际杯”电焊工职业技能大赛。竞赛分理论和实操两部分进行，聘请了 5 位国家级裁判组成裁判队伍，旨在通过竞赛，激发企业职工增强本领、提高技能、建功立业的热情。

（陈　静）

【召开党代会】 11 月 29 日，公司召开第二次党员代表大会。大会总结了上届党委、纪委五年来的工作，研究部署了今后一个时期的工作任务，选举产生了新一届党委、纪委委员。

（陈　静）

【获得资格认证】 年内，公司取得了压力容器制造许可证、二级军工保密资格认证，通过了市级高新技术企业、装备承制单位资格、安全生产标准化的复审工作，进入了中石油采购目录。

（陈　静）

【启动素质工程】 年内，为推进“首都农民工大学生助推计划”，公司选拔、推荐 22 名农民工参加国家成人高考，19 人取得录取通知书。

（陈　静）

北京市赛欧工贸有限公司

【概　况】 2013 年，公司党委以党建促进经济发展，发挥了基层党支部的战斗堡垒作用和党员的先锋模范作用，开展了党的群众路线教育活动，密切了党群干群关系，改进了作风。工会开展了“送温暖”活动，维护职工的合法权益。全年完成营业收入 8166.96 万元，同比增长 24.29%；上缴国家税金 1439.3 万元，同比增长 11.47%；实现综合经济效益 3231.02 万元，同比增长 43.01%。至年底，全系统共有在职职工 210 人，退休退职人员 1899 人（其中：退休 1790 人、退职 109 人）。下属五个基层单位，机关设置三部一室。

（刘志荟）

【召开 2013 年工作会】 1 月 9 日，2013 年工作会召开，市社理事会副主任兼公司董事长郭宗喜、公司党政班子领导、机关部室领导参加了会议。公司党委书记兼总经理陈思勇总结了 2012 年各项工作开展情况，提出了 2013 年的工作重点。

（刘志荟）

【两节送温暖工作】 1 月，公司开展两节送温暖工作。走访慰问各类人员 66 户，其中困难职工 33 户、退休老干部 31 户、困难党员 2 户；看望了 3 位劳动模范；为 1916 名退休人员发放慰问款 81.88 万元。全系统共计发放慰问款物 87.87 万元。

（刘志荟）

【召开 2013 年第一次股东会】 3 月 27 日，公司在赛欧孵化广场二楼会议室召开了 2013 年第一次股东会，应到会股东 46 人，实到 36 人。会议由公司总经理陈思勇主持。经参会股东审议，以票决方式通过了公司《2013 年度董事会主要工作安排的报告》、《2013 年度监事会主要工作安排的报告》、《2012 年度财务决算报告》、《2013 年度财务预算方案》、《2012 年度利润分配方案》和《关于调整公司奖励基金提取比例的议案》。

（刘志荟）

【签署战略合作协议】 4 月 22 日，赛欧科园科技孵化中心与中信建投证券签署了战略合作协议，由中心主任梅春才和中信建投总经理陈纲代表双方签字。双方承诺将充分发挥各自的业务优势及行业影响，拓展业务合作领域，通过优势互补和共同发展，实现“互惠共赢、共创辉煌”的目标。

（刘志荟）

【举办“知识产权保护案例分析与交流”座谈会】 4 月 23 日，北京 12330 赛欧工作站举办了“知识产权保护案例分析与交流”座谈会，12 家企业 20 余人参会。座谈会邀请丰台法院知识产权庭副庭长康运讲解了有关商标、著作权、商业秘密保护和专利等知识产权知识及企业可能遇到的风险点和预防解决办法，并与企业进行了互动交流。

（刘志荟）

【举办中关村金融政策及丰台专利奖励政策宣讲会】 5 月 16 日，赛欧公司孵化中心与丰台信用工作平台联合举办中关村金融政策及丰台专利奖励政策宣讲会，共有69家企业100余人参加。会议邀请中关村企业信用促进会秘书长刘英讲解了中关村高新技术企业认定办法、企业改制上市和并购资助资金、中介服务支持资金、专利和商标促进资金及一系列贷款融资政策；邀请丰台区科委知识产权科科长刘萌萌讲解了《丰台区专利奖励及转化资助办法（试行）》等内容。

（刘志荟）

【领导调研】 6月3日，北京市供销总社主任任军在市社副主任兼赛欧公司董事长郭宗喜的陪同下到赛欧公司孵化中心考察，听取了赛欧公司总经理陈思勇关于公司改革发展情况、中核路项目建设、投入使用情况及今后企业发展思路的汇报，对赛欧公司所取得的成绩给予了肯定，并提出了希望。8月6日，市经信委中小企业处处长荆甫智等人在丰台区经信委主任吴神赋陪同下，到赛欧孵化中心调研关于丰台区中小企业窗口服务平台建设情况，了解了服务平台建设的整体规划方案、进展情况和丰台区中小微企业发展现状及区政府扶持的相关内容，肯定了平台的建设规划和功能目标，并提出了希望。11月22日，丰台区副区长刘树苹在丰台科委主任刘少华的陪同下到赛欧孵化中心考察调研，听取了关于孵化器成长历程、运营、孵化模式、服务体系、孵化成果及入孵企业发展状况的讲解，参观了孵化中心展厅，肯定了孵化中心的服务体系和管理团队，提议以孵化中心为企业经济发展的总部，做专做强加速器为丰台留住更多优秀企业，同时帮助贫困村、县以灌输孵化器概念的方式寻求合作共同发展。12月5日，丰台区政协副主席程留恩等人到赛欧孵化中心考察调研，了解了赛欧发展历程，就孵化器的需求、融资服务体系、创业导师服务、孵化器主体单位、实验室利用率等问题进行了探讨。

（刘志荟）

【获得资质认定】 6月5日，北京赛欧科园科技孵化中心有限公司通过北京市科学技术委员会审核，获得了北京市战略性新兴产业孵育基地资质认定，同时报送的《面向高端装备制造的孵化服务平台》课题获立项和资金支持。

（刘志荟）

【举办对接会】 7月28日，赛欧孵化中心在广场二层多功能厅举办了首都科技条件平台百家重点实验室进千家企业对接会。丰台区科委主任魏欣亚介绍了活动的相关情况。赛欧孵化中心与生产力促进中心签订了战略合作协议；入孵企业北京征图新视科技有限公司与北京印刷学院研发实验室签订了共建实验室合作协议；另外二十余家参会企业与相关高校科研院所也达成了初步对接意向。

（刘志荟）

【接待参观考察】 8月2日，江苏盐城科教城副书记邹必俊、招商局局长周志旺等人到赛欧孵化器参观考察。8月9日，廊坊市龙河高新区招商局副局长姚志威、招商经理范伟等人到赛欧孵化中心参观交流。12月19日，丰台区科技企业孵化器协会会长王立言组织丰台区各孵化器单位到赛欧孵化中心参观交流。

（刘志荟）

【召开深入开展党的群众路线教育实践活动动员大会】 8月19日，党委召开深入开展党的群众路线教育实践活动动员大会，公司党委副书记王希全主持。市社理事会副主任、公司董事长郭宗喜，市社纪检监察办公室主任李德森等人出席会议，赛欧公司领导班子成员、基层单位党政一把手、机关各部室负责人及部分党员、职工代表参加大会。党委书记、总经理陈思勇对活动的开展进行了部署，郭宗喜提出了要求。

（刘志荟）

商贸　服务业

商业贸易

【概　况】 2013年，以“扩消费、保民生”为目标，推进商业网点建设，各项工作有序开展，全区共实现社会消费品零售额889.2亿元，同比增长7.6%，消费总量居城六区和全市第三位，增速居城六区第三位、全市第十二位。

（张会利　李　蕊）

【便民商业网点建设】 年内，辖区内规范化菜市场42家，数量居全市首位。大中型连锁超市均实现“农超对接”模式（农超对接，指的是农户和商家签订意向性协议书，由农户向超市、菜市场和便民店直供农产品的新型流通方式，主要是为优质农产品进入超市搭建平台）。完成10家便民菜店建设，截止年底累计88家。引导9家蔬菜直销车进社区，截止年底累计16家。完成59个再生资源回收站点建设，截止年底累计360个，再生资源建设及整改工作位列全市首位。新建小区商业配套设施进一步规范。对基本生活必需品进行日常监测，维护市场秩序和物价平稳。

（张会利　李　蕊）

【商业促销活动】 举办丰台购物节、丰台美食节等12项促销活动，首次举办汽车文化节、惠民安居消费季等活动。指导餐饮企业结合自身特色细分市场，推出生态园林和农家民俗餐饮、中高端餐饮以及地方特色餐饮。组织策划“园博套餐”，引导餐饮企业参与绿色美食文化节、消夏啤酒节、金秋美食节等系列美食活动。

（张会利　李　蕊）

【园博服务保障】 制定《2013年服务园博促进消费行动计划》。建立物美、美廉美、翠微、新世纪等园博门票销售网络。邀请永和大王、嘉和一品等特色品牌餐饮入园经营。组织资和信、翠微等九家企业布点特许商品零售。举行丰台旅游商务交易洽谈会，促进区内企业和旅行社对接。

（张会利　宋　莉）

【推进产业升级调结构】 首次提出“品质生活基础，现代商务保障，特色商业典范，区域增长引擎”的商业发展定位和构筑“三区、八圈、六街、多点”商业发展体系。出台靛厂路、万丰及方庄餐饮街特色街区提升改造意见。组织申报7个商务楼宇升级改造项目，时代风帆、搜宝商务中心获得市级支持。对辖区30家规模仓储企业进行调查统计。提出电子商务发展建议。支持国美生活广场、集美、尚品街高端发展。推进奥特莱斯、中影千禧国际影城项目建设。年内在建商业项目18个，约156万平米。

（申　东　宋　莉）

【大红门时尚创意产业集聚区研究】 对大红

门地区 29 家批发市场进行调研，形成专题分析报告。研究分析地区现状、项目进展和招商定位。推进大红门电子交易平台运营模式、建设主体和实现路径研究。

（张京徽　杨　磊）

【零售商业份额】 年内，全区商业设施 9590 家，总营业面积约 346 万平方米。其中零售商业类 3538 家，占商业设施总数的 37%；零售商业类营业面积约 226 万平方米，占商业设施总营业面积的 65%。

（申　东　牛格非）

【大型商业入驻丰台】 1 月 20 日，华冠天地公益桥店开业，建筑面积近 7 万平方米，是丰台区仅次于首地大峡谷的第二大购物中心。12 月 22 日，上品折扣旗舰店——草桥店开业，经营面积 3.3 万平米，覆盖国际国内一二线品牌，实现线上线下折扣商品同步销售，是由折扣店向奥莱 mall 转化的新模式店面。

（张会利　李　蕊）

【新发地进驻电商平台】 11 月，新发地京东官网旗舰店上线，实现了农副产品与电子商务的有效对接，标志着丰台区市场转型升级迈出坚实的一步。

（杨　磊　宋　莉）

【开展商业资源普查】 年内，组织专业机构对辖区内四环以内所有道路进行调查；对四环路以外地区，围绕街乡中心区域、社区集中区域进行调查，汇总商业设施信息近万条，摸清了批发零售、居民服务、住宿餐饮等行业发展现状，为商业规划实施、商业布局配套、商业转型升级奠定了基础。

（申　东　牛格非）

【行业监管】 年内，办理酒类备案登记 438 户，变更 77 户。受理成品油经营资质年审企业 74 家，变更成品油经营批准证书 7 家。完成 16 家典当企业年度核查，对典当企业指导、检查 30 余次。加强流通领域商务执法，出动 450 人次，对 343 家企业开展专项查处行动；对 297 家规范再生资源回收站点和 192 家再生资源回收单位进行检查；签订《丰台区生猪屠宰专项整治目标责任书》。全年商务系统未出现重大安全生产事故。

（张会利　李　蕊）

【成立“领导小组”】 年内，成立了丰台区打击侵犯知识产权和制售假冒伪劣商品工作领导小组，办公室设在区商务委。全区行政执法机关共出动执法人员 6980 余人次，检查各类企业、经营主体 10000 户次，检查各类市场 450 个次，立案查处 420 余件，涉案金额 1400 余万元，挽回经济损失 700 余万元。

（张会利　李　蕊）

北京丰贸投资经营管理有限公司

【重组改制】 年内，成立企业重组改制筹备领导小组，制定了《企业重组改制工作纪律要求》。8 月，博兰特集团与裕丰投资经营公司、兴源粮油、天旭饮食三家企业签订国有资产无偿划转协议，并完成国有资产无偿划转。10 月，裕丰投资经营公司、兴源粮油、天旭饮食分别组建完成三家全资子公司。12 月 4 日，收到《丰台区国资委关于北京博兰特食品工贸集团申请改制的批复》（丰国资函〔2013〕32 号），完成公司核名，新公司名称为：北京丰贸投资经营管理有限公司。12 月 20 日，完成工商注册，获得新公司企业法人营业执照。

（刘春秀）

【北京博兰特食品工贸集团】 年内，原北京博兰特食品工贸集团有资产 235 处，建筑面积 20.53 万平方米，经营性资产 199 处，租赁面积 13.83 万平方米，闲置资产 475 平方米。在职职工 181 人，其中在岗职工 110 人（不包含托管改制人员），不在岗职工 71 人。离退休 2555 人（其中离休 10 人）。实现收益 3643.92 万元，实现利润 302.53 万元。签订房屋租赁合同497份，租赁面积13.83万平方米。丰台东大街33号院在发改委立项审批阶段。云岗西路1号院改扩建项目在规划用途更改申请中，并处在与云岗航天三院协商洽商阶段。杜家坎26号院危旧房改扩建和环境整治工程正在协调中。

（刘春秀）

【裕丰投资经营公司】 年内，原裕丰投资经营公司有职工30人、退休职工13人。完成营业收入2760.97万元，实现利润670.37万元，净利润519.02万元。新签订房屋租赁合同23份，合同租金平均递增5%。对20处网点3000多平方米的房屋进行了维修。在国有资产整合重组改革中，公司作为财务审计组组长单位，完成资产清查审核、财务审计以及资产交接工作；完成人员情况、工资结构摸底工作；完成查找改制时划转给博兰特、粮食局、饮食服务公司的商业网点房屋产权资料，涉及200多处网点；完成企业章程和隶属关系的工商变更、企业整体改制方案的草拟、新公司名称的核定。

（潘艳君）

【兴源粮油贸易总公司】 年内，原兴源粮油贸易总公司有资产187处、11.07万平方米，折合资金4952万元，其中经营性资产9.58万平方米，闲置资产1.49万平方米。实现利润248.74万元，净利润183.71万元。

丰鑫源物资集团公司

【概　况】 2013年，实现利润128.66万元，比上年增长45.38%；成本费用利润率为10.9%，增长5.63%；总资产报酬率为1.6%，增长0.52%。

（李维华）

【土地开发建设项目】 年内，杜家坎南路22号院临街综合商业楼开工。这是集餐饮、金融、购物、休闲为一体的大型商业设施。

（李维华）

【安全生产工作】 年内，集团公司领导多次召开安全会议，部署安全工作，组织开展对出租房屋、消防器材、楼顶广告、机井及配电室的安全检查，组织消防演练，开展宣传教育活动，有效防范了安全生产事故的发生。

（李维华）

【企业内部管理工作】 一是摸清家底，加强企业基础管理工作；二是加强对企业经济合同管理制度落实情况进行监督检查；三是编制2013年企业财务预算，对企业经营活动予以约束、控制，确保年度任务的完成；四是加强内部审计，确保国有资产的安全完整；五是根据企业经济效益增长情况，制定企业职工工资增长计划，实现职工百分之十的工资增长目标。

（李维华）

北京市丰台区烟草专卖局（公司）

【概　况】 北京市丰台区烟草专卖局（公司）实行“统一领导，垂直管理、专卖专营”的经营管理体制，主要负责辖区内的卷烟经营和市场管理；严厉打击违反烟草专卖法律法规行为，依法办理烟草专卖零售许可；深入开展内部专卖管理监督，维护国家和消费者利益。2013年，实现销售收入21.81亿元，同比增长11.05%；实现利税4.69亿元，同比增长10.09%，其中实现利润2.68亿元，同比增长10.29%。丰台烟草的企业效益稳中有升。

（任晓明　李依蔓）

【零售终端建设】 年内，有现代零售终端户17户，零售终端推广户270户，终端户软件使用率和扫码率均达到100%。加强零售终端建设，推进信息采集，提高信息采集准确率和有效率。加强监管和经营指导，准确掌握客户进货、销售、存货情况，提高客户获利水平。

（任晓明　李依蔓）

【烟草品牌培育】 确定培育重点，联合五家工业公司制定了“一品一策”的品牌培育方案（中南海、芙蓉王、黄鹤楼、双喜、黄金叶）。保持与品牌工业公司的有效沟通，邀请北京卷烟厂、浙江中烟、安徽中烟、红塔集团召开工商协同营销座谈会、新品推介会、品牌文化交流活动，制定行之有效的营销策略。关注终端上柜，引导零售客户提高培育品牌卷烟上柜率；关注终端推介，发挥街区小组和零售终端店在品牌培育和宣传方面的作用，扩大品牌的市场认知度和影响力，提升消费者认知度和尝试率。

（任晓明　李依蔓）

【烟草专卖打网络工作】 年内，共破获5万元以上大案要案43起；破获网络案5起；共查获违法卷烟1511.98万支，案值1038.02万元，刑拘9人，判刑6人。5起网络案中，丰台烟草自主立案侦办2起（“1·24”、“7·31”），协助查办3起（“1·01”、“1·23”、“5·21”），其中“1·24”、“7·31”两起跨省网络案均被公安部列为部督案件。

（任晓明　李依蔓）

【市场监管工作】 年内，以工商部门夏季专项行动为契机，强化与各执法部门的配合，清理无证户161户，剩余156户（占比4.38%）。对辖区市场进行摸底排查，建立一般违法户、重点违法户监管档案，并制定治理计划。加强对新发地（31户）及岳各庄（42户）两个重点涉烟市场的监管和整治，开展检查73次，联合执法14次，查处4起一般程序案件，查获违法卷烟88.93万支，案值39.1万元；与市场主办方签订协议，对有2次以上涉烟违法记录行为的零售户予以清理。建立真烟非法流通重点户档案，并对其实施严密监控，加强教育引导。强化专卖、营销、内管派驻办之间的协作，加强信息互通与反馈，落实监管责任。全年流入丰台区卷烟共1004万支，其中本市各区流入125.92万支，外省流入675.78万支，无码卷烟202.3万支。

（任晓明　李依蔓）

【营销队伍建设】 一是网格化片区整合，以辖区行政街道为基础，按照网格化的管理模式，将丰台区划分为十个大网格，每个大网格配备2名客户经理，人均管理户数最高为207户，最低为141户。二是优化客户经理人员配置，通过民主测评从29名客户经理中选出更为出色的22人组成新的客户经理队伍。三是竞争上岗、选拔人才，按照公开、平等、竞争、择优的原则，拓宽选人用人渠道。

（任晓明　李依蔓）

【内管工作】 年内，共处理及上报市局系统预警120卷，无违规异常情况发生；非法流通监管121户，共64.66万支，整体呈下降趋势。为提高内管、专卖、营销联动机制，建立联席会议工作制度，做到“信息互动，资源共享”。

（任晓明　李依蔓）

【普法宣传工作】 年内，开展新办证零售户法律培训10次，培训零售户537户；违法持证户教育培训3次，培训零售户156户，新办证零售户培训率、违法零售户培训率均达到100%。开展“3·15”、“5·15”、“12·4”普法宣传活动，开展“深化法制宣传教育，为实现伟大中国梦营造良好法治环境”主题征文活动，出动执法人员220余人次，发放各类宣传材料1万余份，提供现场咨询450余次。案卷评查优秀率100%，法律审核率和审核正确率100%，涉烟犯罪案件移送率、抄备率均达到100%。

（任晓明　李依蔓）

【体系建设】 年内，推进体系建设，自主开展内审2次，开展自查自纠活动4次。为理顺采购流程、规范采购行为，出台《丰台区烟草专卖局（公司）五种采购方式适用范围及实施程序细则》、《丰台区烟草专卖局（公司）采购管理实施细则》。

（任晓明　李依蔓）

【财务管理工作】 加强制度建设，规范财务支出审批程序；控制费用支出，费用率为0.81%，同比降低0.25个百分点。

（任晓明 李依蔓）

【政务信息工作】年内，共上报政务信息635条，同比增加56条，其中被市局（公司）采用509条，同比增加25条，采用率达80.16%；国家局采用13条。

（任晓明 李依蔓）

【社会公益活动】 年内，针对特困群体组织团员青年开展志愿服务活动；组织开展节日慰问、践行雷锋精神、“五四”志愿等服务活动，共计98人次参加，志愿服务时长389小时，给特困家庭发放节日慰问金6400元，助学金2000元。

（任晓明 李依蔓）

外经外贸

【利用外资】 2013年，新增合同外资5.8亿美元，同比增长15.6倍；实际外资1.86亿美元，同比增长12%，高于全市平均增幅。

（陈 涛 张 萍）

【新兴金融产业吸引外资】 年内，新引进外资基金管理公司——华能景顺罗斯（北京）投资资金管理有限公司、外资融资租赁公司——北京中汇融资租赁有限公司。作为丰台区，这两家都是首家。

（陈 涛 张 萍）

【外资主要投向重点功能区】 年内，丽泽金融商务区和科技园区共完成实际外资1.84亿美元，占全区99%。丽泽引进首创和香港投资商，合同外资3.4亿美元。科技园区引进在香港注册的中国水务集团有限公司投资设立银龙水务投资有限公司，成为丰台区第三家外商投资性公司，合同外资1.6亿美元。

（陈 涛 张 萍）

【香港是外资主要来源地】 来自香港的实际外资9438万美元、合同外资5.6亿美元，分别增长10倍和26倍，占全区51%和96%。

（陈 涛 张 萍）

【对外贸易】 年内，全区进出口总额实现146.68亿美元，同比增长7.53%，居全市第七位，其中进口总额129.56亿美元，同比增长9.98%；出口总额17.12亿美元，同比下降7.96%。

（陈 涛 张 萍）

【境外投资】 年内，区内10家企业赴境外投资项目13个（含增资），对外投资金额近3500万美元，涉及美国、香港、荷兰、蒙古、南非、赞比亚等国家和地区，主要从事矿产勘探、远程教育、文化传媒、贸易咨询、资产管理等业务。

（陈 涛 张 萍）

【北京市首批总部经济集聚区】 为加快培育和打造北京市总部经济和世界高端企业总部聚集地，北京市商务委员会授予丰台科技园区等八个园区为首批“北京市总部经济集聚区”。这表明丰台科技园区在推动全市总部企业发展、完善总部企业服务功能方面的引领示范作用。

（陈 涛 张 萍）

【北京市外贸转型升级示范基地】12月5日，北京市商务委授予丰台科技园区的应急救援产业基地、轨道交通产业基地为“第二批北京市外贸转型升级示范基地”。这对加快转变丰台区外贸发展方式、促进优势出口产业集聚发展、稳定扩大外贸规模起到促进作用。

（陈 涛 张 萍）

【与中关村海关签署合作备忘录】7月31日，丰台商务委与中关村海关签署关于建立紧密关贸协作机制合作备忘录。根据备忘录，双方建立紧密协作工作机制，加强工作联动，实现信息共享，共同推进丰台区对外贸易发展。

（陈 涛 张 萍）

【第二家跨国公司地区总部】 1月14日，市商务委授予上药北方投资有限公司跨国公司地区总部证书，是继旭阳化工有限公司之后丰台区第二家跨国公司地区总部，是上药集团北方区总部，主要从事医药产品的研发、销售及配送。

（陈 涛 张 萍）

投资促进

【成立投资促进局】 根据北京市机构编制委员会办公室《关于同意设立北京市丰台区投资促进局的函》（京编办事[2012]22 号）精神，经区编委 2012 年第 1 次会议研究决定，设立丰台区投资促进局，作为本区投资促进和招商引资工作的区政府直属事业单位。丰台区投资促进局为区政府直属相当正处级事业单位，核定编制20名，局长1名（相当正处级），副局长2名（相当副处级）；相当科级领导职数4正。

内设机构：区投资促进局设4个内设机构。办公室，编制4名，其中主任1名；投资发展科，编制4名，其中科长1名；投资项目科，编制5名，其中科长1名；投资推广科，编制4名，其中科长1名。

主要职责：负责宣传全区招商引资相关政策；收集、发布、反馈招商引资工作信息；为投资者提供投资咨询、信息引导等综合服务；组织实施各类招商引资活动。

（邓 婧）

【经营情况】 年内，丰台区新引进千万元企业610家，同比增长13.8%，其中亿元企业77家，同比增长45%，在市区工商部门注册登记的亿元企业增速居首位；注册资本金384.57亿元，同比增长16.39%。产业结构不断优化，金融业、商务服务业合计占67.52%。属地税务登记率93.5%。

（邓 婧）

【大企业大项目入驻】 年内，晶龙集团、中国水务集团、中电科装备、现代种业、邦信惠融等一批行业龙头企业落户丰台。

（邓 婧）

服务业

丰台区修理公司

【概 况】 2013年，围绕年度工作任务，扎实开展工作，公司经济运行平稳，效益稳中有升，职工收益稳步增长。

（马永顺）

【企业经济运行情况】 年内，围绕经营目标，及时研判市场情况，提高了新签网点租赁项目的承包价格，并及时收回承包款项，保障了公司收益；对即将期满的资产（出租）项目，提前调研经营环境，抓住机遇提升经营网点业态水平。

（马永顺）

【完善经营体制机制】 年内，撤销了公司企管部建制，恢复了丰台工贸公司法人实体，解决了工贸公司“一套人马，两种机制”并存、权责不清等历史遗留问题；完成了工贸公司人员归属、社保转户及部分资产（资金）划拨工作；明确了工贸公司法人主体责任。

公司与所属企业权责关系清晰，管理机制健全，增强了企业发展活力。

（马永顺）

【健全和完善管理制度】 年内，修改完善了《公司党委会会议制度及议事规则》、《公司经理办公会会议制度》、《公司资产经营管理办法》等11项管理制度，并形成《公司管理制度汇编》，作为今后公司管理工作的依据。

（马永顺）

【党建工作】 开展基层党组织晋级工作。围绕“奉献美丽丰台，争当园博先锋”主题活动，开展了“园博先锋行动”和纪念建党92周年庆七一系列活动。签订党风廉政建设责任书11份、保证书12份。公司党委理论中心组学习了党的十八届三中全会精神和习近平总书记重要讲话，并注重联系实际，抓好落实。

（马永顺）

【安全稳定工作】 年内，公司与各基层企业签订《2013年安全稳定工作目标考核责任书》，召开安全生产专题会8次，开展安全生产检查14次、安全培训2次、消防演练1次，对检查中发现的安全隐患及时整改。认真做好领导干部接访和敏感时期及重点人群的维稳、应急值守和值带班工作，确保了企业安全稳定。

（马永顺）

北京市京都公司

【概　况】 2013年，经全体员工的共同努力，较好地完成了年度各项任务，经营收入267.5万元，经营利润14.3万元。

（李　芳）

【安全工作】 完善各项规章制度，同下属单位负责人签订《生产经营安全责任书》、在职职工签订《交通安全责任书》。对职工进行安全知识培训并进行考核。每月进行安全检查，发现隐患及时整改。春节期间，公司与下属单位签订《烟花炮竹管理安全责任书》、与个体经商户签订《烟花炮竹管理安全责任书》；全国两会期间，公司安全领导小组下基层检查、督导工作，基层单位随时巡查，保障了安全。

（李　芳）

【蒲黄榆市场分部改造工作】 年内，对蒲黄榆市场分部的大棚进行了改造，并更换了经营项目。

（李　芳）

【工商执照验照工作】 年内，完成了公司和市场、市场分部的工商执照验照工作。

（李　芳）

丰台区饮食服务旅店行业协会

【服务园博】 5月18日，第九届中国（北京）国际园林博览会在丰台区永定河畔开幕。为加大对园博会的宣传，开园前协会多次向会员企业下发通知，号召大家做好对园博会的宣传工作，并利用各店的户外LED宣传工具播放园博会宣传片。同时，协会还将有关园博会的宣传海报发到各会员手中，提倡张贴在店内显著位置，以营造园博会举办氛围。

（晁金秋）

【举办第四届丰台（绿色）美食文化节】 4月25日，“2013·第四届丰台（绿色）美食文化节”在万丰餐饮街“巴音浩日娲”举行。启动仪式上，协会向本区42家重点餐饮企业颁发了“服务园博推荐餐厅”牌匾，以确保园博会的用餐需求。文化节期间，围绕“赏园林艺术，品丰台美食”的主题开展系列活动，吸引了区域内百家重点餐饮企业的参与，各餐饮商户开展打折、优惠、展示、咨询、便民等促销活动。

（晁金秋）

【举办第二届端午文化节】 6月9日至12日，

举办了以“粽情丰台 欢乐园博”为主题的第二届丰台端午文化节。活动期间，新疆、湖北、江西、海南等16个省份的特色绿色食品进行了展卖；便宜坊食府、万丰小吃城将本店的特色小吃、粽子带到活动现场进行展卖；区域内大型餐饮企业开展了“消费满额送园博门票”、“传统文化一日游”活动。

（晁金秋）

【举办第五届丰台消夏啤酒节】6月27日至9月28日，举办了以“京城消夏夜 丰台更精彩”为主题的第五届丰台消夏啤酒节。活动期间，协会向区域内社区百姓推出七场系列活动，丰富了百姓文化生活。

（晁金秋）

【举办第五届丰台金秋美食节】9月25日至10月25日，举办了“第五届丰台金秋美食节暨水产品惠民消费月”活动。开幕式上，协会联合全国工商联水产业商会水产品菜篮子惠民工程向社区居民代表发放了400张“放心水产品惠民卡”。活动期间，区域内20家重点餐饮企业围绕“金秋享美食 食惠在丰台”的主题，开展了多样的惠民项目，其中“水产品惠民消费月”是本届金秋美食节的一个亮点。

（晁金秋）

丰台区维修服务行业协会

【概　况】丰台区维修服务行业协会成立于1992年，其业务主管部门是丰台区商务委员会。会员单位主要由从事家用电器、电子产品、计算机及办公设备、空调制冷设备、通讯终端设备、开修锁具等商品的安装、维修和售后服务工作的企业和个体经营者组成。年内，共有会员单位53家，其中有限责任公司29家，占总数的54.7%；个体经营者24家，占总数的45.3%。网点数与上年环比基本持平。

（梁生荣）

【协会换届】　年内，召开了第五届会员代表大会。大会通过了第四届理事会工作报告，第四届监事会工作报告，总结了过去五年的工作，选举了第五届理事会、监事会，选举了新一届会长、副会长、秘书长和监事长。协会第五届会长兼法人代表由本区民营企业家——北京市欧亚电梯维修有限责任公司经理王德意担任。

（梁生荣）

【行业规范】　年内，起草制定了《开修锁服务规范》，共十一章四十七条。对新参加社区维修服务的10家锁具维修单位进行了规范，并对其98名锁具修理工进行了培训，颁发了职业资格证书和胸卡。发放了自律规范手册和收费指导价格手册，基本实现锁具修理“一刻钟”服务上门全区覆盖。会员单位未发生一例消费者投诉。

（梁生荣）

【技术培训交流】　为会员单位培训了制冷设备、电子电器产品、锁具修理工等三个工种的中、高级维修工398名；组织中央空调故障与维修技术讲座一次，组织锁具修理工职业道德和法规培训8期，并请市公安局治安总队警官讲课，行业内技术人员对高新产品的维修能力、职业道德水平和法制观念都有提高。

（梁生荣）

【行业自律】　为落实国家及市发改委有关维修服务议价收费规定，提倡行业自律，规范行业收费标准，协会组织会员协商，修订了十五类457项维修服务收费指导价，并上报价格主管部门备案。同时，向会员单位发放价格表和《价格手册》，实行明码标价，先议后修。在本会网站上向社会公示，以加强社会监督，促进了行业收费自律。

（梁生荣）

【社区维修服务】　完成了对20个参加社区维修服务会员单位的认证挂牌工作。完成了参加社区维修服务的150名家电、制冷、锁具修理工的登记备案、技术和职业道德培训、胸牌工装发放、服务规范、价格手册发放等工作。完成了社区维修服务信息中心筹建和网络建设、专线服务电话开通等工作。实现了整合行业资源、就近服务及“五统一”的模式：统一电话或网上预约接活派单，维修单位就近服务；统一技术人员培训上岗；统一工装胸卡；统一质量标准和收费标准；统一受理解决投诉。全年上门服务13000人次，维修各类物品12980件，投诉率为万分之一。

（梁生荣）

【开展公益活动】 组织会员单位开展十六次社区义务维修咨询服务民生公益活动，开展10场社区公益大讲堂活动，向社区居民宣传门锁安全防盗知识，受益人群达2万余人。

（梁生荣）

旅　游

【概　况】 2013年，是丰台的园博年，也是丰台的旅游年。按照“吸引游客，拉动消费”的工作要求，将“园博”概念贯穿全年工作始终，完成了年度各项工作任务。全年接待游客2184万人，同比增长37.2%；综合收入157.28亿元，同比增长9.2%；接待人数和收入总量均居全市第五位，接待人数增速居全市首位，景区收入增速居城六区首位。

（孙晶晶）

【构建旅游规划体系】 8月，区委常委会审议通过了《青龙湖——长辛店会展旅游、生态休闲区发展规划实施意见》，明确了河西地区旅游发展“一园、一环、四板块”的空间格局。该意见成为河西地区旅游产业发展指导性文件。正在编制《园博会展后利用规划》，为后续发展提供保障。

（孙晶晶）

【国际旅游节庆祝活动落户丰台】 第十五届北京国际旅游节庆祝活动落户园博园，这是首次落户丰台，也是首次落户北京南城。活动期间，30余支国内外表演队参加，奉上精彩表演，吸引近10万游客。

（孙晶晶）

【旅游节庆活动】 年内，结合园博会，先后举办了“第四届到北京丰台过大年”、“第五届丰台踏青节”、“2013 丰台旅游消夏节”、“2013丰台花好月圆中秋旅游节”。活动的举办，提升了丰台旅游知名度，区域旅游形象得到塑造。

（孙晶晶）

【旅游宣传促销活动】 年内，通过“走出去，请进来”，开展到丰台旅游的促销活动。“走出去”，一是7、8月份，先后赴北京周边主要客源城市举办以“相约北京园博，畅游丰台美景”为主题的系列促销活动；二是参加中国国内旅游交易会、北京旅游博览会、中国国际旅游交易会。“请进来”，在园博园开园前夕，主办了“服务园博百家旅行社走进丰台”大型旅游推介促销活动，来自津蒙冀鲁豫等省市505位旅行社代表对园博园和丰台旅游进行了实地线路考察、业内洽商，围绕“园博会”设计的3个主题11条丰台旅游精品线路的推出，受到广大旅行社和媒体的广泛关注。

（孙晶晶）

【旅游市场服务和监管工作】 开展“迎园博旅游优质服务提升年”系列活动，向辖区从业人员讲解和宣传园博的景观文化和丰富内涵。落实“安全生产月”活动，有效解决了普遍存在的162个安全隐患。开展旅游市场检查周活动，取缔“一日游”假站牌24

块，收缴非法“一日游”地图250余份。督促指导辖区12家A级旅游景区做好景区内、景区周边的环境卫生整治工作，在北京市首环办的旅游分项考核中列首位。

（孙晶晶）

世界公园

【概　况】 2013年，从公园硬件建设与软件建设、内部管理与外部形象、思想道德教育与业务技术培训、经济效益与服务质量、规范化服务与优质服务等方面着手，周密布置，狠抓落实，公园的综合管理水平上一个新台阶。全年共接待游客 86 万人，综合收入6500万元，与上年综合收入5500万元相比增加了1000万元。世界公园自2003年起连续八年亏损，自2011年起实现扭亏为盈并逐年攀升，取得了经济效益和社会效益的双丰收。

（陈　惠）

【抓经营促效益】 年内，制定新的经营战略，对市场重新定位；突出世界公园人文、科技、绿色主题特色，建设青少年基地，吸引更多游客；大胆尝试改革，创造新的经济增长点；加强环境整治，创造优美公园；抓市场促销，增强吸引力；加大宣传力度，彩车新阵容亮相；利用小假期突出亮点宣传，保公园运行整体平稳良好。

（陈　惠）

【抓管理保经营】 年内，按照“两个阶段，三项内容”重点抓了规范化管理；强化安全秩序管理，保障公园健康有序发展；提高服务质量，完善服务设施；加强人力资源管理，营造良好的竞争机制；以人为本，坚持人尽其能，物尽其用的原则；注重职工队伍建设，提高职工的福利待遇；开展多种形式的文化活动，增强企业凝聚力。

（陈　惠）

【演出宣传】 年内，组织十几个外国民间文化团体来园演出，这些原生态的歌舞、原汁原味的艺术，使演员与游客面对面、零距离互动，使游人不出国门便可感受到异域文化的熏陶，看到外面世界的精彩，把游园从简单的休闲娱乐延伸到对世界文化的体验，扩大了人们的视野和想象空间。

（陈　惠）

【环境整治】 加强环境卫生整治，实行定岗定责、分工分片管理，持证上岗。实行垃圾袋装化、分类化，日产日清，做到“八不乱”、“三不外露”。确保三季有花，四季长青。绿化养护严格按技术规范施工，实施3G计划。

（陈　惠）

【安全生产】 年内，加强安全生产教育，提高安全意识，层层签订安全生产责任书。完善各项安全制度，并抓好落实。完善技术防范措施，在门区、广场区、停车场、中国园等重点区域和岗位增设电子监控镜头，基本实现全园覆盖。协同工商、派出所、交通、巡警等单位联合执法，打击大门广场无照经营的小商、小贩、尾随兜售、黑导等行为，确保公园旅游市场健康发展。

（陈　惠）

高新技术产业

中关村科技园区丰台园

【概　况】2013年，累计完成留区财政收入21.1亿元，同比增长18.2%，占区财政收入（76.9亿元，同比增长12.2%）的27.4%。全年完成技工贸总收入3295亿元。新引进注册资本亿元以上企业27家，其中注册和税务关系均落户丰台的企业19家，超额完成全年任务的27%，同比增长72%；新引进注册资本千万元至亿元企业74家，超额完成全年任务的23%，同比增长6%。全年计划投资67.8亿元。全年完成投资72.9亿元，超额完成全年任务。对接中关村“1+6”平台工作；组织企业申报各类科技项目、奖项；落实知识产权优惠政策；完成技术合同登记额310亿元；202家企业的科技项目获得国家和市、区科技项目支持；5家企业荣获国家科技进步奖；5家企业荣获北京市科学技术奖；1家企业获北京市工程技术研究中心；4家企业获北京市企业技术中心；48项企业自主创新产品获评中关村国家自主创新示范区新技术新产品。西区Ⅰ整体拆迁已全部完成，共计107万平米，编制完成控规调整方案，开展产业定位、城市设计、开发方案研究工作。西区Ⅱ组建了新的开发平台“北京丰台科技园投资控股有限公司”，启动编制《西区Ⅱ土地一级开发实施方案》。东区三期已完成“中国通号研发中心项目”、“专利审查协作北京中心项目”、“旭阳研究院项目”及“北京海格通信产业园”项目的协议出让。全年实现开复工面积162万平方米。组建了新的开发建设平台（北京丰台科技园孵化器有限公司），在1516-35、36两宗研发用地上进行以园区为主导的统一规划、统一建设的组团式开发，规划建筑面积33.36万平方米，项目总投资45.1亿元。丰台科技园被授予首批“北京市总部经济集聚区”称号。轨道交通产业列入中关村“641”的产业集群，获批北京市外贸转型示范基地。积极打造“丰台军民融合创新基地”，成为中关村“三区支撑、多园发展”的三个军民融合产业集聚区之一。积极与新兴际华集团对接，就合作方式进行探讨，实现资源共享；完成园区发展应急救援产业报告。

（魏立亮）

【市领导及海军首长调研军民融合产业】1月19日，北京市市政府副秘书长戴卫，海军参谋长助理赵冀川少将，北京市经信委副主任熊梦，航空航天处处长杜涛及区领导和海军各机关单位领导一行十余人调研了丰台科技园区军民融合产业发展情况。调研主要为实现军事应用需求与中关村企业技术创新成果对接，建立军民融合常态化交流机制，为园区企业实现民参军搭建平台。丰台科技园区共有军民融合企业33家，涵盖装备制造、通信信号、新材料、航空航天、后勤保障五大类别。

（沈建新）

【召开丰台园工作会议】 3月21日，“2013年中关村国家自主创新示范区丰台园工作会议”在丰台科技园区玛雅岛酒店隆重召开。中关村管委会委员张茂盛及区领导和区相关各委办局领导，园区重点企业代表，新加入示范区企业代表，以及中关村国家自主创新示范区扩区后园区合作单位领导共计350余人参加本次会议。会议设置“发现园区企业之美”发布环节，共设置了“贡献之美”、“成长之美”、“创新之美”、“和谐之美”四类称号。授予2011年在留区财政、收入增长、科技创新以及精神文明建设方面做出突出贡献的企业“园区之美”称号。包括北京科园信海医药经营有限公司等十家2011年留区财政收入在500万元以上排名前十名的企业获得了“贡献之美”称号；包括北京方大炭素科技有限公司、北京时代华语图书股份有限公司等十家2011年留区财政收在100万以上（含）、500万元以下，增幅高于丰台区平均增幅的名单中排名前十名的企业获得了“成长之美”称号；北京高盟新材料股份有限公司、北京动力源科技股份有限公司等十家获得国家科技进步奖、北京市科学技术奖、标准创制突出、以及获市级专利项目资助的科技创新突出贡献企业获得了“创新之美”称号；北京依文服装服饰有限公司、凡客诚品（北京）科技有限公司等十家在精神文明建设、文化建设、社会公益活动方面突出贡献企业获得了“和谐之美”称号。

（沈建新）

【园区企业救援物资直送雅安】 4月20日，四川雅安市芦山县发生7.0级地震。园区企业北京依文服装服饰有限公司筹备200万元救援物资，由依文安排车辆运往雅安。园区企业北京科园信海医药经营有限公司筹备了脂肪乳注射液、甘露醇注射液、阿莫西林等一批市值75万元，总计215件应急救灾药品于4月25日送抵雅安，同时向雅安财政局捐款25万元，用于雅安卫生局筹备急救医用物资。

（沈建新）

【获“北京市总部经济集聚区”称号】 5月28日，丰台科技园区被授予首批“北京市总部经济集聚区”称号。此称号由北京市商务委认定、命名，经各聚集区自主申报、县区初审、现场核查、专家评审等环节，丰台科技园区与北京金融街、北京商务中心区等8个园区获得首批“北京市总部经济集聚区”称号。在第二届中国（北京）国际服务贸易交易会“北京主题日”上，北京市商委对8个总部经济集聚区和6个商务服务业集聚区进行了认定授牌。

（沈建新）

【“驻京中外企业丰台行”在园区举办】 8月23日，“驻京中外知名企业投资丰台行”活动在园区进行，由市投资促进局与丰台区政府共同举办，园区作为重点功能区进行了区域阐述、项目推介和现场咨询。

（陈檀清）

【中国水务集团中国区总部落户园区】 年内，中国水务集团的中国区企业总部“银龙水务投资有限公司”入园，注册资金10亿人民币（港资注册）。中国水务集团有限公司是在香港联合交易所主权上市的公众公司，截至2013年3月集团总资产106亿港币，净资产50亿港币。主要业务为国内供排水业务及涉水相关辅助配套业务。处于国内水务投资领域第五位，业务遍布全国10多个省市。

（魏立亮）

【新增3家企业院士专家工作站】 11月28日，中关村丰台园第三批企业院士专家工作站正式授牌，新增3家企业院士专家工作站，新引进3名进站院士。至此丰台园已建立9

家院士专家工作站。此次建立院士专家工作站的三家企业是：北京全路通信信号研究设计院有限公司、北京国能中电节能环保技术有限责任公司、北京碧海舟腐蚀防护工业股份有限公司。

（沈建新）

【两基地获批北京市外贸转型升级示范基地】 年内，中关村丰台园轨道交通产业基地、丰台园应急救援产业基地被认定为北京市外贸转型升级示范基地。外贸转型升级示范基地由北京市商务委会认定，评审内容包括基地整体情况、出口产品指标、当地政府重视程度、基地主要出口企业情况、基地企业创新发展能力等五方面 16 项指标。此次共有 8 个北京市级外贸转型升级示范基地获授牌。

（沈建新）

综合经济管理

发展改革综合管理

【概　况】2013年，实现地区生产总值1008亿元，同比增长9.2%，首次进入千亿元区县行列；实现全社会固定资产投资752亿元，同比增长13.9%；城镇居民人均可支配收入增长10.8%；农村居民人均纯收入增长10.5%；万元地区生产总值能耗下降5.42%。完成区委区政府下达的折子工程17项和《2013年丰台区政府绩效计划》中综合经济水平提升指标任务8项。争取市政府固定资产投资20.7亿元。提出建设“北京南中轴国际商务中心区”功能定位。

（王文征）

【“十二五”规划中期评估】 年内，开展丰台区“十二五”规划中期评估工作，将规划纲要和48个区级专项规划纳入评估对象，首次委托专业机构对《纲要》进行第三方评估，形成《关于丰台区“十二五”规划纲要实施情况的中期评估报告》和《关于丰台区“十二五”规划纲要部分指标调整方案（草案）》。

（王文征）

【区域经济政策兑现】 年内，兑现区域经济新政策，涉及企业105家、资金6636万元。安排经济发展专项资金2亿元。安排产业发展引导基金支持项目7个、支持资金3000万元。对2012年度完工项目进行竣工验收。

（王文征）

【加快河西地区发展建设】 年内，继续落实河西地区发展实施意见，加大西部地区转型发展工作力度，制定年度行动计划，安排园博会举办、产业提升、环境优化、民生改善等四方面重点任务28项、项目35个，实现投资192.8亿元，完成全年计划的106.7%。

（王文征）

【深化医药卫生体制改革】 年内，制定丰台区深化医药卫生体制改革2013年主要工作安排，确定6个方面26项重点任务；通过市级医改考核评估，全面梳理2012年度12项医改工作和48项医改责任书督导考核任务的完成情况，突出医改创新亮点。开展基层医改情况调查、公立医院改革等调研工作，开展丰台区医药卫生体制改革课题研究。

（王文征）

【全社会固定资产投资】 年内，实现全社会固定资产投资752亿元，同比增长13.9%。其中城镇投资（含房地产开发投资444.2亿元，同比增长23.8%）730.3亿元，同比增长11.8%；农村投资21.7亿元，同比增长213.0%。

（王文征）

【落实城南行动及政府计划投资】 年内，完成落实城南行动及政府计划投资451亿元，完成全年任务的101.1%。其中完成产业发展项目投资284亿元，公共服务项目投资30亿元，基础设施项目投资108亿元，生态环境项目投资29亿元。

（王文征）

【落实区级政府建设资金】 年内，落实区级政府建设资金49.7亿元，其中通过银行融资等方式筹集建设资金26.9亿元，平均年利率6.87%。

（王文征）

【成立政企联合保护电力设施办公室】 年内，强化电力运行管理，探索构建“政府统一领导，企业主责保护，群众广泛参与，全社会大力支持”的电力设施保护工作格局，在全市率先成立政企联合电力设施保护办公室，主要开展群众护线、电力设施保护宣传、协同管理等工作。办公室成立后，排除电力安全隐患40余处，保障了园博园的电力供应。

（王文征）

【完成“煤改电”试点工作】 年内，选择王佐镇沙锅村开展农村地区“煤改电”试点工程，累计投入3000余万元，占全市任务量的28%。1570户工程完工，压减燃煤4710吨。

（王文征）

【创建节约型公共机构示范单位】 年内，丰台医院开展节约型示范单位创建工作，这是国家级第一批节约型公共机构示范单位（北京市共23家）。

（王文征）

【开展节能宣传活动】 年内，以节能宣传周为契机，全区21个街乡镇350余个社区村庄开展节能宣传活动。活动期间，张贴海报3万张，发放节能宣传材料1万份；举办2期节能培训，培训400余人；开展“低碳日”能源紧缺体验活动和“节约粮食、反对浪费”专题活动，节约观念深入人心。

（王文征）

【节能管理】 年内，编制出台《丰台区节能发展专项资金管理办法》。组织辖区内500多家公共机构填报基本情况调查表，建成公共机构名录库。投资3400余万元对公共机构供热计量进行改造。推动重点用能单位实施节能项目，组织16家重点用能单位开展能源审计工作、15家重点用能单位开展清洁生产，对10家重点用能单位开展节能监测，下发节能监测综合报告并提出整改意见。

（王文征）

【房屋租赁价格调控】 年内，继续落实五项房租调控措施，与区统计局、房管局和物价检查所等部门联合对房屋租赁经营中介机构进行调研和检查，督促其落实调控措施，遏制房租上涨。

（王文征）

【价格监测】 年内，出台《丰台区发改委重要商品和服务价格监测工作考核办法》和《丰台区价格监测工作目标考评标准》。向市发改委价格监测中心报送价格监测数据2400余份、监测信息11条，其中分析报告4篇、调研报告1篇。

（王文征）

【行政事业性收费管理】 年内，审核行政事业性收费许可证602个，其中正本数171个、副本数431个；新核发收费许可证551个，其中正本数146个、副本数 405个；收费27449.86万元。各收费部门全部通过年审，年审率100%。

（王文征）

【停车场管理】 年内，组织开展居民区机动车地下停车长期包租收费调研工作，形成调研报告《居住区地下停车场长期包租收费乱象与对策》。加强停车收费管理，要求街道办事处介入停车场企业的管理，严格办理居民区停车场机动车停车收费标准核准手续；现场勘察新建停车场30家，并给予收费指导。对4家园博园停车场运营企业采取即时核准措施，核准5个停车场收费标准。共办理机动车停车收费标准核准304件，

（王文征）

【推进经济适用房审价工作】 年内，完成望园东里和大瓦窑两个经济适用房项目销售价格的初审工作，经过经济适用房审价领导

小组成员单位审议，最终确定销售价格。

（王文征）

【新价格举报信息管理系统开通】 5月，新的价格举报信息管理系统正式开通，举报信息由市举报中心统一接听后，交由各区县查处。

（王文征）

【企业服务大厅】 年内，企业服务大厅接待办事人员687736人（次），日均接待2740人（次）；受理审批申请226580件，日均受理903件；完成审批申请207950件，日均完成828件；办结率91.78%。在区工商注册新办企业（不含个体工商户）13113家，日均注册52家。

（王文征）

安全生产监督管理

【概　况】 2013年，深入开展“安全生产年”活动，强化企业安全生产基础工作，开展安全生产标准化建设，深化“打非治违”和重点行业领域整治，加强重点工程和高危行业安全监管。全区共发生安全生产死亡事故60起死亡64人，占全年死亡人数控制指标（89人）的71.9%；同比死亡事故减少16起，下降21.1%；死亡人数减少16人，下降21%。其中道路交通死亡事故54起死亡58人，包括较大事故1起死亡5人；生产安全死亡事故5起死亡5人；火灾死亡事故1起死亡1人；未发生食品安全、铁路交通死亡事故及重特大安全生产事故。

（吴　洪）

【行政许可审批】 年内，办理危险化学品经营行政许可88件，其中首次申请18件、延期55件、变更15件。办理第二、三类非药品类易制毒化学品备案和变更5件。办理烟花爆竹经营（零售）行政许可审批146件。办理危险化学品经营企业装修、维修、改造等备案15件。

（李建鹏）

【烟花爆竹安全监管】 年内，制定《丰台区2014年烟花爆竹行政许可安全监管工作实施方案》。700余人参加安全知识与现场操作培训及考试，146个烟花爆竹临时销售网点通过审核获准销售。建立区、街乡镇、社区、督导员四级网格化安全监管体系。实行主渠道销售模式，制定安全生产责任保险制度、缴纳风险抵押金制度、烟花爆竹安全管理承诺书制度，建成音视频监控系统平台。检查销售网点2628家次，出动检查人员1568人次、车辆534台次，开具现场检查记录1236份，下达执法文书16份，消除安全隐患36条。经营期间未发生安全事故。

（张振淮）

【“两会”安全保障】 两会期间，制发《丰台区2014年全国两会安全生产保障工作方案》，排查“两会”代表驻地周边生产经营单位131家，执法控制123家，下达执法文书52份，消除安全隐患102条，立案处罚1起。对危险化学品、烟花爆竹、工业企业、人员密集场所、交通运输、燃气使用单位、地下空间等重点行业和领域进行执法检查，出动检查人员11892人次，检查生产经营单位7562家，消除安全隐患2076条，下达检查记录单2533份。

（肖　勇）

【园博会安全监管】 园博会期间，成立园博会安全监管组，将园内施工区域划分为5个片区开展执法检查，共检查生产经营单位640家次，下达整改指令书29份，查处隐患101条，下达强制措施决定书3份，行政处罚1家，罚款1万元。

（吴　洪）

【大红门地区安全隐患专项整治】 年内，开展大红门地区安全隐患专项整治工作，共摸排上账重点商市场33家商户18958个。整改日常管理类安全隐患150项；改造消防硬件设施7处，消减墙壁摊170个，疏通消防通道22条，行政处罚30余万元；拆除市场2个、违法建设9处52460平方米，关闭商场1家；暂扣黑摩的、黑三轮500余辆；打击商标侵权、假冒伪劣产品等违法行为，罚没44.42万元。

（李　颖）

【安全生产咨询日活动】 6月9日，安委会举行安全生产咨询日活动，1200人参加。围绕“强化安全基础，排查治理隐患，服务保障园博”主题，通过展板、广播、发放宣传折页或挂图等形式，宣传“科学发展，安全发展”理念及安全生产法律法规、应急自救互救知识、安全科普知识、职业健康知识等。同时，各街乡镇、区属重点单位在各自属地开展咨询日活动。

（李　颖）

【道路交通运输安全大检查】 7月，与区交通支队、丰台运管处、区消防支队及执法七大队成立联合检查工作组，对辖区省际客运站、危险品运输企业、货物运输企业进行现场检查，共检查单位229家，发放隐患整改通知书121份；查处出租车违章171起、省际客运违章27起；查扣非法运营车辆17起，其中“黑旅游”2起、“黑危化”运输1起。

（李　颖）

【事故隐患排查治理】 年内，开展针对餐饮、宾馆、超市、汽车4S店等行业的安全生产事故隐患自查自报专项执法行动6次，安全隐患自查自报系统纳入企业664家，发现隐患种类124项，排查隐患32167条，整改率100%，上报率45%。接收举报案件159件，其中市局投诉举报中心12350交办152件、内部受理7件，结案率100%。

（张舒静）

【餐饮场所燃气专项整治】 年内，摸排建立餐饮场所台账2766家，其中使用天然气930家、液化石油气1611家、其它225家。检查单位3355家次，发现隐患1389项，整改隐患1342项，下达执法文书1739份，停业停产21家，关停取缔6家，处罚20.5万元，发放宣传告知书1000余份。

（李　颖）

【“双打”专项执法检查】 6月，在全区开展特种设备作业“双打”专项行动，重点检查建筑施工、宾馆饭店、商市场、文化娱乐场所、工业企业、物业管理等单位的特种作业人员持证上岗情况和管理情况，出动特种设备执法人员435人次，监督检查202家(次)，接投诉举报141起，发现安全隐患280处，下发特种设备安全监察指令书78份。

（李　颖）

【重点领域专项整治】 6月，区安办组织商务、民防等部门开展针对液氨、商市场、电气、地下空间、环境安全、有限空间、工程建设等方面的专项整治，组织各种检查组16754个次、检查人员43494人次，监查生产经营单位和场所23710家，其中暗查和突击抽查单位709个、交叉检查单位537个，发现并整改隐患33652个，限改10849家，责令停产停业489家，取缔22家，行政处罚541.45万元，约谈通报3家，拘留70人。

（李　颖）

【开展打非治违专项行动】 年内，开展安全生产领域“打非治违”专项行动，拆除违法建筑194处50.29万平方米、私搭乱建店棚300余平方米，取缔非法制售洗涤灵窝点1处、假药制售窝点各1处、非法自办幼儿园1处、黑开电玩城1处、非法液化气瓶存放窝点1处、无证照废品回收站点32家，关闭路边非法经营商户10余家。

（李　颖）

【安全生产标准化企业复评】 年内，组织专家对工业企业安全生产标准化单位进行复评，共复评企业41家，其中优秀企业27家、合格企业14家。

（刘凤英）

【特种作业培训考核】 年内，组织特种作业培训9期，考核通过16344人，其中取证8970人、复审7374人。

（刘凤英）

【职业病哨点监测】 年内，确定13家电焊作业企业作为哨点监测单位，其中大型企业3家、中型企业4家、小型企业6家，共监测704人。

（郭卫平）

【职业卫生】 年内，培训企业负责人、职业卫生管理员共468人。建立《作业场所职业病危害企业台账》，确认存在职业病风险企业403家。271家企业完成入数据库工作，申报率67%。

（郭卫平）

人力资源和社会保障工作

【概　况】 2013年，以“民生为重、人才优先、服务为本”为主线，大力开发就业岗位，加强人才队伍建设，不断提升社保服务水平，城镇职工五项社会保险参保率均达到98%，城乡居民养老保险、城镇居民医疗保险参保率分别达到96%和94%以上。被人力社保部评为“全国清理整顿人力资源市场秩序专项行动取得突出成绩单位”。

（李　倩）

【开发就业岗位】 年内，鼓励村集体经济组织发展生态观光旅游项目，促使159名农民走上就业岗位。加大对村建劳务派遣组织的扶持力度，拓展就业范围，1481名农村劳动力实现就业。围绕园博建设和运营，开发3333个绿色就业岗位，880名河西农民实现就业。鼓励村集体经济组织将保洁、绿化等就业组织改为企业性质，与1652名农民签订劳动合同，缴纳城镇职工社会保险。

（李　倩）

【职业技能培训】 年内，完善培训鉴定标准，优化培训模式，筹建两个公共实训基地，帮助1304名农村劳动力提升了就业能力。加强物业管理、维修维护等工种的培训和鉴定力度，使1452人就业能力得到提升。

（李　倩）

【促进失业人员就业】 年内，健全三级公共创业服务体系，协调解决小贷担保问题，扶持850名失业人员成功创业。加大重点行业企业招用失业人员的扶持，吸纳失业人员4458人。推进家庭服务行业职业化建设，帮助160名失业人员与家庭服务企业签定劳务合同，缴纳社会保险。

（李　倩）

【社会保险金按时足额发放】 年内，落实社保政策，及时上调各项社会保险金，累计支出98.53亿元，同比增加20.62亿元，增幅20.93%。丰台区退休职工养老金2658.29元，同比提高10.12%。区财政投入2.33亿元，用于补贴城乡居民养老、城镇居民医疗和城乡无保障老年人参保补贴，惠及城乡居民25.27万人。

（李　倩）

【社保基金安全有序运行】 年内，严格医疗保险费用日常支出审核，健全对定点医疗机构的日常监管、检查、考评机制，完善基金监督系统、内控监督信息系统，实现区与街、乡镇社保所财务管理上的联网互通。聘请13名社会监督员，对社保基金运行情况进行监督。

（李　倩）

【提升社保管理服务能力】 年内，完成社保中心与医保中心机构升格工作，在新村等5

个街乡社保所推行社保自助服务终端试点应用，实现社保经办业务就近自助办理。推广网上申报，为企业办理业务提供便利，2.2万家企业注册使用。

（李　倩）

【人才队伍建设】 年内，研究出台《丰台区引进人才服务政策实施细则（暂行）》，编印《引进人才政策选编》、《人才服务联系卡》及《丰台区人才引进服务工作流程（试行）》宣传册，协调区房管局、卫生局等部门建立联动机制，解决引进高端人才最为迫切的户籍、住房、医疗、子女教育、配偶就业等七大难点问题，共引进各类高端人才120人，硕士研究生及以上学历紧缺人才368人。建立企业走访和专属服务制度，推进职称评审“直通车”工作，挖掘高级专业技术人才28名。支持高端人才开展科研和新技术应用工作，7家留创园企业共引进11名优秀人才，23名在站博士后完成科研项目41项、改进技术难题17项，申请发明专利14个，创产值8500万元。

（李　倩）

【公务员队伍建设】 年内，公开招考公务员266名，全区23家党政机关、事业单位共57人通过竞争上岗走上科级领导职位。启动公务员在线学习全覆盖工作，提升职业能力。

（李　倩）

【事业单位人员管理】 年内，采取统一招聘与专项招聘相结合的方式，招聘录用事业单位工作人员1312名。开展新一轮事业单位岗位设置调整工作，为事业单位分类改革奠定了基础。对43家事业单位主管部门及区直属单位绩效工资实施情况进行检查，进一步强化了绩效工资总额管理。

（李　倩）

【军转安置】 年内，安置军转干部118名，接收自主择业军转干部71人，加强对随军家属的就业帮扶，确保军转干部总体稳定。

（李　倩）

【劳动关系维稳】 年内，开展劳动政策咨询与培训，解答企业与群众咨询7000余人次。推动集体合同与工资集体协商，全区集体合同覆盖企业2303家，覆盖人数39.7万人；开展工资集体协商361家，同比递增44%。评选和谐劳动关系单位19家。

（李　倩）

【确保劳动用工规范有序】 年内，加大法规宣传力度，突出检查服装加工、餐饮服务、建设施工单位用工情况，建立劳动用工档案，规范用工企业1.6万家。

（李　倩）

【劳动者权益保护】 年内，妥善处理拖欠工资案件1487件，为4325名农民工追回拖欠工资1481.65万元。加大争议调解力度，共受理人事劳动争议案件2889件，案件结案率91%。

（李　倩）

统计工作

【概　况】 2013年，围绕全区“一轴两带四区”建设和全面实施第二阶段城南行动计划等中心工作及市局、总队“深化改革年”的要求，坚持科学发展，加快推进现代化服务型统计建设，为区域经济社会发展提供统计服务和保障。全区实现地区生产总值1007.8亿元，比上年增长9.1%；完成全社会固定资产投资752亿元，增长13.9%；实现社会消费品零售额889.2亿元，增长7.6%；城镇居民人均可支配收入37886元，增长10.8%；农村居民人均纯收入20442元，增长10.5%。

（赵国红）

【第三次全国经济普查】 年内，下发《关于开展第三次全国经济普查的通知》，在全区划定 361 个普查区，全面核查基本单位 7.1 万家。针对普查人员和普查对象开展普查表填报和 PDA 使用培训会 470 场，7.2 万人次参加。联合区委宣传部开展“您为普查尽义务、普查为您来服务”主题宣传活动，通过丰台有线电视、《丰台报》、《前线·丰台在线》手机报等扩大宣传，组织“坚持依法普查，助力丰台发展”宣传月活动，设置大型户外广告、灯杆路旗、横幅展板、易拉宝等设施进行宣传发动。

（赵国红）

【统计监测评价】 年内，修订并完善《2013 年丰台区地区生产总值（GDP）核算指标监测方案》和《2013 年丰台区重点调查单位先行监测方案》，继续执行《丰台区统计监测分析工作制度》，坚持月度会商、季度分析工作机制，进一步加强对地区生产总值、投资、消费、城乡居民收入、节能降耗等重点指标和高新技术、工业、金融服务、文化旅游等重点行业的运行监测。制定《加强 2013 年全区考核指标监测的工作方案》，首次将市级部门对区委、区政府的绩效考核指标纳入监测范围，适时反映指标完成进度。跟踪第二阶段城南行动计划项目实施情况，建立招商引资信息共享机制，将新引进企业和新开工项目纳入统计监测范围。

（赵国红）

【依法统计】 年内，开展调查单位名录库、数据质量、“四大工程”落实的“三查”，对制造“假情况、假数据、假典型、虚报工作业绩”等问题进行专项整治。宣传《统计法》和《全国经济普查条例》。实施统计“六五”普法中期验收专项检查，组织 1446 人参加统计人员从业资格培训考试。对 434 家统计调查单位开展执法检查，进一步规范企业统计行为。分析统计指标差错原因，通过短信平台向调查单位发送指标填报易错提示信息。完善诚信统计建设方案，完成 2013 年度诚信统计单位的资格审查、实地核查和评选工作，累计评选诚信统计单位 13 家。

（赵国红）

【统计年报】 年内，制定年报工作方案和考核办法，组织召开年报例会 11 次、数据质量评估会 8 场，确保年报工作顺利实施。在全市统计年报工作考核评比中，在工作组织、金融业、劳动工资、物流业和房地产价格调查等工作中获满分，基本单位、能源、科技和城镇住户调查等工作连续两年位居全市前列。

（赵国红）

【人口抽样调查】 年内，建立抽样调查办公室 10 个、调查小组 16 个，划分调查小区 32 个，选调调查员 85 名，调查 10 个街道乡镇 16 个社区居（村）委会 3600 余户居民家庭 1 万余人，全面完成调查小区的核实确定、小区图绘制、业务培训和清查摸底、入户登记、数据处理、评估推算等项工作，上报数据质量符合全市要求，一次性通过市局验收。

（赵国红）

【投入产出调查】 年内，制定《丰台区 2012 年投入产出调查工作方案》，全面做好调查前期准备、培训、数据审核上报和查询等各阶段工作。通过统计外网、短信等交流服务平台，发布工作动态 10 条、问题解答 4 期。组织召开投入产出工作布置会 6 场，124 家被调查单位参加培训。在填报和收审阶段，注重调查研究，切实保障调查数据质量。召开专业间工作协调会 6 次，邀请市投入产出办公室人员参加数据质量评估和复查，全面做好资料上报、查询反馈、归档、总结工作，数据资料上报率 100%。

（赵国红）

【专项调查】 年内，完成街道乡镇群众安全感满意度调查，对存在问题进行逐级梳理，撰写《丰台区 2013 年二季度群众安全感满意度调查报告》和《北京市丰台区统计局关于群众安全感调查方案调整和三季度群众安全感满意度调查情况的报告》。园博会开幕前夕，开展园博会知晓率及参观意向调查，撰写《我区居民园博会知晓率为85.5%》和《我市居民园博会参观意向调查》，以专刊形式分别在《丰台信息》和《丰台政务》发表。组织开展汽车摇号购车政策调查、居民文化消费现状及需求意向调查、居民养老现状与需求调查、2013年北京市区县反腐倡廉调查、2013年党风廉政建设民意调查。开展丰台区街道、乡镇政府工作满意度调查、丰台区法制教育问卷调查、丰台区就业服务现状调查。

（赵国红）

【统计信息】 年内，围绕园博会、经济普查等全区重点工作，扩大统计宣传，编辑统计信息通过人民网、《中国信息报》等媒体发布，被采用信息448篇，区委区政府采用148篇，其中优秀信息4篇。加大政府信息公开力度，利用报纸、网站等渠道公开经济社会发展主要指标和数据解读等统计信息908条，在《丰台报》“数说丰台”栏目发布信息47篇，在“前线·丰台在线”手机报发表信息44篇。

（赵国红）

【统计分析】 年内，着力提升统计分析的高度、广度和深度，加强对经济运行中趋势性问题的深层次分析，提出对策建议，围绕结构调整、产业升级、科技创新等重大问题，开展专题研究13项。完成统计分析报告293篇，区领导批示《丰台区上半年投资形势分析报告》、《丰台区月均营业收入两万元及以下企业简析》等4篇。在《丰台信息》和《丰台政务》刊发统计专刊10期。

（赵国红）

【信息化建设】 年内，以打造“智慧统计”为目标，编制《丰台区统计信息化建设三年规划》，将信息化建设由“数字型”向“智慧型”转变。建立视频会议系统，实现系统内部举办视频会议、视频培训等功能。推进数据采集电子化，全面采用PDA进行普查登记，实现普查全过程电子化、网络化。在城乡住户调查中推行电脑或手机记账，电子记账率65%。完善领导决策咨询服务系统建设，在试运行基础上增设招商引资、园博会监测等专题。以电子化发行统计《区情手册》。

（赵国红）

【举办统计开放日活动】 9月29日，以宣传第三次全国经济普查为主线，举办以“您为普查尽义务，普查为您来服务”为主题的首届政府统计开放日活动，制作统计工作宣传小片和宣传展板，现场设置统计咨询服务展台，向参会人员宣传、介绍统计业务和统计服务内容，市经普办、区委宣传部、各街道乡镇等相关单位负责人和部分企业代表参加活动。

（赵国红）

【全程办事代理工作】 年内，继续推行全程办事代理——统计登记工作，区政府企业服务大厅统计窗口共接待受理咨询办事人员1.1万人次，其中接待各类咨询5737人次，受理审批4880件，电话催办统计登记5150家，新增统计登记单位2090家，即办率100%，无行政投诉事件发生。

（赵国红）

工商行政管理工作

【概　况】 2013年，工商行政管理工作以建设“服务型、法制型、创新性、学习型”工商为抓手，注重监管与服务方式制度的创新，有效地保障了区域经济健康稳定发展。

全区有各类市场主体159493户，其中企业83825户、个体工商户73934户。开展行政指导9628件，受理调解消费者申诉7175件，为消费者挽回经济损失180.77万元。

（刘　莉）

【全景式登记注册体系】 年内，落实准入服务新举措，通过“介入前移”、“存量转化”、“增量引导”等途径优化市场主体结构，促进企业发展；通过落实服务责任制等制度、升级自助服务模式实现一次性全面告知的标准化控制；整合准入服务平台，实现内部工作流程与外部运转机制的顺畅结合；建立网络、寄递、现场全方位、多元化市场准入通道，推出全景式登记注册体系。

（刘　莉）

【服务园博会】 年内，选派干部入驻园博园工商工作办公室，开辟登记准入绿色通道；开展综合治理，打击各类无证经营行为；指导园博会相关部门制定知识产权投诉处理程序，督促参展方签署《参展知识产权承诺书》，打击侵犯园博会吉祥物注册商标违法行为；针对园博会入驻商户、消费者进行消费维权咨询服务。

（刘　莉）

【构建工商网络服务监管平台】 年内，推出工商网络服务监管平台，通过企业年检、巡查、走访等方式收集企业邮箱导入工商系统，累计收集企业邮箱17000余户；采取立案处罚和网络指导并行的双轨制处理方式，对涉网经济主体开展巡查20924户次，发送巡查提示7868次；选择辖区大型商场超市、商务楼宇企业、房地产经纪机构、市场主办单位等400余家企业安装试用“工商@信”客户端。

（刘　莉）

【整治黑网吧】 年内，对“黑网吧”展开拉网式排查，将学校、社区周边、农村及城乡结合部划定为“黑网吧”治理重点，将晚间定为重点时段，集中力量突击检查。加强部门协调，与区文委建立信息沟通机制，定期交换整治信息；与公安部门建立联动机制，及时转交举报线索。加大宣传力度，营造氛围，使广大居民特别是青少年自觉抵制。

（刘　莉）

【城市环境整治】 年内，根据《2013年首都城市环境建设综合检查工作方案》，采取明查暗访、自检自查、专项检查及联合执法等方式，开展严厉打击违法建设、遏制环境乱象、整顿交通秩序、规范经营行为、整顿旅游秩序、加强市容环境管理专项治理行动，出动执法车辆440台次、干部163人次，取缔无照经营107户，引导合法办照经营62户。

（刘　莉）

【建立注册商标监管平台】 年内，正式启用“商标授权经营公示终端”，通过涉嫌商标侵权行为投诉和商标授权信息查询两大功能，搭建起消费者、经营者、市场主办单位及工商部门四方商标监管平台；确定对卢沟桥等20个历史文化公共资源商标进行保护。

（刘　莉）

【完善广告信用监管长效机制】 年内，配合北京市工商局草拟《北京市广告信用管理办法》，以信用管理、风险管理、社会化管理理念为指导，构建广告信用管理体系。通过对广告信用广泛征集和客观记录，依托信息技术手段形成广告信用分类指数，为政府、企业、公众等不同用户提供个性化信用服务，开创广告信用管理新局面。

（刘　莉）

【推进家居装饰行业合同信用建设】 年内，与市建筑装饰协会签署《共同推进首都家居装饰行业合同信用建设合作协议》，在合同信用管理机制建设、合同管理信用评价制度建设、消费或合同纠纷解决机制建设、合同格式条款使用自律规范、合同示范文本宣传推行、扶持业内龙头企业或品牌企业发展等多个领域开展合作；配合北京市工商局修订

《北京市家庭居室装饰装修工程施工合同》中重点工程验收、工程变更、施工质量标准、工程款支付方式、合同附件等内容，2014年1月1日启用新版合同。

（刘　莉）

【合同欺诈防范预警建设】 年内，为防止合同欺诈，以商务楼宇为重点，在醒目位置悬挂“警惕连锁加盟欺诈，防范格式合同陷阱”警示牌，与物业单位开展合作，聘请合同监管联络员，将防范合同欺诈关口设在“签约前”；在辖区外埠人员多、交通枢纽处设立固定工商工作站，通过电子屏幕播放、张贴宣传海报、开展主题活动等方式，宣传防范合同欺诈信息，将防范合同欺诈关口设在“进京后”；开通防范合同欺诈咨询“绿色通道”，通过设立咨询电话、发布微博信息、开展网络宣传等方式，让广大群众了解防范合同欺诈知识，提高风险防范意识，将防范合同欺诈关口设在“家门口”。

（刘　莉）

【加强进口食品安全监管】 年内，加强进口食品安全监管，在入市环节严查“进口食品卫生证书”、“进口报关单”、“进口缴款书”三项资质；在监管环节以资质不齐全、篡改标签等为重点监管项目，以进口食品批发企业及库房为重点监管对象，集中开展专项治理，并将饼干糕点、酒类、巧克力等十类食品列为重点，坚决下架不合格食品；严厉打击非法进口食品和制售假冒进口食品、虚假标示、欺诈等违法行为，消除不安全隐患。

（刘　莉）

【启动工商社区行系列活动】 年内，启动“工商社区行”主题系列活动，包括消费教育、商品质量和食品安全、工商服务、竞争监管等内容。围绕消费维权、商品质量、食品安全及注册登记、年检验照等社会热点问题，以专题讲座、现场咨询等形式传播消费知识、讲解业务办理流程，培养消费者食品安全意识；借助社区、媒体、社会组织、专家学者、检测机构、专业志愿者进行法律法规教育培训，构建守信和谐的消费环境。

（刘　莉）

【健全多元消费纠纷解决机制】 年内，与区法院签订《关于建立消费争议行政调解与司法调解衔接机制的实施意见》，创建全市首个消费争议行政调解与司法调解零距离对接通道，设立消费争议调解巡回审判点，以“捆绑式”管理模式取代原来各自为主、单独调解的松散局面。开展公益宣传活动265次、消费教育223次、经营者自律教育84次，发放宣传资料13万余份，参与群众15万余人次。在“彩虹网”发布各类工商信息2341条，通过“彩虹315微博”发布各类信息1312条。

（刘　莉）

【搭建情报信息监测平台】 年内，与专业舆情监测公司合作定制“七项服务”——利用专业舆情监测公司情报信息数据搜集平台和信息处理系统，搭建以监测工商业务信息、政府情报信息、辖区企业信息、社会舆情信息为核心的情报信息监测平台，依据时间节点和事态性质定制每日情报预警、情报日报、情报周报、情报半月报或月报、情报年报、专题事件情报报告、情报应急状况响应和应对方案建议共七项服务，通过邮件提醒、弹窗提醒和短信提醒方式为分局提供情报信息综合服务，实现“信息快速跟踪、工作有效提升、问题及时解决”的目标。

（刘　莉）

质量技术监督工作

【概　况】 2013年，围绕“抓质量、保安全、促发展、强质检”的工作方针，以维护公平的市场经济秩序为宗旨，以依法行政为工作原则，以服务区域经济发展、维护人民群众的根本利益为出发点，以加强自身建设、保障质量安全、规范经济发展秩序、提升技术水平为抓手，全面履行法定职责，扎实有效的开展各项工作。检验检测特种设备 15839 台，校验安全阀 5810 台。计划检定计量器具 110000 台件，实际检定 227204 台，完成计划的 206%。开展行政执法活动 1333 起，查处案件 51 起，其中本年度立案案件 43 起，审理 40 起。受理行政许可 1985 份，开工告知 1464 份，企业标准备案 235 份，食品委托加工备案 63 份。

（荆元伟）

【工业产品生产许可证企业监管】 年内，对获证企业 2012 年度自查报告进行审查，46 家企业全部合格，现场核查获证企业 7 家。完成 3 家人造板生产企业和 1 家化肥生产企业实验室检验能力比对，结果均为合格。日常监督检查工业产品生产企业 79 家次。

（荆元伟）

【机动车检测场监查】 年内，检查机动车检测场 7 家，完成增线审核 1 家、现场核查 4 家，共检查 65 家次。抽查检验员持证情况 113 名、计量器具 236 台/套。加强机动车检测场档案管理，2013 年档案更新工作全部完成。

（荆元伟）

【工业产品监督抽查】 年内，对辖区内农资、危险化学品、人造板和防爆电器等 14 家生产企业进行专项检查，主要检查资质证照、原材料进厂和产品销售台帐、生产场所、生产设备、检测设备、原材料等方面，未发现违法行为。

（荆元伟）

【计量监管】 年内，深入开展“计量惠民生，诚信促和谐”工程，制定推进行动方案，继续促进集贸市场、加油站、眼镜店等民生领域诚信计量体系工作建设，开展定量包装生产企业计量诚信建设和计量宣传进社区等活动。加强计量器具风险管理，全面排查辖区计量器具生产企业、修理企业、进口国产销售企业、使用单位、计量检测机构、计量行政管理部门等方面风险隐患，加大民生计量执法力度，打击计量违法行为。开展能源计量审查工作，召开能源计量审查工作启动会，进一步落实重点用能单位节能降耗主体责任，14 家重点用能单位参加。组建专家审查组对北京二七轨道交通装备有限责任公司、北京京丰燃气发电有限责任公司等 3 家重点用能单位开展能源计量审查工作。

（荆元伟）

【食品安全监管】 年内，为获得食品及相关产品生产许可证的企业建立企业质量档案，对其中 17 家生产企业进行管理体系认证。加大行政执法力度，与公安、工商、卫生等部门配合打击违法从事食品生产加工行为。继续推进食品及相关产品市场准入工作，对生产企业提交的 2012 年度落实质量安全主体责任自查报告进行书面审查，审查食品生产企业 90 家、相关产品生产企业 10 家。完成食品监管职能调整及人员编制划转工作，明确食品及相关产品监管职责。

（荆元伟）

【代码服务保障】 年内，新办组织机构代码证 17084 份，变更 19457 份，发证 34107 份，制卡 26988 张，年审 1311 家，废置 613 份。受理行政许可 1985 份，开工告知 1464 份，企业标准备案 235 份，食品委托加工备案 63 份。电子扫描档案 13 万余张。继续担任《北京代码》编委工作，完成稿件 9 篇。对 168 家事业单位、5 个乡镇农村合作组织进行现场年检。

（荆元伟）

【特种设备监管】 年内，对液氨介质特种设备使用单位加强安全管理，对电梯安全进行专项检查。对超期未检和检验不合格的特种设备使用单位进行核查。受理群众投诉举报，查处违法单位，回复率 100%，满意率 100%。

（荆元伟）

【园博会安全保障】 年内，检验园博园内特种设备 182 台（辆），培训厂内机动车操作及管理人员 217 人。对园博会特许小商品质量及周边食品生产企业进行检查，确保产品质量安全。

（荆元伟）

【标准化管理】 年内，会同区民政局对丰台区南苑社会福利中心按照养老服务三星标准要求进行指导，会同市标准化协会专家对北京市太子峪陵园开展的殡葬服务标准化工作进行现场指导和咨询，推荐北京汽车博物馆成为丰台区首家国家级服务标准化试点单位。对 11 家企业申报的 24 个北京市技术标准制修订专项资金补助项目进行受理和初审，7 家企业的 12 个项目获补助金额 83 万元。13 家企业主编并发布的涉及资源节约与环境保护、现代都市农业、食品安全、高新技术、现代制造业的国家标准 14 项、行业标准 15 项，符合《北京市重点发展的技术标准领域和重点标准方向》，获得区财政奖励资金 720 万元。

（荆元伟）

【行政执法监督】 年内，回复市局、区政府法制办关于《北京市大气污染防治条例》、《北京市机动车停车管理办法（草案）》、《政府合同管理办法（试行）》（征求意见稿）等行政法规规章征求意见 10 件。核查 30 家申请上市企业资质，开据核查证明。全面贯彻落实《行政许可法》等法律法规，切实规范行政执法行为；坚持案件集中审理，坚持查处与扶持、规范与服务相结合的原则；以专项检查为重点，切实抓好大案要案的查处。组织开展农资专项打假、打四黑除四害、高风险企业巡查行动等专项执法行动。

（荆元伟）

【特种设备检验检测】 年内，开展特种设备检验检测工作，锅炉外部检验 1090 台，锅炉内部检验 645 台，压力容器全面检验 274 台，电梯定期检验 12838 台，起重机械定期检验 992 台，安全阀校验 5810 台，完成全年检验任务。

（荆元伟）

【计量检测】 年内，检定计量器具 227204 台件，完成全年计划的 206%。其中水表检定 182234 块，完成计划的 214%；其他计量器具检定 44970 台件，完成计划的 180%。加强加油机、衡器、医用计量器具的强制检定工作。在“3.15 消费者权益保护日”，免费开展人体秤、血压计计量检定。在“5.20 世界计量日”活动中，向社会开放检测实验室。

（荆元伟）

【消防产品质量检验】 年内，完成消防产品计量认证和审查认可工作，取得计量认证和审查认可证书。检验煤炭样品 187 个（其中委托 105 个，监督抽查 82 个）、消防产品 12 个。出具检测报告 199 份，出具监测报告 200 份。

（荆元伟）

财政　税务　审计

财　政

【概　况】2013年，围绕全区重点工作，以“争先、务实、高效、创新、服务”为理念，以资金“安全、规范，合理、有效”为目标，以“科学化、规范化、信息化”为手段，全面推进财政工作。公共财政预算总财力158.3亿元，其中公共财政预算收入76.9亿元，完成年初预算75.4亿元的102%，比上年增加8.3亿元，增长12.2%；市转移支付71.6亿元；上年结余9.5亿元；调入预算稳定调节基金0.3亿元。公共财政预算支出158.3亿元，其中本级公共财政预算支出150.6亿元，增长10.8%，完成预算113.3亿元的132.9%，上解北京市支出0.1亿元。政府性基金预算总财力114.1亿元，其中政府性基金预算收入78亿元、市专项转移支付10.3亿元、上年结余25.8亿元。政府性基金预算支出73.8亿元。在市财政局“中国梦——践行北京财政精神宣讲活动”的征文和演讲比赛中，均获一等奖。

（王　杰）

【主要支出情况】年内，安排公共财政预算支出158.3亿元，其中教育支出29亿元、医疗卫生支出8.3亿元、社会保障和就业支出24.8亿元、农林水事务支出9.8亿元、科学技术支出4.8亿元、文化体育与传媒支出3.5亿元、节能环保支出3亿元、城乡社区事务支出26.2亿元、资源勘探电力信息等事务支出2.3亿元、公共安全支出11亿元、一般公共服务支出21.3亿元。安排政府性基金预算支出73.8亿元，其中教育支出4.5亿元、社会保障和就业支出1亿元、城乡社区事务支出67.4亿元、农林水事务支出0.1亿元、资源勘探电力信息等事务0.1亿元、其他支出0.7亿元。

（王　杰）

【融资工作】年内，融资95.8亿元，其中以信托方式融资55亿元、SOT（证券+信托）方式30亿元、资产管理方式5亿元、流动资金贷款形式5.8亿元。争取上级资金53亿元，其中首次成功争取三级医院创建资金5000万元、新媒体中心建设中央专项补助资金532万元。

（王　杰）

【园博会资金保障】年内，为园博会建设运营支付资金5.25亿元，确保了101个项目的完成。争取市级运营保障资金3.4亿元。

（王　杰）

【财政收入管理】年内，在综合考虑经济运行、税收政策等因素对收入影响的同时，科学分配税源建设部门全年收入任务，并将任务明确到月；完善税源建设部门间信息共享机制，健全联席会议制度和财税部门会商机制，强化部门间的沟通协调，及时准确掌握收入动态；完善基础数据库建设，增强数据处理能力，提高收入分析和预测水平；加大重点税源企业监控力度，研究制定《丰台区重点税源企业信息管理办法》，增强属地协税护税积极性，提高公共服务能力，促进税源巩固。

（王 杰）

【财政改革】 年内，创新部门预算编制方式，以报表形式对各部门上年预算年初安排、年中调整、预计调整、实际执行和预计执行情况、2014年预计调整情况进行综合分析，编制全区各部门预算；完善公用定员定额标准体系，调整123家独立核算的行政事业单位运行经费标准；深化国库集中支付改革，在全市首次将实拨资金和乡镇、科技园区切块资金纳入集中支付管理，将区属独立核算的行政事业单位100%纳入改革范围；推行公务卡改革，研究制定《丰台区公务卡强制消费目录》，执行范围覆盖全区一级预算单位；对园区和乡镇实行部门预算单位管理，与全区同步执行国库集中支付、政府采购、投资评审、绩效考评、资产管理等制度；改变街道、乡镇按工作职能多口拨付资金方式，由条状管理向块状管理转变；完成机关大院内事业单位、广电及党校等事业单位预算管理方式调整；出台社区公益金使用管理指导意见；加强结余资金管理，修订《北京市丰台区区级行政事业单位财政性结余资金管理办法》，盘活存量资金，集中有限资金用于稳增长、调结构、惠民生的重点领域。

（王 杰）

【投资评审】 年内，针对中小企业发展专项资金投放项目涉及领域广、资金审核难度大的问题，在实地调研的基础上，制定《丰台区中小企业发展专项资金项目评审方案》，评审项目221个，涉及资金20.5亿元，审定金额17.9亿元，审减率12.5%。

（王 杰）

【政府采购】 年内，政府采购立项3547项，立项金额170030.55万元，执行170030.55万元，执行率100%。按采购类型分，协议采购3061项，立项金额11309.51万元；项目采购486项，立项金额158721.04万元。按品目类别分，货物类采购3172项，立项金额67538.85万元；工程类采购177项，立项金额83504.46万元；服务类采购198项，立项金额18987.24万元。

（王 杰）

【预算绩效管理】 年内，与首都经贸大学合作，加强绩效专家库和指标体系建设，探索建立事前、事后绩效考评和事中绩效跟踪监控的全过程预算绩效管理机制，考评项目23个，涉及财政资金2.2亿元。

（王 杰）

【财政监管】 年内，完成2013年度政府预算、2012年度政府决算和32个部门预决算信息公开工作。强化园博资金、四十件实事资金、科技创安资金、新农合资金、基本建设经费等大额专项资金管理的制度建设，规范审批流程，重点检查预算单位55家，涉及金额28.6亿元。对财政借款进行全面清查、逐笔确认、逐笔分析，收回42.78亿元。配合国家审计署完成地方政府性债务专项检查工作，制定《丰台区政府性债务管理暂行办法》。完成108家预算单位公务用车编制的重新核定、编制下达和全区车辆报废更新测算，完善公务用车审批、采购、报废、调剂、经费预算管理制度。

（王 杰）

【信息一体化建设】 年内，按照业务管理、廉政风险防控和信息化建设“三位一体”的工作思路，召开专题会92次，形成“细-粗-细”的财政业务一体化管理思路。从业务定义、范围、流程、表单和数据等方面进行全面整理优化，编制并发布《丰台区财政预算管理业务流程手册》和《财政业务基础数据规范》，制定业务规范与信息系统持续改进机制。9月30日，财政管理一体化信息系统预算编审模块正式上线，并投入到 2014 年预算编报工作中。

（王 杰）

综合投资公司

【概 况】2013 年，综合投资公司拥有资产 153.42 亿元，负债 125.94 亿元，所有者权益 29.55 亿元，实现利税 7226 万元，完成社会固定资产投资 14.18 亿元。

（许 赜）

【资本运营】 年内，公司持有的中铁恒丰置业有限公司 18%股权挂牌转让，摘牌价格 3189 万元，较投资金额增值 18.1%。完成全资子公司北京恒盛宏大道路投资有限公司增资工作，9 月 24 日完成工商变更，注册资本金 5000 万元。完成区林业局所属企业北京市丰台区林工商公司及其三家子公司股权划转工作，12 月 18 日完成工商变更，林工商公司及其三家子公司成为公司全资子公司。

（许 赜）

【土地一级开发】 年内，丽泽金融商务区 B6B7 项目 E04 地块建筑规模 12.4 万平方米，以 19.22 亿元成交价出让。完成长辛店北部居住区一期北区项目入市前准备工作。中央民族大学新校址一级开发项目总投资 11.59 亿元，完成投资 8.33 亿元，前期手续全部完成。

（许 赜）

【园博园建设】 年内，园博园绿化景观、中国园林博物馆、水源净化工程三个项目总征地 256.37 公顷，征地材料上报有关部门等待审批，其中中国园林博物馆项目和水源净化工程项目已取得市政府建设用地批复。园博园内 5 宗房屋回迁翻建和全部迁改工程竣工。占地 56 万平方米的 8 个临时停车场建设和京周公路新线过街天桥建设完工，4 月底投入使用。园博园周边次干路实现通车，梅市口、北宫路等 4 条园博园主干路拆迁工作完成。

（许 赜）

【回迁安置房】 年内，C9 回迁安置房项目总投资 21 亿元，完成投资 18.78 亿元。7 月，项目二期工程全部完工，提供房源 2100 套，完成 1732 套房屋买卖合同的签订工作。郭公庄回迁安置房工程总投资 12.6 亿元，完成投资 6 亿元，16 号楼完工，17 号楼工程处于房屋内部装修阶段。

（许 赜）

【道路建设】 年内，北京恒盛宏大道路投资有限公司（综投公司全资子公司）承担的 32 项道路建设任务（涉及里程 94.57 公里）总投资 28.09 亿元，完成投资 4.8 亿元，其中马家堡西路南延、万寿路南延 2 个项目完成拆迁工作；种子大会周边“三主一次”4 条道路获得立项批复；电碳厂南路提前竣工通车；其余道路建设项目前期手续办理、拆迁及工程建设有序开展。

（许 赜）

【校安工程】 年内，由北京同创顺达置业有限责任公司（综投公司控股企业）代建的丰台二中改扩建工程取得建设用地规划许可证，并启动施工监理招投标工作；培智中心学校改扩建项目开工建设。

（许 赜）

国家税收

【概 况】2013 年，丰台国税局系统有机构

29个，其中内设机构15个、直属单位2个（稽查局、车辆购置税征收管理分局）、事业单位3个（信息中心、票证中心、机关服务中心）、派出机构9个（征收所1个、管理所6个、个体集贸所2个）；有干部职工442人，其中干部414人、工人28人。开业登记109425户，其中企业77477户、个体31948户；有各类代征集贸市场86个，以家具建材、服装鞋帽、农贸、综合为主。完成税收收入1158177万元。

（宋怡博）

【税收收入】 年内，完成税收收入1158177万元，同比增加65448万元，增长5.99%。改征增值税91282万元，同比增加72328万元，增长381.60%（2012年9月1日开始试点）。增值税（不含改征增值税）471927万元，同比增加19078万元，增长4.21%。企业所得税366001万元，同比减少29721万元，降低7.51%。车辆购置税217528万元，同比增加2872万元，增长1.34%。消费税11319万元，同比增加995万元，增长9.64%。个人所得税（储蓄存款利息所得）118万元，同比减少106万元，降低47.32%。地方级收入（含改征增值税）339846万元，同比增加60667万元，增长21.73%。留区收入168950万元，同比增加29715万元，增长21.34%。

（宋怡博）

【征收管理】 年内，按照“抓大、控中、不放小”的思路强化税收管理，走访重点税源企业，掌握新的税源变化，做到心中有数。重点企业入库留区收入110930元，占全部留区收入的77%。加强对中小企业的监管，重点关注有票无税、票税失衡以及购销数据差异较大的小规模纳税人，巩固和提高小规模纳税人有收入率、有税率和“户均纳税额”。加强对零散税源的管理，落实与市场的代征协议，为76个市场的8979个个体户办理税务登记手续。

（宋怡博）

【税收优惠】 年内，落实各类减免退税95985万元，其中办理高新技术企业相关税收优惠51965万元、出口退税26483万元、落实增值税即征即退优惠17537万元。落实支持小微企业发展的结构性减税政策，通过落实增值税起征点调高政策为2.3万户个体工商户减税10200万元；贯彻免征蔬菜流通和部分鲜活肉蛋产品流通环节增值税政策，直接免征增值税4044万元；落实免收发票工本费政策，免收14万余户次纳税人发票工本费676万元。推进“营改增”工作，纳税人实现减税79824万元，其中“营改增”企业因抵扣进项税额、税基缩小减税53968万元；原增值税企业因进项税额可抵扣范围扩大和比例提高减税25856万元。

（宋怡博）

【纳税服务】 年内，健全纳税服务受理、转办、回复流程，推行一站式服务，实行一次性告知，做到一次性办结；针对“营改增”纳税人数量急剧增加、售票压力加大的问题，推行发票发售“柜员制”，做到从发票售卖到实物发放“一窗通办”；采取自助售票机和人工窗口对接模式，实现双线售卖发票。提高服务主动性，开展送政策上门、送服务到企业活动，针对涉税风险提出税收建议，做到全程咨询解答。提升服务针对性，建立大企业涉税事项协调联络机制，为纳税信用A级企业开启办税绿色通道，对大中小企业和个体集贸经营者进行税收政策宣传。强化服务监督，公布举报电话和信箱，畅通信访投诉渠道。

（宋怡博）

【税收信息化建设】 年内，推行信息化办税方式，网上申报率99%，电子税票开票率98.82%。

（宋怡博）

【政风行风建设】 年内，建立岗位责任制、首问负责制、服务承诺制、离岗告示制、责任追究制等绩效管理制度，严格落实日督查、周梳理、月会办、季通报的督查督办制度；加强日常岗位培训，统一操作标准，加大考核力度，落实责任制，确保自由裁量权规范运行，杜绝权力寻租；通过外网平台、短信平台、服务厅公告栏等方式，将岗位职责、办事流程、办事时限、服务承诺等内容对外公开，保证行政权力运行公开、透明。

（宋怡博）

地方税收

【概　况】 2013年，区地税系统有内设机构33个，其中职能科室14个、税务所（包括2个服务所，2个专业所，7个地区所）11个、稽查局（内设5个科室）1个、机关后勤服务中心1个、税务学会1个、工会1个；有干部职工423人，其中公务员395人、工勤人员28人。有正常登记户110970户（含非独立核算分支机构2072户），完成税收收入149.46亿元。

（陈敬东）

【税收收入】 年内，完成税收收入149.46亿元，同比增收23.65亿元，增长18.80%。其中地方公共财政预算收入118.73亿元，同比增收15.69亿元，增长15.23%；区级公共财政预算收入54.49亿元，同比增收5.19亿元，增长10.52%。

（陈敬东）

【税户情况】 年内，有正常登记户110970户，按经济类型划分，国有企业645户，占比0.58%；集体企业1249户，占比1.25%；有限责任公司8592户，占比7.74%；股份有限公司347户，占比0.31%；私营企业66643户，占比60.05%；外资企业654户，占比0.58%；个体工商户30378户，占比27.37%；国家机关、事业单位和社会团体等其他类型企业2022户，占比0.18%。按产业类型划分，第一产业333户，占比0.30%；第二产业6334户，占比5.70%；第三产业104303户，占比93.39%。

（陈敬东）

【依法行政】 年内，以行政调解、行政复议、行政诉讼为基础对纳税人的权益实施保障，对行政处罚案卷实施辅导式检查，对税收规范性文件进行备查备案，开展行政处罚自由裁量权试行试点工作。巩固政务流程梳理成果，机关科室制定制度26个，修订制度26个，废止制度83个；税务所制定制度25类265项。健全督察内审制度，以搭建依法行政平台为切入点开展日常税收执法督察，提升征管质量，防控执法风险。完成总局专项执法督察任务，进一步规范行政审批。做好局内行政处罚案卷评查和外部审计迎检工作，对政府采购项目跟进监督，不断规范内部行政管理权。坚持逢离必审，对15名正科级领导干部开展离任审计。

（陈敬东）

【税政管理】 年内，强化税收政策评估，对“营改增”、免征小微企业营业税、个体工商户相关业务调整以及铁路税收分成调整等各项税收政策进行调研，评估政策对税收的影响，制定组收措施。全面梳理税收优惠政策，加快享有者资格认定，服务企业落实税收政策。加强宣传辅导，服务企业落实税收政策。深化税源管理，落实“营改增”扩围和试点过渡性财政扶持资金政策，完善个人股权转让工作，完成企业所得税核定征收鉴定工作，对资产损失税前扣除申报和研发费用加计扣除备案项目进行检查；利用财产行为税税源监控平台提高房产土地税税源监控水平，完成“两税”比对工作；执行存量房交易计税指导价格，采取措施应对二手房过户高峰。

（陈敬东）

【征收管理】 年内，完善征管状况监控指标，强化欠税管理，开展无税申报专项清理和税控机打发票明细数据报送工作；加强发票日常监控，做好逾期未核销外管证的核实清理等相关工作；完成金税三期城域网、局域网改造及内外网物理隔离，确保信息系统数据安全。与区发改委、区建委、区国税局、区工商分局、各街乡镇等部门沟通，了解全区招商引资及重点项目建设信息，提高征收管理水平。

（陈敬东）

【纳税服务】 服务园博会，为园博园运营有限公司开辟涉税绿色通道，加快办理冠名发票印制审批和入园企业涉税手续。以纳税人需求为导向，了解经营状况，征询服务意见，协调解决涉税困难。强化宣传培训，举办“税收宣传进社区”和打击发票违法犯罪主题宣传活动，举办企业所得税、土地增值税专题辅导，举办区属单位税收知识讲座和窗口人员业务培训会，开展个人所得税完税凭证自助打印系统试运行工作，印制纳税人发票报数辅导资料、税企联系卡、新户告知单等宣传资料4万余份。规范服务管理，完善大厅所长值班制度，开展窗口服务自查。处理各类服务投诉、信访、网上信箱留言共96件。

（陈敬东）

【评估稽查】 年内，对六个行业开展评估，共评估企业6949户，评估补缴税滞罚合计7414.8万元，总结涉税问题29条，有效规范了税收秩序。发挥稽查职能，将检查户数和查补收入指标提高30%以上。研究制定稽查局税务稽查无问题案件管理办法，提高案件检查质量，降低执法风险。开展重点税源企业自查和无税申报企业专项核实检查，提高电子查账能力，共检查案件199件，入库税滞罚合计4339万元。

（陈敬东）

【服务基层制度制定】 年内，制定和完善《中共北京市丰台区地方税务局党组关于进一步加强调查研究服务基层工作实施方案》、《北京市丰台区地方税务局局领导接待日制度》、《北京市丰台区地方税务局关于进一步服务基层减轻基层负担的实施意见》等制度。

（陈敬东）

审 计

【概 况】 2013年，开展审计（调查）项目61项，其中自行开展56项，配合署、市、区开展5项。涉及审计资金626亿元、资金使用单位132个。查出管理不规范问题金额18.23亿元，其中应上缴财政513.26万元，应调账处理232.84万元，审减工程款6224.51万元；其他管理不规范金额17.53亿元。向有关单位提出审计建议69条，提交审计报告31份，出具审计决定5份，提交审计专报7篇，共128篇审计报告、专报或信息被市、区采用或批示。

（黄晶玮）

【预算执行审计】 年内，对预算编制全口径、预算执行全过程加强监督，完成区财政局组织本级预算执行情况、区民政局及住建委等10个部门的预算执行和决算草案情况审计，审计资金269.63亿元，查出预算编制不完整、往来款长期挂账等问题金额16.57亿元。7月25日，丰台区第十五届人民代表大会常务委员会第十次会议审议通过《丰台区2012年度本级预算执行和其他财政收支情况的审计工作报告》。

（黄晶玮）

【固定资产投资审计】 年内，开展园博会周边道路、花卉景观布置工程、校舍安全工程等结算审计、跟踪审计 11 项，审减工程款 6224.51 万元，审减率 11.5%。

（黄晶玮）

【经济责任审计】 年内，对 20 名领导干部进行经济责任审计，审计思路从“财务型”向“绩效型”转变，审计内容突出绩效评价。创新经济责任审计组织模式，召开联合进点会，实行审计公示制度，开展谈话制度。出台《经济责任审计整改工作办法》。

（黄晶玮）

【专项资金审计与审计调查】 年内，完成平原造林工程、招商引资等 10 项专项审计（调查），审计资金 81.56 亿元，查出政策体系不完善、资金到位不及时、使用效益不高等问题，提出完善相关政策体系、理顺体制机制等方面的意见和建议。

（黄晶玮）

【内审监督与指导】 年内，结合依法行政打分和绩效考核工作，对全区内审单位加强指导和考核，建立内部审计与政府审计“内外互动”机制。制定全区内部审计工作规范，建立健全内审组织机构。对全区 54 家一级预算单位的“三公经费”、会议费、培训费支出情况进行审计监督，总支出数同比减少 41.3%。

（黄晶玮）

金 融

中国工商银行股份有限公司北京丰台支行

【概 况】2013年，中国工商银行股份有限公司北京丰台支行本外币存款余额突破600亿元，贷款余额90亿元，拨备前利润突破9亿元。下辖28家物理网点以及4家离行式自助银行，布放420台自助机具和自助终端。万丰路网点获评“北京银协百佳服务示范单位”，岳各庄网点获评“北京银行业特色服务网点”、被中国残疾人联合会授予“中华志愿助残阳光团队”称号。

（时 奕）

【经营转型和结构调整】 年内，挖掘新兴业务发展潜力，强化组织推动，提升精细化管理水平。把中间业务收入作为经营转型的主攻方向，通过改革推动、转型拉动、创新驱动，特别是通过实施大零售、大资管、大数据和信息化战略，发掘和抓住市场商机，推动重点业务线和产品线的创新发展。

（时 奕）

【风险管理】 年内，从完善风险预判机制、加强重点领域信用风险防控以及严控操作风险三方面提升风险管理水平。通过加强信贷审核与监督管理，实现不良贷款余额和不良贷款率“双下降”；通过风险事件每天通报、督导员按月驻点检查和网点负责人按季考评制度，强化员工风险意识，提升操作风险防范能力。

（时 奕）

【提升人力资源竞争力】 年内，完善“内涵式”人力资源配置机制，全面引入案例教学、实践锻炼、移动学习等先进载体，批量开发菜单式课程体系，分层分类设计培训项目，研发专题辅导课程，强化人才库储备；通过科学考核、轮岗实践、公开竞聘和完善储备等形式建立人才成长机制和晋升通道，激发员工工作积极性，优化人员配置效率，不断提升人力资源核心竞争力。

（时 奕）

中国银行股份有限公司北京丰台支行

【概 况】2013年，中国银行股份有限公司北京丰台支行紧紧围绕“以效益为中心”的指导方针，将“5+2”战略作为业务发展的重要抓手，通过经营转型增强发展能力，不断提升业绩水平。实现人民币存款289.26亿元、外币存款12.12亿美元、人民币贷款余额100亿元；实现考核利润3.58亿元，同比增幅4.1%；实现中间业务收入2.39亿元。

（王盈盈）

【发展海内外联动】 年内，挖掘现有客户资源，关注客户需求，持续做好核心客户的关系维护及产品创新设计，根据客户特点定位其产品类型，发展海内外联动，培养新增长点。实现国际结算量93.42亿美元、跨境人民币结算量117.55亿人民币。

（王盈盈）

【服务中小企业客户】 年内，准入诚信佳及燕鸿担保两家担保公司，依托其优惠政策及客户资源，推动中小业务批量化发展。联动丰台区经信委、中关村丰台管委会、金融办等政府机构，加强银政合作，搭建银政企服务平台，为中小企业源头营销奠定基础。

（王盈盈）

【拓展分期业务】 年内，通过拓展经销商渠道，重点营销中高端品牌，提高单笔放款金额，扩大汽车分期规模，汽车分期业务实现跨越式发展。加强网点培训，挖潜自有客户直客式资源，实现多渠道资源创收。完成大额专向分期业务交易额10600万元，同比增长404.76%。

（王盈盈）

【风险管理】 年内，以“细节内控”、“特色内控”为切入点深化风险管理，强化一道防线深入管控、二道防线重点监督的分层管理思路。完善内控管理考核机制，实现考核全覆盖、管控全方位。对高风险岗位加强监督，借助专项活动以及各类专项检查，加强对高风险岗位人员日常行为的监控，做到高风险队伍监督检查无死角。搭建特色内控交流平台，丰富内控管理手段，拓宽网点管理者的内控管理思路。

（王盈盈）

【提高客户满意度】 年内，将提高服务效率作为服务管理的重中之重，深入研究，逐项落实，实现服务质量和服务效率双提升。根据网点客户流量安排柜员班次，实施错时作息制度，使营业时间更加贴合公众需求。建立弹性窗口制度，根据客户流量和业务量动态调整窗口开放数量，保证客户服务需求。三家网点支行被评为“中国银行北京市分行服务示范单位”。

（王盈盈）

中国农业银行股份有限公司北京丰台支行

【概　况】 2013年，中国农业银行股份有限公司北京丰台支行内设职能部门7个，下设营业机构21家。本外币全口径存款余额突破300亿元，较年初增长43亿元；实现考核利润6.7亿元；中间业务收入1.6亿元，增幅28%。个人贷款较年初增加5.5亿元，投放量排名分行首位。创新推出“流水贷”产品，为大客户订做“多产品金融服务组合”，获得分行客户建设优秀项目荣誉称号。

（夏星昂）

【客户建设】 年内，中标丰台区国库集中支付代理银行招标项目，为丰台区河道治理提供项目融资；支持首都菜篮子工程建设，通过新建人工网点、自助银行、信贷产品创新等手段为农产品批发市场商户提供金融服务。开展大客户营销拓展，与大批优质企业建立业务合作关系。通过组建专项营销团队开展分支联动和境内外联动，创新产品组合，实现国际业务快速发展。

（夏星昂）

【价值创造】 年内，开展“赢领商机，电子银行走进专业市场”、“银行业金融知识宣传服务月”等大型服务宣传活动，为百姓普及金融知识，提升客户认可度。拓宽合作渠道，通过资产负债与中间业务组合营销、本外币业务联动营销、公司与个人业务交叉营销做好客户深度开发，提高重点客户综合回报，托管、国际业务、理财、信用卡等收入均实现增长，中间业务收入同比增幅28%。强化联动营销，以传统产品及新产品组合为切入点，抓中端客户价值提升，现管系统上线、代发工资、POS商户、信用卡等多项指标均超额完成全年任务。

（夏星昂）

【风险管理】 年内，推行信贷业务“精细化”管理，严格落实贷后管理责任，确保信贷资金安全，不良贷款余额和占比持续双降，信贷资产质量进一步改善。持续推进业务流程优化和基础管理机制创新，强化对印章、重空等金融要素及现金、上门收款、自助设备的管理，严控操作风险。开展专项治理和员工行为排查活动，强化关键领域风险管控和预防，提升员工依法合规经营和自我保护意识。推进物防、技防、人防达标工作，完善应急预案制度建设，定期开展安全生产大检查、突发事件应急演练活动，稳步推进平安银行建设，防范各类刑事案件和安全事故。加强机制引导，建立涵盖业务发展、风险水平、基础管理在内的全面考核评价体系，夯实内部管理基础，激发网点经营活力。

（夏星昂）

【网点建设】 年内，完成8家网点软转落地工作，指导网点开展网点定位、弹性排班、优化岗位配置、完善服务营销流程、绩效管理、网点文化建设等工作，实现“网点分类、功能分区、业务分流、客户分层、产品分销”的目标。推广“6S现场管理”，通过定位线粘贴、规范线路管理、物品摆放等提高员工工作效率。截至年底，19家营业网点完成硬件装修改造，网点物理环境进一步优化。

（夏星昂）

【队伍建设】 年内，开展“千人计划”后备人才选拔工作，对专业人才加强培养；定期开展公开竞聘工作，为优秀员工提供发展空间。对营销人员进行分层培训，提升营销队伍履职能力。对职工加强人文关怀。

（夏星昂）

中国建设银行股份有限公司北京丰台支行

【概　况】 2013年，中国建设银行股份有限公司北京丰台支行实现全口径存款余额356亿元，比年初新增35亿元，其中人民币企业存款余额165.7亿元，比年初新增17.6亿元；个人存款余额133.2亿元，比年初新增16亿元。全口径贷款余额467亿元，比年初新增163亿元，其中个人住房贷款比年初新增2.69亿元，完成全年计划的120.58%。实现中间业务收入1.64亿元，完成计划任务的108%，其中对公中间业务收入6414万元，对私中间业务收入突破一亿元。实现账面利润9.7亿元，同比新增2.74亿元，增幅39%。

（胡　静）

【财政系统服务】 年内，中标丰台区国库集中支付业务，继续承办丰台区六项代理财政业务。开展财政实拨资金动态监管工作，开立财政零余额账户209户，监管存款20多亿元；公务卡签约预算单位129家，办理公务卡926张，同行业占比78%。

（胡　静）

【支持区重点项目】 年内，取得北京丽泽金融商务区拆迁项目拆迁款落地行资格，组建专业团队深入拆迁居民区了解居民需求，为其定制金融服务方案。截至年底，接待拆迁客户312户，沉淀个人金融产品资金7.12亿元。

（胡　静）

【获得荣誉】 年内，获2013年度五星级年度团队提名奖，在建行北京市分行第九届职工运动会中取得A组第二名。

（胡　静）

【中管督导组调研】 12月10日，中央派驻中管金融企业第33督导组到支行进行调研，对支行的工作给予肯定，总行《建行报》、《北京建行报》在头版头条进行专题报道，支行在北京分行工作会上进行经验介绍。

（胡 静）

北京农商银行丰台支行

【概 况】2013年，北京农商银行丰台支行深入推进分支机构改革，调整经营管理机制，选聘专职大堂经理10名、对公客户经理18名、个人客户经理22名，完成88个管理岗位的公开竞聘工作，发挥机构改革作用，全面提升网点独立经营能力，确保各项业务持续发展，风险防控能力不断提升。下辖设营业部1家、营业网点28家。实现全口径存款263亿元，各项贷款余额146亿元。新发地支行获“北京市银行业特色服务示范单位”称号。

（朱 婷）

【业务优化】年内，参与辖区重点建设项目，在造甲村旧村改造项目、高立庄西城疏解安置项目、丽泽北区建设、园博园运营等重点项目中累计授信61亿元。大型国企、央企客户累计授信近45亿元。新增优质中小企业客户8户。全年发放个人贷款（不含按揭）55笔4927万元，余额增加2789万元。

（朱 婷）

【负债业务】年内，做好村民拆迁代发金融服务，留存资金10.6亿元，留存率超过70%；各营业网点通过理财POS营销储蓄存款超过1.1亿元，存款规模实现持续增长。

（朱 婷）

【个人业务转型】年内，按季度开展营销竞赛活动，举办社区宣传活动50余场、社区理财沙龙活动8场。持续深化网点转型，提升网点经营能力，现场辅导转型网点6家。结合总行KYC计划，组织400余名贵宾客户参加健康团检等活动。与新村、东高地、马家堡、方庄、大红门等社保所建立业务联系，推动养老金业务开展，布放社保专用终端机具6台，新发展养老金客户133户。

（朱 婷）

【风险控制】年内，召开全面风险会议13期，制发《丰台支行内部处罚办法》。梳理个人按揭贷款抵押权证2106笔，清理表外应收利息8笔118.81万元，清收不良贷款135万元。完成二级清算架构调整；全面实现在行式自助机具集中备钞；修订印发《丰台支行操作风险管理办法》、《丰台支行会计人员考核管理办法》；持续开展会计营运安全检查，共检查28项699次。加强客户资金安全防控，办理企业短信通知7211户，办理率80.3%；加强社保签约工作，存量客户签约1,903户，签约率90.4%。按季度进行安全保卫知识测试，按月开展安全夜查，对20家无人值守经营网点和离行式ATM机加大巡视力度，严控安保风险。

（朱 婷）

城乡建设和管理

规划管理

【概 况】2013年，组织完成《丰台河西中低运量轨道交通系统线网及线路规划方案研究》、《河西局部地区道路空间精细化研究》、《丰台区城乡规划实施评估及建议》、《全区现状棚户区调研》、《丰台区长辛店地区整合规划》、《长辛店老镇街区层面控规调整方案》、《南中轴三四环间地下空间和站点一体化规划》、《丰台永定河生态文化新区规划综合方案》等重点功能区及相关专项规划研究工作；组织编制并报区政府审议通过了《丰台区居住建筑设计导则（试行）》和《丰台区居住建筑设计控制要点》；组织开展《全区现状调研》、《丰台区集体建设用地评估与发展策略研究》、《丰台区五环内棚户区规划统筹研究及东铁营地区棚户区改造项目实施研究》、《绿隔地区规划实施情况研究评估》等工作。

（李西章）

【推进城乡一体化工作】 年内，核发8个重点村全部回迁安置房的规划设计方案审查意见，核发了西局村、白盆窑村、夏家胡同、石榴庄村等回迁安置房的建设工程规划许可证；完成8个重点村第二轮规划实施方案优化调整工作。组织开展8个重点村上市用地分宗方案研究工作，完成夏家胡同、西局村、白盆窑、石榴庄、周庄子分宗方案；核发8个村全部回迁房地块的规划条件，地上建筑规模约364万平方米；完成8个村全部用地的钉桩通知单核发工作，涉及总用地面积约1597公顷；核发槐房村绿隔产业项目规划意见函复，涉及建设用地约2.8公顷，地上建筑面积约3.4万平方米。

（李西章）

【绿隔地区一村一策规划研究】 年内，完成岳各庄村、万泉寺村、看丹村、榆树庄村一村一策规划的编制及上报工作，其中岳各庄村、万泉寺村已获市政府批复；核发草桥村、六里桥村、郭庄子、岳各庄、小井、张仪村、羊坊村等农民回迁房的规划条件，共涉及建设用地约57.5公顷，可建回迁房及配套约100万平方米；核发小屯村、高立庄村绿隔产业项目的规划条件，涉及建设用地约8.9公顷，地上建筑面积约19.26万平方米；协调推动卢沟桥村、郑常庄村、卢沟桥农场、和义农场等绿色产业项目的规划研究工作，其中卢沟桥农场、和义农场项目已获市规划委批复。

（李西章）

【公共服务设施规划研究和审批工作】 年内，开展区文化中心、区检察院、南苑法庭、区残疾人职业康复中心、公安分局看守所、北京十二中东高地分校等近10项公共服务设施项目的规划研究工作；核发北京十中东校区、培智中心学校、长辛店铁路中学、玉安园幼儿园等6项教育设施的规划条件，总用地面积约12.2公顷，地上建筑规模约8.1万平方米。核发丽泽金融商务区E01、E04、E05、E06、D27、D12地块上市规划条件，面积约10.7公顷，地上建筑面积约49.5万平方米；核发丰台科技园区西一区一级开发规划条件总用地约275公顷，建设用地约98公顷；东三期总用地38.26公顷、地上规模102万公顷；核发园博会主展馆及永定河水源净化工程的规划条件和钉桩约38.2公顷，地上建筑规模约4万平方米；核发园博会配套长辛店东河沿回迁房项目的规划条件和钉桩约12.9公顷，地上建筑面积约31万平方米；核发种子大会场馆区土地上市的规划条件约29.6公顷，地上建筑面积约42万平方米；核发青龙湖体育休闲公园项目规划条件约107公顷，建筑规模约1.5万平方米。

（李西章）

【开展保障房规划服务工作】 年内，核发保障房规划设计方案审查意见13项，总建筑面积约197.65万平方米，建设工程规划许可证12项，总建筑面积约84.02万平方米；开展王佐双限房、中央批发市场公租房、丽泽安置房小屯地块、菜户营地块、丽泽A02地块等多个保障房项目的规划调整工作，其中王佐双限房、丽泽A02地块规划指标已确定；核发各类保障房项目的规划条件、选址意见书共10项，总用地规模约205公顷，总建筑面积约129万平方米。

（李西章）

【办理建筑工程类规划许可】 年内，核发建筑工程类规划许可114件，其中《选址意见书》9件，总用地规模83.32公顷；《建设用地规划许可证》32件，规模221.23公顷；《建设工程规划许可证》72件，规模316.31万平方米；《临时乡村建设规划许可证》2件，许可规模7.79万平方米。

（李西章）

【办理市政工程类规划许可】 年内，核发市政工程类规划许可158件，其中《建设项目规划条件》16件，共计24.03万延米；《选址意见书》7件，用地规模约1.77公顷；《建设用地规划许可证》30件，用地规模约67.96公顷；《建设工程规划许可证》105件，各类管线、道路长度约11.28万延米。

（李西章）

【建筑物、道路名称命名】 年内，办理建筑物、道路名称命名共20件。建筑物名称：玉景名苑、金石汇通大厦、大红门锦苑、新方向中心、新方向家园、民乐顺欣嘉园、亿朋家园、天怡福园、华邑新苑、华电发展大厦、领秀翠山家园、金胜嘉谊家园；道路名称：芦井路、射击场路、大灰厂路、园博大道、北宫路、纪通东路、广场南一路、广场南二路、广场南三路、广场南街、内环西路、外环西路、太柏路、太柏西路、连杨街、连杨北街、吕村北街、吕村中街、吕村南街、万兴路、方于路。

（李西章）

【查处违法建设】 年内，全区确认新生违法建设668处（37.11万平方米），拆除新生违法建设497处（14.02万平方米），未拆除171处（23.09万平方米）。拆除既有违法建设306处（62.95万平方米）。

（李西章）

【建设工程竣工验收】 年内，各类建设工程竣工验收共计249.37万平方米，其中：住宅类166.55万平方米（回迁安置房98.30平方米，三定三限房20.54万平方米，经济适用房19.66万平方米，双限房21.50万平方米），非住宅类82.82万平方米（商业办公42.70万平方米，科研生产17.09万平方米，配套设施22.19万平方米，其他0.84万平方米）。

（李西章）

城乡建设

【概　况】2013年，全区累计开复工项目528项，实现投资150.1亿元，同比上年增长15.0%。房建工程开复工建筑面积2156万平方米，同比上年增长14.7%。核发施工许可证121项、288万平方米，竣工100项、239.7万平方米。全区建设工程安全质量形势平稳可控，12项工程被评为“长城杯”和市级优质工程；工地源头环境管控考核居全市第二，共有73个工地被评为文明工地。全面实现地铁14号线西段，园博大道、梅市口路西延等3条、17公里主干路，长顺一路、园博西一路等5条、8公里次干路，56万平方米停车场及园区内外市政基础设施竣工交用，园内工程保质安全完工。实现开工18055套，居城六区第一；竣工12363套，分别占全市总任务的11.2%和17.1%。推进棚户区改造，南苑棚户区改造三期预签征收补偿协议已启动，65万平方米安置房全部竣工。

（郑　岚）

【提升建设工程管理水平】　年内，累计出动检查人员5482人次，检查工地5956项次，开展联合检查31次，专项检查14次，下发限期整改通知书257份，责令停工49份，实施简易处罚52起、立案处罚25起，处罚金额共61万；深入293个工地开展劳务工作培训，现场协调解决因工程款、劳务费结算纠纷、农民工讨薪引起的突发群体性事件53起。

（郑　岚）

【改善群众居住环境】　年内，完成30个老旧小区、138万平方米综合节能改造。通过部门联动，完成10处5万平方米教育配套设施接收工作，接收社区卫生站、养老所等公共服务设施9处，1.2万平方米，累计完成节能设计备案35项，建筑规模301.59万平方米；节能专项竣工备案194项，建筑规模276.83万平方米。长辛店北部居住区一期（南区）住宅项目获得全国绿色建筑最高奖项——三星级绿色建筑设计标识，公建项目获二星级绿色建筑标识。

（郑　岚）

【大灰厂东路（北宫路）竣工】　工程位于丰台区永定河以西地区，大灰厂路至莲石路，城市主干路，全长4.5公里，红线宽50米。桥梁2座，桥梁面积18000平方米；铁路箱涵1座；道路面积72700平方米；步道面积15000平方米；雨水管线3800米；电信管线4100米；中水管线2040米；上水管线2000米。工程总造价39000万元。2012年3月2日开工，2013年5月1日竣工。

（郑　岚）

【京周公路新线（园博大道）竣工】　工程位于丰台区永定河以西地区，大灰厂东路至杜家坎环岛，城市主干路，全长6.7公里，红线宽50米。桥梁2座，桥梁面积5669平方米；铁路箱涵2座；道路面积247639平方米；步道面积69490平方米；雨水管线11271米；燃气管线7458米；电力管线7247米；电信管线13408米；污水管线1800米；上水管线7133米。工程总造价35000万元。2012年3月2日开工，2013年5月1日竣工。

（郑　岚）

【芦井路竣工】　工程位于丰台区永定河以西地区，北二十七路至北九路，城市次干路，全长1.08公里，红线宽35米。随路建设雨水管线1105米，污水管线1221米。工程总造价3579.466万元。2012年11月15日开工，2013年5月18日竣工。

（郑　岚）

【长辛店北九路竣工】 工程位于丰台区永定河以西地区，园博大道至北二十路，城市次干路，全长0.86公里，红线宽30米。跨河桥1座，长44.04米，面积1321.2平方米。随路建设雨水管线1203米，污水管线1097米。工程总造价3174.3万元。2012年11月15日开工，2013年5月18日竣工。

（郑 岚）

【长辛店北十一路竣工】 工程位于丰台区永定河以西地区，园博大道至北二十路，城市次干路，全长0.7公里，红线宽30米。跨河桥1座，长44.04米，面积1321.2平方米。随路建设雨水水管线1075米，污水管线956米。工程总造价2817.35万元。2012年11月15日开工，2013年5月18日竣工。

（郑 岚）

【丰台区妇幼保健院竣工】 工程位于北京市丰台区右安门外开阳里三街1号，建筑总高33.45米，地上8层，地下2层，总建筑面积为17433.7平方米，其中地上12860.33平方米，地下4573.37平方米，框架结构，工程总造价8007.4万元。2012年8月1日开工，2013年8月6日竣工。

（郑 岚）

【岳各庄居住区东区3项工程竣工】 工程位于丰台区西四环中路112号，建筑面积112754平方米，工程总造价3.8亿元，框架—剪力墙结构。2010年10月开工，2013年9月23日有3项工程竣工，均为商住房。

（郑 岚）

【燕西华府70项工程竣工】 工程位于丰台区王佐镇青龙湖公园东1500米，包括C区、D区，规划建筑面积29.59万平方米。工程于2011年4与30日开工，2013年6月28日有70项工程（C1-6号楼SP2双拼别墅、C95-114号楼DD1小独栋别墅、C83-94号楼DD2大独栋别墅、D27-58号楼LP联排别墅）竣工，均为地上3层，地下1层，框架-剪力墙结构，已竣工建筑面积为12.02万平方米，工程造价4.08亿元。

（郑 岚）

【北京总部基地总部广场工程竣工】 工程位于北京市丰台区南四环西路188号总部基地一区、二区，总建筑面积128828平方米，其中地上面积97859平方米、地下面积30969平方米。绿地面积9786平方米。工程总造价3.6亿元。总部广场集高端商务办公、顶级商业服务于一体的世界级总部商务办公中心，由2栋5A国际甲级写字楼组成，总建筑面积约6.4万平方米，地上18层、地下2层，框架剪力墙结构。总部会馆4栋总建筑面积为6.4万平方米，均为21层，框架剪力墙结构。2008年5月18日开工，2013年3月21日竣工。

（郑 岚）

【西客站南广场东区ABC座楼工程竣工】工程位于丰台区广安路9号院，包含11个单体工程，总建筑面积203785平方米，工程总造价37亿元。其中1至6号楼为办公楼共18层，框架剪力墙结构；7号、10号楼为商业楼、共3层，框架结构；8号、9号楼为商业楼、共2层，框架结构；11号楼为地下室、地上1层、地下3层，框架剪力墙结构。2011年9月15日开工，2013年10月19日竣工。

（郑 岚）

【花乡六圈九年一贯制学校工程竣工】 工程位于北京市丰台区花乡六圈，总建筑面积9800平方米，工程总造价2400万元，地上5层；地下1层，框架剪力墙结构。2012年5月3日开工，2013年5月23日竣工。

（郑 岚）

【晓月苑六组团定向安置房项目竣工】 工程位于丰台区宛平城晓月苑居住小区，东至卢铁西路、南至晓月中路、西至晓月中路、北至老庄子路。定向安置房建筑面积5.88万平方米，可供房源882套，地下2层、地上21层，剪力墙结构，工程总造价34642万元。

2009年12月1日开工，2013年10月1日竣工。

（郑　岚）

市政市容建设与管理

【概　况】2013年，市政市容委承担市实事工程4个、市折子工程12个、市垃圾处理折子工程5个、市绩效考核项目3个，区委、区政府实事工程11个、折子工程12个，区城南行动计划4个，总计51个。承担第九届中国（北京）国际园林博览会、2014年世界种子大会环境保障和交通保障等重点工作任务。全年以落实实事工程、折子工程和城南行动计划为抓手，实施了重点大街、背街小巷、老旧平房区及公交、地铁站点周边等区域环境综合整治，收到各类锦旗16面、表扬信5封，获得市级奖励和区级奖励各2项。区域城乡环境建设水平大幅提升，在2013年全市市容环境卫生综合考评中取得城六区第二名，在首都城市环境建设综合考评中，取得城六区第三名。

（夏全书）

【园博会外围环境保障】 年内，将园博园外围环境分为核心区、辐射区和联络线三个区域进行综合整治，完成17条道路包括安装座椅和移动公厕、粉刷外立面、硬化绿化亮化、广告牌匾整治等内容在内的常规整治，关停砂石场、渣土坑16处，清理砂石料105万吨，平整土地35万平方米，拆除违法及集体企业用房建筑23万平方米；协调长辛店镇共同推进北一路、北宫路两侧部分民宅的拆迁，修砌仿古墙、增加绿化带，绿化美化203万平方米，修砌景观围墙8万延米，形成了以园博大道为核心、杜家坎环岛和北宫环岛等为点缀的优美外围环境；全面开展园博宣传景观布置，建筑媒体、墙体等上园博宣传画面230余处、设置人行过街天桥硬质横幅130余幅、大型单立柱宣传版面70余幅、灯杆旗1.3万余套、硬软质横幅1260余幅、施工围挡宣传90余处、各类电子屏宣传380余处。

（夏全书）

【园博会交通保障】 年内，开通园博园交通运行监测系统，整合停车数量、入园人数、地铁客流、公交客流、天气预报等多项数据，为园博交通保障工作提供基础数据保障；完成园博会停车场保障任务，园博停车场总面积57.73万平方米，总停车位10800个，累计停车22.2万车次。完成3650延米铁艺围栏安装、11个照明灯杆地基、13套收费系统设备安装调试和500平方米管理用房建设，配设33座移动公厕和22套消防器材。增设交通标志牌、广播系统、出租车落客区和出租调度站、大型停车位等；协调建成6300平方米的园博园P+R公交停车场和5000平方米的地铁14号线郭庄子站公交场站配套设施，完成10处公交站台遮阳避雨棚、候车护栏建设和园博园站C出口应急候车区建设；第九届中国（北京）国际园林博览会展期185天，地铁14号线接送游客累计4005490人次，3条公交接驳共发车12076辆、149561车次、运送游客4435636人次。4条专线公交共发车17304辆、43513车次、运送游客112418人次。

（夏全书）

【环境综合整治】 年内，开展“三大秩序”、“四大工程”等25项专项行动，查处各类违法行为9.9万余起，罚款740余万元。对非法废品回收站点、非法砂石加工厂进行专项整治，清理整顿废品回收大院48个，取缔非法回收站点共147个、清场非法砂石加工厂11家；对东木樨园11号、西马场南里二区、秀园小区进行环境综合整治，整修建筑立面1420平方米，修复步道3.8万平方米，改造老旧管线415延米，清除各类杂物2.5万立方米；完成建国街、向阳街等23处老旧平房区综合整治，整修路面6000平方米、步道3.5万平方米、新建围栏107米、粉饰围墙1.5万平方米、更换步道牙1700米、整修雨污水管线400米；完成南苑北里出行路、万源南里、南窑路等24条背街小巷的环境整治工作，铺设沥青混凝土2.4万平方米、步道砖1.8万平方米，新建雨（污）水管线1403米，粉刷围墙4500平方米，新建垃圾房1座；对轨道交通10号线、14号线出站口周边等“第一印象区域”进行了环境综合治理，京九、京沪线周边环境整治全部完工；完成洪泰庄三角地、京铁家园南门等5处城乡结合部的环境整治；对黑车摩的、大型工程机械车辆非法占道等进行专项整治。

（夏全书）

【道路设施管理】 年内，完成公益西街、嘉禾路、洪泰路等19条道路大修工程，完成市级下达的15条道路大修改造任务；对青塔五街、海户西里等40条道路路灯进行了安装，完成市级下达的为20条历史遗留市政道路安装路灯的任务；对大红门南路、大富庄路、大灰厂东路、射击场路、三路居等道路进行了养护工作，养护面积累计10.86万平方米；完成24条道路信息管沟的铺设和架空线入地工作；完成万源北路丰台区范围内的拆迁现场临建的搭建、物探、交通导改手续、树木伐移等工作，改造完成320米雨水管线和路基铺设工作。完成看丹路铁路通信段架空线、路灯线缆入地和南半幅路面铺油工程。

（夏全书）

【交通综合管理】 年内，交通拥堵指数平均值为3.9，略有下降。全年为33个居住区新增车位9687个，完成市级下达的5000个任务指标，完成369个经营性停车场车位编号施划工作；在方庄、宋家庄等地区建设3000辆规模的公共自行车服务系统，在方庄社区服务中心、地铁刘家窑桥站及地铁角门西站附近设办卡点；完成光彩北路等15处道路交通设施完善工程；通过调整和优化路口、建设公交港湾及站台、完善道路交通设施等措施，完成樊羊路花乡桥北公交站增设公交港湾、樊羊路京良路口北进口和团河路北口南进口改造、右外西三条、横一条、八一厂南门等20项疏堵改造工程。

（夏全书）

【环卫设施管理】 年内，完成170个达标分类小区实施专业化运行和70座垃圾房建设任务，完成市、区实事45座旱厕改造实事任务；完成2场市级、4场区级垃圾分类宣传和新增垃圾分类小区体系建设任务，实现全区垃圾分类人口达标率60%的目标；推进辖区内7所高校的餐厨垃圾就地处理工作，完成7所高校与环卫集团对接及合同的签订，实现高校餐厨垃圾的集中收运；支持鲁家山焚烧厂建设工作，实现全区生活垃圾资源化率48%的目标。

（夏全书）

【市容卫生管理】 年内，1136万平方米道路实施“吸、扫、冲、收”新工艺保洁，对864万平方米道路每三天实施一次冲刷作业，每天两次对317.4万平方米道路实施降尘作业，完成87%的年度指标任务。组织开展环境卫生大扫除和城市清洁日活动，30万人次参与，出动车辆1930辆，清理房（楼）顶5万余平方米，清除卫生死角4540余处，清理堆物堆料、暴露垃圾3950余吨，清理白色污染8000余公斤，清除非法小广告10万余处；完成背街小巷台账建立、资金投入、保洁质量提升等工作，实现60%背街小巷的达标任务。

（夏全书）

【景观设施管理】 年内，发现并查处违规户外广告牌匾标识160余块，对100余处违规户外广告及牌匾标识进行了督办，出具违规设置认定书15件，更新粉刷电话亭20组30余个；实施京周新线、京港澳桥区等重要节点景观提升工程，规范、拆除广告牌匾360处，完成六里桥、大瓦窑桥、大井桥、杜家坎环岛等京港澳桥区及沿线的景观绿化和灯杆旗、硬质横幅、单立柱等景观布置工作。

（夏全书）

【公用事业】 年内，完成既有二、三步节能居住建筑供热计量改造约800万平方米；完成26个老旧小区、14处锅炉房的老旧供热管网改造，涉及供热面积约124万平方米，惠及住户1.8万户，改造热力管道总长度约22.7万米。

（夏全书）

【爱国卫生】 年内，开展病媒生物防治，共投放鼠药42100余公斤、粘鼠板12300余张、灭鼠毒饵盒2000余个、灭鼠毒饵站3110余个，使用灭蚊蝇药品总计5个品种共计5690公斤。组织9轮次的统一专业灭害消杀作业，防治面积达到70万平方米，投放蟑螂药840公斤，粘蟑纸28900张，使用杀蟑胶饵6450个；有效开展公共场所禁烟工作，发放宣传材料、宣传画10万余份，积极推进无烟机关、无烟单位创建工作；广泛开展健康促进工作，2013年完成了12个健康社区的创建和检查验收工作；开展丰台区第四届社区健康风采大赛，组织完成“分享健康故事”征文活动，有2篇获市级传播贡献奖、4篇获优秀作品奖、7篇获入围优秀作品奖，区爱卫办获市级优秀组织一等奖。

（夏全书）

【控违拆违】 年内，累计拆除违法建设115.66万平方米，拆除新生违法建设299处53697平方米，实现了既有违法建设大幅减少、新生违法建设基本“零增长”的目标。

（夏全书）

【渣土管理】 年内，检查工地现场2700次，开展检查考评12个轮次，召开施工现场规范管理会64次，发送问题整改督办单57件，整改市级检查发现的问题34处，办理市、区督办单31件；大力开展建筑垃圾渣土道路运输专项治理行动，出动执法人员147人次、车辆60台次、联合夜查点位检查运输车辆3664辆，暂扣违规运输车辆162辆，罚款16.85万元；加强对建筑垃圾的行政许可，全年共办理渣土消纳许可199件、临时存放场所11件、运输车辆准运许可3908件、规范运输车辆3088辆，全区建设工地渣土消纳证办理率达95%，比上年提高21个百分点，建筑垃圾申报总量412.7万吨。其中，工程槽土407.07万吨，拆除垃圾3.043万吨，装修垃圾2.58万吨，简易填埋31.88万吨，回填利用380.81万吨。

（夏全书）

【提案议案及行政审批】 年内，解决群众反应的热点难点问题，承办人大建议、政协提案150件，其中主办98件、协办52件，数量位居全区第一；办理政风行风热线平台转来的涉及停车场备案、居民供暖、道路破损、公厕设施、路灯照明等案件67件；驻区政府大厅窗口受理各类申请事项办25176件，渣土消纳审批3790件，临时占掘路审批97件，办结率100%。

（夏全书）

水 务

【概　况】 2013年，完成中小河道防洪治理既定任务。完成园博湖和园博湖湿地建设。完成河西再生水厂（一期）建设年度任务。完善了河西地区供、排水市政管网建设。铺设供水、中水、污水管线 43.5 公里。配合完成区 7 处下凹式立交桥泵站升级改造工程。完成青龙湖再生水厂建设年度任务。完成了区政府绩效任务涉水指标任务。年内用水总量 15060 万方，河西地区污水处理率为 40%以上，万元 GDP 耗水量下降 4.8%，均达到挑战值水平。

（张　洁）

【完成园博湖和园博湖湿地建设】 年内，完成园博湖和园博湖湿地建设。水面面积 115 公顷，湿地面积近 40 公顷，防洪固坡及配套基础设施面积 9.08 公顷，总面积 246 公顷，约占园博园总面积的 48%。

（张　洁）

【供水安全】 年内，累计处理各类涉水热线 3000 多次，处理供排水突发事件 785 件。现场处置 60 余次，全年累计出动应急供水 1400 余车次。

（张　洁）

【水政执法】 年内，共开展执法检查 1400 多人次，处理各类举报案件 62 件，办结率 100%；检查用水单位 600 余家，依法对 19 个违法取水、用水、排水单位和个人进行处罚，追缴水资源费 200 余万元。

（张　洁）

【市领导参加河道清淤劳动】 11 月 23 日，市委书记郭金龙，市委副书记、市长王安顺，市人大常委会主任杜德印，市政协主席吉林等市领导与市法院、市检察院、市相关委办局主要负责人，以及区领导参加了劳动。水务系统干部职工，部队、志愿者、市民代表等共计约 400 人投身凉水河清淤劳动。

（张　洁）

【王安顺检查河道治理情况】 5月1日下午，市委副书记、市长王安顺带领市相关部门负责人一行来到小清河丰台段检查了河道的治理情况。市委常委牛有成，副市长林克庆及市水务等相关部门负责人随行检查。

（张　洁）

供　电

【概　况】 2013 年，丰台区供电公司共负责 110 千伏变电站 26 座，主变 64 台，容量 3113 兆伏安；35 千瓦变电站 1 座，主变 2 台，容量 40 兆伏安；110 千瓦线路 0 条，长度 0 公里；35 千瓦线路 0 条，长度 0 公里；10 千瓦架空线路 191 条，长度 1022 公里；10 千瓦电缆线路 6020 条，长度 2480 公里。实现全年安全生产无事故目标，累计安全生产长周期 2639 天。全年完成售电量 69.93 亿千瓦时，同比增长 3.38%；完成线损率 9.92%；完成业扩报装接电容量 92.11 万千瓦时；电费回收率 100%。供电可靠率达到 99.9871%，电压合格率为 99.964%。最大负荷 169.5 万千瓦。荣获北京市电力公司先进单位称号，连续 15 年荣获首都文明单位标兵称号等荣誉称号。

（黄　佳）

【电网规划与建设】 年内，完成丰台地区“网格化”配电网规划编制及评审工作，与王佐镇、长辛店镇政府联合发布配电网控制性规划。取得丽泽金融商务区高可靠性配电网建设批复。完成 110 千伏园博园站投产送电工作，郭公庄、动漫城 110 千伏输变电工程按期开工；完成 12 项大型技改工程、21 项配电网迁改工程、7 项专项技改、计量消隐及充电桩工程建设任务；完成 1554 户居民煤改电工程。全年投产 110 千伏变电容量10万千伏安，投产10千伏配电变压器容量2.55万千伏安、新架及更换10千伏架空线路99.37公里、电缆69.05公里；新架及更换0.4千伏架空线路93.82公里。

（黄 佳）

【安全生产】 年内，现场督导检查517次，发现并整改问题24个。全面完成93项任务，发现并整改各类问题355项。开展业务培训和考试12期，703人次参加公司安规考试和安全技能等级评价考试。完善应急预案。修订整体应急预案，制定专项应急预案25个、现场处置方案356个。开展联合演练4次，专项演练5次，应对自然灾害天气启动应急40次。

（黄 佳）

【营销与优质服务】 年内，丰台公司共管理营业客户759614户。其中抄表收费客户35451户，卡表客户454538户；110千伏客户8户，380kV客户9户，10千伏客户8475户。全区共有重要客户128户，其中一级客户39户，二级客户89户。建设降损示范线路43条、示范台区54台，处理窃电、表计及电源问题109项。查处并整改隐患35处。追补电量33.2万千瓦时，收取违约电费72.7万元。完成128座开闭站、3438台柱上变和419个配电室台区关口采集建设，关口采集覆盖率66.43%。

（黄 佳）

【科技与信息化】 年内，完成3个群众性创新项目和18项专利申报工作，取得专利授权4项。加强信息安全管理，严控联网终端设备账号弱口令，利用先进技术加强信息系统安全指标管理；常态开展信息安全巡检，强化日常监控管理，确保信息客户端安全防病毒软件安装率、桌面标准化安装率均为100%，全年未发生信息安全事件。

（黄 佳）

建筑业

丰台区城市建设综合开发公司

【概 况】 2013年，公司党政领导班子完成新老交接工作。年内完成投资总额1.9亿元，完成开复工面积23.9万平方米，实际竣工面积11.7万平方米，完成商品房年度决算销售收入2.5亿元，其他经营收入8442万元，实现上缴各类税金2660万元，实现利润4460万元，荣获2013年度“北京市构建和谐劳动关系先进单位”荣誉。

（李志成 李文丽）

【主要开发建设项目】 年内，长馨园保障房项目建设获进展。启动贯穿项目内3.5万伏高压电缆的迁移工程，解决了制约项目建设的瓶颈问题。完成C-15组团六栋楼11.7万平方米的竣工验收备案和电力、燃气、上下水等大量市政工程；实现了C-22组团6.6万平方米年底前开工。

（李志成 李文丽）

【土地一级开发项目】 年内，完成大市政设计综合；人民村路及人民村中路的测量、勘察、道路、雨污水、中水等方案设计、出图设计、审图等工作。完成了大井沟的设计勘察出图和成本测算工作。配合市政务服务中心筹备办完成电力、电信、歌华有线等地上线路的拆除改造；完成自来水、燃气、大市政管线的设计委托工作。落实了项目外电源现场踏勘及委托电力施工图设计工作。

（李志成 李文丽）

【拆迁安置房建设】 年内，完成规划意见书、建设用地规划许可证和消防、人防审批。实施了大市政设计项目综合、广安路的方案设计、土地确权、地铁评估等大量规划设计前期准备工作和回迁房面积预测。施工监理招投标工作全部完成。

（李志成 李文丽）

【房屋销售】 年内，陆续办理了富锦嘉园回迁房房产证27个、商品房房产证2件、长馨园廉租房12#、13#楼的大房产证。收集整理富锦嘉园640余套回迁房销售合同的归档工作。完成了市政务服务中心及长馨园保障房项目剩余拆迁户共计9户30套房的签约工作。实现望园东里公租房项目的销售，共计17782.7平方米264套房屋。

（李志成 李文丽）

【安全生产管理】 年内，制定了《加强安全生产、保障园博工作方案》，召开“平安创建保障园博，加强安全生产全员动员大会”。开展“安全生产月”、“安康杯”、消防演练、火灾隐患攻坚整治“铁拳”、“两排一清”等一系列活动。全年投入33万元，按期实施全部消防系统的消检、电检、消防器材和重要设备设施的更换、检修，实现企业安全稳定无事故。

（李志成 李文丽）

【拆迁服务中心】 年内，完成市政务服务中心土地一级开发项目拆迁结案手续已经落实，项目涉及的大井沟拆迁拆除工作全部完成。为确保政务中心项目的全面开工、办理建设手续，针对6户难迁户，在3月底之前全部依法执行了强拆。配合市政务服务中心筹备办完成了电力、电信、歌华有线等地上线路的拆除改造。实现拆迁服务结算收入200万元。

（李志成 李文丽）

【物业公司】 年内，投资30余万元，对老旧高压配电柜、软化水设备进行更新改造等多项措施，节约了成本，降低了能耗。投资50万元，实施了望园中里调压站、循环泵的更新改造，解决了供热系统末端循环不畅、供热温度偏低的现象。完成富锦嘉园小区房屋渗漏、望园东里下水管、各小区屋面防水、道路、水井、外墙保温等大量修缮和维修工作。完成了望园中里生活饮用水设备改造工作，选用最新型的无负压供水设备，预防了生活用水二次污染的发生，保障了小区1600户业主的安全用水。针对单位缴费改为个人缴费带来的新困难，加大与个人签订《供暖合同》工作力度，全年回收历年欠款891万元。

（李志成 李文丽）

【丰开望园科技孵化中心】 年内，投资13.9万元，实施望园东里28#楼底商、望园大厦、望园西里20#楼老旧设施维修改造工程。采取了望园大厦空调节能运行，定期设备维护保养，实施40多台风机的维护检修；维修改造出租房屋70余项，维修面积890平方米。全年大厦整体出租招商114家，新签订租赁合同117份，年均出租率98%，房屋出租收入1944万元。

（李志成 李文丽）

国土资源管理

【概　况】 年内，受理行政许可事项107件、服务事项1738件；办结行政许可事项104件、服务事项1705件。受理信息公开355件，完成答复324件；主动公开政府信息2947件。档案查询1308人次（对内和对外查询）、出具证明及遗失补证147件、接收法院协助执行135件。办结国有土地使用权登记735件（其中初始登记638件、变更登记88件、注销登记9件）；中央在京单位国有土地使用权登记11件（其中初始登记6件、变更登记5件）、军产保密产国有土地使用权初始登记 5 件；办结国有土地使用权抵押登记 1001 件（其中国有土地使用权抵押登记 545 件、国有土地使用权抵押变更登记 14 件、国有土地使用权抵押注销登记 442 件）。

（王　颖）

【土地资源概况】 丰台区位于北京市的西南部，属城乡过渡地带，呈东西方向分布，东西长 35.4 公里，南北宽 14.9 公里。下辖 16 个街道办事处（地区）、5 个乡镇。全区土地总面积 305.5 平方公里，区域土地中耕地 22.5 平方公里，占总量 7.36%；园地 7.8 平方公里，占总量 2.55%；林地 43.6 平方公里，占总量 14.27%；草地 0.8 平方公里，占总量 0.26%；城镇村及工矿用地 189.5 平方公里，占总量 62.03%；交通运输用地 26.8 平方公里，占总量 8.77%；水域及水利设施用地 12.3 平方公里，占总量 4.03%；其他土地 2.2 平方公里，占总量 0.72%。

（王　颖）

【土地利用总体规划】 年内，对 39 个项目进行规划修改或动态维护工作，使用城乡建设用地机动指标 7.46 公顷、特交水建设用地机动指标 112.75 公顷，保证项目依法合规审批。

（王　颖）

【土地整理与耕地占补平衡】 年内，共完成征（占）地 14 宗，审批用地面积 211.3090 公顷。其中 4 个项目使用耕地 45.2142 公顷，全部实现占补平衡。严格农转用审批程序，严格执行土地利用总体规划，分别与丰台区 5 个乡镇人民政府、1 个办事处、2 个国有农场及 36 个村委会签订了耕地保护目标管理责任书，确保全区 2600 公顷耕地保有量的实现。

（王　颖）

【建设项目用地预审】 年内，完成土地预审项目 92 件（含预审延期项目 4 件），总用地面积约 1888.22 公顷，涉及农用地 524.45 公顷，其中耕地 163.49 公顷；建设用地 1354.8 公顷，未利用地 8.97 公顷。其中居住用地 20 宗，储备开发用地 11 宗，交通运输用地 30 宗，公共管理与公共服务用地 19 宗，特殊用地 2 宗，商服用地 7 宗，工矿仓储用地 1 宗，水域及水利设施 2 宗。

（王　颖）

【土地供应计划】 年内，编制完成《北京市丰台区 2013 年度国有建设用地供应计划建议方案》和项目表，2013 年度土地供应计划完成 25 个项目，土地供应 166 公顷。

（王　颖）

【农村集体土地使用权确权登记】 年内，启动农村集体建设用地使用权确权登记工作，全区共有集体建设用地 3544 宗，面积 3898.66 公顷，历史发证 161 宗。全区农村集体建设用地应调查 6 个乡镇，59 个行政村，2122 宗地，已完成调查、测绘、资料收集等工作。

（王　颖）

【保障性住房用地供应】 年内，编制完成《丰台区 2013 年度保障性安居工程用地供应计划》，全面完成 109 公顷新增保障性安居工程供地任务（定向安置房 88 公顷、限价房 8 公顷、公租房 13 公顷）。

（王　颖）

【土地储备开发】 年内，土地一级开发项目入市供应 65.31 公顷，完成比例约 105%，成交土地总面积约 54.78 公顷，建筑规模约 84.45 万平方米，成交价约 112.66 亿元，政府收益约 45.96 亿元；一级开发实际完成开发土地约 224 公顷，完成比例约 102%；实际投资约 162 亿元，完成比例约 108%。8 个重点村项目实现新增贷款到账 23.19 亿元；夏家胡同项目已完成入市交易，及时回笼资金约 12.5 亿元；种子大会项目已完成供地；丽泽金融商务区、科技园区实现供地 36.26 公顷。

（王　颖）

【国土资源执法】 年内，卫片发现违法疑似图斑289个，占地面积3038.7亩，占用耕地面积1034.7亩。其中违法用地198宗，总面积1367.85亩，耕地面积351亩。共拆除45宗，总面积212.25亩，其中耕地109.65亩。清理7宗，面积51.75亩，其中耕地41.1亩。办理临时用地、紧急用地、农村道路用地、农业结构调整共50宗，总面积489亩，其中耕地160.2亩。通过整改，违法占耕地比例下降至2.5%。立案查处29宗已全部下达处罚决定，非立案61宗全部履职到位，通过了部级验收。

（王　颖）

【矿产资源概况】 丰台区主要矿产包括地热、矿泉水、冶金用白云岩、制灰用灰岩、水泥配料用页岩。年内，没有新增矿产地和新查明重要矿产资源储量。开发利用的矿种有矿泉水资源及地热资源2种。已开发利用矿产地22处，其中矿泉水2处，地热20处。

（王　颖）

【地热资源管理】 年内，对全区地热开采情况进行调查和年检，区内共有地热井30眼，其中有20眼正在使用，7眼待用，3眼停用，1眼报废，3眼正在勘查。

（王　颖）

房屋经营管理

【概　况】 2013年，做好直管公房管理工作，全年投入房屋修缮资金1648万元，完成平房大修12间，中修平房补漏4627间，楼房中修199栋28625平方米。设备全年投资197万元，完成24项大修。租金收缴完成2388.31万元。全年廉租住房已接管1506套，共计6.24万平方米，主要分布在铁营宋家庄家园、红狮家园、郭庄家园、南苑西、卢沟桥晓月苑、三环新城、新村鸿业兴园、太平桥等地。廉租房的租金收缴率平均为95%，零修服务及时率100%。年内接管位于望园东里31号楼的公租房，已完成验收工作。年内接管晓月苑、南苑危改两处锅炉房，拓展供暖面积120万平方米；实施翠林、韩庄子两处煤改气工程；完成80万平方米热计量改造工程、3处老旧小区供热管网改造工程、176项站专项改造工程。供暖收费2012—2013年度累计收入2.23亿元。

（藏鸿媛）

【棚户区工作】 年内，南苑棚户区改造稳步推进，南苑西置换地块一期项目及二期项目共30万平方米4000余套安置房，完成全部主体和红线内市政工程，基本完成验收相关工作。长辛店棚户区改造工作加快进行，累计完成保障房投资14.76亿元，安置房全面开工57万平方米，竣工11万平方米。

（藏鸿媛）

【防汛工作】 年内，制定修改中心防汛工作计划和防汛应急抢修预案，确定放开大修额度投资控制。汛期内中心共出动抢险查房人员383人次，巡查平房3513间，楼房157栋。查出平房漏雨180间，楼房漏雨28栋，所发现问题均得到及时解决，实现了“不塌房、少漏雨、安全度汛”的防汛目标。

（藏鸿媛）

【人防工程接管】 年内，加强冬季人防工程检查工作，按区政府“人防工程清理整顿”小组工作计划，配合其它部门开展人防工程清理整顿工作，已全部封闭关停108处，从民防局接管已封闭人防工程71处；人防工程车库手续办理已上报32件，批复32件，车库经营合同已签19件。

（藏鸿媛）

【老旧小区改造】 年内，节能改造完成31个小区，涉及261栋楼体，面积达145万平方米；抗震加固完成2万平方米；20个小区完成环境整治任务，100%达到任务指标。完成包括卢沟桥南里17、19号楼在内的4个楼栋的热计量改造试点工作。

（藏鸿媛）

【代建工程建设】 年内，完成北京十二中科丰校区地下活动空间及附属用房工程、丰台区妇幼保健院装修改造工程、丰台区消防指挥中心玉泉营消防站，以及马草河巡河路、绿化、自动化等周边建设项目。同时，北京第十二中东校区工程已立项，回民公墓项完成25.9公顷土地的住宅拆迁任务和应急区域3万平方米的非宅拆除工作。

（藏鸿媛）

房屋管理

【概　况】 2013年，全区新建商品房预售成交5380套，成交面积59.63万平方米，签约金额158.65亿元，同比，分别下降23.63%、14.41%、17.01%，均价26605元/平方米，同比增长3.04%。受国五条颁布实施的影响，全年业务量骤增，共受理房屋登记业务88137件，同比增长48.83%。完成保障性住房配租、配售800套的工作任务，新增保障性住房资格审核备案3984户，其中限价房3193户，经适房426户，廉租房155户，公租房776户。开展行政执法检查6114次，占全市住房城乡建设系统执法检查总量的53%，同比下降9.4%，进行行政处罚23次，同比增长76.9%，处罚金额12.3万。

（王靖宇）

【老旧小区综合整治改造】 年内，完成抗震节能综合整治项目147万平方米、环境整治20个小区的工作任务，超额完成市政府下达的110万平方米节能改造、10万平方米抗震加固、20个小区公共环境整治的考核任务指标，占市任务指标量的122.5%，20000多户居民直接受益。

（赵希凯　王靖宇）

【保障性住房与管理】 年内，根据政府绩效管理任务书要求，完成保障性住房配租、配售800套的工作任务。配合市住房保障部门开展2次公共租赁住房摇号选房工作，自行组织廉租房摇号选房工作，共涉及房源约580套。租金补贴新增家庭达到284户，合计本年度解决住房困难家庭约864户。开展各类保障房选房7次，涉及房源3000余套，其中大瓦窑经适房项目约1840套，郭公庄、同馨家园、郭庄家园、大红门限价房项目约868套。

（张　维　王靖宇）

【普通地下空间综合整治】 年内，普通地下空间综合整治作为区折子工程，全年共组织联合执法23次，出动执法人员7200余人次，检查普通地下室3105处，处罚17处，关停29处，清出居住人员1884人。截至2013年底，已累计完成三年整治任务的82%，租住场所509处。

（高玉生　王靖宇）

【房地产交易登记管理】 年内，共受理房屋登记业务88137件，其中，存量房转移登记21265件，新建商品房转移登记15271件，抵押登记26586件，初始登记264件。新建档案库房2500平方米，满足丰台区房管工作未来十年各门类档案的保管需要。

（于　淼　王靖宇）

【房屋安全管理】 年内，对全区街道、乡（镇）房屋进行安全检查，检查面积5776.29万平方米，其中：直管公房213.18万平方米，物业公司4194.69万平方米，单位直管1581.60万平方米，私产30.24万平方米。住宅专项维修资金审批完成139个物业公司和自管房单位，共计635件，审批资金107263259.28

元。全区776个管房单位，除15家管房单位是涉密单位暂不提交信息外，已有423个单位建立房屋建筑安全管理信息档案，比上年增加387个单位。房屋安全鉴定完成145处，25万平方米，维修鉴定164处，57.17万平方米，冬季查房1925处，其中廉租房144处，2000平方米，完成园博园40个项目的房屋安全鉴定，共计创收740万元。

（杨运伟　孙新莉　王靖宇）

【整合房屋登记数据】 年内，完成房屋登记工作量，房屋登记科进行房屋登记质量抽检工作，全年共抽检2306件。其中：初始登记11件，转移登记778件，变更登记89件，抵押登记为867件，抵押注销登记为511件，其他登记50件，房屋登记质量抽检数量占全年完成房屋登记总数量的2.62%。

（奚春丽　王靖宇）

园林绿化

【概　况】 2013年，全区实有林地面积9656公顷，较上年增加389.35公顷，林木绿化率达到40.73%，森林覆盖率27.52%，城市绿化覆盖率达到48.58%，人均公园绿地面积达到17.01平方米。全年完成城市绿地绿化工程建设面积42公顷，其中完成东管头代征绿地、法官学院等9处代征地绿化7公顷，为城市新增绿地。完成二、三环路绿地进行改造提升一期工程18公顷，四环路增绿添彩工程4.5公顷。实施便民工程11处共10公顷，环境整治2.64公顷。建设1处植物垃圾处理站，推进马家堡等3个城市森林休闲公园的前期手续。完成北京市太平桥中学、太平桥街道办事处和丰台实验学校等15处屋顶绿化1.93万平方米，超计划任务1.5万平米的28.6%。创建4个花园式社区、6个花园式单位和1个首都绿色村庄。完成太行山工程新增造林1000亩及低效林改造2000亩，公路河道绿化10公里，彩叶工程500亩。被市政府、首绿委评为“首都绿化美化先进单位”、“首都全民义务植树先进单位”。

（彭子倩）

【园博会环境建设保障】 年内，对89个展园及公共区域21个标段园林成果进行验收及预验收；对18个展园的树木进行了苗木检疫和监控，以及苗木质量执法检查。完成园内绿化养护管理、环境保障应急处置工作。完成园博园周边梅市口路等17条道路景观提升，实施绿化美化111.8公顷，种植乔灌木33万余株，绿篱色块1.8万平方米，铺草坪1.5万平米。以“园林城市，美丽家园”为主题，完成园博园周边及城市环境花卉景观布置，采用立体花坛、花钵花卉、地栽花境、花海、野花组合等方式，布置地栽花卉3万余平方米，立体花卉15处35组，容器花卉1100余组，灯杆挂花1200余个，春播花卉约14万平方米，打造了杜家坎环岛、六里桥桥区等一批景观亮点。

（彭子倩）

【城郊景观环境】 年内，完成平原造林任务9032亩，全区共组织施工人员2.5万人次，投入机械1.6万个台班，流转土地1422亩，清理青苗112万株，清运渣土140万方，回填土150万方，铺设管线8.7万延米，栽植油松、白蜡、元宝枫等各类苗木45万株。重点打造了南苑千亩槐园、永定河沙生植物园等“三点三线一区”七个亮点工程。启动园博绿道建设，梅市口路、京港澳高速、梅市口路、小屯路、张仪村路、射击场路5条道路提前进行绿化栽植，总长度12公里，共完成绿化面积30公顷，栽植乔木1万株、灌木5.9万株、种植草坪地被

9.3 万平方米。

（彭子倩）

【林地、绿地养护】 年内，完成 728.7 公顷城市绿地的养护管理。完成各类检查、调研沿线环境保障及应急抢险 30 余次，累计出动人员 13200 余人次、车辆 880 余台班。加大对全区 243 株古树名木的管理与保护，对 9 株问题较严重的古树实施复壮工程。完成 11858 件信息化城市管理案卷处理；完成绿地巡查行程 16000 公里，发现各类问题 695 余处，有效推进整改完成；完成各队自查问题 3466 处并整改达标；完成 647 公顷专业绿地养护管理工作。96005 城市环境热线工作接收群众举报各类案卷 888 件，经过核查后确定其中 488 件非本局责任范围，400 件为局责任范围，均处理完毕，群众满意度 100%。

（彭子倩）

【公园管理】 年内，全区共有 25 个公园风景区，总面积为 998.54 公顷，其中 10 个收费公园及风景区，其余 15 个为免费公园（其中 5 个是郊野公园，3 个是绿地式公园）。有精品公园 10 个，市级重点公园 3 个，4A 级旅游景区 4 个。其中 23 个注册公园：总面积为 578.53 公顷，占全市注册公园总面积的 5.7%。1 个森林公园：北宫国家森林公园（4A 级景区）占地面积 200 公顷。1 个风景名胜区（4A 级景区）：千灵山风景区，面积 220 公顷，占全市风景名胜区总数的 3.4%，占全市风景名胜区面积的 0.23%。

（彭子倩）

【林木有害生物防控】 年内，完成产地检疫各类苗木 80.48 万株；签发《产地检疫合格证》30 份；签发《植物检疫要求书》46 份、《植物检疫证书》（出省）2 份、调运检疫苗木 134 株；制作检疫许可案卷 32 卷；复检各类工程苗木 40.9 万株，发现 30 批次苗木携带检疫性或危险性林木有害生物；签发《检疫处理通知单》2 份、《限期除治通知书》1 份。全年开展三次林木有害生物普防工作，出动防治队伍 189 支（组），28702 人次，出动车辆 569 台套、5334 台次；完成防治作业面积 40.59 万亩，施用药剂 29.75 吨；其中夏、秋季两次飞防共 100 架次，防治作业面积 6 万亩；组织园博园应急防控演练 1 次，防治作业面积 0.4 万亩。

（彭子倩）

【林政资源管理】 年内，全区有古树名木共 243 株，8 株名木，235 株古树。其中包括二个古树群共 93 株，单株古树 142 株。完成征占用林地绿地、林木树木伐移 204 件，占用林地绿地 37 公顷，伐移林木树木 2.46 万株。收缴代征绿地 15 块共 20.5 公顷，完成 2 个项目绿地率复核，测量面积 26 公顷。处理各类绿化违章件 56 起，其中 1 件移交城管部门处理，均已办结。

（彭子倩）

【野生动物资源保护】 年内，森林公安受理接报警 24 起，立行政案件 5 起，行政处罚罚款 168765.66 元；立刑事案件 3 起，抓获犯罪嫌疑人 4 人，全部依法进行处理。开展 H7N9 禽流感防控工作。对杜家坎环岛周边每逢周末，自发零散鸟市进行依法取缔，劝退摊点商贩 4 家，收缴粘网 14 张，粘干 3 幅，鸟笼 39 个等器具商品。查扣各种鸟类 74 只，并进行送检、消毒、放生。

（彭子倩）

【全民义务植树活动】 年内，结合园博会建设和平原造林工程，组织义务植树活动 40 次，新建纪念林 2 处，13.7 万人参加了植树劳动，共植树 37 万余株，购买碳汇 6300 元。结合美景亮点工作，航天集团、丰台法院等单位以及 22 名个人先后出资 17.19 万元，认建认养绿地 15 块 1.2 万平方米，认养树木 2137 株。

（彭子倩）

城市绿化隔离地区建设

【概　况】2013年，紧抓八个重点村（西局、周庄子、小瓦窑、大红门、石榴庄、槐新（组团）、白盆窑、夏家胡同）土地入市、搬迁腾退、回迁上楼、市政建设等关键环节，深化城市化建设，完成区委常委会工作要点第39项，区政府折子工程第72项、94项、96项、97项、100项等6项指标任务。完成100公顷土地供地准备。其中：夏家胡同已完成供地；西局一至四期、石榴庄一期、白盆窑一至二期具备供地条件，正在组织出让。4个项目总入市用地规模100公顷，建筑面积141.37万平方米。宅基地腾退全面完成；企业搬迁腾退完成1015家，占总数1112家的91%。回迁安置房新开工25.5万平米，实现重点村回迁房全部开工；新竣工35万平方米，累计竣工145万平方米，竣工69%。西局、石榴庄、大红门、新宫等4个村实现村民回迁。研究制定了《丰台区重点村产业发展导则》，推进产业实施方案和手续办理。夏家胡同产业项目已报市城乡办备案；白盆窑村取得区政府产业建设主体授权；新宫、槐房、西局、大红门等村正在完善产业项目方案。实现开工或完成建设4条（电碳厂南路已建成通车；西局南街、西局中街、玉泉西路正在施工）；正在申报立项4条（通久路、槐房北路、槐房三号路、泥洼北路）。

（王志英）

【承办落实人大建议】　年内，承办人大代表建议案3件。重点村市政道路建设，已实现4条道路开工或完成建设，4条纳入2014年资金计划；重点村产业项目手续办理，牵头建立会商机制，梳理手续流程，完成产业发展导则；加快整建制转居工作，4个村（夏家胡同、小瓦窑、大红门、石榴庄村）已完成转居办理，5个村（周庄子、槐房村、白盆窑、西局、新宫村）正在办理转居手续。

（王志英）

【重点村搬迁腾退流动人口减少】　年内，流动人口约17万，农业人口与流动人口比例约1∶7，夏家胡同倒挂比例约在1∶20。整治后，宅基地腾退任务完成，大量无序居住的流动人口随着整村改造基本离开该地区，缓解了人口、土地、公共服务等资源矛盾。

（王志英）

环境保护

【概　况】2013年，启动丰台区环境总体规划编制工作，成为首个环保部城市环境总体规划城区试点。通过编制实施环境总体规划，全力打造“经济社会发展规划、城市总体规划、土地利用总体规划、环境总体规划”“四规融合”的环境创新管理示范区，拓展区域发展优质空间，实现“在发展中保护、在保护中发展”。年内，完成清洁能源改造、郑常庄热电厂烟气脱硝治理、北京西南奶牛场关停搬迁等重点减排项目18个，预计可削减二氧化硫343.8吨、氮氧化物153.14吨、化学需氧量97吨、氨氮9吨、挥发性有机物461.353吨。严格执行环境影响评价制度和“三同时”制度，全区范围内新改扩建工程无新增燃煤设施，拒批污染项目39个，切实从源头减少污染排放。2013年二氧化硫比 2012 年下降 8.53%；氮氧化物排放量比 2012 年下降 1.38%；化学需氧量比 2012 年下降 2.03%；氨氮比 2012 年下降 2.07%。挥发性有机物排放量比 2012 年下降 13.25%。

（刘晓星）

【扬尘污染控制】 年内，检查各类工地 1606 家次，移交城管部门 50 件，移交属地 72 件，限改 6100 个扬尘点位，开展联合检查 156 次，督办 178 处，督促苫盖 300 万平方米，启动应急预案 27 次。工地达标率 96.6%。对 24 家非法砂石场进行专项整治，已清场 10 家。

（史 军）

【燃煤锅炉改造】 年内，对 28 家单位 71 台共 1023 蒸吨燃煤锅炉使用单位下达《燃煤锅炉改造限期改造通知书》，对 6 家单位进行了约谈。提请区政府出台《丰台区燃煤锅炉清洁能源改造资金补助方案》。完成 750 蒸吨燃煤锅炉清洁能源改造任务。

（刘晓星）

【流动污染源防治】 年内，检查各类机动车 45 万余辆，处罚超标排放车辆 3200 辆。淘汰老旧机动车 5.9 万辆，超额完成 1.7 倍。

（张宝利）

【固定污染源防治】 年内，开展水污染防治、餐饮油烟、重金属行业、辐射类单位等专项行动 18 个，出动人员 4133 人次，检查企业 3758 家次，下达责令整改通知书 23 份，对 70 家违法企业进行了处罚，处罚金额 111.64 万元；完成 8462 家工业企业的排污申报登记，征收排污费 154.67 万元。

（史 军）

【行政审批】 年内，完成建设项目审批 449 项，验收 223 项；办理辐射类审批 24 件，验收 8 件，辐射安全许可证 31 件，放射性同位素流转备案 986 件。

（阴素贵 屈校全）

【环境监测】 年内，对 4 家国控污水处理厂，2 家国控热电厂、16 家市控废气重点排污单位、9 家市控工业废水重点源每月进行一次监测；对辖区内的永合庄垃圾填埋场和北天堂垃圾填埋场的渗滤液、11 个地下水观测井、厂界大气每季度进行一次监督性监测，共获取监测数据 4610 个，全部稳定达标排放。

（芦晓燕 张宝利）

【宣传教育】 年内，成立宣传教育中心，长期开展“进企业、进社区、进村镇、进学校”活动。举办社区环保知识讲座 67 场、社区村环保宣传活动 360 场、发放各类宣传材料 20 余万份。举办“中小学生环保演讲比赛”和“六·五”世界环境日宣传北京主会场活动。召开“清洁空气·为美丽北京加油——一把手访谈”丰台区新闻通报会，完成电视环保宣传专题片 36 期。在中国环境报、丰台报刊登专版 3 个，在北京日报、北京晚报等刊载新闻 50 条。

（王志坤）

【环境信访】 年内，共受理环境信访件 2793 件，人大建议 9 件、政协提案 1 件，办结率 100%。全年共收到群众表扬信 9 件，锦旗 4 面。

（史 军 王志坤）

环境卫生

【概 况】 2013 年，完成责任范围内 1246 条、2015 万平方米、961.8 公里长道路的清扫保洁及道路两侧建筑物、构筑物及地面张贴宣传品和散发的非法宣传品的清除工作；负责辖区内过街天桥 84 座、面积 4.21 万平方米，地下通道 22 座、面积 2.08 万平方米，绿地 398.9 万平方米；责任范围内车行道清扫保洁面积 1331.5 万平方米；机械化清扫保洁作业面积为 1136.03 万平方米，机械化清扫率达 85%；道路洗地作业面积为 1136.03 万平方米，洗地作业覆盖率 85%；道路冲刷作业面积为 864 万平方米；喷雾降尘作业面积为 317.4 万平方米；超额完成市级下达 216.7 万平方米作业指标。管理密闭式清洁站 246 座，其中垃圾楼 68 座，垃圾房 145 座，中转站 33 座。管理公厕 367 座，其中，二类以上公厕 191 座，达标公厕 163 座，三类公厕 12 座，移动式公厕 1 座。年清运生活垃圾 90.22 万吨，清运粪便 28.55 万吨。

（贺　祺）

【春节及重大活动环境卫生保障】 年内，完成重大活动及国家、市、区级领导视察、调研期间环境卫生保障工作共计 67 次，完成 2012—2013 年度扫雪铲冰工作、春节期间烟花爆竹清理工作，共清除烟花爆竹残屑 398.9 吨。

（贺　祺）

【园博会环境卫生保障】 年内，主要负责园博园内硬化道路、绿地清扫保洁（含门区、服务区）、公厕保洁、垃圾粪便清运清掏、餐厨垃圾清运消纳、果皮箱清掏、展园内部保洁及指挥中心、青年公寓保洁及外围主要道路和途径沿线环境卫生服务保障工作，共出动作业人员 191799 人次，车辆 47007 台次，作业车辆用水 216760 吨，清运消纳餐厨垃圾 897.5 吨；清运粪便 14971.2 吨；清运垃圾 12708.4 吨。

（贺　祺）

【推进市、区重点工程建设】 年内，完成 25 座公厕大修改造，解决 61 座公厕通电，13 座公厕接水，25 座公厕通污。为 174 座二类公厕安装了 348 套除臭设备，为 46 座公厕安装隔断门，翻建垃圾房 3 座，改造旱厕 8 座，改善公厕内外部如厕环境。

（贺　祺）

【安全维稳工作】 年内，开展安全生产自查自纠及各类安全生产大检查 25 次，全年未发生等级以上交通事故。全年办理舆情督查件 47 个，区督查件 19 个，“政风在线”件 16 个，96005 热线案卷 956 个，“市长信箱”19 个，人大建议、政协提案 7 个，责任范围内城市管理网格件 1536 个。

（贺　祺）

城市防震

【概　况】 2013 年，共处理震情速报事件 8 次，以传真形式上报区政府《地震速报卡》8 次。制定了《2013 年度震情跟踪工作方案》，从监测系统运行维护，前兆数据收集上报，网络服务器运行监控、震情趋势会商，宏观异常落实，震情值班速报，应急快速响应、监测预报制度建设八方面提出了具体措施，成立了震情跟踪工作组。荣获北京市 2013 年度监测预报先进单位；北京十中压磁应力测项和丰台区地震局压磁应力测项分别荣获 2013 年度北京市地震前兆观测资料质量评比第三名和优秀奖的好成绩；荣获 2013 年度区县防震减灾工作综合评比优秀单位。

（曹悦宇）

【地震监测台站概况】 年内，本区建有地震监测台站 26 个，其中前兆监测台站 7 个，强震动监测台站 19 个。前兆监测台分别为丰台区地震局台、北京十中台、丰台区政府南院台、新村鸿业兴园台、卢沟桥晓月苑台、东高地角二社区台及东铁营顺四条 37 号院台。监测仪器采用中国地震局地壳应力研究所生产的 CZ-1A 数字压磁应力仪、DRSW-2 型地热水位气象三要素综合观测仪、WYY-1 型气温气压雨量综合观测仪及北京市地震监测预报中心生产的 DXQ-1 型大地倾斜仪，观测项目主要涉及地下流体和地壳形变两大学科，共有测项 24 个，目的是获取地震发生前的各种异常变化，通过观测资料对比分析提出地震预报意见。强震动监测台分别为南宫台、航天三院台、青龙湖台、槐树岭台、世界公园台、金家村台、右安门台、大红门台、老庄子台、南苑乡台、长辛店台、园区公园台、大灰厂台、西罗园台、丽泽台、张仪村台、卢沟桥台、丰体台及南苑台。监测仪器采用中国地震局工程力学研究所生产的 GDQJ-1A 型固态地震动强度记录仪和外置的 SLJ-100 型三分向力平衡式加速度计，目的是获取有感地震发生时该地的三分向地震动加速度记录，给出该地地震烈度的估算值，为本市类似场地的工程抗震建设提供基础数据，为震后应急反应提供依据。

（任　静）

【监测台站管理】 年内，开展多次例行检查及春节、两会、园博会期间的专项检查活动，均未发现乱堆杂物影响仪器正常工作的情况，监测设施保护标识也全部完好。

（任　静）

【监测仪器更新】 5 月 31 日，与北京工业大学地震研究所签定合作协议，在本局安装地震次声波监测仪器，用于地震前兆异常监测，产出资料双方共同分析研究。地震次生波监测仪器的使用，使本区地震前兆台网具有了监听地球内部声音的“次生电子耳”，开拓了地震前兆异常监测的新形式。

（任　静）

【地震前兆资料处理】 年内，地震前兆资料共 26 个测项，主要涉及地壳形变、地下流体两大学科及气象三要素、降水量辅助观测，观测方式采用数字化和人工两种方式。数字化观测数据通过网络自动传输至本局前兆数据库保存，人工观测数据以 A4 纸打印稿形式保存。

（任　静）

【地震趋势会商】 年内，结合地震前兆数据及地震目录资料，共召开会商会 56 次，通过网络上报北京市地震局会商意见 56 次，通过书面形式上报丰台区人民政府震情简报 4 期。

（任　静）

【地震活动】 年内，首都圈地区共发生地震活动 949 次，ML≥3.0 级地震 11 次。北京地区发生地震活动 267 次，其中小震活动主要集中在北京地区北部，多发地为昌平、海淀、怀柔和顺义。9 月 4 日 17：10，本区发生 ML1.2 级地震。

（任　静）

【防震减灾助理员培训】 4 月中旬至 6 中旬期间，在海军工程设计局宾馆举办了 4 期防震减灾助理员培训班，对全区 16 个街道办事处、3 个乡政府、2 个镇政府及辖区内的社区、村级防震减灾助理员，共计 390 人进行了培训，介绍防震减灾工作“三大体系”建设，邀请丰台区红十字会的讲师为助理员们进行“心肺复苏及急救止血包扎技术讲座”及实操辅导。

（吴玉琴）

【“防灾减灾日”系列宣传】 年内，深入社区、学校、企业等基层单位，利用防灾减灾宣传日、科技周等特殊日期，展览多种形式的防震减灾宣传活动。展板出展 2 场、震防科组织及参与地震科普宣传活动 18 场（含助理员培训），印制防震减灾知识宣传扑克 1 万副、宣传手提袋 2000 个、制作宣传展板 1 套 40 块、设计宣传橱窗 5 期，向社会各界发放宣传折页、科普读物等 16 种，共计 3 万余份，受众人数 5 万余人。

（吴玉琴）

【地震安全示范社区建设】 2 月 27 日，东高地街道三角地第二社区被中国地震局授予“国家地震安全示范社区”称号。7 月 25 日上午，在三角地第二社区召开东高地街道三角地第二社区“国家地震安全示范社区”授牌仪式暨经验交流会。年内，云岗街道云西路社区、太平桥街道莲花池社区荣获“丰台区地震安全示范社区”称号，云岗街道云西路社区、太平桥街道莲花池社区荣获“北京市地震安全示范社区”称号，马家堡街道枫竹苑社区荣获“国家地震安全示范社区”称号。

（吴玉琴）

【建设2个应急避难场所】 10月，北京市地震局邀请中国地震局、北京市应急办、北京市园林局共同成立专家组对丰台区莲花池公园和南苑公园两处新建应急避难场所进行了认定1类应急避难场所的验收评审工作。专家们就场所的规划设计，工程的施工，以及功能区的划分、疏散预案的制定等方面进行了研讨，并在避难场所实地验收了各项应急设施。最后专家组一致认为，丰台区新建的两处应急避难场所规划设计合理，应急设施功能齐全，符合国家1类应急避难场所标准。

（吕　明）

【召开全区防震减灾工作会】 9月25日，丰台区地震局牵头组织的全区防震减灾工作大会在武警第十五支队礼堂隆重召开。国家地震局、市地震局和丰台区人大、政协的领导以及丰台区地震应急指挥部51家成员单位的主管领导出席了会议。

（吕　明）

【甘肃救援】 7月，甘肃岷县发生地震后，地震局与新兴际华应急装备技术有限公司迅速响应，共同派遣了应急救援小分队赶甘肃参与救援。

（吕　明）

城市管理监察

【概　况】 年内，城市管理监察工作紧紧围绕环境建设巩固年和园博会环境秩序保障工作任务，以“争创优异工作业绩、建设一流城管队伍”为目标，有序推进各项工作开展。

（田　洁）

【单位更名为城管执法监察局】 5月22日，区编办丰编发〔2013〕9号文件通知，北京市丰台区城市管理监察大队更名为北京市丰台区城市管理综合行政执法监察局，为区政府直属行政执法机构。9月5日，举行丰台区城市管理综合行政执法监察局揭牌仪式。市城市管理综合行政执法局副局长马惠民，区委常委、常务副区长高朋，区机构编制委员会办公室主任许民，区城管执法监察局领导班子及城管队员代表参加了揭牌仪式。

（田　洁）

【管控无照经营行为】 年内，依托治安、交通、环境“三大秩序”整治平台，推进开展“街面环境净化、城市生态环境提升、城市痼疾顽症攻坚”三大整治行动和“治乱、靓丽、解忧、暖心”四大爱民工程有效落实，深入开展“春雷——压反弹、夏季——保秩序、秋季——固成果”等18项专项整治行动。共取缔无照经营2.4万起、查扣各类物品2.8万件，没收盗版光盘和各类非法出版物3210件。

（田　洁）

【遏制非法运营行为】 年内，积极协调与宋家庄公交派出所、军事博物馆公交派出所联合成立2个打黑组，对群众举报重点和黑车聚集点位开展联合执法行动。全年，共查扣各类黑车1465辆，罚款275.45万元，占罚款额的57.42%。

（田　洁）

【整治户外广告】 年内，重点对山寨指路牌和临窗广告等违法行为实施集中打击与巡查监管。共拆除违规广告牌匾1.1万块，收缴小广告36.7万张。

（田　洁）

【城管进社区活动】 年内，推进“一社区一城管”的城管进社区活动，走近社区、了解需求、宣传法规、征求建议，从服务居民身边的小事做起，及时发现问题、解决问题，提升执法工作成效。依托区秩序办，牵头组织各相关部门、各街乡镇开展了36次专项整治行动，消除12个脏乱差点位，26个重点点位环境得到提升。支持配合属地街乡镇和相关部门，开展了421次联合集中整治。

（田　洁）

【落实门前三包管理】 年内，联合区市政市容委和属地街乡镇，督促临街行政机关、企事业单位、学校、商铺自觉落实门前三包责任制，规范三包区域环境秩序；以乱堆放、乱张贴、乱搭建、乱挖占、乱拉挂、乱停车等问题为治理重点，实施高限处罚。共检查门前三包单位3.2万家次，规范处罚1.1万家次，罚款3.4万元。

（田　洁）

【打击非法违法生产经营行为】 年内，针对高发时段、高发点位、高发违法行态开展14个波次的集中整治行动，查处在违法建设中进行非法经营行为21起，实施高限从严处罚，加快进度、采取超常手段坚决拆除相关违法建设，严控非法经营行为。积极履行职责，牵头组织整治街面非法违法经营行为36起、暂扣经营工具67件；配合相关部门开展了13次燃气安全大检查活动，查处21起非法生产经营行为。

（田　洁）

【治理大气污染】 年内，对影响生态文明建设的施工扬尘、露天烧烤、渣土遗撒、餐厨垃圾等违法行为，开展26个波次的专项整治行动，实施高限处罚；协同区商务委和各街乡镇，提前谋划、源头治理，按照“四无”标准，加大对露天烧烤的规范和查处力度。与交通部门联合开展泄漏遗撒执法行动，减少运输扬尘问题。不间断地开展取缔煤炉大灶专项执法行动，减少大气污染源。共规范消夏大排档316家，取缔露天烧烤728家；在27个重点点位组织了76次联合夜查，查处运输渣土、砂石等散装货物车3125辆。

（田　洁）

【控违拆违】 年内，实行上账销账管理、局领导联系分队和每周例会制度，对群众反复举报和一周内未拆除的新生违法建设纳入大案平台管理，进行追踪督导、挂账督办，始终保持高压工作态势。对在施违法建设实行24小时盯守，7天内拆除，逾期未拆除的，作为监察立项，对分队领导实行诫勉约谈制，落实“发现一起、制止一起、拆除一起”的工作要求。共制止在施违法建设1127处，拆除违法建设640处69.7万平方米。其中拆除新生387处7.5万平方米，拆除既有253处62.2万平方米。

（田　洁）

【抓好绿色施工】 年内，开设“工地课堂”，实施源头防范；进行“绿色工地”达标验收，与区住房建设委和区环保局建立联动联查工作机制，每周定期巡查施工工地，检查工地1843家次，从重、从严查处4500余起施工扬尘和夜施扰民问题。

（田　洁）

【园博会环境秩序保障】 年内，成立园博会环境秩序保障指挥协调组，制定工作方案和应急预案，做到任务明确、目标明确、责任明确；每周组织召开园博执法工作调度会、按需召开现场工作会，推进工作顺利开展。制定三级防控预案，采取“内园严管、外围严控、周边巡控和全区管控”的工作模式，成立外围执法组和园内执法队，实行“固定岗位值守、门区专人负责、保障区域巡查”等交叉执法方式，以点带线、以线带面，对园博会会场、周边及辐射区域实施全天候、无缝隙管控，确保良好的园博园环境秩序。

（田　洁）

【实行大街分类管理】 年内，对全区大街实行分类管理、重点管控。进行摸底调查，按照地理位置、功能定位区分出 54 条一类大街、49 条二类大街、43 条三类大街，明确管控标准，实施分类管控，加强督导检查。建成 31 条精品大街。

（田 洁）

【增设便民服务设施】 年内，协调开设便民菜站 13 处，开设早、晚市 8 个，开通社区微循环线路 10 条，设立便民信息栏 102 块等服务设施，实现了政府、群众、经营者的“三赢、三满意”。

（田 洁）

信息化城市管理

【概 况】 2013 年，区城市管理监督指挥中心（以下简称城指中心）紧紧围绕“园博会环境保障”、“环境建设巩固年”、“遏制和查处违法建设”的重点工作，认真履行城市管理监督职责，做好网格化社会服务管理系统建设和运行保障工作，做好“12345”和“96005”热线的运行管理工作，建成了信息化城市管理、网格化社会服务管理、便民热线管理等多元的城市管理和社会服务管理体系，有效的解决群众诉求。共发现上报各类城市管理问题 206698 件，其中事件类问题 188806 件，部件类问题 17892 件，结案率为 92.4%。全区街道社区共运行网格化社会服务管理案卷 194454 件，共处置问题 187695 件。共受理各类便民热线反映问题 41530 件，其中市 12345 交办 31614 件，办结率 100%。

（刘 晖）

【园博会外围环境保障】 年内，认真落实园博会外围环境保障部下达的各项任务，选派 14 名骨干监督员组成园博园分队，3 月至 11 月，对园博园核心区和辐射区进行重点巡查。制定工作方案，成立临时党小组，建立了上下联动、分级督查的责任落实机制，坚持每日对核心区情况进行督查检查。建立了协调配合、及时沟通的问题处理机制，在上报系统平台的同时及时与作业单位沟通。落实每日情况报告制度，为各级领导督查决策服务，共上报《园博会环境情况日报》237 期，发现派遣各类环境问题 3770 件。

（刘 晖）

【更新网格化城市管理系统】 年内，实施了信息化城市管理系统升级、基础数据更新、立结案标准调整以及城管通手机的更换，加强了系统维护和安全管理。将全区重新划分成 9548 个万米基础单元网格，采集调整 55 万个部件，实现了新标准系统与市级平台的平稳对接。

（刘 晖）

【网格化社会服务管理系统全面运行】 年内，完成了区、街、社区三级平台建设和工作人员培训。5 月，组织系统测试和试运行。7 月，全区街道社区网格化社会服务管理系统全面运行。建立了三部门每月联席会制度，协调研究重点事项。编发 8 期工作简报，推动和交流工作。协调相关部门，处理 7 件区级疑难案卷。开展了农村 5 个乡镇试点村的调研、培训、网格划分和数据采集工作。

（刘 晖）

【加强热线管理】 年内，加强热线管理，承担了市 12345 非紧急救助热线、12319 首都环境热线、区 96005 城市环境热线、区供暖热线、区环境保护热线、区井盖热线等多种群众咨询投诉热线的受理工作。建立完善各项管理制度，加强对接线员队伍的管理和培训，规范登记、分派、协调处理和反馈等工作程序。加大对 96005 的宣传力度。

（刘 晖）

【违法建设发现上报】 年内，按照违法用地和违法建设“双发现”的工作要求，第一时间发现上报新生违法建设。对城乡结合部及农村重点地区加大巡视力度；对 78 处重点违法建设进行跟踪反馈；对 221 件国土规划卫片及时核实核查；对 1458 件热线举报的违法建设问题迅速现场核实；对不易进入的别墅区和高档小区建立属地、物业和监督员三方共同巡查机制，确保违法建设问题及时发现、及时派遣。9 月至 11 月，开展了秋季治理违法建设专项行动，由领导带队每周进行分片巡查、督查。全年共发现上报疑似新生违法建设 10796 起。

（刘　晖）

【针对性专项普查】 年内，结合区重点工作和实际情况，开展了多次有针对性的专项普查工作。在汛期前对 22 万多个各类井盖和雨水篦子进行摸排，对发现的 168 处安全隐患问题进行了全程督办；摸查拆迁拆除工地 112 处、白色污染突出点 446 处、环境问题突出老旧小区 34 个，摸底调查了城市问题易多发的地铁、学校、医院、交通枢纽、拆迁工地、老旧小区等重点地区点位共 252 个，摸排重点区域城市问题共 838 件；对 22 个非法砂石厂和堆料场坚持每周巡查。完成市级部署的建筑垃圾非法倾倒点、废弃机动车、露天垃圾焚烧点、背街小巷、市级脏乱点等多项核实核查任务。

（刘　晖）

交通　邮电

交　通

丰台西站

【概　况】 丰台西站位于北京市丰台区西南部，为路网性特等编组站，站场为三级八场、双向纵列式、自动化驼峰。连接京广、丰沙、京原、京哈、京沪、京九、京通、京承八条铁路干线车流，担负华北、华东、中原、东北、西北等方向的货车中转和货物集散任务，是全路重要的咽喉枢纽、主要的车辆集散地和晋、蒙煤外运的重要通道。2013 年，配属调车机 12 台；有货检设备货车超偏载检测装置 4 台、货车超限检测及装载状态监视系统 5 套；机械动力设备 22 台。固定资产原值 11431.47 万元。9 月 22 日，车站生产力布局调整，上行车间拆分为一场车间和三场车间；下行车间拆分为二场车间和五场车间。信息技术科 10 月 1 日调整为信息化车间。丰台西站货场调整由丰台货运中心管理。调整后共有 10 个车间承担车站安全生产任务，分别是：一场、二场、三场、五场、调度、货检、西道口、南信号、设备、信息化车间。车站另有 1 个多经公司，即：北京京铁泰和兴经贸中心。年内，完成的“车务列车尾部简略试验记录装置”荣获路局科技进步三等奖，获创新工作先进单位称号，荣获路局第十四届运动会男子篮球（三人制）比赛第一名、华牌比赛第五名。

（曹　燕）

【生产与经营】 年内，日均办理出入车 25510.7 车；其中有调 13698.0 车；无调 11218.2 车；中转时间 6.61 小时；停站时间 24.6 小时；日均装车 16.1 车；日均卸车 36.8 车；全年运输收入 3338.16 万元，货物发送量 32.58 万吨。截至 12 月 31 日，车站实现连续安全生产 3012 天，实现了第八个安全年。

（曹　燕）

【标准化车间建设】 3 月—5 月，全站开展标准化车间建设，强化每月安全风险管理平推检查验收，每月 3 日前网上组织车间、科室测评，依据《丰台西站全面推行安全风险管理实施细则》（丰西站〔2013〕15 号）进行考核。创造优美的岗点、车间环境，共装修作业处所 26 处，内外墙粉刷 7870 平方米，屋顶防水 2360 平方米更换整修生产处所桌椅衣柜 146 件。

（曹　燕）

邮　电

南区邮电局

【概　况】 北京市南区邮电局（以下简称南

区邮局）是北京市邮政公司所属的二级通信企业，承担北京市丰台区和东城区、西城区、朝阳区、大兴区部分行政区、北京西站地区以及北京经济技术开发区（亦庄开发区）、中关村科技园丰台园（总部基地）2 个大型总部经济区的通信服务任务。南区邮局服务面积 480 平方公里，服务人口约 400 万人。全局下辖 15 个邮政支局、79 个邮政所、13 个便民服务站，下设函件分局、邮票公司、报刊发行分局、代理金融业务分局、电子商务分局，员工 1573 人。经办国际和国内函件、包裹、小包、特快专递、汇款、报刊订阅和零售、集邮业务和集邮品制作、商业信函制作、邮政贺卡、定制邮资封片、邮送广告、邮政物流、代理保险、代办电信以及金融类代办业务，邮政短信（彩信）、代收代缴业务、代售机票、火车票业务、自邮一族业务等。南区邮局为周边企事业单位、个体商户及社区居民提供普遍用邮服务，并与国家监察部、水利部、国家体育总局、北京市国资委、新华人寿保险股份有限公司、中国全聚德（集团）股份有限公司、北京同仁堂（集团）有限责任公司等大型企业建立业务合作关系。年内，完成全国两会代表驻地及第九届中国（北京）国际园林博览会的通信服务任务。

（步安娜）

【两会服务】 年内，太平桥支局在建银大厦“两会”政协委员驻地设置了邮政驻会服务点，会议期间，支局组织服务团队，为代表提供用邮服务。会议期间，该服务点共计提供流动服务 30 人次，收寄大会封 3.52 万件，销售邮册、邮折 3650 册，收到表扬信 6 件。

（步安娜）

【邮政网点优化改革】 年内，按北京市邮政公司整体部署进行邮政网点优化改革，原开阳里支局与角门支局合并为角门支局，原云岗支局与长辛店支局合并为长辛店支局，原西罗园支局与木樨园支局合并为木樨园支局，原东高地支局与北京经济技术开发区支局合并为北京经济技术开发区支局。优化调整后，境内共有邮政网点 57 个，其中，邮政支局 8 个，邮政所 49 个。境内支局为：角门支局（68 支）、总部基地支局（70 支）、丰台支局（71 支）、长辛店支局（72 支）、太平桥支局（73 支）、木樨园支局（75 支）、方庄支局（78 支）、石榴庄支局（79 支）。

（步安娜）

【服务第九届中国（北京）园博会】 4 月 10 日起，北京邮政 230 个网点开始预售第九届中国（北京）国际园林博览会门票。园博园内设园博园邮局和永定塔邮局两处邮政服务网点，于 5 月 18 日园博园开园之日正式开业。丰台支局、长辛店支局等邮政服务团队在开园期间为园博组委会、园区内各展园、驻会企业、国内外游客提供邮政综合业务办理，特许产品及邮品销售和加盖园博园风景纪念戳等邮政服务。

（步安娜）

【惠民汇便民服务联盟】 年内，响应北京市政府提出的“一刻钟社区服务圈”，通过邮政服务及产品链接政府、商户与社区居民，形成政府政令传达、商家生意兴隆、百姓便利实惠的融合局面。惠民汇便民服务联盟将政府时事信息及地区商户信息汇总印制为期刊，在社区内免费发放；并以邮政储蓄银行绿卡为载体，制发具有普通银行卡功能的“惠民卡”，居民持卡可享受社区便民服务联盟合作商户给予的优惠折扣。全年云岗地区、木樨园商圈、丰台社区、石榴庄地区便民服务信息专刊创刊号相继发刊，发刊量 8 万份。

（步安娜）

科技　教育

科技工作

【概　况】 2013年，4项科研成果在园博会上得到应用；3大科技项目助推世界种子大会；丰台区轨道交通产业集群示范基地作为北京唯一一家入选科技部国家创新型产业集群试点（培育）；北京国家现代农业科技城物流园区正式落户丰台区；北京首家科技文化孵化器在丰台启动。全年资助科技项目130个，促进成果转化项目60项，超额完成全年指标任务。其中，科技项目资助149个，促进成果转化项目109个。与上年同期相比，分别增长24%和118%。科技助力令园博增辉。争取市级资金2000万元支持园博建设，实施“卢沟运筏图”多媒体演示系统和园博夜间照明系统。年内，技术合同成交额增长率15%，技术合同总成交额量突破500亿元。丰台区科技馆被评为2013年“北京市优秀科普教育基地”。

（赵　军）

【科技项目成果】 年内，科技支撑世界种子大会，累计获得市级科技资金近1300万元扶持种子大会。整合调动近10家科研院所和企业科技资源服务种子大会，完成世界种子大会新优品种展览展示，ISTA种子检测实验室等科技项目落地丰台。

（赵　军）

【专利奖励】 年内，区专利申请量比上年同期增35%。全年区专利授权奖励总件数1169件，奖励总金额540.3万元；资助专利转化项目10个，资助总金额430万元。

（赵　军）

【成立科技文化孵化器】 年内，组织召开区科技企业孵化器协会年会，8月京城首家科技文化孵化器——北京京辰瑞达科技文创孵化中心挂牌成立。年内共增加孵化器3家。全年，区有科技企业孵化器23家，其中，国家级孵化器4家。孵化总面积29万平方米，入户企业2000多家，年收入规模700多亿元，实现税费20多亿元。

（赵　军）

【组织申报各级科技项目】 年内，获得立项的国家级星火计划项目1项，国家级火炬计划项目9项。市科委科技计划绿色通道项目获市级科技资金支持1350万元。区县科技专项课题获得市科委科技资金支持180万元。区级科技项目扶持7个科三费项目，40个项目创新资金项目。扶持资金共计2700万元，带动企业新增研发投入上亿元。

（赵　军）

【科普乐活小屋】 1月31日—2月6日，区科委把科普活动融入到传统的春节庙会中，在莲花池庙会打造“科普乐活小屋”。“科普乐活小屋”由一座简易的活动板房搭建而成，屋内摆出全套科普“家什”，以及生活、消防等科普知识展览等内容。

（赵 军）

【闫傲霜到区调研科技工作】 8月1日，市科委主任闫傲霜带领相关处室负责人一行8人，到区实地调研科技发展工作，先后到新发地农产品批发市场、北京园博园等地参观指导工作。丰台区委书记李超钢，区长冀岩等领导陪同调研。

（赵 军）

【特色科普】 年内，开展10余种特色科普活动，实施“丰台区科普资源牵手工程”，实现学校、社区（村）与科普教育基地的资源共享；依托丰台广电中心和北京科技报社开展“科普讲堂”电视栏目播放和“科技丰台”杂志宣传；开发电子数字科技馆，受众万余人；丰台区科技馆被评为2013年“北京市优秀科普教育基地”。

（赵 军）

【举办科普工作者培训班】 年内，区科委组织开展了2期科普工作者培训，21个街乡镇、20个市区科普教育基地的495名科普工作者参训培训。

（赵 军）

【区中小企业贷款担保】 年内，区科委正式受理科技型中小企业贷款担保项目22个，金额4000万元。截止年底，贷款担保资金担保总金额累计达3.7亿元。

（赵 军）

【专业继续教育培训】 9月10日，区生产力促进中心举办了“企业财务人员EXCEL高效实用技巧培训”，邀请科技部财务专家授课，近40家企业的财务相关人员50余人参加了此次培训。11月25—29日，开展了为期5天的“丰台区专业技术人员继续教育培训”，120余人参加培训。

（赵 军）

科协工作

【概 况】 2013年，实施“科普惠农兴村计划”，获15万元资金资助。开展送科技下乡活动，先后给长辛店镇辛庄村、南苑乡右安门村、花乡六圈村、卢沟桥乡大瓦窑村、王佐镇王佐村等单位赠送科普图书、科普挂图、科普台历等5万册。邀请市农科院专家现场指导，在长辛店镇、王佐镇推广试种“京科糯928”玉米50亩。实施“社区科普益民计划”，评选优秀科普社区、资助经济适用房社区10个，优秀科普宣传员10名，优秀科普场馆1个，争取益民资金合计110万元。4月，卢沟桥街道长安新城社区被中国科协评为“全国科普示范社区”，获得45万元的资助。针对基层科普设施不足的问题，先后对丰台街道北大街社区科普画廊、长辛店街道杜家坎社区全媒体科普视窗、丰台一小航海航模教室、长辛店镇张郭庄村科普宣传栏等项目给予支持，共计43万元。全年区科协共落实10万元以上的科普项目共计15项。

（高祥全）

【北京市第33届青少年科技创新大赛】 3月，选拔78个项目参加北京市第33届青少年科技创新大赛，获得一等奖8项，二等奖24项，三等奖30项，十二中学刘波老师荣获十佳优秀科技辅导员奖，十二中学高二年级刘亚同学的“掀开世界微妙的面纱”，获得2013年度“钱学森青少年航天奖”。

（高祥全）

【区科技周暨第六届百姓科普旅游月】 5月19日，在南苑街道南苑公园举办以“科技创新，美好生活”为主题的科技周暨百姓科普旅游月活动启动仪式。仪式现场设置社区科普巡展、科技园博专题展览、清洁能源汽车展示、地震科普展和气象科普展等5个展区，发放科普宣传品2.5万册，受众2000人次。协调市科协在西单文化广场地下科普画廊设立580平方米的园博会专栏，为公众呈现园博会的绿色环保理念。百姓科普旅游月活动组织参加场馆10余家，发放科普旅游票3000余张，价值8万元，受众3000人次。

（高祥全）

【家庭数字生活技能大赛】 8月，联合区妇联、区经信委组织区家庭数字技能大赛。8月24日参加市决赛，区家庭代表队获二等奖，区科协被评为组织工作一等奖。

（高祥全）

【承办全国科普日主场活动】 9月14日—20日，中国科协、教育部、环保部和市政府共同举办的全国科普日北京主场在园博园举行，现场设置10个展区，受惠游客10万多人次。中央新闻联播、人民日报等多家媒体对园博科普日主场活动进行了报道。

（高祥全）

冶金自动化研究设计院

【概　况】 2013年，实现营业收入12.1亿元，利润总额9050亿元，归属于母公司所有者净利润7700万元，新签合同额14亿元，与上年同期相比均有不同程度的下降。截止到年底，院资产总额26亿元，所有者权益9亿元。全年申报并获得受理发明专利37件，受理实用新型专利17件，受理外观设计专利1件；申报并获得软件著作权25件。大型矿井提升系统传动控制理论与关键技术研究获教育部科学技术进步一等奖；自行火炮数字化火控系统获年度国防科学进步奖二等奖；“大功率直线电机及其变频驱动系统”通过中国机械联合会组织的科技成果鉴定，获北京市年度科学技术一等奖。

（孔　菲）

【科研工作】 年内，组织申报各类科研项目15项。有5个项目获得国家支持，项目性质涉及国际科技合作计划、国家自然科学基金、科研院所技术开发专项研究、863课题、国家重大科学仪器设备开发专项。“钢铁制造流程优化国家工程实验室”和“钢铁企业能源优化系统及其测控装备技术开发”2个发改委项目完成验收；“863”计划先进制造领域重点项目课题“大型联合企业先进能源管理系统”、863课题“冶金电炉智能控制系统”、973课题“高性能大功率变流器设计和智能控制技术”等项目通过验收；“大功率直线电机及其变频驱动系统”通过专家鉴定。

（孔　菲）

【学术交流活动】 年内，开展多种学术交流活动，内容涉及工业自动化、信息化、先进控制理论应用等多个领域，参与并主办了全国第十八届自动化应用技术学术交流会，受金属协会委托参与并主办了第九届中国钢铁年会自动化分会等多场重要会议；并邀请了英国华人自动化协会创始人及前主席、英国西英格兰大学工程设计与数学系朱全民教授以及中国石油大学（华东）赵东亚副教授来院讲学。在中国自动化学会第十次全国会员代表大会上，院长张剑武当选中国自动化学会第十届理事会副理事长，副院长孙彦广当选第十届理事会常务理事兼副秘书长，金自天正公司总经理胡宇当选第十届理事会理事，依托在我院的中国自动化学会应用专业委员会被评选为先进集体。

（孔　菲）

【工程业务固本求稳】 年内，进一步发挥“三电”自动化工程的技术优势，做好每一个传统自动化工程的市场与工程实施工作，在保持与老客户良好关系的同时，开发新的重要客户。全年新签合同 14 亿元，数十个自动化工程项目超过 1000 万元。

（孔　菲）

北京汽车博物馆

【概　况】2013 年，博物馆以文化产品和文化服务为抓手，加强文化传播功能，打造特色精品汽车文化。国家级 AAAA 旅游景区正式挂牌，成为中国自然科学博物馆协会专业科技博物馆委员会副主任委员单位。年内，举办主题展览 2 项，开展主题活动 26 项，其中科普活动 16 项 148 场次，自编自导自演情景剧 1 部。依托科普基地、馆校共建、课程开发等各种载体，强化“绿丝带行动”科普品牌、“我们的节日”文化品牌，“寒暑假体验营”旅游品牌及“Music & Museum 音乐汇”品牌，活跃汽车文化。在受众上，注重兼顾低龄儿童、中小学生、大学生、成人及特殊群体；在形式上，“请进来、走出去”相结合，以主题参观为基础推出课程，同时将科普讲座和展览送进社区。“5.18 国际博物馆日”，携手英国摩根汽车及美国美光公司，尝试开展了“共享爱车文化 品鉴经典汽车”活动，将顶级手工工艺和先进技术与普通百姓的日常生活相结合。荣获中国自然科学博物馆协会五届理事会 2006—2013 年度十佳特殊贡献奖、“2013—2015 年北京市科普教育基地”、“2013 北京市科普基地讲解员大赛”三等奖及“十佳讲解员”称号。

（赵　阳）

【专题展览】年内，抓住“中国汽车工业 60 周年”契机，联合一汽红旗展示馆，7 月推出“见证历史 传承精神——一汽红旗专题展览”。特别展出了 H7 和 L5 两款红旗品牌最新最高端产品，从“艰苦创业，为国争光”、“守护红旗，锲而不舍”、“创新发展，续写辉煌”三个阶段，讲述了红旗 60 年的孕育发展历程。

（赵　阳）

【重要活动】年内，参与工信部及中国汽车工业协会主办的国家汽车工业杰出的奠基人和开拓者饶斌同志百年诞辰系列纪念活动，完成了塑像在博物馆的安放、揭幕等系列工作，李岚清、王兆国等中央领导同志来馆指导，并作出重要指示，“该馆是全世界独一无二的汽车博物馆，既有历史价值、文物价值，也有科技价值，是汽车工业的重要教育基地，应加以充分利用”。

（赵　阳）

【共建合作】年内，与北京理工大学、北京四中、人大附小等十余所大中小学建立了战略合作意向，携手开展活动 20 余场，与首师附中、北理附中和人大附小签订馆校共建协议。初步搭建了馆校共建的基本模式，推出“科教活动 3 级套餐”，设计制作了 8 类 14 项科普展板折页和展架教具并完成了《新能源离我们有多远》、《赛车运动知多少》、《汽车安全我知道》和《车牌嘉年华》4 套科普读物。

（赵　阳）

【志愿服务】年内，共有 1466 人来馆志愿服务 1647 人次，服务时长超过一万小时，参与高校由 6 所发展到 13 所，中学由 2 所发展到 7 所，拥有注册志愿者 1300 人，大学生、中学生和社会志愿者的比例分别为 78.46%、16.15%和 5.39%，志愿者培训 24 场次 1486 人。

（赵　阳）

【领导视察】年内，原中共中央政治局常委、国家政协主席贾庆林，原中共中央政治局常委、国务院副总理李岚清，原中共中央政治局委员、全国人大副委员长王兆国，中共中央政治局委员、国务院副总理马凯，国家工信部部长苗圩，国家知识产权局局长、党组书记田力普，国家交通部副部长冯正霖，北京市委常委、宣传部长李伟，全国人大代表、民进北京市委专职副主委毛桂芬，北京市直机关工委副书记杨公鼎，湖北省十堰市委书记周霁等四套班子领导，新疆和田地区行署专员艾则孜·木沙等来馆参观。

（赵　阳）

教　育

【概　况】 2013年，丰台区托幼园127所，其中教育部门办23所，集体办园31所，民办49所，其他部门办园24所。离园幼儿10625人，入园幼儿13369人，在园幼儿40694人。教职工6084人，其中，专任教师3134人；学前三年教育普及率100%。全区北京市一级一类幼儿园49所。小学84所，教学班2001个，毕业10603人，招生14360人，在校生68840人，在校生中，北京市户籍学生24239人；教职工4701人，其中，专任教师3969人；小学入学率99.96%，巩固率100%，毕业及格率100%。中学46所（初中16所、高中4所、完中12所、一贯制学校14所），教学班972个（初中648个、高中324个），毕业9024人（初中6050人、高中2974人），招生10853人（初中7758人、高中3095人），在校生29903人（初中20624人、高中9279人）；在校生中，北京市户籍学生18793人（初中10653人、高中8140人）；初中入学率100%，巩固率100%，毕业合格率98.13%，高中入学率89.99%；教职工5416人，其中，专任教师3815人。特殊学校1所，10个教学班，招生4人，在校生100人，教职工38人，其中，专任教师33人。特殊教育残疾儿童入学率100%，巩固率100%，毕业率100%。校外教育单位4个，教职工265人，其中，专任教师195人。全区中小学专任教师学历合格率100%，特级教师26人（小学2人、中学24人），高级专业技术职务教师1307人（小学82人、初中879人、高中346人）。中小学占地面积1949104平方米，建筑面积1082170平方米，图书馆藏书3469114册，电子图书26998.6GB，固定资产总值172953.9万元。全年教育投入296962万元（含职业教育18211万元、成人教育2396万元），其中，国家拨款291887万元，自筹经费5075万元。职业高中5所，开设专业24个，教学班150个。毕业1143人，招生1158人，完成招生计划63%，在校生4295人。教职工653人，其中，专任教师392人。专任教师学历合格率91.84%，高级专业技术职务89人。学校占地面积128939平方米，学校建筑面积71948平方米，图书馆藏书94395册，电子图书284GB，固定资产总值12307.23万元。全区各级各类成人学校18所。其中，成人高校（社区学院）1所，开设26个专业，毕业367人，招生397人，在校生1131人。教职工89人，其中，专任教师67人。乡办成人校5所，村办成人学校12所。社会力量办学单位187所，全年培训125238人，教职工7056人，其中，专任教师3043人。

（陶慧贤　王沁艳）

【丰台教师书画摄影展】 1月6日—15日，“美丽中国.美丽生活”丰台教育系统书画摄影展览在丰台青少年剧场举行。展览共收到700余件作品，经过评选，有200余幅作品展出。

（孙桂荣）

【成立 One Education 教育集团丰台教育培训中心】 4月10日，在区教委举行英国 One Education 教育集团北京丰台教育培训中心成立及下设培训基地校授牌仪式。英国 One Education 教育集团总裁 Kieran McDermott 先生、英国大使馆文化教育处官员路宇先生及区教委领导和基层学校代表参加中心授牌仪式。培训中心设立于北京教育学院丰台分院。

（武卫华）

【新增 3 所北京市示范幼儿园】 4 月 15 日—19 日，丰台区方庄第一幼儿园、丰台第五幼儿园、嘉园第一幼儿园通过市验收组的验收，被认定为北京市示范幼儿园。至此，丰台区北京市示范幼儿园达到 12 所。

（吴文静）

【举办“青春梦 园博情”主题教育活动】 3 月至 5 月，丰台区团教工委举办丰台区教育系统“青春梦 园博情”青年教师风采大赛暨青年教师社团展示活动。青年教师通过舞蹈、小合唱、诗朗诵、曲艺等形式表达对园博会召开的期待，共有 70 余家基层单位和 1000 多名青年教师参加活动。在活动动员宣传和组织实施阶段，丰台教育系统各基层团组织通过主题团（队）日、主题征文、演讲、微电影、摄影比赛等活动，进加强对园博知识及志愿服务理念宣传引导，影响带动广大师生关注园博会、参与园博会。

（廖 媛）

【举行北京教育学院附属丰台实验学校签约仪式】 5 月 14 日，丰台区教委与北京教育学院合作办学签约仪式在丰台区教委举行，双方拟在西四环丰台青塔地区建立北京教育学院附属丰台实验学校。4 月—7 月，丰台教委在全国范围公开选拔北京教育学院附属丰台实验学校校长。7 月 14 日，天津第一百中学校长吴世民被聘为北京教育学院附属丰台实验学校校长。学校于 9 月 1 日正式开学。学校建设初期，主要招收小学 1 至 3 年级学生，逐步扩大到小学和初中一体的九年一贯制学校。

（杨 璐）

【召开第五届中学教师师慧杯竞赛总结表彰会】 5 月 17 日，第五届中学教师“师慧杯：竞赛总结表彰会在北京十八中报告厅召开。其中，团体奖：初中组一等奖 3 名、二等奖 6 名、三等奖 9 名；高中组一等奖 1 名、二等奖 2 名、三等奖 3 名。个人奖：初中组一等奖 26 名、二等奖 23 名、三等奖 31 名；高中组一等奖 12 名、二等奖 17 名、三等奖 17 名。

（孙 震）

【举办区中小学校管乐联盟森林音乐会】 6 月 2 日，“绿色交响 阳光成长”丰台区中小学校管乐联盟森林音乐会在丰台永定河畔园博园鹰山北广场举行。中国关心下一代工作委员会副主任刘海荣、中国下一代教育基金会执行副理事长沈建国、中国下一代教育基金会秘书长王萍、中国教师发展基金会秘书长杨春茂、北京市文联副书记王德新及丰台区政府副区长张婕、丰台文联主席初建华、丰台教工委书记宋金忠、教委主任张立新等领导观看了演出，并与孩子们一起欢度儿童节。参与本场音乐会的演员是来自丰台一小、丰台五小、丰师附小、丰台实验小学、长辛店中心小学、北京十二中等六所中小学的 420 名管乐团学生。

（吴 莹）

【新增市一级一类幼儿园】 6月—10月，槐房艺术幼儿园、卢沟桥幼儿园、阳光起点幼儿园通过区验收组的验收，被认定为北京市一级一类园。丰台区意馨艺术幼儿园新发地分园、东罗园幼儿园宣祥园两所双一园的分园通过一级一类验收。9 月 14 日，丰台区意馨艺术幼儿园、开发红黄蓝双语幼儿园经市验收组验收，被认定为北京市早教示范基地。丰台区市级早教示范基地 35 所。

（吴文静）

【北京四中璞瑅学校开学】 8月31日，位于丰台区方庄首开璞瑅社区南侧的北京四中璞瑅学校召开2013—2014学年度开学典礼。北京市教委副主任罗洁、丰台区教育督导室主任刘占良、丰台教委副主任钟灵、北京四中校长刘长铭、黄城根小学校长麦峰及相关单位领导出席开学典礼。

（袁富文）

【开展少先队组织规范化建设验收】 9月至11月，区少工委开展全区少先队组织规范化建设检查。授予北京小学丰台万年花城分校等10所学校“丰台区少先队组织规范化建设标兵校”称号；授予丰台五小等31所学校“丰台区少先队组织规范化建设优秀校”称号；授予丰台分院附属学校等10所学校“丰台区少先队组织规范化建设优秀队室”；授予新发地小学等20所学校队室“丰台区少先队组织规范化建设特色队室”；授予西罗园四小等32所学校“丰台区少先队组织规范化建设达标队室”；授予苏彩虹、张丽云等97名同志“少先队活动课观摩交流活动先进个人”称号。

（李晓季）

【开展参观园博主题教育活动】 5月初至11月，组织区中小学生参加园博会系列主题教育活动，下发《走进园博 畅想丰台 梦圆中国——丰台区教育系统第九届中国（北京）国际园林博览会系列主题教育活动方案》，引导全区中小学师生通过画笔、相机、文字等多种形式记录园博美景，了解中国和世界园林文化。通过组织志愿活动和文艺演出、主题游览等活动积极关注园博、宣传园博、参与园博、奉献园博，最后根据教师、学生上交的摄影作品、征文作品和教师教学设计案例，评选出摄影优秀教师作品一等奖8名，学生优秀摄影作品一等奖28名，优秀教学案列一等奖4名，优秀学生征文25名。

（柳志英）

普通高等教育

【概　况】 年内，驻丰台区普通高等院校有首都经贸大学、首都医科大学、北京电子科技学院、中国戏曲学院等4所。共有在校生39125人，成人教育在校生11957人；毕业12463人，成人教育毕业生5249人；招生11704人，成人教育招生3649人；有教职工3908人，专任教师3788人；留学生毕业581人，招生592人，在校生1092人。

（杨晓靖）

首都经济贸易大学

【概　况】 2013年，首都经济贸易大学占地面积42.0万平方米，学校产权校舍建筑面积37.37万平方米。非产权校舍建筑面积4.55万平方米。全年教育经费投入91449万元，其中，国家拨款74943万元、自筹经费16506万元。固定资产总值10.60亿元，其中，教学、科研仪器设备资产总值4.4亿元。图书馆建筑面积3.57万平方米，藏书174.35万册，其中包括电子图书1300GB。学校信息化经费投入1988.6万元，拥有计算机5596台，多媒体教室166个，信息化设备资产13318万元，网络信息点数28546个，校园网出口总宽带1000Mbps，电子邮件系统用户25000个，上网课程184门，数字资源量23200GB，管理信息系统数据总量2048GB。设19个院系（系、部），40个本科专业，4个专科专业，10个硕士学位授权一级学科点，37个硕士学位授权二级学科点，4个博士学位授权一级学科点，17个博士学位授权二级学科点，3个博士后流动站。1个国家重点学科，3个省部级重点学科（一级），9个省部级重点学科（二级）。国家实验室1个，国家重点实验室0个。定期出版专业刊物4种，教职工1603人，其中，专任教师

825人。专任教师中，教授152人，副教授294人，讲师300人、助教25人，博士生导师56人，硕士生导师276人，中科院院士0人，工程院院士0人，“长江学者奖励计划”特聘教授0人，国家有突出贡献专家0人，千人计划入选者1人，另聘请外籍教师3人，其中，教授3人，副教授0人。外聘高级专家79人。毕业生6576人，其中，全日制研究生887人（博士生40人、硕士生847人），普通本专科生2292人（本科2170人、专科122人），成人教育本专科生3397人（本科1670人、专科1727人）；非计划招生高等教育学生在职人员攻读硕士学位126人。本专科毕业生就业率99.53%，研究生毕业就业率98.86%。招生5733人，其中，全日制研究生1009人（博士生65人、硕士生944人），普通本专科生2603人（本科2492人、专科111人），成人教育本专科2121人（本科1319人、专科802人）。高考北京地区提档线本科第一批一志愿文科565分、理科580分。第一批二志愿文科606分，理科638分，第二批文科一志愿提档线530分，理科545分。在校生19600人，其中，全日制研究生2761人（博士生261人、硕士生2500人），普通本专科生10069人（本科9722人、专科347人），成人教育本专科生6770人（本科3731人、专科3039人）。留学生毕（结）业269人、招生382人、在校生543人。网址：www.cueb.edu.cn。

（刘江霞）

【开设暑期学校项目】 年内，为本科生和研究生开设暑期学校项目，聘请境外高校教师为师生授课，营造国际化办学环境，深化国际化办学特色，强化教学实践环节，培养学生创新能力。本科生有300余人，研究生160余人报名参加。学校为本科生开设了8门课程，分别是组织行为学、高级宏观经济学、中间数据分析、中国劳动关系、会计理论专题、管理研究方法、广义线性模型和城市经济学，任课老师由来自美国、英国、加拿大、香港多所高校的教授组成。所有课程均是全英文教学。

（刘江霞）

【德勤基地获批国家大学生校外实践教育基地】 年内，会计学院德勤华永会计师事务所校外人才培养基地获批国家级校外实践教育基地，实现了校外人才培养基地国家级零的突破。

（刘江霞）

【会计学专业获全国相关院校专业评估A级】 6月，首经贸大注册会计师专业在全国相关院校专业评估中获得A级。财政部中国注册会计师协会于4—5月对全国19所具有会计学（注册会计师）专业培养资格的高等院校组织实施年度教学质量评估，分为A、B、C三类院校，并按A、B、C三类院校下拨培养经费。评估主要从教学质量（权重30%）、教学效果（权重30%）和参与行业建设（权重40%）等三个方面分为16个具体指标进行。

（刘江霞）

【获批国家级精品资源共享课】 9月，首经贸大的《政治经济学（资本主义部分）》成为全国各高校《政治经济学》课程中第一个上线的国家级精品资源共享课，该课程已通过爱课程网面向社会免费开放，课程公开上线后将接受社会各界的检阅。12月，《社会保障学》课程通过评审，获批立项建设。成为国家精品资源共享课。

（刘江霞）

【获批国家级项目】 年内，学校获批22项国家级项目，其中14项国家社科基金项目，8项国家自然科学基金项目，48项各类省部级研究项目。

（刘江霞）

【成立金融风险研究院】 4月14日，学校金融风险研究院成立。研究院聘请金融学院王曼怡教授为研究院院长，国家金融学泰斗、中国金融学科终身成就奖获得者、西南财经大学中国金融研究中心名誉主任曾康霖教授为研究院学术委员会主任。金融风险研究院是开放性的学术研究机构，由政府、工商界、学术界三方共同参与。研究院包括7个研究中心和1个实验室。研究院接受政府、金融机构等单位委托，承担决策、课题研究、产品研发、专业咨询等各类项目。

（刘江霞）

【主办第八届中国雇主品牌年会】 12月6日至7日，学校主办第八届中国雇主品牌年会。年会主题为“雇主品牌——转型期的新竞争战略”。活动由首都经济贸易大学劳动经济学院、国际人力资源管理协会、中国国际人才交流与开发研究会、《职业》杂志、美国高科技创新委员会主办。300多位专家学者、知名企业家、人力资源界管理精英和权威媒体人士等出席了本届年会，人民日报、中国教育电视台、人民网、新华网等50多家知名媒体到会进行采访和报道。年会围绕“不确定性雇佣关系背景下员工的心理与行为管理”、“雇主品牌与企业人才评价”等内容进行了4场学术研讨、2场尖峰对话和7场专家演讲。

（刘江霞）

【威斯康辛大学拉克罗斯分校设中国办事处】 年内，美国威斯康辛大学拉克罗斯分校（UWL）中国办事处成立，落户首经贸大华侨学院。首经贸学生可以申请赴威斯康辛大学拉克罗斯校区交流学习。UWL与华侨学院合作设立美国注册会计师（AICPA）项目，该分校会计师证书培训通过率在全美高校中排名前5位。

（刘江霞）

【与莫斯科国际高等商学院加强合作】 4月11日，俄罗斯莫斯科国际高等商学院（MIRBIS）副校长扎尔科（Valery Zalko）教授一行四人来访首经贸大，与首经贸达成深入合作的协议。双方在签署的合作协议框架下展开了更具详细的深入合作讨论，包括合作协议实施细则、“总统项目”执行、MBA短期游学项目、国际课程联授、交换生项目、教师合作著作出版、联合开展学术研究、国际研讨会等事宜，并对未来开展更深入合作的方式和内容充分交换了意见。

（刘江霞）

【为北京十二中开设大学先修课】 年内，学校为北京十二中开设先修课。十二中学生可以根据个人精力和兴趣爱好进行选修，将来考入首都经济贸易大学后，则可认定为2个学分的选修课成绩。自2013年新学期开始，先修课安排在每周二下午，每学期共10次课，每次课程以高中教育的两个课时为限，管理学和经济学分开上课。

（刘江霞）

【获评“国家生态文明教育基地”】 9月，学校获评“国家生态文明教育基地”。关于国家生态问题，学校开设了环境工程学、环境经济学等与生态环保相关课程。教学科研人员获批生态环保主题横向科研项目21项、纵向科研项目31项（国家级4项，省部级13项），发表相关学术论文155篇，出版学术著作10本，完成相关研究报告10份，其中不少研究成果被北京市或相关部委参考采用。学校围绕生态科普、生态道德、生态美育等方面积极组织学生开展了形式多样的志愿服务和社会实践活动，服务生态社会和绿色北京建设。

（刘江霞）

【首经贸“小V蜂”服务园博会】 年内，为园博会输送了大批优秀的志愿者。选出862名通用志愿者，40名文化活动辅助志愿者，20名礼宾服务志愿者，共922名志愿者进驻园博园。

（刘江霞）

【获“五四”杯首都青年男子篮球总决赛冠军】 6月23日，学校获“五四”杯首都青年男子篮球总决赛冠军。此次篮球赛由共青团北京市委、北京市体育基金会、北京市篮球运动协会、北京市学生联合会共同主办。首经贸篮球队12名队员与来自首钢生产一线青年员工组成的首钢代表队进行竞逐。首经贸篮球队以78：68的成绩获得总决赛冠军。

（刘江霞）

【参加第四届北京大学生艺术展演活动】10月，学校在第四届北京大学生艺术展演活动中多项作品获奖。学校先后选送六部作品参加了民乐小合奏、合唱、小合唱、戏剧、管弦乐小合奏的普通B组比赛，其中五项作品获一等奖、一项作品获三等奖。校话剧《灵魂拒葬》获短剧类一等奖。合唱团大合唱《沂蒙山歌》，小合唱《Lux Aurumque》和《花树下》两项均获一等奖。管弦乐团参赛曲目《电闪雷鸣波尔卡》获三等奖。民乐团携《飞驰天路》和《倾杯乐》两首曲目参加在清华大学举办的民乐小合奏比赛，均获一等奖。

（刘江霞）

【参加全国大学生游泳锦标赛】11月20至24日，学校游泳队在第十三届全国大学生游泳锦标赛上获2冠、3亚及甲组团体第4名，男子甲组团体与女子甲组团体总分第5名的成绩。学校选手以03'36"73的成绩获得男子4×100米自由泳接力赛冠军，还获得男子4×200米自由泳接力赛亚军，女子4×100米自由泳接力赛亚军。刘兆尘以01'51"66的成绩勇获男子乙组200米自由泳冠军，男子乙组100米自由泳亚军。李崇瑞获得了男子甲组50米自由泳和100米自由泳季军，梁霄获得了女子甲组100米自由泳和100米蝶泳的季军。

（刘江霞）

首都医科大学

【概　况】2013年，首都医科大学学校和附属医院总占地面积1360575平方米，总建筑面积2244165平方米，其中，学校占地面积246642平方米，建筑面积339112平方米。学校和附属医院固定资产总值1600538.46万元，其中，学校固定资产总值158576.10万元。学校和附属医院教科仪器设备资产值288490.41万元，其中，学校教科仪器设备资产值104504.71万元。全年教育经费投入114378.81万元，其中，国拨91175.32万元，自筹11268.65万元，科研经费11934.84万元。学校和附属医院图书馆建筑面积25319平方米，共藏书126.77万册，其中，学校图书馆建筑面积17901平方米，藏书80.42万册。学校有计算机7428台，教室91间，信息化设备资产3548.34万元，网络信息点数9998个，校园网出口总带宽400Mbps，电子邮件系统用户数4650个，上网课程153门，数字资源量2500GB，管理信息系统数据总量61440GB。设有10个学院和1个研究院，18所临床医学院暨附属医院以及1个预防医学教学基地，设有4个专科学院和33个专科学系。开设本科专业16个、七年制专业2个。有一级学科博士学位授权点8个和一级学科硕士学位授权点11个，按照三级学科统计，有博士学位授权点59个和硕士学位授权点78个。有博士后流动站9个，出站17人、进站29人、在站85人。有国家重点学科8个、国家重点（培育）学科2个、国家临床重点专科56个（含中医）、国家中医药管理局重点学科（培育）14个、北京市一级重点学科4个、北京市交叉重点学科1个、北京市二级重点学科6个、北京市一级重点建设学科2个、北京市二级重点建设学科6个、北京地区高等学校学科群1个，有国家临床医学研究中心3个、省部共建国家重点实验室培育基地1个、教育部重点实验室3个、教育部省部共建重点实验室1个、北京市重点实验室32个，有国家工程技术研究中心1个、教育部工程研究中心4个、北京市工程技术研究中心7个、北京市高等学校工程研究中心1个、北京市哲学社会科学研究中心1个。设有国家生命科学与技术人才培养基地、卫生部全科医学培训中心、北京市全科医学培训中心、首都卫生管理与政策研究基地、北京神经科学研究所等。学校和附属医院共有教职员工和医务人员35128人，其中，校本部1560人、附属医院33568人；有院士6人、特聘顾问11人；正高职称1875人，其中，校本部93人、附属医院1782人；副高职称3275人，其中，校本部243人、附属医院3032人；有专任教师2612人，专任教师中教授667人，其中，校本部88人、附属医院579人，专任教师中副教授1114人，其中，校本部196人、附属医院918人；有博士研究生导师362人、硕士研究生导师745人；有"长江学者奖励计划"特聘教授3人；"千人计划"创新人才长期项目2人、青年项目1人，外专"千人计划"2人；校本部和直属附属医院有国家有突出贡献专家2人、省部级有突出贡献专家20人、享受政府特殊津贴专家105人；有外籍教师6人。年内有毕业生4055人，其中，学历教育学生中全日制研究生998人（博士生220人、硕士生778人），普通本专科生1565人（本科生824人、专科生741人），成人教育1133人（本科578人、专科生555人）；以同等学力申请博士硕士学位272人（博士生53人、硕士生219人）。招生4788人，其中，学历教育学生中全日制研究生1048人（博士生252人、硕士生796人），普通本专科生1712人（本科生1048人、专科生664人），成人教育本专科生1454人（本科生942人、专科生512人）；以同等学力申请博士硕士学位478人（博士生239人、硕士生239人）。在校生14786人，其中，学历教育学生中全日制研究生3366人（博士生749人、硕士生2617人），普通本专科生6333人（本科生4350人、专科生1983人），成人教育本专科生4654人（本科生2563人、专科生2091人）。留学生毕业87人，招生96人，在校生433人。本科毕业生就业率96.09%，高考北京地区本科一批理工最低录取分数577分。网址：www.ccmu.edu.cn。

（方海侠　王于英）

【获6项中华医学科技奖】 1月27日，中华医学科技奖2012年颁奖仪式在北京国家会议中心举行。首医大获一等奖1项、三等奖5项。由附属北京同仁医院王宁利教授主持完成的成果"原发性开角型青光眼机制分型及新诊治模式的创建和应用"获得一等奖，由附属北京安贞医院周玉杰教授主持完成的成果"经桡动脉冠状动脉介入治疗技术的应用、普及与推广"、附属北京安定医院郑毅教授主持完成的成果"儿童抽动障碍的基础与临床系列研究"、北京市神经外科研究所/附属北京天坛医院李佑祥教授主持完成的成果"颅内动脉瘤的介入治疗"、附属北京妇产医院张为远教授主持完成的成果"子痫前期血液动力学基础与临床研究"、附属北京安贞医院赵冬教授主持完成的成果"中国心脑血管病流行特征转化规律、影响因素及预防策略研究与应用"等5项成果获得三等奖。

（方海侠　王于英）

【成立1所学院】 3月1日经校党委常委会研究决定，成立首都医科大学全科医学与继续教育学院，撤销原继续教育学院建制。建立首都医科大学全科医学与继续教育学院党工委；党工委下设党的关系在校本部的直属党支部和党的关系在医院社区的非直属党支部。首都医科大学全科医学与继续教育学院内设学院办公室、全科医学办公室和成人学历教育办公室；下设全科医学基础学系、若干全科医学临床和社区学系。国家卫生部全科医学培训中心、北京市全科医学培训中心、首医大对外培训学校挂靠学院管理。

（方海侠　王于英）

【第十届全科医学与社区卫生学术大会】 4月11日，由首医大全科医学与继续教育学院、中国医师协会全科医师分会、西城区卫生局联合主办，附属复兴医院月坛社区卫生服务中心承办的第十届全科医学与社区卫生学术大会召开。大会开幕式由首医大全科医学与继续教育学院党工委书记郭爱民主持。卫生部应急办公室主任梁万年、国家发改委社会事业司处长李春芳、西城区副区长梁昌新等领导出席。会议主题为“改革创新、提升能力、促进发展”，设立1个主会场和9个分会场，56名讲者分别从医疗改革与社区卫生政策、社区卫生经验交流、慢性非传染性疾病的管理、全科医学学科发展、全科医学人才培养、全科医生团队服务等方面展开了广泛的探讨及交流。大会特别邀请世界家庭医生组织（WONCA）主席 Richard Roberts 出席并讲演。来自美国威斯康辛大学、美国南加利福尼亚大学医学院、英国医学科学院、台湾家庭医学教育研究学会以及来自全国各地的社区卫生服务专家、全科医生共544人参加了会议。

（方海侠　王于英）

【获批1项“卓越医生教育培养计划”】 5月6日，首医大被教育部、国家卫生和计划生育委员会批准为“临床医学硕士专业学位研究生培养模式改革”第一批试点高校。首医大自2012年起即对临床医学硕士专业学位研究生培养实施新的培养模式改革，下发了《首都医科大学关于医学硕士专业学位研究生培养的意见》及《首都医科大学临床医学专业学位硕士研究生报考执业医师资格管理办法（试行）》等文件，整合课程设置，调整教学模式，以保证研究生临床轮转的时间；新开设临床医学研究生培养“桥梁课程”，以帮助研究生完成从本科生到研究生、住院医生的过渡；强化临床实践培养，与住院医师规范化培训实践要求并轨；同时保证专业学位研究生的学术培养，确保培养即具有高水平临床工作能力又具有高素质学术创新潜质的临床适用性人才。首医大是全国唯一一所“卓越医生教育培养计划”四个项目全部获批的医学院校。

（方海侠　王于英）

【获批1个大学生校外实践教育基地】 5月7日，教育部公布地方所属高校国家级大学生校外实践教育基地名单，“首都医科大学临床技能综合培训中心”获批为医学类大学生校外实践教育基地。本次教育部共批准538个大学生校外实践教育基地，其中医学类82个。截至年底，首医大已获批1个国家级校外人才培养基地，4个北京市级校外人才培养基地。

（方海侠　王于英）

【超声科学系揭牌】 6月22日，首医大超声科学系成立及揭牌仪式暨第一届超声医学学术大会在中国科技会堂举行。中国工程院院士王威琪、张运，中国医师协会会长张雁灵，中华医学会副会长戴建平，北京医师协会会长金大鹏，北京市卫生局巡视员郭积勇、科教处处长宋玫，首医大党委书记李明、校长吕兆丰、副校长王晓民等校领导以及有关职能部处负责人，附属北京天坛医院院长王晨，国内超声医学领域的知名专家学者以及超声科学系各成员单位代表共计700余人参加了大会。揭牌仪式后，超声科学系召开了第一届超声医学学术大会。超声科学系是首医大成立的第35个临床专科学系，由24家附属医院（临床医学院）和教学医院的超声医学学科组成。

（方海侠　王于英）

【昌平教学医院揭牌】 6月28日首都医科大学昌平教学医院揭牌仪式在北京市昌平区医院举行。揭牌仪式由昌平区副区长刘淑华主持。市卫生局，昌平区委区政府、区人大、区政协、区卫生局，首医大及附属北京天坛医院领导、专家及老教师支教团、昌平区医院职工代表等出席了揭牌仪式。昌平教学医院是首医大第 10 所教学医院。

（方海侠　王于英）

【临床研究中心更名】 7 月 9 日，经学校研究决定，首都医科大学临床研究中心更名为首都医科大学临床药物研究中心。

（方海侠　王于英）

【招收中国政府奖学金留学生】 7 月 18 日，首医大首次正式招收中国政府奖学金留学生，截至目前共接收了 16 名中国政府奖学金外国留学生，其中博士研究生 1 名，硕士研究生 2 名，本科生 12 名，普通进修生 1 名。

（方海侠　王于英）

【获批 3 个国家临床医学研究中心】 8 月 2 日，依托首医大附属北京天坛医院、附属北京安贞医院、附属北京儿童医院的 3 家临床医学研究中心获批科技部、国家卫计委和总后勤部卫生部认定的首批国家临床医学研究中心，本次认定涉及 6 个疾病领域，共 13 家依托单位。

（方海侠　王于英）

【调整临床专科学院（系）】 12 月 13 日，经校长办公会讨论决定，撤销胸心血管外科学系，成立首都医科大学胸外科学系，附属北京胸科医院许绍发教授任系务委员会主任，胸外科学系办公室设在附属北京胸科医院；成立首都医科大学心脏外科学系，附属北京安贞医院孙立忠教授任系务委员会主任，心脏外科学系办公室设在附属北京安贞医院；成立首都医科大学血管外科学系，宣武医院张建教授任系务委员会主任，血管外科学系办公室设在宣武医院。至此，首医大已成立 37 个临床学科院（系）。

（方海侠　王于英）

【增选 3 名院士】 12 月 19 日，2013 年中国工程院院士和中国科学院院士增选结果相继公布，首医大附属北京天坛医院教授、主任医师、博士生导师、神经外科学院执行院长赵继宗当选中国科学院院士；附属北京同仁医院教授、主任医师、博士生导师、耳鼻咽喉科学院院长韩德民当选中国工程院院士；首医大教授、主任医师、博士生导师、呼吸病学系主任王辰当选中国工程院院士，成为首医大建校 53 年来首位荣膺中国工程院院士的毕业生。

（方海侠　王于英）

北京电子科技学院

【概　况】 2013 年，北京电子科技学院占地面积 7.93 万平方米，建筑面积 6.78 万平方米，其中，教学行政用房建筑面积 3.88 万平方米、学生公寓建筑面积 1.61 万平方米。固定资产总值 13774.65 万元，教学、科研仪器设备总值 9651.28 万元。年教育经费投入 16833.45 万元，其中，国家财政拨款 11624.51 万元。《北京电子科技学院学报》设有自然科学、社会科学两个版、季刊、年发行 4000 册。图书馆建筑面积 4700 平方米，藏书 28.65 万册，中文报刊 503 种，外文期刊 41 种，网上全文数据库 13 个，教师阅览室 1 个，电子阅览室 2 个。信息化经费投入 328.5 万元，拥有计算机 2792 台，多媒体教室座位 2200 个，信息化设备资产 5968.28 万元，网络信息点数 1260 个，校园网出口总带宽 130 Mbps，电子邮件系统用户总数 3432 个，上网课程数 552 门，数字资源量 9000GB，管理信息系统数据总量 90GB。下设 5 个系（信息安全系、电子信息工程系、计算机科学与技术系、通信工程系、管理系），2 个教学部（人文社会科学教学部、基础学科教学部），开设 8 个本科专业（信息安全、信息与计算科学、电子信息工程、计算机科学与技术、通信工程、行政管理、信息管理与信息系统、保密管理），2 个工程领域硕士专业学位授予点（电子与通信工程、计算机技术），3 个联合培养硕士研究生专业（密码学、通信与信息系统、计算机应用技术）。在岗教职工 331

人，其中，专任教师 156 人，教授 19 人、副教授 59 人；博士学位 54 人、硕士学位 114 人；硕士生导师 33 人；15 名教师享受国务院政府特殊津贴，4 名教师获得“北京市教学名师”，9 名教师获得“北京市优秀教师”。该校教师在研国家级课题 31 项，新获 1 项国家自然科学基金课题，1 项科研成果获省部级二等奖，1 项科研成果获省部级三等奖。毕业生 1118 人，其中，学历教育学生中全日制研究生 0 人（博士生 0 人、硕士生 0 人、研究生班 0 人），普通本专科生 475 人（本科生 475 人、专科生 0 人），成人教育本专科生 643 人（本科生 95 人、专科生 548 人），网络教育本专科生 0 人（本科生 0 人、专科生 0 人）；非计划招生高等教育学生中在职人员攻读博士硕士学位 0 人（博士生 0 人、硕士生 0 人），研究生课程进修班 0 人。招生 502 人，其中，学历教育学生中全日制研究生 48 人（博士生 0 人、硕士生 48 人、研究生班 0 人），普通本专科生 454 人（本科生 454 人、专科生 0 人）、成人教育本专科生 0 人（本科生 0 人、专科生 0 人）。高考北京地区提档线理科 550 分、文科 557 分。网络教育本专科生 0 人（本科生 0 人、专科生 0 人）；非计划招生高等教育学生中在职人员攻读博士硕士学位 0 人（博士生 0 人、硕士生 0 人），研究生课程进修班 0 人。在校生 2246 人，其中，学历教育学生中全日制研究生 78 人（博士生 0 人、硕士生 78 人、研究生班 0 人），普通本专科生 1815 人（本科生 1815 人、专科生 0 人），成人教育本专科生 353 人（本科生 308 人、专科生 45 人），网络教育本专科生 0 人（本科生 0 人、专科生 0 人）；非计划招生高等教育学生中在职人员攻读博士硕士学位 0 人（博士生 0 人、硕士生 0 人），研究生课程进修班 0 人。留学生毕业 0 人，招生 0 人，在校生 0 人。学院网址：www.besti.edu.cn。

（张　斌）

【栗战书看望师生】 1 月 16 日，中央政治局委员、中央书记处书记、中央办公厅主任栗战书在中央办公厅副主任赵胜轩的陪同下到电科院走访调研，参观了校史馆，看望了电子信息工程系、办公室、组织宣传处、人事处的教职工以及实习学生。随后，与师生代表进行了座谈。

（刘旭然）

【与解放军信息工程大学签订战略合作框架协议】 1 月 16 日，在电科院举行与解放军信息工程大学战略合作框架协议签订仪式。双方学校领导、职能部门有关负责人共同出席了仪式，双方将在学科建设、科学研究、人才培养、师资队伍建设、学术交流、工程产品研制等方面开展广泛的战略合作。

（刘旭然）

【举办第一届大学生创新年会】 9 月 15 日至 24 日，电科院举办主题为“出特色科研成果，育特色有用人才”的第一届大学生创新年会暨创新成果展览。院领导、北京市教委高教处有关同志以及该院师生代表近 500 人参加了创新年会开幕式。年会包括创新项目展览、科研创新训练研讨会和创新学术论坛等内容，展览的 52 个本科生科研项目和遴选的 43 篇论文成果分别收录在《项目集》和《论文集》中。

（刘旭然）

【召开学位与研究生教育工作会议】 12 月 14 日至 15 日，电科院召开首次学位与研究生教育工作会议。国家密码管理局等行业管理部门有关领导，来自 16 个省（自治区、直辖市）的研究生行业导师和院领导、院内导师以及学院有关部门负责人出席了会议。会议听取并审议了研究生教育工作报告，就如何做好学科建设、优化研究生培养模式、加强行业导师指导、推进行业实习实践以及招生就业等工作进行研讨，向研究生导师颁发了聘书。

（刘旭然）

【栗战书来院走访调研】 12月18日，中央政治局委员、中央书记处书记、中央办公厅主任栗战书在中央办公厅副主任王仲田的陪同下，到电科院走访调研，进宿舍、看食堂、到干部培训教室看望了广西第六期全区行业干部持证上岗培训班学员代表、到实验室看望慰问了师生员工。随后，与院领导班子和教师代表围绕调研主题进行了座谈。

（刘旭然）

中国戏曲学院

【概　况】 2013年，学院占地面积54300平方米，总建筑面积95000平方米。固定资产总值65619.69万元。全年教育经费投入19418.46万元，其中，国家拨款16055.25万元、自筹经费3363.21万元。图书馆总建筑面积5723平方米，藏有纸质图书24.1万册，中文图书24.28万册，西文图书2809册，电子图书173.31GB，中文期刊425种，外文期刊98种。设有京剧系、表演系、音乐系、导演系、戏曲文学系、舞台美术系、新媒体艺术系、国际文化交流系、基础部、附中（中国戏曲学院附属中等戏曲学校）等10个教学单位，有戏剧与影视学、音乐与舞蹈学2个一级学科硕士点，有艺术学理论1个二级学科硕士点，设有14个本科专业及25个专业方向。教职工414人，其中，专任教师244人。专任教师中教授30人，副教授65人；硕士生导师50人。毕业生714人。其中，学历教育学生中全日制研究生68人，普通本专科生516人，成人教育本专科生130人（本科生76人、专科生54人）。本科毕业生就业率96.9%。招生681人，其中，学历教育学生中全日制研究生87人，普通本专科生520人、成人教育本专科生74人（本科生57人、专科生17人），非计划招生高等教育学生中在职人员攻读博士硕士学位0人。在校生2493人，其中，学历教育学生中全日制研究生240人，普通本专科生2042人，成人教育本专科生180人（本科生126人、专科生54人），非计划招生高等教育学生中在职人员攻读博士硕士学位31人。留学生毕业225人，招生114人，在校116人。学院网址：www.nacta.edu.cn。

（王　媛）

【举办第五届京剧学国际学术研讨会】 5月17日至19日，戏曲学院举办第五届京剧学国际学术研讨会。研讨会以“梅兰芳与京剧的传播”为主题，旨在通过开展京剧大师梅兰芳先生的系统研究，深入探讨京剧艺术的历史、特色与发展规律，进一步推动京剧学学科建设。会议期间，与会专家学者就梅派表演艺术研究、梅兰芳的美学精神、京剧与中华美学传统、京剧的传播等问题展开广泛而深入的研讨。来自中国大陆和港澳台地区，以及美国、英国、法国、日本等国家的京剧学专家学者、表演艺术家、京剧院团负责人和社会各界京剧爱好者参加研讨会，并提交学术论文100余篇。

（王　媛）

【成立梅兰芳艺术研究中心】 5月19日，戏曲学院成立梅兰芳艺术研究中心。著名京剧表演艺术家、梅兰芳之子梅葆玖先生担任中心名誉主任。该中心围绕梅兰芳艺术的研究与传播，以项目为导向开展工作。中心组织专门的研究队伍建设梅兰芳艺术数据库，全面完整地搜集整理梅兰芳的著述、文稿和梅派演出剧目文本，并对梅兰芳先生的声音、图片和影视资料，进行数据化处理。

（王　媛）

【十艺节获多项文华大奖】 10月，在第十届中国艺术节上，戏曲学院导演系教授冉常建参与导演的京剧《建安轶事》荣获“文华大奖”；导演系教授裴福林导演的山东梆子《圣水河的月亮》和晋剧《刘胡兰》荣获“文华优秀剧目奖”和“文华剧目奖”；表演系教授李永志导演的山东梆子《古城女人》荣获

“文华优秀剧目奖”和“文华导演奖”；科研与研究生工作处教授王绍军导演的话剧《生如夏花》荣获“文华剧目奖”；另有谢振强、沈鹏飞、马路、龚元、张武、李永志、韩萌等7位教师分别获得政府颁发的“文华音乐创作奖”“文华舞台美术奖”“文华导演奖”和“文华剧作奖”等文华单项奖。

（王 媛）

【建成北京戏曲文化传承与发展研究基地】 10月24日，戏曲学院建成“北京戏曲文化传承与发展研究基地”。研究员张凡任基地负责人，傅谨教授为基地首席专家。该基地以戏曲学院“戏曲高级人才培养中心、戏曲理论研究中心、戏曲文化信息交流与传播中心”建设为引领，围绕首都戏曲文化传承与发展的重点问题、前沿问题和难点问题进行综合研究，充分发挥首都文化科技资源优势，强化理论研究与社会实践的关系，为首都戏曲人才培养提供智力支持，为首都戏曲艺术创作提供学术指导，为首都文化政策制定提供政策建议。

（王 媛）

【成立教师发展中心】 11月22日，戏曲学院建成教师发展中心。该中心是引导和促进教师全面发展的服务性组织。年内，中心开展讲座、论坛等各类教师交流活动12项，内容涉及科研立项选题、学术论文写作、戏曲表演鉴赏与体验、艺术创作交流等多个方面。

（王 媛）

【举办《戏韵管弦》民族音乐会】 12月10日，戏曲学院在北京音乐厅举办具有浓厚戏曲风格的民族音乐会《戏韵管弦》。音乐会由指挥家、作曲家杨春林执棒，由戏曲学院师生共同演奏。演出曲目包括民乐合奏《秦腔主题随想》、琵琶独奏《品戏》、打击乐三重奏《炫》、呐子与唢呐独奏《打虎上山》等。学院教师王彩云、聂双用京胡独奏、大提琴配合的全新方式，演绎经典曲目《霸王别姬》。

（王 媛）

【开办多层次研修班】 年内，戏曲学院先后与黑龙江省文化厅、江西省省委宣传部、泉州文广新局等单位合作，开办戏曲导演、舞台导演、舞台灯光音响、舞台表演等多个高级研修班。全年培养高研班学员90余人，行课逾4000课时。

（王 媛）

【调整专业设置】 年内，戏曲学院在舞台美术系增开戏曲衣箱技术与管理专业；在表演系多剧种表演专业新增秦腔、阿宫腔、吕剧、柳子戏、藏戏等五个剧种。

（王 媛）

文化　体育　卫生

文　化

【概　况】2013年，以北京园博会的举办为主线，举办了周末百姓大舞台、星火工程等活动在内的“我的丰台·我的家”系列活动、“花好月圆传戏韵”主题活动、“书香丰台”阅读活动等公益性文化活动，以及“发现丰台之美·描绘幸福丰台”主题活动、第八个非物质文化遗产日等群众文化活动等，并在园博园中组织各项文化活动。全年全区组织文化活动、文艺演出、电影放映、读者报告会等各类文化惠民活动4700余场次，累计受众80万人次。新建、改建王佐镇张各庄文化广场、和义街道文化广场、万芳亭公园广场3个文化广场，新建计算机图书联网点5个。以挖掘文化内涵为目标，加大文化资源保护传承发展。以落实“平安丰台”为目标，保持文化市场有序发展。开展“保两会”出版物专项整治、文化娱乐场所火灾隐患排查整治等10余项“扫黄打非”和安全生产专项行动。获得第九届中国（北京）国际园林博览会先进集体、第三届北京图书阅读季“百姓读书大讲堂”活动优秀组织奖、首都精神文明单位等多项荣誉。

（王　蕊）

【检查春节期间文物安全】1月14日至2月14日，共检查区级以上文物保护单位28家，填写检查记录单28份，拍摄照片100余张，发现灭火器过期等各类安全隐患10处，提出建立健全各项保障制度、加强春节值班、安全燃放烟花爆竹等相关整改建议20条。各文保单位都积极配合检查，认真整改，加强管理，确保安全、平安度过春节。

（王　蕊）

【三下乡活动】1月15日至1月19日，组织开展文化、科技、卫生“三下乡”活动。依托区文化馆、图书馆、文联开展了送文艺演出、送影视光盘、送期刊、送书法、送春联、送字画等活动。

（王　蕊）

【区喜迎新春联欢会】2月5日，丰台区2013年喜迎新春联欢会在中国戏曲学院举行，本次联欢会的主题是“金蛇腾沃土，幸福满丰台”。区领导与全区各界军民代表欢聚一堂，共庆癸巳新春，参加联欢会的还有最美丰台人代表、文明引导员代表、环卫工人代表、驻区企业、部队、院团代表，各民主党派代表、各委办局代表、乡镇、街道代表等。

（王　蕊）

【纪念毛泽东题词发表50周年】3月3日，丰台区“弘扬雷锋精神　发现丰台之美”纪念毛泽东向雷锋同志学习题词发表50周年展览在丰台文化馆举办，展览为期5天，由八一电影制片厂董兴喜收藏并提供有关雷锋的书刊画报、火花、邮票、封、片等作品800余件。

（王　蕊）

【"书香丰台"阅读系列活动】 3月至12月，通过推荐阅读书目、图书交流研讨、图书交换大集等多种形式，开展包括"全民阅读推广"、专题讲座和大型文化活动三大板块7大类78项活动，受众3.2万余人次。

（王　蕊）

【非遗专家评审会】 4月17日，区第三批区级"非物质文化遗产"名录专家评审会在区文化馆召开。专家听取了丰台区非物质文化遗产工作汇报，观看了第三批丰台区区级非物质文化遗产评审项目申报片，对京派内画鼻烟壶制作工艺等11个候选项目进行评审。其中劈挂拳、南营太平鼓等10个项目建议列入丰台区级非物质文化遗产推荐名单，并同意劈挂拳项目申报北京市级非物质文化遗产名录。

（王　蕊）

【文艺演出星火工程】 4月至10月，北京京上草原艺术团等12个一类演出团队和南苑鱼水情艺术团等6个二类演出团队签约2013年农村"文艺演出星火工程"。演出继续实行"订单式"服务，实现"什么时间看就什么时间演"，"看什么演什么"，为辖区68个行政（中心）村演出204场次，受众10万余人次。

（王　蕊）

【"发现丰台之美"主题活动】 4月至12月开展，活动从城市和人文的角度，在全区范围内通过知识讲座、展览展示、书画摄影和豆瓣官网等线上及线下的形式，深入挖掘、培育、弘扬丰台的美。全年网络上传不同种类的艺术形式作品33万余件，新浪微博、微话题11万条。

（王　蕊）

【北京园博园文化活动】 年内，在园博园内开展城市周和区县文化日等主题活动，全市16个区县的艺术团队参与其中，演出74场，近20万观众参与。以"绿色交响　五彩绽放"为主题，挑选6支区内"优秀文艺团队"，利用周末在10个"园博文化广场"巡演40场，受众3万余人次。

（王　蕊）

【端午文化游园会】 6月10日—12日在莲花池公园和北京园博园两个会场同时举办。莲花池会场活动依托莲花池公园荷塘美景，以"花开丰台"为主题，举行包括端午民俗饰品制作体验、包粽子比赛、"集彩绳"趣味越野闯关等20多项精彩活动。北京园博园会场活动以"游园博·乐端午"为主题，立足园内多个活动地点，开展一系列文化活动。

（王　蕊）

【"我的丰台·我的家"群星合唱大赛】 6月28日，"我的丰台·我的家"群众合唱大赛决赛在区文化馆举行，此次活动惠及全区21个街道乡镇，结合区域特色组织文艺调演、汇演，经过两个多月的初赛和复赛，共有18支合唱队总计760名队员进入决赛。

（王　蕊）

【"我的丰台·我的家"群众舞蹈大赛】 7月23日，"我的丰台·我的家"群众舞蹈大赛决赛在区文化馆举行，经过初赛和复赛，共有18支舞蹈队总计300余名舞蹈爱好者进入决赛。

（王　蕊）

【"卢沟晓月"中秋群众文化节】 9月18日—20日，举办北京市第六届"卢沟晓月"中秋群众文化节。活动坚持走进基层、贴近群众，设置花卉大观园、卢沟桥和园博园三大活动场地，设计了邀月、望月、赏月等系列群众参与性文化活动，3天共接待15万人次。中央电视台、北京电视台、人民日报、新华网等多家媒体给与报道。

（王　蕊）

【第二届丰台时尚戏曲文化节】 10月，第二届丰台时尚戏曲文化节分别在万芳亭公园和园博园举办。文化节延续“梨园大舞台、戏曲零距离”的主题，万芳亭公园会场设计全市戏曲票友邀请赛、时尚戏曲服饰秀、戏曲行装体验等多形式、多层次的文化活动。园博园会场举办了“百花齐放”地方戏曲演出活动。

（王　蕊）

【基层文化设施建设】 年内，新建社区文化室20个，为全区359个社区、村配备了便携式音箱，新建和改建王佐镇张各庄文化广场、和义街道文化广场、万芳亭公园广场。

（王　蕊）

【“六型社区”创建】 年内，推进“六型社区”中“文化社区”的创建，为全区16个街道的62个重点文化室进行重点指导和扶持，结合各文化室实际需求给予购置演出服装、道具、图书、乐器等文化设备的经费支持180余万元。

（王　蕊）

【扫黄打非工作】 年内，相继开展了“元旦”、“春节”、全国“两会”安全保障、“净网”、“清源”、“秋风”等多项专项行动，以确保首都安全稳定和出版物市场平安有序为目标，以规范出版物市场管理为手段，以“扫黄打非”查大案要案为突破口，不断强化执法工作，创新管理机制，推进队伍建设，全面加强出版物市场管理暨“扫黄打非”等各项工作。

（王　蕊）

【行政执法工作】 年内，出动执法人员1600余人次、联合执法33次，检查娱乐场所769家次，出版物发行场所659家次，文物保护单位129家次、卫星接收单位32家次，检查重点地区、点位1130处，取缔摊位48处，受理各类举报80余件，对44家违规文化经营场所处以行政处罚，警告30家、罚款15.4万元，停业整顿3家。

（王　蕊）

丰台区文学艺术界联合会

【概　况】 2013年，是文联换届后的届首之年、开局之年。年内，以“开放、活力、包容、为民”为发展目标，以“围绕文化、服务发展、惠及群众”为工作原则，发挥自身职能作用，以“发现丰台之美”以及“北京园博会建设”为主线，举办笔墨丹青话园博、情系母亲河等系列活动。举办了一年一届的“迎新春丰台区美术家协会会员优秀作品展”。全年组织文化活动、文艺演出、文化惠民等一系列文化特质明显的活动10余次。组织艺术家协会举办各类培训班20余次。

（张凤青）

【三下乡活动】 春节前夕，以“贴近实际、贴近群众、贴近生活”为原则，区文联积极开展文化下乡活动，组织本区书画家30余人，分别到5个乡为农民写送春联1500余幅，做字画150余幅，拍摄全家福100幅。

（张凤青）

【举办春联征集活动】 1月16日至31日，由区委宣传部、区文明办和区文联主办，区作家协会承办开展面向全国的“龙腾蛇舞过大年”春联征集活动，共征集到稿件600多人次，1000余幅作品。参赛作品经过评委公平公正的认真评审，共评选出一等奖3名，二等奖6名，三等奖16名，优秀奖30名。

（张凤青）

【举办新年戏迷大联欢活动】 年内，区戏剧协会在丰台区文化馆剧场举办新年联谊会。新老会员欢聚一堂，演唱了评剧《花为媒》、《杨三姐告状》、河北梆子《大登殿》、京剧《杨门女将》、《智取威虎山》、曲剧《龙须沟》。新老会员以及小票友分别以清唱、彩唱的形式演出了京剧《锁麟囊》、《小宴》、《廉锦枫》中的精彩唱段，共贺新春。

（张凤青）

【相声乐苑成立四周年庆典晚会】 1月11日，由区文联、区文委主办，区曲艺家协会和丰台文化馆承办了主题为“笑动丰台——相声乐苑成立四周年庆典晚会”。本次活动邀请在全国历届相声大赛中获得过“金奖”的演员前来助兴。原中国曲艺家协会主席刘兰芳也登台献艺。

（张凤青）

【“情系北京母亲河”散文与诗歌征文比赛】 5月至8月，面向全国开展以永定河流域悠久历史、自然风光、典型人物为主题，由北京作家协会、区文联联合主办，区作家协会承办的“情系北京母亲河”散文与诗歌征文比赛。全国专业作家和文学爱好者参与，散文作品总数63篇19万余字，诗歌作品94首6750行。

（张凤青）

【“花好月圆看丰台”楹联征集大赛】 8月20日至10月8日，由北京作家协会、区文联联合主办的“花好月圆看丰台”征联大赛正式启动，面向全国征集楹联作品，共征集到楹联作品987副，参赛作者567人。活动共评出一等奖3名，二等奖6名，三等奖12名，优秀奖51名。

（张凤青）

【“美丽北京·你好丰台”原创歌词征集】 8月15日，由北京作家协会、北京音乐家协会、北京戏剧家协会和区文联联合主办，区作家协会、区音乐舞蹈家协会、区戏剧协会承办的“美丽北京·你好丰台”2013年原创歌词征集活动结束。评委会由9位著名文学艺术家担任评委，评选出20首获奖作品。安徽省词作者陈善友的作品《卢沟月》获得一等奖，来自江西、广东、北京等省市的19位词品分获二等奖、三等奖和优秀奖。

（张凤青）

【北京园博会优秀摄影作品展】 9月2日上午，由区文联、区摄影家协会联合举办了为期三周的“风景中的生活”——北京园博会优秀摄影作品展在区政府1号楼大厅开展，摄影展共展出70幅摄影佳作。作品是区摄影家协会组建20人专业摄影家队伍，自2012年10月起200余次跟踪记录园博会建设和举办历程的万余幅摄影作品中选出。

（张凤青）

【第九届中国（北京）国际园林博览会优秀美术摄影作品展】 11月28日，由区文联、园博宣传活动部主办的第九届中国（北京）国际园林博览会优秀美术摄影作品展在中国人民革命军事博物馆（博兴大厦）开幕。展览为期5天，共展出美术和摄影作品300余件。

（张凤青）

【“情系北京”首届北京刻字艺术展】 12月3日，由中国书协刻字研究会、清华大学美术学院做指导，北京市文联、北京书法家协会、区文联共同主办，国都建设（集团）有限公司、北京今希城市建筑工程公司、北京今希大河文化艺术中心联合协办的“情系北京”首届北京刻字艺术作品展在中国人民革命军事博物馆举行。展览收到来自全国不同地区298位作者的410件作品，从中评选出获奖作品10件，获奖提名作品12件，入展作品82件。展览邀请了中国书协刻字委员会委员和历届在国际、国内刻字大展中获奖作者的刻字作品16件，刻字作品总计120件。特别邀请当代名家书法作品30件。

（张凤青）

广 播 电 视

【概　况】 2013年，丰台区广播电视中心围绕中心，服务大局，认真履行宣传职能，全面加强主流媒体建设，不断推进事业科学发展，各项工作保持了积极向上的发展态势。丰台有线电视从不同层面、不同视角宣传报道区域经济建设、政治建设、社会建设、文化建设等方面的情况，并在BTV新闻频道播出。丰台有线803数字频道每天6：30至00：30播出，全天电视节目时长为18小时。年内，《丰台新闻》制作、播出261期，播发自采稿件1792条，总时长约为6063分钟；《聚焦丰台》制作、播出51期，总时长约为765分钟；各栏目制作128期，总时长2028分钟，同比增加378分钟；现场录制报告会7场，916分钟；制作各类专题片17部240分钟；拍摄各类资料8560分钟；配合区环境办完成环境整治曝光片112部116分钟。

（张欣悦）

【园博报道】 年内，组建特别报道小组，报道园博会的建设情况和各项活动。推出“决战园博”专栏，对园内“一轴、两区、三地标、五展园”的规划成形、园博湖蓄水、地铁及周边路网建设、志愿者招募等活动进行全面的记录。《丰台新闻》加大报道密度，提升园博会的知名度。园博会开幕前夕，将专栏“决战园博”调整为“美丽园博”。记者通过体验式报道，探秘园博，游览各展馆和景点。园博会开幕后，除了场馆展示、活动报道、展园介绍外，还强化服务意识，对相关公交、票务、购物、娱乐等信息进行全方位、多角度的介绍。园博会期间，《丰台新闻》将镜头转向参与园博建设和管理的丰台人，推出专栏“我与园博”，讲述了他们与园博之间的故事。年内共播发有关园博的新闻453条。拍摄资料近4000分钟；运用三维合成等技术手段，策划并制作播出了“园博会主题宣传片”、“园博会交通路线篇”等4部宣传片；制作完成专题片《情印园博》。协调新华社、中央电视台、中国国际广播电台、北京电视台、千龙网等多家媒体工作人员及直播车、卫星车进园，为中央电视台、北京电视台、中国教育电视台提供大量园博园早期影像资料。

（张欣悦）

【两会报道】 年内，区人大、政协“两会”与往年不同，会期短，任务重，时间紧。两会报道内容丰富，形式多样，除会议报道、人物专访、政策解读、两会花絮外，制作播出8期反映丰台区发展建设成就的新闻专题。

（张欣悦）

【推出节日报道专栏】 3月，开设“发现丰台之美”专栏，宣传丰台的好人、好事、好景，播出相关稿件近50条。中秋节，开设“花好月圆”专栏，从不同角度对全区中秋活动进行详尽报道。9月底，配合国庆黄金周，推出“玩在丰台”专栏，宣传丰台区的假日文化、旅游景点、美食休闲去处。重阳节开设“尊老敬老”专栏，弘扬中华民族传统美德，宣传尊老敬老先进及老有所为、老有所乐的健康老人，制作播出8期健康老人专题。

（张欣悦）

【各类栏目推陈出新】 年内，开办固定社教类栏目12档，新增《丰台教育》、《军民一家亲》两档栏目。社教类栏目《丰台教育》6月4日开播，时长15分钟。《军民一家亲》是中心和区双拥工作委员会办公室共同推出的社教类栏目。5月起在BTV新闻频道丰台时段及丰台有线803数字频道播出，时长15分。栏目紧紧围绕双拥工作组织策划选题，全年共播出六期，较为全面的反映和展示区双拥工作取得的成绩和亮点。《花卉与文化》栏目组把采访范围扩大到北京市甚至更广大的区域，顺义的菊花展，中山公园的兰花展，广西横县的茉莉花节等。制作播出《幸福生活大讲堂》、《科普讲堂》共23期，合计453分钟。

（张欣悦）

【电视专题紧贴实际】 年内，摄制完成专题片《坚定不移中国梦》、《城南行动》、《同行》、《和义街道民主建设》、《智慧课堂数字校园》、《人大全年工作回顾》、《政协民主调研》等17部，约240分钟；完成种子大会、汽博等各项工作及活动资料拍摄约3500分钟。

根据市广电局要求，制作了以“好人”为主题的高清纪录片，届时将在BTV卫视和高清频道播出。

（张欣悦）

【**宣传工作**】年内，共获得市、区级奖项或荣誉9项；中心或各部门推荐参评、获得市、区级个人奖项或荣誉23项。中心被评为2013年全国文化惠民工程宣传工作先进单位：《真情零距离》、《丰台故事》栏目荣获北京市广播影视优秀作品奖；《花卉与文化》栏目荣获中国电视艺术家协会优秀栏目奖；侯明制作的丰台新闻“居民会商，议定社区大事小事”荣获北京市优秀广播电视节目三等奖；在第六届北京市优秀科普作品评选中，记者侯明和祝宝骏采写的《节能达人和他的低碳小屋》荣获科普新闻类优秀奖。

（张欣悦）

【**电视节目编排规范**】年内，将全天节目分为30个播出段落，段落间合理安排频道宣传、节目导视和公益宣传。从中央台、各媒体和机构引进优秀公益广告100多条。以弘扬主旋律为目标，优中选优，共确定12档引进栏目。8月起每天新增3分钟的天气预报。

（张欣悦）

卢沟桥文化旅游区

【**概　况**】2013年，景区共接待游客数量共计519531人次，收入4177644元。年内，完成景区广播系统建设、观光自行车购买、卢沟桥标志性构筑物建设、卢沟桥东门电动门建设、雕塑园和卢沟桥景区围栏全部更新，及游客服务中心改造，采取公开招标的形式对景区的标识系统、电子导游系统和数字化售检票系统进行建设。完成卢沟桥桥西排水改造工程，卢沟桥景观石的安放，卢沟桥桥头检、售票房的改造扩建工程，并已竣工投入使用。符氏酒亭、卢沟桥历史博物馆以及宛平实业总公司办公区的装修验收竣工。完成安装卢沟桥东门电动门及雕塑园东门电动门维修，完成卢沟桥围挡栏杆、停车场栏杆和雕塑园北门的更换工作。全年接待的重要团体有国防大学访华武官团和加拿大蒙特利尔大学校长。接待国内领导有：国务院副总理马凯一行、原全国政协副主席民革中央主席何鲁丽、中国人民对外友好协会副会长李建平和厉以宁教授等。

（冯立华）

【**景区实现无线网络覆盖**】年内，利用自身网络资源，采用AP发射设备布网，使整个景区实现无线网络覆盖。游客进入景区，便能够享受到一小时的免费上网服务。卢沟桥旅游景区也成为全市首家提供免费上网服务的红色旅游景区。

（冯立华）

【**举办第二十七届醒狮杯越野跑**】9月7日，第27届醒狮杯越野跑在抗日战争纪念雕塑园举办。这一活动旨在铭记“七七”卢沟桥事变历史，纪念中国人民抗日战争胜利和世界反法西斯战争的胜利，向广大人民群众特别是青少年进行爱国主义教育，弘扬民族精神。全国人大常委会原副委员长、民革中央原主席何鲁丽致开幕词，来自全国5000多名长跑爱好者参加了比赛。

（冯立华）

【**卢沟桥晓月中秋群众文化节**】年内，一年一度的“卢沟晓月”中秋赏月活动举办完成。活动中卢沟桥广场搭台唱戏、做游戏，卢沟桥迎来三十对金婚、银婚、新婚的夫妻，共同登上卢沟桥欣赏美景，宛平城楼讲故事带动了群众们的积极性和好奇心，营造了全国最佳赏月地点的氛围。整个中秋客流量5万余人次，门票收入30余万元。

（冯立华）

【**爱国主义教育**】年内，雕塑园接待入队、入团、入党活动团队8个，共计1878人；为市区教委上报暑期活动咨询材料；完成北京市“中小学生社会大课堂”社会实践接待工作；

参加了区“社会大课堂”实践活动交流与研讨会；完成了市爱国主义教育基地审核及材料上报工作；上报区委爱国主义教育基地与社会大课堂联系资料；参加区教委举办的《来自资源单位的声音》征文比赛并荣获一等奖。

（冯立华）

中国人民抗日战争纪念馆

【概　况】 2013年，巩固民族精神大讲堂、中小学生社会大课堂、清明节系列主题教育活动等教育品牌，弘扬抗战精神，丰富社会教育形式和内容，创新开展了“弘扬民族精神 实现中国梦想——文艺宣讲”、“魅力北京 百姓讲述”走进厦门等社会教育活动。荣获“首都未成年人思想道德建设先进集体”称号，第十四届北京旅游紫禁杯“最佳集体奖”和“最佳个人奖”，第二届（2013）北京阳光少年文化节优秀组织奖，市宣传系统“我的梦，中国梦”主题宣讲比赛“优秀宣讲团”荣誉称号，三名同志获得“优秀宣讲员”，“光辉典范——抗战时期中国共产党党风廉政建设展”荣获“全国十大陈列展览精品评选优秀奖”。抗战馆文物修复一级单位资质顺利获批。全年共接待观众67万余人次。

（欧阳敏）

【开展爱国主义教育活动】 年内，共举办民族精神大讲堂17场，中小学生社会大课堂27批，“魅力北京 百场讲述”走进厦门活动4场，“清明节的铭记”教育活动被列入北京市年度传统节日群众性宣传文化教育重点活动项目。

（欧阳敏）

【组织重大抗战纪念日活动】 年内，根据外交形势需要，利用“七七”、“九三”、“九一八”等重大抗战纪念日，举办系列重要活动。7月7日与波兰奥斯维辛—比克瑙国家博物馆、上海犹太难民纪念馆共同举办“德国纳粹死亡集中营——奥斯维辛集中营”展览，揭露纳粹德国在集中营犯下的罪行及战争给人类带来的痛苦。9月3日举办“纪念中国人民抗日战争暨世界反法西斯战争胜利68周年座谈会”，联合全国部分抗战类纪念馆发表《正视历史 面向未来》共同声明，呼吁日本人民与世界人民一道，共同谴责日本军国主义战争罪行，携手维护战后国际秩序。“九一八”事变爆发82周年之际，召开公布日本强掳中国赴日劳工罪行档案新闻发布会，公布日本强虏中国赴日劳工罪行珍贵档案，揭露日本当年强掳中国劳工的罪行。协助中国国际问题研究所在抗战馆召开“《开罗宣言》发表70周年：历史、现实与法理国际学术研讨会”，强烈谴责日本篡改侵略历史的言行。

（欧阳敏）

【举办专题展览】 年内，推出“一个人与一个时代——梁又铭抗战时期画作展”、“德国纳粹死亡集中营——奥斯维辛集中营”、“台湾同胞抗日斗争史实专题展览”、“侵华日军细菌战、化学战罪行展”、“纪念《开罗宣言》发表70周年座谈会暨图片展”五个专题展览。2012年举办的“光辉典范——抗战时期中国共产党党风廉政建设”展览赴山西省博物院、八路军纪念馆等地巡展，受到当地观众的欢迎和好评。“侵华日军细菌战、化学战罪行展”向美国人民展示侵华日军在中国犯下的滔天罪行。

（欧阳敏）

【学术研究工作】 年内，举办纪念长城抗战80周年学术研讨会、陈云廉政思想研讨会、抗日战争时期苏联援华出兵东北学术研讨会、台湾抗日文物捐赠仪式暨纪念台湾光复68周年座谈会、第四届海峡两岸抗日战争史学术研讨会和抗战馆全国廉政教育基地专题片专家研讨会，廉政教育专题片并被列入2013年市委宣传部折子工程。抗战馆申报的《抗战时期的中德文化关系》学术课题获国家社科青年项目立项，《抗战时期中国共产党党风廉政建设》获市级课题审批，编辑出版《抗战史料研究》、《中国纪念馆研究》、《中国纪念馆通讯》、《抗战时期苏联援华史论》、《中国人民抗日战争纪念馆文丛》和《北京市廉政教育基地口袋书》等刊物与著作。

（欧阳敏）

【文物征集工作】 年内，共征集文物929件套，为展览复制文物400余件。全年编目上账藏品1400余件，修复文物近50件，抗战馆获得文物修复一级资质。

（欧阳敏）

【对外交流】 年内，与韩国圆光大学韩中历史文化研究所签订学术交流协定，韩国独立纪念馆访问学者玉珠娟在抗战馆进行为期两个月的访学；与波兰、韩国等国二战类博物馆、纪念馆同行探讨成立国际二战博物馆联盟事宜，促进世界各国二战类博物馆、纪念馆之间的交流与合作，与俄罗斯卫国战争纪念馆达成2014年举办武汉保卫战、推动成立国际二战类博物馆联盟和2015年共同举办纪念活动的合作意向。年内应邀出席“第十二届历史认知和东亚和平论坛”，参加国际博物馆协会第23届大会，抗战馆作为中国博物馆协会纪念馆专委会主任委员和秘书处挂靠单位，承担了中国博物馆协会代表团的组织服务工作。

（欧阳敏）

体　育

【概　况】 2013年，制定并下发《2013年丰台区全民健身工程器材更新实施方案》，明确工作流程，提出具体要求。对2008年为全区配建的102套全民健身器材进行更新，为群众体育锻炼提供安全保障。向市体育局申报郭庄子公园内区门球协会8块场地改造工程，通过验收并投入使用。指导卢沟桥乡小瓦窑村体育公园内3块篮球场、1块门球场和1个多功能球场的建设，工程预计明年完成。加强对公共体育设施管理，10所符合开放的条件的学校体育设施全部向社会开放。为落实国家体育总局和北京市振兴“三大球”计划，经市体育局批准，在花乡、卢沟桥乡、南苑乡建设20片篮球场，为北京十二中铺设4片室内排球场地胶，10月通过验收并投入使用。区体育局2013年被北京市体育局评为“输送金牌项目后备人才突出贡献单位”。

（付爱红）

【体校篮球场改造及场馆维修】 年内，投入资金255.5万元，改造体校篮球场及周边，主要是篮球场及周边沥青道路、雨水污水管道改造、增建宣传栏及校区北大门改造等项目维修改造。场馆维修改造工程，项目资金175万元，主要是采暖系统维修、太阳能热水系统维修、网球馆窗户及地面改造、浴室、更衣室、楼梯间改造、屋顶防水及阳光板维修等项目维修改造。

（付爱红）

【举办丰台区第九届全民健身体育节】 5—10月，举行第九届全民健身体育节。活动共组织乒乓球（和谐杯）、篮球、台球、登山、健身气功、钓鱼、足球、武术、双升、门球、羽毛球、桥牌、围棋、广播操、健身操舞、信鸽、田径等17项比赛，参与活动人数27万。

（付爱红）

【创建体育生活化社区】 年内，按照市体育局要求，全面、广泛推行“体育生活化社区”达标工作，在全区16个街道中确定85个社区为“体育生活化社区”达标社区，经考核验收，其中65个命名为北京市体育生活化社区，20个为丰台区体育生活化社区。6月10日在丰台体育中心免费为200余名市民进行体质测试，各街道乡镇全年累计为10500人进行体质测试。

（付爱红）

【举办亚太车模锦标赛】 8月20日至28日在丰台体育中心举办2013年亚太地区车辆模型锦标赛1：8内燃机越野、1：10电动房车两项赛事，其中1：8内燃机越野车项目是首次在中国举办的国际性越野模型车赛事。

（付爱红）

【一区一品群众体育品牌活动】 9月7日，第27届卢沟桥醒狮越野跑“华润杯”比赛在雕塑园举行。本届比赛共设6个组别，来自社会各界4200名长跑爱好者参与了赛事，市政协机关百人方阵参加了开幕式和比赛。全国政协教科文卫体委员会副主任刘敬民、市政协主席吉林、市政协副主席沈宝昌、陈平、傅惠民、蔡国雄、闫仲秋，市政协秘书长周毓秋、全国人大常委会原副委员长何鲁丽，丰台区委书记李超钢、区长冀岩等有关领导参加开幕式。9月8日，作为醒狮越野跑系列赛事的“一区一品”群众体育品牌活动在永定河畔的绿堤公园举行，分别组织了8公里接力赛，定向越野等比赛。

（付爱红）

【完成2013北京国际铁人三项赛】 9月21日，2013北京国际铁人三项赛在青龙湖公园结束，来自36个国家和地区的近550名中外运动员参加了比赛。该项赛事由北京市体育局、丰台区政府、房山区政府赛事主办，北京市体育竞赛管理中心承办。本次大赛分为专业组、业余组和企业组，选手中既有世界顶级的铁三运动员，也有普通的铁三爱好者。万余名观众观看了比赛。

（付爱红）

【承办北京第二十一届种子大会】 9月25至28日，北京市第二十一届种子大会在丰台体育中心举行，大会采用“一场多区”的方式进行，分别用以展示蔬菜作物、具有观赏性和特殊用途的功能型植物、绿色芽苗菜、家庭园艺设施、美化阳台创意，休闲农业走进市民家庭等。此次有500多家优秀种子企业参展；来自全国各地的种子专家、企业代表及市民共5万余人参加了本次展会。

（付爱红）

【承办残疾人运动会】 10月11日，由区残联主办，区体育局承办的丰台区第十二届残疾人运动会在丰台体育中心田径场成功举办。各街、乡、镇残联及培智学校、利智康复中心组队参加比赛。运动会设田赛、径赛两大项，共54小项。

（付爱红）

【参加市级比赛】 年内，区体校组队参加市级比赛，市青少年锦标赛区体校共取得24金，22银，27铜，其中举重获3金，柔道获5金，跆拳道获7金，棒球和垒球分别取得1枚和2枚银牌；田径室内锦标赛获2金、3银、2铜。通过国家体育总局高水平后备人才基地评估，获得“2013—2016国家高水平体育后备人才基地”称号。

（付爱红）

【运动员管理规范化】 年内，新注册学生游泳63人、射箭3人、垒球15人、棒球9人、摔跤1人、篮球26人、排球7人、羽毛球17人、田径52人、散打9人，共计206人。输送到市级体校19人。

（付爱红）

卫生

医疗卫生

【概　况】 2013年，全区有16个街道办事处、297个居委会、5个乡镇、66个行政村，全区户籍人口 111.4 万人，常住人口 226.1 万人。有卫生机构 541 个（不含 3 家部队医院），其中医疗机构 511 个（含丰台区疾病预防控制中心），包括营利性机构 150 个、非营利性机构 384 个、其他机构 7 个。有卫技人员 15999 人，其中执业（助理）医师 6029 人、注册护士 6807 人，实有床位 8926 张。平均每千常住人口拥有卫技人员 7.10 人、执业（助理）医师 2.67 人、注册护士 3.01 人、床位 3.95 张。全年出生 8485 人，出生率 7.68‰；死亡 7742 人，死亡率 7.00‰；人口自然增长率 0.68‰。因病死亡 7503 人，占死亡总人数的 96.91%。死因顺位前十位依次为：恶性肿瘤、心脏病、脑血管病、呼吸系统疾病、内分泌、营养和代谢疾病、消化系统疾病、损伤和中毒、神经系统疾病、传染病和泌尿生殖系统疾病。期望寿命 80.51 岁。

（吕媛媛）

【社区卫生】 年内，全区有社区卫生服务中心 23 个、社区卫生服务站 146 个（实际运行 137 个）。有社区卫生工作人员 3219 人，卫技人员 2621 人（含乡村医生 196 人），其中工作在医疗、护理和公共卫生岗位的分别为 876 人、722 人和 247 人。全年门诊 691.5 万人次，同比增长 15.19%。医疗总收入 17.16 亿元，比上年增长 20.85%。社区卫生服务机构和农村卫生所共销售零差率药品 7.14 亿元。区财政对政府购买服务单位所减少的合理收入 4733.00 万元（除外收支两条线管理单位的补助经费 5279.00 万元）给予补偿。

（吕媛媛）

【健康档案】 年内，全区共建家庭健康档案 60.33 万份、居民个人健康档案 179.55 万份，建档率 81.1%。其中电子健康档案 151.15 万份，个人电子健康档案建档率 68.27%。

（吕媛媛）

【健康管理服务】 年内，23 个社区卫生服务中心为企事业单位职工提供健康管理服务，服务企业 30 个职工 3916 人。为功能单位职工新建立健康档案 1095 份；巡诊 482 次；开展健康教育讲座 79 场次，受众 6333 人次；开展心理健康促进服务 552 次，发放宣传材料 11180 份，683 名功能单位职工新签订家庭医生式服务。

（吕媛媛）

【农村卫生】 年内，全区有乡级医疗机构 5 个、村级医疗机构 70 个，均为村集体办。注册乡村医生 393 人，265 名乡村医生参加北京市乡村医生岗位培训，其中 261 名乡村医生参加实践技能考核，141 名乡村医生参加理论考试，参考率 100%，及格率 100%。

（吕媛媛）

【新型农村合作医疗】 年内，全区参合 116284 人，参合率 99.5%。低保参合 871 人，重残参合 1345 人。人均筹资标准 820 元，总筹资 16110.27 万元。报销补偿 153057 人次，补偿 14324.69 万元，其中，门诊补偿 139741 人次，补偿 4687.54 万元；住院（含特病）补偿 13316 人次，补偿 9637.15 万元。超支 3898.49 万元，超支资金区财政负担 60%，乡镇和村集体共同负担 40%。将符合条件的村卫生室纳入新农合统筹范围，125 家医疗机构成为新农合定点医疗机构，15 种重大疾病住院支付比例提高至 75%。

（吕媛媛）

【疾病控制】 年内，创建国家卫生应急综合示范区。参加北京市传染病防控卫生应急队伍，援助四川雅安灾区。推进防艾工作下沉社区，美沙酮门诊治疗率保持在 88.5%。开展人感染 H7N9 禽流感疫情常规监测和扩大监测。组织完成中东呼吸综合征应急演练，举办肠道门诊技术练兵大赛。

（吕媛媛）

【传染病防治】 年内，报告法定传染病20种15936例，发病率712.85/10万（全区人口223.55万人），同比下降18.56%，死亡45例（病毒性肝炎29例、肺结核8例、艾滋病7例、甲型H1N1流感1例），死亡率2.01/10万，同比上升62.08%。无甲类传染病。乙类传染病发生14种4680例，发病率209.35/10万，同比下降15.67%；死亡45例，死亡率2.01/10万，同比上升62.08%。丙类传染病发生6种11256例，发病率503.50/10万，同比下降19.70%。发病率排在前3位的疾病分别是其它感染性腹泻病（6646例，297.29/10万）、手足口病（3845例，171.99/10万）、痢疾（2023例，90.49/10万）。全区肠道门诊共开诊214天，门诊16989人次，同比下降6.32%，其中初诊16288人次、复诊701人次；自11月1日起，保留731医院及博爱医院冬季开诊继续监测。

（吕媛媛）

【结核病管理】年内，新登记管理肺结核208例，其中涂阳病人39例，占18.75%；辖区户籍121例（58.17%），外地患者87例（41.83%）。对辖区新登记病人全部进行免费监化治疗和管理。为10525名新生儿接种卡介苗。

（吕媛媛）

【性病防治】 年内，新增艾滋病病毒感染者及病人366例，5种性病新增985例，其中梅毒512例、淋病129例、尖锐湿疣243例、生殖器疱疹19例、生殖道沙眼衣原体感染82例。完成艾滋病病毒感染者及病人流行病学调查569例。完成高危人群艾滋病病毒抗体筛查2147例，筛查率100%，检出HIV抗体阳性20例。

（吕媛媛）

【狂犬病管理】 年内，辖区未报告狂犬病病例。发生3起1犬咬伤多人事件，涉及12人。报告输入病例7例，其中佑安医院4例、解放军302医院3例，户籍均为河北。6家人狂犬病免疫预防门诊接种人狂犬病疫苗12638人次。

（吕媛媛）

【手足口病防治】 年内，报告手足口病3845例，发病率171.99/10万，占丙类传染病总数的34.16%，无死亡病例。男性2299例，占59.79%。以1～5岁患儿为主，占83.30%。散居儿童、托幼儿童及学生3种人群3755例，占97.66%。

（吕媛媛）

【慢性非传染性疾病防治】 年内，创建北京市慢病综合防控示范区。开展糖尿病日宣传活动，印发折页30000份、海报700张，组织健康教育讲座10余场，免费筛查眼底、测血糖600余人。开展高血压防治知识专项问卷调查。

（吕媛媛）

【地方病防治】 年内，对樊家村小学、小井小学、槐房小学的206名8～10岁儿童进行尿碘水平监测，尿碘中位数138.7μg/L；对孕妇与育龄妇女进行尿碘监测408人份，孕妇尿碘中位数141.8μg/L，育龄妇女尿碘中位数152μg/L；居民户碘盐监测300户，非碘盐率4.3%，碘盐覆盖率95.67%，碘盐合格率94.77%，居民合格碘盐食用率90.67%。首次开展辖区内成年男性碘营养水平监测，调查200人，尿碘中位数147μg/L。对30名养殖行业从业人员进行血清布氏杆菌抗体检测，无阳性病例。

（吕媛媛）

【精神卫生】 年内，全区有重性精神障碍患者4549人，均规范化建档。患者检出率2.15‰，发病率0.24‰；在档患者管理率95.97%，规范管理率94.10%，病情稳定率70.18%。免费投药330人。发生重性精神病人滋事7例次。区精神病防治院设置床位80张，实际开放118张，另设丰台医院、铁营医院、丰台中西医结合医院作为精神科门诊工作综合医疗机构，有精神科专业人员编制7名。在西罗园社区卫生服务中心开展精神分裂适宜技术进社区的首批试点工作。社区家庭病床尚无，社区精神病人的随访情况体现在在档患者管理率和规范管理率数据中。

（吕媛媛）

【学校卫生】 年内，全区中小学生应体检

101037人，实体检85586人，体检覆盖率84.71%，学生常见病患病情况：视力不良检出率61.69%；肥胖检出率17.38%；营养不良检出率12.39%；龋齿患病率11.50%；恒牙龋均0.19；龋齿充填率28.93%；贫血患病率0.59%；沙眼患病率0.027%。

（吕媛媛）

【计划免疫】 年内，计划免疫建卡126648人，建卡率100%，基础免疫接种409414人次，加强免疫接种179200人次。抽查210人，建卡率100%，建证率100%，卡证符合率100%，五苗全程合格接种率97.1%。麻疹疫苗应急接种9102人，水痘疫苗应急接种1282人。为外来务工人员免费接种流脑疫苗28146人、麻疹疫苗29183人。调查学龄前流动儿童62781人，目标儿童入户摸底调查率98%。为无卡、无证儿童补卡补证率均为100%。为60岁以上老年人接种免费流感疫苗61822支，接种率46.33%（60岁以上老年人基数133434人）。为中小学生接种免费流感疫苗73326支，接种率77.56%（中小学生基数94546人）。报告预防接种异常反应（AEFI）131例，报告率1.85/万，报告AEFI门诊覆盖率100%。

（吕媛媛）

【公共卫生监测与评价】 年内，存在职业病危害用人单位245家，工人31515人，接触职业病危害因素7781人，应体检7781人，实体检1892人，检出疑似职业病16人、职业禁忌证11人。完成7家单位职业病危害因素检测，采集161个作业点样品，超标点数25点，超标率15.53%。对5家单位开展职业病危害现状评价。区属3家职业健康检查机构对全市829家单位25681人进行职业健康检查，检出职业禁忌证147人，疑似职业病8人。

（吕媛媛）

【放射卫生】 年内，有开展放射诊疗的医疗机构101家、诊疗设备246台。有进行外照射个人剂量监测的单位133个，其中医用诊断X射线单位99个、工业探伤32个、其他射线装置2家。有放射工作人员671人，其中医疗卫生机构523人、工业探伤134人、其他射线装置14人。完成放射工作人员个人外照射剂量监测2629人次，完成大剂量核查13家单位16人次。完成医用辐射防护监测网工作13家单位，涉及15台摄影机、5台透视机。

（吕媛媛）

【健康教育与健康促进】 年内，开展结核病预防、流感、艾滋病、高血压、糖尿病、脑卒中等重点传染病和慢性病的健康教育宣传工作，开展各类宣传9次，制作宣传品30余种20万份，干预人群5万余人。创建健康社区179个、健康促进示范村44个、健康促进学校147个、健康促进医院11个、健康促进工作场所6个。承接国际及市级健康教育相关健康素养调查、青少年烟草控制等4个项目，干预调查人群2400余人，撰写论文1篇。

（吕媛媛）

【卫生监督】 年内，制作卫生监督许可证3261个，其中餐饮服务1658个、公共场所1153个、生活饮用水443个、放射诊疗7个，变更446户，注销242户。受理企标备案申请47份。为西客站地区商户、莲花池庙会、花冠购物天地等项目开通绿色许可通道。

（吕媛媛）

【餐饮服务安全监管】 年内，全区有餐饮服务单位4449户，其中餐饮业3351户、集体食堂1081户、集体用餐配送单位17户。监督覆盖率93.62%，监督频次1.58次。应参加餐饮服务量化分级评定单位3594户，已评定3132户，评定率87.14%。在全市率先开展餐饮具清洗消毒服务企业审批标准的研究和探索。11月1日，餐饮服务监管职责移交至丰台区食品药品监督管理局。

（吕媛媛）

【公共场所日常监督】 年内，公共场所监督覆盖率99.60%，监督频次2.78。开展丰台区轨道交通站台空气质量监测等3项专项工作，抽检公共场所样品581件，合格511件，合格率87.95%。

（吕媛媛）

【公共场所量化分级管理】 年内，继续推行公共场所量化分级管理工作，住宿、游泳场馆、沐浴场所、大型商场超市、美容美发场所、影剧院量化率分别为94.52%、100%、97.56%、100.00%、90.69%、100.00%。

（吕媛媛）

【生活饮用水日常监督】 年内，生活饮用水日常监督覆盖率99.18%，监督频次2.01；完成全国城市水质监测网数据录入审核工作，录入样品40件。监督检查无证供水单位6家二次供水设施7套。重点监查长辛店、王佐和航三院水源基地，防范雨季对水源水质的影响。

（吕媛媛）

【医疗卫生专项检查】 年内，接报无证行医投诉258件，经查证后立案并处罚82起，累计罚款人民币11.6万元（部分未履行）；没收药品55箱，没收器械、工具182（台）件，向公安部门移送无证行医人员17名。开展联合执法20余次。对126家医疗机构进行医疗废物监督检查，出动监督员252人次，其中一级以上医疗机构69家，覆盖率100%；一级以下医疗机构57家，覆盖率17%。

（吕媛媛）

【公共卫生投诉举报】 年内，受理公共卫生投诉1243件，办结率100%。

（吕媛媛）

【妇幼保健】 年内，全区有孕产妇8383人，系统管理率99.5%，住院分娩率100%，剖宫产率51.16%，孕产妇死亡率11.79/10万，0—6月婴儿纯母乳喂养率69.17%；计划生育手术22559例，手术并发症5例，发生率2.22/万。妇女病普查30963人，乳腺癌患者11例，治疗率100%；婚前检查1938人，婚检率7.7%，疾病检出131例，检出率6.76%。

（吕媛媛）

【儿童保健】 年内，新生儿死亡率1.30‰，围产儿死亡率2.00‰，婴儿死亡率2.01‰，5岁以下儿童死亡率2.36‰。新生儿疾病筛查率100%，出生缺陷发生率12.46‰。全区有0—6岁儿童65441人，系统管理率95.81%；0—6岁儿童参加体检55116人，其中本地35946人、外地19170人。

（吕媛媛）

【医疗工作】 年内，总诊疗15910844人次，其中门诊14818700人次，急诊961865人次，观察室留观399265例，出院155573人次，病床使用率79.39%，平均住院16.87日，急诊死亡率0.05%，住院死亡率1.78%，住院手术36475次。

（吕媛媛）

【医院感染管理】 年内，组织基层医疗机构院感管理人员会议及培训3场。开展针对基层医疗机构医院感染管理工作专项检查1次、7家二级医院院感专项督导检查2次。

（吕媛媛）

【病历质控】 年内，继续在全区医疗机构组织开展“三好一满意”、“临床路径管理”、“抗菌药物临床应用专项整治”等专项活动。在“三好一满意”活动中进行现场督导检查，抽查一级医院10家、二级医院7家。组织电子病历和临床路径管理培训，实施抗菌药物临床应用月报监测制度。

（吕媛媛）

【护理工作】 年内，丰台医院在门（急）诊、手术室等科室开展优质护理服务，优质护理服务覆盖70%以上病区。二级医院优质护理服务覆盖50%以上病区。组织开展2012年度丰台区优质护理服务示范病区先进评选活动，评选出优质护理服务示范病区15个。组织全区护理培训活动3次，组织优质护理示范病区观摩活动，规范护理行为，提升护理服务水平。

（吕媛媛）

【对口支援】 年内，6 家医院分别支援房山区 12 家乡镇卫生院，开展对口支援义诊活动。开展卫生下乡义诊活动，16 家医院 128 名医务人员为农民义诊 1415 人次，健康宣教 538 人次，发放宣传材料 20502 份，走访困难家庭 11 家，投入经费 41958 元。

（吕媛媛）

【中医工作】 年内，44 家医疗机构开展三伏贴工作，贴敷 26124 万人次。开展“中医药服务百姓健康”大型义诊活动。举办 4 次中医药健康文化讲堂活动。制定《丰台区中医药师承管理办法》、《丰台区老中医药专家学术经验继承工作教学管理方案》，于 11 月首次召开“中医药专家学术经验继承工作拜师大会”，23 名社区中医医师与 18 名中医指导老师通过签订继承教学协议确定师承关系。

（吕媛媛）

【血液管理】 11 月，新建六里桥街头固定献血点。7 个街头献血点共采血 44764 单位，同比下降 6.3%。300 家单位应急献血 5223 单位。全年临床用血 19802 单位，成分输血率 100%。完成丰台医院、铁营医院血库备案登记验收工作。批准北京首大耳鼻喉医院增设血库。献血车监督覆盖率 200%，18 家临床用血医疗机构监督覆盖率 100%。

（吕媛媛）

【麻醉精神药品管理】 年内，受理 3 家医院印鉴卡审核报批，完成变更事项 23 次，换发印鉴卡 2 家，完成申请 2 家。医师麻醉药品处方权资格备案 172 人次。

（吕媛媛）

【医疗设备】 年内，全区万元以上医疗设备总资产 317805 万元，新增万元以上设备 3768 台。药品及器械由各医院自行采购。

（吕媛媛）

【医学教育】 年内，26 个继续教育基地申报区级继续教育项目 515 项，35 家医疗卫生单位申报并批准院内自管项目 574 项。13496 人参加继续医学教育培训，达标 13317 人，参加率 98.8%，达标率 97.5%。建立丰台区继续医学教育师资库。7 名全科医师参加 2013 年北京市中医类别全科医师转岗培训，组织全区 400 余名西医全科医师参加北京市中医管理局“西医全科医师中成药合理使用培训”。举办“北京市第二期社区中医心理培训班”，六城区社区卫生服务机构的 57 名社区医生参加。开展丰台区老中医药专家学术经验继承工作，制定《丰台区中医药师承工作管理办法（试行）》，完成 20 名指导老师和 23 名社区中医医师继承人遴选和教学方案制定工作，召开丰台区中医药师承工作拜师大会。选派 65 名应届毕业生参加北京市住院医师规范化培训。选送 3 名学科骨干参加北京市区县级医院骨干医师培养工作。

（吕媛媛）

【科研工作】 年内，科研立项 239 项，获资助 2973.617 万元。其中国家级课题 24 项，获资助 1441 万元；市级课题 31 项，获资助 313.32 万元；区级课题 22 项，获资助 135 万元；其他课题 162 项，获资助 1084.297 万元。评出 2011—2012 年度丰台区科学技术奖 8 项，其中一等奖 1 项、二等奖 2 项、三等奖 5 项。

（吕媛媛）

【财务管理】 年内，全区卫生事业专用基金收入 3005.83 万元，支出 2699.61 万元。总收入 219789.4 万元，总支出 215694.45 万元。送审基建工程 83 项，送审金额 1527.50 万元，审定金额 1461.41 万元，审减金额 66.09 万元，审减比例 4.33%。

（吕媛媛）

【基本建设】 8 月 6 日，丰台区妇幼保健院装修改造工程完工并通过验收交付使用，项目总投资 8007.4 万元。丰台区铁营社区卫生服务中心装修工程于 2 月 5 日开工，8 月 6 日竣工并投入使用，该工程位于铁营横一条路，总建筑面积 2061.56 平方米，项目总投资 294 万元。

（吕媛媛）

食品药品监督管理

【概　况】 2013 年 1—10 月，区药品监督管理工作由药品监督管理局负责。根据市委、市政府《关于北京市食品药品监督管理体制改革方案》（京办发（2013）19 号），将分管食品药品监管工作的卫生、药监、工商、质监、食品办五个部门的机构和职能统一划入区食药监管局，9 月 5 日，北京市丰台区食品药品监督管理局、北京市丰台区食品药品安全委员会办公室揭牌成立。丰台区食品药品监督管理局，是北京市食品药品监督管理局的派出机构，加挂丰台区食品药品安全委员会办公室牌子，负责丰台区（行政区域）食品（含食品添加剂）、药品（含中药、民族药）、医疗器械、保健食品、化妆品（以下统称为食品药品）的日常监督管理工作。局机关内设 12 科室、一大队、两中心，分别为办公室（财务科）、综合协调科、监察法制科、食品生产监管科、食品流通监管科、食品流通监管二科、餐饮服务监管科、药械市场监管科、药品监管科、医疗器械监管科、保健食品化妆品监管科、机关党委（人事科）、食品药品稽查大队、丰台区食品药品安全监控中心和政务服务中心。有干部职工 186 人，其中本科以上占 95%、硕士研究生以上 52 人占 28%。在 21 个街道、乡镇分别设立食品药品监督管理所，9 月 26 日，举行街道、乡镇食品药品监督管理所揭牌仪式，街乡镇为基层所配备干部 59 名，加上已聘用的 20 名监察员，构成食品药品安全监察队伍。11 月 1 日起全面履职。12 月 19 日成立丰台区食品药品安全委员会，新的监管体系初步形成。

（李嘉惠）

【第一次全体会议召开】 12 月 31 日，丰台区食品药品安全委员会召开第一次全体会议。会议宣读了区食品药品安全委员会及其办公室成员调整意见，进一步明确了食药委成员单位职责分工。

（李嘉惠）

【食品药品生产经营主体】 年内，辖区共有食品药品生产经营主体 39573 家，其中食品及食品添加剂生产企业 115 家，食品经营单位 28958 家，食品添加剂经营单位 48 家，食品交易市场和市场业态企业 125 家，餐饮服务单位 3775 家；药品、医疗器械生产企业 145 家，经营企业 2199 家；保健食品生产企业 25 家，经营企业 1045 家；化妆品生产企业 4 家，经营单位 2600 家；医疗机构 534 家。

（李嘉惠）

【药品安全“百千万工程”】 年内，推进药品安全“百千万工程”进程，健全药师、大学生、社区和党员四支药品安全志愿者服务队伍，组织志愿者近 1000 名走入 3000 余户家庭，帮助清理过期药品，普及安全用药常识，赠送家庭小药箱，累计发放宣传资料 7 万余份，提供宣传、咨询服务 6 万余人。

（李嘉惠）

【安全用药宣传】 年内，借助区委宣传部“幸福生活大讲堂”开展安全用药知识讲座 105 场；在丰台有线电视台创办“药监园地”栏目、协办“百姓与法”节目；组织参与司法局“法制班车”活动，录播讲座 8 次；搭建“园博宣传班车”；在电视台播放《安全用药 50 集情景短剧》，宣传合理用药、科学用药知识。完善药品安全三级监督网络，为社区（村）培训药品安全信息员 1 万名。

（李嘉惠）

【“四品一械”抽验】 年内，抽检 65 大类食品样本3228个，总体合格率96.8%，其中大米、小麦粉、食用植物油、猪肉、豆制品等6类重点食品的总体合格率97.5%。抽验药品760件、医疗器械35批次、保健食品35批次、化妆品45批次；其中药品评价性抽验430件、监督性抽验250件、基础测试80件，发现不合格药品1件，合格率99.8%。

（李嘉惠）

【食品分级分类监管】 年内，在食品生产环节，针对食用植物油等高风险产品、小麦粉等中风险产品、挂面等低风险产品生产企业，采取分级分类管理。在食品流通环节，针对集中交易市场、商场超市、便利店、食杂店、食品物流配送、无店铺食品经营者等不同业态，采取不同准入标准。在餐饮服务环节，推动量化分级管理。

（李嘉惠）

【净化“四品一械”市场环境】 年内，开展乳制品、食用油、肉类、酒类、食品添加剂、调味品等综合治理，集中组织保健食品打“四非”和药品“两打两建”等专项行动20多项。受理投诉举报434件，立案调查30件，行政处罚33件，罚没金额25.38万元。与公安等相关单位联合执法20次，摧毁窝点81个，查获药品500余种，累计出动执法人员200余人次、车辆160车次，抓获和控制犯罪嫌疑人40余人，涉案案值130余万元。

（李嘉惠）

【食品企业自检室建设】 年内，强化企业自检能力，支持辖区学生营养餐加工配送单位、大型农贸批发市场、食品生产企业等共36家单位建立自检室，全年自检监测样本14万个。

（李嘉惠）

【基本药物监管】 年内，对辖区8家基本药物生产企业实现100%监督检查；对在产96个基本药物品种实现100%监督抽验；对107个国药准字药品文号实现100%电子监管；基本药物产品全部赋码。加大对基本药物生产企业和经营企业、社区零差率药品的监督检查力度，基本药物抽样271批次。

（李嘉惠）

【保健食品化妆品电子监管】 年内，26家保健食品生产企业实现电子监管上线，上线率100%；675家保健食品经营企业实现电子监管上线，上线率50.75%。在3家化妆品经营企业开展化妆品电子比对检测，检测312件品种。

（李嘉惠）

【药械市场安全监管】 年内，监督检查药品生产企业、医疗机构、药械经营企业、保健食品企业、化妆品企业共1519家次，责令整改87家，注销许可证97家，5家药械经营企业、4家医疗器械生产企业被移交稽查处处理。

（李嘉惠）

【“两打两建”专项行动】 年内，开展“两打两建”（打击药品违法生产、违法经营，加强药品生产经营规范建设和监管机制建设）专项行动，重点检查中药饮片生产、经营、使用单位，专项抽验30批次；检查药品生产企业13家次、医疗机构48家次、药品零售企业63家次、药品批发企业18家次。受理举报投诉等案件166件，调查处理案件199件，立案11起，行政处罚12起，没收物品折合人民币4.85万元，没收违法所得5.3万元，罚款5.2万元。出动执法人员1024人次、执法车辆345台次，开展联合执法行动3次，开展针对性专项整治活动3次，捣毁窝点18个，巡查重点地区非法收药行为20余次。

（李嘉惠）

【十八届三中全会市场安保工作】 十八届三中全会期间，出动执法人员230人次，检查企业120家次、大型批发市场5家，发现并排查隐患18个，为十八届三中全会的顺利召开提供了安全保障。

（李嘉惠）

社　会

民政工作

【概　况】 2013年，围绕建设“繁荣、文明、幸福”新丰台这一中心任务，以“保障和改善民生，加快发展社会服务，不断创新社会管理，全面提升民政服务保障水平”为着眼点，广泛开展工作，完成了年度各项任务，促进了社会和谐稳定和区域经济发展。

（韩丽敏）

【社会救助】 年内，在北京市率先出台了城乡低保对象近亲属登记备案制度，健全了社会救助监管机制。调整低保标准，由每人520元提高到580元。全区共有6548户、12310人城乡低收入群众纳入低保范围，支出城乡低保金6978万元，城乡低保制度运行平稳。充分发挥临时救助兜底保障作用，共救助9377户、17526人，累计支出资金505万元。落实城乡特困人员医疗救助政策及贫困孕产妇生育救助暂行办法，截止年底，城市特困人员医疗救助累计3415人，支出救助金491.83万元；农村特困人员医疗救助累计524人次，支出救助金65.6万元；13名低收入人员享受城乡特困人员住院押金减免及即时结算待遇；168人享受重大疾病医疗救助待遇，共救助74.1万元；完成3户农村特困户危房翻建工作。建立“社区发现、街乡甄别、联合救助”的网格化救助网络，提高了救助效率，共救助流浪乞讨人员3358人。承担了北京市流浪未成年人社会保护试点工作。

（韩丽敏）

【社会福利】 应对人口老龄化发展需求，加快养老机构建设，年内新增养老床位1022张，累计达5232张。推进养老服务机构星级评定工作，2家养老机构分别达到1星和3星标准。

（韩丽敏）

【老龄事业】 年内，共发放养老券5148.67万元，高龄津贴331.64万元，办理医疗补贴55.59万元。完成10个养老服务中心建设工作。组织首届“老年节”系列活动，评选表彰1000名“孝星”和100家“为老服务先进单位”，2个单位获首届全国“敬老文明号”称号。

（韩丽敏）

【社会捐赠】 开展为四川雅安地震灾区捐款和日常捐赠活动，全年接收各类捐款1030万元，其中捐赠中心接收136万余元，慈善机构接收894万元。

（韩丽敏）

【救灾工作】 开展“5·12防灾减灾日”和“10·13国际减灾日”活动，增强了群众的防灾减灾意识。申报6个全国“综合减灾示范社区”和22个北京市“综合减灾示范社区”，完成了社区灾害信息员职业技能培训鉴定工作。

（韩丽敏）

【福利彩票】 年内，完成福利彩票销售额 5 亿元，居全市第三位。

（韩丽敏）

【福利企业】 年内，全区福利企业 23 家，职工 1155 人(其中安置有劳动能力的残疾职工 400 人)，完成销售收入 29518.97 万元，利税总额 3475.86 万元。共申请到残疾人就业岗位补贴 185.6 万元，返还社会保险补贴 182.4 万元。

（韩丽敏）

【双拥共建】 年内，为 310 名随军家属发放自谋职业补助金 1180 余万元，开办随军家属专场招聘会，实现就业 110 人。对参与园博建设和安保工作的官兵进行慰问，组织了“展示当代军人风采，发现丰台共建之美”和“环境建设进部队”活动。

（韩丽敏）

【优抚安置】 年内，共发放定期抚恤补助金和残疾抚恤金 1993 万元；为 166 名牺牲、病故军人家属办理发放一次性抚恤金 3817 万元，为 212 名优抚对象免费体检，完成了 2634 名优抚对象档案录入工作。落实《兵役法》，接收退役士兵 279 名，组织专项招聘会 12 次，通过“双向选择、择优录取”的办法安置退役士兵 79 名，办理自主就业人员 152 名。

（韩丽敏）

【见义勇为权益保护】 年内，确认见义勇为人员 3 名。采取多种形式，扩大见义勇为人员及行为宣传教育覆盖面，加大对见义勇为人员的关注度和慰问力度，为见义勇为伤残、牺牲人员发放慰问款 5 万元。

（韩丽敏）

【军休服务管理】 年内，接收安置军休干部 858 人，无军籍退休职工 695 人。截止年底，丰台区服务管理军休干部和无军籍退休职工共 12088 人。推进军休服务管理社会化改革，落实军休干部政治和生活待遇，开展和谐军休创建活动。

（韩丽敏）

【基层政权建设】 年内，全区 47 个村完成第九届村民委员会选举工作，共选出村委会成员 251 人。

（韩丽敏）

【社区服务】 推进“环境整洁、管理规范、服务完善、安全稳定、健康幸福、文明祥和”的“六型社区”和“幸福社区”创建工作，组织开展社区志愿者服务活动，申报 10 个农村典型社区进行参评。

（韩丽敏）

【行政区划】 开展行政区划调整摸底调研工作，进行区县联检，推进“平安边界”建设。

（韩丽敏）

【婚姻登记】 年内，共办理结婚登记 11939 对，离婚登记 4678 对，补领婚姻登记 2010 对，补领离婚登记 370 对，开具婚姻证明 5328 份，执法合格率 100%。

（韩丽敏）

【殡葬管理】 清明节期间，全区 5 个公墓、4 个骨灰堂共接待祭扫群众 44.5 万人、祭扫车辆 8.2 万台。年内，审核批准丧葬补贴 1426 人，发放丧葬补贴费 713 万元。

（韩丽敏）

【社会组织管理】 年内，全区有社会组织 461 家，对 314 家社会组织进行年检，确定行政约谈社会组织 120 家，拟进行行政处罚 13 家。完成行政许可 48 项，行政执法合格率 100%。

（韩丽敏）

【地退超转】 完成 2878 名超转人员生活费的调整标准和发放工作，建立了个人医保关系，举办系列地退超转人员健康讲座和参观活动。

（韩丽敏）

社会建设工作

【概　况】 2013年，围绕“六个更加、一个全覆盖”的目标，全面推进社会建设工作，“一刻钟社区服务圈”有效推进，“智慧社区”、“六型社区”建设有序开展，群众满意度有所提高。

（王莎莎）

【社区工作者队伍】 年内，丰台辖区共有297个社区，其中294个正式成立（含1个地区办事处管辖的社区）。共有社区工作者4238人，平均年龄35.9岁，大专以上学历3782人，占89.24%，其中研究生104人，占2.6%；通过社会工作职业水平考试的1374人，占32.4%。涉及规范化建设示范点市级名额20个，另有70多个同步创建，努力纳入市级示范点。

（王莎莎）

【“一刻钟社区服务圈”建设工作】 年内，全区共有159个“一刻钟社区服务圈”，覆盖227个社区，提前完成市委社会工委提出的“十二五”期间“一刻钟社区服务圈”覆盖全市60%以上城市社区的目标。“一刻钟社区服务圈”是指社区居民从居住地出发，在步行约十五分钟的范围内，能够享受到方便、快捷、舒适的社区服务。继续将“一刻钟社区服务圈”建设量化为“六个一”，即一个服务圈标识、一张便民资源图、一个网站、一套服务商准入和退出及监督制度、一本便民服务手册、一张便民服务卡。区政府把“一刻钟社区服务圈”建设列入为群众办实事项目和折子工程。

（王莎莎）

【推进“智慧社区”试点工作】 制定了《丰台区推进智慧社区建设工作实施方案》，年初确定了73个社区作为“智慧社区”试点社区，其中丰台街道和马家堡街道共39个全部纳入试点社区建设。

（王莎莎）

【网格化社会服务管理工作】 年内，在完成对马家堡、右安门、东高地三个街道41个社区试点的基础上，在16个街道的所辖社区划分“社会服务管理网格”981个，采集各类基础数据101万条，建成了涵盖“人、地、物、组织”的社会服务管理综合数据库。配备981名“格长”、其他网格督导员及信息员9600余人，配备“社管通”1285部。

（王莎莎）

【推进“六型社区”创建工作】 年内，制定了《丰台区关于做好2013年北京市“六型社区”示范单位评选创建工作的实施方案》，建立了由区社会建设工作领导小组办公室牵头，区民政局推进，区市政市容委、区综治办、区卫生局、区文化委等相关部门共同配合落实工作领导小组。全区16个街道按照所辖社区数量21%的比例申报市级“六型社区”示范社区62个。

（王莎莎）

【社区办公和服务用房建设】 年内，社区办公和服务用房达到350平米的16个，其中新建、改扩建15个，购置1个。达标社区205个，占比69.7%；在建15个。

（王莎莎）

【探索老旧小区长效管理机制】 年内，在西罗园、和义、卢沟桥三个街道确定4个老旧小区管理试点，通过社区自管模式，探索老旧小区管理中的各种问题，解决老旧小区（无物业管理）管理经费不足问题，为老旧小区管理和发展提供政策支持。

（王莎莎）

【社会组织情况】 年内，全区有区级“枢纽型”社会组织7家，社会组织446家，社区社会组织1931家。

（王莎莎）

【推行社区事务议事协商会】 协商会由各社区召集，围绕社会管理、社区服务等涉及群众切身利益的问题进行协商，每月至少召开一次会议，针对群众提出的问题，能够现场会商解决的，现场解决；不能现场解决的，制定方案、明确时限；确因受政策、规划等特殊情况短期内解决不了或解决起来难度较大的，及时向区级层面反映，并向群众做好宣传解释工作；确需区级层面解决的，由区委办、政府办负责协调，督导督办；办理结果在社区公示，接受群众监督。

（王莎莎）

【社会组织服务中心建设】 年内，针对辖区社会组织数量少、规模小、结构散的现状，制定“1+2”模式，即由1个区级社会组织服务中心带动丰台街道、太平桥街道2个街道级社会组织服务中心的建设，力争将来辐射至多个街道。加强社会组织服务中心制度设计，使其具有“公益理念传播普及”、“政策咨询及信息交流”、“社会组织孵化培育”、“社会组织能力建设”、“公益项目管理及评估”、“社会工作人才实践”、“社会组织成果展示”等七大服务功能。公开遴选第三方运营机构，丰台区九万里社会工作事务所作为区级社会组织服务中心首家运营机构。

（王莎莎）

【公共服务项目建设】 年内，投资200万元，用于30个公共服务项目建设，扶持100个社区社会组织开展志愿服务活动，并将其列入区政府折子工程和为民办实事项目。

（王莎莎）

【编印出版《社会工作实务案例》】 年内，编印出版了《社会工作实务案例》一书，该书选登了32篇社会工作实务案例，均具有代表性、真实性、专业性、贴近性。该书已作为全区社会工作者的培训教材，下发至各基层社区居委会、服务站、社工事务所的社工们手中。

（王莎莎）

人口管理

【概　况】 2013年，丰台人口管理工作以群众“安全感、满意度”为导向，以“两个争创”（争创最安全社区和争创最规范派出所）活动为载体，结合“两排一清”（深入排查不放心重点事、深入排查存在的隐患问题、拉列问题清单）专项工作，全面推进派出所和社区规范化建设、村庄社区化建设、安全社区村建设、社区民警驻区制建设、流动人口和出租房屋服务与管理、三类群体摸排管控、重点地区维稳以及居民二代身份证指纹信息登记等工作，进一步夯实了派出所的基层基础工作，为实现“两最”（建设最安全城市、打造最廉洁警队）目标建设奠定了基础。

（邱　冬　李　刚）

【推进派出所规范化建设】 按照市局“争创最规范派出所”工作要求，对照“内部管理精细、队伍管理严格、执法办案规范、服务群众到位”四个方面18项标准措施，组织全局派出所自评、整改，协调相关业务部门完善派出所执法办案规章制度，维修更新了户籍派出所200余个标识标牌，督导检查了户籍窗口民警服务形象和履职内容，并以先进单位为典型引领，推动全局开展派出所规范化达标争创工作。

（邱　冬　邢雪清）

【深化社区民警驻区制建设】 一是争取政府支持。分局向区财政申请经费2765.3225万元，用于警务站装修改造、信息化建设、购置警用电动自行车等。二是保障警务室规范运行。明确了警务室的使用规范、各职能部门职责、派出所领导职责、社区民警和辅警的工作任务，以及警务室后期维护保障等工作细则。三是开展警务站硬件设施建设。截止年底，全局有公安社区 294 个，已采取单警驻区模式的警务室 270 个。

（邱　冬　邢雪清）

【开展平安社区村和村庄社区化建设】 按照市局“创建安全社区（村）达标”工作要求，制定了《丰台分局 2013 年社区物技防建设工作方案》、《丰台分局 2013 年社区安全防范宣传活动工作方案》和《丰台区开展创建安全社区（村）达标活动工作方案》，下发至各街乡镇及派出所。按照市局村庄社区化建设工作标准要求，以分步推进为原则，对全区 5 个乡镇的 68 个行政村、173 个自然村进行细化分类，针对不同地区落实不同建设类型的原则，为 35 个自然村投入资金共 110 余万元，安装探头、门禁、爆闪等物技防范设施 672 个（套）。截止年底，全区实现社区化建设工作自然村 35 个。

（邱　冬　赵　松）

【社区可防性案件发案情况稳中有降】 按照“春季送温暖、夏季严防范、秋季促安全、冬季保平安”的四个阶段，结合重大安保和专项维稳工作，开展防范社区可防性案件竞赛活动。以科技创安为出发点，投入专项资金 558 万元加强物技防范建设，共安装监控探头 512 个、安装门禁系统 2474 个、安装红外线及门磁报警器等简易物技防范设施 5389 套。多项具体措施的落实，2013 年全区社区可防性案件发案比上年下降 4.9%。

（邱　冬　邢雪清）

【户政窗口服务】 年内，制作办理临时身份证 7200 余件、军人身份证 1600 余件、边境通行证 600 余件，共接待来电来访 5540 余人次，收到锦旗和表扬信 10 余件。登记流动人口人员信息 47.2 万余条、出租房屋信息 1.5 万余条，新办暂住证 29.6 万余个。大红门商城派出所开通流动人口登记办证窗口，为维稳重点地区流动人口管理提供了支撑。开展居民身份证指纹信息登记工作，共发放《居民身份证登记指纹信息问答》等宣传材料 1.5 万份，解答群众咨询 2.6 万人次，制发身份证 17798 件。

（邱　冬　于　兵）

【实有人口服务管理全覆盖体系建设】 强化政府部门横向联系，建立与北京市民政局、卫生局人员信息比对工作机制和与丰台区司法局定期会商工作机制，加强固化和完善日常动态管控机制，开展实地核查、风险评估和法治教育疏导工作。全年共抓获流动人口网上在逃人员 217 人，同比提升 67%。建立了实有人口月分析报告制度。结合重大安保任务，开展流动人口和出租房屋集中清理整治工作，期间新登记流动人口 5.1 万余人、新登记出租房屋 1100 余户、发现违法犯罪线索 300 余条、破获各类案件 190 余起、抓获违法犯罪嫌疑人 100 余人。

（邱　冬　赵　松）

人口和计划生育

【概　况】 2013 年，人口和计划生育工作以“加强基层基础工作，推进幸福家庭创建活动”为重点，坚持实行党政一把手亲自抓、负总责，坚持“一票否决”制度，制定下发了《丰台区人口和计划生育工作考核评估办法（试行）》（丰人口领导小组发〔2013〕1 号），各项工作有序开展。户籍人口出生 9638 人，计划生育政策符合率 98.03%。开展“国家免费孕前优生健康检查项目”试点工作，落实北京市"农村长效节育户籍已婚育龄群众健康检查项目"。依法办理行政征收170例，审批二胎1012例。接待信访87人次，受理来电1703例、来信15封、电子邮件59件。查处"两非"（非医学需要胎儿性别鉴定和选择性别的人工终止妊娠行为）案件8例。为计划生育特扶家庭提供救助服务，将独生子女伤残、夭折家庭列入特困人群救助范围，年内新进入奖励扶助对象850人，年审1518人，年审复核494人，累计享受奖励扶助2368人；新进入特别扶助321人，年审2193人，累计2514人。

（宋新华）

【人口问题研究】 年内，委托北京大学及北京市人口研究所，从政府绩效、经济绩效、社会绩效及管理绩效等多个维度，对"国家免费孕前优生健康检查项目"和"农村长效节育户籍已婚育龄群众健康检查项目"两个惠民工程进行调研，探索提升人口计生公共服务的新办法、新举措。

（宋新华）

【宣传工作】围绕"7·11"世界人口日，举办丰台区第二届人口文化周活动，召开"幸福丰台，幸福家庭，纪念7·11世界人口日，百户幸福家庭表彰及幸福家庭宣讲大会"；开展"幸福家庭之星宣讲团"宣讲活动，受教育人数2000余人次；策划播出《人口与家庭》电视专题12期，利用"北京丰台人口计生"政务微博，宣传报道计生工作动态，普及生殖健康知识；14个街道的48个社区建立了人口计生宣传橱窗。

（宋新华）

【幸福家庭工程】 投入44.254万元，为全区农村及城镇低保、低收入且子女在18周岁（含）以下的计划生育家庭办理意外伤害保险，共有44254人受益。投入79.6186万元，为1549对夫妇进行了免费健康体检。落实"农村长效节育户籍已婚育龄群众健康检查项目"，为7062人免费体检。

（宋新华）

【婴幼儿早教指导工作】 建立0～3岁婴幼儿早期发展教育管理机制，形成"管理专业，家长配合，宝贝体验"的工作格局。对全区50名街乡（镇）计生干部进行专业指导，为200余名婴幼儿家长举办育儿知识公益讲座，举办丰台区第二届幸福宝宝大赛活动，126名16～36个月的宝宝参加了大赛。

（宋新华）

【青春健康教育工作】 制定下发了《丰台区人口计生委"青春健康工程"实施意见》。开展生命教育进学校、进社区、进农村活动，举办38场讲座，听众8000余人，为100余名在校大学生提供性与生殖健康知识辅导、心理咨询服务。

（宋新华）

【生育关怀行动】 开展"真情关怀暖心行动"，慰问853名计生家庭特别扶助人员。全区1055名志愿者与630个特殊计生家庭结成亲情帮扶"对子"。为405名采取长效节育措施的农村育龄群众发放奖励费8.1万元。

（宋新华）

【流动人口管理工作】 年内，投入80万元，为5000名流动育龄群众免费健康体检，提供生殖健康免费技术服务17000余人次。举办女性生殖健康讲座200余场，在流动人口聚集地开展以生殖健康体检、免费药具发放为主要内容的宣传活动。

（宋新华）

【药具服务工作】 年内，调入药具2344件，调出药具2383件，为40多家医院提供免费宫内节育器2275支。制定下发了《关于进一步加强计划生育药具免费发放服务和管理工作的意见》。投资4万余元，为六型社区制作药具自取机42台，保证了居民在24小时内领取药具。为新建社区居委会、社区卫生服务站和辖区单位补充了22个药具展示柜。

（宋新华）

老龄工作

【概　况】2013年，以居家养老“九养”政策为主线，围绕“重点抓深化，特色服务抓品牌，满足老年群体多层次、多样化的养老服务需求”，推进养老管理服务中心建设，开展“敬老文明号”创建活动；完善养老服务体系建设，深化落实各项敬老惠老优待政策；加强老年文化建设，努力营造有利于老年人健康长寿的物质和社会环境。

（陈　垒）

【老年优待】 年内，为有特殊困难的“空巢”家庭老年人免费安装紧急医疗救援呼叫器（“一按灵”）965户，为3403名90岁以上的老年人发放高龄津贴331.64万元，为11777名60岁以上老年人办理《北京市老年人优待证》，为24874名65岁以上老年人办理优待卡。开展敬民爱老送温暖活动，看望特困老人172人，发放慰问金6.88万元。

（陈　垒）

【深化居家养老服务“九养”办法】 继续开展“孝星”和为老服务先进单位评选活动，评选出市级命名的“孝星”1000名、为老服务示范单位100家；为符合条件的老年人发放养老券金额5148.67万元；落实95周岁及以上老年人补助医疗待遇，办理260人次，报销金额55.59万元；做好养老管理服务中心建设，完成11家；签约、指定养老（助残）服务商527家，印制《丰台区居家养老（助残）服务单位名录》4.5万份，免费发给有需求的老年人；为有需求并具备使用能力的60周岁以上老年人配备“小帮手”电子服务器625台，提高了老年人的生活质量。

（陈　垒）

【举办新《老年法》学习培训班】 7月26日，举办新修订的《老年法》学习培训班，区老龄委成员单位委员、各街乡镇老龄工作主管领导、业务科室负责人、老龄干部，以及辖区内社区（村）的书记、主任近500人参加了培训。

（陈　垒）

【举办“银龄之声”老年合唱大赛】 9月12日，举办“丰台区第五届‘银龄之声’老年合唱大赛”，来自全区20支老年合唱团近900人参加了比赛。南苑街道机场社区战鹰合唱团、方庄地区博爱合唱团获一等奖；卢沟桥街道梦之缘合唱团等3支队获二等奖；丰台街道东大街秋之韵合唱团等5支队获三等奖；和义街道东二社区百灵合唱团和太平桥街道万泉寺东社区乐之缘合唱团等分别获优秀奖和表演奖；南苑乡等5个单位获优秀组织奖。

（陈　垒）

【第五届“健康老人之星”评审会】 9月26日，召开第五届“健康老人之星”评审会，张霖、张仁付等10名老人被评为丰台区第五届“健康老人之星”。被评选的“健康老人之星”生活充实、兴趣广泛、坚持体育锻炼、热心公益事业，为社区建设做出了贡献。

（陈　垒）

【举办首届“老年节”】 10月11日，在园博园举办北京市首届“老年节”，全市万名“孝星”和“老有所为”的代表参加，其中丰台区有149名“孝星”和1名“老有所为”代表参加。

（陈　垒）

【走访慰问高龄困难老年人】 10月12日，区有关领导对丰台街道92岁的张桂珍、新村街道84岁的祖淑芹、长辛店街道83岁的于凤兰、云岗街道82岁的雷湘琴等4位高龄困难老年人代表进行了走访慰问，详细询问了老人的生活和身体状况，送去了慰问金和慰问品，祝老人健康长寿。

（陈　垒）

【全国"敬老文明号"】 10月19日，在石景山区举办第一届全国“敬老文明号”授牌仪式，大红门街道彩虹城（北京）社区居家养老服务有限公司和南苑乡南苑社会福利中心获全国老龄委颁发的首届全国“敬老文明号”称号。

（陈 垒）

【养老服务需求评估调查】 11月20日，召开各街乡镇、社区（村）90岁以上老年人养老服务需求评估调查会，通过问卷调查，全区近2500名90岁以上老年人在自理能力、认知与情绪、生活背景、健康状况、养老服务需求等方面的情况得到了掌握，这些数据的取得对推进社会养老服务体系建设、提升服务水平、创新养老模式、促进全区老龄事业的发展奠定了基础。

（陈 垒）

【外埠老年人优待卡办理】 截止年底，累计有9266名外埠老年人办理了优待卡。

（陈 垒）

【老年人意外伤害保险】 截止年底，政府出资为2823人（低保待遇、城镇“三无”人员、农村“五保”供养对象、优抚对象、失独老人）购买了保险。

（陈 垒）

残疾人工作

【概 况】 2013年，完成了1000户残疾人家庭无障碍改造任务。开展了丰台区残疾人事业“十二五”时期发展规划中期评估工作。区残联事业编制人员实现了工资规范。建立了区残联党总支，下辖区残联机关党支部和社会组织联合党支部。征缴残保金1.49亿元，新安置残疾人就业205名。1.6万名残疾人享受到各类保障政策。1053名参加职业培训。1611名残疾人得到康复救助。残疾人社会组织发展至23家。建立残疾人温馨家园法律维权服务工作站20个。完成了北京市残疾人就业服务机构规范化建设示范区创建工作。丰台区残联被北京市残疾人联合会评为2013年度“三刊”发行工作先进单位二等奖。

（闫根旺）

【全国助残日活动】 5月19日是全国助残日，活动主题是“帮扶贫困残疾人”。丰台区开展了“帮扶贫困残疾人，共享奉献园博会”——丰台区第二十三次“全国助残日”主题活动。助残日期间，全区参加走访慰问的各级领导516人次，慰问残疾人家庭2967户、3456人，为残疾人发放钱物折合人民币56.3万元；举办“提供一个岗位 幸福一个家庭”残疾人专场招聘会，为残疾人提供就业岗位145个，190余名残疾人参加，70名残疾人与用人单位达成用工意向；出黑板报493块，悬挂横幅292条；参加各种助残活动的残疾人1.17万人。

（闫根旺）

【市人大代表捐赠电脑】 11月28日，市人大代表、丰顺工贸集团董事长安钟岩向丰台、卢沟桥两个街道的残疾人专职委员捐赠电脑58台，用于开展残疾人工作。

（闫根旺）

【发放"一卡通"测试卡】 12月30日，北京市残联在丰台区右安门街道温馨家园举行残疾人服务“一卡通”测试卡发放仪式，739名残疾人领到“一卡通”测试卡，涉及辖区20个街道、乡镇。

（闫根旺）

【康复工作】 年内，编写完成了《丰台区残疾人心理健康情况调查报告》。为1200名重残人进行免费体检，康复救助残疾人1611名。实施人工耳蜗植入手术8例。发放残疾人辅具485件。410名残疾人工作者、残疾人亲属得到培训。154名残疾儿童少年享受康复补贴。

（闫根旺）

【就业工作】 年内，完成了北京市残疾人就业服务机构规范化建设示范区创建工作。审核用人单位4.6万家，征缴残保金1.49亿元。举办残疾人专场招聘会37场，新安置残疾人就业205人。为25家福利企业办理社会保险补贴。38家盲人保健按摩机构得到资金扶持。627家用人单位享受到岗位补贴。

（闫根旺）

【教育培训工作】 年内，慰问残疾儿童500余名，走访特教教师200余人，135名残疾人学生和生活困难残疾人家庭子女上学受到捐助。举办残疾人职业技能培训38期，培训人员1053名，其中99名盲人按摩师参加了继续教育培训。在“北京市第五届康复教师职业技能大赛”中，春之声特殊儿童康复教育中心老师林静瑶获一等奖，

（闫根旺）

【社会保障工作】 年内，1.6万名残疾人享受到各类残疾人社会保障政策，129名残疾人申报入住社会福利机构，2343名残疾人享受到燃油补贴。参加走访慰问残疾人的各级领导1679人次，走访残疾人家庭1.15万户次，慰问残疾人1.24万人，发放钱物折合人民币590.8万元。

（闫根旺）

【文体工作】 年内，举办了丰台区第十二届残疾人运动会，22支代表队、400余名残疾人参赛。联合北京汽车博物馆、大葆台西汉墓博物馆开展了“‘传递关爱、感动春天’关爱弱势群体”主题活动和《残疾人作家史铁生奋斗之路》知识讲座。组织40名残疾人演出队参加了第八届北京市残疾人艺术汇演。与东城区残联共同举办了北京市第二届“丰顺杯”残疾人汽车场地赛。在北京市第二十七届残疾人棋牌比赛中丰台区残疾人代表队获团体总分第一名。

（闫根旺）

【宣传信息工作】 年内，举办了第23次“全国助残日”活动。在全国省市以上报刊杂志网络刊发宣传信息66篇条。制作电视专题片《同行》一部。制作播出《真情零距离》电视节目12期，该栏目获北京市广播影视优秀作品奖。编印《丰台区残疾人报》八期。出简报22期，刊发信息642条。区残联网站编发信息162条。发放残疾人各类宣传材料上万份。

（闫根旺）

【信访维权工作】 年内，处理残疾人来信来访495件，其中来信30封、来访及法律咨询465人。举办残疾人法律大讲堂三期，500多名残疾人、残疾人工作者参加。建立温馨家园残疾人法律维权服务工作站20个，发放残疾人“口袋书”3.97万册，新办理残疾人证2484人件。

（闫根旺）

【社会组织工作】 年内，新发展残疾人社会组织4家，区残联管理和联系的残疾人社会组织达到23家，为1200余名残疾人提供服务。出台了《丰台区关于加强民办残疾人服务机构管理意见》。九家社会组织通过市残联认定，其中二家机构获得4A评级、二家获得3A评级、五家社会组织分别被民政部、中残联、市残联树为品牌。

（闫根旺）

私营个体经济

【概　况】 2013年，丰台区共有私营企业61804家、个体工商户82131户。区协会系

统建有 9 个分会，6 个行业支会，204 个会员小组。丰台私营个体经济协会被北京市工商局评为“北京市工商管理系统先进集体”。

（吴秋涛）

【党建工作】 年内，区协会系统有党员 260 名，建有 1 个党委、9 个分会党总支、35 个党支部，发展预备党员 23 名，预备党员转正 10 名。有 6 个党支部和 15 名个人受到各级党委表彰。5 月 28 日至 10 月 1 日，区协会在宛平城东门建立“园博先锋服务岗”，260 名党员轮流上岗，为参观园博会的游客提供义务服务。

（吴秋涛）

【第五届三次理事会】 4 月 9 日，召开了丰台私个协会第五届理事会第三次会议。丰台工商分局局长李异、副局长兼区协会会长杨光，各工商所所长、各分会会长和区协会理事 50 余人参加会议。会上，总结了 2012 年工作、表彰了先进集体和先进个人，并对 2013 年协会工作和党建工作进行了布置和安排。

（吴秋涛）

【个体工商户向公司制企业转轨情况】 坚持利用传统媒体和个体私营企业协会平台进行典型宣传；通过工商、税务工作人员开展“一对一”宣传；充分发挥市场主办单位、物业管理机构在引导业态转型升级中的作用，尝试以提升专业市场、商务楼宇入驻标准的方式推动市场内经营者的转型升级，实现市场主体和市场业态同步转型升级。截至年底，完成转企 893 户，丰台区市场主体存量 168266 户，其中企业 81804 户，同比增长 8.06%；个体工商户 82131 户，同比下降 12.20%；

（吴秋涛）

【义务年检验照工作】 召开 2013 年度年检验照工作部署会，要求各分会对义务年检验照工作进行周密部署，广泛开展宣传提高知晓率，利用“集时通”短信分期分批提示企业及时参加企业年检。各分会专人负责为前来验照的个体工商户提供上网申报服务。对伤、病、残等行动不便人员专门安排时间上门验照。各分会还组织了市场集中验照和绿色通道服务，为市场内商户和集中办公区入驻企业集中年检验照，共为 50065 户私营企业、77801 户个体工商户提供了年检、验照服务。

（吴秋涛）

【担保贷款】 截止年底，有 161 户获得金融机构贷款 46105 万元，其中区担保公司担保贷款 41 户，贷款 28665 万元；邮储银行贷款 111 户，贷款 10910 万元；其他金融机构贷款 10 户，贷款 6530 万元。

（吴秋涛）

【法律服务中心活动情况】 4 月 23 日，区协会召开 2013 年“送法上门”活动工作会。会上宣布了开展“送法上门”活动工作计划。年内，接待会员来访 763 人次、接受法律咨询 1523 人次；组织法律培训 30 多次，受训 3648 人次。

（吴秋涛）

【承担社会责任】 3 月，组织全区 60 余名会员代表，参观了在世纪坛举办的《永远的雷锋》大型展览，并组织多种形式的学雷锋活动。四川省雅安市发生 7.0 级地震后，全区私个会员通过各种途径为雅安地震灾区捐款 12 万元。组织“践行北京精神承担社会责任”演讲比赛，共收到征文稿件 21 篇，方庄分会的北京伊力特保洁有限公司刘伟的《使命》获得市协会演讲比赛二等奖。

（吴秋涛）

【宣传报道工作】 年内，在报纸、电视台刊用稿件 86 篇，上报信息 800 多篇，编发《丰台私营个体经济动态》专刊 12 期。

（吴秋涛）

【信息服务工作】 推进“首都私营个体经济网络服务平台”建设，实名制会员数量达到

5119户；会员访问2131人次，占总访问人数的12%。平台的建立，为会员在网络服务平台上进行信息发布、就业招聘、律师在线、工商及金融服务等方面提供了方便、快捷的个性化服务。

（吴秋涛）

消协工作

【概　况】 2013年，围绕中国消费者协会提出的“让消费者更有力量”年主题，以“营造良好消费环境，树立科学消费、理性消费”的理念为目标，从牢记职责、严格管理、提升自身服务意识和服务水平入手，组织完成了“3·15”宣传日、法律宣传及消费知识教育进社区活动。共受理消费者投诉1091件，解决1065件，结案率97.62%，为消费者挽回经济损失29.09万元。接待消费者电话咨询、来访16859人次。接到锦旗2面，表扬信4封。

（李建中）

【“3·15”宣传咨询活动】 “3·15”期间，围绕“让消费者更有力量”年主题，以“优化丰台消费环境”为切入点，倡导诚信服务，提倡健康、文明、节约、理性消费，广泛开展活动。云岗分会、六里桥分会分别走进云岗西路社区、三路居社区进行消费安全咨询活动；丰台分会、右安门分会及南苑分会结合辖区特点，选择京城亚联汽车用品城、银泰百货商场、茹义广源菜市场开展宣传活动，发放宣传材料856份；方庄分会通过增强消费保护力量、提高受理质量及妥善安排备勤工作等多项措施，保障了“3·15”期间秩序稳定；丰台有线、《新丰台报》及工商工作站进行了消费警示发布。

（李建中）

【评选“诚信服务示范单位”活动】 为倡导诚信经营、规范服务，促进社会信用体系建设，丰台区消费者协会连续三年开展创建“诚信服务示范单位”活动，截止2013年底，辖区内共有34家企业当选“诚信服务示范单位”。

（李建中）

【主题见面会】 年内，为倡导科学、和谐的消费理念，在北京万隆汇洋灯具灯饰时代广场举办了“科学、和谐消费在万隆汇洋”的主题见面会，企业代表、社区代表20余人参加，企业在介绍自己产品的同时就如何为消费者提供优质服务征求消费者意见。

（李建中）

【法定代表人变更】 年内，原丰台区消费者协会法定代表人李云鸿不再担任法定代表人，法定代表人变更为张京。

（李建中）

【案　例】 2012年12月6日，消费者姜生在某知名品牌汽车服务中心（北京）有限公司购买一辆小轿车，价值28万元，消费者在该公司接受汽车贴膜服务时，因工作人员操作不当导致小轿车仪表盘粘染上胶水，当时工作人员承认自己过失，并答应为姜先生的仪表盘重新喷漆。喷漆后，姜先生发现颜色出现局部不均匀现象，公司无奈擅自更换了仪表盘，对此姜先生不满，要求公司赔偿损失，遭公司拒绝。12月29日，姜先生将公司投诉到右安门消协分会。接到投诉，消协工作人员与公司取得联系并对姜先生的汽车进行拍照取证，核实消费者反映的问题；对公司擅自更换仪表盘的行为，消协工作人员做出批评与教育。经过三次调解，问题得到解决：公司对自己工作人员的失误以及不当行为表示歉意，并负责为消费者更换一台与车型相匹配、同品牌同型号的新仪表盘。消费者姜先生表示满意。

（李建中）

人民生活

【城镇居民收入】 2013年，丰台区城镇居民人均可支配收入为37886元，比上年同期增加3686元，增长10.8%，高于全市0.2个百分点，增速位于全市首位。全区城镇居民人均家庭总收入为42341元，比上年同期增加3992元，同比增长10.4%，其中人均工资性收入为27097元，同比增加1902元，增长7.6%，工资性收入增长对总收入增长的贡献率为47.6%，全年工资性收入均保持平稳增长。全区城镇居民人均转移性收入为12734元，同比增加1010元，增长8.6%。工资性收入和转移性收入仍然是收入主体，是拉动可支配收入增长的重要因素。

（鲁明达）

【城镇居民收入构成】 年内，城镇居民收入全面增长。据城镇居民家庭抽样调查资料显示，通过对家庭总收入构成分析，工资性收入和转移性收入是收入主体，是拉动可支配收入增长的重要因素。人均工资性收入27097元，增长7.5%，工资性收入占家庭总收入的64%，拉动家庭总收入增长5个百分点。人均转移性收入12734元，增长8.6%，是家庭收入的第二大来源，其中人均离退休金收入11935元，增长11.1%。人均财产性收入871元，增长25.7%。人均经营净收入1639元，增长1.2倍。

（徐红果）

【生活消费支出】 调查显示，年内丰台区城镇居民人均消费性支出24783元，比上年增加1914元，增长8.4%，增速比上年减少2.9个百分点。八大类消费性支出中居住、其它商品和服务及教育文化娱乐服务支出增速分别排在前三位，人均居住支出2472元，比上年增加584元，增长30.9%；人均其它商品和服务支出1359元，比上年增加278元，增长25.7%；人均教育文化娱乐服务支出3637元，比上年增加401元，增长12.4%。

（李 遥）

【农民收入】 年内，据农村居民家庭抽样调查资料显示，人均纯收入20442元，比上年增长10.5%。收入构成中，人均工资性收入14595元，增长11.2%，占农村居民人均纯收入比重71.4%，拉动增收7.9个百分点。人均家庭经营纯收入40元，下降88.4%。人均财产性纯收入1985元，增长10.3%，其中人均集体分配股息和红利817元，增长29.5%。人均转移性纯收入3822元，增长18.4%，其中人均离退休金、养老金收入3101元，增长10.8%。

（陈 瑶）

【农民消费】 年内，据农村居民家庭抽样调查资料显示，人均生活消费支出16896元，比上年增长10.1%。人均食品消费支出6073元，增长15.1%。人均衣着消费支出1747元，增长16.2%。人均居住消费支出1896元，下降12.7%。人均家庭设备、用品及服务支出1168元，增长4.6%。人均交通和通讯支出1615元，下降4.4%。人均文化教育、娱乐用品及服务消费支出2215元，增长23%。得益于新农合制度的完善，人均医疗保健消费支出为1485元，同比增长12.1%。人均其它对商品和服务消费支出698元，增长53.1%。

（陈 瑶）

街　乡（镇）

丰台街道

【概　况】丰台街道位于丰台区中部，是区委、区政府所在地。东起西三环南路和造甲街，西至程庄路和京山铁路线与卢沟桥乡接壤；南有丰台南路和看丹路与新村街道毗邻，北至丰北路和丰体南路与卢沟桥街道相望，属城乡结合部。西四环南路和京沪高速铁路纵横交织，将辖区格划为四大板块。面积9.18平方公里，设25个社区，常住人口15万人，流动人口3.6万人。有回、蒙、藏等16个少数民族，信仰伊斯兰、佛教、基督教、天主教、道教的信教士。驻辖区单位3000余家，中学5所，小学7所，少年宫1所，幼儿园15所，医院10家，敬老院2家。清真寺1座于1895年由大井村迁驻。火车站1处建于1896年。花园一座。市级保护二级古树6棵。丰和轩饭庄是百年老字号。年内，市级先进12项，区级先进25项，连续第13次被评为区政府机关行政效能建设考核评估街道系统第一名。

（金　芳）

【协税护税】年内，加大协税护税工作力度，加强对街道原有企业和新进企业留区税收数据的摸排掌握。完成留区税收2.9亿元；全年代征个体工商户税款和房产税共计181.34万元。

（金　芳）

【环境建设】年内，街道筹措资金200余万元，争取区资金300余万元，针对辖区内158条背街小巷的保洁，引进专业保洁公司，提升小巷保洁质量。完成十二中科丰校区西门环境脏乱问题的整治，看丹路垃圾楼的建设，桥南平房区破损污水管线和路面的修复硬化，多处绿化景观提升整治，外墙美化以及东幸福街等4个社区21栋49598.7平方米老旧小区的改造任务。

（金　芳）

【文体活动】年内，以“发现丰台之美”和“周末百姓大舞台”为平台，打造丰街之歌、丰街之舞、丰街之墨、丰街之影、丰街之粹等“丰街五雅”品牌系列文化活动，街道、社区共开展各类文化活动84场，讲座121场，更新居家工程健身器材5套。

（金　芳）

【劳动就业】年内，共接待各类办事人员87300余人次，电话咨询服务48000余次，就业政策宣传指导课近60次，帮助1250余名失业人员就业，药费报销441.52万元，追缴失业金2.8万元，9886人办理城镇居民医疗保险参保续保手续，低保复审401户712人，城乡居民养老保险2025人，新接管超转人员79人，补发医保卡2793张。

（金　芳）

【基础设施建设】 年内，先后投资40余万元，在北大街、丰管路、文体路南段等主要街面，制作以宣传园博、城市建设、共驻共建、传统文化为主要内容的文化墙，营造良好的地区文化氛围。

（金　芳）

【社会救助】 年内，为19户34人办理社会低保;为107户141人办理医疗及临时救助;为285户低保、大病、特困家庭发放9.77万元的爱心卡；安置残疾人就业13人，为32户残疾人家庭实施无障碍设施改造，24个社区配备服务轮椅；为低保、低收入，且子女在18周岁以下的计划生育家庭办理意外伤害保险。完成廉租房家庭续租手续106户，新签廉租房家庭租金补贴合同87户。完成经适房大瓦窑项目、限价房三个项目、公租房三个项目的选房及入住工作，共有665户申请家庭通过摇号方式进行配租、配售。

（金　芳）

【助老服务】 年内，打造一刻钟便民服务圈，与245家服务商签约，为辖区老年人提供餐饮、订报等10余项服务，满足老年人日常生活需求。通过“联建、联动、联教、联谊”等形式，与辖区43家部队共驻共建，形成富有丰台街道特色的双拥共建模式，并在程庄路16号院、东安街头条19号院两个军营型社区建立社区养老服务中心。非公企业与社区结对共建，为孤寡老人提供免费送餐服务，为高龄和困难老年人进行体检，举办健康知识大讲堂。

（金　芳）

【矛盾化解】 年内，先后组织召开重点矛盾纠纷摸排协调会31次，共接待信访188件374人次，承办市区信访事项批办单45件，办结40件。协调解决劳资纠纷、处理突发事件8起，涉及职工163人，处理异地讨薪事件4起，为82名职工追回工资10万余元。

（金　芳）

【社会治安综合治理】 年内，先后18次联合行动，拆除居民小区地锁10处、收缴三角锥等120余件。打击黑车联合执法行动5次，查扣黑车75辆；取缔丰管路社区前泥洼一处600平方米露天废品收购站。完成关停擅自使用和到期人防工程7处150间3380平方米，减少流动人口居住3400余人。深入开展流动人口“核登、核销、核全、核准”四项工作，流动人口和出租房屋信息登记率和录入率达到95%以上。投入137万元成立街道网格化社会服务管理指挥分中心，为街道87个网格配备社管通，累计上报网格件18507件，自处理18466件，处置率达99.78%。为东安街头条等4个老旧小区安装监控系统，协调公安部门在沿街主要路段，学校、医院、文化广场等区域增设监控摄像头。开展矛盾纠纷与治安乱点“双排查”活动。

（金　芳）

【安全生产】 年内，与辖区2163家生产经营单位签订安全生产责任书，完善基础台账。加强对建筑施工行业的安全监管，稳步推进辖区小微企业标准化创建工作，对辖区内商市场安全隐患和餐饮企业燃气进行专项整治，为辖区所有平房煤炉取暖户安装一氧化碳报警器。加强食药安全。重点对辖区内正阳商贸、冠京隆2个市场的食品经营场所进行全面检查，有针对性地开展65大类食品的快速检测工作。

（金　芳）

【社区规范化建设】 年内，24个社区建立环境议事协商会，成立社区环境督查队、社区控违劝导志愿队，制定《环境建设约谈制度》和《社区环境工作考核办法及标准》，以解决群众身边的环境脏乱问题为突破口，形成区、街、社区环境考核机制。社区坚持每周五开展环境卫生清洁日活动，街道坚持每周2次领导带队，组织相关部门联合执法行动，重点打击街面游商、店外经营等扰乱社会秩序行为。

（金　芳）

【为民服务】 年内，建成“丰台街道便民服务平台”，为居民提供餐饮、住宿、购物等各类生活消费信息，与 24 个社区外网实现一键链接。为所有社区安装便民缴费终端机，使居民不出社区就可以满足缴纳水、电、电话、燃气费信用卡还款等需求。部分社区开通 QQ 群、社区微博、信息群发系统等信息交流平台，随时向居民发布社区活动信息。

（金 芳）

卢沟桥街道

【概 况】 卢沟桥街道位于丰台区北部，东与太平桥街道接壤，南与丰台街道、新村街道交界，西与宛平城地区相连，北与石景山区、海淀区毗邻。西三环、西四环、京石路、卢沟桥路、万丰路、青塔西路、小屯路、丰北路、吴家村路等交通路线贯穿整个辖区，构成便利的交通网。辖区范围 59.73 平方公里，实际面积 27.59 平方公里。街道属典型城乡结合部，与卢沟桥乡 11 个行政村相融交错管理。辖区共有常住人口 88058 户 259466 人，流动人口 67442 人。辖区内国家机关、文化、教育、商业设施相对集中。有中央、市属单位中建一局、中铁电气化集团公司、铁路通信号集团公司、中国电子工业出版社等 50 余家；有中国人民解放军八一电影制片厂、海军装备研究院、解放军总参谋部第六十一研究所、解放军第三 O 二医院、武警北京总队第三师等 11 个驻区部队，有公安派出所、工商所等 10 个区政府职能部门派出机构；有外埠驻京办事处机构 12 家；各种企事业单位 5000 余家。

（周亚妮）

【园博外部环境保障】 年内，重视第九届园林博览会外围服务保障工作，整合辖区联护、联防、联治资源，建立四层环境责任防护网，成立 4 支专业保障队伍，实行全时、全地域看护机制，强化京石高铁、京石高速、莲石路、梅市口路沿线等重点街路环境整治，先后拆除三条主要道路沿线违法建设 4850 平方米，规范广告牌匾 1550 平方米，关停临街门脸 32 家，取缔非法洗车点 6 个，硬隔离 430 延米，清运渣土垃圾 346 吨，粉刷外立面 2000 平方米，树立公益广告 400 多平方米，绿化 3000 平方米。

（周亚妮）

【环境建设】 年内，推进环境建设巩固年活动，持续保持遏制和查处违法建设的高压态势，巩固扩大查处范围和管控成果，先后组织拆除既有违法建设 30 处 27792 平方米，拆除新生违法建设 65 处 8124 平方米，始终保持新生违法建设“零增长”。强化 14 个城中村、33 个老旧小区、边角地等城乡结合部环境综合治理，量化街巷、门前三包责任目标，扩大环境卫生保洁维护队伍，探索社会化环境保障机制，开展爱国卫生清洁日活动，优化辖区城市服务保障应急机制，接收处理网格案件 4700 件，清运渣土、垃圾 7705 吨，完成辖区环境综合整治工作任务。

（周亚妮）

【安全管理】 年内，以“强化安全基础，排查治理隐患，服务保障园博”为目标，逐级签订单位、住户安全责任书 5123 家。推进安全生产月、“温暖 3 号、4 号专项治理行动”和综合整治行动，组织实施联合执法检查 61 次，举办安全保障应急演练和专项培训 33 次，发放张贴各类安全倡议书、提示、警示标牌近 20 万份，先后清查餐饮、娱乐、宾馆、商户、幼儿园、施工场地、地下空间、取暖住户等 14789 次，整改、查处、拆除、取缔、关停 1493 处，重点地区安全环境得到治理。

（周亚妮）

【社会治安综合治理】 年内，整合应急处置保障分队，整组民兵应急反应分队，细化联合执法、专项整治协调机制，强化“十桥一线”地区重点守护。优化“五包五防”社会面防控体系，建立辖区社会面网格化防控点74个，安装PDA智能网格化服务系统94台，发现处理应急案件15659起。推进社会矛盾有效调处，实行辖区信访代理制度，深化“四访”工作机制，建立司法全程调处、律师进驻咨询工作平台，量化信访重点人、敏感地区管理台账，全年处理和接待群众来信、来电、来访349人次，领导深入现场解决问题33次，解决群众诉求问题152件。

（周亚妮）

【社区建设】 年内，新建社区办公服务用房7个，在建社区办公服务用房3个，协调解决新建社区办公服务用房5个。完成5个新建社区筹建审报工作。统筹社区规范化建设发展规划，开展“六型社区”创建活动，7个“六型社区”创建达标评审得到有效推进。挖掘社区特色品牌创建渠道，开展大井社区“新闻直播间”、春园社区“日巡制”、假日万恒社区“今日我值班”、岳各庄社区“民情手册”等活动

（周亚妮）

【精神文明】 年内，围绕和谐发展的主旋律，深化居村联手创平安、社会组织促和谐品牌建设，开展“发现丰台之美”、“我的梦 中国梦”等各类活动，向区文明办推荐17名最美丰台人候选人，其中4人入选丰台区百名最美丰台人，1人被推荐参加北京市“孝老爱亲”模范评选。建立“居村共建、单位互建、社区联建”对接平台，广泛开展文明街道、文明社区、文明市民、文明单位创建活动，“文明家庭”、“和谐家庭”、“幸福家庭”、“五好家庭”创建的广度深度进一步提高。

（周亚妮）

【社会保障和救助】 年内，挖掘社区就业资源，培育创业带动就业市场，实现城乡劳动力就业指标1848人、公共职业介绍指标7784人、创业带动就业指标383个、外来人员专项指标53人，全程代办群众事项2.8万件。加强劳动保障专项检查，督查用人单位1447家，书面审查用人单位125家，取缔“黑职介”1家，受理投诉举报案件23起，依法追讨拖欠民工工资 86 万元。组织实施各类专项救助、优抚、退保、老龄、超转、慰问等民生保障3200多万元，审报保障性住房522户，开展“送温暖、献爱心”活动捐款87.07万元，应急救助帮扶471人。计生、妇联、工会服务“五进”活动逐步深化，“幸福家庭九大行动工程”得到推进。

（周亚妮）

【民生项目】 年内，完成大井东里、南里地面硬化改造、六里桥7号院楼体保温、秀园老旧小区改造整治工程，33栋3100户居民从中受益。新建青塔地区文化活动中心2100平方米，为周围3万居民提供文体和休闲的便利。拓展“一刻钟服务圈”保障服务范围，完善、规范家政服务商点、服务早餐点、再生资源回收站点126个，发放“一刻钟社区服务圈”养老、助残券404.5万元，签约居家养老、助残服务商36家，96156便民服务平台不断优化。推进辖区企业建立工会工作，120 家企业完成建会事宜，新发展会员600名。

（周亚妮）

【文教体卫】 年内，建设占地 2000 余平方米的卢沟桥街道文化广场，成为辖区群众文化活动新地标。新建、升级改造计算机联网点6个、图书配送点3个、社区益民书屋5个。深化“六个卢沟”特色文化品牌活动，开展卢沟歌会、舞动卢沟、卢沟戏苑、书香卢沟、墨韵卢沟、印象卢沟系列群众文化活动。启动“和谐卢沟·幸福起航”百千万系列群众文化节，实现“百场活动、千家参与、万人受益”文化惠民效应。开展全民健身运

动，完成 13 个社区“体育生活化”创建；落实卫生惠民举措，完成学龄前流动儿童强化免疫摸查 6325 人，外来务工人员麻疹、流脑摸查 3310 人，接种 1062 人次；组织辖区公民 162 人参加 2013 年无偿献血，共捐血 32400 毫升，完成首都高温高寒应急献血任务。

（周亚妮）

太平桥街道

【概　况】 太平桥街道位于丰台区的中北部，东与西城区接壤，北与海淀区毗邻，西南分别与卢沟桥、新村、右安门街道和南苑乡搭界，并与卢沟桥乡 6 个村交叉相连，是典型的城乡结合部地区，辖区面积 9.81 平方公里，常住居民 36359 户 81994 人，计划生育率 98.8%。街道有编制科室 21 个、内设科室 2 个，2 个事业单位、2 个派驻机构和 16 个社区居委会。地区辖国家机关、社会团体、企事业单位及医院、学校等其他组织 1541 家，个体经营户 1382 户，是首都交通枢纽、对外窗口和丰台区的经济、政治、文化活动中心之一。年内，被评为“国家防灾减灾示范社区”（丽湾社区）、“北京市为老服务示范单位”、“北京市交通安全工作先进单位”等十余项市级先进。

（陈　晨）

【协税护税】 年内，进行“中国盐业股份有限公司”、“国投方诚”、“首科大厦”等重点企业的摸底和引进工作。加强零散税源征管工作，做好集贸市场、个体工商户税收、出租房税等小税种征收工作，做到应收尽收。畅通企业服务绿色通道，帮助协调首科大厦完成工商注册登记。年内，新引进企业 33 家，引进资金 58 亿 9800 多万元，实现留区税收 31703 万元，同比增长 33.3%。

（陈　晨）

【环境建设】 年内，继续保持新生违法建设零增长，拆除菜户营 86 号院、首科花园 C、D 区等群众反映强烈的历史遗留私搭乱建 2000 余平方米，并进行重建。拆除 7 处 1190 平方米市在账违建。全年处理网格案件 9085 件，在全区考评中保持名列前茅。投入 7.8 万元，解决居民反映强烈的莲花池公园拆迁二期周边环境脏乱问题。

（陈　晨）

【绿化美化】 年内，完成屋顶绿化面积 8000 平方米，占年初全区屋顶绿化总指标的 53%。其中太平桥中学 1500 平方米复式绿化作为绿色科普教学基地，成为全区亮点工程。完成太东里社区西南角花园改造、天伦北里绿地改造、太中里街心花园改造、东里小花园廊架改造等工程。

（陈　晨）

【民生工程】 年内，完成菜户营 86 号院新增路灯安装，为居民新建自行车棚 2 处，大修精图社区 88 号院东侧等 3 条道路。投资 20 万元解决三路居大件宿舍 192 户居民用气接口费用问题。为困难家庭发放“连心卡”160 张，为 89 户低保家庭发放低保金 94 万余元，借助爱心慈善超市、节日慰问等平台对 710 人开展社会救助 5.46 万余元，为 10 名贫困残疾人申请配备康复器材，为 5 名残疾人申请入住养老机构，为 4 名残疾儿童申请康复训练补助，为 36 户残疾人家庭安装家庭无障碍设施，为辖区 300 名育龄妇女免费体检。

（陈　晨）

【安全稳定】 年内，调动各方力量 3 万余人次，确保重要时期重点地区社会面安全稳定。固化“团队化”联勤联动模式，实行“捆绑式”执法，暂扣非法运营车辆 415 辆，清理无照商贩256起，维护重点区域环境秩序。化解各类信访矛盾 54 件，确保重点人管控得当。出动 8034 人次，做好食品、交通、消防安全检查和隐患排查工作，检查单位 3857 家次，发现并整改隐患 752 个。对 636 家生产经营单位进行拉网式全覆盖检查，检查覆盖率达 100%。

（陈 晨）

【流管工作】 年内，通过网格化系统掌握辖区流动人口、出租房屋的基础信息，采用地下空间整治和拆除违建等工作模式，降低流动人口数量。整治无照经营、改变房屋规划用途、群众反映强烈的 14 处普通地下室和 18 处人防工程，确保地下空间使用安全。开展地下空间专项检查 180 余次，关停嘉莲苑 6 号楼人防工程。新登记出租房屋 606 间、注销出租房屋 229 间、新登记流动人口 3467 人、核销流动人口 2318 人。

（陈 晨）

【创业就业】 年内，搭建就业供需平台，召开各类招聘会 24 场次，组织用人单位 189 家，提供就业岗位 2 千多个，达成意向录用 200 多人次。加大就业援助帮扶力度，开办 16 期职业技能培训班，培训失业人员 394 名，360 人取得合格证。实现困难人员就业 420 人、创业 42 人，登记失业率控制在 1.06%。开展劳动用工规范一条街工程和建筑施工领域“拖欠工资问题”整治，督促 35 家单位为职工补缴社会保险 5.8 万余元，超额完成社保扩面征缴工作任务。

（陈 晨）

【社区建设】 年内，投资近 22 万元完成 13 个社区的标识牌的制作安装。投资近 73 万元对太南里社区、精图社区、太东里等社区办公环境进行改善。投入 3.5 万元为社区工作者举办 2 期社工师职业水平培训班。投资 10 万元完成太平桥街道办事处一刻钟社区服务圈网站建设。建立完善社区服务商准入退出机制，共走访洽谈商户 715 户，有意向签订协议的 231 户，与 106 家服务商户签订服务协议，受益人数 21109 人。

（陈 晨）

【文化建设】 年内，对莲花池社区老年活动站、蓝调社区地下活动室进行升级改造，建成莲花池、东里、东管头 3 个群众文化活动室。举办各种主题演出、才艺展示 14 场，开展数字电影进社区 56 场，各类文化活动 200 余次，惠及群众 2 万余人。

（陈 晨）

新村街道

【概 况】 新村街道位于丰台区中南部，东至草桥、新发地一线，西至丰台西站，南至羊坊、与大兴相接，北至京广铁路、造甲街、丰台南路和看丹路，行政区域总面积 50.28 平方公里，常住人口 6.8 万余户 18.8 万余人，流动人口 6.3 万余人，辖区有 32 个社区。地区出生人口 1286 人，计划生育率 98.83%。2013 年，街道被评为“平安街道”，有 22 个社区被评为“平安社区”。

（郭 鹏）

【城市建设】 年内，开展 4 个阶段的专项整治行动；对 2 处暴露垃圾点密闭建设脏乱治理和垃圾房工作进行改造；完成丰西社区和看丹社区 2 个公厕的改造；对东方食品公司 141 号院 7 栋、果品公司 212 号院 2 栋老旧小区进行改造；完成对第三类社区和没有物业的小区进行环境整治，共清理垃圾 64 车，合计为 640 多吨，出动人数为 1618 人次；完成对背街小巷、无物业小区和老旧平房区、城乡结合部等地区存在的公共服务设施缺失、垃圾暴露、墙面不洁、破损等社区周边环境问题进行治理，消除环境脏点、乱点、盲点和死角。共清理垃圾198车，清理堆物堆料1073吨，清理白色污染890公斤，铲除非法小广告35000余张，发放宣传册1200余份，展出展板134块，悬挂横幅120条；硬化小区道路3600平方米，公厕改造70平方米；新建垃圾房135平方米。

（郭　鹏）

【拆违工作】 年内，共出动人员3200余人次、车辆320台次，拆除富丰园社区、桥二社区、电力机社区、首经贸中街、韩二社区、三环新城第二社区、丰西社区、银地社区、万柳园社区的违章建筑；累计拆除违法建设9965.29平方米，其中网格占7834.59平方米，社区或居民举报新生违法建设占110平方米，拆除既有违法建设2020.7平方米。

（郭　鹏）

【社会综合治理】 年内，个人出租房屋税收征收达到590余万元（2011、2012年税收分别为164余万元、207余万元）；地下空间共清理19处，其中人防13处、普通地下室6处，利用地下空间建成社区公益性活动用房3处；加强治安巡逻志愿者队伍建设，在册治安巡逻志愿者4852名，共投入资金6.4万元，在重点节假日、敏感日，加强治安志愿者巡逻，认定星级志愿者1498人，（三星：346人，二星：518人，一星：634人）；扩大科技防范覆盖面范围，共拨款11万余元，购置预防煤气中毒报警器，投入15万用于增加、维修桥二、韩二、韩一社区的监控探头，各社区安装治安监控探头覆盖率、完好率已达到了94%；被评为“北京市防范处理邪教工作先进集体”、“丰台区社会管理综合治理工作先进单位”、“丰台区铁路护路工作先进集体”。

（郭　鹏）

【矛盾排查化解】 年内，共接待群众来电来访580余人次；处理上级转办信30件次，涉及人员51人次；处理市长信箱129件次；处理上级交办信3件。协调解决韩一社区东里18户居民办理房产证问题；解决因地铁十号线拆迁孟村原‘五七连’房屋拆迁征收补偿纠纷；配合社保所为地区25名原五七家属工办理职工基本养老保险。

（郭　鹏）

【安全生产】 年内，与各社区、各单位签订《安全生产目标管理责任书》、《消防安全管理责任书》、《食品安全责任书》、《交通安全责任书》，共计1082份。开展专项行动39次，制定相关工作方案71个，召开专项工作会议39次，上报相关工作信息235篇。出动检查3000余人次，检查辖区单位共616个次；与各相关执法部门进行联合执法共33次，取缔违法经营单位、商贩共37个，无照游商120个；其中春节期间对辖区的11个烟花爆竹销售网点，共检查69个次；组织辖区单位及各社区清理可燃物，约300余立方米，发放宣传材料约40000余份。追查严重违反交通违法行为的社会单位共44家、48起。其中闯红灯47起、涉牌1起；办理外省市机动车登记备案472个次；制作禁止机动车上路行驶案卷192份，限期整改48份；检查核实及回复“12345便民电话”、“举报投诉受理单”55个。

（郭　鹏）

【社区建设】 年内，新建社区规范化试点社区9个；继续推进“一刻钟社区服务圈”建设，整合服务圈资源，将辖区统筹划分为18个服务圈；全面打造“智慧社区”，建成“社区信息统一发布与管理平台”；建成“六型社区”示范单位6个；全区“社区工作者大比武大练兵”活动第二名；开展园博先锋行动，派遣20名社区骨干志愿者脱产支持园博，全程参与完成园博会的建设、试运行、运行和善后清点等各项工作任务。万年花城第二社区荣获“北京市十大魅力社区”。全面推进劝导队、民情图、社区自管会建设。

（郭　鹏）

【两节走访慰问】 年内，开展“四进十送”系列走访慰问活动。慰问和服务群体2.06万人，落实各项保障经费达217.94万元。其中：市区专项款164.8万元、党费12.76万元、街道自筹1.15万元、公益金39.23万元。在慰问群体中，以特殊、困难群体为重点，重点慰问达3118人。其中：特殊群体达1479人，占47.43%、困难群体达1639人，占52.57%。

（郭　鹏）

【老龄九养工作】 年内，做好北京市万名孝星和千家为老服务示范单位的评比活动。报送孝星候选人103名、为老服务示范候选单位18家，经市级评审84人荣获孝星称号、16家荣获为老服务示范单位称号。办理60岁以上老年证745人（其中外阜老年人138人）、办理60岁以上小帮手62人、办理65岁以上老年优待卡1572人（其中外阜老年人748人）、办理90岁以上高龄津贴51人（每人100元）、办理95岁以上医疗报销9人、发放养老服务券2537人、兑现养老服务券82.30万元。做好万柳园社区、银地社区居家养老服务中心建设工作。推选怡海花园社区代表队参加北京市第二届老年舞蹈大赛荣获二等奖（白玉兰杯），推选首经贸社区合唱团参加丰台区第五届“银铃之声”老年合唱比赛荣获三等奖，组织11名社区老龄干部参加北京市养老助残员工作培训。

（郭　鹏）

【民政服务】 年内，落实各类民政对象的生活补助及各项优待政策。服务人群达916人（超转754人、军退18人、地退29人、伤残军人52人、义务兵家庭35户、三属23人、参战2人、在乡复员3人）。协助区民政局做好生活补助费发放、医疗费申报、节日慰问等保障经费达1206万元，组织保障4人外出疗养。

（郭　鹏）

【社会救助】 年内，街道城镇最低生活保障户数达325户595人，低收入3户7人。发放各类保障金3221559.07元，落实医疗救助97人80258.72元；教育救助2人9000元；临时救助10人6256元；重大疾病救助5人19830.41元。开展以“春风送暖”为主题的“送温暖、献爱心”社会捐助活动，接收各界捐款30901元、捐款人群达620人；号召31家辖区单位1621人开展为四川雅安灾区募捐活动，收善款97170.6元；组织“共产党员献爱心”捐款活动，共有1406名党员、276名群众积极响应，共收捐款42115元；面向低收入群体发放爱心家园物资达777份7.85万元。

（郭　鹏）

【住房保障】 年内，审核各类保障房家庭683户，其中：两限房344户、经济适用房28户、公租房66户、廉租房29户、变更家庭86户、廉租房续租130户。复核廉租房实物配租96户、租金补贴119户。发放选房单339户，其中：公租房49户（青秀城31户、京原路3户、彩虹家园10户、未山苑5户）、两限房113户（同馨家园56户、郭公庄57户）、经适房177户（大瓦窑）。发放备案单718份。实行“四房合一”政策，完成181户申请家庭约3258份材料的人工审核、网录和报送工作。

（郭　鹏）

【劳动监察】 年内，完成劳动保障监察员日常巡查247家，劳动保障监察协管员2256家；新增企业37家，地区单位总数达2410家；企业的法律意识明显增强，劳动合同签订率达到99.5%，续订率达到99%；完成小企业劳动关系状况调查200家，涉及人数4000人；完成劳动用工规范一条街工作。有9家企业补签规范的劳动合同，107人补缴社会保险。83名员工补签劳动合同，9家企业补办社保登记证。完成农民工工资专项执法大检查，分网格分区域走访检查单位240家，发放宣传资料400余份，确保年前工资无拖欠；全年共完成办理知青返城人员 13 人，上报材料合格率达到了 100%。

（郭　鹏）

【助残工作】 年内，共有 161 名残疾人享受城乡居民养老保险补贴，375 名残疾人享受助残服务券，为 7 名残疾人办理入住福利机构申请手续。为 181 名残疾人发放燃油补贴 47060 元，为 101 名残疾人办理城镇残疾人个体保险报销 80%补贴，为 232 人发放残疾人生活补助 95 万余元。节日走访慰问 290 户困难残疾人家庭送去慰问金和慰问品折合人民币 174000 元。为 10 名残疾人进行辅助器具申请，6 名残疾人儿童办理康复补贴申请，组织室外康复 596 人次。推荐 26 名残疾人进行各类技能培训，安置 13 名残疾人就业。多次举办助残义诊、宣传、文艺展示等活动，共悬挂条幅 33 个、制作板报 30 块、发放宣传材料 700 余份。

（郭　鹏）

【社保工作】 年内，完成城镇登记失业率 2.14%；失业人员就业 1094 人，其中困难人员就业 666 人；空岗信息采集 3539 人次；职业指导 3670 人次；实现创业 74 人；带动就业 379 人；发放小额担保贷款 1 笔；组织创业培训 35 人次；充分就业社区占总数 63%。专项工作指标：组织培训生源 186 人次；成功推荐外埠进京人员就业 51 人次；成功推荐失业人员再就业 718 人；征集并通过评审认定创业项目 1 个；组织创业项目展示推介活动（20 人以上/次）3 次；社区安置就业 601 人。城镇居民医疗保险新参保 1671 人；城乡居民养老保险新参保 1395 人。

（郭　鹏）

【文教工作】 年内，全年组织 102 支文体队伍，2300 名文体骨干，90 名社区体育指导员，开展文体活动 155 场，文体活动全年受众人数达 42000 余人。3 个成规模文化广场分别为：银地社区文化广场 500 平方米，富锦嘉园社区文化广场 800 平方米，三环新城文化广场 2400 平方米。现辖区共有“体育生活化社区”25 个，“六个十”社区 7 个，“六型社区”11 个。共有红十字会站 31 个，红十字急救员 500 余人，居家工程 35 套，1 家社区卫生服务中心，7 家社区卫生服务站。

（郭　鹏）

右安门街道

【概　况】 右安门街道位于丰台区中东部，辖区东至北京南站与东城区相邻，南至京山铁路与西罗园街道相连，西至菜户营与卢沟桥乡、太平桥街道接壤，北至护城河与西城区隔河相望。街道办事处坐落在右安门外翠林小区。2013 年，辖区面积 4.70 平方公里，有大街小巷 25 条。设 16 个社区，常住人口 3.5 万户 8.5 万人。流动人口 5200 户 1.6 万人。驻辖区单位 1493 户，大学 1 所，中学 4 所，小学 3 所，幼儿园 4 所，医院 3 家，敬老院 1 家。荣获“全国社区服务先进单位”、“96156 社区服务先进平台”，获得首都精神文明委颁发的“首都文明示范街”称号，玉林西里社区荣获“北京市先进社区居民委员会”称号，翠林一里社区通过北京市残疾人体育示范社区的验收。

（马克龙）

【城市建设与管理】 年内，完成 7 个社区，共 92 栋楼 49 万平方米的老旧小区改造任务；完成区域环境综合提升项目建设工作，项目覆盖 5 个社区，包括 145 平方米绿化美化、4035 平方米硬化道路、3117 平方米便民步道及休闲广场、6200 余平方米立面美化及 100 余块广告牌匾拆除及规范工作，全面提升区域内硬件水平；完成年度拆违控违任务目标，发现并拆除新生违法建设 16 处 660 平方米，拆除既有违法建设 34 处 1602 平方米。

（马克龙）

【安全维稳】 年内，督促和指导社区做好社会面防控工作和各类隐患排查，动员组织各种专业力量、群众力量参与全国“两会”社会面安保工作，共出动公安警力专业力量 310 人次，专职巡防队 245 人次，治安志愿者 13312 人次，民兵 168 人次，及其他防控力量 6559 人次。关闭人防工程 11 处。

（马克龙）

【矛盾排查】 年内，协调处理解决各类来访信件 309 件，接待群众来访 269 次，到期结案率达到 100%。协调解决多项重点矛盾，特别是永乐及开二社区地铁施工噪音扰民问题，经多次与地铁公司、施工方及居民沟通、协商，最终明确补偿方案，缓解地铁施工扰民所引发的矛盾。

（马克龙）

【精神文明建设】 年内，开展“精彩园博文明同行”活动，营造园博氛围、开展文明园博随手拍、“弘扬园博精神，争创一流业绩”等系列活动。街道、社区及文明引导员共组建 18 个宣讲团，深入社区开展宣讲。组织“幸福生活讲师团”活动。街道 16 个社区及辖区企事业单位分别成立“窦珍志愿服务队”，成立“窦珍老人先进事迹报告团”，在丰台区机关、企事业单位及学校开展巡回宣讲 40 场次。利用寒暑假组织青少年开展文体活动和心理健康、出行安全等内容的培训，组织重要节日、纪念日的网上签名活动。做好公共文明引导工作，开展绿色出行、园博志愿者、文明养犬等宣传活动，在社区开展垃圾减量和垃圾分类 32 次，路口文明引导活动的做法在全区得到推广。获丰台区“公共文明引导先进单位”称号。完成“右安门新闻网”的建网工作并初步正常运转。完善“文明右安”博客，建立网络文明志愿者队伍，设计安装右外大街宣传文化墙 350 多平方米。

（马克龙）

【社区建设】 年内，完成社区工作者招录工作，新招录社区工作者 25 人。完成开一、西铁营 2 个社区办公用房建设，玉东三社区办公用房在积极的筹备中，完成开三社区办公用房的地砖修复工作和玉林西里社区的防水修复工程。东滨河路、东庄、开三、开四 4 个社区评为六型社区。完成永乐、东滨河路社区智慧社区创建工作。2013 年，翠一、开四、玉林西里社区成为四权实践达标社区。拓宽“一刻钟服务圈”建设，申报东滨河路社区为一刻钟社区服务圈示范点。把玉东一社区和永乐社区作为试点，进行停车场改造和宠物乐园的建立，解决老旧小区停车难问题和因宠物引起的社区环境问题，促进社区规范化建设有序运行。

（马克龙）

【住房保障】 年内，完成地区居民保障性住房审核 306 套，其中廉租住房 5 套、限价商品房 124 套、经济适用房 15 套、保障性住房 162 套。对 128 个申办保障性住房家庭进行资格复核，取消 25 个超标申办家庭，为 85 个申办家庭办理保障性住房信息变更。新签廉租住房协议书 5 份，续签 95 份，为 100 个家庭发放廉租住房补贴，补贴金额 90 万余元。组织 83 个家庭参加公租房摇号，完成配售 11 户；组织 23 个家庭参加廉租住房摇号，完成配租 11 户。完成经济适用房大瓦窑项目选房 70 户。

（马克龙）

【社会救助】 年内，发放低保金及生活补助金 537.15 万元，办理新增低保 44 人，撤销低保 87 人。办理医疗救助 242 人，临时医疗救助 70 人，重大疾病救助 12 人。

（马克龙）

【社会保障】 年内，城镇登记失业人员就业 781 人，完成全年指标的 100%，其中困难人员就业 569 人，完成全年指标 118%；成功推荐失业人员就业572人，完成全年指标的191%；外地进京务工人员推荐成功132人，完成全年指标的300%；采集空岗信息3349个，完成全年指标的112%；失业人员依托子系统开展职业指导2008人，完成全年指标的134%，推荐、组织失业人员参加培训167人，完成全年指标的139%。实现创业46人，完成全年指标102%。带动就业178人，完成全年工作指标的119%。2013年新增登记失业人员517人，城镇登记失业率为2.17%；全年累计开展各类招聘会12场。至2013年12月，社保所管理的社会化退休人员3929人，为辖区退休人员办理变更医院2525人次，为辖区人员办理社保卡挂失及申领业务1586人次，在社保所享受自谋职业、灵活就业人员1049人。

（马克龙）

【文体活动】 年内，创建一家计算机联网图书馆。举办第七届“右西马（右安门街道、西罗园街道、马家堡街道）群众文化节”，第四届右安门地区文化体育艺术节，组织10场百姓周末大舞台演出，发动社区居民积极参与“发现丰台之美”等活动。玉林西里社区文化室被丰台文化委员会评为“示范性文化室”。完成5个北京市体育生活化社区的创建。组织500人参加国民体质监测。完成对中国银行60人红十字初级急救员培训工作，筹集“博爱在京城，传承在丰台”募捐款3万元，完成献血工作任务60人。

（马克龙）

【助残服务】 年内，为112名残疾人重新进行城乡养老保险审核；为69名残疾人审核、申请和发放个体就业保险补贴35万余元；为246名贫因残疾人申请和发放生活补助52万余元；为309名无就业能力且重度残疾人发放养老助残券36万余元。成立残疾人乒乓球、柔力球等队伍，引导残疾人走出家门，融入社会。

（马克龙）

【社区服务】 年内，成立社区志愿者协会，注册6418名志愿者，队伍69支。利用福彩资金改造社区服务中心，打造社区服务中心——翠林敬老院——16个社区居家养老三位一体的养老模式。

（马克龙）

马家堡街道

【概　况】 马家堡街道位于丰台区东南中部，东与西罗园街道、大红门街道接壤，西与新村街道相邻，南与南苑街道交界，北与右安门街道隔路相望；辖区内南三环中路、角门北路、角门路、嘉和路、枫竹路、南四环路、马家堡路、马家堡中路、马家堡西路和嘉园路贯穿东西南北，构成便利的交通网。辖区呈长方形，东西宽1.53公里，南北长3.21公里，2013年，辖区面积5.15平方公里，居民小区73个，居民57529户127638人，设16个社区居委会。2013年，开展幸福街道、社区创建活动，配备居民上网和培训的电脑和LED终端显示屏，安装缴费终端设备，建成健康管理小屋，为老年人提供家门口健康管理服务；全力打造一刻钟社区服务圈，对马西路和嘉园路上的棚亭进行改造升级；对废品回收点进行规范管理，建立废品收购亭4处；开通3条路线，16辆便民小巴，方便群众出行；加强96156服务平台建设，服务居民群众800余次，各类服务8600件，居民满意度为89%，获得2012年零点民声金铃奖组委会评的倾听民意政府奖之“金铃·锐”奖。非公党建工作成为地区名片，时代风帆党委“六个一体化”新格局，立足服务企业发展，服务企业员工开展活动，形成党建带统战、带团建，工青妇联动的大格局，受到国家、市、区领导的高度评价，多次代表北京市接待外省、市参观考察活动。

（童亚玲）

【社会治安综合整治】 年内，全国“两会”和“敏感日”期间，3980名治安志愿者参与社会面防控工作；采取“三方排查、四级管控、七项手段”的管控措施，对104名重点人实行“1+6”、“1+4”、“1+3”方式的监控；加强流动人口管理，关停部分地下人防工程，实现地区刑事、治安类警情下降，治安秩序好转，群众安全感增强的目标；完成民兵编组和守桥护路任务，完成兵役登记，确定7名预征对象；开展3次矛盾纠纷排查，排查出矛盾纠纷隐患 21 个，实行包案调处的责任制；初步解决嘉园三里2号楼楼道内消防、电梯、监控设施不到位等问题；开展安全生产隐患排查，消除安全隐患 90 起；开展燃气安全检查，推广燃气报警器；建立“条块结合”的消防安全监管体系，对建筑工地、人员密集场所、地下空间等重点行业和领域的负责人进行消防安全四个能力培训；开展食品安全联合执法 10 次，取缔非法摊群6个；加大交通安全和烟花爆竹燃放的管理力度，确保辖区无重特大伤亡的安全事故发生。

（童亚玲）

【信访工作】 年内，受理群众来信54件次，处理市长信箱58件次，信访反馈率100%，办结率 96.5%，群众满意率 95.6%。接待群众来访 83 批 305 人次，实现信访工作“一好转、二提高、三下降”的目标。

（童亚玲）

【环境整治】 年内，成立环境办和综合整治工作小组，由处级领导带队，对无照经营、摩的黑车、夜间大排档等环境秩序综合整治32次，共查处道路遗撒17起，查扣黑摩的72辆、三轮车75辆、展板270块，整治清理无照游商 279 处，非法大排档 27 家，规范门前三包秩序182处；完成环境秩序重点挂帐6个销账任务，第一批市级挂账脏乱点已全部销账；完成园博会环境保障任务，建立日常保洁队伍，实现街巷胡同“1扫2保”作业目标；新生违法建设清零工作有序开展，拆除违建 20 处 926 平方米；开展扬尘污染控制专项行动；建立社区市容环境秩序考核办法和考核结果公示、约谈机制；加强工地管理，绿色工地全区考核名列前茅；加大防大汛的工作力度，增加防汛物资的储备，成立应急小分队，加强应急值守。

（童亚玲）

【网格化管理工作】 年内，投资近100万元建立街道网格化社会服务管理指挥分中心，接入辖区重点部位探头 76 个，实现网格化社会服务管理平台、综治维稳平台、应急处置平台和街道、社区、网格员的无缝隙衔接，制定社区网格巡查制度、考核制度和案卷办理程序，组建专职巡查队伍，对各种案卷认真做好周分析、月报告和突发热点事件调查分析专题报告，解决网格化社会服务管理系统、96005（12345）热线、网格中心视频监控平台上报案卷共 10911 件群众的关注热点、难点问题。

（童亚玲）

【精神文明建设】 年内，开展“发现身边之美”活动，启动最美瞬间随手拍、最美书画作品征集、最美记忆寻访、最美街巷创建和最美马家堡人评选五大活动；启动“精彩园博、文明同行”主题实践活动，组织机关、社区干部参观园博会；完成嘉园三里社区新能源科普园地建设工作，在区政府信息平台和街道网发布信息 1800 条，首都文明热线和首都科技网分别采用信息 187 条和 140 条，区广电中心播报 28 条，区以上报刊登载 77 条，市级信息采用 5 条、丰台信息采用 9 条、丰台政务采用 13 条，采用信息位居全区街道系统前列。

（童亚玲）

【文化体育事业】 年内，建立丰台区首家街道级戏曲文化活动中心，开展群众文化活动，着力打造“国粹艺术”品牌，戏曲文化中心小剧场每周演出2场，每月举办戏曲知识讲座1场，形成以和韵京剧团、社区票友队为依托，戏曲文化中心小剧场为舞台，弘扬民族优秀文化艺术，推动“国粹艺术”品牌文化的发展，多次接待市、区领导的调研和兄弟街道的参观；群众文化体育活动丰富多彩。举办《社区团拜会》、“国粹艺术进社区”品牌文化、园博文化周末百姓大舞台等文化活动87场次，参与活动演员达2200人次，承担14场丰台区“园博文化周末百姓大舞台”及28场“星火工程”演出，参加丰台区“我的丰台 我的家”群众合唱大赛，受众人数达3.7万多人次；参与“北京市体育生化社区”创建活动，参加区举办的《第九届全民健身体育节》的各项赛事，举办“首届马家堡街道居民拔河比赛”、各社区举办以迎园博为主题的《趣味运动会》8场，累计参加体育活动人数达3万余人次。

（童亚玲）

【社会保障和捐助】 年内，开展“再就业援助月活动”等专项活动，帮助失业人员实现再就业323人，“4050”和“零就业家庭”等159人实现灵活就业，鼓励25人实现自主创业，带动70人实现就业；走访慰问辖区困难家庭、空巢老人、优抚对象2944户3863人，发放慰问金94.6万余元、爱心家园慈善卡192个，四川地震捐款14万余元；完成廉租房申请、选房入住，经济适用房申请，限价房申请、选房，公租房申请、入住工作；安置残疾人就业4人，走访残疾家庭230户，发放慰问品、慰问金13万余元，为60户残疾人家庭进行无障碍改造。

（童亚玲）

【劳动监察】 年内，开展劳动法宣传活动，“劳动用工规范一条街”工程进展顺利。受理投诉案件20余件，追缴拖欠工资10余万元。

（童亚玲）

【经济工作】 年内，创建企业集中办公区，解决企业注册难等问题，引进企业50家，对150家企业进行法律法规培训，代征个体税96万元，代征房产税196万元，留区税收2015万元，比上年同期增长10.9%。

（童亚玲）

西罗园街道

【概　况】 丰台区西罗园街道位于丰台区东北部，东起木樨园立交桥中心线，西到右安门外大街草桥路口，北起北京南站东南侧，南至角门路。辖区面积2.86平方公里。凉水河由西北向东南蜿蜒过境，境内长2公里，马草河经海户西里汇入凉水河。南三环中路、马家堡东路、马家堡路、角门路纵横交错，交通便利。2013年，辖区内常住人口为8.32万，流动人口1.6万。计划生育率99.5%。街道办事处下设16个社区居委会。辖区内设有中小学校7所、职高1所、托幼园9所，医疗卫生机构4所，社区卫生站4所，养老院1所，驻辖区部队2个。中国评剧院和北京京剧院坐落于辖区内，中国评剧大剧院是集戏剧、歌舞、音乐、演出为一体的一所多功能文化场所。

（董　雪）

【精神文明建设】 年内，开展学雷锋高潮日、“凉水河畔—我们共同的家园”大型笔会、幸福生活大讲堂、“丰台园博”等主题活动，教育引导市民自觉践行社会主义核心价值体系，增强地区居民的凝聚力和归属感，营造良好的社会风尚。

（吴高平）

【矛盾排查调处工作】 年内，组织各社区书记召开矛盾排查调处会3次；排查出各类矛盾纠纷事件30余件；调节一般纠纷293件，成功291件，调解率达到99.3%；通过市级综合系统和市长信箱办理信件16件，办结率100%。

（宋　勇）

【监察工作】 年内，办理政风在线、行风热线投诉7起，处理和接待社区居民的来信来访5次（件），完成区纪委委托调查案件2起。

（李克俭）

【社会治安综合治理】 年内，组织签订综治维稳责任书和反邪教责任书900余份，签订率100%；组织“综治大讲堂百场宣讲活动”6次，参加人数超过3000人；组织联合执法30余次；整治大排档30余次；查扣黑摩的50余辆；拆除违法建设2557平方米；关停、整顿6处人防工程。

（韩建宝）

【住房保障】 年内，受理、审核、公示保障性住房389户，变更、复核、终止、续签各类保障性住房348户。完成限价商品房选房69户，完成经适房选房126户。完成公共租赁住房选房、资格复核、补贴初审及办理入住手续108户，办理廉租住房29户入住手续，对102户廉租住房家庭信息进行核实。

（游贤春）

【募捐活动】 年内，组织全民慈善捐赠月、雅安地震捐款、“共产党员献爱心”等募捐活动，累计募集善款23.2万元。

（喻忠文）

【就业再就业】 年内，挖掘空岗信息2230条，组织免费招聘洽谈会10场，开展项目展示3场。组织辖区企业、社区协管员、社保所人员政策指导培训8次；开展职业指导41场；开展“一对一”专项小组指导10次，共计185人接受指导。开展技能培训8次，共计280人接受培训。帮扶313名困难人员实现再就业。376名失业人员办理自谋和灵活就业。小额担保贷款1例1人实现创业，带动就业12人。

（詹惠萍）

【社会救助】 年内，为318户592名低保对象办理低保审核并发放低保金300余万元。撤销收入超标家庭10户。为35名医疗救助对象申请医疗救助8.5万元、教育救助6人2.7万元、临时救助10人1万元、清洁能源自采暖补助17户2.3万元；为45名无丧葬补助人员发放丧葬费22.5万元。

（陈红星）

【安全工作】 年内，街道和社区开展各类安全宣传活动30余次，宣传覆盖率100%。组织各类安全主题文化展览宣传和培训近30次，培训人数达1000余人；接待北京市、区20余家单位的领导干部。对108家重点单位开展2次排查，发现隐患270余项，督促帮助整改完毕。摸底非法经营单位94个，通过20余次联合执法对其中9个单位进行关停处理，19家单位予以取缔，66家单位责令整改。组织力量132人，检查宾馆饭店、商场超市6家；餐饮场所9处、学校1家、网吧、歌厅等六小场所8处；加油、气站4个，发现3处隐患，下达整改通知书，跟踪督办，彻底消除隐患。

（马　力）

【老旧小区整治】 年内，节能改造99栋楼，抗震加固改造2栋楼，惠及居民8843户。

（李世豪）

【环境建设】 年内，在重点区域重点治理的原则上，对西罗园三区和四区2个没有物业管理的社区进行试点，投入40万元引进专业保洁公司负责社区整体的保洁服务。对辖区的5处环境建设项目进行整治，拆除形成多年的棚亭、修复破损道路和围墙、对周边环境进行绿化美化，解决地区环境难点问题。街道投入近 20 万元，对多个社区的树木进行修剪，消除安全隐患。

（李世豪）

【社区建设】 年内，新建社区办公用房和服务用房 3000 余平方米，改造 720 平方米，水电暖实现三通，配套设施建设基本完成。目前 16 个社区中 11 个社区建设办公用房和服务用房面积达标，真正实现“党、居、站”完全分开。推选四个社区为试点，参加市级“六型社区”评定，已通过第二次评估。在创新基层管理新模式工作中，继续总结和推广“角门东里二社区民情图工作模式”，花椒树社区在深化“故事会”品牌基础上创新开展创建“一院一品——特色支部”，将社区大党委和 4 个大院党支部划分为 5 个工作模块，以“红、橙、黄、绿、蓝”作代表，包含着不同的服务内涵，称为“五彩桥”项目，通过分类指导、重点扶持、提升基层管理水平。

（郭　跃）

【社区文体活动】 年内，以“戏曲票友联谊”、“花椒树故事会”为依托，组织戏曲、演讲、摄影、合唱、舞蹈等项目各类专业培训共 24 场。组织“丰台美之最美西罗园”社区邀请赛、“五月鲜花”、“周末百姓大舞台”、“票友联欢活动”、戏曲邀请赛等特色活动 40 余场。为 9 个社区配备体质促进项目配套器材、乒乓球台案等健身器材，以社区为主体开展运动会、乒乓球赛、足球赛等体育活动 10 余场。组织各社区健康大讲堂活动 46 场。

（杨　芃）

【网格化管理】 年内，社区网格上报案卷 5667 件，自处率达 96%以上；接收网格件 3039 件，处理完成 3030 件，合格率 99.7%；接收 96005 平台热线数量 1387 件，案卷全部及时接收、及时处理、及时回复。

（耿连明）

【助残工作】 年内，地区残疾人享受各类生活补助 209 人，发放 77.16 万元；为 287 人发放助残券 34.44 万元；办理入住福利机构补贴 8 人，办理残疾人燃油补贴 242 人，共计 6.29 万元；办结服务商助残券 25 万余元。为 1 人申请临时救助 2000 元；为 6 名贫困残疾人发放补贴 3000 元；办理三险补助 71 人，享受补贴 7.57 万元；为 71 人发放残疾人社会保险补贴 35 万余元；受理残疾证 48 人。儿童康复补贴 1750 元。组织残疾人参加市、区就业培训 50 人次，参加市区组织的职业招聘会 4 次，参加职业指导 20 人次，安排残疾人就业 6 人。

（李晓月）

东铁匠营街道

【概　况】 东铁匠营街道位于丰台区最东部，辖区北部与东城区、方庄地区相邻，东部与朝阳区接壤，南部与大红门街道、南苑乡搭界，西部与东城区、西罗园街道相连。北部毗邻京津城际高速铁路，京广铁路，南二环路，南护城河。南三环路东西贯通辖区，地铁 5 号线、10 号线、亦庄线纵贯辖区，蒲黄榆路、榴乡路南北横跨辖区，紧邻京津塘高速公路的进、出口。2013 年，辖区总面积 12.9 平方公里，社区居委会 25 个，辖区常驻人口 17.85 万人，户籍人口 9.55 万人，流动人口 4.79 万人。计划生育率 98.94%。辖区有北京市同仁堂科技发展股份有限公司、北京地铁车辆装备有限公司、方庄污水处理厂、方庄供热厂、北京联合大学特殊教育学院等 4800 余家单位，其中，各类学校、幼儿园 40 家，医院 7 家，液化气站 2 家，加油站 3 家，大型商市场 25 家，电影院 2 家，物业单位 50 家。年内，先后被评选为“北京市药品安全示范街道”、荣获“2013 年北京市安全生产月活动”最佳实践活动奖、宋家庄社区被北京市民政局评为“先进社区居委会”。

（朱伟成）

【社会治安综合治理】 年内，完成 3 处老旧小区技防设施改造，创建市级“平安社区”一个。新增志愿者 220 名，总数达到 4125 人，为十八届三中全会等重大政治活动提供安全服务保障。开展地下空间整治行动，清空违法人防工程 19 处，督促整改有安全隐患的普通地下室 13 处。开展治安秩序整治 157 次，出动执法车辆 620 车次、执法人员 7800 人次，查扣黑车 616 辆。录入流动人口 47860 人，出租房屋 7719 户，代收出租房屋税 430 万，采集率 100%，核销率 98%，准确率和完整率 100%。

（王志海）

【安全生产】 年内，对辖区人员密集场所、餐饮企业、商市场、中小学校、幼儿园、危化单位实行分类管理。与辖区 1959 家重点单位签订《安全生产责任书》、《食品安全责任书》、《交通安全责任书》；组织辖区单位开展“安全生产和应急救援科普知识竞赛”，开展消防灭火演习共 42 次，参与单位共计 70 余家，人数 2000 余人。对餐饮企业、地下空间、商场、歌厅、网吧等场所开展 10 次夜查，查处各类安全隐患 70 余起，行政处罚 9 万元，因消防违法拘留 13 人。投入经费 20 余万元制作宣传横幅、设置宣传栏、展板、发放《致居民的一封信》等宣传材料，清理可燃物 161 车，更新灭火器 508 具。举办各类安全培训 22 次，近 2200 名辖区企事业单位安全负责人、社区居民参加。

（李 海）

【环境建设】 年内，共查处环境举报与信访件 600 余件，制止新生违法建设 45 处，拆除违法建设 36 处，面积共计 7800 余平方米。在横一条加油站、顺三条修建垃圾房，对刘家窑南里 29 号楼东侧、南窑路、横一条南延路、榴乡路平房区进行路面修复和管线改造。对宋家庄交通枢纽、榴乡路、同仁东路、蒲黄榆大街等 14 处区域开展近 30 次环境秩序联合集中整治。完成南三环中路 12、14 号楼抗震加固和节能改造工程，南三环中路 16、18、20 号楼、南三环中路 15 号院、刘家窑南里小区节能保温工程，定安西里小区、东木樨园小区 11、13、14 号楼环境整治工程。

（韩剑锋）

【网格服务】 年内，成立街道网格化服务中心，完成接收区城市监察指挥中心下派的网格件 18000 件、城市环境热线 96005 平台案卷 185 件、北京市非紧急救助热线 12345 的案卷 1462 件。

（袁 文）

【老龄服务】 年内，营造“孝亲敬老”的社会氛围。评选孝星 83 人，为老服务示范单位 4 个。发放居家养老券 4579 人 4209000 元，兑换居家养老服务券 6497861 元。办理 60 岁本市老年证 1100 个，外埠 90 个；65 岁老年优待卡本市 1300 个，外埠 870 个。组织社区健身队参加区老龄委的健身赛活动。社区服务中心与辖区 42 家养老服务定点单位签订合作协议书，街道养老（助残）餐桌、日托所已全覆盖 25 个社区。

（曹乃斌 邢志辉）

【社会救助】 年内，办理低收入家庭 22 户 48 人，为低保 781 户 1473 人累计发放金额 802849.49 元，“两节”慰问 100 余万元。发放粮油补贴 25360 元，发放临时救助金额 9018 元，办理贫困孕产妇救助 1 户。医疗救助 197 户 259 人次，救助金额 498187.58 元。为贫困儿童购买 100 份学习用品，为蒲黄榆二幼、成寿寺小学分别送去 100 件儿童玩具和 100 套儿童服装。对 95 名优抚对象落实优抚政策，发放死亡抚恤金 4 人 2.9 万元；

伤残抚恤 3 人 3.6 万元；在乡复员退伍军人生活补助 4 人 1300 元；发放春节慰问金 58000 元。

（曹乃斌 张朝萍）

【就业与再就业】 年内，组织方庄街道、大红门街道、东高地街道成立“东方红”社会保障联盟，共享资源。共接收失业人员档案 1718 份，举办失业人员培训班 47 期 1054 人，950 人享受到优惠政策实现再就业。完成全年就业任务指标，完成率 105.6%。

（温悦宏）

【文化教育活动】 年内，投入经费 10 万余元，以“绽放铁营之美”系列文化活动为主线，举办“金色回忆、最美夕阳”老年人才艺大赛、“唱响铁营”群众歌唱大赛、“发现铁营之美”摄影大赛、“描绘美好生活”书法绘画等四项赛事，受众 10000 余人。为社区居民举办《百姓齐努力、共筑中国梦》等讲座 20 余讲，参加听课居民达到 2000 余人。组建 3 个“我的梦 中国梦”百姓宣讲团，进行 19 场巡回演讲，受教育群众超过 3000 人。以科普型社区为载体，开展“青少年未来工程师”辅导班。

（杨章君 滕海燕）

【信访与矛盾排查】 年内，实行信访、举报案件追踪督导回复机制，全年共排查出矛盾纠纷 77 件，办理群众来信来访 101 件，做到件件有回访和回复，办结率 100%。

（张春华）

【社区建设】 年内，红狮家园社区、四方景园社区、刘家窑第一社区被评为市级三星级智慧社区。南方庄社区、成寿寺社区、蒲黄榆第二社区被评为市级《六型社区》示范单位。宋家庄社区创建市级“一刻钟商圈”示范点，完成社区网站、一刻钟服务圈网站、手机（app）客户端信息终端的建设，在 25 个社区安装“支付通”便民金融自助机。

（范文杰）

【食品药品监管】 年内，食药所 11 月 1 日正式履职，既是区食药局派出机构又是街道内设机构，办理投诉举报 17 件，办理个体流通许可事项 20 件，对辖区 1554 家食品药品从业单位建立台账。开展宣传咨询活动 11 次，组织业务培训 5 次，接受教育 10000 余人，发放材料 30000 余份，转发食品下架信息 50 批，搜集编发安全知识 40 份，制作宣传栏 11 期。开展检查 3200 家（次），联合执法 26 次，整治风险隐患 132 处。制定地区《突发食品安全事件应急预案》，并进行应急演练。先行开展北京市“食品药品社会化综合监管与服务系统”的推广应用工作。

（肖志刚）

【住房保障】 年内，接受居民申请保障房 396 户。其中：经适房申请家庭 33 户；限价商品房申请家庭 215 户；公租房申请家庭 148 户；变更家庭 112 户；复议家庭 9 户；公租房摇号登记 71 户；公租补贴 53 户；发放楼书 289 户；廉租房申请家庭 24 户；廉租房续约家庭 104 户。

（王宗青）

【劳动监察】 年内，新增用人单位信息采集 200 户，劳动巡察用人单位 589 户次，涉及职工 16480 人，督促 12 家用人单位与 180 名劳动者补签劳动合同。开展“劳动用工规范一条街”整治活动和书面审查工作，规范检查 218 家用工单位，涉及员工 2140 人，签订率 97.4%，劳动合同续签率 98%，农民工合同签订率 94%，社会保险缴纳率 91.4%，荣获北京市人力资源和社会保障局 2013 年“劳动用工规范一条街”先进单位。开展 5 次劳动用工情况专项执法检查，受理各类投诉、举报案件 6 起，涉及职工 200 余人，追回拖欠的工资 11.29 万元。

（梁国洪）

【协税护税】 年内，代征个体工商税 181.3 万元，代征个人出租房产税 423.7 万元，同比增长 212%，完成留区税收 15,557 万元（1.56 亿元），同比增长 5.2%，企业集中办公区入驻企业 150 户。

（杨　源）

【助残工作】 年内，现辖区共有残疾人 3423 名。春节期间对 400 户残疾人家庭进行走访慰问，累计发放慰问金及慰问品约 24 万元；为辖区 20 余名贫困残疾人家庭发放 13900 元的临时救助款；为 535 人办理发放助残券；为 428 人办理各类残疾人生活补助，累计发放补助金 107.5 万余元；为 204 人办理城乡居民养老保险补贴；为 76 人办理城镇残疾人个体保险补贴 34 万余元；为 10 名残疾学生及贫困残疾人子女办理 37700 元助学补助；年内完成 101 户残疾人家庭无障碍改造工作；为 379 人发放残疾人机动轮椅车燃油补贴 9.8 万元。

（樊　苏）

【法律服务】 年内，共调处纠纷 1220 件，成功 1201 件，成功率 98.4%。开展 5 次调解员法律培训，200 余人次参加。开展法律讲座 500 余次，法律宣传 500 余次，开展法治文化活动 1 次，开展法律咨询 2000 余人次。共开展青少年普法宣传活动 10 次，开展法律援助便民服务，代书法律文书 27 份，帮助提供法律援助 7 人。25 个社区成立 125 人矛盾调解团，宣传《妇女权益保障法》，维护妇女权益。

（曹西引）

方庄地区

【概　况】 方庄地区位于丰台区东北部，北至南二环路与东城区搭界，东至方庄路与朝阳区接壤，西至蒲黄榆路、南至南三环路与东铁营街道相连。辖区面积 5.53 平方公里（小区面积 3.14 平方公里），分芳古园、芳城园、芳群园、芳星园、紫芳园、芳城东里 6 个园区。2013 年，总人口 10.04 万人，外来人口 3.02 万人。计划生育率 98.6%。人口构成以汉族为主，占 95.7%；有满、回、蒙古、朝鲜、藏族等 35 个民族，人口密度为每平方米 0.019 人。辖区有中央、市、区属单位 105 个，社区居委会 16 个。地区有非公有制企业 1189 家，其中私营企业 870 家，个体企业 308 家，外资企业 11 家，规模以上企业 20 家。

（乌兰塔娜）

【经济工作】 年内，代征个体工商税 154 万元，出租房屋房产税 350 万元，实现留区税收 4.11 亿元，同比增长 14.4 %，居丰台区街道系统第一名；招商引资企业 6 个，其中金融企业 5 家。

（乌兰塔娜）

【社会管理】 年内，投资 171.6 万元，建设集网格、应急、指挥等功能于一体的社会服务管理指挥中心。研发“数字民情图”服务管理平台，为社区工作者配备移动终端 220 套，探索建立社区党建网格化管理平台，实现社区管理服务与社区党建同步推进。

（乌兰塔娜）

【综合治理】年内，对 143 处民防工程和 262 处普通地下室进行 5 次大检查，整改各类隐患 80 余处；张贴防汛、防火、防盗安全提示 2000 余份；清退到期民防工程 11 处 8628 平方米，关闭普通地下室 4 处、整改 3 处、新备案 3 处；清理“僵尸车”69 辆；劝离上访人员 20 名。

（乌兰塔娜）

【安全工作】年内，开展安全宣传活动 8 次，发放宣传手册 5000 份；对 179 家单位进行安全生产检查，整改隐患 75 处；对 930 个单位进行消防检查，整改隐患 216 处。组织社区志愿者加强对重点地区的安全防控，参与巡逻人员 34000 人次。

（乌兰塔娜）

【信访工作】 年内，发放信访条例手册、宣传袋等物品1000份；接待群众来访1500人次，处理信访件155件，初信初访办结率达90%以上，重信重访率控制在10%以下，重点矛盾纠纷化解率达到90%以上。

（乌兰塔娜）

【劳动监察】 年内，完成日常检查160次；协调解决劳资纠纷12起，涉及职工135人，为职工追回工资 12万元；申报办理返城知青3人；开展劳动政策法律法规讲座3次，参加人数400人。

（乌兰塔娜）

【就业再就业】年内，新增登记失业人员410人，就业426人，完成指标77%；推荐就业164人，完成指标110%；采集空岗信息3000条，完成指标100%；安置外来务工人员50人，完成指标100%；失业人员培训117人，完成指标 117%；累计办理自谋职业和灵活就业社会保险补贴2019人，新增402人；组织企业招聘会10次。

（乌兰塔娜）

【社会保障】 年内，现有最低生活保障家庭122户216人，发放低保金115.91万元；为6户6人办理低保待遇；对49户收入变化的低保户进行变更或撤销；为5户12人办理低收入认证；办理居民医疗保险 3489人；采集各类参加医疗保险人员申办医保卡照片2976张，采集医保卡信息989条，报销各类参保人员医疗费 1564 人次；挂失补办医保卡3516人次；为1840人办理变更选择定点医院信息；办理居民丧葬补贴22人11万元；办理退休、失业人员自采暖补贴89人7.7万元；办理10户低保家庭自采暖补贴共2.1万元；

（乌兰塔娜）

【社会救助】 年内，为10户20人次办理医疗救助，发放医疗救助金4万元；为2户2人办理临时救助，发放临时救助金0.2万元；为1户1人办理新生入学救助，发放新生入学救助金0.45万元；为3名特困在校大学生申请发放救助金1.2万元；为6名困难党员发放地区党员助困金0.7万元；走访慰问地区37名低收入家庭18岁以下青少年，发放慰问品、慰问金0.74万元；走访慰问30名失业人员，发放慰问金1.5万元；筹集善款30.98万元。

（乌兰塔娜）

【老龄服务】 年内，为2687名老人发放养老服务卷307.8万元，回收养老券259.76万元；为90岁以上高龄老人发放津贴22.67万元；为10名95岁以上高龄老人办理医疗补助，发放医疗补助金4.64万元；为9人申请高龄特困补助0.9万元；为4位高龄特困老人发放慰问金0.4万元；为424名60岁以上老年人办理老年证；为1401名65岁以上老年人办理老年优待卡；为27户60岁以上“空巢”老人安装“一按灵”紧急医疗救援呼叫器。

（乌兰塔娜）

【法律服务】 年内，开展法制宣传教育活动20次，发放法制宣传材料7000份；调解矛盾纠纷512件，涉案金额50余万元，调解成功率99%；接待居民法律咨询500多人次，提供法律建议100多条；律师参与帮助居民化解矛盾纠纷94件，化解家庭房产纠纷37件；为居民进行集中法律服务49次，法律培训讲座11次；接收矫正对象4人，解除矫正7人；在《方庄生活》报开办“举案说法”栏目，刊登案例40篇、司法行政工作信息20篇、法律服务信息70条。

（乌兰塔娜）

【城市管理】 年内，组织环境清洁日活动35次，2.7万余人参加；制作“环保监督员”袖标1.5万个；清刷小广告30万余条，捡拾白色垃圾3430公斤，清理无主垃圾196吨，清理绿地面积 13.8 万平方米，清除装修垃圾、渣土2700余车；为辖区树木打药2.3万余株；拆除违法建设50处2188平方米，拆除违规广告牌匾11处。

（乌兰塔娜）

【文化教育】 年内，成立地区和社区文化协会，开展文化体育活动130场，受益群众8万人；社区服务中心接待群众3.2万人次。

（乌兰塔娜）

【医药卫生】 年内，做好创建国家卫生应急示范区街乡及创建北京市药品放心示范街道的准备工作。对500名外来务工人员进行流脑麻疹疫苗接种；对6000人进行脑卒中筛查，对1400名高危人群进行体检；完成H7N9应急防疫工作；发放各类卫生防病宣传折页及宣传海报5万份。

（乌兰塔娜）

【精神文明建设】 年内，开展“最美方庄人”评选活动，评选出20名“最美方庄人”；开展“我的梦·中国梦”主题宣讲、“奉献园博·美化环境”主题活动；在市级以上主流媒体刊登稿件20篇，在《丰台报》上发表新闻26篇，在丰台新闻中发布视频新闻25条，在丰台政务网、方庄政务网上发布消息416条。

（乌兰塔娜）

南苑街道

【概　况】 南苑街道位于京城正南，丰台区境域东南部，人称“天安门前第一镇”。历史上是元、明、清三代的皇家苑囿旧址，元称“飞放泊”，明称“南海子”，清称“南苑”。街道面积13.62平方公里，东至南苑路和三营门大街，与东高地街道相邻；南至南苑飞机场南侧，与大兴区接壤；西至新宫村以西，与新村街道相接；北至大红门铁路，与马家堡街道隔路相望。2013年，辖区居民17100户，常住人口38293人，包括汉族、回族、满族、蒙古族、朝鲜族等13个民族。辖区内有8家中央、市属单位和武警北京总队二师、空军南苑场站等39个驻区部队，13个社区，清真寺和基督教堂各1座。

（谢长年）

【棚改工作】 年内，棚改三期征收工作正式启动，涉及居民2810户，安置房项目阳光星苑小区已具备入住条件。入户摸底工作完毕，已有270户完成征收预签协议。棚改一期、二期新增680户办理入住手续。

（谢长年）

【民生工程】 年内，开展诚苑中里小区及槐房157、167、大泡子4号楼的老旧小区改造工作，约5万余平方米；对诚苑小区和南苑北里四区平整路面约3公里；对槐房炮兵营大院和四毛线厂宿舍进行老旧平房区改造；协调解决槐房地区545户居民用水问题；协调诚苑小区电力改造工程；新建垃圾房6处，美化垃圾桶站4处，新增分类垃圾桶155组。

（谢长年）

【园博保障】 年内，抽调18人次参与园博会宣传、接待、安保、后勤、环境等部门以及江苏园片区的服务保障工作；设立南苑机场“航站岗”、4号线地铁新宫站“曙光岗”、“园博先锋岗”等岗位400人次，提供义务指路、应急服务、园博宣传等志愿服务；组织在职党员90余人开展园博党日活动，推进园博片区的运营服务工作；开展争当“园博先锋”演讲活动、园博先锋实践活动等近30次，国庆期间在园博志愿服务12人次。

（谢长年）

【劳动监察】 年内，督促企业签订集体合同和工资集体协商；落实社会保险扩面征缴工作，完成扩面征缴703人；开展促进劳动就业和失业服务2400人；调解劳动纠纷18起，涉及农民工285人，为农民工讨薪300余万元。

（谢长年）

【矛盾调处和法律救助】 年内，掌握各类矛盾纠纷共121件，成功调解纠纷117件，制作调解卷宗117件，调解率和调解成功率均为100%，其中群体性纠纷23件，涉及4000人次。协助处理工伤赔偿、合同纠纷等涉法案件5件，涉及当事人15人。协助审理“一刻钟”便民服务圈、新华里租赁、五亩地租赁等合同7份。

（谢长年）

【综治维稳】 年内，查处出租大院和工地等重点场所较大隐患30多处；组织联合执法专项行动15次，查扣运营黑摩的黑三轮20辆；拆除各类违章建筑40处2687平方米，规范无照经营行为160余起，清除非法小广告1000余张；完善重点人员台帐，在帐重点人共8类245名，其中“法轮功”分子42名、刑释解教人员114名、重点精神病人34名、流动高危人员15人；设置治安服务岗24个，注册治安志愿者1440人。

（谢长年）

【城市管理】 年内，信息化城市管理网格平台处理网格案卷7738件，其中综合治理类6784条、矛盾排查类472条、矫正帮教类68条、流动人口管理类95条、治安防控类319条；“96005”环境热线接到电话196个，涉及违建举报、非法小广告、店外经营、暴露垃圾、井盖、无照游商、雨水篦子丢失等问题，正确处理率达到99%。

（谢长年）

【精神文明】 年内，发挥街道门户网站、“和谐南苑”微博、“和谐南苑”手机报、宣传展板等载体的功能，打造报纸、网络、手机、橱窗为一体的宣传阵地；建立青年先锋“德学境地”博客，设立青年汇QQ群，通达社情民意，引导社会热点，疏导公众情绪；举办风格特色的文体活动，努力构建节庆、军旅、历史、群众文化四位一体的宣传格局；重点打造“圆梦南苑”青年先锋宣讲团，助力三期棚改。

（谢长年）

【社会保障】 年内，新增低保25户47人，终止30户53人，对685家低保户1368人进行半年复审，开展低保医疗救助146人次；报销城镇“无业人员”药费63人次、“一老一小”药费98人次、退休人员药费262人次、超转人员药费109人次；业务下沉定点医院变更956人次；补办社保卡410个；为68名失业人员办理退休手续；“两节”期间走访慰问退休和失业人员436人。

（谢长年）

【慈善捐赠活动】 年内，开展“送温暖 献爱心”捐款月活动，完成捐款67681.2元；举办爱心家园救助活动，为10名患大病特困人员成功申请慈善救助金37000元；号召永辉超市“慈善情暖万家”行动向50户困难家庭发放救助卡50000元；开展“为雅安地震捐款”活动，收到19个单位捐款，金额88690.63元；为三位特困大学生申请助学金共计11000元。

（谢长年）

【住房保障】 年内，受理申请保障住房138户、廉租房续租合同85户、家庭变更48户、终止资格24户、摇号登记24户、选房150户，复审廉租房实物配租家庭65户。

（谢长年）

【双拥活动】 年内，举办“军警民新春联欢会”、“第二节双拥文化节”，组织开展“双拥书画作品展”、“园博先锋演讲活动”、“共建美丽南苑”、“文艺汇演”、“走访慰问”、“幸福游园博”、“社保政策进军营”等系列活动；组织136名退役军人、军人家属参加“庆八一、社保政策进军营”和“单位招聘进军营”专场招聘会，初步达成就业意向58人；对153名军工进行防暑降温慰问，为17名军工办理手工医药费报销，为13名军工做定点医疗机构变更，为军工人员工资归档并做好档案核查等工作。

（谢长年）

【助残工作】 年内，持证残疾人共计1510

人。其中肢体残疾889人、精神残疾136人、视力残疾253人、听力残疾73人、言语残疾10人、智力残疾126人、多重残疾23人，同比增加4.6%；为178人办理城市居民特困残疾人生活困难补助金，37人办理重残无业无固定收入生活补助，14人办理城镇失业残疾人生活困难补助金，131人办理机动轮椅车燃油补贴，209人办理助残服务券；为65名残疾人申请个体就业保险补贴；构建温馨家园，开办“书画、揉力球、葫芦丝”等技能培训班，组织残疾人参加就业培训和专职招聘会。

（谢长年）

大红门街道

【概 况】 大红门街道地处丰台区东部，距离丰台区政府11公里，位于南三环、南四环之间，分布于南中轴线两侧，辖区面积9.56平方公里。2013年，大红门街道辖区下属28个社区，有常驻人口22万余人，在册流动人口60749人，计划生育率98.9%。大红门、动物园和雅宝路并称为京城三大服装批发商圈，拥有轻纺、服装、鞋业、小商品批发等大中型商贸市场32家，日客流量约20万人。辖区驻有3支空军部队，2支消防中队，5个公安派出所；4所公办中学、10所公办小学、2所私立小学、5所公办幼儿园、44所自办幼儿园、28个社区市民学校。

（张东林）

【劳动监察】 年内，共接待来访和受理咨询140余人次，解决纠纷19件，涉及人员107名，追讨、解决工资等19.8万余元，协调16人补签劳动合同，维护妇女怀孕期权益1人。

（张东林）

【社会保障】 年内，完成失业人员再就业1137人、空岗信息采集3761人、职业指导3172人、推荐失业人员510人、实现创业89人、带动就业385人。组织培训生源357人，外地进京务工人员推荐51人，安置就业困难人员703人，征集创业项目1个，展示创业项目3次，审核申请小额贷款1人，上报充分就业社区21个。2013年共管理退休人员8236人，新增664人，新批退休人员125人，办理审批“五七联”人员37人。为退休人员改医院2053人次。收发同步医保卡、医保存折、医疗补缴、超龄补缴、办理异地安置手续等400人。受理查阅档案、开具证明、协助外地认证2051人；为529名退休人员申请自采暖补贴。补办申领发放医保卡2111张；报销药费1535人次，金额332万元。

（张东林）

【社会救助】 年内，协调解决辖区内低保及生活困难家庭728户1454人的救助、保障等实际问题。3月份完成“春风送暖，献爱心”活动，共捐款6.4万余元，为“4·20”雅安地震筹集善款113万余元。落实326名超转人员持卡就医，完成246名新超转人员及22名新军工的接收工作。

（张东林）

【保障房建设】 初审经济适用房39户、廉租房33户、限价房309户、保障性住房125户，总计各类保障房申请材料初审上报506户。完成公租房租金补贴31户、新申请的廉租房租金补贴5户、限价房选房入住（郭公庄项目）10户、参加登记公租房摇号62户、公租房选房入住15户、大瓦窑经适房选房172户。

（张东林）

【老龄工作】 年内，完成300户困难老人“小帮手”发放调试工作。开展由辖区机关、非公企业、各社区参与的“北京市孝星”及“为老服务先进单位”评选工作，推选产生85名孝星和7家为老服务先进单位，经过推选、公示、上报等程序，区老龄办评定和审核，街道73名孝星及6家为老单位获得此项荣誉；彩虹城社区托老所2013年再次被评为市级“为老服务”示范单位，同时被评为首届全国“敬老文明号”先进单位。

（张东林）

【社区管理】 年内，深化“8531”社区工作法。“8”即“八看”遍社区：一看OA网、二看民情图、三看宣传栏、四看脏乱堵、五看违章建、六看安全隐患、七看文体活动、八看薄弱点；“5”即“五送”进家门：一是喜事送祝福、二是哀时送慰藉、三是扶贫送优抚、四是祝寿送心愿、五是爱幼送温暖；“3”即“三问”出良策：一问建议、二问方法、三问评价；“1”即“一到”都满意，达到一个目标，即辖区居民对社区工作满意度达95%以上。

（张东林）

【社区办公用房建设】 年内，世华水岸、石榴园北里二居、建欣苑、石榴园南里一居和苗圃西里五个社区的办公用房改造项目完成，面积共计1500平方米。修缮大红门东街等八个社区办公用房，改造面积近1000平方米；协调辖区共建单位，采取合作方式，改造社区办公用房3处。

（张东林）

【综合治理】 年内，综治办协调公安、交通、工商、城管及治安巡防队共开展36次联合执法，查扣黑车1100余辆，累计检查违法建设非法经营单位686家，查处无照经营312起，查处非法小广告65起940张，清理街面游商200余人次；综治办先后21次（其中10次为夜查）带领巡防队到人防工程、地下室进行检查、宣传、张贴关停公告。关停人防工程9处280间，清理流动人口590人；关停地下室20处195间，清理流动人口348人。完成丹陛华、京温、众人众、方仕国际商贸城、建欣苑菜市场、正天兴皮毛市场、中联华都红门鞋城等10处共计2460平方米的商圈整治台账销账工作。对石榴园南里7号楼、苏家坡小学西门、石榴园南里南门消防通道等处既有违法建设进行拆除，其中市违法占地违法建设专项行动上账51处25488平方米，已完成销账40处12083平方米。承办私搭乱建网格案件357件，社区上报新生违建44件，累计控制拆除新生违建67处4632平方米。

（张东林）

【信访维稳】 年内，发放各类宣传材料2000余份。协调、处理群众来访和反馈人民群众来信共265件682人次，其中来信161件237人次、来电47件47人次、来访57件398人次（包括集体访17件358人次）。上述案件均已全部办结。

（张东林）

【环境治理】 年内，街道对自管的75条街巷胡同、98处垃圾站点进行摸排、清理。对珠江骏景南区南侧长期堆放的垃圾、渣土进行彻底清理；通过联合执法、加派保洁人员等方法，使角门南路沿线绿化带环境脏乱问题得到改善；重点协调角门东地铁站周边环境脏乱问题，区域环境得到改善。共接办区市容卫生考核的暴露垃圾、积存渣土、堆物堆料等六类案卷6702件，花费清理资金65万余元，累计清运垃圾、渣土1400车。

（张东林）

【文体活动】 年内，组织开展29支队伍近1000人参与的“庆七一、颂党恩、赞丰台”群众歌咏大赛和26支队伍1100余人参与的“相聚大红门、舞动中国梦”千人舞蹈大赛。举办形式多样的文化活动380余次。为外来务工人员子女开具小学借读证明1081份，初中借读证明445份，转学证明268份。投入资金13万余元，更新社区健身器材，组织15个社区先后开展群众性体育文化活动、亲子运动会、老年人趣味运动会。

（张东林）

东高地街道

【概 况】 东高地街道位于丰台区境域东南部，东南与大兴区接壤；西与南苑街道毗邻，北与和义街道相连。辖区面积 3.27 平方公里，常住居民 18013 户，常住人口 51620 人、流动人口 7174 人，计划生育率 99.4%。辖区有以航天一院为首的 303 所、508 所、704 所、772 所等 7 个航天科研系统的中央单位，市、区直属单位 20 个，中学 1 所、小学 4 所、科技馆 1 所、老年活动中心 1 所、幼儿园 1 所 3 个分园，医院 1 家，90%的常住人口是航天科研人员、职工和家属，是典型的单位型街道。辖区有万源南路、东高地斜街等 7 条大街，角二社区被评为“国家地震安全示范社区”，万源西里社区被评为“北京市最优美社区”、万源路被评为“北京市最优美街巷”。年内，完成留区税收 5729 万元。

（吴文清）

【环境整治】 年内，对辖区内 331 个楼群院落乱堆乱放的杂物进行清理整治，清理垃圾 50 车次，累计动用人力 3000 余人次、投入资金 26500 元，动用各类车辆 70 台车次，清运生活垃圾及渣土 550 吨。清除新增“小广告”13240 条，清理卫生死角垃圾 120 处，清理绿地 18 万平方米，规范门前三包 514 家。对三角地第二社区 6180 平方米绿地签订养护协议；摆放花钵 110 处，投放各种花卉约 3 万余株。处理完毕 7 件违章案卷，拆除面积 4175 平方米。开展美国白蛾防控工作。共安放黑光灯 17 个、性诱捕器 11 个，高射程打药车 166 台次，累计使用药品约 1.15 吨。资金 144000 元。预防面积 8700 亩。取缔燃煤大灶和小煤炉，开展地区餐饮业环境检查 10 次，工地综合检查 15 次。成立东高地街道保洁队，负责地区 20 条背街小巷的清扫保洁工作，清扫面积 4.08 万平方米。

（杜百杰）

【综合治理】 年内，协调派出所、城管分队联合打击黑摩的 9 次，收缴黑摩的 32 辆。组织对不文明养犬行为集中行动 4 次，收缴各类犬 18 只。协调资金对三角地第二社区益丰园小区 25 个单元的门禁升级改造，新增加安装 5 个监控探头，更换 2 个监控探头，工程总造价 180000 元。网格全年共上报案件 11662 件，结案 11650 件，结案率 99.9%，网格员在巡查中发现推销假冒伪劣燃气灶具团伙，协助派出所查获该犯罪团伙，涉案金额 120000 元，治安拘留 16 人。

（李克俭）

【安全监督及宣传】 年内，利用辖区各社区电子屏滚动播放消防安全提示，发放消防广而告之温馨提示 10500 份，宣传材料 12000 份，《城市应急手册》16000 份，悬挂横幅 40 条，出版板报 20 块，提醒居民群众加强火灾防范，掌握自救逃生能力；与辖区的中央、市区属单位、地区商市场、餐饮宾馆等 463 家分别签订安全生产责任书、消防安全责任书、食品安全责任书；为弱势群体家庭安装消防报警器电池 120 个，发放呼吸面罩 45 个，灭火毯 191 个，水基灭火器 95 个，干粉灭火器 110 个，阻燃床单被罩 49 个；开展“消防安全进社区、进工地”活动，发放 2100 份安全宣传小册子，1100 份消防安全常识，310 个印有消防安全的手提袋，210 个印有消防安全标语的小扇子等宣传品；开展火灾隐患攻坚整治“铁拳”行动，不同阶段及重大节假日对辖区的安全生产、消防安全、食品安全进行 7 次综合执法隐患大排查，零点夜查 4 次，错时消防检查 3 次，共查出安全隐患687处，现场整改684处，限期整改3处。

（常文杰）

【社会保障】 年内，安置失业人员208人；接收失业人员档案603份；就业530人；为失业人员发放失业保险金607人次，共计511779元；办理灵活就业保险补贴250人，办理自谋职业保险补贴2人；办理城镇居民大病医疗保险2840人，城乡居民养老保险110人，发放无保障人员的养老待遇703人；组织312名无保障老年人进行免费体检；为267户548名低保人员累计发放低保金3513794.63元；为13名失业人员办理退休审批手续；协助外省退休人员进行养老资格认证137人；办理退休人员大额药费手工报销41人次，近180000元。

（唐　红）

【信访工作】 年内，接待群众来访62批165人次。协调解决角二社区120户居民饮水污染问题、限制购电问题、社区围墙倒塌问题。解决东营房社区桃源里24栋楼前污水井堵塞，影响居民正常生活的问题。接区政风在线、信访综合办公平台转来信件17件，市长信箱信件18件，都得以落实。全部信访件，做到答复率、回复率100%

（徐树林）

【民政服务】 年内，享受最低生活保障的有275户565人，发放低保金322万元；办理医疗救助44人次，金额为57682元，临时救助51人，金额为109000元；爱心超市救助贫困家庭310户，发放物品754份；受理保障房申请117份，为70户发放廉租住房租金补贴64400元；开展捐款活动3次，共计接收捐款129801元。建立扶贫帮困基金，年内，筹集资金105000元、面粉290袋、大米180袋、食用油110桶，慰问地区各类贫困人员172户，发放慰问金86000元；全年，为地退、军工人员发放退休金10480000元，为12人发放抚恤金1148000元，手工报销药费5000余元；为35名优抚对象发放各类抚恤金达370000元。

（王丽红）

【劳动保障】 年内，对辖区3个网格895家单位实施全覆盖的劳动用工指导和监察，创建10个“双百双规范单位”、1个“和谐劳动关系单位”，维护地区劳动和谐稳定。开办春、夏、秋、冬季4次劳动法律法规大讲堂，5次流动课堂进建筑施工工地；6次重点时期重点阶段的执法大检查；对25家单位进行书面审查；与41家单位签订“无工资拖欠”承诺书。责令限期整改单位37家，补签劳动合同981人；督促社保缴费，完成扩面征缴1194人；受理并100%调解劳资纠纷13起，为117人追讨工资723000元；受理7户知青困退返京，化解3户知青上访要求。

（付雪生）

【为老服务】 年内，发放居家养老卷27945人次，折合人民币2601450元；发放90岁以上老人高龄津贴125400元；开展邻里守望巡视服务，对地区独居133名老人访视服务4869人次；提取养老专项救助基金120000元，为地区145名困难老人发放生活补贴；新建2家老年流动餐车，服务地区老年人20000人次；端午、中秋为老人发放粽子、月饼500份；投入27599.4元在地区开展老年人文体娱乐活动；对四个社区日间照料室投入15000元添置硬件设施。

（费凤华）

【助残工作】 年内，在益丰园花园举行残疾人趣味运动会；成立残疾人柔力球队；改造残疾人家庭无障碍设施36个；向917名残疾人发放政策口袋书；组织30名残疾人参加市残联组织的医院体检，其中5名重残人在家接收医院体检；组织21名残疾人参加区残联组织的运动会，获得组织奖和5个单项第一；成立残疾人法律维权站；为41名残疾人发放预防褥疮用具。

（赵德强）

【社区建设】 年内，投入3.5万元建立多元化的智慧社区数字服务平台。投入近30万元改善社区办公条件，为社区购置电脑、配备LED显示屏；为东营房社区新添办公设备；为东高地、角一、万源西里、角二、梅源社区安装统一标识；对东高地和西洼地社区服务站进行改造等。投入7万元组织全体社区工作者进行体检。投入18万元进行街道级购买服务。社工师持证率达52%。修改《东高地街道社区及社区工作者年度考核及奖励办法》。

（蒋 艳）

【精神文明创建】 年内，围绕“文明养犬、文明交通、垃圾分类”三大主题开展精神文明创建活动。其中，困扰居民和办事处多年的文明养犬工作在工作理念和管理形式上取得较大突破。成立文明养犬社会自治组织——“东高地地区文明养犬协会”，由养犬人、地区人大代表任首任会长，同时成立理事会。10个社区分别成立“社区文明养犬分会”和理事会，均由养犬人任分会会长。开展“文明养犬我承诺—签字仪式”、“文明养犬我参与—知识问答”、“社区犬类摸底登记”、“文明养犬经验交流会”、“文明养犬宠物技能比赛”、“文明养犬宣讲会”等多种活动。参加全区“发现丰台之美”活动，通过摄影展、书画展、文艺演出等形式展现丰台之美，全年共上传作品20969件。

（李夏清）

【科普工作】 年内，开展“科学在身边，科技进万家”品牌活动。共完成科普讲座13次，组织科学兴趣小组3次，举办“家庭多米诺骨牌”科普互动活动1次，受益人数近千人。三角地第二社区成功申报中科协科普益民项目，获得中科协及市区两级科协拨款70万元，将角二社区打造成一个市级防灾减灾示范社区。该项目已完成第一阶段验收工作。

（李夏清）

【园博先锋行动】 年内，先后抽调机关社区23名党员干部到园博参与服务工作，抓好1、2门区48个港澳台国际展园的服务引导、安全防范和处理应急事件等工作。累计动员机关、社区党员干部3000余人次带头参加“城市清洁日”、“建设环境从我做起”等活动，清理卫生死角垃圾120处。设立“园博先锋服务岗”，累计发放园博宣传材料3257份，接待问路等咨询5500人次，为670人次提供理发、磨刀剪等便民服务。

（王海霞）

【党员领导干部直接联系群众试点工作】 年内，将航天一院一部、航天总医院、772所、303所等9家驻区单位党员干部分别与社区进行对接，建立包片联系、结对帮扶、走访接待等制度。在街道层面，每季度召开一次协调会商会，了解联系工作进展和存在问题，共同研究解决群众提出的难题。共帮扶34名社区困难群众，解决211厂遗属困难补助发放、角一社区小花园的拆迁修建等多项老大难问题。

（王海霞）

【文化建设】 年内，开展电影公益放映活动，全年放映电影171场次，观影人数达到23920人次，达到地区常住人口的53.9%；开展文化惠民系列活动80场，参与群众达40000人次；京剧进校园活动已经在地区各中小学全面铺开，“千人唱京剧”项目获得“六个十”项目一等奖。

（魏 倩）

【司法工作】 年内，人民调解纠纷总数670件，涉及金额120万元；制作调解协议书76份，排查纠纷次数610次；参与重特大疑难纠纷39件，调解成功39件，涉及人数近200人。开展业务培训10次，参与录制北京电视台《第三调解室》节目2期。社区矫正人员接收矫正率100%，对矫正人员开展初始培训教育2次，协助办理最低生活保障3人次，临时救助4人次，共计2000元，廉租房2人次。开展咨询服务132次，接待各类咨询670件，举办法制宣传活动15次，覆盖2万人；审查民事合同9份，提出法律建议10条。

（蔡利萍）

和义街道

【概　况】和义街道地处中轴路南部，位于丰台区东南部，东与大兴区旧宫镇竖桥村毗邻，东南与东高地街道相邻，西南与南苑街道接壤，北与南苑乡、大红门街道搭界。周边与南苑村、槐房村、大红门村相邻，区域为典型的城乡结合部。辖区面积6.8平方公里，管辖社区9个，辖区常住人口5.0万人，全年辖区统计出生人口250人，计划生育率99%。辖区共有单位460余家，主要餐饮店有慈孝宫、巴蜀旺龙居等，主要超市有世纪家家福超市、天客隆超市等，主要金融网点有东高地邮局和义邮政所和农业银行三营门分理处2家，辖区内设有幼儿园4所，中小学3所，派出所1个，共建部队10家，居民区占地面积80万平方米，住宅总面积75万平方米。

（李　雪）

【信访工作】　年内，共接受群众来电、来信、来访及微信平台、微博等渠道收集的群众意见、建议907件次，其中来电433件、来信292件、来访110人次、微信平台接报42件、微博接报30件。通过街道和社区开展大量的化解工作，信访问题处置率达100%，全年没有出现重大非正常上访和到重要地区过激上访的行为事件，到上级信访部门正常上访数量比上年下降80%。

（李　雪）

【社区建设】　年内，累计投资50余万元，先后完成西一、西二、东二三个社区办公及服务用房的建设。争取25万元配套资金对东二、东三、北二、西一、西二五个社区制作并安装统一的形象墙、制度板、导引牌、门楣牌匾标识、展板、宣传栏等。投入10万元制作完成一刻钟商圈便民网站，方便居民足不出户，即可享受商家的各项便民服务。大力培育辖区社会组织，将63家社会组织纳入台账进行统一管理，其中七个社区的八个项目经过专家组的评审，资金已拨付到位，当面接受专家的指导。

（李　雪）

【环境建设】　年内，建设完成一处100平方米垃圾房、四处垃圾桶站、一个二类公厕、一座400立方米渗水池。依托老旧小区改造等惠民工程，铺设渗水砖20000平方米，硬化道路4000余米，改造雨水管道200米，绿地改造2000平方米，安装晾衣架70个。投入资金30余万元，组织发动1500余人次，开展环境清洁、宣传活动40多次，清理环境卫生死角、垃圾渣土等10余吨，清除小广告5000余条。累计拆除违法建设1.56万平方米。先后拆除违法建设密集、非法生产问题突出、安全隐患众多的嘉禾庄平房出租大院6000平方米；消防安全不达标且位于高压线塔下、安全隐患突出的北方世贸鞋城库房2000平方米；严重影响地区市容环境的久敬庄路口违法建设4000平方米。

（李　雪）

【公共安全】　年内，成立和义街道食品药品监督所，配齐房屋、设备和人员，保证地区食品药品安全监管更加专业化和规范化。着眼生产安全、消防安全、交通安全、食品安全四个方面，会同驻区消防、驻区交通等相关部门，累计开展各类隐患排查和安全检查2000余人次，发现各类安全隐患626件，发放隐患整改通知书831份，发放各类宣传材料3万余份，关停、取缔、清理各类非法生产经营98家，下架不合格食品242种。

（李 雪）

【精神文明】 年内，完成嘉禾庄文化广场项目前期认证、勘验、申报、评审等环节，申请项目资金128万元。协调督促建设单位完成“北京精神文化园”建设项目。投入6万元，为社区配备相关的文化活动配件设施。利用和义街道文化广场这一平台，先后为社区32支文化团队提供演出机会，举办书画、合唱、戏曲表演、器乐等多项培训。举办14场“百姓周末大舞台”演出活动，受众人数达8000余人。积极扶持社区原创精品节目，投资1万元，打造社区精品节目《八大员》；开展“我的梦·中国梦”主题教育活动，在辖区进行30场宣讲，并开展“放飞梦想，从这里开始”、“奉献园博”、“学雷锋展风采”等多项主题教育活动，不断巩固壮大主流思想，营造良好的舆论氛围。

（李 雪）

【保障救助】 年内，广泛开展各项关爱帮扶救助活动，为378户748名低保对象发放最低生活保障金40.3万元；对245人实施医疗救助和临时救助，累计金额43.1万元；为老年人办理老年证310张，办理优待卡520张，发放养老券64万余元，发放高龄津贴9万余元；为260名退休人员报销药费43.6万余元，为10名无业人员报销药费8736.62元；为180人办理城乡居民养老保险，为207人办理无业居民医疗保险，发放失业金31万元。

（李 雪）

【助残服务】 年内，以温馨家园为依托，为残疾人提供集康复训练、教育培训、劳动就业“三位一体”的服务。入户监督为45户家庭安装无障碍设施；“两节”期间走访慰问贫困残疾人212户，发放慰问品及慰问金6.36万元；争取临时救助2人，发放救助金7000元；为7名残疾人办理“阳光家园计划”补助金4200元；为23名残疾人发放就业保险补贴12万余元；为24人办理无业重残生活补助，累计发放16.47万元；为131名残疾人发放低保补助资金近16万元；194人享受助残卷，共计22万余元；为1025名残疾人发放政策宣传“口袋书”；组织32名重度残疾人到医院免费体检，协调铁营医院医生入户为16名重度残疾人进行免费体检；组织6名残疾人3次参加市、区残联组织的招聘会，并成功帮助1名残疾人实现就业。

（李 雪）

【住房保障】 年内，完成“四房”初审家庭61户，复核7户，变更、终止家庭12户，发放保障性住房备案通知单35户；完成对辖区55户廉租房家庭复核；发放限价房、公租房选房通知单及楼书29户；办理公租房、廉租房入住65户。

（李 雪）

【劳动安全】 年内，共受理举报投诉11起，涉及农民工人数42人，追回工资及押金7.8万元，结案率100%；督促用人单位实行劳动合同制度，实现国有和国有控股企业劳动合同签订率达到100%，非国有企业劳动合同签订率达到90%以上。协调区劳动监察大队对辖区49家单位进行劳动用工审核，对存在违规行为单位提出整改意见。

（李 雪）

【社会治安综合治理】 年内，对辖区重点道路太阳城路及周边进行综合整治31次，累计查扣黑摩的15辆，处理无照游商115人次，查扣三轮车40辆，查扣各种无照经营物品100公斤。深入开展“打四黑除四害”、黑车专项治理、社会秩序整治、拆违打非专项保障等行动、组织联合执法24次，各类单项检查38次，共查处黑车20余辆、发放各类整改通知书50余份、对地区重点企业、人防空间、出租房大院进行拉网式检查30余次。

（李 雪）

【安全保障工作】 成立季节性防事故工作领导小组，组织民防应急救援分队和志愿者开展民防工程防汛演练4次，准备防汛沙袋150个，开展消防隐患排查2次，发现隐患33处，立即整改25处，发放限期整改告知书8份，组织隐患整改回头看2次。开展冬季预防煤气中毒工作，发放各类预防煤气中毒材料近1万余份，张贴防煤气中毒安全提示1.3万张，免费租赁报警器81台，地区煤气报警器覆盖率100%。

（李　雪）

宛平城地区

【概　况】 宛平城地区位于丰台区中西部，北接石景山，南与大兴房山区相连，是北京市永定河绿色生态发展带丰台段的核心区。辖域呈自西北向东南的狭长地势，其间有东部的丰沙铁路、丰西编组站、京山铁路，西部有永定河、小清河双双纵贯全境，京石高速路拦腰将辖域截成南北两部分。辖区内总共有居民23060户59184人，其中常住人口51346人；农户420户1750人；流动人口1506户7838人。人口分布不均，居民主要分布在高速路以南的楼房区和东关楼房区，农民集中居住于卢沟桥西、北天堂村、永合庄村、小郭庄，属于典型的城乡结合部。城内交通发达，路网密集，铁路、公路、城轨纵横交错。京广、京九、京石、京山、丰沙等专线贯穿境内，地铁14号线西段大瓦窑站和园博园站也于2013年的5月5日顺利开通。整个辖区，北部地区以建材和建工产业为主，汇集北京六建混凝土公司、北京建工博海建设有限公司、北京第一建筑工程有限公司等。南部地区以机械加工业为主，典型企业有北京第二机床厂、北京华德液压泵厂、中奥电梯厂、北京白菊电器集团有限公司。此外，宛平城内旅游资源极为丰富，中国人民抗日战争纪念馆、卢沟桥、宛平城、赵登禹墓、大王庙、绿堤公园、园博园、宛平湖、晓月湖等均坐落于此，形成一个集历史、文化、艺术和爱国主义教育于一体的观光和旅游胜地。

（周艳明）

【环境整治】 年内，共拆除违法建设26025平方米；加大园博园周边环境整治力度，粉刷楼体及围墙16000平方米、绿化9万平方米、拆除乱建围墙1080延米，彻底拆除五环路周边的集装箱违法建建筑物2800平方米；督促清理废品、渣土73.8万吨，清理废品回收站236处；进行老旧小区节能改造工作，完成率100%；粉刷老旧小区周边公共部分墙壁1571.08平方米，清理老旧小区堆物堆料12吨，铺装地面1万余平方米；落实“清洁空气行动计划”工作，截止到5月，完成对辖区52个工业企业有关经济运行、能源、水资源、污染物排放等基本情况的摸底排查工作。

（周艳明）

【综治维稳】 年内，利用地区网格化社会服务平台，处理各类问题网格事件977件；开展反邪教宣传活动，发挥科学健身娱乐导向作用，推进610反邪教工作，全年均未发生邪教人员滋事案件，其中一名社区干部被评为北京市反邪教先进个人；为保障园博会顺利进行，先后累计有治安志愿者20000人次参加外围安保活动；强化培训机制，提高队伍综合素质，全面提升志愿者法律道德意识和工作能力素质，截至12月份，培训志愿者达5500人次，为游人、车辆提供指路服务等1200余次；协调多部门开展执法检查，有效预防辖区可防性案件88起，发案率全区最低，被评为“2013年丰台区平安街道”。

（周艳明）

【文化体育建设】 年内，向辖区21人发放红十字两节救助金21000元；协助市体育局下拨“体育化生活社区”资金11.7万元，用于城南二、宛平城、晓月苑等3个社区的文化体育建设，并配备1.1万元器材；为辖区404名流动人口家庭的适龄儿童开具借读证明和转学证明；举办“宛平大舞台，想唱您就来”等活动近96场，累计受益群众2.8万人次；举办“和谐杯”乒乓球比赛，共计16支代表队，近200人参赛；参与“发现丰台之美”主题活动，全方位收集各类作品上传网络平台，最终以9840件作品，22777分的总成绩获得全区第八；踊跃组织干部群众参加丰台区“一区一品”的卢沟桥醒狮系列体育赛事，并荣获全区“定向越野”比赛三等奖；参加丰台区基层文化建设“六个十”项目评审活动，申报的10个项目中有6个获选，同时获得7万元的项目基金，获得全区第三。

（周艳明）

【社区建设】 年内，按照“六个一”的标准继续深化提升晓月苑、宛平城、沸城一刻钟服务圈。在区社工委、社会办指导支持下，开发建设“一刻钟社区服务圈网站”，先后完成项目调研、设计开发、系统录入和试运行工作，覆盖街道8个社区2个村；根据丰台区政府购买社区志愿服务项目工作的通知要求，做好项目动员和申报工作，共上报申报项目8个，最终有5个项目入围，获得资金支持总额度1.8万元；街道的《宛平城地区“一刻钟服务圈家政服务”职业提升》项目最终申获批复资金4.5万元；对地区的全部社区工作者累计完成培训700人次。

（周艳明）

【安全生产】 年内，开展安全生产大检查工作，共建立712家生产企业台账，签订责任书695份，进行安全生产检查5100人次；排除安全生产隐患180处，查处消防安全隐患135起，整改132起；签订交通安全责任书121份，查处超标单位71家、严违单位21家，制作相关执法案卷131家；开展食品安全检查 450家，关停取缔2家，限期整改1家；完成3家工业企业标准化达标工作和7家工业企业标准化复评工作；建立33家小微企业标准化台账；对辖区企业、单位进行拉网式安全检查8282人次。

（周艳明）

【劳动监察】 年内，处理各类劳动纠纷及工资拖欠等群体性突发事件47起，其中40人至100人以上事件8起，涉及农民工640余人，涉及工资总额920万元；发放劳动法、劳动合同法、社会保险法宣传折页1500份，接受群众咨询95人次，受益群众达700余人；建立用人单位基本情况台账，更新劳动用工网格内容，提升两网化管理水平，完成社会单位网格信息更新495条；组织辖区内各社区主任、劳动委员，企事业单位负责劳动关系工作人员60余人召开劳动关系工作培训会；对辖区内54家企业单位进行年度劳动关系工作书面审查；加大协管员管理力度，建立劳动监察周例会机制，组织协管员学习劳动法律法规，建立日常巡察机制，实行日常巡查，社区居委会工作人员和劳动协管员双向结合，共填写日常巡查单1340份。

（周艳明）

【社会保障和救助】 年内，召开低保调标会，布置年底复审调标的相关任务，组织低保负责人、低保专干20余人完成辖区内83户低保家庭的调标工作；为在本市行政区域内的常住外埠老年人办理《北京市老年人优待卡》415个和《北京市老年人优待证》即老年证168个；召开宛平城地区2013年度“孝星”和为老服务示范单位命名工作部署会，确定命名宛平城地区2013年度“孝星”27名，命名为老服务示范单位2个；开展“送温暖 献爱心”社会捐助活动，共捐款25101.48元；为辖区153名高龄退休人员发放慰问金14709.5元，为53名失业人员发放慰问金21200元；在实施新的“租售并举、以租为主、四房合一”的保障房政策后，为94户家庭申请到限价商品住房，为22户家庭申请到经济适用住房。

（周艳明）

长辛店街道

【概　况】长辛店街道位于丰台区西南部，东临永定河，西至镇岗塔，与云岗街道、王佐镇相邻，南接房山区南岗洼，北到鹰山公园，与石景山区、门头沟区接界，南北长、东西窄，地势东低西高。东临永定河、哑巴河、小清河、大宁水库，西靠南北走向的两道丘陵。属城乡结合部。中部有京广铁路、京周公路、京石高速南北向穿过。辖区面积59.4平方公里，下设24个社区，常住人口40365户96218人，计划生育率99.06%。辖区内有中央企业16家，市属企业19家，区属企业42家，驻军部队12支。所驻单位有南车集团二七车辆有限公司（原二七车辆厂）、北京二七轨道交通装备有限责任公司（原二七机车厂）、中国北方车辆研究所、北京北方车辆集团有限公司（原六一八厂）、装甲兵工程学院及长辛店火车站等近百家企事业单位，以铁路、军工业为主，为丰台区重工业集中地。

（贺丽梅）

【园博保障工作】年内，围绕“办一届有特色、高水平的园博会”的工作部署，协调做好北宫南路、梅市口路施工过程中的拆迁、断路、通讯设备受损等工作。对京周路、二七厂路、大灰厂东路两侧进行环境整治和景观布置，拆除违建7328平方米，更换牌匾174块。开展党员先锋行动，依托园博园周边芦井和张郭庄两个先锋岗，分批次组织各类志愿者队伍开展环境清扫、治安巡逻、执勤等活动。

（贺丽梅）

【棚改工作】年内，邀请北京市规划院参与棚户区改造安置房规划、建设和拆迁政策制定等工作。协调大型央企单位、部队和市区人大代表参与规划的研讨和论证。成立专门机构，安排具体人员，倾听经租产群体和“7·21”受灾居民等矛盾突出群体的诉求，做好政策信息上传下达、开展普法教育，为棚户区改造奠定基础。

（贺丽梅）

【社区创新管理】年内，制定社区三年规划，推动行政管理和公共服务标准化体系建设。完成社保所服务大厅改造，完成东南街、车辆厂、朱西等六个社区办公和服务用房建设；统一社区装修、社区之歌和社区logo设计风格，制作安装统一规范的社区宣传栏、标牌、公示牌等，提高社区识别度。在街道信息公开网站对办事流程、申报材料、责任主体予以明确和公开。开展“六型”社区、智慧社区、规范化社区创建，形成合成公社区民俗老物件陈列展室、装技所社区军事科普教育基地、朱南社区助老服务队、装工院社区夕阳红老年大学、玉皇庄无物业老旧小区“自管会”管理新模式等特色社区品牌。

（贺丽梅）

【社会救助】年内，城镇居民医疗保险参保7130人，参保率达到98%以上；城乡居民养老保险参保588人，续保率达到99%。为1021名低保户发放城市最低保障金485.15万余元；为1363名受灾群众发放救助金186.59万元；为困难家庭、无保障老人、大病特困儿童、贫困妇女等发放慰问金68万余元。为残疾人提供康复服务，建立残疾人法律维权站，保障残疾人的合法权益。

（贺丽梅）

【就业工作】年内，强化就业帮扶，与企业

建立长效用工机制，深化“河西地区就业联盟”资源共享优势，举办招聘洽谈会、创业项目展示会、职业技能培训等，落实“自谋、灵活”就业优惠政策，帮助 1939 人实现再就业，失业率控制在 2.1%。开展“无拖欠工资”、“劳动用工规范一条街”、劳动监察“两网化”工作。

（贺丽梅）

【为老服务】 年内，成立长辛店街道居家养老服务管理中心和 60 人的街道为老志愿服务队，开展心理疏导，引导老人健康快乐生活。联合康泰医院、长辛店医院开展老人体检、义诊和健康咨询。先后组织低保、无保障老人免费体检、疗养，举办“关爱老人心理健康”、“心血管疾病健康讲座”健康大讲堂。指导各社区成立街道老年协会，动员老人广泛参与社区自治和志愿服务，加大自我管理和自我服务能力。建立“老年大学”，选定师资队伍，培训书画、摄影、体育、表演等。举办首届“敬老月”系列活动，丰富其精神文化生活。

（贺丽梅）

【民生工作】 年内，完成东山坡二里等 6 栋楼 367 户老楼天然气改造工程，辖区楼房通气率达到 90%。创建“一刻钟服务圈”，签约挂牌 85 家一刻钟服务商，制作发放一刻钟便民服务手册 3 万余册。为 11 名高龄离休老干部安装家庭无障碍设施，为 102 户残疾人家庭进行无障碍建设和改造。投入 99.6 万元，分四次为煤炉取暖户安装一氧化碳报警器 5532 台，提前做好预防煤气中毒工作。开展“阳光计生行动”和“科学引领、健康生活”行动，举办亲子运动会、“幸福家庭，智慧父母”家长培训班，计生专场文艺演出、“幸福家庭之星”评选等活动，树立科学育儿观念，推进幸福家庭工程。建立志愿者与特扶家庭结对长效机制。

（贺丽梅）

【环境整治】 年内，动员社会力量参与环境建设，组织协调辖区企业、部队、社区开展“城市清洁日”、“周四垃圾减量日”、“志愿者活动日”、“绿色工地”创建等活动。环境秩序联合整治，对辖区 16 个废品回收站、397 条背街小巷、黑车运营、无照游商、乱停乱摆等进行重点整治。控违拆违，全年拆除违法建设 32125 平方米，对原址进行硬化 7256 平方米，绿化 2225 平方米，美化 1012 平方米，其余已全部恢复原貌。拆除京石高铁长辛店段 3463 平方米违建，彻底消除京石高铁的安全隐患。出资 80 余万元重新铺设西后街甲 45 号下水道管线、整修破损旱厕 18 座、安装社区休闲座椅 150 把。协调区有关部门出资 50 万元对东山坡一里 15 号院进行环境改造，协调市政市容委修缮杨公庄等六条重点道路，增建垃圾中转站 3 处、为花园南里等三条路共计 1100 米道路安装路灯。

（贺丽梅）

【综治维稳】 年内，利用街道网格发现问题、处置问题，做到小纠纷不出社区，大纠纷不出街道。构筑大调解格局，开展人民调解、司法调解、行政调解和信访调解，化解矛盾纠纷。通过信访、政风行风在线、来电来访等解决群众反映问题 472 件。结合平安社区创建工作，大力推进社区民警席位制和驻区制，提高居民见警率，群众安全感和满意度在全区各街乡保持三甲之列。投入专项资金改扩建工会工作站。构建街道、社区、信息员“三级联动”机制，举办多项有利于妇儿身心健康的活动。开展“清真食品”专项检查和宗教服务，打造和谐民族关系，维护辖区各民族团结稳定。举办双拥共建大会，表彰双拥工作先进典型。

（贺丽梅）

【弘扬古镇形象】 年内，长辛店“二七”革命遗址（包括劳动补习学校和长辛店工人俱乐部）、长辛店留法勤工俭学旧址、娘娘宫、火神庙、“二七”烈士墓、二七南厂近现代遗存等7项被列为国家第七批全国重点文物保护单位名录。长辛店留法勤工俭学旧址、长辛店劳动补习学校旧址和长辛店工人俱乐部旧址入选北京市第一批市级爱国主义教育纪念基地。举办“魅力长辛店”之“观园博盛会、展古镇华彩”大型书画摄影作品展，共展出精选书法、绘画和摄影作品560幅。

（贺丽梅）

【精神文明建设】 年内，为五个文化型社区配置服装、书画用品，为24个社区派送音响器材设备。培育古镇艺术团、老年书画协会、红霞民乐队等30余支文体队伍。深挖古镇文化内涵，整合古镇文化、红色文化、军事文化、铁路文化等，打造“百年老镇”文化品牌。组织百姓大舞台、电影进社区、书画笔会、灯谜竞猜、红歌联唱、“戏曲进社区”知识讲座、“爱读书 爱生活”征文和演讲比赛等各类文艺活动近200场。组织收看电视专题片《社会主义500年》、举办“我的梦·中国梦”宣讲、“我们的节日”、“幸福生活讲师团”巡讲、“道德模范”、“文明之星”评选等多种形式的爱国主义教育。宣讲累计开展48场，宣讲人数145人，受众人数5000余人。推动“做文明有礼北京人”、“发现丰台之美”、“精彩园博、文明同行”三项重点工程，引导地区百姓亲自动手扮靓家园，弘扬古镇文化。

（贺丽梅）

云岗街道

【概　况】 云岗街道地处丰台区西南部，东与长辛店街、镇为邻，西南与王佐镇相连，北与门头沟区接壤，辖区面积8.53平方公里，常住人口13056户32708人，人口密度3834人/平方公里，计划生育率98%。商业、服务业、文化、卫生等设施较为丰富，辖区内主要有航天科工集团第三研究院、航天科技集团十一院、101研究所、京丰热电有限责任公司等中央及市属单位8个，区属单位23个，中学2所、小学2所，社区居委会9个。年内向“丰台之美”活动官方网站发送优秀摄影作品19600余幅，征文36篇，创意视频280分钟，快板、诗歌56篇。举办“庆祝建党92周年颂歌献给党”文艺演出，组织地区合唱团参加“我的丰台我的家”歌咏比赛，获得两个第二名；开展“我眼中的幸福”摄影比赛、五月鲜花文艺汇演等活动，覆盖职工1300余人。开展“平安社区创建”活动，云岗街道在全区21个街乡中排名第一。

（何　丹）

【服务园博】 年内，开展园博先锋“聚力梦想”志愿服务活动，设立“园博先锋服务岗”，指路、咨询等志愿服务1200余次；组织50名在职党员参加园博夜场志愿服务；开展“争先园博耀党徽”活动，街道机关、社区1151名党员进行自主选岗，服务园博；街道共抽调12名同志参与园博筹建、服务园博、园博会开幕及服务园博重点地区——永定塔片区工作；派遣5名社区工作者为骨干，组织成立15人的巾帼志愿者队伍，开展4期共计40天的园博志愿服务；在园博会试运行期间组织地区3500多名地区单位职工和居民参观园博；完成南京代表团一行11人的接待工作。

（何　丹）

【城市环境建设管理】 年内，完成辖区内1700米道路整修及绿化，开展联合执法行动10次，出动执法力量1600人次，清除非法小广告510处，整治环境秩序乱点5处，排查各类环境秩序问题46起。控制新生违法建设，全年共拆除违法建设7处，共 510 平方米；完成辖区城指网格案卷、96005城市环境热线和12345困难救助热线等案卷的处理工作，全年累计处理案件1501 件，结案率 98.3%；推进网格化社会管理工作，街道抽调 4 人成立网格办公室，在 9 个社区建立网格工作站，累计接收案件 350 件，结案率 99%。

（何　丹）

【环境美化绿化】年内，以“提升城市品位、打造魅力云岗”为主题，在云岗路装点 45 盆柱形花坛，新增立体绿化面积 5000 余平方米。辖区内 5000 余平方米裸露地面进行绿化；病虫害防治，安装白蛾防控灯、诱捕器，累计防控面积 3 万亩。

（何　丹）

【卫生监管】年内，完成辖区 12 条主要路段全日制保洁工作和日产 22 吨居民生活垃圾密闭清运消纳工作；组织大型统一治理活动 20 余次，清运无主渣土废弃物 65 吨；完成辖区 2013 年外来务工人员流脑、麻疹疫苗普查接种及学龄前儿童强化查漏补种、妇女子宫癌和乳腺癌筛查等工作，群众健康教育知晓率达 98%以上。

（何　丹）

【调解工作】年内，调解工作成功率 100%；共排查纠纷隐患 257 起，成功调解 248 起，调解成功率 96.7%；在全区率先解决辖区内 124 名原“五七连”人员基本养老问题。

（何　丹）

【公共安全】年内，组织消防协管员对辖区 400 余家门店进行巡查，累计清理可燃物 5 吨；接受消防技能培训 756 人次，消防专题讲座 15 场，累计受教育群众 2000 余人；安装一氧化碳报警器 300 台，确保辖区内无煤气中毒事件。

（何　丹）

【养老助残】年内，安置残疾人就业 10 人，职业指导 30 人次。对 10 名肢体残疾人进行康复训练；为 6 名残疾人儿童申报残疾儿童康复训练补助，为 27 户残疾人家庭进行家庭无障碍改造；慰问残疾人家庭 150 户，发放慰问金近 8 万元，为 20 名残疾人申请社区就业保险补贴，为 5 名残疾人申请办理北京市残疾人城乡养老保险；全年为地区 1300 名老年人发放养老服务券 141 万元；为 60 岁以上老年人办理老年证 197 张，为 65 岁以上老年人办理优待卡 586 人次。

（何　丹）

【社区服务】年内，完成北里社区办公服务用房改造，改建后社区办公服务用房将达到 319 平方米。筹资将南二社区、翠园社区服务大厅各新增 50 多平方米；完成云西路社区区级养老服务中心扩建工程和北里社区“松龄之家”改造工程；为镇岗南里社区、大灰厂社区安装社区服务站统一标识，推进“一刻钟服务圈”建设，为居民提供无偿或低偿服务，满足居民“小需求不出社区，大需求不远离社区”。

（何　丹）

【社区建设】年内，将北区社区、云西路社区，打造成“六型社区”；发展南一社区、云西路社区为智慧型社区；强化社区公益金管理使用，严格落实公益金使用、审批、报销程序和范围，全年共支出约 100 万元。

（何　丹）

【协税护税】年内，完成留区税收 3764 万元，比上年同期降低 30.9%；完成个体税收代征 56.55 万元，同比增加 30%。

（何　丹）

【慈善活动】年内，以“博爱在京城、传承在丰台”为主题，组织办事处及地区单位向“博爱在京城”捐款 40305 元，为雅安地震捐款 10650.1 元；开展“送温暖、献爱心”、“春雨行动”募捐活动，共收到捐款 11195 元；为雅安地震灾区捐款 32593 元。

（何　丹）

【劳动监查】 年内，与440家用人单位签订《无拖欠工资目标责任书》。以落实“签合同、上保险、保工资”为内容的劳动用工专项执法大检查，涉及用人单位420余家，劳动用工人数1500余人，查处拖欠工资案件3起，涉及金额40余万元；完成举报、投诉案件17起，涉及9家单位，监督发放工资、经济补偿金73万余元；云岗劳动仲裁分厅受理劳动争议案件40起，结案率100%，支付劳动者各类补偿金共计17.1万余元。

（何　丹）

【就业再就业】 年内，实现失业人员再就业343人，安置困难就业143人，征集创业项目2个，实现创业带动就业88人，对失业人员开展技能培训70人，开展失业指导培训234人，发放小额担保贷款8万元，城镇登记失业率1.72%；与54家单位签订空岗报告协议书，提供26个工种158个岗位，超额完成全年任务指标；召开失业人员专场招聘洽谈会2次，121人成功走上工作岗位；对143名就业困难人员进行托底安置；开展创建“充分就业社区”工作，街道9个社区中5个被评为“充分就业社区”，全部消除零就业家庭。

（何　丹）

【社会保障】 年内，办理新申请低保待遇21户27人，终止、撤销低保待遇18户，变更40户，为地区241户386人发放低保金230余万元；为200多名地退、超转、军休人员发放工资850余万元，报销医药费4.9万元，为优抚对象及烈士子女发放生活补助7.8万元，发放死亡抚恤金40万元；做好“四房合一”审核上报和政策答疑工作，上报限价商品住房41户、经济适用住房50户、廉租住房4户、公共租赁住房4户，为28户廉租家庭续签廉租合同，累计发放廉租租金补贴28.37万元。

（何　丹）

卢沟桥乡

【概　况】 卢沟桥乡（地区）位于北京市区西南部、丰台区的西北部，东起菜户营桥与西城区毗邻，西起永定河西畔，东至西二环南路与西城区交界，北与石景山区、海淀区接壤，呈东西狭长分布，乡域面积56.3平方公里，与卢沟桥、宛平、太平桥、丰台镇4个街道办事处管理交叉，是典型的城乡结合部地区。卢沟桥乡（地区）素有北京南大门之称，自古便是通南贯北的交通要地，紧邻北京西客站客运枢纽，境内二、三、四、五环路和京港澳高速路等15条干线公路纵横交错，京广、京哈、丰沙三条铁路大动脉穿乡而过。下辖19个行政村、一个社区、6个直属公司、6个直属事业单位、3个改制企业，农业人口4.04万人，城镇人口3.55万人，常驻人口9.9万人，其中，流动人口6万余人，辖区共有7个驻地派出所。2013年，全乡（地区）完成总收入97.9亿元，增长10.2%，农民人均收入17149元，同比增长13%，劳均收入30849元，同比增长10.6%，完成留区税收约8.6亿元，超额完成任务。

完成第九届村委会换届选举。构建选举工作领导小组、包村工作组、选举村三级工作体系，统筹全乡村委会选举工作，以13名乡副职领导、乡机关骨干力量组成的包村工作组为触角，加强与选举村的沟通联系，掌握民情动态，化解苗头性问题。向13个选举村派遣26名区、乡人大代表监督员，组成13个监督小组，对选举村选举程序进行全程监督，确保参加村委会选举的13个村依法合规选举产生新一届村委会。登记选民20720人，实际参加选举19690人，参选率 95%。依法选举产生村委会成员共计 77 人，其中：村委会主任 13 人、副主任 21 人、委员 43 人，男 56 人，女 21 人；党员 75 人；村总支与村委会成员交叉任职 25 人，连选连任的 55 人，新当选 22 人。新一届村民委员会成员中，平均年龄 44.8 岁；初中学历 10 人、高中学历 5 人、中专学历 1 人、大专以上学历 61 人。书记主任“一身兼”指标 100%、妇女专职专岗指标 100%。

产业结构日益优化。抓住丽泽金融商务区开发建设的有利契机，推动集体经济组织向金融相关产业迈进，东管头融资租赁公司和三路居金融服务公司业务拓展良好。全乡（地区）餐饮、酒店、商贸等现代服务业逐步形成规模，带动文化娱乐业的发展，靛厂商业街中影国际影城旗舰店顺利开业，填补北京西南区域大型电影院的空白。低端业态加速退出，严格控制低端产业在乡域内注册，加快家具、建材等污染企业退出步伐，全年关闭高污染高耗能企业 8 家。全年引进注册资金千万元以上企业共 29 家，同比增加 9 家；引进注册资金亿元以上企业共 18 家，同比增加 13 家。

重大项目有序开展。全年正在推进和准备启动建设的重点项目有中都科技大厦、北京国元通国际创意大厦等 3 个，总建筑面积 16.5 万平方米；在建的重点项目有 C9 公建、六里桥大厦、水魔方二期五星级酒店等 5 个，总建筑面积为 60.97 万平方米；已竣工的重点项目有中阳大厦、卢沟桥五星级温泉度假酒店等 4 个，总建筑面积为 25.03 万平方米；形成效益的重点项目有周庄子商业中心 1 个，总建筑面积为 1.3 万平方米，已实现对外营业。

打赢园博外围保障关键战。为保障园博会顺利开展，把涉及辖区的 8 条公路、3 条河道、2 条铁路、1 条地铁作为重点保障范围，明确责任分工，共拆除既有违法建设近 30 万平方米、拆除企业房屋 65600 平方米、粉刷墙面 61280 平方米、清理堆物堆料 15 处、清理暴露渣土 44120 立方米，解决京周新线滞留户、解体厂搬迁等遗留问题。对京港澳高速、梅市口路等道路两侧和质衡砼搅拌站、小郭庄平房区、地铁园博园站点附近 133 亩渣土坑进行绿化。取缔菜户营西街非法市场、杜家坎环岛占道售货、城南旧货市场和张仪村市场，维护三环路“十桥一线”和西局地铁站等重点区域秩序良好，保障园博会顺利召开。

城市功能不断完善。梅市口路西延和京周新线正式通车，解决沿线各村所需管线开口问题。重点村建设配套道路西局中街、小瓦窑西街、大瓦窑三号路和四号路已基本完工。玉泉西里北段、小屯北街相继开工，积极推进七里庄路、张仪村三号路西延等 9 条道路的前期手续。新建 3 座生态达标公厕，修缮 2 条便民道路，安装 7 条道路路灯，百姓出行更加便捷。

城乡发展更加协调。三个重点村建设方面，回迁房工程进展顺利，西局村如期回迁，周庄子村回迁楼封顶，小瓦窑村达到入住条件，村民回迁入住时社区医疗、菜店等配套设施一并营业，生活配套设施实现有序对接。丽泽北区农户和集体企业腾退完成 85% 以上，丽泽南区 28.5 万平方米回迁安置房实现竣工入住，集体企业腾退全部完成，万泉寺村完成农户和国有企业职工宿舍腾退任务的 95%，确保丰草河、金中都南路建设工作。棚户区改造方面，统筹研究小屯、太平桥、小井、岳各庄、靛厂的绿隔遗留问题，实行一村一策，研究乡域内超过劳均 50 平方米剩余产业用地的实施途径，统筹研究乡级集体剩余建设用地实施及绿化任务。

开展生态环境建设。提前完成 602 亩平原造林任务，西局“玉璞园”已建成，万丰餐饮街实施两侧绿化硬化和中央隔离带景观提升亮化工程，打造“生态万丰”、“炫彩万丰”美景。开展“三大战役”专项行动，共清理300余辆违法停放工程车、2个砂石厂和4处废品回收站。启动2013—2017年清洁空气行动计划，制定空气重污染应急预案和气象灾害处置预案，积极推进燃煤锅炉清洁能源和淘汰老旧机动车工作，加大工地扬尘检查力度，改善空气质量。

社会事业全面发展。2013年乡政府支持新型农村合作医疗资金430万元，参合率为99%，补贴城乡居民养老保险资金290余万元，参保率为99.4%。在实施特困人群救助金机制的基础上，完善高龄老人、困难大学生、贫困单亲母亲、失独家庭、重残人员等多层面社会救助体系，共投入353万元救助困难群体699人。全年农村劳动力实现就业近400人。逐步健全养老服务体系，为65岁以上老人建立、完善健康档案4200份，升级改造乡社会福利中心，新增180个床位，硬件设施得到大幅改善。全年共办理政风在线来信38件，办理丰台区城市热线96005交办事项近970件，行政服务大厅办理及咨询服务事项近15600件，办结率和满意率均为100%。

实现辖区安全稳定。抓好源头防范和事前风险评估，及时排查化解矛盾纠纷。开展城乡结合部地区安全生产专项整治工作和火灾隐患攻坚整治“铁拳”行动、地下人防工程清理等专项行动，全年未发生安全生产责任事故。加强对“两类重点人员”管控，走访社区服刑人员和帮教安置人员1100余人次，实现漏管率和脱管率“双零”目标，完成涉外网上斗争任务。

公共管理服务迈上新台阶。总结张仪村等典型示范社区的先进做法，以郭庄子村为试点，探索网格化社区服务管理新模式。推广趸租管理模式，实现房屋“集中管理、市场运作”。截至2013年，共建立“一刻钟”便民服务圈3家、便民菜店10家、再生资源回收点40余家。出台促进征兵工作的优待办法，鼓励适龄青年积极应征入伍。深入开展法制宣传活动，群众法治意识明显增强，变“百姓要服务”为“主动送服务”，对弱势群体做到上门服务。

文教卫生事业蓬勃发展。初步拟定近三年教育资源实现规划的同时，通过对小屯、大瓦窑和张仪村教育用地“集聚”和“置换”，整合全乡（地区）教育资源。扩大学校规模，引进名校提高教学质量。成立食品药品监督管理所，将“四品一械”（食品、药品、化妆品、保健品和医疗器械）的属地管理职能归集为一体，建立联动协调机制，为群众健康生活保驾护航。年内，共建设老年活动中心20个、文化广场14处、数字影厅21个，实现基层单位图书室全覆盖，图书总量达到7.3万册。更换各村原有破损、老化健身器材，组织开展“践行北京精神、展现卢沟之美”群众文化节、“万丰晓月杯”第二届京剧票友大赛等文化活动共117场，丰富全乡（地区）人民的业余文化生活。

2013年，卢沟桥乡被评为“2013年度北京市民政工作先进集体”、“首都社会管理综合治理先进集体”、“北京市安全生产先进集体”，全国总工会授予“全国落实建会三年规划先进集体”称号，荣获“2013年度防范和处理邪教工作先进集体”，获得北京市第三届职业技能大赛丰台赛区优秀组织奖。丰台区万丰餐饮街被评为“首都文明示范街”，由卢沟桥乡党委撰写的《推进乡镇党代表任期制工作的启示与思考》获得2012年度自选课题优秀成果奖。

（张晶晶）

花 乡

【概　况】花乡隶属丰台区，位于京城西南，东接南苑乡，西临宛平城地区，北与丰台街道、卢沟桥乡相邻，南与大兴区接壤。乡域面积50.3平方公里，主要分布在西南三环路至南五环路之间。乡下辖15个行政村、1个农工商联合总公司。常住人口10.25万人，户籍人口4.36万人，流动人口5.89万人，农业人口3.04万人。乡域内有三、四、五环路、樊羊路、丰南西路、丰葆路等城市公路网，京开高速公路及京九、京广、京沪铁路穿乡而过。现有天伦锦城、富锦家园、欣葆家园、高鑫家园等20个生活小区。辖区驻6个派出所。

转变作风，提高效能。2013年，花乡认真贯彻落实中央八项规定和习总书记系列讲话精神，转作风、干实事、惠民生，乡政府被列入区效能建设表扬单位。

切实做到勤政为民。完成29项政府折子工程，解决群众反应强烈的13项实事，办理各级各类督察督办事项42件，积极打造服务型政府。

努力树立廉洁形象。做好重大资金、重大项目、重大工程的监督、把关、审核。切实规范会议、公务接待等各项政府活动，做到公开、公正、透明，努力打造廉洁政府。

自觉接受人大监督。认真听取人大代表的意见、建议，及时办理各类议案、提案共29件。推进村务公开、政务公开和信息公开。依法规范行政行为，全年没有行政违法案件。

努力推进信息化办公。启动“魅力花乡综合数字平台”建设，完成前期调研、报告分析、模版设计等各环节工作，推进网上办公，提高政府办公数字化、信息化水平。

经济实力显著提升。全年全乡总收入实现65亿元，留区税收6.7亿元，同比增幅40%。引进百万元以上企业8家，其中亿元企业2家，与兴业银行、云津控股等多家国内外大型企业和机构合作，乡域经济实力得到显著提升。

产业结构得到优化。进一步整合乡域土地资源，将剩余产业用地向现代物流集聚区、现代花卉展示旅游集聚区、康辛路经济发展带集中。全年共淘汰低端企业184家。花卉大观园申报5星级旅游景区，国家数字出版基地签约落户榆树庄。

产业项目提速发展。参加市区商贸洽谈活动，搭建市区项目平台，引进高端、高效、高附加值产业项目。筹建草桥4万平方米国际花卉展示中心，纪家庙京沪高铁还建项目完成部分招商，六圈城南购物中心主体框架基本完工，新发地国际水产城进入招商阶段，黄土岗奥特莱斯明显提速，世界公园扭亏转赢，樊家村产业用地完成规划调整。

重点整治进展顺利。白盆窑村城市化腾退工作基本完成，一期上市地块进入上市程序。夏家胡同村在全区八个重点村中率先完成土地上市工作，产业项目也已确定，相关手续申报等工作积极办理。

棚户区改造全面推进。以市政协主席吉林挂点纪家庙村为契机，探索确定纪家庙城市化建设的新模式，推进纪家庙地区的城市化。推进草桥村、造甲村、羊坊村等棚户区改造进度。全年实现回迁房开复工建设83.1万平方米，已回迁入住45万平方米，安置村民8959人，葆台村、高立庄村完成村民整体回迁上楼。

重点工程齐头并进。完成科技园区东三期地块、造甲村地铁十号线、万寿路南延以及张新路北段拆迁工作，配合天坛医院迁建工程征地手续的办理。全年完成还建项目建设19.7万平方米。

转居撤村有序推进。全乡8个村相继启动撤村建居工作，白盆窑等3个村全面完成转居工作，高立庄等3个村完成民主程序，郭公庄等2个村完成建档工作。探索社区管理新模式，成立白盆窑亿城天筑家园小区业主委员会。

社会保障不断完善。完成新型农民培养1070人，组织参加各类技能培训1800余人，实现转移就业 1381 人。帮扶各类困难家庭 877 户，发放救助、扶持资金 200 余万元，完成 4100 人社会保险征缴任务，补发、追发各类工资 900 余万元，新农合参合率和新农保参保率分别达到了 99.7%和 97%。

社区服务更加便民。制定花乡社区规范化管理标准，针对 15 个社区服务站实施规范化管理，新发地村、葆台村被评为北京市农村典型示范社区。完善乡社会福利中心、黄土岗和新发地居家养老中心配套设施建设，开展便民服务 50 余项。

健康保障得到提升。全年门诊量突破 9 万人次，同比增长近 10%。推进社区卫生服务均等化建设，免费为 7000 人进行脑卒中和肺癌筛查，为 15400 余名育龄妇女、无保障老人、低保人员和儿童进行健康体检。为包括流动人口的近 1 万人接种疫苗，对 800 人次进行艾滋病筛查，开展健康讲座 54 次，解答健康咨询 1800 余人次，建立家庭健康电子档案 1.8 万份、村民个人健康档案 7.2 万余份。计划生育率达到 96.2%，疫情防控实现“零”感染。

丰富群众文化生活。组队参加区“我的丰台，我的家”系列文化活动，获得一等奖。开展 20 余期书画、摄影系列培训，举办乒乓球、羽毛球、篮球等赛事活动，添置和更新 8 个健身场地的体育设施和器材，恢复樊家村、造甲村等传统文化项目。乡荣获北京市第九届全民体育健身节和北京市第七届“和谐杯”乒乓球比赛优秀组织奖。

生态环境得到改善。完成平原造林 1278 亩，栽植各种苗木 60252 株。栽植白蜡、油松等树木 400 多株，养护树木 5000 余株。铺设管道 9453 延米，清扫绿地 1 万多平方米。完成 6.7 公里河道的清障清淤治理。

市政建设成效显著。市区乡三级投入资金达 2000 余万元，对乡域 4.25 公里长，近 5 万平方米的 8 条道路进行整修，安装 6 条道路的路灯共 116 盏，新建小区停车位 2700 个，有效解决高立庄铁路桥洞日常照明管理等问题。

乡村面貌改善明显。落实“城乡环境巩固年”工作，清理整顿废品回收大院 12 个，清运渣土垃圾 15 万吨，清除白色污染 1800 公斤，查处违规设置广告牌 823 块，没收灯箱、非法小广告等 1.1 万余个(张)，规范“门前三包”单位 2800 余家。

坚决遏制违法建设。拆除新生违法建设 87 处 28250 平方米，拆除既有违建 4 处 48300 平方米，拆除 5 处违法占用耕地建筑、腾退土地约 25 亩。认真做好环境派遣案卷工作，全年收到派遣案卷 9562 件，处理率达到 100%，环境建设考评位列全区农口第一。

切实做好安全工作。积极开展生产、消防、交通、食品、药品等安全隐患排查。乡村两级共检查各类生产经营单位 8400 余家，对 157 家非法企业和 2 处违规使用地下空间进行关停，排查消除各类安全隐患 1.3 万余条。

做好应急处突工作。成立安全应急检查小分队，配备手持电台 100 部、执法记录仪 106 台，投入 65 万元建立西部地区义务消防站，全年全乡未发生重特大安全生产事故，安全保障工作全区排名第二。

加强社会面防控。建立综合治理协调联动机制，加大对重点人和重点地区的摸排管控，顺利完成新发地、看丹等维稳高危地区和“十桥一线”整治任务。

开展城市秩序专项整治。整治高压线下隐患 6 处、查扣黑摩的 31 辆、清除报废车辆 38 辆。下大力整治北京旧车市场周边、万柳桥和樊羊路两侧占道停车、场外违法交易、黑车非法揽客等行为 37 次，强制拖移车辆 41 辆、处罚 586 次。

强化矛盾排查调处。落实领导干部接待日和包案制度，建立以预防、排查、调处为主的工作机制，全年共接待来访 516 次、受理群众来信 172 件，化解率达 97%以上，调解群众纠纷 301 件，调解率达到 100％。在全区群众安全感调查中，同比提升 2 个名次，全区排名第 7，综合治理年度考核全区农口第一。

服务园博任务。积极参与园博绿化建设、安全保障、接待游览等各项工作。选派优秀的机关干部和工作人员到园博工作，组织近 2.7 万余人次参观游览园博园，全乡游园博的覆盖率达到了 80%以上。

提升党建科学化水平。完成村“两委”换届，实现换届目标要求。选送各村集体经济组织成员到清华大学学习，组建花乡经理人协会，制定花乡人才发展资金管理办法，促进管理人才的专业化、职业化发展。与首都经济贸易大学签订共建合作协议，实现资源共享、共促发展。

深化基层党组织学习和制度建设。分层分类开展城乡一体化、转居撤村、十八届三中全会精神等系列学习活动。制定完善《党员干部直接联系群众制度》、《村基层组织向群众报告工作制度》、《花乡党代表和人大代表联系群众制度》，开展辖区单位党员干部直接联系群众试点工作。

加强党员分类管理。制定《花乡党员分类管理办法》，明确不同类型党员在联系服务群众上发挥作用途径和教育管理重点。新成立非公企业党支部 3 家，非公企业党员人数达 180 人。全乡全年发展党员 53 名。

加强党风廉政建设。制定落实中央八项规定和改进作风、厉行节约的具体措施，组织全乡党员干部到清源教育基地接受廉政警示教育。对全乡 15 个村开展“三重一大”落实情况普查，深化党务公开、财务公开、村务公开工作。

人大依法行使职权。发挥人大代表的主体作用，为乡人大工作的有效开展提供保障。加强对工会、共青团、妇联等群团组织的领导，认真落实“六五”普法规划，全面推进依法行政。

（李方信）

南苑乡

【概　况】 南苑乡地处北京市中轴线南部两侧、丰台区东部，东与朝阳区相连，西与本区的花乡、卢沟桥乡毗邻，南与大兴区接壤，北与东城区、西城区相接。北京市二环以南，五环以北，有三环、四环路、铁路丰双线横贯东西，南中轴路、马家堡东路、马家堡路、马家堡西路、右外南延路、地铁四号线、地铁五号线、亦庄线、蒲黄榆路纵贯南北。乡域面积 56.74 平方公里，下辖 14 个行政村和中苑盛世投资管理有限责任公司及金城源投资管理公司，与 9 个街道办事处接壤，辖区内有 11 个派出所，7 个税务所，4 个工商所，是典型的城乡结合部地区。乡域常住户数 27603 户，常住人口 94203 人，其中外来人口 60102 人；户籍人数 34101 人，其中农业人口 20956 人。

经济建设持续稳固发展。全乡国内生产总值达到 20.89 亿元，同比增长 12.31%；上缴国家税金 7.56 亿元，同比增长 12.37%；人均从集体得到的收入达到 26032 元，同比增长 13.64%，人均收入持续位居全区乡镇系统首位，各项社会事业稳步提升，“五个南苑”建设又向前迈出了坚实的一步。

强化招引力度，吸引高端业态入驻。加强与企业对接服务，主动沟通，及时了解企业需求，帮助解决实际困难，营造和谐、包容的发展环境。通过努力，注册资金 5 亿元的北京鑫达投资基金有限公司、1.05 亿元的泓坤基业（北京）科技孵化器有限公司落户我乡，另有 32 家千万元以上企业入驻发展，全年新备案企业计 415 家，注册资金达到 16.5 亿元，规模创历年之最，区域经济活力和高端业态吸引力不断加强。

持续深化改革，整合资源规范管理。对全乡产权制度改革20年工作进行初步总结。大力推进果园、金城源、盛世源达、鑫华工贸集团深化改革，取得阶段性成果。其中果园村二次股权改革打破村民职工和外聘职工的界限，给予20多名外来人才激励股权，有力增强企业的影响力和竞争力。全年共规范各类经济合同884份，涉及总金额45.2亿元；加强基层财务监管力度，对全乡16个集体经济组织开展财务规范和“三重一大”、“四议一审两公开”事项的联合检查，严格管控征地补偿费专储账户，进一步规范新型集体经济组织运营管理。

重点村改造深度推进。宅基地腾退基本完成；集体企业拆除完成总面积的94%；回迁房已竣工73.64万平方米，完成建设总量的64%；办理回迁房入住4838套；顶秀金石家园获得北京市回迁房质量评比“群体结构长城杯”。土地上市已确定先期计划31.36公顷（建设面积81.66万平方米）；石榴庄第一宗交易土地去年底挂牌，今年初顺利完成土地出让。按“六型社区”标准，石榴庄领先推进“双石”一社区建设。各重点村大市政综合方案均在按计划顺利推进。全乡重点村903.63公顷的征地工作已全部完成。

整建制农转居加快进度。坚持“一村一策”，扎实推进8个村的整建制农转居工作。大红门、石榴庄、槐房、新宫、东铁营、西铁营6个村农转居工作基本完成，正在办理劳动力建档、招工备案等事宜；果园村、右安门村已向市区有关部门呈报转居申请，待批准后立即启动；完成4个重点村和西铁营村的3050名超转人员的接收工作，实现超转人员生活费的发放，并将其医疗纳入城镇医保系列；全年已实现转居人数11502人，占全乡农村户籍人口总数的53.6%。

重点项目建设有力推进。2013年开复工面积达到287.5万平方米，实现竣工面积145.5万平方米，均超额完成既定任务。大红门一期居住项目、新宫二期回迁房项目、福海国际商贸大厦等10个项目高质量完工；亚林西回迁房项目、石榴庄西区商业项目、鑫福海大厦等14个项目正在加紧建设；西铁国际项目取得市发改委的核准批复，正在办理规划条件；嘉祥敬老院项目已破土动工；分钟寺土地一级开发项目回迁房E地块已取得征地批复，回迁房建设立项的请示已报至区政府，宅基地腾退补偿安置办法与细则已完成方案修改。侨园饭店翻建改造方案已报至区规划分局征求意见。

基础设施日趋完善。协调推进道路建设，电碳厂南路、嘉园路已建成通车，石榴庄路、范家庄北路、南苑规划三路主次干路基本完工。轨道交通地铁十四号线站区正在加紧施工，地铁八号线正在进行站点方案设计。南苑西110kv变电站工程已完工并投入使用。新建改建4座达标公厕；为南苑村水厂路等5条道路安装路灯，完成大红门村和新宫村2条总长1000米的道路大修工程；新增加小区内停车泊位300个，区域承载能力进一步增强。

环境面貌大力改善。投资540余万元用于“环境巩固年”文明创建活动，购置48台保洁车辆，组建13支快速机动保洁队；在全市率先建立村级“环境举报服务站”，实现矛盾不出乡、问题不出村，环境举报率下降了40%；突出地铁周边、铁路沿线等重点区域、重点大街和背街小巷的环境整治；新建、改建密闭式垃圾房15个，完成德鑫家园和新宫家园两个小区垃圾分类；清理大宗积存垃圾渣土39处共3万余方，处理网格案件11544件，群众生产生活环境进一步改善。加大既有违法建设拆除力度，有效遏制新生违法建设，确保新生违法建设“零容忍”；配合区国土分局依法处理涉地类属实信访件6件。完成

1100 亩平原造林任务；对乡管河道实施清障整治，确保全乡渡汛安全；推进燃煤锅炉改用清洁能源工作，集中整治工地扬尘、餐饮油烟等污染源，落实大气污染治理措施，区域生态环境持续好转。2013 年被评为区“环境建设样板单位”。

就业工作更加规范。全乡 13281 名劳动力已全部纳入就业失业管理系统。开展岗位技能培训 1145 人次、提供职业指导 1424 人次、空岗信息 1513 条；在全区 5 个乡镇中率先落实“签合同、上保险、保工资”的劳动用工管理，全乡 870 名劳动力在村“四队”规范就业；办理《农村劳动力转移就业证》523 本；换发《就业失业登记证》3000 余册；申办岗位补贴、社保补贴、就业奖励经费 308 万元；12 个村级劳动就业服务站全部通过区达标验收；社保工作“两规范一提高”在全区试点先行。2013 年，荣获区“充分就业乡”称号。

社会保障稳步提升。为 5393 人（重点村除外）办理城乡居民养老保险，完成任务率 98.4%；实现新型农村合作医疗参合 17084 人，参合率达 99%，报销药费 200 余万元；为 159 人办理丧葬补贴申请和发放工作；为 641 名“一老一小”人员办理参保、续保和药费报销；对 46 名特困人员实施救助、对 119 户困难家庭走访慰问；为 9 户享受低收入待遇和 13 户医疗救助家庭办理相关手续；推荐 3 名残疾人及亲属走上新的工作岗位，为 32 户残疾人家庭实施无障碍设施改造，举办第三届残疾人趣味运动会。老龄事业健康发展，开展第四届“孝星”评选，选出市级孝星 35 名。为 22 人办理居家养老服务券补贴，规范 11 家养老（助残）餐桌和 3 家养老（助残）服务商；南苑社会福利中心被评为全国“敬老文明号”示范先进单位，全乡群众幸福指数不断提升。

文化教育工作稳步推进。梳理各村教育用地，对乡域教育资源进行初步规划，实现南苑西经济适用房幼儿园开工建设。为来京务工人员随迁子女办理借读证明 888 份。深入开展“三下乡”活动，新增文化广场健身器材 56 件。开展“五月鲜花”、民间花会、“美丽南苑”摄影及演讲比赛等活动，使人民群众尽享文化服务。犇牛摄影协会获得“北京市工人先锋号”荣誉称号。8 个项目入围全区文化建设示范“六个十”项目评审，在全区连续两年排名第一。两项民间花会入选丰台区“非遗”项目名录，使全乡市、区级“非遗”项目增加到 6 个。完成全乡科学素养调查工作，成功申报南苑村为“科普应用示范村”，并争取科普资金 44.6 万元。

公共卫生服务扎实有效。积极应对禽流感疫情，高质量完成各项防控任务。完成现有社区卫生服务机构调研，启动右安门医院改造项目和右安门村社区服务中心建设，公共卫生服务体系进一步完善。乡政府顺利通过市级“全民健康生活方式行动示范机构创建”的审核验收。重拳打击非法行医，依法取缔无证行医 12 户。开展流动儿童疫苗接种工作，核查流动儿童 6637 人，查漏补种学龄前流动儿童 1280 名。完成常规计划免疫接种 30610 人次，外来务工成年人麻疹接种 10060 人、流脑接种 9670 人。以“稳定低生育水平，提高人口素质”为着力点，扎实推进“幸福家庭工程”和“基础管理工程”，办理各类计生证件 242 份，走访慰问失独家庭 12 户；637 人享受农村独生子女家庭奖扶补贴，5803 人加入独生子女家庭安康保险计划；强化优质计生服务，孕检服务 3707 人。

强化社会管理综合治理。深化治安防控体系建设，进一步整合执法力量，加强重点区域管理，构建新型农村社区网格化管理机制。狠抓日常管理，整治无照经营、黑车运营、挂账重点街面秩序，群众安全感稳步提升。进一步优化人口结构，加强出租房屋管理，着力提高流动人口服务管理水平，2013年被评为区级“平安乡镇”。开展辖区用人单位劳动用工专项执法大检查，妥善处理7起突发事件，成功调解、发放拖欠工资百余万元。进一步拓宽社情民意反映渠道，落实领导包案制度，坚持接访与下访相结合、行政调解与司法调解相结合，认真办理信访事项，化解矛盾纠纷。全年共接待群众来访65批531人次；办理“市长信箱”、“市信访综合办公系统”群众来信183封523人次，促进社会和谐。深入开展“六五”普法，严厉打击各类刑事犯罪，积极维护地区社会稳定局面。

强化公共安全管理。加大公共安全监管力度，结合全国安全生产大检查活动，深入开展大红门商圈、地下空间、汽修、餐饮、燃气等35轮次专项整治，推进工业企业标准化创建活动，检查单位1300余家次，避免重特大安全生产事故发生。明确食品药品三级安全监管体系，成立乡食品药品监督管理所。集中开展对建筑工地、托幼园所、食品主体（生产、流通、餐饮）等610余户次的检查，发放宣传品6000份，督促整改问题288处，有效净化安全环境。2013年荣获“北京市药品安全示范乡”称号。

加强依法行政和执政能力。认真执行人大决议，广泛听取代表意见，自觉接受人大监督，认真办复和报告区乡人大代表建议14件、区政协委员提案2件。全面推进依法治乡，大力推进政务公开，主动公开政府信息302件，受理并按时答复依申请公开信息97件，办理“区长信箱”、“政风在线”等群众各类来信来电1420件。严格审批制度，厉行节约，勤俭办事，投入1078.2万元用于基层社会民生事业，同比增长23.3%，占政府年度办公经费的59.3%。同时，大力精减会议文件和公务接待活动，“三公”费用支出同比下降73.6%，各类会议支出同比减少60.1%。

（蒲金艳）

长辛店镇

【概　况】 长辛店镇位于北京市区西南、丰台区西部的永定河西岸。东距卢沟桥1公里，北隔永定河与石景山区相望，西北隔山和门头沟区相邻，西南与王佐镇和房山区接壤。杜家坎为镇政府所在地。长辛店镇是北京西南的交通咽喉，京石、京周、京原等公路，京广、京原、京九复线等铁路皆在镇域内穿过。长辛店镇属于燕山山脉浅山区，是离北京中心城区最近的、地貌特征显著的丘陵地带。全镇总面积62.44平方公里，下辖9个行政村、37个自然村，总人口近10万人，其中农村人口1.8万人。

长辛店镇历史文化悠久，有国家级文物保护单位1处，市级文物保护单位2处，区级文物保护3处，文物普查册记项目5处。2013年镇政府围绕服务保障北京园博会和提升镇域发展的质量效益，稳增长、调结构、促改革、优环境、惠民生，全面落实为民办实事项目，经济社会发展取得新成就。

地铁14号线张郭庄站建成通车，实现全镇轨道交通零突破。北宫路、园博大道、梅市口路西延等道路竣工通车，极大改善镇北部地区交通格局。河西再生水厂投入运行，智能变电站、燃气、通讯等市政基础设施建成完工，镇域发展基础不断夯实。

以北宫路、东河沿路等主要道路为重点，对园博会周边核心区、辐射区、联络线进行专项环境整治，拆除集体企业用房12万平方米，清理垃圾渣土14.8万吨，硬化路面4.4万平方米，砌墙8235延米，规范广告牌282处，粉刷外立面3.1万平方米。园博会运营185天，接待中外游客615万人次，接待总人数和单日接待量均创历届园博会新高。全镇人民上下一心，以极大的热情，争当园博先锋，开展服务保障工作，确保园博会的按时召开和平稳运行，为呈现一届园博盛会做出贡献。

2013 年，农村经济总收入完成 40.1 亿元，同比增长 10%；农民人均分配收入实现 15399 元，同比增长 14%；留区税收完成 1.67 亿元，同比增长 63.7%。向区发改委申报产业引导基金项目 7 个，获得扶持资金 1100 万元。向区科协申报支持项目 2 个，获得资金支持 10 万元。向区旅游委申报项目 2 个，其中 1 个通过初审。向区文创办申报文化创新发展项目 1 个、文创招商项目 7 个，均已进入项目库。

配合区旅游委全面完成《丰台区“十二五”时期青龙湖——长辛店会展旅游、生态休闲发展规划实施意见》编制，开展《长辛店镇旅游发展总体规划》编制前期工作，着重发展高端生态休闲、旅游度假、文化创意产业，丰富一产拉动带动作用。以第十一届大枣文化节为契机，梳理盘活产业项目 15 个，对外集中推介。其中 8 个达成初步合作意向，7 个签订正式合作协议，预计总投资达 35 亿元。加大园博周边环境整治力度，推动杜家坎建材市场升级改造项目落地。以改善生态环境、提升景观效果为抓手，以北宫南路为主线，以中华名枣博览园、郊野公园、白枣地理标志广场等项目为亮点，展现镇域特色的绿色生态旅游带已初具雏形。城乡统筹试点取得成果，被纳入北京市二道绿化隔离地区城乡统筹实施规划试点乡镇。

总体规划编制取得突破。已完成全镇总体规划研究及编制工作初稿，取得基本研究成果。重大项目持续稳步推进。2013 年，完成拆迁腾退 48.13 万平方米。其中宅基地腾退 12.6 万平方米，涉及宅基地院 507 宗，回迁房安置约 10.2 万平方米，安置人口 1750 人。非宅拆迁 69 家，涉及 35.53 万平方米。北一路、北宫路、园博园周边三横两纵次干路、园博会周边过渡道路实现通车，四条城市主干路随路管线项目已完工。科技园西一区整体拆迁全部完成。园博园周边环境整治（沿西地块）腾退工作顺利完成。大刘庄 220KV 牵引站外接电源 2013 年 1 月底全线贯通。总参信息保障基地进场施工。长辛店棚户区 E 地块完成腾退。东河沿回迁房、辛庄一期（回迁房）、长馨园经济适用房、长辛店 A 地块项目稳步推进。东河沿村、张家坟村环境整治项目分别获得区政府主体授权。

遏制和拆除违法建设效果显著。2013 年，全镇累计拆除违法建设 199 处 17.7 万平方米，其中新生违建 169 处 11.9 万平方米，既有违建 30 处 5.8 万平方米。配合区国土分局完成土地变更调查，核查土地 133 宗，经确认违法用地 65 宗 325 亩，其中耕地 33 宗约 135 亩，现已拆除复耕完毕。

生态环境建设成果显著。实施 2013—2017 年清洁空气行动计划，更换炉具 50 余户，提供优质燃煤 4587 吨，“送气下乡”工程覆盖 9 个村 4470 户。保质保量完成 1710 亩平原造林任务，栽植树木 13 万余株，因地制宜打造特色精品南沟彩叶林。建设 150 亩太子峪钢渣山特色休闲体验园，种植药用植物共计 7300 株。依托现有地貌资源，建设香草主题欧式景观项目，栽植薰衣草、马鞭草等景观植物近 10 万株，播种草花近 2 万平方米。

农民就业持续扩大。举办各类培训班 9 期，培训劳动力 548 人。采集空岗信息 1297 个，发挥公共就业服务机构和村劳动保障服务站作用，通过承办“春风行动”招聘会等多种途径，全年实现劳动力转移就业 1628 人。245 人享受就业补助 53 万元，1 人享受创业补助 1 万元，21 人享受个体经营奖励资金 10.5 万元，大灰厂劳务服务公司享受各类补贴 109 万元。发放低保金 155.4 万元，医疗救助资金43.5万元，养老（助残）券48.47万元。为195名优抚人员发放优抚金55.9万元。城乡居民养老保险和城镇职工养老保险参保续保率达到98%以上，办理新农合参合手续1.6万余人，办理城乡居民养老保险8220人，为227名达到退休年龄的农民办理退休手续。

成功举办第13届民间花会大赛、“园博颂元宵情 情满永定河 魅力长辛店”文艺汇演、第十一届大枣文化节等文化活动。启动长辛店镇园博文化广场，组织群众自编自演10场园博系列文化活动。新建张郭庄、赵辛店两所幼儿园，实现长辛店镇没有公立幼儿园的突破，解决农民孩子入托难问题。11月1日，镇食品药品监督管理所挂牌成立。建立辖区食品药品生产、销售主体信息档案，受理群众举报9件，办结9件，办结率100%。

健全完善信访工作例会制度、领导接访制度，坚持领导包案，全年共处理群众来信来访317件，办结282件；初信初访197件，办结182件，完成初信初访办结率90%以上的工作目标。扎实做好安全生产基础台账、监管制度、考核制度、责任体系、短信通知平台五方面基础工作。开展烟花爆竹安全监管等29项专项行动，推进工业企业、小微企业安全生产标准化工作，保障人民群众生命财产安全。

（索木芽）

王佐镇

【概　况】 王佐镇地处丰台区的西南部，北部毗邻门头沟区，南部与房山区相连。辖区面积61.33平方公里，下辖8个中心村，36个自然村，户籍人口33751人，农业人口14938人。

全镇经济总收入29.47亿元，同比上年27.53亿元增长12%；农民人均纯收入15183元，同比上年14046元增长10%。

强化重大项目支撑。高效率完成青龙湖5号路、青龙湖23号路、云岗西路西延、魏各庄路、青龙湖再生水厂、青龙湖二期滞留户等地上物腾退工作，确保项目如期竣工，为世界种子大会主场馆实现运营提供保障。完成中央民族大学新校区项目腾退，推进青龙湖国际会都核心区B、C地块和河西再生水厂配套管线稻田路段腾退，为实现开工建设夯实基础。加速实施周云路道路工程的腾退及建设，累计完成第二阶段城南行动计划项目投资14158万元。推进河西再生水厂配套管线工程、陕京三线及市内配套工程、人大附中丰台学校、军事文化创意产业示范区等项目地上物腾退及相关配合工作。

加快安居工程实施。完成庄户滨河家园一期南区4.2万平方米占地手续办理，取得开工证。怪村文慧家园二期北侧地块完成规划、占地手续办理，取得开工证。西王佐鑫悦家园一期1.5万平方米开工建设。45万平方米永久安置房项目启动前期手续办理、土地流转，完成围墙砌筑等工作。

保障土地供应到位。完成魏各庄中心村A01、A02地块项目上市交易，青龙湖二期项目征地手续办理，青龙湖国际文化会都B地块项目97%拆迁腾退量，C地块80%拆迁腾退量；南宫庄户一级开发项目启动立项。梳理可整理、整治地块53宗，编报土地整理方案，完成130亩土地整理的前期准备工作，建设征地项目核查梳理，为全镇下一步转非安置工作做好准备。配合区国土部门完成全镇农村集体土地所有权确权发证以及第十二次卫片违法用地案卷立案查处工作。

产业格局持续优化。围绕王佐镇重点建

设项目及经济薄弱村帮扶目标，积极落实市区相关产业发展政策和意见，全年申报支农、产业、财政项目20个，争取资金2950万元。推进“智慧王佐”建设，组织协调镇域主要道路监控网络的设计、实施方案及工程预算编制，配合完成旅游一卡通信息化项目申报。协助有关部门完成种子展示基地的升级改造以及2013北京青龙湖国际铁人三项赛的组织、保障。

招商引资质量提高。整合物流园区等产业园的招商资源，通过盘活存量资产、提供承载空间、做好招商服务等措施，推进庄户、怪村、沙锅村产业园区等在建区域的功能培育。进一步强化推介宣传，参加“驻京知名中外企业投资丰台行”活动。引进国开东方城镇发展投资有限公司、北科建领秀翡翠山等企业、项目入驻，招商效益得到提高，税源实现稳定增长，2013年全镇实现留区税收7300万元。

村级经济得到规范。完成全镇集体企业经济组织董事会、监事会换届工作。加大村级经济合同审核督导，严格把关规划建设区内合同续签及企业验照行为，做好动态管理，清理经济合同418份。对农村集体产权制度改革进行前期调研学习，确定镇级集体经济产权制度深化改革框架，完成深化改革初步方案。对土地流转情况进行动态监测和数据更新，推动相关中心村重大项目实施涉及的土地流转工作。完成第三次全国经济普查前期准备，为2014年普查启动奠定基础。

区域环境显著提升。开展“城乡环境巩固年”活动，完成园博会、北京国际铁人三项赛、北京种子大会的环境保障。建立环境网格案件处理通报考核制度，对全镇保洁队伍实行“定人、定岗、定责”的精细管理，制定落实《王佐镇2013年环境整治任务书》，清理整治砂石料场6家、建筑垃圾渣土倾倒点位4处，升级改造垃圾清运处理中转站2座。始终保持遏制和拆除违法建设高压态势，坚决做到发现一处拆除一处，全年拆除违法建设102处24172平方米，违规信号塔3处。

基础设施得到完善。协调市、区有关部门对南宫南路、大灰厂路等5000余平方米的镇中心区道路实施修复，为南宫二号路早市西段等2000余米道路安装路灯，完成1处地质灾害应急避难场所建设。

节能减排不断深化。完成24家工业污染企业退出，组织实施佃起中心村2748吨优质煤替代工作，沙锅中心村1667户煤改电工程及全镇5979户送气下乡工作，累计实现压减燃煤8634吨。

就业质量实现进一步提升。落实市、区惠民就业政策，帮助符合政策的镇、村企业、村民享受政策性补贴、补助564万元，挖掘镇、村企业及园博会等周边重大项目就业岗位，实现农村劳动力转移就业960人，推荐就业216人。开展职业指导798人次，组织各类技能取证培训7期、通过397人次。

社会保障体系进一步完善。全年完成全镇城乡居民养老保险参保12124人次，参保率达到98%；完成城镇居民基本医疗保险参保1911人次，累计报销26.58万元；完成新农合参合23407人次，参合率达到99%，累计报销2400余万元。落实新农合参保补贴及镇级二次报销500万元。进一步提高镇级养老金待遇，全年累计发放养老金1858万元。进一步加大助残、帮困力度，研究制定特困人群救助基金机制，全年累计发放各类救助、补助、补贴资金共计700余万元。

教科文卫事业进一步繁荣。以文化大院为依托，开展“恒源杯”、“星火工程”、“百姓大舞台”等群众系列文化活动60余场，成功举办“美丽王佐，舞动健康”群众广场舞大赛和“文化服务到农家，科技服务到乡村，卫生、计生服务到村、队，普法宣传到身边”活动，使人民群众文化生活进一步丰富。加大文化项目扶持力度，完成张各庄文化广场建设，争取区级文化队伍活动经费40余万元，使人民群众文化阵地进一步拓展。深化特色花会队伍精品路线，投入专项资金30万元用于队伍建设、宣传、展演，使人民群众参与度进一步提升。通过国家卫生应急综合示范区创建验收工作，完成国家慢性病综合防控示范区创建筹备工作。做好健康促进和健康干预工作，组织开展健康大讲堂32场，完成镇域10处健身工程更新。强化计生工作服务管理，组织全镇4000余名妇女参加健康体检。

安全形势总体良好。以落实安全生产责任制，排查消除安全隐患为重点，组织检查生产、建筑、危化等企业672家次，查出各类安全隐患751处，限期整改回访132处。推动17家企业开展标准化创建工作，达标10家。成立食品药品监督管理所，拉网式检查食品生产、加工、销售单位，学校等200余家次，整改回访30余家次。全年无重大公共安全人员伤亡事故发生。

社会环境趋于稳定。准确研判当前形势，紧抓社会面防控重点，完成全国两会、十八届三中全会、市党代会、园博会等重大会议活动的安保工作。通过四网合一，转变接访模式，建立农民工工资协调机制和领导接访、主动下访机制，将综治维稳中心作用发挥到最大，全年办结网络派件380件，办结率74%；办结劳务纠纷22件，接件率同比下降72%，办结率100%。

组织建设得到完善。完成第九届村委会换届选举工作，指导各村修订“1+X”模式的村民自治章程，切实发挥村规民约的自治作用，理顺镇村各项工作对接，提高工作效率。

制度建设得到加强。建立镇政府折子工程制度，全年65项任务基本按计划完成。将在直接关系群众生活方面拟办的重要实事延伸到村，镇、村全年累计完成为民办实事事项70余件。建立王佐镇资金规范使用告知制度，对重点领域和关键环节的监督检查得到强化。完成《王佐镇2013年责任书汇编》的编制，做到责任主体明确。

工作作风得到改进。坚持以会代训，开展经常性理论教育学习，提升干部队伍服务群众的素质和能力。完善领导干部挂村制度，转变工作作风，树立群众意识，勤到基层一线推动工作，多为群众办实事、好事。进一步规范“三公”经费使用，减少一般性支出，不断降低行政成本。

（赵　培）

人 物

组织机构负责人名单

丰台区委员会

书 记 李超钢

副书记 冀 岩 于长辉（5月免）
顾晓园（女，5月任）

常 委 李 军 衡晓帆 霍连明
高 朋 孙军民（女）
刘 宇 朱继明 张建国（8月任）

丰台区委工作机构负责人

区委办公室主任 孙军民（女，9月免）
李 岚（女，9月任）

组织部部长 霍连明

宣传部部长 顾晓园（女，9月免）
孙军民（女，9月任）

精神文明办公室主任 高文娟（女）

统战部部长 孙军民（女，9月免）
张建国（9月任）

台湾工作办公室主任 房书勇（女）

区编办主任 许 民

区委区政府政策研究室主任 汝玉虎

区委区政府信访办公室主任 尚振国

保密局局长 王京荣（女）

区直机关工委书记 徐鸣凤

党史资料征集办公室副主任
冯树海（2月免）
杜来全（3月任）

老干部局局长 朱运昌

区委党校校长
于长辉（区委副书记兼任，9月免）
顾晓园（区委副书记兼任，女，9月任）
李富国（常务副校长）

中国共产党北京市丰台区纪律检查委员会

书 记 李 军（安徽利辛县）

副书记 胡春溪 李军（北京丰台）
王和友

常 委 翟光红 徐振华（蒙古族）
王祥进 鲍书田（女）
钱义菊（女） 王卫军

丰台区第十五届人民代表大会常务委员会

主 任 王苏维

副主任 吕跃进（常务） 苗 华（女）
郭振江 李 杜
薛 明（不驻会）

委 员 王 丰 王志江
王跃进 伊 敏（女）
刘 颖（女） 李大维
李有毅（女） 李 军
李 奇 李跃生
杨元智（回族） 吴 恒
迟 岚（女） 张小玲（女）
张世伟 张金豹
陈运柏 陈 鹏
赵万军 俞亚茹（女）

姜　萍（女,满族）贺俊崎
夏　华（女）　徐朝辉
徐　颖　　高彦彬
梁小虹　　程里全（3月辞职）
薛　红（女,11月辞职）

丰台区人大工作机构负责人

办公室主任　梁金学（1月免）
　　赵万军（1月任）
研究室主任　曹　生（1月免）
　　陈运柏（1月任）
代表联络室主任　石玉焕（女，1月免）
　　李　军（1月任）
财政经济工作委员会主任　孙金来（1月免）
　　张世伟（1月任）
内务司法工作委员会主任　鲍国森（1月免）
　　张小玲（女,1月任）
教科文卫体工作委员会主任　顾志强（1月免）
　　张金豹（1月任）
城建环保工作委员会主任　高海松（1月免）
　　俞亚茹（女,1月任）
农村工作委员会主任　陈　鹏

丰台区人民政府

区　长　冀　岩
副区长　高　朋　刘　宇　张建国（9月免）
　　狄　涛（12月任）张　婕（女）
　　刘文洪　李军会（7月免）
　　高　峰
　　刘树苹（女，挂职干部，5月任）
　　吴继东（9月任）

丰台区政府工作机构负责人

政府办公室主任　高　峰（9月免）
　　张　洋（9月任）
经济和信息化委员会主任　吴神赋
中关村科技园区丰台园主任　张　婕（女）
国有资产监督管理委员会党委书记　刘　军
　　主任　李东明
人口和计划生育委员会党组书记、主任　李小娟
社会工作委员会书记、社会办主任　王珮琦
民政局党委书记兼局长　李秀瑛
投资促进局党组书记、局长　郭晓一
商务委员会主任　刘怀生
北京市丰台区旅游发展委员会党组书记
　　曹　生
　　主　任　于临溏
世界公园总经理　张　军
住房城乡建设委员会主任　刘　郦（女）
市政管理委员会主任　李春滨
科学技术委员会主任　刘少华
农村工作委员会主任　肖文燕（女）
文化委员会主任　王　虹（女）
党组书记　周衔临
教育委员会主任　张立新
　　书记　宋金忠
教育督导室主任　张　婕（女）
房屋管理局局长　苏　军
环境保护局局长　隆　重
地震局局长　吕广生
国土资源分局局长　李文忠
房屋经营管理服务中心主任　李　勇
农村合作经济经营管理站站长　王升贵
广播电视中心主任　谷　卫（2月免）
　　何岳飞（2月任）
卢沟桥文化旅游区办事处主任
　　刘建伟（8月免）
　　陈　阳（9月任）
中国人民抗日战争纪念馆馆长　沈　强
规划分局局长　杨　浚（女）
环境卫生服务中心主任、书记　左兰萍（女）
园林绿化局局长　张小龙
绿化办主任　高胜印
城市绿化隔离带地区建设指挥部办公室主任
　　肖文燕（代）
　　吴建英（3月任）
气象局局长　杨玉华
水务局党组书记　顾志强
　　局长　刘权来
体育局局长　李靖生（3月免）
　　薛　红（3月任）

卢沟桥文化旅游区办事处主任
刘建伟（8月免）
陈　阳（9月任）
丽泽开发办主任　史卫民
民族宗教侨务办公室主任
李小月（3月免）
马士有（3月任）
发展和改革委员会党组书记、主任　周新春
人力资源和社会保障局局长、书记
李　岚（女，9月免）
冯晓光（9月任）
安全生产监督管理局党组书记
沈瑞平（8月免）
董铁铮（8月任）
局长　董铁铮
统计局党组书记　刘庆文
局长　韩　伟
国家统计局丰台调查队队长　亓学霞
审计局局长　段德珍（女）
质量技术监督局局长、书记　刘新华
财政局党组书记、局长　李　屹
国家税务局局长、书记　王忠新
地方税务局书记、局长　金志雄（满）
工商行政管理局局长　李　异（12月免）
于巨川（12月任）
卫生局党委书记　毕永丰
局长　张　杨
食品药品监督管理局党组书记、局长
闫学会（女,临时负责）
地方志办公室主任　吴永利
法制工作办公室主任　张　悦
外事办公室主任　梁彦梅（女）
机关行政事务管理处处长　王秋利
监察局局长　胡春溪
档案局局长　董化斌（2月免）
谷　卫（2月任）
书　记　车安慎（2月免）
谷卫（2月任）
城市管理综合行政执法监察局局长　姜东升

政协北京市丰台区第九届委员会
主席、副主席、秘书长、常务委员名单

主　席　李昌安（侗族）
副主席　周大春（女）　李新民　邢方岭
刘占良　张兆旗（回）
程留恩
秘书长　赵冬辰

常务委员（主席、副主席、秘书长均为常务委员，从略。按姓氏笔画为序排列）

万艳生　马洪波　王　虹（女）
王　强　王卫军　王忠新
王诗雪　王艳霞（女）　王德文
韦　云（女）　邓继林　田秀华
史文彬　刘　郦（女）　刘少华
刘文辉（女）　孙金来　杜　涵（满）
李小月（回）　李春明　李海云
吴神赋　宋耕福　张　苑
张　涓（才旺卓玛,女,藏）　张立新（女）
张俊峰　张振军　张燕琴（女）
陈兴华　陈景泉　林海青
金　铮（女）　房书勇（女）　胡国强
姚建国　徐培发　蒋旭东
韩　伟　温智勇　樊　维（女）

区政协机构负责人

区政协办公室主任　陈　阳（3月免）
区政协研究室主任、学习委员会主任
张全开（10月免）
杜彦奎（10月任）
区政协专门委员会工作一室主任、教文卫体委员会主任、文史资料委员会主任
李　一（女，3月免）
解明珠（女，3月任）
区政协专门委员会工作二室主任、经济科技委员会主任　许　伟
区政协专门委员会工作三室主任、城乡建设和管理委员会主任　綦建国
区政协专门委员会工作四室主任、社会法制委员会主任、民族宗教和港澳台侨委员会主任
洪　玫（女,回,3月免）
陈　娟（女,回,3月任）

区政协专门委员会五室主任　许　翔（女）
提案委员会主任　陈　阳（3月免）
许　翔（女，3月任）

丰台区各民主党派负责人

民革丰台区工委主任　张兆旗（回）
民进丰台区工委主任　刘占良
民盟丰台区工委主任　薛　明
民建丰台区工委主任　王　虹（女）
农工民主党丰台区工委主任　温智勇
九三学社丰台区工委主任　程留恩
致公党丰台区工委主任　王艳霞（女）

丰台区群众团体负责人

丰台区总工会主席　王建斌
共青团北京市丰台区委员会区委书记
王松涛
丰台区妇女联合会主席　姜　萍（女）
丰台区工商联主席　田秀华
党组书记　孙岩明
区归国华侨联合会主席　孙金来
区红十字会会长　张　婕（女）
老龄工作委员会办公室主任　刘藏生（女）
残疾人联合会主席　李军会
残疾人联合会执行理事会理事长　王跃进
区私营个体经济协会会长　杨　光
区消费者协会会长　张　京
饮食服务旅店行业协会会长　李京华
丰台区维修服务行业协会会长　王德意
科学技术协会常务副主席　邓继林
党组书记　邓继林
丰台区文学艺术界联合会常务副主席　李　澎

丰台区工商企业负责人

丰台区烟草专卖局党组书记、局长　武　斌
北京丰贸投资经营管理有限公司党委书记
许庆丰
董事长兼总经理　刘　峰
丰台区修理公司总经理兼党委书记　刘立志
京都公司总经理　刘　视
丰鑫源物资集团公司党委书记、总经理
米惠鹏
丰台区财政贸易干部学校支部书记　杨宝森
综合投资公司党委书记、总经理
马福江（回族）
中关村科技园丰台区管理委员会主任　孔令斌
城市建设综合开发公司经理
魏景秀（3月免）
胡新鹏（3月任）
北京汽车博物馆馆长　樊　维（女）

丰台区政法军事机构负责人

检察院检察长　叶文胜
法院院长　王宜生
区人民武装部部长　朱继明
政委　李树圆
民防局局长　刘　涛
司法局局长　尚保华（女）
公安分局局长　衡晓帆
政委　耿　飞
交通支队支队长　杨　毅
政委　孙金辉
消防支队支队长　古炳文
政委　靳文忠

丰台区街道、乡（镇）负责人

大红门街道办事处主任　张国强（2月免）
张永梅（3月任）
工委书记　李建刚
东高地街道办事处主任　李海秋（1月任,12月免）
工委书记　连　宇（1月任,12月免）
李海秋（12月任）
东铁匠营街道办事处主任　张立和
工委书记　李广民
方庄地区办事处主任　冯志成
工委书记　朱京宁
丰台街道办事处主任　张　莉（女）
工委书记　邢方岭
和义街道办事处主任　盛云英
工委书记　赵　新
卢沟桥街道办事处主任　王俊山
工委书记　陈　建（12月免）
马家堡街道办事处主任　丁小君
工委书记　李大维

南苑街道办事处主任 田秀文（女）
工委书记 李振茹
太平桥街道办事处主任 裴玉珍（女）
工委书记 郗俊生
西罗园街道办事处主任 赵钢
工委书记 常志杰
新村街道办事处主任 张 洋（9月免）
工委书记 李跃生
右安门街道办事处主任 钱爱平（9月免）
储建军（9月任）
工委书记 王百玲（女）
长辛店街道办事处主任 史文彬（2月免）
蔡志强（3月任）
工委书记 徐 莺（女）
云岗街道办事处主任 陈 阳（1月任,8月免）
刘权利（8月任,12月免）
凌佩利（12月任）
工委书记 刘权利
宛平城地区办事处主任 于 清
工委书记 刘建伟（8月免）
陈 阳（8月任）
卢沟桥乡党委书记 吴继东（8月免）
李春生（8月任）
人大主席 管洪波
乡长 李惠松
南苑乡党委书记 王振华
人大主席 陈福启
乡长 刘永宗
南菀苑地区工委书记 王振华
南苑地区办事处主任 刘永宗
花乡党委书记 李 智
人大主席 刘翔龙
乡长 王世义
长辛店镇党委书记 李春生（9月免）
王 萍（9月任）
人大主席 李永勤
镇长 王 萍（10月免）
钱爱平（10月任）
王佐镇党委书记 吴 恒
人大主席 芦 杰
镇长 纪亚辉

丰台区部分金融单位负责人

中国工商银行北京市丰台支行行长 尹承德
中国农业银行北京市丰台区支行行长、书记
姜 华（女）
中国建设银行北京市丰台支行行长
秦伶华（女）
中国银行股份有限公司北京丰台支行行长
王 强（女，满族）
北京农村商业银行丰台支行行长
孔贵真（女，8月免）
李春荣（女，8月任）

荣誉栏

全国先进单位

全国工人先锋号

长辛店镇新农村建设办公室

2013 年全国安全生产领域“打非治违”知识竞赛优胜单位

安监局

卢沟桥街道

2013 年清理整顿人力资源市场秩序专项行动突出成绩奖

人力资源和社会保障局

2013 年全国模范职工之家

丰台区地方税务局

2012—2013 年中国信息报社统计宣传工作先进单位

丰台区统计局、调查队

国家地震安全示范社区

马家堡街道枫竹苑社区

全国人力资源和社会保障系统 2013 年优质服务窗口

新村街道办事处

全国卷烟打假工作先进单位

丰台区烟草专卖局（公司）

2013 年全国消费者协会系统先进单位

丰台消费者协会

公安部 2013 年全国公安机关“打假行动”成绩突出集体

丰台公安分局经侦大队

第九届中国（北京）国际园林博览会先进集

卫生局

卫生部决算工作先进单位

卫生局

组织建设先进集体

九三学社丰台区工委

全国先进个人

全国“五一”巾帼标兵

长辛店镇镇长 王 萍（女）

2013 年全国安全生产领域“打非治违”知识竞赛先进组织个人

田惠生

中华人民共和国会计人员荣誉证书

孙敬水

入选 2013 年度“中国好人榜”

刘雪梅

《关于对丰台区人事档案管理服务与整合发展的探讨》获优秀论文二等奖

李 珂、马博颖、郝 芸

职业指导优秀论文三等奖

张笑男

2013 年全国消费者协会系统先进个人

丰台消费者协会副会长　李建中

高等学校科学研究成果（人文社会科学）三等奖

高广颖

全国卫生计量工作先进个人

王　燕（女）

2013 年度首都精神文明建设奖、最美北京人、公安部全国学雷锋先进个人、中国好人榜

丰台公安分局蒲黄榆派出所民警　刘　安

首都民族团结进步奖、公安部国保青年人才

丰台公安分局第一支队民警　王亦刚

九三学社中央 2012—2013 年度全社参政议政工作先进个人

程留恩

先进组工干部

贾满生

北京市先进单位

首都劳动奖获得者

丰台区国家税务局

2013 年度首都精神文明先进单位

丰台公安分局西罗园派出所

丰台公安分局蒲黄榆派出所

丰台区国家税务局机关

丰台区国家税务局第二税务所

丰台区地方税务局

丰台区地方税务局第一税务所

丰台区地方税务局南苑税务所

丰台区地方税务局花乡税务所

丰台区地方税务局长辛店税务所

2013 年北京市《中国残疾人》《三月风》《残疾人工作研究》发行工作二等奖

区残联

2013 年民盟市委先进基层组织

北京十二中支部

丰台科技支部

2013 年北京市项目促进工作（重大项目促进）优秀单位

投资促进局

北京市三八红旗集体

长辛店镇党委

北京市工会女职工工作示范单位

长辛店镇总工会

北京市为老服务示范单位

长辛店镇社会事务管理科

北京市构建和谐劳动关系先进单位

北京北整长欣整流器有限公司

北京安全生产月活动优秀组织奖

卢沟桥街道

2013 年劳动监察工作先进单位

人力资源和社会保障局

北京市公务员管理工作先进集体

人力资源和社会保障局

北京市第十五届职业技能竞赛优秀组织奖

人力资源和社会保障局

2013 年北京市安全生产先进区县

丰台区

2013 年北京市安全生产月活动优秀组织奖

安监局

2013 年北京市安全生产宣传作品评选平面类三等奖

安监局

2013 年“北京建工杯”首都百万一线职工安全生产知识竞赛优秀组织奖

安监局

北京市青年文明号集体

丰台区地方税务局科技园区税务所

北京市政府统计系统体育节台球比赛第一名

丰台区统计局、调查队

北京市政府统计系统体育节太极拳比赛第一名

丰台区统计局、调查队

北京市政府统计系统体育节乒乓球拍比赛第三名

丰台区统计局、调查队

北京市政府统计系统体育节广播体操比赛第三名

丰台区统计局、调查队

北京市第六届魅力社区组织奖

新村街道办事处

北京市 2012 年防范处理邪教工作先进集体

新村街道办事处

2010—2012 年北京市优质服务窗口单位

新村街道办事处

2013—2014 年北京市纳税信用 A 级企业

丰台区烟草专卖局（公司）

2013 年度北京希望工程“最佳筹资奖”

共青团北京市丰台区委员会

2013 年度北京市青年文明号

共青团北京市丰台区委员会

2013 年度北京共青团系统信息工作先进单位

共青团北京市丰台区委员会

2013 年度北京市“群众最满意的派出所”

丰台公安分局太平桥派出所

2013 年北京市公安局集体二等功

丰台公安分局经济犯罪侦查大队

丰台公安分局和义派出所打击工作组

丰台公安分局重点上访场所秩序维护工作组

丰台公安分局园博会安保秩序维护组

北京市公安局 2013 年全国两会安保工作先进党支部

丰台公安分局勤务指挥处

北京市公安局 2013 年全国两会安保工作先进集体

丰台公安分局勤务指挥处

丰台公安分局治安支队大型活动中队

丰台公安分局青塔派出所

丰台公安分局太平桥派出所“两会”安保工作组

北京市公安局 2013 年先进党支部

丰台公安分局纪委党支部

丰台公安分局科技信通处党支部

丰台公安分局和义派出所党支部

丰台公安分局西罗园派出所党支部

丰台公安分局东大街退休干部党支部

2013 年度北京市“平安社区”

西罗园第三社区

东营房社区

富锦家园社区

蒲黄榆第二社区

成泉寺责任区

红狮家园社区

角门社区

太平桥西里社区

北京市公安局 2013 年夏秋社会治安打击整治百日行动暨三大秩序管理整治工作先进集体

丰台公安分局刑侦支队东部便衣队
丰台公安分局治安支队行动队
丰台公安分局四合庄派出所
丰台公安分局新发地派出所
丰台公安分局西局派出所
丰台公安分局丰台镇派出所第一警区
丰台公安分局岳各庄派出所打击小分队
丰台公安分局方庄派出所

北京市公安局 2013 年首都公安青年文明号

丰台公安分局西罗园派出所
丰台公安分局刑侦支队重案二队

北京市无偿献血先进集体

卫生局

北京地区中医中西医结合民族医疗机构服务信息网工作二等奖

卫生局

社会服务先进集体

九三学社丰台区工委

北京市先进个人

北京市“三八”红旗手

张桂琴、刘 颖

2013 年北京市“身边雷锋·最美北京人”

金伯宏、宋积虎、全宗胜、宋学安

2011—2012 年首都精神文明建设奖

全宗胜

2013 年北京市法律援助工作先进个人

闫根旺、张雪梅

2013 年北京市优秀教师

北京教育学院丰台分院	李振雷
北京市丰台区实验学校	褚淑凤
北京市丰台二中	陈维贤
北京市第十二中学	崔茂华
北京市第十中学	李 媛（女）
首都师范大学附属丽泽中学	蔻富弄（女）
北京市云岗中学	傅国辉（女）
北京市丰台区长辛店第一中学	秦 华（女）
北京教育学院丰台分院	杨俐嘉（女）
北京市丰台区东铁匠营第一小学	张 萍（女）
北京市丰台区丰台第五小学	李 健（女）
北京市丰台区实验学校	陶陵宇（女）
北京市丰台区西罗园第六小学	张秀红（女）
北京市丰台区时光小学	林跃庆
北京小学丰台万年花城分校	孙宏慧（女）
北京市丰台区丰台第一小学	王艳红（女）
北京教育科学研究院丰台实验小学	张海燕（女）
北京市东高地青少年科技馆	毛 峰
北京市丰台区职业教育中心学校	张 琳（女）
北京教育学院丰台分院	刘洪霞（女）
北京市丰台区青塔第二幼儿园	权 明（女）
北京市丰台区丰台第六幼儿园	闫俊喜（女）
北京市丰台区方庄第二幼儿园	徐 环（女）
北京市丰台区东罗园幼儿园	王艳峰（女）
北京市丰台区蒲黄榆第一幼儿园	张 悦（女）
北京市丰台区方庄第一幼儿园	温旭辉（女）
北京市丰台区第四幼儿园	王燕明（女）
北京市丰台区丰台第一幼儿园	杨 君（女）

北京市骨干教师

张红英　曾晓玲　孙　震　郭春红

2013 年北京市优秀教育工作者

北京市丰台区芳古园小学	申瑞芝（女）
北京教育学院丰台分院	郭刚山
北京市丰台区青少年活动中心	石冬玲（女）
北京市丰台区北京市赵登禹学校	徐 唯
北京市丰台区嘉园第一幼儿园	郑淑敏（女）

2013 年民盟市委优秀盟员

张振军　杜　军

北京市哲学社会科学成果二等奖

张贵祥

北京市科学技术成果三等奖

薛 明

首都法学优秀成果三等奖

张雪梅

北京市委统战部、国资委“爱献做”主题活动先进个人

张昌斌

北京市学科带头人

李朝晖

2013 年优秀劳动保障监察员

苏伟明　孙国政　付莹莹　黄官水

2012 年北京市人力资源和社会保障统计工作优秀个人

任爱福

北京市第十五届职业技能竞赛先进个人

邢建忠

首都绿化美化先进个人

段　然　张　博

首都综治工作先进个人

白　莹

北京市减排先进个人

周新锋

北京市政府统计系统廉政微小说创作征集活动优秀奖

马国保　王秀娟　秀　锦

数据杂志社“我的故事是数字”征文活动二等奖

马国保

北京市先进社区居民委员会主任

刘冠华

2009—2012 年首都社会管理综合治理先进工作者

王复华

北京市公安局 2013 年优秀共产党员

丰台公安分局预审大队大队长　凌子军

丰台公安分局办公室副主任　王庆敏

丰台公安分局治安支队处置中队中队长　颜　利

丰台公安分局刑侦支队副支队长　赵清武

丰台公安分局预审大队民警　郭来柱

丰台公安分局丰台镇派出所所长　马成文

丰台公安分局蒲黄榆派出所民警　刘　安

北京市公安局 2013 年全国两会安保工作先进个人

丰台公安分局刑侦支队四大队四中队探长　白雪冰

丰台公安分局治安支队治安处置中队中队长　颜　利

丰台公安分局勤务指挥处勤务指导科科长　张　鹏

丰台公安分局国保支队 108 中队中队长　王鸿飞

丰台公安分局巡警支队七队副队长　张伟波

丰台公安分局禁毒中队探长　杨　旋

丰台公安分局预审大队民警　唐宝剑

丰台公安分局南苑镇派出所民警　于　非

丰台公安分局长辛店派出所民警　白二松

丰台公安分局朱家坟派出所民警　杨　扬

首都劳动荣誉奖章

丰台公安分局和义派出所民警　谢红娟

2013 年度北京市“居民最满意的驻区民警”

丰台公安分局西罗园派出所民警　杨秀奇

丰台公安分局东高地派出所民警　黄定雄

丰台公安分局太平桥派出所民警　汪建飞

丰台公安分局科技园区派出所民警　张海生

丰台公安分局四合庄派出所民警　张宏友

2013 年度市局“优秀女民警”

丰台公安分局西罗园派出所　郭　雁

丰台公安分局丰台镇派出所　于淑玲

丰台公安分局和义派出所　谢红娟

丰台公安分局治安支队　安　琳

北京市公安局 2013 年夏秋社会治安打击整治百日行动暨三大秩序管理整治工作先进个人

丰台公安分局刑侦支队民警　郑　捷　张　超

丰台公安分局治安支队民警　王　阳

丰台公安分局新发地派出所民警　魏　堃　许允磐

丰台公安分局方庄派出所民警　王俊涛　刘鑫哲

丰台公安分局岳各庄派出所民警　刘明新　于海波　姬文钊

丰台公安分局西局派出所民警 赵　航
郭　乐
丰台公安分局四合庄派出所民警 俞　科
朱长宝
丰台公安分局丰台镇派出所民警 王　雷
李晓龙
高　静

2013年北京市公安局个人一等功

丰台公安分局蒲黄榆派出所 刘　安

2013年北京市公安局个人二等功

丰台公安分局预审大队副大队长 成　程
丰台公安分局预审大队调研员 郭来柱
丰台公安分局预审大队民警 聂红宇
丰台公安分局勤务指挥处副主任 赵秋月
丰台公安分局纪委科长 范兴慧
丰台公安分局刑事侦查支队探长 宗　浩
丰台公安分局经济犯罪侦查大队探长 魏艳鹏
丰台公安分局东高地派出所警长 吴　飞
丰台公安分局云岗派出所警长 刘海鹏

统 计 资 料

丰台区国民经济主要指标一览表
MAIN NATIONAL ECONOMIC INDICATORS FOR FENGTAI DISTRICTS

项目		Item		丰台区 Fengtai 2013	2012	2013年为2012年% 2013as% of 2012
综合		**General Survey**				
地区生产总值	(万元)	Gross Domestic Product	(10000 yuan)	10077978	9237781	109.1
第一产业		Primary Industry		12457	11613	107.3
第二产业		Secondary Industry		2350586	2122893	110.7
第三产业		Tertiary Industry		7714935	7103275	108.6
财政收入	(万元)	Fiscal Revenue	(10000 yuan)	1549474	1538341	100.7
# 增值税		Increased Value Tax		104401	65952	158.3
营业税		Operating Tax		287569	288458	99.7
个人所得税		Private Income Tax				
企业所得税		Enterprise Income Tax		103047	99041	104.0
财政支出	(万元)	Fiscal Expenditure	(10000 yuan)	2221255	2189080	101.5
人口和劳动力		**Population and Labor Force**				
总人口	(人)	Total Population	(person)	2261000	2214000	102.1
常住户籍人口	(人)	Permanent Registered Population	(person)	1113855	1096766	101.6
# 非农业人口		Non-agriculture		1008832	978271	103.1
男		Male		565116	556599	101.5
女		Female		548739	540167	101.6
出生率	(‰)	Birth Rate	(‰)	8.06	9.79	
死亡率	(‰)	Death Rate	(‰)	4.20	4.35	
自然增长率	(‰)	Natural Growth Rate	(‰)	3.86	5.44	
非私营单位从业人员	(人)	Nov-private persons units	(person)	418794	449826	93.1
按产业分		Grouped by Industry				
第一产业		Primary Industry		1378	1131	121.8
第二产业		Secondary Industry		104578	125472	83.3
第三产业		Tertiary Industry		312838	323223	96.8
按职工非职工分		Grouped by Staff and Workers or Non-staff-and-worker				

续表 1

项目	Item	丰台区 Fengtai 2013	2012	2013 年为 2012 年% 2013as% of 2012
在岗职工人数（人）	Fully Employed Staff and Workers at their Posts (person)	361140	375420	96.2
# 国有经济	State-owned	124563	132504	94.0
集体经济	Collective-owned	21778	23186	93.9
城镇个体劳动者	Urban and Rural Individuals			
劳动工资	**Wages**			
在岗职工工资总额（万元）	Total Wages of Fully Employed Staff and Workers (10000 yuan)	2663353	2482241	107.3
# 国有经济	State-owned	1160776	1121705	103.5
集体经济	Collective-owned	88144	78992	111.6
在岗职工平均工资（元）	Average Wage of Fully Employed Staff and Workers (yuan)	73883	66369	111.3
固定资产投资	**Investment in Fixed Assets Assets**			
全社会固定资产投资（万元）	Total Investment in Fixed Assets (10000 yuan)	7520219	6600634	113.9

注：出生率、死亡率、自然增长率按户籍人口计算。
地区生产总值及各产业增加值发展速度为现价速度。

（区统计局 调查队提供）

项目	Item	2013	2012	2013 as % of 2012
新增固定资产（万元）	Incremental Fixed Assets (10000 yuan)	2706111	1229040	220.2
房屋施工面积（万平方米）	Floor Space of Buildings under Construction (10000 sq.m)	1885.8	1482.5	127.2
房屋竣工面积（万平方米）	Floor Space of Buildings Completed (10000 sq.m)	198.1	218.8	90.5
农村经济	**Rural Economy**			
农村劳动力（人）	Labor Force (person)	260185	228835	113.7
种植业	Planting	6091	6481	94.0
林业	Forestry	5255	5088	103.3
牧业	Animal Husbandry	414	382	108.4
渔业	Fishery	81	81	100.0
农村工业	Rural Industry	22603	24505	92.2
农村建筑业	Rural Construction	16982	15400	110.3
农村运输业	Rural Transportation	16931	16136	104.9
农村商、饮食业、服务业	Commerce,Catering and Services	101900	97321	104.7
耕地面积（公顷）	Area under Cultivation (hectare)			
农业机械总动力（千瓦）	Total Power of Agricultural Machinery (kw)	51696.2	52788.9	97.9
化肥施用实物量（吨）	Consumption of Chemical Fertilizers (ton)	408.1	359.9	113.4
化肥施用折纯量（吨）	Consumption of Chemical Fertilizers (100%) (ton)	139.7	124.1	112.6
农村用电量（万千瓦时）	Consumption of Electricity (10000 kwh)	43918.6	45426.1	96.7
农业总产值（万元）	Gross Output Value of Agriculture (10000 yuan)	36377.1	34454.1	105.6
种植业	Planting	10440.8	13891.3	75.2
林业	Forestry	20367.7	14424.4	141.2

续表 2

项　　目		Item		丰台区 Fengtai 2013	2012	2013年为2012年% 2013as% of 2012
牧业		Animal Husbandry		2613.1	3258.0	80.2
渔业		Fishery		1658.1	1684.2	98.5
农作物总播种面积	(万公顷)	Sown Area of Farm Crops	(10000 hectare)	0.069	0.082	84.1
粮食作物		Grain		0.025	0.031	80.6
经济作物		Industrial Crops				
其他作物		Other Crops		0.044	0.051	86.3
注：农村劳动力（从业人员）指16岁以上实际参加生产经营活动并取得实物或货币收入的常住人口。						
农副产品产量		Yield of Farm and Sideline Crops				
粮食	(万吨)	Grain	(10000 tons)	0.10	0.10	100.8
蔬菜	(吨)	Vegetable	(ton)	6072	4043.6	150.2
干鲜果	(吨)	Dry and Fresh Fruits	(ton)	1570.6	1490.0	105.4
畜产品产量		Output of Livestock Products				
生猪出栏	(头)	Slaughtered Hogs	(head)	4948	4795	103.2
猪牛羊肉	(吨)	Pork,Beef and Mutton	(ton)	421.2	430.7	97.8
# 猪肉		Pork		371.1	360.1	103.1
禽肉		Meat of Poultry	(ton)	66.8	122.6	54.5
禽蛋		Poultry Eggs	(ton)	721.2	852.1	84.6
牲畜年底头数	(头)	Number of Livestock(year-end)	(head)			
大牲畜		Large Animals		553	856	64.6
猪		Hogs		2284	2993	76.3
羊		Goats and Sheep		2954	2440	121.1
水产品产量	(吨)	Output of Aquatic Product	(ton)	644	623	103.4
农村经济总收入	(万元)	Total Rural Economic Revenue	(10000 yuan)	3297619.0	3193881.1	103.2
农村利润总额	(万元)	Total Profits of Rural Economy	(10000 yuan)	216080.3	222462.2	97.1
国家税金	(万元)	State Taxes		141794.8	123867.6	114.5
提取盈余公积金	(万元)	Surplus Accumulation Funds Drawn		29174.3	40246.9	72.5
劳动所得	(元)	Income from Work		19231.0	17417.9	110.4
乡镇企业单位数	(个)	Number of Township and Village Enterprise	(unit)	483	603	80.1
乡镇企业人数	(人)	Number of Persons of Township and Village Enterprises	(person)	29570	48320	61.2
乡镇企业净利润	(万元)	Net Profit of Township and Village Enterprises	(10000 yuan)	50044	123080	40.7
工业		**Industry**				
企业单位个数	(个)	Number of Enterprises	(unit)	218	238	91.6
国有		State-owned		12	13	92.3
集体		Collective-owned		4	6	66.7
其他		Others		202	219	92.2

续表 3

项目		Item		丰台区 Fengtai 2013	2012	2013年为2012年% 2013as% of 2012
工业总产值	(现价,万元)	Gross Output Value of Industry (at current prices, 10000 yuan)		4030565	3711301	108.6
国有		State-owned		527406	427898	123.3
集体		Collective-owned		31349	17451	179.6
其他		Others		3471810	3265952	106.3
注：2011年起，规模以上工业法人单位统计起点由主营业务收入500万元及以上调整至2000万元及以上。						
轻工业总产值	(现价,万元)	Output Value of Light Industry (at current prices,10000 yuan)		691882	673447	102.7
重工业总产值	(现价,万元)	Output Value of Heavy Industry (at current prices,10000 yuan)		3338683	3037854	109.9
工业增加值	(万元)	Gross Output Value of Industry	(10000 yuan)			
工业企业财务指标		Financial Indicators for Enterprises with Independent Accounting System				
主营业务收入	(万元)	Business income of the main products	(10000 yuan)	4716054	4623275	102.0
# 国有		State-owned		580728	501300	115.8
主营业务成本	(万元)	Core business cost	(10000 yuan)	3915145	3809631	102.8
# 国有		State-owned		462708	393123	117.7
固定资产原价	(万元)	Original Value of Fixed Assets	(10000 yuan)			
# 国有		State-owned				
固定资产净值	(万元)	Net Value of Fixed Assets	(10000 yuan)			
# 国有		State-owned				
全部流动资金年平均余额	(万元)	Annual Average Balance of Circulating Funds	(10000 yuan)			
# 国有		State-owned				
利润总额	(万元)	Total Profits	(10000 yuan)	314415	281335	111.8
# 国有		State-owned		47772	44767	106.7
注：固定资产原价、净值和全部流动资金年平均三个指标在2011年工业财务快报中已取消该指标。						
产品销售率	(%)	Ratio of Sales Value to Gross Output Value	(%)	99.3	101.2	
商业		**Commerce**				
社会消费品零售额	(万元)	Retail Sales of Consumer Goods	(10000 yuan)	8892379	8268046	107.6
按类别分		Grouped by Type of Goods				
吃的商品		Food				
穿的商品		Clothing				
用的商品		Daily Used Articles				
烧的商品		Fuel				
网点数	(个)	Number of Outlets	(unit)	75778	75341	100.6
# 商业		Wholesale and Retail		69853	69411	100.6
饮食业		Catering		5284	5279	100.1

续表 4

项目		Item		丰台区 Fengtai 2013	2012	2013年为2012年% 2013as% of 2012
住宿		Accommodation		646	651	99.2
营业人员	(人)	Personnel	(person)	295031	291405	101.2
# 商业		Wholesale and Retail		239929	236536	101.4
饮食业		Catering		40945	40039	102.3
住宿		Accommodation		14157	14830	95.5
外经、外贸		Foreign Economy and Trade				
海关进出口贸易总额	(万美元)	Total Value of Imports and Exports at Customs	(USD 10000)	1466900	1364200	107.5
利用外资签订协议(合同)数	(个)	Number of Signed Agreements and Contracts of Foreign Capital to be	(unit)	18	20	90.0
利用外资签订协议(合同)金额	(万美元)	Utilized through Agreements and Amount of Foreign Capital to be	(USD 10000)	48684.2	3522.5	1382.1
实际利用外资	(万美元)	Amount of Foreign Capital Actually Used	(USD 10000)	18636.5	16636.0	112.0
旅游人数	(万人)	Number of Tourists	(10000 persons)	2184	1592	137.2
教育		**Education**				
学校数	(个)	Number of Schools	(unit)	265	262	101.1
小学		Primary Schools		84	87	96.6
普通中学		Regular Secondary School		46	44	104.5
招生数	(人)	New Student Enrollment	(person)	40141	36464	110.1
小学		Primary Schools		14360	12186	117.8
初级中等学校		Junior Secondary Schools		7758	6800	114.1
高级中等学校		Senior Secondary Schools		3095	2922	105.9
在校学生	(人)	Student Enrollment	(person)	144963	141626	102.4
小学		Primary Schools		68840	65935	104.4
初级中等学校		Junior Secondary Schools		20624	19344	106.6
高级中等学校		Senior Secondary Schools		9279	9267	100.1
毕业生	(人)	Graduates	(person)	31762	29796	106.6
小学		Primary Schools		10603	10277	103.2
初级中等学校		Junior Secondary Schools		6050	6211	97.4
高级中等学校		Senior Secondary Schools		2974	2719	109.4
幼儿园、托儿所个数	(个)	Number of Kindergardens	(unit)	127	123	103.3
幼儿入托数	(人)	New Enrollment	(person)	40694	40252	101.1
文化		**Culture**				
文化馆、站	(个)	Cultural Centers	(unit)	18	18	100.0
公共图书馆	(个)	Public Libraries	(unit)	2	2	100.0
公共图书馆藏书	(万册)	Collection	(10000 volume)	79	77	102.6
电影放映单位	(个)	Film Projection Units	(unit)		1	0.0

续表 5

项目		Item		丰台区 Fengtai 2013	2012	2013年为2012年% 2013as% of 2012
区级以上重点文物保护单位	(个)	Cultural Relics Preserved at District Level and above	(unit)	31	35	88.6
卫生		**Health**				
卫生机构数	(个)	Number of Health Institutions	(unit)	541	516	104.8
# 医院		Hospitals		69	64	107.8
卫生院		Clinics				
床位数	(张)	Number of Beds	(unit)	8926	8275	107.9
# 医院		Hospitals		8860	8038	110.2
卫生院		Clinics				
平均每千人拥有床位数	(张)	Average Number of Beds Per 1000 Persons	(unit)	3.95	3.74	105.6
卫生技术人员	(人)	Medical Technical Personnel	(person)	15999	15353	104.2
# 医生		Doctors		6029	5720	105.4
公用设施		**Public Utilities**				
区级以上公园	(个)	Parks at District Level and above	(unit)	24	24	100.0
体育场馆	(个)	Stadiums and Gymnasiums	(unit)	372	372	100.0
道路长度	(公里)	Length of Roads	(km)	1320.7	1334.3	99.0

注：“平均每千人拥有床位数”按常住人口计算。

附 录

中共北京市丰台区委主要文件目录

中共北京市丰台区委文件

京丰发〔2013〕1号　中共丰台区委关于印发《区委常委会2013年工作要点》的通知

京丰发〔2013〕2号　中共丰台区委关于印发《区委常委会2013年议题计划》的通知

京丰发〔2013〕3号　中共丰台区委关于印发《区委常委会2013年工作要点责任分解》的通知

京丰发〔2013〕4号　中共丰台区委　丰台区人民政府关于表彰2012年度城乡基层党的建设"三级联创"活动先进单位的决定

京丰发〔2013〕5号　中共丰台区委　丰台区人民政府关于表彰"丰台区有突出贡献人才、优秀青年人才和高层次创新创业人才团队"的决定

京丰发〔2013〕6号　中共丰台区委印发《关于区委权力公开透明运行工作方案》的通知

京丰发〔2013〕7号　中共丰台区委关于区委常委调整分工的通知

京丰发〔2013〕8号　中共丰台区委关于转发《中共北京市纪委关于查处违反中央八项规定精神的违纪案件的通报》的通知

中共北京市丰台区委办公室文件

京丰办发〔2013〕1号　中共丰台区委办公室　丰台区人民政府办公室关于设立北京市丰台区分类推进事业单位改革工作领导小组的通知

京丰办发〔2013〕2号　中共丰台区委办公室　丰台区人民政府办公室关于认真贯彻落实习近平总书记重要批示和中央办公厅、市委市政府相关要求的通知

京丰办发〔2013〕3号　中共丰台区委办公室　丰台区人民政府办公室关于启动空气极重污染日应急管理工作的通知

京丰办发〔2013〕4号　中共丰台区委办公室　丰台区人民政府办公室关于严格执行空气极重污染日公务用车停驶工作的紧急通知

京丰办发〔2013〕5号　中共北京市丰台区委大事记（2012年12月）

京丰办发〔2013〕6号　中共丰台区委办公室　丰台区人民政府办公室关于印发《丰台区街乡镇重要实事起草编制办法》的通知

京丰办发〔2013〕7号　中共丰台区委办公室　丰台区人民政府办公室关于消除安全隐患，坚决防止发生重特大安全事故的通知

京丰办发〔2013〕8号　中共北京市丰台区委大事记（1月）

京丰办发〔2013〕9 号　中共丰台区委办公室　丰台区人民政府办公室关于印发《丰台区 2013 年信访工作要点》的通知

京丰办发〔2013〕10 号　中共丰台区委办公室关于印发《丰台区 2013 年宣传思想工作要点》的通知

京丰办发〔2013〕11 号　中共丰台区委办公室　丰台区人民政府办公室关于印发《丰台区机关党员领导干部直接联系群众制度》的通知

京丰办发〔2013〕12 号　中共丰台区委办公室　丰台区人民政府办公室关于印发《丰台区街道（乡镇）、社区（村）党员干部直接联系群众制度》的通知

京丰办发〔2013〕13 号　中共丰台区委办公室　丰台区人民政府办公室关于印发《丰台区居民群众参与社区事务管理的动员组织制度》的通知

京丰办发〔2013〕14 号　中共丰台区委办公室　丰台区人民政府办公室关于印发《丰台区社区事务议事协商制度》的通知

京丰办发〔2013〕15 号　中共丰台区委办公室关于印发《丰台区党代表大会代表列席区委有关会议制度》的通知

京丰办发〔2013〕16 号　中共丰台区委办公室印发《关于定期召开以党的群众工作为主要内容的专题民主生活会制度》的通知

京丰办发〔2013〕17 号　中共丰台区委办公室　丰台区人民政府办公室关于印发《丰台区街道（乡镇）领导班子向群众报告工作制度》的通知

京丰办发〔2013〕18 号　中共丰台区委办公室　丰台区人民政府办公室关于印发《丰台区社区（村）基层组织向群众报告工作制度》的通知

京丰办发〔2013〕19 号　中共丰台区委办公室　丰台区人民政府办公室印发《关于群众反映问题的响应落实和反馈制度》的通知

京丰办发〔2013〕21 号　中共丰台区委办公室关于印发《丰台区 2013 年组织工作要点》的通知

京丰办发〔2013〕22 号　中共丰台区委办公室关于印发《丰台区 2013 年政法工作要点》的通知

京丰办发〔2013〕23 号　中共丰台区委办公室　丰台区人民政府办公室关于印发《丰台区第九届村民委员会选举工作意见》的通知

京丰办发〔2013〕24 号　中共北京市丰台区委大事记（2 月）

京丰办发〔2013〕25 号　中共丰台区委办公室关于印发《丰台区区级机关部门党组议事规则》的通知

京丰办发〔2013〕26 号　中共丰台区委办公室　丰台区人民政府办公室关于印发《园博会运行调度中心组织机构设置方案》的通知

京丰办发〔2013〕27 号　中共丰台区委办公室关于印发《丰台区 2013 年统战工作要点》的通知

京丰办发〔2013〕28 号　中共丰台区委办公室　丰台区人民政府办公室关于印发《“发现丰台之美”主题活动实施方案》的通知

京丰办发〔2013〕29 号　中共丰台区委办公室　丰台区人民政府办公室关于印发《园博会运行调度中心组织机构及工作职责》的通知

京丰办发〔2013〕30 号　中共丰台区委办公室　丰台区人民政府办公室关于印发《园博会运行指挥区域划分方案》的通知

京丰办发〔2013〕31 号　中共北京市丰台区委大事记（3 月）

京丰办发〔2013〕32 号　中共丰台区委办公室关于调整第九届中国（北京）国际园林博览会丰台区运营管理委员会（总指挥部）临时党组织设置的通知

京丰办发〔2013〕33 号　中共丰台区委办公室关于印发《贯彻落实中央八项规定和丰台区实施意见 2013 年度督查方案》的通知

京丰办发〔2013〕34 号　中共丰台区委办公室　丰台区人民政府办公室关于印发《丰台区关于建立健全重大决策部署贯彻执行情况监督检查机制的实施办法》的通知
京丰办发〔2013〕35 号　中共北京市丰台区委大事记（4 月）
京丰办发〔2013〕36 号　中共北京市丰台区委大事记（5 月）
京丰办发〔2013〕37 号　中共北京市丰台区委大事记（6 月）
京丰办发〔2013〕38 号　中共丰台区委办公室　丰台区人民政府办公室关于成立丰台区 2013 年夏秋季征兵工作领导小组的通知
京丰办发〔2013〕39 号　中共丰台区委办公室　丰台区人民政府办公室关于将重大决策社会稳定风险评估纳入区委常委会议、区政府会议决策程序的通知
京丰办发〔2013〕40 号　中共北京市丰台区委大事记（7 月）
京丰办发〔2013〕41 号　中共丰台区委办公室　丰台区人民政府办公室印发《丰台区关于推进公安派出所社区民警驻区制警务模式的意见》的通知
京丰办发〔2013〕42 号　中共丰台区委办公室　丰台区人民政府办公室印发《关于严明若干纪律规定、加强作风建设的实施意见》的通知
京丰办发〔2013〕43 号　中共丰台区委办公室　丰台区人民政府办公室关于印发《2013 年丰台区党风廉政建设和反腐败工作任务分工方案》的通知
京丰办发〔2013〕44 号　中共丰台区委办公室　丰台区人民政府办公室关于“无车日”期间停驶车辆的通知
京丰办发〔2013〕45 号　中共丰台区委办公室　丰台区人民政府办公室关于印发《2014 年世界种子大会丰台筹备指挥部工作方案》的通知
京丰办发〔2013〕46 号　中共北京市丰台区委大事记（8 月）
京丰办发〔2013〕47 号　中共丰台区委办公室　丰台区人民政府办公室丰台区监察局关于明确加强作风建设践行群众路线工作要求的通知
京丰办发〔2013〕48 号　中共丰台区委办公室　丰台区人民政府办公室关于转发《中共丰台区纪委丰台区监察局关于区水务局工作人员明宝工作态度恶劣责任追究案件的通报》的通知
京丰办发〔2013〕49 号　中共北京市丰台区委大事记（9 月）
京丰办发〔2013〕50 号　中共丰台区委办公室印发《关于落实中央和北京市党政机关停止新建楼堂馆所和清理办公用房的工作方案》的通知
京丰办发〔2013〕51 号　中共丰台区委办公室关于设立党的群众路线教育实践活动工作联络电话的通知
京丰办发〔2013〕52 号　中共丰台区委办公室　丰台区人民政府办公室关于成立园博会善后接收工作领导小组的通知
京丰办发〔2013〕53 号　中共丰台区委办公室　丰台区人民政府办公室关于转发《丰台区加快推进建设征地补偿安置工作的实施方案》的通知
京丰办发〔2013〕54 号　中共丰台区委办公室　丰台区人民政府办公室关于印发《丰台区关于进一步加强农村集体资金资产资源管理和监督工作的意见》的通知
京丰办发〔2013〕55 号　中共北京市丰台区委大事记（10 月）
京丰办发〔2013〕56 号　中共北京市丰台区委大事记（11 月）
京丰办发〔2013〕57 号　中共丰台区委办公室　丰台区人民政府办公室转发市政府办公厅《关于落实安顺等市领导批示进一步做好 2014 年春节期间烟花爆竹燃放管理工作的建议》的通知

丰台区人民政府主要文件目录

丰台区人民政府文件

丰政发〔2013〕1号　关于印发区十五届人大三次会议审议批准的《政府工作报告》的通知

丰政发〔2013〕2号　关于印发《2013年区政府折子工程》的通知

丰政发〔2013〕3号　关于印发2013年在直接关系群众生活方面拟办的重要实事的通知

丰政发〔2013〕4号　关于农村集体土地所有权登记发证中变更所有权主体代表的通知

丰政发〔2013〕5号　关于印发丰台区行政问责办法实施细则的通知

丰政发〔2013〕6号　关于印发丰台区人民政府工作规则的通知

丰政发〔2013〕7号　关于印发2013年引进亿元以上规模企业任务分解的通知

丰政发〔2013〕8号　关于印发丰台区2013年落实城南行动及政府投资计划的通知

丰政发〔2013〕9号　关于表彰2012年度行政机关绩效管理工作先进单位的决定

丰政发〔2013〕10号　关于印发《丰台区2013年度保障性安居工程用地供应计划》的通知

丰政发〔2013〕11号　关于转发城乡规划违法违纪行为处分办法的通知

丰政发〔2013〕12号　关于印发丰台区城乡环境巩固年工作方案的通知

丰政发〔2013〕13号　关于开展第三次全国经济普查的通知

丰政发〔2013〕14号　关于印发《丰台区林地保护利用规划（2010-2020年）》的通知

丰政发〔2013〕15号　关于转发市政府关于治理无证无照经营行为维护市场经营秩序意见的通知

丰政发〔2013〕16号　北京市丰台区人民政府北京市丰台区人民武装部关于做好2013年兵役登记工作的通知

丰政发〔2013〕17号　关于调整区政府领导分工的通知

丰政发〔2013〕18号　关于印发《丰台区慢性病防治工作规划（2013-2015年）》的通知

丰政发〔2013〕19号　关于落实城南第二阶段行动计划(2013-2015)总体方案的通知

丰政发〔2013〕20号　北京市丰台区人民政府北京市丰台区人民武装部2013年夏季征兵命令

丰政发〔2013〕21号　关于成立国家现代农业科技城丰台新发地物流科技园工作领导小组的通知

丰政发〔2013〕22号　关于授予云西路、莲花池社区“丰台区地震安全示范社区”称号的决定

丰政发〔2013〕23号　关于调整区政府领导分工的通知

丰政发〔2013〕24号　关于认真做好大排查大整治活动期间突出火灾隐患挂牌督办工作的通知

丰政发〔2013〕25号　关于转发《丰台区对外公开政务服务电话接听办理规范》的通知

丰政发〔2013〕26号　关于印发《丰台区2013-2017年清洁空气行动计划实施方案》及《重点任务分解》的通知

丰政发〔2013〕27号　关于印发《丰台区教育奖励基金实施办法》的通知

丰政发〔2013〕28号　关于调整丽泽金融商务区开发建设指挥部组织机构和人员的通知

丰政发〔2013〕29号　关于印发《丰台区空气重污染应急预案》的通知

丰政发〔2013〕30号　关于印发《丰台区雨洪利用工程建设管理奖励办法（试行）》的通知

丰政发〔2013〕31 号　关于印发智慧丰台顶层设计方案的通知

丰政发〔2013〕32 号　关于公布《丰台区不可移动文物名录》的通知

丰政发〔2013〕33 号　关于调整区政府领导分工的通知

丰政发〔2013〕34 号　关于印发丰台区城市道路照明管理实施意见的通知

丰政发〔2013〕35 号　关于认真做好两排一清专项工作期间突出火灾隐患挂牌督办工作的通知

丰政发〔2013〕36 号　关于印发.《丰台区贯彻质量发展纲要（2011-2020 年）实施意见》的通知

丰政发〔2013〕37 号　关于印发《丰台区声环境功能区划实施细则》的通知

丰政发〔2013〕38 号　关于成立丰台区绩效管理工作领导小组的通知

丰台区人民政府办公室文件

丰政办发〔2013〕1 号　关于转发丰台区 2013 年重点经济指标任务分解方案的通知

丰政办发〔2013〕2 号　关于印发政府签报制度的通知

丰政办发〔2013〕3 号　关于分解实施丰台区 2013 年清洁空气行动计划任务的通知

丰政办发〔2013〕4 号　关于转发创建国家慢性非传染性疾病综合防控示范区工作方案的通知

丰政办发〔2013〕5 号　关于转发创建国家卫生应急综合示范区工作方案的通知

丰政办发〔2013〕6 号　关于成立推进新兴际华应急救援产业项目工作协调领导小组的通知

丰政办发〔2013〕7 号　关于在公务接待和机关工作中进一步厉行节约的通知

丰政办发〔2013〕8 号　关于转发创建国家药品安全示范区工作实施方案的通知

丰政办发〔2013〕9 号　关于转发丰台区第九届全民健身体育节工作方案的通知

丰政办发〔2013〕10 号　关于转发丰台区推进企业安全生产标准化建设工作实施方案的通知

丰政办发〔2013〕11 号　关于印发丰台区土地储备开发项目审核监督管理暂行办法的通知

丰政办发〔2013〕12 号　关于印发丰台区特殊教育联席会议制度的通知

丰政办发〔2013〕13 号　关于调整全民健身工作联席会议成员的通知

丰政办发〔2013〕14 号　关于印发《丰台区政府合同管理办法》的通知

丰政办发〔2013〕15 号　关于集中开展安全生产大检查的通知

丰政办发〔2013〕16 号　关于转发丰台区 2013 年整治违法排污企业保障群众健康环保专项行动工作方案的通知

丰政办发〔2013〕17 号　关于印发《丰台区食品药品监督管理局组建筹备工作方案》的通知

丰政办发〔2013〕18 号　关于印发《北京市丰台区房屋征收事务中心主要职责内设机构和人员编制规定》的通知

丰政办发〔2013〕19 号　关于转发《丰台区贯彻落实<机关事务管理条例>实施方案》的通知

丰政办发〔2013〕20 号　关于成立丰台区中小学建设三年行动计划领导小组的通知

丰政办发〔2013〕21 号　关于印发消防工作考核实施办法和考核责任分工的通知

丰政办发〔2013〕22 号　关于印发 2013 “减煤换煤、清洁空气”行动实施方案的通知

丰政办发〔2013〕23 号　关于印发丰台区农村地区产业项目准入规定和指导目录的通知

丰政办发〔2013〕24 号　关于印发丰台区司法行政建设三年行动计划的通知

丰政办发〔2013〕25 号　关于设立丰台区推进优化投资项目审批流程试点工作领导小组的通知

丰政办发〔2013〕26号　转发《关于加强和改进流浪乞讨人员救助管理工作实施方案》的通知

丰政办发〔2013〕27号　关于印发丰台区青少年体育卫生工作联席会议制度的通知

丰政办发〔2013〕28号　转发关于丰台区推进中小学校体育工作三年行动计划的通知

丰政办发〔2013〕29号　关于进一步提高居住建筑设计水平的通知

丰政办发〔2013〕30号　关于印发丰台区2013-2017年加快压减燃煤和清洁能源建设工作方案的通知

丰政办发〔2013〕31号　关于印发集中开展城乡结合部地区安全生产专项整治工作实施方案的通知

丰政办发〔2013〕32号　关于印发丰台区城乡结合部地区安全生产专项整治综合督查方案的通知

2013年丰台区各级各类学校基本数据一览表

项目	学校（所）	教职工数	在校生数	招生数	毕业生数
总计	264	16925	143832	39744	31395
中学小计	46	5416	29903	10853	9024
初级中学	16	1002	6655	2835	1616
完全中学	12	2534	6614+9016	2090+3011	2235+2903
高级中学	4	96	1173	402	344
九年一贯制学校	11	1060	3309	1295	970
十二年一贯制学校	3	724	1161+1623	452+617	353+498
附设普通高中班	0	0	331	151	42
附设普通初中班	0	0	21	0	63
职业高中	5	653	4295	1158	1143
小学小计	84	4701	68840	14360	10603
教育部门办	79	4353	63699	13567	9701
其他部门办	0	0	40	8	22
民办	5	348	5101	785	880
幼儿园小计	127	6084	40694	13369	10625
教育部门办	23	1134	11678	4195	3540
其他部门办	5	592	3774	1264	968
民办	49	2411	12820	3517	2947
集体办	31	1177	7837	2939	1879
地方企业	5	172	1267	387	504
部队	14	598	3318	1067	787
特殊教育小计	2	71	200	54	50
工读学校	1	33	100	50	50
弱智儿童学校	1	38	100	4	0

说明：工读学校目前有100名学生，但学籍档案管理在原校，故不计入在校生总数、招生总数和毕业生总数中。

驻区高等院校一览表

学校名称	学校详细地址	邮编	电话
首都经济贸易大学	北京市丰台区张家路口 121 号	100070	83952350
首都医科大学	北京市丰台区右安门外西头条 10 号	100069	63291983
中国戏曲学院	北京市丰台区万泉寺 400 号	100073	63353774
北京电子科技学院	北京市丰台区富丰路 7 号	100070	83635022

职业高中一览表

学校名称	是否教育办学	法人	邮政编码	学校详细地址	电话号码
北京市丰台区职业教育中心学校	是	赵爱芹	100078	北京市丰台区方庄芳古园二区 9 号	67634860
北京市文化艺术职业学校	否	刘晓霞	100075	北京市丰台区南四环中路 38 号	87880534
北京市汽车维修职业学校	否	岳东明	100162	北京市丰台区花乡高立庄 195 号	83795515
北京八一艺术学校	否	梁长喜	100070	北京市丰台区花乡樊羊路羊坊村 820 号	83700362
北京新桥外国语高中学校	否	陈燕冰	100069	北京市丰台区右安门外开阳里东巷 24 号	63587607

校外教育单位一览表

单位名称	法人	联系电话	地址	邮编
北京市丰台区青少年活动中心	王振民	63831957	丰台区丰台镇文体路 36 号	100071
东高地青少年科技馆	张云翼	68383621	北京市东高地万源路甲 1 号	100076
云岗科技站	赵宝生	68191590	丰台云岗南区东里 10 号	100074
劳技中心	刘铁汉	87681448	丰台区方庄芳群园 4 区 7 号	100078

丰台区广播电视中心频道一览表

频道名称	开办时间	播出时间 00:00～00:00	主要节目栏目设置	2013 年新增节目栏目
BTY 新闻频道 丰台时段	2003 年 1 月	首播 19:30—21:00 重播次日 7:30—9:00 12:30—14:00	《丰台新闻》、《聚焦丰台》、《人大在线》、《政协视窗》、《清风苑》、《丰台警方》、《丰台教育》、《花卉与文化》、《成长的天空》、《真情零距离》、《情系银龄》《人口与家庭》、《军民一家亲》、《丰台经济报道》、《幸福生活大讲堂》等	《军民一家亲》《丰台教育》
803 丰台数字频道	2009 年 11 月	首播 19:30—00:55 重播次日 6:30—19:30	《丰台新闻》、《聚焦丰台》、《人大在线》、《政协视窗》、《清风苑》、《真情零距离》、《丰台警方》、《丰台教育》、《丰台故事》、《成长的天空》、《情系银龄》、《花卉与文化》、《人口与家庭》、《丰台经济报道》《幸福生活大讲堂》、《军民一家亲》、《法制中国》、《环保前线》、《金碟时尚》、《影视剧场》、《移山》等	《军民一家亲》《丰台教育》

索　　引

说明：1. 主题词首按汉语拼音序排列，首字相同按第二字音序，其余类推。
2. 主题词后的数字表示该词及内容页码，a、b 字母在双栏文中分别表示左、右栏。
3. 特载、附录部分不作索引。

R

S

T

W

X

Y

Z